Handlungsspielräume und Verantwortlichkeiten der Handelskammer Hamburg während der NS-Zeit

Forum Zeitgeschichte 31
Für die Forschungsstelle für Zeitgeschichte in Hamburg
Herausgegeben von Thomas Großbölting und Kirsten Heinsohn
Redaktion: Stefan Mörchen

FZH Forschungsstelle für Zeitgeschichte in Hamburg

Claudia Kemper · Hannah Rentschler

Handlungsspielräume und Verantwortlichkeiten der Handelskammer Hamburg während der NS-Zeit

Einordnungen und biografische Annäherungen

METROPOL

Die Forschungsstelle für Zeitgeschichte in Hamburg (FZH) ist seit 1997 eine Stiftung bürgerlichen Rechts, die von der Freien und Hansestadt Hamburg getragen wird.

Hamburg | Behörde für Wissenschaft, Forschung, Gleichstellung und Bezirke

Gedruckt mit freundlicher Unterstützung der Handelskammer Hamburg

HK Hamburg

Titelabbildung:
Kleiner Sitzungssaal der Handelskammer Hamburg, 1941.
Handelskammer Hamburg, I.6.M.3.6.4. Foto: H. v. Seggern & Sohn.

ISBN: 978-3-86331-688-4

Ansbacher Str. 70 | 10777 Berlin
www.metropol-verlag.de

Druck: Arta-Druck

Inhalt

Teil I:

Die Handelskammer während der NS-Zeit

(Claudia Kemper)

Einleitung

Auch 90 Jahre nach dem Januar 1933, als die Nationalsozialisten in Deutschland die Macht übernahmen und mit dem Aufbau einer Diktatur begannen, sind längst nicht alle Verantwortlichkeiten geklärt. Verantwortlichkeiten jener Institutionen und Einrichtungen, die nicht ganz so prominent waren wie etwa das Auswärtige Amt oder das Reichsjustizministerium, sondern eher in der zweiten Reihe agierten und aus dieser Position, oftmals regional orientiert, die Umsetzung der NS-Doktrin in Verwaltungshandeln übernahmen. Eine besondere Form einer solchen Institution waren Handelskammern, die als Körperschaften des öffentlichen Rechts zwar selbstständig agierten, aber durch die Übernahme staatlicher Aufgaben in einem engen Verhältnis zu Verwaltung und Politik standen und stehen. Längst ist noch nicht vollständig rekonstruiert, wie solche Institutionen, die in Städten und Regionen des Deutschen Reiches die Interessen von Berufsgruppen und Unternehmen vertraten, ihre Arbeit als Teil des NS-Systems verrichteten.

Die Frage nach der Verantwortung für die NS-Verbrechen richtet sich auf einer ersten Ebene an die Ereignisgeschichte, um Vorgänge und die Biografien derer zu rekonstruieren, die an den Verbrechen des NS-Staats beteiligt waren. Eine solche Verantwortung *in* der Geschichte verweist auf eine direkte oder indirekte Beteiligung an den und eine Unterstützung der NS-Verbrechen. Auf einer weiteren Ebene gibt es eine Verantwortung *für* die Geschichte, die dazu auffordert, auf die Vergangenheit (z. B. der eigenen Familie, der Institution, der man angehört) Bezug zu nehmen und mit der in der Vergangenheit entstandenen Schuld zukunftsorientiert umzugehen.[1] Mit einem solchen Verständnis von historischer Verantwortung wird die schuldhafte Vergangenheit nicht moralisierend zur Schau gestellt, sondern ein argumentativer und zukunftsorientierter Bezug zu ihr entwickelt. Historische Verantwortung zu übernehmen bedeutet, die Erinnerungskultur der Gegenwart mitzugestalten.

Die Frage nach der eigenen historischen Verantwortung stand 2018 im Mittelpunkt verschiedener Diskussionen, die das Plenum der Hamburger Handelskammer führte. Im November des Jahres beschloss das Plenum, eine

1 Vgl. zum vielschichtigen Verständnis der Formel „historische Verantwortung“ u. a. Jenny Tillmanns, Was heißt historische Verantwortung. Historisches Unrecht und seine Folgen für die Gegenwart, Frankfurt a. M. 2012.

aktive Auseinandersetzung mit der institutionellen und personellen Vergangenheit der Handelskammer während der NS-Zeit zu beginnen. Eine Kommission wurde eingerichtet, um ein Forschungsprojekt zu initiieren und zu betreuen, das den „Profiteuren und Systemgewinnern der nationalsozialistischen Gewaltherrschaft aus den Reihen des Haupt- und Ehrenamtes der Handelskammer" nachgeht.[2] Ziel war es, diejenigen Personen zu dokumentieren und sichtbar zu machen, die zwischen 1933 und 1945 ein Handelskammeramt ausübten und während dieser Zeit das NS-Regime aktiv unterstützten und/oder von dessen Gewalt- und Unterdrückungspolitik profitierten. Damit schloss der Auftrag an das kurz zuvor beendete Stolpersteinprojekt an,[3] das die Biografien jener Handelskammer-Mitglieder dokumentiert hatte, die 1933 als Juden gezwungen worden waren, ihr Amt niederzulegen.[4] Die vorliegende Studie ist somit das Ergebnis einer Auftragsforschung und zugleich ein bescheidener Beitrag zur Erinnerungskultur der Stadt Hamburg.

Der Auftrag war eindeutig formuliert. Seine Umsetzung erforderte jedoch einige Abwägungen und Diskussionen. Denn eine geschichtswissenschaftliche Analyse und eine zeitgemäße Täterforschung führen dazu,

2 Die Unterscheidung markiert einen geschäftsführenden Bereich der Handelskammer mit angestellten Mitarbeitenden und einen ehrenamtlichen Bereich, in dem sich Unternehmerinnen und Unternehmer in verschiedenen Gremien (Präsidium, Plenum und Ausschüsse) organisieren. Die Unterteilung bestand auch während der NS-Zeit. Das Plenum wurde aber umbenannt in Beirat, dessen Mitglieder nicht gewählt, sondern berufen und vom Reichswirtschaftsministerium (RWM) eingesetzt wurden. Da die Bezeichnung von den Zeitgenossen nicht konsequent genutzt wurde und da im Text auch andere Beiräte erwähnt werden, wird zum besseren Verständnis durchgehend von Plenum die Rede sein. Außerdem wird ausschließlich die männliche Form zur Bezeichnung betreffender Personen genutzt, weil das Sample bis auf eine Person aus Männern bestand. Die einzige Frau im Sample, Dr. Käthe Molsen, war seit 1924 im Hauptamt tätig und blieb offensichtlich auch nach 1945 im Amt. Als NSDAP-Mitglied durchlief sie bis 1949 ein Entnazifizierungsverfahren mit der Einstufung in die Kategorie V. Zu Molsen ist weder eine Personalakte überliefert, noch trat sie in den bislang gesichteten Quellen in Erscheinung. Lediglich in den letzten Kriegswochen wurde sie in Protokollen interner Abteilungssitzungen als Außenhandelsberichterstatterin erwähnt.

3 Zu den vor der Handelskammer im September 2018 verlegten Stolpersteinen vgl. Stolpersteine Hamburg, https://www.stolpersteine-hamburg.de/index.php?&LANGUAGE=DE&MAIN_ID=7&BIO_ID=5569 [31. 10. 2022].

4 Karin Gröwer/Barbara Günther, Gegen das Vergessen. Opfer totalitärer Verfolgung aus dem Ehren- und Hauptamt der Handelskammer Hamburg, hrsg. v. d. Handelskammer Hamburg, Kiel 2019. Vgl. auch Stolpersteine für Mitglieder der Handelskammer. Gegen das Vergessen, https://www.ihk.de/hamburg/ueber-uns/stolpersteine-handelskammer-hamburg-4188176 [15. 10. 2022].

das historische Bild komplexer und auch komplizierter zu zeichnen, als es sich mit einem ersten Blick auf die Täterseite möglicherweise vermuten ließ. Angesichts der vielschichtigen Teilhabeformen im NS-Staat legt die Studie keine NS-Täter-Zählung vor, um die Akteure in vermeintlich eindeutige Kategorien Beteiligung, Unterstützung oder Mitverantwortung für das NS-Gewaltsystem einzuordnen. Vielmehr zeigt die Studie, wie Funktionsträger im Gesamtzusammenhang der Handelskammer agierten, wie das Zusammenspiel der Verantwortlichkeiten funktionierte und welche Folgen es hatte. Verantwortung an der Realität des NS-Staates – so viel sei vorab gesagt – trugen alle, die in der Handelskammer arbeiteten, und somit auch die Institution insgesamt.

Mit einem engen Fokus auf diese Fragestellung nimmt die Studie Handelskammer-Mitglieder vorrangig in ihrem Wirkungskreis Handelskammer in den Blick und ordnet das Wirken der Kammer in einen (wirtschafts-)politischen Kontext ein. Unberücksichtigt bleiben weitergehende Fragen, etwa die nach städtischen Verzweigungen des Kammer-Netzwerkes, nach NS-Kontakten vor 1933 und nach 1945, nach spezifischen Zusammenhängen einzelner Ereignisse oder nach längerfristigen, sozialen und kulturellen Bedingungen für die Situation der Handelskammer und ihrer Mitglieder in der NS-Zeit. In Rahmen der vorliegenden Studie kann nur ein erster Überblick und können nur einzelne Vorgänge in den genannten Zusammenhängen und Handlungsfeldern umrissen werden. Dennoch wird die strukturelle und zugleich individuelle Verflechtung der Handelskammer[5] und ihrer Mitglieder mit dem NS-Regime deutlich und nachvollziehbar. In den nachfolgenden Abschnitten dieser Einleitung werden das Vorgehen und die empirischen Grundlagen der Studie genauer erläutert.

In Kapitel 1 folgt eine grundsätzliche Auseinandersetzung mit der Frage nach Verantwortung und Belastung der Handelskammer Hamburg (als Institution) und nach der von einzelnen Unternehmern und Funktionsträgern. Um nachvollziehen zu können, warum eine kategorische Unterscheidung zwischen vermeintlich nur zuarbeitenden Unternehmen auf der einen Seite und verbrecherischer Politik auf der anderen Seite kaum möglich ist, werden zunächst Grundzüge der „Wirtschaft des NS-Staats" nachgezeichnet. Sie

5 Die Hamburger Handelskammer wurde 1935, wie reichsweit üblich, in „Industrie- und Handelskammer" umbenannt, 1943 folgten eine größere Umstrukturierung und die Umbenennung in „Gauwirtschaftskammer". Sofern nicht explizit auf den zeitlichen Rahmen Bezug genommen wird, wird im vorliegenden Text zum besseren Verständnis von „Handelskammer" bzw. „Kammer" gesprochen.

machen die intensive Verflechtung zwischen beiden Sphären deutlich und unterstreichen den konstitutiven Beitrag der Wirtschaft zum NS-Staat. Vor diesem Hintergrund lassen sich die anschließenden Abwägungen über „Teilhabe" und „Verantwortung" der Handelskammer und ihrer Mitglieder besser nachvollziehen.

In Kapitel 2 werden drei für die NS-Zeit charakteristische Aspekte der Handelskammer näher beleuchtet. Ein Überblick über die zahlreichen politischen und organisatorischen Umstrukturierungen im Zusammenspiel von Kammer, Gau und Reichsebene veranschaulicht erstens den Funktionswandel der Kammer. Anschließend wird zweitens die erste Phase des NS-Regimes im Mittelpunkt stehen, während der u. a. auch die Kammer gleichgeschaltet wurde. In dieser Übergangs- und Konsolidierungsphase des Nationalsozialismus geben die Quellen ein lebhaftes Hamburger Wirtschaftsnetzwerk zu erkennen, in das auch zahlreiche Handelskammer-Protagonisten verwoben waren. Ihr Interesse galt der Sicherung und vor allem Verbesserung der wirtschaftspolitischen Rahmenbedingungen für die Stadt und ihre Unternehmen. Darauf aufbauend macht der dritte Abschnitt deutlich, wie die Kammer ihre handelspolitischen Prioritäten im ungeliebten System der Devisenbewirtschaftung verhandelte und versuchte, vorteilhafte Konditionen zu erreichen. Insgesamt zeigen die Zusammenhänge einen ambivalenten Prozess, in dem die Handelskammer ihre Standortpolitik verfolgte. Denn einerseits wollte sie uneingeschränkt kooperativ mit den NS-Stellen im Gau und im Reich zusammenarbeiten, um die Auftragslage zugunsten Hamburgs zu beeinflussen. Aber andererseits wollte sie in keinem Fall Hoheitsrechte aus der Hand geben. In der Folge übernahm die Kammer gewissenhaft die reichlich von Staatsseite übertragenen Aufgaben und gab sich rhetorisch zugleich hanseatisch unabhängig.

In Kapitel 3 stehen vier Handlungsbereiche im Mittelpunkt, die in unterschiedlicher Intensität Teil des NS-Verbrechenskomplexes und zugleich Handlungsfelder von Kammervertretern waren: die Propaganda, die Vernichtung der wirtschaftlichen Existenz von Juden und Jüdinnen, die Ausbeutung in den besetzten Gebieten sowie die Kriegswirtschaft und das Nutznießertum. In allen Bereichen waren Funktionsträger der Handelskammer Hamburg involviert, entweder durch die Teilnahme an zuständigen Kammergremien oder als Unternehmer, die ihre Position in der Kammer in besonderer Weise für das eigene Geschäft nutzten. Nach bisheriger Quellenlage machte sich keines der erwähnten Handelskammer-Mitglieder eines strafrechtlich relevanten Verbrechens direkt schuldig. Aber ihre tatkräftige Mitwirkung in

Propagandaveröffentlichungen, in „Arisierungsverfahren“, in der sogenannten Ostexpansion und in der Kriegswirtschaft ermöglichten sie.

Im zweiten Teil finden sich biografische Skizzen zu insgesamt 21 Personen, die im Laufe der NS-Zeit Funktionen in der Kammer innehatten und deren unterschiedlicher Grad an Engagement für das Regime mit Quellenmaterial belegt werden kann.

Die Recherche und die überlieferten Aktenbestände

Eine der Grundlagen dieser Studie bildet die quantitative Auswertung eines biografischen Samples, das 113 Handelskammer-Mitglieder umfasste.[6] Ausschlaggebend für die Auswahl des Samples waren die Funktionen, die ein Unternehmer[7] während der NS-Zeit einnahm, wie auch die Tatsache, ob im Handelskammer-Archiv Hintergrundmaterial mit näheren biografischen Hinweisen zu den betreffenden Personen überliefert war. Aus Beständen des Handelskammer-Archivs, des Staatsarchivs Hamburg und des Bundesarchivs Berlin konnten schließlich die Basisdaten zum Sample zusammengestellt werden. Dazu zählten die Verifizierung der Geburtsdaten des Handelskammer-Mitglieds, seine Parteimitgliedschaft und Entnazifizierungskategorie sowie die Frage, ob ein Nachlass vorhanden war. Von den 113 Personen,[8] die zwischen 1933 und 1945 mit unterschiedlicher Dauer im Haupt- und Ehrenamt tätig waren, war der überwiegende Teil auch NSDAP-Mitglied. In einzelnen Fällen ließ sich die Mitgliedschaft anhand der im Bundesarchiv überlieferten Mitgliederkartei nicht überprüfen, dennoch weisen die Daten, auch innerhalb der einzelnen Funktionskategorien, auf eine belastbare Aussage hin: Die große Mehrheit der Handelskammer-Mitglieder war Mitglied der NSDAP. Innerhalb des Hauptamtes gab es prozentual den größten Anteil an Parteimitgliedern, im Plenum waren es gut zwei Drittel und etwas weniger unter den gleichzeitigen Kommissionsmitgliedern und Vizepräsides. Auch die beiden während der NS-Zeit amtierenden Präsides, Hermann Victor Hübbe und Joachim de la Camp, sowie die für die Gleichschaltung ins Präsidium entsandten Staatskommissare waren NSDAP-Parteimitglieder. Diese Daten dienen als Orientierung

6 Obwohl Emil Helfferich kein offizielles Amt in der Handelskammer innehatte, wurde er wegen seiner kontinuierlichen Mitarbeit und Einflussnahme sowie als Vorsitzender des Aufklärungsausschusses in der Kategorie „Ehrenamt“ mitgezählt. Details zu seiner Person s. u. a. im zweiten Teil der Studie.

7 Es handelte sich ausschließlich um Männer.

8 Insgesamt waren zwischen 1933 und 1945 im Ehrenamt 157 Personen tätig, davon 13 als Vizepräses.

für die weiteren Ausführungen, lassen aber noch kein Urteil über den Grad der nationalsozialistischen Ausrichtung der Handelskammer zu. Wie weiter unten noch ausführlich erläutert wird, hat die Anzahl der NSDAP-Mitglieder wenig Aussagekraft im Vergleich zum qualitativ einzuordnenden Verhalten von einzelnen Handelskammer-Mitgliedern und ihrer Interaktion mit Parteistellen.[9]

Im Hamburger Staatsarchiv liegen alle Entnazifizierungsakten der minder- bis unbelasteten Hamburger und Hamburgerinnen, sprich der Kategorien III bis V vor. In diesem Bestand konnte von etwa zwei Dritteln des Samples eine entsprechende Akte aufgefunden werden. In diesen 77 Entnazifizierungsverfahren war in 25 Fällen eine Berufung eingelegt worden, die betreffende Person hatte also nach dem ersten Beschluss eine niedrigere Kategorisierung erwirken wollen. In der Übersicht findet sich das endgültige Ergebnis der Verfahren wieder, soweit es der Akte zu entnehmen war. Da schon in unmittelbarer Nachkriegszeit die Erfassung von Personen, die entnazifiziert werden sollten, nicht lückenlos gelang, Personen sich einem Entnazifizierungsverfahren auch entziehen konnten oder Fristen dazu führten, dass sie einem Verfahren entgehen konnten, lässt sich das Sample-Ergebnis nur schwerlich für die gesamte Handelskammer verallgemeinern.[10] Wenn Entnazifizierungsakten

9 Vgl. auch Janosch Steuwer, „Zweiundvierzig“. Nazis-Zählen als unsinniges Ritual, in: Geschichte der Gegenwart, 14.2.2021, https://geschichtedergegenwart.ch/zweiundvierzig-nazis-zaehlen-als-unsinniges-ritual-der-vergangenheitsbewaeltigung/ [2.11.2022].

10 Fehlende Akten im Bestand 221-11 lassen sich darauf zurückführen, dass das Entnazifizierungsverfahren vor der Einrichtung des Staatskommissars für Entnazifizierung und Kategorisierung unter dem Zweiten Bürgermeister Christian Koch (FDP) im Mai 1947 durchgeführt worden war, die betreffende Person nicht zu den minderbelasteten Fällen zählte (für die die Hamburger Entnazifizierungsinstanzen ausschließlich zuständig waren), die betreffende Person sich dem Kategorisierungsverfahren entzogen hatte (weil es in der britischen Besatzungszone keine allgemeine Entnazifizierungspflicht gab und sich etwa 100000 Personen aus der Wirtschaft dem Kategorisierungsverfahren entzogen), oder das Kategorisierungsverfahren nicht rechtzeitig vor dem offiziellen Ende der Entnazifizierung am 1. Januar 1948 eröffnet worden war (und auch nicht die Voraussetzungen erfüllte, um nach diesem Stichtag im Zuge eines Wiederaufnahmeverfahrens eröffnet zu werden). Vgl. Anton F. Guhl, Wege aus dem „Dritten Reich“. Die Entnazifizierung der Hamburger Universität als ambivalente Nachgeschichte des Nationalsozialismus, Göttingen 2019, S. 57–74; Jessica Erdelmann, „Persilscheine“ aus der Druckerpresse. Die Hamburger Medienberichterstattung über Entnazifizierung und Internierung in der britischen Besatzungszone, München/Hamburg 2016, S. 35–37. Zu den in etwa 100000 Fällen aus der Wirtschaft, die sich dem Kategorisierungsverfahren entzogen: Vgl. Max Brauer an den Regional Commissioner, betr. Denazification, 17.12.1948, StAHH, 131-14, III 1, Bd. 10.

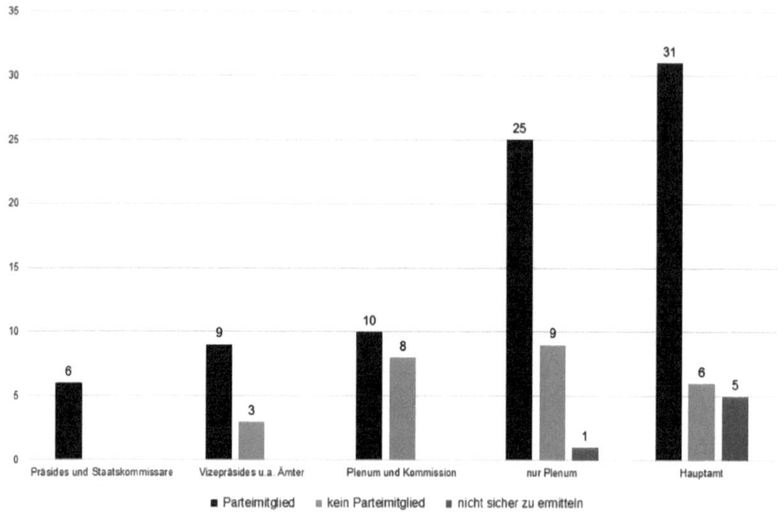

Zur NSDAP-Mitgliedschaft von 113 Personen, die zwischen 1933 und 1945 unterschiedlich lang im Haupt- und Ehrenamt in der Handelskammer tätig waren; Auswertung auf Grundlage der überlieferten Mitgliederkarteien im Berlin Document Center.

nicht zu ermitteln waren, kann das also unterschiedliche Gründe haben, u.a. auch eine Bearbeitung des Falls durch das für schwerwiegendere Fälle zuständige Spruchkammergericht. Für eine genauere Einschätzung, wie in der unmittelbaren Nachkriegszeit mit Wirtschaftsvertretern umgegangen wurde und wie sowohl die hauptamtlichen als auch die ehrenamtlichen Mitarbeitenden der Handelskammer ihre Mitgliedschaft in der NSDAP oder in anderen NS-Organisationen zu legitimieren versuchten, bräuchte es eine umfassende Untersuchung auch von Akten der Spruchgerichte.[11]

11 Eine überaus wichtige und hier ergänzende Perspektive bietet das Forschungsprojekt von Jessica Erdelmann „Nutznießer des Nationalsozialismus nach 1945. Vermögenskontrolle und materielle Entnazifizierung in Hamburg und München“, das sich u.a. mit der Frage auseinandersetzt, wie Vermögen vor 1945 zustande kamen, die während der Entnazifizierung von Treuhändern verwaltet wurden. Vgl. http://www.zeitgeschichte-hamburg.de/contao/index.php/forschung-der-nationalsozialismus-und-seine-zweite-geschichte/items/nutzniesser-des-nationalsozialismus-nach-1945.html [2.11.2022].

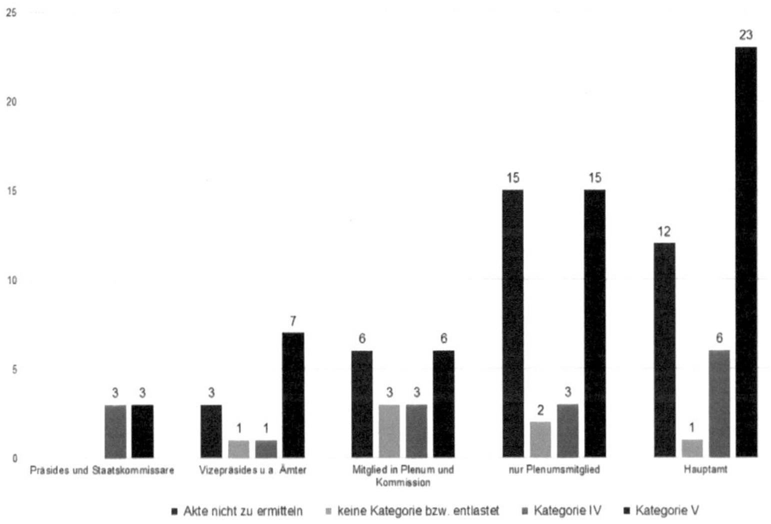

Die Entnazifizierungsverfahren von 113 Personen, die zwischen 1933 und 1945 unterschiedlich lang im Haupt- und Ehrenamt in der Handelskammer tätig waren; Auswertung auf Grundlage der überlieferten Akten in StAHH, 221-11 Staatskommissar für die Entnazifizierung.

Neben diesen ersten Eindrücken vom Handelskammer-Personal auf Grundlage seiner Parteimitgliedschafts- und Entnazifizierungsquote wurde in der Vorrecherche auch überprüft, ob Nachlässe oder Unternehmensbestände einzelner Personen des Samples überliefert und zugänglich sind. Denn eine akteursorientierte Untersuchung kann sich im Idealfall auch auf private und unternehmerische Aufzeichnungen von Handelskammer-Protagonisten stützen. Insgesamt zeigte sich eine disparate Materiallage, die eine biografische Rekonstruktion mithilfe von Privat- oder Unternehmensarchiven schwierig machte. Es ließen sich, bis auf prominente Ausnahmen wie ↑Rudolf Blohm, keinerlei private oder unternehmerische Bestände zu den (meist liquidierten) Unternehmen ausfindig machen, die es erleichtert hätten, das Wirken der betreffenden Personen in der Handelskammer rekonstruieren zu können. Einige Splitterüberlieferungen weisen eher einen unpersönlichen Charakter auf. Die biografischen Übersichten im zweiten Teil spiegeln diese Materiallage wider.[12] Ihre

12 Die im Text mit einem Pfeil „↑“ versehenen Namen verweisen auf eine biografische Skizze im zweiten Teil der Studie.

Schwerpunktsetzung ist von der Quellenüberlieferung geleitet, ihre Aussagekraft fällt unterschiedlich aus und kann Abläufe und Zusammenhänge, die es Funktionsträgern erlaubte, ihren Profit mithilfe und/oder durch aktive Unterstützung des NS-Regimes zu steigern, nicht eindeutig sichtbar machen.

Da die Studie das Ziel verfolgte, anhand von Handelskammer-Mitgliedern die Geschichte der Institution während der NS-Zeit zu beleuchten, musste das Sample anhand anderer, repräsentativer Kriterien verkleinert werden. In die Auswahl eingeschlossen waren weiterhin alle Mitglieder, die im Laufe der Zeit im Präsidium tätig waren, sowie Mitglieder, die sich in Ausschüssen und Kommissionen besonders engagiert hatten. Bei Letztgenannten handelte es sich um einfache Plenumsmitglieder und einige Mitarbeiter des Hauptamtes. In dieser auf knapp 40 Personen reduzierten Auswahl war zudem ein repräsentativer Schnitt durch die in der Handelskammer vertretenen Branchen sichtbar (Außenhandel, Banken, Chemie, Einzelhandel, Kaffee, Maschinenbau und Versicherungen).

Die für eine akteurszentrierte Untersuchung wichtigsten Bestände liegen im Archiv der Handelskammer (HK-Archiv), im Staatsarchiv Hamburg (StAHH) und im Bundesarchiv in Berlin (BArch). Das Handelskammer-Archiv informiert über den Personalstand sowie interne Abläufe, Sitzungen, Gremien und Versammlungen. Im Staatsarchiv und Bundesarchiv ist die Überlieferung naturgemäß übergreifender und zugleich disparater. In beiden Archiven gibt es zwar Bestände mit explizitem Bezug zur Handelskammer (StAHH, 371-15 Gauwirtschaftskammer; BArch, R 11 Reichswirtschaftskammer), aber eine Mehrzahl an relevanten Akten mit Handelskammerbezug lässt sich erst über den Umweg einzelner Unternehmen, Verwaltungsangelegenheiten oder Ereignisse auffinden. Außer den im Staatsarchiv lagernden Akten von der Werft Blohm & Voss sind dort keine Unternehmensüberlieferungen zu finden.

In allen Beständen nehmen biografische Quellen nur einen kleinen Anteil ein, wie etwa die Personalakten in der Handelskammer oder Akten im Staatsarchiv, die von der Staatsverwaltung im Rahmen von Funktionsübernahmen angelegt wurden (z. B. im Fall von ↑C. C. Fritz Meyer, der 1933 Bürgerschaftspräsident war [StAHH, 121-3 I], oder ↑Gustav Kurt Johannsen, der für seine Tätigkeit im Aufklärungsausschuss vom Schuldienst beurlaubt wurde [StAHH, 361-3]). Von den durchgesehenen Beständen sind hier nur die wichtigsten genannt: In den Akten der Verwaltung für Wirtschaft (StAHH, 113-3) finden sich Unterlagen zur Wirtschaftsförderung, in den Akten der Staatsverwaltung (StAHH, 113-5 und 113-6) ist die Zusammenarbeit von Gau, Reich und Kammer zum Teil überliefert und die der Senatskanzlei (StAHH, 131-4 bzw. 113-10) geben Auskunft zur Reorganisation der Handelskammer bis 1937 und zu ihren Personalangelegenheiten. Im Bestand des Staatsamtes (StAHH, 131) ist u.a. festgehalten, wer 1933/34 die neuen Möglichkeiten nutzte und sich für die Belange der hamburgischen Wirtschaft bei der NS-Elite engagierte (ähnlich auch in StAHH, 622-1/153 Krogmann).

Die Handelskammer arbeitete nicht federführend, aber Hand in Hand mit allen entscheidenden Behörden und Politikern zusammen, um im Laufe der Zeit einen ausgesprochen aggressiven Lobbyismus für Hamburg zu betreiben. Unter der Bezeichnung Gauwirtschaftskammer (StAHH, 371-15) liegen die Aufzeichnungen von Geschäftsführer- und Beiratsbesprechungen ab 1943 bis über das Kriegsende hinaus vor. Die Protokolle solcher Besprechungen geben meist den Verlauf der Diskussion wieder, an der viele der hier relevanten Personen in ihren verschiedenen Funktionen teilgenommen haben. In den Akten der Finanzbehörde (StAHH, 311-3) werden u.a. die Treuhandunterlagen aufbewahrt, die während der Entnazifizierungsphase zu einzelnen Unternehmen entstanden und Auskunft über die wirtschaftlichen Verhältnisse vor 1945 geben. Es lässt sich Näheres über die Vermögensverhältnisse von Joachim de la Camp erfahren, aber nur vereinzelte Details zu anderen Handelskammer-Mitgliedern.

Zu den für diese Studie zentralen Beständen zählt auch das Firmenarchiv von Blohm & Voss bzw. die Aufzeichnungen von Rudolf Blohm über seine Handelskammer-Tätigkeiten (StAHH, 621-1_72). Als Leiter der Industrieabteilung hatte er großen Einfluss und war vor allem während der Kriegszeit an den meisten wichtigen Entscheidungsprozessen der Kammer beteiligt. Schließlich sind die Entnazifizierungsakten ergiebig (StAHH, 221-11 Staatskommissar für die Entnazifizierung und Kategorisierung). Sie enthalten zwar zu einem Gutteil Leumundszeugnisse mit durchweg apologetischem Charakter, die aber trotzdem zur Rekonstruktion von persönlichen oder geschäftlichen Beziehungen herangezogen werden können. Da der Handelskammer ihre Außendarstellung als selbstbestimmte und zugleich staatstreue Institution äußerst wichtig war, wurden schließlich auch Zeitungsausschnittsammlungen ausgewertet (StAHH, 731-8_A).

Zudem standen die für Hamburger Wirtschaftsinteressen zentralen Reichsbehörden im Mittelpunkt der Recherche (BArch, R 1501 Reichsministerium des Inneren; BArch, R 3101 Reichswirtschaftsministerium) sowie die Personenbezogenen Unterlagen der NSDAP (BArch, R 9361-I) mit Information über Personen, die sich in der Parteiarbeit – negativ wie positiv – besonders hervorgetan hatten oder der SS angehörten. Zu einzelnen Firmen, die nach 1945 weiter existierten (Afrikanische Frucht-Compagnie, van Dissel, Rode & Co., Riensch & Held, Markwitz, Delacamp & Co., Conz GmbH), liegen in der Koblenzer Abteilung des Bundesarchivs Akten (B 218, B 326) u. a. mit Prüfberichten zu ihren Finanzen vor – eine weiterführende Studie müsste diese Bestände mit Blick auf ihre Aussagekraft über die Firmen während der NS-Zeit unbedingt mit einbeziehen.

Wichtig war auch der Bestand des Bundesarchivs zur Reichswirtschaftskammer (R 11), der zahlreiche Haushaltspläne und Prüfberichte enthält, die von Berlin aus in Hamburg abgefragt worden sind. Die Reichswirtschaftskammer (RWK) war ein typisches Produkt der nationalsozialistischen Organisationslogik von Staat und Wirtschaft, insofern sie einerseits eine zentrale Kontroll- und Weisungsbefugnis ausübte, aber andererseits zahlreiche Entscheidungen nach unten delegierte. In Beständen der Reichsgruppen (BArch, R 12) und Reichsstellen (BArch, R 15) finden sich Unterlagen zu einzelnen Firmen; dort und beim Reichsnährstand (BArch, R 16) ließen sich auch vereinzelt dubiose Geschäftspraktiken von Unternehmern und Handelskammer-Mitgliedern rekonstruieren. Abgesehen von einzelnen Unterlagen zu Konflikten, die besondere geschäftliche Absprachen und Abwicklungen andeuten, konnten keine zusammenhängenden Quellen gefunden werden, die ein (nach zeitgenössischer Rechtslage) unlauteres Geschäftsgebaren Hamburger Kaufleute belegen.

Der Bestand des „Beauftragten des Vierjahresplans“ (BArch, R 26) bietet wiederum die Möglichkeit, die Verflechtung zwischen verschiedenen Unternehmen (Reemtsma, Brinckman & Mergell) sowie von Lobbyisten (↑Emil Helfferich) und Parteiinteressenvertretern nachzuvollziehen. Im Bestand R 43-II (Reichskanzlei) des Bundesarchivs finden sich die korrespondierenden Unterlagen zu den Bemühungen Hamburgs (genauer gesagt, des Reichsstatthalters Karl Kaufmann und des Bürgermeisters Carl Vincent Krogmann), von höchster Stelle die bestmöglichen wirtschaftlichen Begünstigungen für die Stadt auszuhandeln. Ähnlich verhält es sich bei den Akten des Reichssicherheitshauptamtes (BArch, R 58), in denen sich u. a. Aufzeichnungen über Treffen des Hamburger Nationalklubs oder einzelner Lobbyisten wie Emil Helfferich finden.

Bislang gibt es nur einen einzigen Forschungsaufsatz, der anhand dieser Aufzeichnungen auf die Vernetzung von Hamburger Wirtschaft, Klubs und Familien eingeht, die sich bis in die Weimarer Republik und zu den Seilschaften der Konservativen Revolution zurückverfolgen lassen.[13] Zusammen mit Recherchen bei der Genealogischen Gesellschaft könnten sich hieraus entscheidende Hinweise ergeben, wie einzelne Handelskammer-Funktionäre nach 1933 ihre familiären, parteipolitischen und semi-unternehmerischen Kontakte vor allem zum Vorteil des eigenen Geschäfts nutzten und welche diktatorischen Maßnahmen sie hierfür billigten oder sogar forderten.

Die Bestände R87 (Reichskommissar für die Behandlung feindlichen Vermögens), R121 (Industriebeteiligungsgesellschaft) und R 177 (Feindvermögensverwaltung in den besetzten Niederlanden) im Bundesarchiv geben nur bedingt Auskunft über die Handelskammer. Vielmehr steht hier Emil Helfferich im Mittelpunkt, der u.a. nach massiver Einflussnahme der Hamburger Staatsführung zum Verwalter verschiedener wichtiger Mineralölunternehmen in den Niederlanden ernannt wurde. Zur gleichen Zeit war die Handelskammer 1940 sehr darum bemüht, Hamburger Kaufleute im besetzten Belgien und den Niederlanden „unterzubringen" (BArch, R1501/7937).

Mit dem Reichswirtschaftsministerium (BArch, R3101) hatte die Handelskammer Hamburg ausgiebigen und direkten Kontakt, so etwa im Zuge der Gleichschaltung aller Hamburger Kammern, des Hamburger Spezifikums einer „Frauenwirtschaftskammer" oder bei der Besetzung und Abberufung von Handelskammer-Mitgliedern, ein Vorgang, der immer von der Reichsebene genehmigt werden musste. In weiteren Beständen des Bundesarchivs, z.B. R8135, Deutsche Revisions- und Treuhandanstalt AG, oder R8136, Reichskreditgesellschaft, liegen wiederum Unterlagen zu einzelnen Firmen vor, deren Besitzer oder Vorstände in der Handelskammer tätig waren.

In den Personenbezogenen Akten der NSDAP (BArch, R9361) finden sich in der Regel Lebenslaufdaten oder Unterlagen zu Auseinandersetzung eines Parteimitglieds mit einzelnen Parteiorganen wie z.B. dem Obersten Parteigericht. Zu den einzelnen Personen fallen die Informationen deshalb unterschiedlich aus. Neben diesen drei maßgeblichen Archiven wurden weitere kleinere Bestände in der Forschungsstelle für Zeitgeschichte in Hamburg (FZH), im Museum der Arbeit[14] und in den Stadtteilarchiven gesichtet.

13 Manfred Asendorf, Hamburger Nationalklub, Keppler-Kreis, Arbeitsstelle Schacht und der Aufstieg Hitlers, in: 1999. Zeitschrift für Sozialgeschichte des 20. und 21. Jahrhunderts 2 (1987), 3, S. 106–150.

14 In dessen Archiv liegen zu den Personen aus dem Sample nur vereinzelt Quellen vor, die überwiegend keine personenbezogene Daten enthalten.

Bisherige Veröffentlichungen und Forschungen

Das Feld der Aufarbeitungsforschung ist komplex und breit und kann hier nur mit Blick auf die Fragestellung erläutert werden. Erfreulicherweise liegen schon systematische Überblicksarbeiten vor, die einen Einstieg in die Thematik erleichtern. Zuletzt erschien 2021 das Kompendium „Aufarbeitung des Nationalsozialismus“, in dem sowohl die Geschichte der Aufarbeitung, ihre transnationale Dimension als auch zahlreiche Facetten von Gedenkstättenarbeit über Restitutionsfragen bis zur Auftragsforschung in eigenen Übersichten erläutert werden.[15] Letzteres kann auch im Band „Die zentralen deutschen Behörden und der Nationalsozialismus“ nachgelesen werden, der einige der Herausforderungen für Historikerinnen und Historiker in diesem Feld benennt.[16]

Um das Erkenntnisinteresse und die Konzeption der vorliegenden Studie nachvollziehen zu können, sollen die Herausforderungen, die sich beim Abfassen ergeben haben, kurz vor Augen geführt werden. Denn Aufarbeitungsforschung ist, wie im vorliegenden Fall, zumeist auch Auftragsforschung, die mit spezifischen Fragestellungen verbunden ist. Zwar gehen solche Projekte ebenso nach wissenschaftlichen Standards und Methoden vor wie genuin in der Wissenschaft angestoßene, konzipierte und umgesetzte Forschung. Beide Projektarten unterscheiden sich aber in der Regel in ihrer Zielsetzung. Während einem Aufarbeitungsprojekt primär der Wunsch nach Sichtbarmachung von Verantwortung und Täterschaft zugrunde liegt, um hierzu ein Bekenntnis und eine aktive Bezugnahme in der Gegenwart zu ermöglichen, arbeitet sich ein genuines Forschungsprojekt in die komplexe Materiallage hinein, um historisch komplizierte Gemengelagen und komplexe Zusammenhänge aufzudecken und zu dechiffrieren. Hierbei werden sicherlich auch Verantwortungsbereiche und Täter sichtbar, aber in der Regel in längerfristige Entwicklungen eingeordnet – vor 1933 und nach 1945 – sowie in einen zeitlichen, sozialen, politischen und kulturellen Kontext mit übergreifenden Fragen kritisch eingebunden. Anders ausgedrückt, ist das von den Auftraggebern formulierte „moralische Bekenntnis der Aufarbeitung […] nicht mit der methodisch kontrollierten Erkenntnis der Forschung in eins zu setzen, das Gebot

15 Magnus Brechtken (Hrsg.), Aufarbeitung des Nationalsozialismus. Ein Kompendium, Göttingen 2021.

16 Christian Mentel/Niels Weise, Die zentralen deutschen Behörden und der Nationalsozialismus. Stand und Perspektiven der Forschung, hrsg. v. Frank Bösch/Martin Sabrow/Andreas Wirsching, München/Potsdam 2016.

des bestätigenden Erinnerns nicht mit der wissenschaftlichen Tugend der kritischen Infragestellung".[17]

Unterschiedliche Motivation und Zielsetzungen führen jedoch nicht zu qualitativen Unterschieden zwischen den Publikationsarten. So beruht die vorliegende Publikation auf einer wissenschaftlichen Forschungsarbeit, die von der Handelskammer in Auftrag gegeben wurde, um ihre „historische Verantwortung" sichtbar und erinnerbar zu machen. Die Handelskammer formulierte aber den Wunsch, die Studie ohne jeden Eingriff oder Einspruch von ihrer Seite entstehen zu lassen. Damit konnte trotz kurzer Laufzeit die inhaltliche Arbeit am Projekt nach wissenschaftlichen Prämissen und gemäß der Quellenlage entwickelt werden. Der Zuschnitt der Darstellung folgt wiederum primär dem Erkenntnisinteresse „historische Verantwortung". Vor diesem Hintergrund mögen Lesende nachvollziehen können, dass an einigen Stellen im Text ein Hinweis auf notwendige weitere Untersuchungen erfolgt oder auf nicht zu vertiefende Umstände. Um weitere Missverständnisse auszuschließen, sei auch darauf hingewiesen, dass die Ausführungen nicht als eine umfassende Darstellung der „Handelskammer während der NS-Zeit" zu verstehen sind, auch wenn viele Zusammenhänge erläutert werden. Diese zu kennen ist unerlässlich, um dem Argumentationsgang folgen zu können. Vielmehr liegt die Betonung auf dem ersten Teil des Buchtitels, „Handlungsspielräume und Verantwortlichkeiten", um zu unterstreichen, dass sich die Ausführungen auf die komplexe Frage konzentrieren, wie die Handelskammer und ihre Protagonisten ihre Aufgaben und Handlungsspielräume im NS-System wahrnahmen und welche Schlüsse hinsichtlich ihrer Teilhabe und Verantwortlichkeiten innerhalb des Nationalsozialismus daraus gezogen werden können.

Neben diesen Hinweisen zum Erkenntnisinteresse der Studie ist es ebenso hilfreich, das engere Forschungsfeld zu kennen, in dem sie zu verorten ist. In diesem Feld gibt es bislang keine eigenständige wissenschaftliche oder wissenschaftlich fundierte Darstellung zur Handelskammer Hamburg während der NS-Zeit. Vielmehr lassen sich drei Arten an Veröffentlichungen unterscheiden, in denen die Handelskammer bislang eine Rolle spielt: Erstens gibt es Arbeiten, die den repräsentativen und traditionsreichen Charakter der Handelskammer Hamburg hervorheben, zweitens Arbeiten, die der Handelskammer betont kritisch und missbilligend begegnen, während diese drittens in einer Mehrzahl an Arbeiten zur Hamburger NS-Zeit eher am Rande thematisiert wird.

17 Ebenda, S. 97.

Repräsentative Darstellungen konzentrieren sich auf die generelle und langfristige institutionelle Bedeutung der Handelskammer. Die NS-Zeit gilt hier als eine Epoche neben anderen, in denen sich die Handelskammer „verhalten" hat. Daraus ergibt sich eine paradigmatische Zweiteilung der erzählten historischen Wirklichkeit – dort das NS-System, hier die Handelskammer.[18] Da auf diese Weise die oftmals fließenden Übergänge zwischen „systemerhaltendem" und „systemförderndem" Verhalten der Akteure zum NS-System ausgeblendet werden, schränkt dies auch Erkenntnisse über die Handlungsspielräume der thematisierten Personen ein. Zwangsläufig kommen solche dualistisch angelegten Darstellungen auch zu Schlüssen, die die Handelskammer (auch ohne nähere Belege) entlasten.[19] In diesem Sinne einseitig, aber dennoch informativ fiel 1980 die Veröffentlichung von Hans Bielfeldt aus, dem prägenden Hauptgeschäftsführer der Handelskammer während der Nachkriegszeit.[20] Der Band erschien in einer Buchreihe der Handelskammer und konzentriert sich zunächst auf Verordnungen, Gesetze und Erlasse, die die Kammer betreffen. Bielfeldt ging es darum, ihr stetiges Ringen um Autonomie zu zeigen, bei dem es durchaus auch zu opportunistischem Verhalten Einzelner gekommen sei. Konsequent verfolgte Pläne, wie zum Beispiel zur Hamburger Wirtschaftsförderung, die nach 1933 von der NS-Führung durchgesetzt wurden, seien von der Handelskammer schon zuvor entwickelt worden. Zusammen mit Bielfeldts Hinweisen, die Handelskammer habe sich gegen die Vereinnahmung durch die NS-Bürokratie gewehrt, entsteht der Eindruck, dass sich die Kammer zwar in das System eingefügt habe, aber immer darauf bedacht gewesen sei, nur diejenigen Entscheidungen und Veränderungen mitzutragen, die ohnehin ihren Plänen und Interessen entsprochen hatten. Bielfeldt setzte damit ein Narrativ fort, das schon vor 1945 gepflegt wurde. Demnach gab es zwar überzeugte Nationalsozialisten in der Kammer, aber Hamburger Wirtschaftsinteressen generierten sich aus rein wirtschaftlichen und vom Nationalsozialismus unberührten Zusammenhän-

18 Zu den Herausforderungen einer Analyse dieser „komplexen Problemstellung" in der nationalsozialistischen Finanz- und Wirtschaftspolitik vgl. Stefanie Middendorf/Kim Christian Priemel, Jenseits des Primats. Kontinuitäten der nationalsozialistischen Finanz- und Wirtschaftspolitik, in: Birthe Kundrus/Sybille Steinbacher (Hrsg.), Kontinuitäten und Diskontinuitäten. Der Nationalsozialismus in der Geschichte des 20. Jahrhunderts, Göttingen 2013, S. 94–123.

19 Uwe Bahnsen, Hanseaten unter dem Hakenkreuz. Die Handelskammer Hamburg und die Kaufmannschaft im „Dritten Reich", Hamburg 2015.

20 Hans Bielfeldt, Vom Werden Groß-Hamburgs. Citykammer, Gauwirtschaftskammer, Handelskammer. Politik und Personalia im „Dritten Reich", Hamburg 1980.

gen. Und diese Interessen sollten wie schon vor 1933 auch unter den neuen Machthabern am besten in Hamburg und nicht in Berlin wahrgenommen werden. Kooperationen und Koalitionen mit dem NS-Regime vor Ort oder in Berlin entstanden demnach primär aus wirtschaftlicher Notwendigkeit, um „Schlimmeres" für die Hamburger Wirtschaft zu verhindern. An diesem Narrativ konnte sich die Kammer nach 1945 sehr lange Zeit orientieren und daran festhalten.

Ebenfalls etwas schematisch kann das Gegenstück zu dieser entlastenden Selbsterzählung gefasst werden. Denn betont kritische Darstellungen der Handelskammer arbeiten ebenfalls mit starken Vorannahmen, die im Kern von einer grundsätzlichen und umfassenden Mitverantwortung der deutschen Wirtschaft an den Verbrechen des Nationalsozialismus ausgehen. Diese Annahme findet sich in zahlreichen Forschungsarbeiten der 1980er und 1990er Jahre. In dieser Zeit begannen die öffentlichen und teils auch von Unternehmensseite gestützten Diskussionen über die Verstrickungen mit dem NS-System;[21] gleichzeitig herrschte in dieser Phase ein strukturhistorisches Paradigma in der Geschichtswissenschaft vor, nach dem historische Entwicklungen in erster Linie Folge überindividueller Strukturen und Prozesse waren, mit denen sich eine *histoire totale* erklären ließe.[22] Die daraus abgeleiteten Thesen gerieten entsprechend groß und prägten auch die Annahme, dass *grosso modo* kapitalistische Unternehmensinteressen den Aufbau und die Grundlage des Nationalsozialismus ermöglicht hatten. Die in diesem Kontext entstandene Forschungsliteratur weist mitunter eine pauschalisierende, verurteilende Schlagseite auf, auch wenn sie alle wissenschaftlichen Standards erfüllt und reichhaltiges Quellenmaterial bietet. Die nach wie vor umfassendsten Darstellungen zur Hamburger Handelskammer oder zu den mit der Handelskammer verbundenen Unternehmen entstanden in dieser Phase, wie etwa der umfangreiche Forschungsaufsatz von Karl Heinz Roth über „Ökonomie und politische Macht" von 1997.[23]

21 Sebastian Brünger, Geschichte und Gewinn. Der Umgang deutscher Konzerne mit ihrer NS-Vergangenheit, Göttingen 2017.

22 Hans-Ulrich Wehler, Historische Sozialwissenschaft und Geschichtsschreibung. Studien zu Aufgaben und Traditionen deutscher Geschichtswissenschaft, Göttingen 1980.

23 Karl Heinz Roth, Ökonomie und politische Macht: Die „Firma Hamburg" 1930–1945, in: Angelika Ebbinghaus/Karsten Linne (Hrsg.), Kein abgeschlossenes Kapitel. Hamburg im „Dritten Reich", Hamburg 1997, S. 15–176; Karsten Linne, Auf dem Weg zur ‚Kolonialstadt Hamburg' – eine spezifische Form der Standortpolitik, in: Ebbinghaus/Linne (Hrsg.), Kein abgeschlossenes Kapitel, S. 177–212.

In den meisten Fällen jedoch werden Befunde zur Handelskammer im Zuge anderweitiger Forschungsergebnisse erläutert. Hierzu zählen Arbeiten über einzelne Institutionen oder Opfergruppen in Hamburg während der NS-Zeit,[24] wobei auffällig viele relevante Forschungsaufsätze in den 1990er Jahren entstanden, die bis heute keine Fortsetzung gefunden haben.[25] Hinzu kommen systematische Forschungen etwa zur Wirtschaftsgeschichte[26] oder Zwangsarbeit,[27] in denen Entscheidungsstrukturen, wirtschaftliche Netz-

24 U. a. Barbara Günther, Die Hamburger Feuerkasse im Nationalsozialismus, Hamburg 2001; Uwe Lohalm, „… anständig und aufopferungsbereit“. Öffentlicher Dienst und Nationalsozialismus in Hamburg 1933 bis 1945, Hamburg 2001; ders., Völkische Wohlfahrtsdiktatur. Öffentliche Wohlfahrtspolitik im nationalsozialistischen Hamburg, München/Hamburg 2010; Sarah Schmidt, Das Staatsarchiv Hamburg im Nationalsozialismus, Hamburg 2016; Uwe Schmidt, Lehrer im Gleichschritt – der Nationalsozialistische Lehrerbund Hamburg, Hamburg 2006; ders., Nationalsozialistische Schulverwaltung in Hamburg: vier Führungspersonen, Hamburg 2008; Christoph Strupp, Nahverkehr und Nationalsozialismus. Die Hamburger Hochbahn AG im „Dritten Reich“, München/Hamburg 2010; David Templin, Wasser für die Volksgemeinschaft. Wasserwerke und Stadtentwässerung in Hamburg im „Dritten Reich“, München/Hamburg 2016; Anna von Villiez, Mit aller Kraft verdrängt. Entrechtung und Verfolgung „nicht arischer“ Ärzte in Hamburg 1933 bis 1945; dies., Die Kassenärztliche Vereinigung Hamburg, Bd. 1: 1919–1964: Selbstverwaltung zwischen Staat und Markt, München/Hamburg 2019.

25 Lars Amenda, „Chinesenaktion“. Zur Rassenpolitik und Verfolgung im nationalsozialistischen Hamburg, in: Zeitschrift für Hamburgische Geschichte (ZHG) 91 (2005), S. 103–132; Peter Gabrielsson, Die 750-Jahr-Feier des Hamburger Hafens 1939, in: ZHG 74/75 (1989), S. 189–206; Gerhard Hoch, Französische Kriegsgefangene in Hamburg 1941–45, in: ZHG 78 (1992), S. 209–234; Hermann Kaienburg, Zwangsarbeit für das „deutsche Rohstoffwunder“. Das Phrix-Werk Wittenberg im zweiten Weltkrieg, in: 1999. Zeitschrift für Sozialgeschichte des 20. und 21. Jahrhunderts 3 (1988), 3, S. 12–41; Birthe Kundrus/Astrid Schulte-Zweckel, Versorgungslage und Frauenarbeitseinsatz in Hamburg 1939–1943, in: 1999. Zeitschrift für Sozialgeschichte des 20. und 21. Jahrhunderts 6 (1991), 4, S. 47–62; Ludger Weß, Tropenmedizin und Kolonialpolitik. Das Hamburger Institut für Schiffs- und Tropenkrankheiten 1918–1945, in: 1999. Zeitschrift für Sozialgeschichte des 20. und 21. Jahrhunderts 7 (1992), 4, S. 38–61.

26 Stellvertretend für Arbeiten zu einzelnen Aspekten (z. B. zu Devisenpolitik, Handelsverträgen etc.) ist hier die aktuelle und maßgebliche Studie von Adam Tooze, Ökonomie der Zerstörung. Die Geschichte der Wirtschaft im Nationalsozialismus (aus dem Engl. übers. v. Yvonne Badal, München 2007), genannt, der es gelingt, die Handlungsspielräume von Unternehmen und des „Rassestaates“ miteinander verflochten darzustellen, sodass Dynamiken anstatt Kausalitäten sichtbar werden.

27 Hier nur auf Hamburg bezogen: Alyn Beßmann u. a. (Hrsg.), Eine Stadt und ihr KZ. Häftlinge des KZ Neuengamme im Hamburger Kriegsalltag 1943–1945, Katalog zur Ausstellung, hrsg. v. d. KZ-Gedenkstätte Neuengamme, Hamburg 2019; Stefan Romey, Ein KZ in Wandsbek: Zwangsarbeit im Hamburger Drägerwerk,

werke oder konkrete Ereignisse erwähnt werden, die Rückschlüsse auf die Handelskammer zulassen. Solche Veröffentlichungen liefern wichtige Quellenhinweise, Hintergrundwissen und die Möglichkeit, die Handelskammer in das Hamburger NS-System einordnen zu können. Zu den zentralen Arbeiten für die vorliegende Studie gehören die Studien von Frank Bajohr,[28] Friederike Littmann[29] und Andreas Meyhoff[30] sowie der von der Forschungsstelle für Zeitgeschichte in Hamburg herausgegebene Sammelband „Hamburg im Dritten Reich".[31] Die Beiträge im Sammelband „Kein abgeschlossenes Kapitel: Hamburg im ‚Dritten Reich'" bieten zahlreiche thematische Aufschläge, die bis heute auf eine Vertiefung warten.[32] Neben dem schon quellengesättigten Beitrag von Karl Heinz Roth ist, neben weiteren Beiträgen, Karsten Linnes Aufsatz über die „Kolonialstadt Hamburg" für die vorliegende Studie relevant.[33] Angesichts des begrenzten Umfangs der vorliegenden Studie, die weder eine Organisationsgeschichte der Handelskammer noch einen Überblick zum wirtschaftspolitischen Geflecht in Hamburg bieten kann, soll auch auf eine neuere Publikation hingewiesen werden, die das Ergebnis akribischer Namensrecherche ist und einen Überblick für die Jahre 1932/33 ergänzen kann.[34]

hrsg. v. Freundeskreis der KZ-Gedenkstätte Neuengamme und der AG Neuengamme, Hamburg 2016; Herbert Diercks, Der Hamburger Hafen im Nationalsozialismus: Wirtschaft, Zwangsarbeit und Widerstand. Texte, Fotos und Dokumente zur Hafengeschichte, Hamburg 2008; Hans Ellger, Zwangsarbeit und weibliche Überlebensstrategien: die Geschichte des Frauenaußenlagers des Konzentrationslagers Neuengamme 1944/45, Berlin 2007; Karl Heinrich Biehl, Zwangsarbeit im Hanseatischen Kettenwerk (Hak) in Langenhorn. Erinnerungsberichte, Firmengeschichte, Hamburg 2005.

28 Frank Bajohr, Gauleiter in Hamburg. Zur Person und Tätigkeit Karl Kaufmanns (1900–1969), in: Vierteljahrshefte für Zeitgeschichte 43 (1995), 2, S. 267–295; ders., „Arisierung" in Hamburg. Die Verdrängung der jüdischen Unternehmer 1933–1945, 2. Aufl., Hamburg 1998.

29 Friederike Littmann, Ausländische Zwangsarbeiter in der Hamburger Kriegswirtschaft 1939–1945, München/Hamburg 2006.

30 Andreas Meyhoff, Blohm & Voss im „Dritten Reich". Eine Hamburger Großwerft zwischen Geschäft und Politik, Hamburg 2001.

31 Hamburg im „Dritten Reich", hrsg. v. d. Forschungsstelle für Zeitgeschichte in Hamburg, Göttingen 2005.

32 Angelika Ebbinghaus/Karsten Linne (Hrsg.), Kein abgeschlossenes Kapitel. Hamburg im „Dritten Reich", Hamburg 1997.

33 Linne, ‚Kolonialstadt Hamburg', S. 177–212.

34 Peter Offenborn, Interessen Hamburger Unternehmer am Nationalsozialismus. Ihre Beteiligung an der Durchsetzung des nationalsozialistischen Herrschaftssystems. Eine Annäherung, Hamburg 2020. Die Publikation entspricht nicht den

Hinzu kommen Arbeiten, die sich nicht mit Hamburg, aber mit strukturell ähnlichen Fällen beschäftigen, wie zum Beispiel Ralf Stremmels Arbeit über die Handelskammern in Westfalen-Lippe während der NS-Zeit, die angesichts ihres Umfangs und ihrer Tiefe wertvolle Befunde zu übergreifenden Organisationszusammenhängen und politischen Entscheidungen bietet.[35] Außerdem halfen Arbeiten, die anhand von Fallbeispielen die Bedeutung von Kommunen und Gemeinden im Nationalsozialismus herausarbeiten.[36] Um den Kontext und die Bedeutung der Handelskammer-Politik und der Handlungsspielräume ihrer Protagonisten einordnen und erläutern zu können, braucht es natürlich auch generelle Forschungsliteratur zum nationalsozialistischen Wirtschafts- und Elitensystem, von der hier zwei relevante Arbeiten beispielhaft genannt werden.[37]

Anforderungen einer wissenschaftlichen Arbeit, u.a. lassen sich die zahlreich genannten Quellen nicht immer auf einen Archivbestand zurückführen bzw. sind einige Archivsignaturen falsch angegeben. Sie kann aber trotzdem als Nachschlagewerk empfohlen werden.

35 Ralf Stremmel, Kammern der gewerblichen Wirtschaft im „Dritten Reich". Allgemeine Entwicklungen und das Fallbeispiel Westfalen-Lippe, Dortmund 2005.

36 U.a. Bernhard Gotto, Nationalsozialistische Kommunalpolitik. Administrative Normalität und Systemstabilisierung durch die Augsburger Stadtverwaltung 1933–1945, München 2009; Wolf Gruner, Die Kommunen im Nationalsozialismus. Innenpolitische Akteure und ihre wirkungsmächtige Vernetzung, in: Sven Reichardt/Wolfgang Seibel (Hrsg.), Der prekäre Staat. Herrschen und Verwalten im Nationalsozialismus, Frankfurt a.M. 2011, S. 167–211; Sabine Mecking/Andreas Wirsching (Hrsg.), Stadtverwaltung im Nationalsozialismus. Systemstabilisierende Dimensionen kommunaler Herrschaft, Paderborn 2005.

37 Ralf Banken, Vom „Verschweigen" über die „Sonderkonjunktur" hin zur „Normalität"? Der Nationalsozialismus in der Unternehmensgeschichte der Bundesrepublik, in: Zeitgeschichte-online, 1. 12. 2012, https://zeitgeschichte-online.de/themen/vom-verschweigen-uber-die-sonderkonjunktur-hin-zur-normalitat [4. 10. 2022]; Gerhard Hirschfeld/Tobias Jersak (Hrsg.), Karrieren im Nationalsozialismus. Funktionseliten zwischen Mitwirkung und Distanz, Frankfurt a.M. 2004.

1 Die NS-Wirtschaft und die Handelskammer

Um die Handelskammer Hamburg in die wirtschaftlichen Vorgänge während der NS-Zeit einordnen zu können, muss zuvor in aller gebotenen Kürze die weltwirtschaftliche und handelspolitische Situation erläutert werden, mit der deutsche Handelsunternehmen zu Beginn der 1930er Jahre konfrontiert waren.

1.1 Die Wirtschaft des NS-Staates

Der Wirtschaftshistoriker Adam Tooze hat zuletzt darauf aufmerksam gemacht, dass die außenwirtschaftliche Misere Deutschlands im Anschluss an die Weltwirtschaftskrise von 1929 ebenso wenig zwangsläufig zu einem Kabinett Hitler geführt habe wie andere ökonomische Verwerfungen. Die politische und wirtschaftliche Situation zu Beginn der 1930er Jahre war zwar äußerst schwierig und machte einen bedrohlichen Eindruck, weil nicht absehbar war, wann eine Besserung eintreten würde. Aber es gab schon vor dem Januar 1933 Anzeichen für einen Aufschwung. Zuvor hatten jedoch verschiedene politische und wirtschaftliche Entscheidungen dazu beigetragen, die krisenhafte Situation zu verschärfen. Reichskanzler Heinrich Brüning hatte ab 1930 per Notverordnung und mit drakonischen Sparmaßnahmen auf eine harte Deflationspolitik im Inland gesetzt, die in allen Branchen die Arbeitslosenzahlen nach oben trieben. Dieser „brutale Anpassungsprozess" sicherte Deutschland weitere dringend notwendige Auslandskredite.[1]

Für die deutsche Außenwirtschaft fatal wirkte sich aber in dieser Phase die aggressive und nationalistische Außenpolitik der deutschen Regierung aus, die geprägt war vom Wunsch nach einer Revision des Versailler Vertrags. Allzu oft übertrumpften politische Entscheidungen volkswirtschaftliche Notwendigkeiten. So ging Deutschland 1930/31 eine deutsch-österreichische Zollunion ein, anstatt einen ökonomisch vorteilhafteren Handelsvertrag mit Frankreich abzuschließen. Eine ganze Reihe an möglichen Effekten für eine Erholung des Handels blieben aus. Der von Deutschland betriebene aggressive Protektionismus stand nicht allein, sondern gehörte auch schon vor der

1 Tooze, Ökonomie der Zerstörung, S. 38.

Weltwirtschaftskrise zur Politik zahlreicher europäischer Länder und insbesondere der USA. Vor allem ein Verfall der Agrar- und Rohstoffpreise hatte den protektionistischen Trend und die zunehmende Desintegration der Weltwirtschaft verstärkt.[2]

Angesichts der nationalistischen deutschen Gangart rechneten viele internationale Beobachter auf dem Höhepunkt der Krise 1931/32 sogar mit einem einseitigen Moratorium von deutscher Seite sowohl der Reparationsleistungen als auch der Schuldverschreibungen. Viele Investoren befürchteten Verluste und zogen ihr Geld ab, bis sogar die Goldreserven der deutschen Banken einen Tiefstand erreichten.[3] In der Folge stand das Problem des Devisenmangels und die Notwendigkeit, Devisen zu kontrollieren und zu erwirtschaften, auf der wirtschaftspolitischen Agenda Deutschlands ganz oben. Der Devisenmangel blieb auch in den folgenden Jahren ein Problem, so wie die Devisenbewirtschaftung eine fortgesetzte Reaktion darauf war. Ab dem Sommer 1931 wurden alle privaten Devisenvermögen verstaatlicht, musste der Besitz von Devisen bei der Reichsbank angemeldet und der Erwerb ausländischer Währungen beantragt werden – ein immenses Handelshemmnis für jeden Importeur.[4] Die weitere handelspolitische Entwicklung war schwer abzusehen. Der Warenimport konnte für einige Zeit stabilisiert werden, nahm aber durch die restriktive Zuteilung von Devisen letztlich parallel zum sinkenden Exportvolumen ab. Da sich die Reichsregierung weigerte, die Reichsmark abzuwerten, blieben Exporte aus Deutschland vergleichsweise teuer. Die Konkurrenten aus Ländern, deren Währung abgewertet worden war, hatten hier einen Wettbewerbsvorteil.[5]

2 Mark Spoerer/Jochen Streb, Neue deutsche Wirtschaftsgeschichte des 20. Jahrhunderts, München 2013, S. 83.

3 Tooze, Ökonomie der Zerstörung, S. 39.

4 Ebenda, S. 41; Ralf Banken, Die wirtschaftspolitische Achillesferse des „Dritten Reiches“: Das Reichswirtschaftsministerium und die NS-Außenwirtschaftspolitik 1933–1939, in: Albrecht Ritschl (Hrsg.), Das Reichswirtschaftsministerium in der NS-Zeit. Wirtschaftsordnung und Verbrechenskomplex, Berlin 2016, S. 111–232, hier S. 113–116. Faktisch wurde in Deutschland die Devisenbewirtschaftung, also die Kontrolle der vorhandenen Devisen durch Reichs- bzw. Bundesbank, erst 1961 abgeschafft. Spoerer/Streb, Wirtschaftsgeschichte, S. 88.

5 Eine Abwertung der Reichsmark wäre in dieser Situation naheliegend gewesen, aber die deutsche Regierung wollte in jedem Fall vermeiden, dadurch die eigene Auslandsschuldenlast (weil in Fremdwährung) ansteigen zu lassen. Tooze, Ökonomie der Zerstörung, S. 42. Eine Abwertung hätte aber auch den Vereinbarungen im Young-Plan von 1929 widersprochen.

Im Inland wiederum sanken die Preise und Löhne, aber nicht die Schulden und Hypotheken. Anfang 1932 setzte eine Insolvenz- und Konkurswelle in der Privatwirtschaft ein. Die sich nunmehr seit einigen Jahren hinziehende Krise traf eine „stark geschwächte Unternehmenslandschaft", die sich von den Folgen der Kriegswirtschaft und Inflation noch gar nicht erholt hatte und mit wenig Substanz agierte. Trotz aller Vergünstigungen „kam die Masse der deutschen Unternehmen angeschlagen aus der Krise" und traf dann auf eine schlecht funktionierende Weltwirtschaft.[6]

Als 1931 und 1932 die Auswirkungen der Weltwirtschaftskrise besonders schmerzhaft spürbar wurden und die politischen Reaktionen noch nicht zu wirken begannen, engagierten sich nicht nur die agrarischen Eliten oder das „Großkapital" in Parteien und Netzwerken. Auch Hamburger Kaufleute versuchten Einfluss zu nehmen und wägten ab, ob dem im Juni 1932 eingesetzten präsidialen „Kabinett der Barone" unter Franz von Papen eine Lösung zuzutrauen sei oder ob die zwar wirtschaftsprogrammatisch nur schwach aufgestellte, aber unverbrauchte NSDAP den Aufschwung bringen könne. Viele Handelsunternehmer blieben zunächst zurückhaltend, denn sowohl bei der DNVP wie der NSDAP stand die Aufkündigung der internationalen Zahlungsverpflichtungen ganz oben auf der Agenda,[7] worunter der Außenhandel zusätzlich gelitten hätte. Aber es gab auch Anhänger der Autarkiepolitik, wie das Großunternehmen HAPAG oder jüngere Mitglieder von Kaufmannsfamilien, die ihre Kontakte zur NSDAP intensivierten.[8]

Wie der Unternehmenshistoriker Werner Plumpe betont, entschied sich die Masse der Großunternehmen nicht im Wortsinne strategisch für den deutschnational-nationalsozialistischen Kurs. Vielmehr seien viele Unternehmer zu diesem Zeitpunkt von der Krise zermürbt gewesen und hätten die Chance für eine wirtschaftliche Erholung nur in einem „politisch verstärkten Aufschwung" gesehen.[9] Als nach 1933 die Margen tatsächlich stiegen und auch ausländische Investitionen wieder getätigt wurden, galt dies vielen als eine nachträgliche Bestätigung der eigenen Entscheidung und das Vertrauen ins Regime stieg. Da autonome Arbeitnehmerorganisationen wegfielen und die Kooperation mit der Reichsregierung direkt und meist unkompliziert ver-

6 Werner Plumpe, Unternehmensgeschichte im 19. und 20. Jahrhundert, Berlin 2018, S. 43.

7 Tooze, Ökonomie der Zerstörung, S. 46–49.

8 Ursula Büttner, Der Aufstieg der NSDAP, in: Hamburg im „Dritten Reich", hrsg. v. d. Forschungsstelle für Zeitgeschichte in Hamburg, S. 27–65, hier S. 52.

9 Plumpe, Unternehmensgeschichte, S. 49.

lief, bewertete die überwiegende Zahl der Unternehmen und Konzerne Mitte der 1930er Jahre die Geschäftsbedingungen in NS-Deutschland als positiv.[10] Im weiteren Verlauf differenzierte sich das Bild freilich. Branchen und Unternehmen, die besonders unter der Krise gelitten hatten und anschließend von den „durch das Regime geschaffenen ‚Möglichkeiten'" besonders profitieren konnten, gehörten schließlich zu den „regimenahen" Unternehmen.[11]

Die Handelsstadt Hamburg war in besonderer Weise von der Weltwirtschaftskrise betroffen und stand im Sommer 1931 kurz vor dem Staatsbankrott, der nur durch kurzfristige Überbrückungskredite des Reiches verhindert wurde.[12] Auf die Hamburger Wirtschaft wirkte sich neben anderen Faktoren vor allem die Einführung der Devisenbewirtschaftung negativ aus; hinzu kamen politische Spannungen in Südamerika, eine für den Hamburger Außenhandel besonders wichtige Region.[13] In allen Branchen der Stadt sanken die Beschäftigtenzahlen dramatisch: im Großhandel (von 1925 bis 1933 bemessen) um 35, im Im- und Exportbereich um 46 Prozent.[14] Unter der weltweiten Nachfrageschwäche, gekoppelt mit dem massiven Kapitalabzug ausländischer Investitionen, litt vor allem die exportorientierte deutsche Industrie.

Aber auch noch 1932, auf dem Höhepunkt der Krise, war nicht entschieden, dass die vorherrschenden deutschnationalen Kräfte diesen desintegrierenden Weg fortsetzen würden. Es gab eine ganze Reihe Stimmen, die einen multinationalen Freihandel als Krisenlösung forderten, und insbesondere aus Hamburg kam mit dem Krogmann-Plan ein eher marktwirtschaftlich orientierter und zugleich auf Steuerung setzender Vorschlag. Der Plan sah vor, die Ein- und Ausfuhren des Deutschen Reiches zwar zu regulieren, aber ihre jeweiligen Quoten nicht voneinander abhängig zu machen.[15]

10 Stephan H. Lindner, Das Reichskommissariat für die Behandlung feindlichen Vermögens im Zweiten Weltkrieg. Eine Studie zur Verwaltungs-, Rechts- und Wirtschaftsgeschichte des nationalsozialistischen Deutschlands, Stuttgart 1991, S. 3.

11 Plumpe, Unternehmensgeschichte, S. 48 f.

12 Büttner, Aufstieg der NSDAP, S. 30.

13 Klaus Weinhauer, Handelskrise und Rüstungsboom. Die Wirtschaft, in: Hamburg im „Dritten Reich", hrsg. v. d. Forschungsstelle für Zeitgeschichte in Hamburg, S. 191–224, hier S. 193.

14 Ebenda, S. 194.

15 Deutsche Exporteure sollten für ausgeführte Waren Einfuhrscheine in Höhe eines bestimmten Prozentsatzes vom Ausfuhrwert erhalten. Die Regierung sollte wiederum Importe nur nach Vorlage solcher Einfuhrscheine genehmigen. Diese würden frei erwerbbar sein und an der Börse gehandelt werden. Krogmann ging davon aus, dass durch das Zusammenwirken von Angebot und Nachfrage sowohl die Ausfuhr

Aber die deutschnationale und nationalsozialistische Agenda stimmte in fatalen Punkten überein, von denen die Abschaffung der internationalen Zahlungsverpflichtungen (Reparationen wie Kredite) und die Intensivierung der schon seit einigen Jahren mehr oder weniger heimlich betriebenen Aufrüstung besonders schwer wogen.[16] Die reichsweiten Konjunkturdaten deuteten zwar im Herbst 1932 eine Erholung der Wirtschaft an,[17] aber der deutschnationale Wille zur Macht, eine immens einflussreiche Großagrarier-Lobby und interne Machtkämpfe führten in den tonangebenden Kreisen im Januar 1933 dazu, in Adolf Hitler die bestmögliche Besetzung für den Reichskanzlerposten zu sehen. Wie andere Zeitgenossen setzten auch viele Unternehmer in Hamburg die Wirtschaftskrise mit der des Staates gleich und setzten auf potenziell starke Machthaber, um beides zu überwinden.[18]

Die endgültige Machtübernahme im März 1933 war u.a. möglich geworden, weil in Hamburg wie im gesamten Deutschen Reich Unternehmer und Wirtschaftsvertreter vor allem stabile Verhältnisse wollten, die nach ihrer Meinung die NSDAP am wahrscheinlichsten herstellen konnte. Die Handelskammern waren von den wirtschaftspolitischen Maßnahmen der letzten Jahre so enttäuscht und fürchteten planwirtschaftliche Experimente so sehr, dass auch sie das Ende der Weimarer Republik positiv sahen. Eine nationalkonservative Regierung, die ihnen Spielraum für eine prominente Vermittlerrolle in einem Ständestaat gegeben hätte, wäre den meisten Kammern recht gewesen. Das neue NS-Regime erschien zwar vielen wirtschaftspolitisch unausgegoren und insgesamt zu radikal. Aber ohne Zögern nahmen die Handelskammern dies in Kauf, arbeiteten mit den neuen Machthabern eng zusammen und versuchten, ihren Einfluss zu stärken oder sogar auszubauen.[19]

Die in den folgenden Jahren zunehmenden ordnungspolitischen Eingriffe der NS-Führung in die deutsche Wirtschaft waren nur wenig kompatibel mit den Interessen und Bedürfnisse der Hamburger Handelswirtschaft.[20] Gleichwohl konnte man sich arrangieren, da die NS-Politik an bestehende

gesteigert als auch die Importe gesenkt würden. Michael Ebi, Export um jeden Preis. Die deutsche Exportförderung von 1932–1938, Stuttgart 2004, S. 103.

16 Tooze, Ökonomie der Zerstörung, S. 49.

17 Christoph Buchheim, Das NS-Regime und die Überwindung der Weltwirtschaftskrise in Deutschland, in: Vierteljahrshefte für Zeitgeschichte 56 (2008), 3, S. 381–414, hier S. 387.

18 Roth spricht vom allgemeinen Wunsch nach einer „Sanierungsdiktatur“, in der vor allem der Standort Hamburg subventioniert werde. Roth, Ökonomie, S. 25–27.

19 Stremmel, Kammern, S. 21, 91.

20 Weinhauer, Handelskrise und Rüstungsboom, S. 194.

Institutionen und Praktiken aus der Weimarer Zeit anschloss.[21] Die „Programmatik" nationalsozialistischer Wirtschaftspolitik beruhte letztlich auf zwei Prioritäten, von der die erste – wirtschaftliche Autarkie – sowohl Voraussetzung als auch Ziel der zweiten Priorität, eines Eroberungskrieges, darstellte. Das Deutsche Reich sollte größtmögliche wirtschaftliche Unabhängigkeit erreichen und sich aus den eroberten Gebieten „ernähren". Um dafür die Krise endgültig zu überwinden, baute das NS-Regime die Arbeitsbeschaffungsmaßnahmen im industriell-gewerblichen Sektor aus, mobilisierte und förderte den Agrarsektor massiv und verhinderte 1934 mit dem „Neuen Plan" die kurzfristige Zahlungsunfähigkeit des Reiches.[22] Schon der 1936 ausgerufene Vierjahresplan zur Industriemobilisierung galt ausschließlich der Expansion.[23] In dieser Gemengelage protegierter Sektoren musste die Hamburger Wirtschaftslobby, allen voran die Handelskammer, ihren ganzen Einfluss geltend machen, um in Berlin bessere Bedingungen oder Förderungen für den Handelsstandort Hamburg zu erreichen.[24] Unabhängig davon, ob eine Förderung schließlich als Kreditvergabe oder in Form einer Erlaubnis zur Hafenerweiterung gewährt wurde, bedeutete sie in der Logik des NS-Staates zugleich einen machtpolitischen Bedeutungszuwachs.

Für die Außenhandelswirtschaft legte die NS-Führung die oberste Priorität auf den Import von Rohstoffen (anstatt Fertigwaren) fest, der gekoppelt sein sollte an eine Binnenwirtschaft, in der die Rüstungsproduktion massiv gesteigert und die Konsumgüterproduktion vermindert wurde. Durch eine trickreiche Industrieförderung gelang es der NS-Führung, den Industrie- und Rüstungssektor in kürzester Zeit auszubauen.[25] Hierfür sollte Hamburg – wie sämtliche Außenhandelsstandorte – die notwendigen Devisen besorgen. Aber in den ersten Jahren nach der Machtübernahme sah die Situation für den Handel noch düster aus; erst in der zweiten Hälfte der 1930er Jahre stabilisier-

21 Spoerer/Streb, Wirtschaftsgeschichte, S. 101.

22 Zur umfassenden Regulierung der Außenwirtschaftsbeziehungen vgl. Tooze, Ökonomie der Zerstörung, S. 98–101; Spoerer/Streb, Wirtschaftsgeschichte, S. 111.

23 Über die vier Phasen der Mobilisierung vgl. Jürgen John, Mobilisierung als Charakteristikum des NS-Systems?, in: Oliver Werner (Hrsg.), Mobilisierung im Nationalsozialismus. Institutionen und Regionen in der Kriegswirtschaft und der Verwaltung des „Dritten Reiches" 1936 bis 1945, Paderborn 2013, S. 29–57, hier S. 55–57.

24 Bielfeldt sieht in diesen Bemühungen um „Autonomie" den zentralen Handlungsbereich der Kammer bis ca. 1940. Vgl. ders., Vom Werden Groß-Hamburgs, S. 98.

25 Unter anderem durch die sogenannten „Öffa-, später MEFO-Wechsel", deren Prinzip aus der Weimarer Zeit übernommen und massiv ausgebaut wurde. Es handelte sich dabei um verdeckte Staatskredite, „auf Pump" durch die Reichsbank finanziert. Vgl. u. a. Spoerer/Streb, Wirtschaftsgeschichte, S. 108 f.

ten sich die Kennzahlen, um nur kurz danach mit Kriegsbeginn wieder auf ein krisenhaftes Niveau abzurutschen.[26] Die Handelspolitik war somit einseitig auf die kommende Kriegsführung ausgerichtet und Freihandel im eigentlichen Sinne wurde unterbunden, was nicht nur Hamburg erheblich zu schaffen machte. Zwar verzeichneten die Konjunkturdaten einen positiven Trend, aber 1934 verschlechterten sich wiederum sowohl Zahlungs- wie Handelsbilanz des Deutschen Reiches, als im Vergleich zu den Importen das Volumen der Ausfuhr um 15 Prozent sank.[27] Diese negative Handelsbilanz „war umso bedenklicher, als der Welthandel nach 1932 erneut zugenommen und Deutschland demnach Anteile am weltweiten Export verloren hatte. Zu einem erheblichen Teil war das auf die gesunkene preisliche Wettbewerbsfähigkeit deutscher Produkte zurückzuführen – eine Folge der Nichtabwertung der Reichsmark."[28]

Um die notorisch knappen Devisenbestände zu sichern und so wenig Devisen, sprich Finanzmittel, wie möglich abfließen zu lassen, sollten die Importe durch Exporte finanziert werden, kontrolliert von zahlreichen Überwachungs- und Bewirtschaftungsinstitutionen.[29] Unter der Bezeichnung „Neuer Plan" führte Reichsbankpräsident (und nun auch Reichswirtschaftsminister) Hjalmar Schacht ein stark reglementiertes Verrechnungssystem ein, mit dem ab 1934 die Importmöglichkeiten von den massiv geförderten Exporten und der Handelsbilanz mit den beteiligten Staaten abhängig gemacht wurden.[30] Bis dahin hatten Importeure allgemeine Genehmigungen erhalten, damit sie die eingeführten Rohstoffe in Devisen bezahlen konnten. Die „Verordnung über die Einfuhr von Waren" setzte diese Regelung außer Kraft. Nun musste für jedes Geschäft nach Vorlage der Einfuhrbewilligung und unter Angabe des Einkaufsbetrages ein Antrag gestellt werden. Einfuhrgenehmigungen wurden nur dann erteilt, wenn sie einem Gegenwert an Lieferungen deutscher Produkte in dieses Land entsprachen.[31] Die Verrechnung lief über „Ausländerson-

26 Eine wichtige Kennziffer des Hamburger Außenhandels war der Warenumschlag im Hafen: Von seinem Tiefpunkt mit 19,1 Mio. Tonnen im Jahr 1933 stieg er bis 1938 auf 25,3, um mit Kriegsbeginn auf 18,7 abzusacken und 1942 nur noch bei 7,8 Mio. Tonnen zu liegen. Weinhauer, Handelskrise und Rüstungsboom, S. 197.

27 Buchheim, NS-Regime, S. 404.

28 Ebenda, S. 405.

29 Weinhauer, Handelskrise und Rüstungsboom, S. 194.

30 Hans-Erich Volkmann, Außenhandel und Aufrüstung in Deutschland 1933–1939, in: ders., Ökonomie und Expansion. Grundzüge der NS-Wirtschaftspolitik, ausgewählte Schriften, hrsg. v. Bernhard Chiari, München 2003, S. 103–131, hier S. 130 f.

31 „Die gesamte deutsche Einfuhr wurde seitdem also in höchst dirigistischer Weise entsprechend den Prioritäten des Regimes gelenkt. Das bedeutete, dass rüstungs-

derkonten für Inlandsgeschäfte" (ASKI), ein Verfahren, das maßgeblich von der Deutsch-Südamerikanischen Bank eingeführt und von der Reichsregierung übernommen worden war.[32] Deutsche Importeure zahlten in Form von Reichsmark-Guthaben; ausländische Abnehmer konnten auf diese Guthaben nur zugreifen, um deutsche Waren zu bezahlen. Das Verfahren sollte den chronischen Devisenmangel entschärfen und begünstigte, zumindest bis Kriegsbeginn, vor allem die deutschen Exporte nach Südamerika.

Der Handelsbereich konnte die vonseiten des Regimes in ihn gesetzten Erwartungen nicht erfüllen: Trotz Exportoffensiven, bilateralen Handelsverträgen, Clearingabkommen und anderer Verrechnungsinstrumte fehlte es letztlich immer an notwendigen Devisen, um eine ausreichend positive Handelsbilanz zu erreichen.[33] Dieses Ziel geriet ohnehin ins Hintertreffen, wenn es darum ging, den Export zu drosseln und ausreichend Rohstoffe zu importieren, die für die ausufernde Rüstungsproduktion nötig waren.[34] Angesichts

wichtigen Importen Vorrang eingeräumt wurde; dagegen wurde, abgesehen von für die Ernährung essentiellen Produkten, der Import von Fertigwaren sowie von Rohstoffen für die Konsumgüterindustrie stark gedrosselt." Buchheim, NS-Regime, S. 405.

32 Johannes Bähr, Zwischen zwei Kontinenten. Hundert Jahre Dresdner Bank Lateinamerika vormals Deutsch-Südamerikanische Bank, Frankfurt a. M. 2007, S. 68 f.

33 Die Clearingabkommen dienten ohnehin nur auf den ersten Blick der Handelsförderung. „Tatsächlich entwickelte sich das Clearing zu einem Instrument der Kriegsfinanzierung neben anderen. Paradoxerweise beruhte dieser Mechanismus auf einer Politik der bewussten Verschuldung Deutschlands. Denn die Exporteure erhielten ihre Leistungen de facto aus dem Besatzungskostenetat ausgezahlt, wohingegen der Ausgleich der […] gebuchten Schuldsalden auf die Nachkriegszeit verschoben wurde. Man war sich in Berlin einig, dass die europäischen Staaten ‚mit List, Tücke und vielleicht Gewalt' dahin gebracht werden müssten, ‚ihre Waren nach Deutschland zu verkaufen und ihre Salden, wenn sie entstehen, in Berlin stehen zu lassen'. [Sandkühler verweist auf ein Zitat von Gustav Schlotterer vom 11. 7. 1940, belegt bei Marc Buggeln, Währungspläne für den europäischen Großraum. Die Diskussion der nationalsozialistischen Wirtschaftsexperten über ein zukünftiges europäisches Zahlungssystem, in: Beiträge zur Geschichte des Nationalsozialismus 18 (2002), S. 41-76, hier S. 60.] Schätzungen über die tatsächliche Höhe der deutschen Clearingverschuldung bei Kriegsende schwanken zwischen rund 30 und 42 Milliarden Reichsmark. Etwa 75 Prozent dieser erzwungenen Kredite stammten aus den besetzten Gebieten, 22 Prozent von verbündeten Staaten, der Rest aus neutralen Staaten wie der Schweiz." Thomas Sandkühler, Europa und der Nationalsozialismus. Ideologie, Währungspolitik, Massengewalt, in: Zeithistorische Forschungen/ Studies in Contemporary History 9 (2012), 3, S. 428–441, Abschnitt 5, https://zeithistorische-forschungen.de/3-2012/4673 [16. 10. 2022].

34 Banken, Die wirtschaftspolitische Achillesferse, S. 112. Anstatt die deutsche Exportwirtschaft „als eigenständigen Konjunkturmotor aufzubauen", sollte „im

solcher offenkundigen volkswirtschaftlichen Fehlkonstruktionen vonseiten des NS-Regimes erstaunt es, mit welcher Ernsthaftigkeit und Sorgfalt wirtschaftliche Interessenvertretungen wie die Hamburger Handelskammer den Anforderungen folgten. Die Handelskammer erhob zwar Einwände gegen eine Benachteiligung Hamburgs gegenüber anderen Wirtschaftsstandorten und sie kritisierte ein ums andere Mal die bürokratischen Einschränkungen für den Handel. Ausgestattet mit weltwirtschaftlicher Kompetenz stellte sie aber zu keinem Zeitpunkt die einseitige und auf Pump angelegte NS-Wirtschaftspolitik infrage. Es ist vielmehr davon auszugehen, dass sie die Lage zwar beklagenswert fand, aber ähnlich wie andere Wirtschaftsvertretungen und Unternehmer von den langfristigen Zielen, vor allem den Gebietszugewinnen profitieren wollte. Denn in Aussicht stand, mit Unternehmen in besetzten oder verbündeten Ländern überaus lukrative Geschäfte abschließen zu können. Hierfür wanderte mit Beginn des Zweiten Weltkrieges die Blickrichtung der Handelsunternehmen von Südamerika und Afrika in Richtung Osteuropa und im weiteren Verlauf radikalisierte sich ihre Haltung, um den erwarteten Profit auch tatsächlich zu machen. Denn obwohl die Ressourcen des Deutschen Reiches längst erschöpft waren, konnte das NS-Regime trotzdem seinen Krieg erstaunlich lange weiterführen – auch auf der Grundlage von unternehmerischem Engagement. Deshalb kann das Agieren der Wirtschaft im Allgemeinen und der Hamburger Wirtschaftspolitik im Besonderen kaum ausschließlich auf Eigeninteresse und Standortsicherung zurückgeführt werden, sondern auch auf die Entscheidung, die NS-Politik massiv zu unterstützen.

1.2 Grundsätzliche Perspektiven auf die Kategorien „Teilhabe“ und „Verantwortung“

1938 begutachtete der in der IHK eingerichtete „Ausschuss für Arisierung und Liquidation“ nach eigner Aussage über 200 „Entjudungsverträge“.[35] Die Gutachten bildeten eine wichtige Grundlage innerhalb des scheinlegalen Prozederes, das unter dem Begriff „Arisierung“ bekannt war und letztlich

Rahmen der nationalen Autarkiebestrebungen gerade so viel exportiert werden, wie zur Finanzierung der ‚volkswirtschaftlich notwendigen‘ Einfuhren benötigt wurde, schließlich geht exportierte Ware der inländischen Verwendung verloren.“ Spoerer/Streb, Wirtschaftsgeschichte, S. 113.

35 Vgl. HK-Archiv, 49.C_28 Ernennung von Sachverständigen in Entjudungssachen 1938; Roth, Ökonomie, S. 61; Bajohr, „Arisierung“, S. 227.

zum Ziel hatte, jüdische Unternehmer und Gewerbetreibende zu berauben und aus Hamburg zu vertreiben. Gutachten, in denen etwa über die volkswirtschaftliche Relevanz und Ergiebigkeit des betreffenden Unternehmens geurteilt wurde, sollten den politischen Entscheidungen über die Fortexistenz jüdischer Gewerbetreibender den Anschein von Faktizität geben. In dem Ausschuss arbeiteten vorrangig Hauptamtsmitarbeiter der Handelskammer, von denen die Mehrheit Mitglied der NSDAP war. Für die Arbeit an den Gutachten stand die Handelskammer in der Regel nicht im Kontakt mit den jüdischen Firmeninhabern, ebenso wenig spielte sie auf der Ausführungsebene eine Rolle. Und doch leuchtet unmittelbar ein, wie die Handelskammer durch ihre Gutachtertätigkeit am NS-System selbstständig mitwirkte.

Weitere Vorgänge konnten im Rahmen dieser Studie zusammengetragen werden, die die Mitwirkung der Handelskammer am NS-System und oftmals auch eine aktive Erweiterung der nationalsozialistischen bzw. rassistischen Prinzipien aufzeigen. Meistens handelte es sich um komplexe Vorgänge, die sich nicht auf Entscheidungen einzelner Personen zurückführen lassen, sondern die aus dem Zusammenwirken von Wissen, Entscheidung und Handlungsanweisung entstanden. Wie sind solche Vorgänge mit Blick auf eine grundsätzliche Beurteilung von Verantwortlichkeiten an NS-Verbrechen einzuordnen?

Handlungserforschung statt Motivsuche

Eine der empirischen Grundlagen dieser Studie bildet die Zuordnung von NSDAP-Mitgliedschaften. Die Klärung, welche Handelskammer-Protagonisten Mitglieder der NSDAP waren, ist notwendig, um sich der Frage zu nähern, auf welcher Grundlage einzelne Personen am verbrecherischen NS-System teilhatten. Allerdings bietet die Mitgliedschaft, wie in der Einleitung schon angedeutet, längst keinen hinreichenden Anhaltspunkt, um beurteilen zu können, in welchem Ausmaß und unter welchen Bedingungen am NS-System mitgewirkt wurde.[36] Vielmehr müssen die Handlungsspielräume der Akteure ausgelotet werden und es muss, soweit möglich, nachvollzogen werden, wie diese genutzt wurden. Wenn von Handlungsspielräumen die Rede ist, lassen sich zwei Ebenen unterscheiden: Auf der ersten Ebene ist die Rolle der Handelskammer Hamburg als Institution innerhalb des NS-Systems verortet. Hier lässt sich am ehesten von Handlungskomplexen sprechen, denn

36 Zur Problemlage Steuwer, „Zweiundvierzig“.

als Schnittstelle und Interessenvertretung der Wirtschaft war die Kammer in unterschiedlichem Maße etwa durch Genehmigungs- und Begutachtungsverfahren in so gut wie alle wirtschaftspolitischen Belange der Stadt eingebunden. Ihr ursprünglicher institutioneller Auftrag einer Interessenvertretung wandelte sich im Laufe der Zeit ganz im Sinne des NS-Staats. Es bleibt eine quellenabhängige Abwägung, ob und (wenn ja) wie die Kammer die NS-Politik nicht nur ausführte, sondern auch NS-Politik betrieb.

Eng damit verflochten ist auf der zweiten Ebene die Rolle einzelner Personen, die in der Handelskammer aktiv waren. Eine erste Einschätzung der Handlungsspielräume von Amtsträgern der Kammer lässt sich aus dem grundsätzlichen persönlichen und unternehmerischen Engagement unter dem Regime ableiten. Denn die NSDAP und der eng auf Günstlingswirtschaft ausgerichtete Staatsapparat boten mannigfache Gelegenheiten, sich zu bereichern. Hier können Ereignisse und Umstände rekonstruiert werden, unter denen eine Person an denen im NS-System möglichen Diskriminierungen und Ausbeutungen beteiligt war.

Jedoch bleibt die Motivlage meist ungeklärt, denn die Quellenlage bietet wenig Basis, um Aussagen darüber treffen zu können, in welchem Verhältnis kriminelle Energie und ideologischer Eifer standen, die das Verhalten motivierten. Gegen eine Motivsuche und für eine Rekonstruktion von Handlungszusammenhängen sprechen weitere Argumente. Zunächst einmal sind explizit NS-ideologische Aussagen von Handelskammer-Protagonisten, mit denen sie ihr unternehmerisches Handeln begründen, ohnehin selten. In der Regel nahmen Unternehmer Bezug auf die „Volksgemeinschafts"-Doktrin und ummantelten ihren Rassismus und Antisemitismus mit pragmatischer Notwendigkeitsrhetorik. Zudem sind schriftliche Zeugnisse, in denen Auskunft über die Beweggründe individueller Handlungen gegeben wird, ohnehin problematisch. Denn Handlungsmotive müssen aus Ex-post-Erklärungen abgeleitet werden, denn kaum ein Täter schreibt *während* der Tat seine Motive auf. Solche Erklärungen dienen zahlreichen Zwecken, von denen die Rechtfertigung wohl der dominierende ist. In jedem Fall bieten solche Texte der Geschichtswissenschaft kaum eine Möglichkeit, um herauszufinden, was genau jemanden in einer bestimmten Situation zu einer bestimmten Handlung veranlasste.

Deshalb rekonstruiert die vorliegende Studie sowohl verbal als auch praxeologisch Handlungen und ihre Begründungen, in denen antisemitische, rassistische und/oder völkische Haltungen zum Ausdruck kamen, beispielweises anhand von Entscheidungen und Vorgängen, die nicht erzwungen, aber ganz im Sinne der NS-Doktrin gestaltet und begründet wurden.[37] So war die Handelskammer zwar gefordert, Gutachten für „Arisierungsverfahren“ anzufertigen, jedoch lag kein Zwang hinsichtlich der inhaltlichen Gestaltung vor.

Damit orientiert sich die vorliegende Studie an den schon länger geführten Debatten in der Geschichtswissenschaft[38] über die angemessene Unterscheidung zwischen den Begriffen *Verantwortung* (für die Umsetzung von Praktiken im Sinne des NS-Regimes), *Belastung* und *Täterschaft*.[39] Die Forschung leitet eine mögliche Täterschaft nicht anhand vermuteter Motive oder Zielsetzungen ab, sondern belegt sie anhand von Handlungen, die das NS-Regime direkt unterstützten und die sowohl juristische Implikationen enthalten als auch eine politische und gesellschaftliche Dimension.[40] Schon lange hat sich die kritisch-biografische Methode gekoppelt mit sozialstrukturellen Zugängen etabliert, um gesicherte Aussagen über die individuellen Handlungsspielräume von Akteuren zu treffen.[41] Der Begriff integriert sowohl persönliche Umstände und Prägungen, ego-taktische Aussagen als auch politische und soziale Kontexte und Strukturen und zeigt auf, welches individuelle

37 Frank Bajohr, Neuere Täterforschung, Version: 1.0, in: Docupedia-Zeitgeschichte, 18. 6. 2013, http://docupedia.de/zg/bajohr_neuere_taeterforschung_v1_de_2013 [31. 10. 2022].

38 Vgl. u. a. Hans Mommsen, Forschungskontroversen zum Nationalsozialismus, 23. 3. 2007, https://www.bpb.de/geschichte/nationalsozialismus/dossier-nationalsozialismus/39638/forschungskontroversen?p=all [2. 11. 2022]. Außerdem Norbert Frei/Tim Schanetzky (Hrsg.), Unternehmen im Nationalsozialismus. Zur Historisierung einer Forschungskonjunktur, Göttingen 2010. Die Aufsätze von Ralf Ahrens, Jörg Osterloh und Carola Sachse darin geben einen Überblick zu einzelnen Strängen der Kontroversen. Diese fanden in Westdeutschland statt, da in der NS-Forschung der DDR eine „ideologische Fixierung auf die vermeintliche ‚Herrschaft der Monopole‘“ vorgegeben war. Norbert Frei, Die Wirtschaft des „Dritten Reiches“. Überlegungen zu einem Perspektivwechsel, in: ders./Schanetzky, Unternehmen im Nationalsozialismus, S. 9–24, hier S. 10.

39 Bajohr, Neuere Täterforschung.

40 In diesem Sinne nicht nur strafrechtlich relevante Handlungen, sondern auch solche, die eine NS-Policy mit gesellschaftlichem Ausmaß darstellten. Johannes Koll, Biographik und NS-Forschung, in: Neue Politische Literatur 57 (2012), S. 67–127, hier S. 74.

41 Hier können nur die prägenden Studien erwähnt werden: Ulrich Herbert, Best. Biographische Studien über Radikalismus, Weltanschauung und Vernunft 1903–1989, Bonn 2001; Karin Orth, Die Konzentrationslager der SS. Sozialstrukturelle Analysen und biographische Studien, Göttingen 2000; Michael Wildt, Generation des Unbedingten. Das Führungskorps des Reichssicherheitshauptamtes, Hamburg 2002.

Verhalten möglich war und schließlich an den Tag gelegt wurde. Zu fragen ist also nach dem „Was“ und „Wie“ von Handlungen und weniger nach dem „Warum“.

Solche Handlungszusammenhänge lassen sich koppeln mit dem zeitgenössischen Wissensstand über das Ausmaß an Gewalt im NS-Staat. Denn es kann davon ausgegangen werden, dass Hamburger Unternehmer, so wie andere wirtschaftlich relevante Akteure, wussten, wie sehr ein gewalttätiges und unrechtmäßiges Vorgehen im NS-Staat an der Tagesordnung war und dass sich dieses Vorgehen gegen alle als „Feinde“ markierten sozialen Gruppen im In- und Ausland richtete.[42] Die Konsequenzen des eigenen Tuns, das von antisemitischen Äußerungen über den aktiven Ausschluss jüdischer Geschäftspartner bis zur Beschäftigung von Zwangsarbeitern reichen konnte, waren somit absehbar. Letztlich führte das Zusammenspiel aller Handlungen (und Unterlassungen) von Unternehmern und Wirtschaftsvertretern zu einer Mitverantwortung an den Verbrechenskomplexen im NS-Staat. Anders ausgedrückt: In der Ausübung ihrer Funktion trugen alle Mitglieder der Handelskammer systemische Verantwortlichkeit an den Verbrechen des NS-Regimes.

Bei den Handelskammer-Mitgliedern äußerte sich die nationalsozialistische Überzeugung unterschiedlich intensiv; sicherlich waren auch fest überzeugte Nationalsozialisten unter ihnen. Aber um ein effektiver Teil des NS-Systems zu sein und von ihm zu profitieren, brauchte es keine ideologische Tiefenprägung. Ein Beispiel soll diese Form von informierter Teilhabe an der NS-Doktrin verdeutlichen: Nach dem erfolgreichen Frankreichfeldzug im Sommer 1940 schien sich ein baldiges Ende des Krieges abzuzeichnen. Die meisten Unternehmer hofften sehr darauf, weil dann – so ihre Annahme – vor allem die Handelsgeschäfte wieder besser laufen würden (im Unterschied zu den kriegswirtschaftlich stark geförderten Industriezweigen). Es gibt aber bislang keine Hinweise darauf, dass die in der Handelskammer engagierten Unternehmer die Zeit nach dem Krieg auch als eine Zeit nach dem Nationalsozialismus prognostizierten oder wünschten. Vielmehr sah man die Stadt auch in Friedenszeiten als Zentrum eines prosperierenden NS-Staates, wie ein Bericht der Handelskammer für das Reichswirtschaftsministerium (RWM) hervorhob. Als wichtigster Rohstoff-Einfuhr- und Fertigwaren-Aus-

42 Vgl. Frank Bajohr/Dieter Pohl, Der Holocaust als offenes Geheimnis. Die Deutschen, die NS-Führung und die Alliierten, München 2006; Peter Longerich, „Davon haben wir nichts gewusst!“. Die Deutschen und die Judenverfolgung 1933–1945, 2. Aufl., München 2006.

fuhrhafen werde Hamburg in Zukunft „zur Versorgung des mitteleuropäischen Wirtschaftsraumes mit überseeischen Produkten maßgeblich beizutragen haben".[43] Zudem würden sich nach dem Krieg „für den hamburgischen Außenhandel große Möglichkeiten [ergeben], an dem kolonialwirtschaftlichen Aufbau mitzuwirken". Der Verweis auf die „großen Möglichkeiten" war sicherlich zum Teil den Erwartungsstrukturen im NS-Staat geschuldet, der auf der Schimäre vom totalitären Konsens seiner „Volksgemeinschaft" beruhte.[44] Die Aussage hätte aber nicht getätigt werden müssen, sondern war – im Gegenteil – eine selbstständige Positionierung der Hamburger Handelskammer. Mit ihr zeigt sich, wie sehr die NS-ideologischen Prämissen im unternehmerischen Umgang mit europäischen und außereuropäischen Ländern verinnerlicht worden waren und die Planungen bestimmten.

Während diese Quelle mit einzelnen Personen in Verbindung gebracht werden kann, die an dem Papier mitwirkten, gibt es andere Zusammenhänge, die nicht auf konkrete Personen zurückzuführen sind. Beispielsweise finden sich in den Akten der Handelskammer immer wieder Schreiben, in denen offen über die Situation insbesondere der jüdischen Bevölkerung in den besetzten osteuropäischen Ländern informiert wurde. So wurde etwa über die zwischen der Sowjetunion und dem Deutschen Reich vereinbarte „Umsiedlungsaktion" informiert, bei der ab Ende 1939 sogenannte Volksdeutsche und Polen kurzerhand über die Grenzen verschoben und ausgetauscht wurden, wovon „die Juden[,] da das ganze Übereinkommen auf Gegenseitigkeit aufgebaut ist", ausgeschlossen waren.[45] Das entsprechende Schreiben weist keinen Adressaten auf und findet sich in den Unterlagen, die intern im Rahmen der Mobilmachung 1939 gesammelt wurden. Daraus kann geschlossen werden, dass mindestens das Präsidium und die Vertreter des Hauptamtes davon wussten, jedoch gibt es keinen letztgültigen Beleg hierfür.

43 Brief und Bericht der IHK Hamburg an RWM, Betrifft: Wirtschaftsgeographische Struktur der Kammerbezirke, 22. 1. 1941 [23–30], BArch, R 3101/9574 Generalreferat für Organisationsfragen, IHK Hamburg, Januar 1940–42.

44 Dietmar Süß/Winfried Süß, „Volksgemeinschaft und Vernichtungskrieg": Gesellschaft im nationalsozialistischen Deutschland, in: dies. (Hrsg.), Das „Dritte Reich". Eine Einführung, 2. Aufl., München 2009, S. 79–100.

45 UdSSR Nr. 11, Streng vertraulich! Bericht eines Vertrauensmannes, Dezember 1939: Der deutsch-russische Umsiedlungsvertrag, HK-Archiv, 94.A.1_59.3. Die Umsiedlungen waren im Hitler-Stalin-Pakt und dort im Geheimen Zusatzprotokoll vereinbart, der im August 1939 zwischen der Sowjetunion und dem Deutschen Reich geschlossen wurde und einen Nichtangriffspakt in Verbindung mit der Aufteilung osteuropäischer Gebiete enthielt. Vgl. Claudia Weber, Der Pakt. Hitler, Stalin und die Geschichte einer mörderischen Allianz 1939–1941, München 2019.

Ohnehin lassen die meisten Quellen keinen Rückschluss auf individuelle Taten zu, aber ermöglichen es, den in der Handelskammer hegemonialen und handlungsleitenden Diskurs zu rekonstruieren. So waren sämtliche Veröffentlichungen oder Mitschriften der Kammer in einem Duktus verfasst, der keinen Zweifel an den uneingeschränkten Bemühungen um den „Wirtschaftsstandort" Hamburg ließ. Hierfür war die Kammer mit dem NS-Führungspersonal und den NS-Strukturen vor Ort gut vernetzt. Zugleich lassen sich bislang keine Hinweise oder Aussagen von Amtsträgern der Kammer finden, die infrage stellten, dass die Kammer eine aktive Institution des NS-Staates sein sollte. Die Handelskammer trug zwar regelmäßig Konflikte mit der Reichsebene aus und betonte ebenso regelmäßig die unterschiedlichen Vorgehensweisen von „Berlin" und „Hamburg". Aber in der Gesamtschau der Quellen lässt sich feststellen, dass die Stadt und ihre Interessenvertretungen damit keine Konkurrenz zur NS-Reichsebene darstellten, sondern eine dynamische Ergänzung bildeten. Da die Kammer Hamburger Interessenpolitik innerhalb des NS-Staates betrieb, war sie Teil dieses Staates mit all seinen Implikationen. Deshalb brauchte es in der Hamburger Wirtschaft keine große Zahl an Nationalsozialisten, um eine Wirtschaftspolitik nach den Prinzipien des Nationalsozialismus durchzusetzen. Zugunsten der eigenen Interessen wurde sie ohnehin von der Handelskammer betrieben.[46]

Unternehmertum im Nationalsozialismus

Auf den ersten Blick ließe sich vermuten, die Schwerpunkte der NS-Wirtschaftspolitik bei gleichzeitig schlechten Handelskennzahlen Hamburgs hätten zu einem Dauerkonflikt der Handelskammer mit den zuständigen Reichs- oder Gaubehörden geführt. Die Chronik ihres langjährigen Hauptgeschäftsführers Hans Bielfeldt unterstreicht diesen Rückschluss und stellt die Politik der Handelskammer als eine fortgesetzte Gratwanderung zwischen Abwehr von NS-Vorgaben und Interessenpolitik für Hamburger Kaufleute dar.[47] Hierzu passt, dass auch in der Forschung zur Wirtschafts- und Unternehmenspolitik lange Zeit der Eindruck vorherrschte, das Primat der Politik

46 Vgl. Rüdiger Hachtmann, Allerorten Mobilisierung? Vorschläge, wie mit Schlagworten in der Sozial- und Gesellschaftsgeschichte der NS-Diktatur umzugehen ist, in: Oliver Werner (Hrsg.), Mobilisierung im Nationalsozialismus. Institutionen und Regionen in der Kriegswirtschaft und der Verwaltung des „Dritten Reiches" 1936 bis 1945, Paderborn 2013, S. 69–83, hier S. 75–77.

47 Bilefeldt, Vom Werden Groß-Hamburgs, insbesondere die Kapitel „Selbstverwaltung – gleichgeschaltet" und „Umwandlung zur Gauwirtschaftskammer", S. 75–85.

habe während der NS-Zeit die Wirtschaft zu einem zwar willigen, aber vor allem geführten Instrument der nationalsozialistischen Autarkie- und Kriegsvorbereitungspolitik gemacht. Sicherlich, weiten Teilen der Wirtschaft ging es vorrangig um Geschäfte und Profite und dies unter Wahrung einer weitgehend bürgerlich-kaufmännischen Fassade. Aber Unternehmer agierten nicht nach dem simplen Muster, sich entweder den Gegebenheiten im NS-Regime anzupassen oder ökonomische Interessen und Logiken zu vertreten. Eine solche, wirtschaftshistorisch lange Zeit tradierte Zweiteilung interpretiert NS-Staat und Wirtschaft als zu unterscheidende Sphären, wobei Letztere dann als „verflochten mit" dem oder „angepasst an" das NS-Regime oder als Wirtschaft „unterm Hakenkreuz" interpretiert wird.[48] Schon in der Frühzeit der NS-Forschung Ende der 1960er Jahre hatten die Historiker Martin Broszat und Karl Dietrich Bracher den eigenständigen Anteil von Wirtschaftsakteuren und Unternehmen an der Etablierung des NS-Staates festgestellt.[49] Seitdem haben viele Studien über Unternehmen während der NS-Zeit „erschreckende Ergebnisse" zutage gefördert, die den Schluss zulassen,

> „dass eine hohe Anpassungsbereitschaft, ein ungezügeltes Profitstreben unter den neuen, politisch repressiven Bedingungen und der Verfall eines zuvor über Jahrzehnte tradierten Normen- und Wertekodexes dominierten. Viele Unternehmer waren sehr schnell bereit, um ihres Geschäfts willen, enge Allianzen mit dem Herrschaftsapparat einzugehen, wobei sie sich schrittweise in die nationalsozialistischen Verbrechen verstrickten, sie teilweise sogar selbst forcierten."[50]

Wie ist dieser Befund mit Blick auf die sogenannte zweite Reihe jenseits der Führungsriege einzuordnen? Der Blick auf die weniger prominenten Wirtschaftsakteure wurde lange Zeit von einer strukturgeschichtlichen Perspektive auf den Nationalsozialismus dominiert, aus der heraus relativ starr zwischen Machthabern und Beherrschten unterschieden wurde. Im Laufe der

48 Frei, Wirtschaft des „Dritten Reiches", S. 17.

49 Ebenda, S. 10 f., mit Bezug auf die maßgeblichen Studien von Martin Broszat, Der Staat Hitlers. Grundlegung und Entwicklung seiner inneren Verfassung, München 1969, und Karl Dietrich Bracher, Die deutsche Diktatur. Entstehung, Struktur, Folgen des Nationalsozialismus, Köln 1969.

50 Jörg Osterloh/Harald Wixforth, Einleitung, in: dies. (Hrsg.), Unternehmer und NS-Verbrechen. Wirtschaftseliten im „Dritten Reich" und in der Bundesrepublik Deutschland, Frankfurt a. M./New York 2014, S. 9–30, hier S. 10 f.

1980er Jahre erodierte diese Sichtweise, da sie keine plausiblen Erklärungsmuster für die lange Dauer der Diktatur und den zwar komplizierten, aber effizienten Ablauf ihrer Verwaltung bieten konnte. Ebenso wenig passte diese Sichtweise mit der Tatsache zusammen, dass Deutschland ein moderner Industriestaat war, in dem nicht nur Verwaltungsexperten, sondern auch berufliche Spezialisten das Ineinandergreifen unterschiedlicher Bereiche organisierten und ausbauten. Vor diesem Hintergrund schlussfolgerte Alf Lüdtke Anfang der 1990er Jahre, dass die „Mobilisierung aller Destruktionskräfte, die für den Raub- und Vernichtungskrieg und den Völkermord" notwendig gewesen waren, vor allem durch die „alltäglichen Praktiken professioneller Routinisierung" gelingen konnte.[51] Institutionen wie die Handelskammer boten hierfür nicht nur in besonderer Weise einen Ordnungsraum an, sondern florierten geradezu bei der Umsetzung immer neuer Vorgaben, Restriktionen oder Regelungen vonseiten des NS-Staates und ihrer Integration in die eigenen Routinen. In solchen professionellen Zusammenhängen sei eine Normalität entstanden, so Lüdtke weiter, die „den moralischen Druck offener Entscheidungslagen gar nicht erst" habe entstehen lassen, da sich Experten, Angestellte oder Funktionsträger in Routinen vertiefen und von der verbrecherischen Dimension ihres Tuns zunehmend distanzieren konnten.

Praktiken und Diskurse, in denen die NS-Doktrin routinisiert wurde, entwickelten sich auch im Unternehmertum. Voraussetzung war das im gesamten 20. Jahrhundert populäre Selbstbild, nach dem Unternehmer unpolitisch, individuell, rational und vorrangig nach ökonomischen Kriterien agierten. Zwar deckte sich dieses Bild selten mit den tatsächlichen komplexen Entscheidungszusammenhängen des unternehmerischen Alltags,[52] aber es imprägnierte eine Selbsterzählung, nach der das unternehmerische Tun vom diktatorischen Sys-

51 Alf Lüdtke, Funktionseliten: Täter, Mit-Täter, Opfer? Zu den Bedingungen des deutschen Faschismus, in: ders. (Hrsg.), Herrschaft als soziale Praxis. Historische und sozial-anthropologische Studien, Göttingen 1991, S. 559–590, hier S. 590.

52 Die Rolle des Unternehmers wurde vor allem im 20. Jahrhundert durch eine kapitalistisch-systemische Lesart geprägt, nach der individuelle und durch freies Handeln erbrachte Leistungen und Entscheidungen den Erfolg des Unternehmens prägten. Schon in der Kapitalismustheorie von Joseph Schumpeter wurde dies bezweifelt. Die neuere Unternehmerforschung betont, dass das Selbst- und Fremdbild von Unternehmern von der Unternehmensleistung zu unterscheiden sei, beides aber voneinander abhänge. Die „Rolle" des Unternehmers hatte funktionale Bedeutung für die Unternehmensleistung. Aber erst ex post entstehen Zuschreibungen wie „erfolgreich" etc. Vgl. Werner Plumpe, Unternehmer – Fakten und Fiktionen, in: ders. (Hrsg.), Unternehmer – Fakten und Fiktionen. Historisch-biografische Studien, München 2014, S. 1–26.

tem, innerhalb dessen es sich bewegen musste, unterschieden werden könne. An dieser Selbsterzählung hielten Unternehmen auch noch lange nach dem Ende des „Dritten Reiches" fest, wodurch verschleiert wurde, dass es während der NS-Diktatur nicht möglich gewesen war, „rein ökonomisch" oder unpolitisch profitorientiert zu agieren. Denn auch Profitstreben verlangte ein unternehmerisch komplexes Vorgehen und hatte damit einen systemischen Anteil an der NS-Diktatur. Somit lassen sich wirtschaftliche Vorgänge nicht ohne ihren Systemzusammenhang beurteilen: „Die Wirtschaft im Nationalsozialismus war die Wirtschaft des Nationalsozialismus."[53]

Aus unternehmerischer Sicht war das Maß an Mitwirkung innerhalb des NS-Regimes eine Abwägungsfrage der eigenen Chancen und Risiken. Die NSDAP hatte frühzeitig zu erkennen gegeben, unternehmerisches Eigentum nicht antasten zu wollen, und sich damit von allen sozialistisch gefärbten Überlegungen abgegrenzt, die bis in die letzte Phase der Weimarer Republik in der Wirtschaft für Unruhe gesorgt hatten. Mit der Anerkennung der Eigentumsverhältnisse ergaben sich für viele Unternehmer stichhaltige Gründe, um die NSDAP auf ihrem Weg zur Macht und dortselbst zu stützen. Auch wenn nach 1933 zahlreiche Geschäftsabläufe bürokratisiert und kontrolliert wurden, blieb es beim vormaligen Versprechen der NSDAP an die Unternehmer: Wer nicht in eine der Entrechtungskategorien fiel, dessen Eigentumsverhältnisse blieben unverändert. Dennoch waren Unternehmen nicht geschützt vor Zwangsmaßnahmen und angedrohten Enteignungen vonseiten der NS-Führung. Wirtschaftshistoriker beurteilten in der Vergangenheit unterschiedlich, welches Maß an unternehmerischer Freiheit tatsächlich möglich war angesichts der autoritär gestalteten Rahmenbedingungen. Mittlerweile ist belegt, dass sich „die an einer möglichst hohen Produktionsleistung interessierten Nationalsozialisten" nicht leisten konnten, „die Privatindustrie durch den extensiven Einsatz von Enteignung und Gewalt in den zumindest passiven Widerstand zu treiben". Vielmehr habe „staatliche Lenkung der deutschen Industrie in erster Linie über das Setzen von Anreizen [stattgefunden], die an das ökonomische Selbstinteresse der Unternehmer appellierten".[54] Auch auf das Innenleben von Betrieben oder Unternehmensorganisation wirkte sich

53 Frei, Wirtschaft des „Dritten Reiches", S. 24 (Hervorh. i. Orig.).

54 Spoerer/Streb, Wirtschaftsgeschichte, S. 162. Zur Forschungskontroverse vgl. Ralf Banken, Introduction: The room for manoeuvre for firms in the Third Reich, in: Business History 62 (2020), 3, S. 375–392; Osterloh, Unternehmer, S. 10 f.; S. Jonathan Wiesen, West German Industry and the Challenge of the Nazi Past, 1945–1955, Chapel Hill, NC 2001, S. 15.

die NS-Politik nicht unmittelbar aus, unterstreicht der Wirtschaftshistoriker Werner Plumpe. Abgesehen von der „Beschleunigung der Personalfluktuation und der hierüber sich noch mehr ausbreitenden technokratischen Leitbilder" sei das Führerprinzip vor allem in großen Aktiengesellschaften ohne Bedeutung geblieben und in kleinen und mittleren Betrieben sei es lediglich „ein neues Etikett für die ohnehin auf den Inhaber zugeschnittenen Entscheidungsprozesse" gewesen.[55]

Die hohe Lenkungsintensität des NS-Staates korrespondierte mit der Fortexistenz individuell gestaltbarer Handlungsräume,[56] die sich zwar in den folgenden Jahren und vor allem während des Krieges zunehmend einschränkten, aber nie verloren gingen. Diese ambivalente Konstellation, in der sich Führerprinzip und Konkurrenzdenken in gleicher Weise widerspiegelten, prägte sämtliche Bereiche des Wirtschaftslebens, wie u. a. durch die groß angelegte Aufarbeitungsforschung zum Reichswirtschaftsministerium aufgezeigt wurde.[57] Diese konnte zeigen, dass die Vorstellung, die staatlichen Ministerien hätten uneingeschränkte Lenkungsmacht besessen, von der Wirtschaftsgeschichtsschreibung selbst genährt wurde, die sich lange auf die Führungsriege im RWM konzentriert hatte.[58] In verkürzter Sichtweise hatte sich die Wirtschaftsgeschichte lange Zeit auf einen begrenzten Personenkreis konzentriert und deren Mitglieder als alleinbestimmende Akteure gezeichnet, darunter Hjalmar Schacht (Minister bis 1937) als Überwinder der Weltwirtschaftskrise, Hermann Göring als „Mastermind" der Autarkiepolitik, Albert Speer als Verantwortlicher für das „Rüstungswunder" und Walther Funk als schwacher, stets Speer unterlegener Wirtschaftsminister. Vernachlässigt wurden hierbei sowohl die zahlreich handelnden Personen innerhalb des Verwaltungsapparates als auch die spezifische, auf Verfahren und Routine ausgelegte Logik von Verwaltungsbürokratien. Das Aufarbeitungsprojekt des RWM konnte zeigen, wie der Verwaltungsapparat des Reichswirtschaftsministeriums sich

55 Plumpe, Unternehmensgeschichte, S. 69.

56 Von „gelenkter Marktwirtschaft mit hoher Lenkungsintensität" spricht Jochen Streb. Ders., Das nationalsozialistische Wirtschaftssystem: Indirekter Sozialismus, gelenkte Marktwirtschaft oder vorgezogene Kriegswirtschaft?, in: Werner Plumpe/Joachim Scholtyseck (Hrsg.), Der Staat und die Ordnung der Wirtschaft. Vom Kaiserreich bis zur Berliner Republik, Stuttgart 2012, S. 61–83, hier S. 63 sowie 68.

57 Albrecht Ritschl (Hrsg.), Das Reichswirtschaftsministerium in der NS-Zeit. Wirtschaftsordnung und Verbrechenskomplex, Berlin 2016.

58 Dies und das Folgende angeregt durch Jochen Streb, Das Reichswirtschaftsministerium im Krieg, in: Ritschl (Hrsg.), Reichswirtschaftsministerium in der NS-Zeit, S. 533–610.

keineswegs als Befehlsempfänger des Ministers verstand, sondern vielmehr einen eigenständigen Part innerhalb der Kriegswirtschaft übernahm. Sicherlich beeinflusste das Führungspersonal die Prioritäten und die Radikalität der verhandelten und umgesetzten Politik. Aber dieser Einfluss reichte nicht aus, um den Beitrag des RWM und der mit ihm verbundenen Unternehmen bei der praktischen Umsetzung der NS-Doktrin erklären zu können. So gab es im Ministerium genügend Stellen und Personal, das die NS-Wirtschaftspolitik aktiv mitgestalten wollte und das auf allen Ebenen einen Ermessensspielraum vorfand, in dem es die wirtschaftspolitischen Leitlinien in verwaltungstechnische und ordnungspolitische Arbeitseinheiten übersetzte.

Aus dieser maßgeblichen Studie können Annahmen über Behörden, Gremien, Verwaltungen und körperschaftliche Wirtschaftsvertretungen abgeleitet werden. Sicherlich litt der auf Privateigentum gründende Wirtschaftssektor darunter, dass das NS-Regime seinem Ziel der Autarkie und Kriegsvorbereitung alles zunehmend restriktiv unterordnete. Schon lange vor dem Krieg mussten sich Unternehmen und Abteilungen des RWM (und in der Gemengelage auch die Handelskammer) um die Organisation der Mangelwirtschaft kümmern. In diesem Vorgabengeflecht gerieten Handel wie Handelspolitik ins machtpolitische Hintertreffen, denn Rüstungsindustrie und Rüstungspolitik genossen absolute Priorität. Zugleich waren der Handel und die Rüstungsproduktion bzw. die Im- und Exportgeschäfte und industrielle Produktion eng miteinander verwoben, wofür nicht zuletzt die Industrie- und Handelskammern eine zentrale Vermittlungsfunktion einnahmen. Diese wurde umso wichtiger, je deutlicher die widersprüchlichen Parameter der NS-Wirtschaftspolitik zutage traten, darunter die gleichzeitige Festschreibung von Privateigentum und staatlicher Steuerung bzw. von äußerster Exportabhängigkeit und außenwirtschaftlichen Beschränkungen.[59]

59 Diese Versuche, gegensätzliche wirtschaftspolitische Parameter zusammenzuführen, führten zudem zu einem besonderen Engagement des NS-Regimes in der Internationalen Handelskammer. Ab 1933 unterstützte es die deutsche Delegation dort massiv und wuchsen die Mitgliederzahlen deutscher Unternehmen. Die Internationale Handelskammer verfolgte in den 1930er Jahren einen marktliberalen Kurs und wurde von Deutschland wegen der Anbahnung privatwirtschaftlicher Kontakte für den notwendigen Im- und Exporthandel dringend gebraucht. Vgl. Philipp Müller, Transformation des Liberalismus. Die Internationale Handelskammer im NS-Regime während der 1930er Jahre, in: Elke Seefried u. a. (Hrsg.), Liberalismus und Nationalsozialismus. Eine Beziehungsgeschichte, Stuttgart 2020, S. 253–278. Inwieweit Hamburger Unternehmen und Interessenvertreter in dieser Zeit in der Internationalen Handelskammer aktiv waren, ist noch nicht erforscht.

Letztlich konnten die Vorkriegs- wie die Kriegswirtschaft nur über so lange Zeit funktionieren, weil an etlichen Stellen des Apparats versucht wurde, die Widersprüche im Klein-Klein von Ausführungsbestimmungen, Arbeitsgemeinschaftsbesprechungen oder betrieblichen Anordnungen im Sinne der Zielerfüllung auszugleichen. Auch deshalb betonten Appelle von Betriebsführern oder Reden des Kammer-Präses regelmäßig übergeordnete Ziele und Aufgaben, die größer seien als die kleinlichen Konflikte oder Interessen Einzelner. Solche Hinweise waren nicht nur während der Kriegszeit eingesetzte NS-ideologische Huldigungen, sondern dienten auch dazu, die unternehmerisch oft nachteiligen Verordnungen in eine größere Logik zu transponieren. Vor diesem Hintergrund erscheint es mehr als geboten, die Verwaltungseinheiten der NS-Wirtschaft als wirksame Akteure im NS-Regime zu verorten und zu untersuchen. Auch die Handelskammer Hamburg war keine autarke Selbstverwaltungsinstitution, die sich während der NS-Zeit mal mehr, mal weniger mit dem Regime arrangierte und ihm zuarbeitete. Sie war, so wie alle Handelskammern Deutschlands und wie etliche weitere Körperschaften des öffentlichen Rechts, ein Teil des Systems.

Neben wirtschaftspolitischen und organisatorischen Fragen spielten im Verhältnis von der in der Handelskammer organisierten Hamburger Kaufmannschaft zu den NS-Machthabern auch persönliches Verhalten, Distinktion und Stil eine wichtige Rolle. Hier hilft nach wie vor die Einschätzung Frank Bajohrs, die er im Zuge seiner Beschäftigung mit dem Gauleiter Karl Kaufmann traf. Demnach waren viele Kaufleute einerseits dem Nationalsozialismus zugeneigt, wobei ein „virulenter Antikommunismus ebenso eine Rolle [spielte] wie ein nationales, ja nationalistisches Ressentiment gegen den Versailler Vertrag und seine Folgen, vor allem die Ablieferung der Handelsflotte und den Verlust der Kolonien“.[60] Andererseits seien weite Teile der bürgerlichen Hamburger Unternehmenskreise schon nach einiger Zeit enttäuscht gewesen, vor allem weil sich ihre wirtschaftliche Situation nicht dauerhaft verbesserte. Verstärkend wirkte „das rüde Benehmen der Nationalsozialisten, ihre plebejische Orientierung, ihre häufig extreme Jugendlichkeit und die Tatsache, dass hier vielfach Personen an die Macht gelangt waren, die sich auf ihrem bisherigen Lebensweg als Totalversager entpuppt hatten – all dies entsprach keineswegs den althergebrachten Grundsätzen hanseatischer Lebenserfahrung und Tüchtigkeit“.[61]

60 Bajohr, Gauleiter, S. 288.
61 Ebenda.

In Stil und Auftreten drückten sich nicht nur politische, sondern auch generationelle Unterschiede aus, die auch innerhalb der Handelskammer sichtbar wurden. Unternehmer, die in den 1870er und 1880er Jahren geboren waren, hatten ihre Ausbildung und ersten beruflichen Erfahrungen vor dem Ersten Weltkrieg machen können, während die später Geborenen oftmals ihre Ausbildung unterbrechen mussten und teils am gesamten Kriegsverlauf aktiv beteiligt gewesen waren. Zu dieser, auch Frontkämpfergeneration genannten Kohorte[62] zählten u.a. die beiden Präsides ↑Hübbe (*1901) und ↑de la Camp (*1895) oder die für das NS-Regime sehr aktiven Unternehmer ↑Max Peperkorn (*1893), ↑Richard-Eugen Dörr (*1896), ↑Willy Ganssauge (*1901) und ↑Hans Ulrich Voswinckel (*1902) sowie die Hauptamt-Beschäftigten ↑Werner Bosch (*1901), ↑Gustav Kurt Johannsen (*1892) und ↑Elso Klöver (*1893). Diese jüngeren Handelskammer-Mitglieder waren Teil der hanseatisch-kaufmännischen Netzwerke und hatten zudem in einer Lebensphase am Ersten Weltkrieg teilgenommen, aus der sie wie viele andere ihres Alters tief enttäuscht und nicht selten radikalisiert herauskamen. Zwischen den ehrwürdig gepflegten Traditionen der hamburgischen Kaufmannschaft und der nationalsozialistischen Bewegung nahmen diese Geburtsjahrgänge eine wichtige Scharnierfunktion ein. Denn die neuen Machthaber zeigten sich durchaus ungehalten, wenn sie mit dem undurchdringlich wirkenden „Hamburgisch-Bremischen Familienprinzip" und traditionellen hanseatischen Seilschaften der Kaufmannschaft konfrontiert waren.[63] Jüngere Handelskammer-Mitglieder, die ihre nationalsozialistische Einstellung mit hanseatischem Geschäftsgebaren verbanden, leisteten hier geradezu Übersetzungstätigkeiten. Und letztlich konnte sich die NS-Führung mit traditionellen Seilschaften gut arrangieren, wenn diese im Sinne der wirtschaftlichen Prioritäten zu lukrativen Handelsgeschäften führten.

Das Verhältnis von Kaufmannschaft und Parteifunktionären zeichneten sowohl Unterschiede und Abneigungen als auch Zusammenarbeit und Kooperationen aus. Eine Reihe Hamburger Unternehmer oder Manager waren über-

62 Oft ist auch von „Kriegsjugend- oder Frontgeneration" die Rede, wobei aber kaum die Mehrheit der betreffenden Kohorte aktiv an der Front eingesetzt war. Der emotionale Bezug zum Kriegserlebnis und die radikale Deutung der Kriegsniederlage funktionierten vor allem als eine gesellschaftsweite, gemeinsame Erzählung und weniger als ein gemeinsam erinnertes Erlebnis. Vgl. Benjamin Ziemann, Generationen im 20. und 21. Jahrhundert. Zur Kritik eines problembeladenen Begriffs, in: Aus Politik und Zeitgeschichte (APuZ) 70 (2020), 52–53, S. 4–9.

63 Bajohr, Gauleiter, S. 289.

zeugte Nationalsozialisten und stellten ihr geschäftliches Auftreten ganz in den Dienst des NS-Staates. Aber für fast alle ergab sich eine Zusammenarbeit aus der Tatsache, dass die krisenanfällige Hamburger Wirtschaft „aufgrund ihrer Strukturschwäche und der einseitigen Stärkung des Binnenmarktes in der NS-Zeit [...] in eine weitgehende Staatsabhängigkeit geraten [war und sie] in einem Ausmaß am staatlichen Tropf [hing] wie nie zuvor oder danach in ihrer Geschichte".[64] Wie weit die Versorgung aus diesem Tropf in die Hamburger Wirtschaft hineinwirkte, zeigte sich schon 1934, als sich Emil Helfferich maßgeblich dafür einsetzte, die Hamburger Überseehäuser durch eine Kreditaktion des Reiches zu stützen.[65] Hinzu kam die Quasi-Verstaatlichung des Außenhandels über Zusatzausfuhrverfahren und zahlreiche andere bürokratische Regelungsmechanismen. Auch die Großschifffahrt wurde staatlich gestützt. Die Abhängigkeit der Werftindustrie von den Aufträgen der Kriegsmarine signalisierte, wie sehr sich die gesamte Hamburger Wirtschaft an den Kriegsvorbereitungen im Rahmen des Vierjahresplans ausrichtete.

Die ambivalente Rolle, die Hamburger Unternehmer und ihre Interessenvertretung Handelskammer im NS-Regime spielten, lässt alles in allem keine generelle Bewertung zu. Die vorliegende Studie wird deshalb auch kein abschließendes Urteil über schuldhaftes Verhalten von Handelskammer oder einzelnen Mitgliedern abgeben. Stattdessen zeigt sie individuelles und kollektives Verhalten deutlicher als bisher und ordnet es ein, sodass differenzierte Annäherungen und Beurteilungen möglich sein werden. Damit orientiert sich die Untersuchung an dem ursprünglichen Projekttitel „Historische Verantwortung". Denn insgesamt gab es eine Form von Teilhabe und Verantwortung der Kammer und ihrer Mitglieder, die sich nicht konkret an einer Situation oder an Ereignissen festmachen lässt. Vielmehr trug die Mischung aus individueller Handlung und institutioneller Zuständigkeit der Kammer dazu bei, das NS-System zu stützen, zu stärken und auszubauen. Dieses Zusammenspiel von Individuum und System, von einzelner Handlung und Prozess aufzuzeigen, steht im Mittelpunkt einer zeitgemäßen und aufgeklärten Täterforschung.[66]

64 Ebenda.
65 Siehe dazu Kapitel 2.3.
66 Oliver von Wrochem (Hrsg. unter Mitarbeit von Christine Eckel), Nationalsozialistische Täterschaften. Nachwirkungen in Gesellschaft und Familie, Berlin 2016. In diesem Sinne auch die Studie von Sebastian Justkes, Ein ehrbarer Kaufmann? Albert Schäfer, sein Unternehmen und die Stadt Hamburg. 1933–1956, Berlin 2023.

2 Die Stellung und Bedeutung der Handelskammer innerhalb des NS-Systems in Hamburg

Die Handelskammer Hamburg war in der Weimarer Republik zu einer weitgehend selbstverantwortlichen Wirtschaftsinteressenvertretung aufgestiegen, an die der Staat hoheitliche Aufgaben übertragen hatte. Auch während der NS-Zeit galt dieses hybride Aufgabentableau, in dem sich der polykratische Charakter des NS-Staates ausdrückte: starke Konkurrenz bei gleichzeitiger Überhöhung des Gemeinschaftlichen. Auch die in Hamburg so oft beschworene „Volksgemeinschaft" stellte weniger einen fixen Ordnungsrahmen zum Ein- und Ausschluss ihrer Mitglieder dar, sondern sie war vor allem eine Propagandaformel, an der sich die soziale Praxis vor Ort orientierte und mit deren Hilfe alltägliche Widersprüche eingeebnet werden konnten.[1] Für Institutionen wie die Handelskammer Hamburg bot das Volksgemeinschaftsideal die Möglichkeit, sowohl nach außen die hohe Lenkungsintensität vonseiten des NS-Staates mit ihrem Bild als ein Selbstverwaltungsorgan in Einklang zu bringen als auch intern die heterogenen Interessen von Einzelhandel, Außenhandel und Industriebetrieben zumindest rhetorisch zu überbrücken.

Unterhalb dieses ideologischen Konstrukts arbeitete die Handelskammer zunehmend wie eine städtische Verwaltungseinheit und als Teil des zentralistischen Staatsapparats des Deutschen Reiches. Im ganzen Reich wurden die sogenannten Mittelinstanzen immer stärker für staatliche und vor allem systemtragende Aufgaben herangezogen. Hierbei handelte es sich jedoch nicht um eine sukzessive Entmachtung. Vielmehr veränderten sich im Laufe der NS-Diktatur die Formen und Praktiken des Machterhalts und der Machtausübung für Institutionen wie die Handelskammer. Im Folgenden werden zunächst die formalen und institutionellen Veränderungen zwischen 1933 und 1945 dargestellt, um anschließend zu erläutern, welche Netzwerke und persönlichen Bekanntschaften in dieser Zeit die Arbeit und das Auftreten der Handelskammer prägten. Vor diesem Hintergrund werden die handelspolitischen Prioritäten und die konkrete, taktisch abgewogene Interessenpolitik der Handelskammer umso verständlicher.

1 Dietmar von Reeken/Malte Thießen, „Volksgemeinschaft" als soziale Praxis. Perspektiven und Potenziale neuerer Forschung vor Ort, in: dies. (Hrsg), „Volksgemeinschaft" als soziale Praxis. Neue Forschungen zur NS-Gesellschaft vor Ort, Paderborn 2013, S. 11–33, insbesondere S. 21.

2.1 Strukturen und Funktionswandel der Handelskammer 1933–1945

Betrachtet man die zahlreichen Gesetze, Erlasse und Verordnungen, durch die die Hamburger Handelskammer während der NS-Zeit um- oder neuorganisiert wurde, im Zeitraffer, so wird deutlich, wie die beteiligen Protagonisten kontinuierlich – teils mit-, teils gegeneinander – mit der Organisation von Arbeitsabläufen und Zuständigkeiten beschäftigt waren. Die Umsetzung der Vorgaben reichte von Genehmigungsverfahren, Entscheidungs- und Verwaltungsprozeduren bis hin zu handelspolitischen Abläufen oder der Rohstoffbeschaffung. Während die NS-Spitze aus den Handelskammern vor allem ein effizientes Instrument zur Unternehmenskontrolle und für die Konjunkturbelebung machen wollte, setzten die Beamten in den Reichsbehörden den Schwerpunkt auf eine Vereinfachung und Rationalisierung der Kammerorganisation.[2] Die Kammern wiederum wollten bestmögliche Bedingungen für ihre Standortpolitik und die Interessen (sprich Umsatzwünsche) ihrer Mitglieder erreichen. Die meisten in Hamburg auftretenden Konflikte zwischen Partei, Behörden und Kammer verweisen auf eine andauernde Grundspannung zwischen NS-Regime und Kaufmannschaft. Denn die nationalsozialistische Autarkiepolitik und das handelspolitische Interesse der Hamburger Handelskammer setzten zwangsläufig unterschiedliche Prioritäten: Die rigide Devisenpolitik und Rohstoffbewirtschaftung standen dem Wunsch nach einer ausgeglichenen Handelsbilanz entgegen. Da es aber im Selbstverständnis der Kammer lag, in jedem politischen System die bestmöglichen handelspolitischen Ergebnisse zu erzielen, setzte sie auch innerhalb des NS-Systems alle Mittel ein und forcierte diese sogar. Im Folgenden werden in aller Kürze die einzelnen Schritte aufgezeigt, mit denen die Handelskammer in den NS-staatlichen Ordnungsapparat integriert wurde, sodass sie letztlich einer Verwaltungseinheit des NS-Staates ähnelte, und wie sie diese Aufgabe wahrnahm.

Als ein zentrales Merkmal des NS-Staates entwickelte sich nach 1933 „eine neue, ganz eigenartige politische Struktur", die auf einem starken Zentralismus und zugleich personaler Konkurrenz basierte.[3] Kennzeichnend für diese Struktur waren ihre inneren Gegensätze. Denn u. a. beförderte sie eine ausgeprägte regionale Machtstellung der Gauleiter, erhob aber zugleich den

2 Stremmel, Kammern, S. 146 f.
3 Hachtmann, Allerorten Mobilisierung?, S. 78 f.

Reichszentralismus, beginnend mit den Gleichschaltungsgesetzen vom März und Mai 1933 zur Aufhebung der Souveränität der deutschen Länder, zum zentralen staatlichen Prinzip (im Gleichklang mit dem „Führerprinzip"). Sofort nach ihrer Machtübernahme entmachtete die NS-Führung die Landesparlamente und übertrug den Landesregierungen alle exekutive Macht.[4] In Hamburg stieg Gauleiter Karl Kaufmann 1933 zum Reichsstatthalter auf, um von nun an die Umsetzung der Reichspolitik zu überwachen.

Zu diesen Merkmalen zählte auch die Gleichschaltung von Einrichtungen, die bisher unabhängig, aber mit staatlichen Hoheitsrechten ausgestattet agierten – wie die Handelskammer. Für sie ging es in dieser Phase nicht nur um die „Säuberung" der eigenen Reihen von allen Mitarbeitenden, die aus politischen oder rassistischen Gründen als nicht mehr tragbar galten. Zugleich war die Kammer bemüht, die Nähe zur Reichsebene (insbesondere RWM und RWK) für den eigenen Vorteil nutzen zu können, ohne an Entscheidungsgewalt zu verlieren. Gleichzeitig wollte sie den Kompetenz- und Einflussbereich gegenüber anderen behördlichen Einrichtungen der Stadt behaupten oder sogar vergrößern.

Wie dies gelingen könnte, zeigte sich im Juni 1933, als das „Gesetz zur Neugestaltung der Handelskammer" in Kraft trat, auf dessen Grundlage alle Kammermitglieder ihre Ämter niederlegen mussten.[5] Das neue Plenum wurde nicht mehr gewählt, sondern berufen (wochenlang kursierten Besetzungslisten zwischen Kammer, Gauleitung und RWM) und schließlich übernahm Hermann Victor Hübbe im Juni 1933 das Amt des Präses. Noch im selben Monat hielt er seine Antrittsrede, die auf den ersten Blick ein flammendes Plädoyer für einen „ungehinderten Warenaustausch" und die Beseitigung der „Schwierigkeiten der zwischenstaatlichen Verrechnung" zu sein schien. Aber im Detail stimmte er alle Mitglieder auf die Linie ein, dass bis „zur Klärung" mit einzelnen Ländern „Verrechnungs- und Auftauungsabkom-

4 Uwe Lohalm, „Modell Hamburg". Vom Stadtstaat zum Reichsgau, in: Hamburg im „Dritten Reich", hrsg. v. d. Forschungsstelle für Zeitgeschichte in Hamburg, S. 122–153, hier S. 122.

5 Vgl. Neugestaltung der Handelskammer (Gleichschaltung), Bestellung von Staatskommissaren zur Weiterführung der Geschäfte und Vorbereitung der endgültigen Neugestaltung, Einschaltung der Staatskommissare in das Präsidium, Ausscheiden der Kammermitglieder Krogmann, Heye, Friedeberg, 1933, HK-Archiv, I.6.C.5_1, sowie Neugestaltung der Handelskammer (Gleichschaltung), Wünsche einzelner Wirtschaftszweige; Amtsniederlegung der Handelskammer-Mitglieder im Juni 1933, Gleichschaltungsgesetz; Gesetz betr. Vorlfg. Neubildung der Handelskammer; Fortführung der Geschäfte, 03/1933–07/1934, HK-Archiv, I.6.C.5_2.

men [sic]" geschlossen werden müssten.[6] Sicherlich, so führte er weiter aus, würden alle Wirtschaftszweige profitieren, wenn der „Im- und Export erstmal wieder frei laufe", aber prioritär müsse der Staatshaushalt unterstützt werden. Denn erst wenn dieser über eine genügend große Kreditbasis in eigener Währung verfüge, sei er nicht mehr auf Hilfe von außen angewiesen. Hübbe stellte in seiner Rede die nationalsozialistischen Autarkiebestrebungen zunächst als eine vor allem finanzpolitische Herausforderung dar. Schließlich appellierte er aber unverschleiert völkisch an die Motivation aller Mitglieder, den Kurs zu unterstützen und Deutschland in diesem Sinne wieder auf eine „gesunde Basis" zu stellen. Nicht zuletzt stünde man in der Schuld jener „Volksgenossen", die sich in den vergangenen Jahren im politischen Kampf geopfert hätten, womit er ausschließlich auf NS-Anhänger verwies.[7]

Der Präses markierte in seiner Rede die volle Unterstützung des NS-Systems durch die Handelskammer. Inwieweit die Mitglieder bereit waren, den Kurs der Handelskammer gegenüber den neuen Machthabern mitzugehen, hing nun davon ab, wie viel wirtschaftspolitischen Einfluss die Kammer geltend machen konnte. Um seine politische Position zu sichern, bekam das Präsidium vonseiten des Senats (seit März 1933 NS-geführt und unabhängig von der Bürgerschaft agierend) tatkräftige Unterstützung. Hierfür wurden sogenannte Staatskommissare bestimmt, die mit dem expliziten Auftrag ausgestattet waren, Aufgaben der Gleichschaltung zu übernehmen. Dazu zählten u. a. die Zusammenführung und Zentralisierung wirtschaftlicher Interessenvertretungen, die bislang mehr oder weniger eigenständig agiert hatten.

Einer der Staatskommissare, ↑Joachim de la Camp, war dafür zuständig, die Industrievertretungen zu vereinheitlichen und somit auch die Industrieabteilung von der Gewerbe- in die Handelskammer zu überführen.[8] Zwischen beiden Kammern herrschte schon seit den 1920er Jahren ein andauernder Konflikt um die Zuständigkeit. Nun standen alle Zeichen günstig für die Handelskammer.[9] Der Werftbesitzer ↑Rudolf Blohm unterstützte das Vorhaben vehement, denn angesichts der nach Meinung der Handelskammer zu

6 Hübbe dürfte sich hier auf „Kompensationsabkommen" bezogen haben, bei denen der ausländische Exporteur seine Bezahlung in Form von Kompensationsgeschäften erhielt.

7 Ausschnitt aus den Mitteilungen der Handelskammer Hamburg, Nr. 12, 17. 6. 1933, HK-Archiv, I.6.C.5_2.

8 Übertragung der alleinigen Vertretung der hamburgischen Industrie auf die Handelskammer Hamburg, HK-Archiv, I.6.F.1.1.6_1.

9 Vgl. Bielfeldt, Vom Werden Groß-Hamburgs, S. 61–65.

starken Agrarförderung durch das Reich mussten Hamburgs Schwerpunkte Handel und Industrie zusammengeführt und gestärkt werden. So übernahm er im Juni 1933 den Vorsitz der neu eingerichteten Industriekommission und sicherte sich zudem den Zugriff auf die Industrieabteilung. Die im Bereich des Hauptamtes der Handelskammer neu entstandene „Abteilung IV ‚Angelegenheiten der Industrie'" wurde zwar vom Handelskammer-Geschäftsführer Werner Bosch geleitet, aber faktisch konnten keine Entscheidungen ohne ihren ehrenamtlichen Leiter Rudolf Blohm getroffen werden, dessen industriepolitischer Einfluss weiter anwuchs.[10]

Reichsweit ordnete vor allem das 1934 erlassene „Gesetz zur Vorbereitung des organischen Aufbaus der Wirtschaft" die neuen Zuständigkeiten im Wirtschaftsbereich.[11] Dem RWM oblag es fortan, Wirtschaftsverbände einzurichten und anzuerkennen, darunter u. a. die Reichswirtschaftskammer als Spitzenorganisation der gewerblichen Wirtschaft. Der RWK unterstanden nach Branchen zusammengefasste Reichsgruppen (u. a. Banken, Energiewirtschaft, Handel, Handwerk, Industrie, Versicherungen), die wiederum aus im Laufe der Zeit mehrmals umstrukturierten Abteilungen bestanden. Die Reichsgruppe Industrie stellte ein typisches Organisationskonstrukt im

10 Blohm war Leiter der leistungsfähigsten deutschen Werft und hoch angesehener Repräsentant seiner Branche; damit qualifizierte er sich für die Aufgabe, sowohl den U-Boot-Bau rationeller zu gestalten, als auch die kriegsbedingten Verluste der Handelsflotte wieder auszugleichen. Er erreichte, dass Kaufmann 1942 zum Reichskommissar für die Seeschiffahrt ernannt wurde, womit dieser die Verantwortung für die Entwicklung der Handelsflotte erhielt und die entscheidenden Befugnisse für die Entwicklung im zivilen Schiffbau in Hamburg lagen und bei Blohm, als Leiter des Hauptausschusses Schiffbau; die Zuständigkeiten für den Kriegsschiffbau verblieben bei der Marine. 1943 entzog ihm Rüstungsminister Speer jedoch wieder die Leitung des Hauptausschusses und Blohm setzte nun umso mehr Energie darein, „seine zentralen unternehmerischen Zielsetzungen in lokale politische Entscheidungen verstärkt einzubringen". Im selben Jahr begründete Blohm maßgeblich die Industrieblocks mit, die in der letzten Kriegsphase als Herrschaftsinstrument und Vehikel für eine „Neuorganisation der Zuständigkeiten in der Mittelinstanz der Reichsverwaltung" fungierten. Meyhoff, Blohm & Voss, S. 520 f. Innerhalb der Handelskammer korrespondierte Blohm fast täglich mit dem Präses und gab kaum verhohlene Anweisungen. Vgl. u. a. Blohm an de la Camp, 7. 3. 1942, HK-Archiv, I.6.E.3.5_3, mit der Feststellung, freiwerdende Kammerplätze müssten mit Industrievertretern besetzt werden, gefolgt von entsprechenden Namen und dem Hinweis, die üblichen Rückfragen beim RWM seien nicht mehr notwendig.

11 Vgl. Bielfeldt, Vom Werden Groß Hamburgs, S. 66–69. Eine detaillierte Einordnung bei Daniela Kahn, Die Steuerung der Wirtschaft durch Recht im nationalsozialistischen Deutschland. Das Beispiel der Reichsgruppe Industrie, Frankfurt a. M. 2006.

NS-Staat dar, denn sie fungierte sowohl als eines seiner Lenkungsorgane als auch als Dienstleister ihrer Mitglieder.[12] So wie die Reichswirtschaftskammer besaß sie „keinen institutionalisierten politischen Einfluss", sondern war auf „persönliche Verbindungen der Leiter" angewiesen.[13] Dennoch war sie „ein wichtiges Rad im Getriebe der NS-Wirtschaft" und übernahm zahlreiche exekutive Aufgaben, darunter die Kartellaufsicht oder die Industrieberichterstattung. Von der Gau-Ebene aus wuchsen der RWK und ihren Reichsgruppen entsprechende Behörden und Gremien entgegen, darunter die in der Handelskammer eingerichtete Industrieabteilung.[14]

Weitere interne Organisationseinheiten entstanden 1934, als die Handelskammer Hamburg auch zur Geschäftsstelle der Wirtschaftskammer Nordmark bestimmt wurde und sie somit zuständig war für einen Wirtschaftsbezirk, der sich in Norddeutschland über die Gaue Hamburg, Schleswig-Holstein, Lübeck und Mecklenburg erstreckte und etwa 300 000 Betriebe umfasste. Die Konstruktion dieser Wirtschaftskammern, die als „Mittelinstanz der wirtschaftlichen Selbstverwaltung" oberhalb der Industrie- und Handelskammern (IHK) angesiedelt waren, hatte vor allem politische Bedeutung. Sämtliche wirtschaftliche Bezirksgruppen und eigenständige Selbstverwaltungseinheiten wurden aufgelöst und als Abteilungen der Wirtschaftskammer Nordmark zugeordnet. Im gleichen Sinne erfolgte 1935 die Neukonstitution und Umbenennung in „Industrie- und Handelskammer" und die Inkraftsetzung der unmittelbar vom RWM erlassenen Kammersatzung, mit der der „Führergrundsatz" eingeführt wurde.[15] IHK-Geschäftsführer ↑Elso Klöver formulierte wenige Jahre später, dass, nachdem dieses nationalsozialistische Prinzip in der Wirtschaft umgesetzt sei, aus der freiwilligen, aber vor allem „unausgerichteten nach verschiedenen Richtungen hinstrebenden" Interessenpolitik nun ein einheitliches System erwachsen könne.[16] Nicht nur verpackte Klöver die verordnete und erzwungene Zentralisierung der einzelnen Wirtschaftsvertretungen in die NS-üblichen Worthülsen, zudem wies er der IHK Hamburg richtungsweisende Aufgaben zu: Sie müsse ihre Mitglie-

12 Johannes Bähr/Christopher Kopper, Industrie, Politik, Gesellschaft. Der BDI und seine Vorgänger 1919–1990, Göttingen 2019, S. 140.
13 Ebenda, S. 141.
14 Siehe auch Bielfeldt, Vom Werden Groß-Hamburgs, S. 61–74.
15 Mitteilung „Neuberufungen der Mitglieder der Industrie- und Handelskammer Hamburg", 8. 3. 1935, HK-Archiv, I.6.E.3.5_1.
16 Vortrag von Dr. Klöver am 9. 12. 1936 vor dem Beirat der IHK Altona über die Organisation der gewerblichen Wirtschaft unter Berücksichtigung der Erlasse des RWM vom 7. 7. und 12. 11. 36, HK-Archiv, I.6.F.3.6_23.

der „zu größtmöglicher Wirtschaftlichkeit und höchster Leistung zum Nutzen von Volk und Staat“ erziehen. Gleichzeitig unterstrich er die Stoßrichtung des RWM, die Umstrukturierungen dienten dem Ziel, durch „klare Grenzen“ einer „Überorganisation der Wirtschaft“ entgegentreten zu wollen.[17] Dies bezog sich vor allem auf nicht zentralistisch eingebundene Organisationseinheiten wie die Bezirksgruppen, die in der Logik des NS-Staates als Ausdruck eines „unorganischen“ Nebeneinanders galten, von dem eine Gefahr für die fortlaufend beschworene Einheit der Wirtschaft ausgehe. Tatsächlich blieb die Wirtschaftskammer Nordmark so wie alle anderen 17 Wirtschaftskammern in Deutschland relativ bedeutungslos und wurde innerhalb der Handelskammer vor allem wegen des zusätzlichen bürokratischen Aufwands eher als Belastung empfunden.

Die Wirtschaftskammern waren nur eine kleine Einheit im wirtschaftlichen Gesamtkomplex und standen gerade deshalb beispielhaft für das „organisierte Chaos“[18], das den NS-Staat auch im Wirtschaftsbereich kennzeichnete: Zuständigkeitsbereiche bestehender Einrichtungen wurden zwar zusammengeführt, blieben aber jeweils bestehen. Entscheidungskompetenzen zu unterschiedlichen Bereichen wurden in einer Person gebündelt, aber ein zuverlässiger Entscheidungsablauf nicht etabliert. Das Netz aus Ämtern und Behörden sollte expressis verbis die Selbstverwaltung der Wirtschaft darstellen und ermöglichen. Da gleichzeitig jede einzelne Ebene und Einrichtung nach dem Führerprinzip organisiert war, befanden sich alle Beteiligten in der ambivalenten Situation, ständig Gehorsam *und* Eigenmächtigkeit demonstrieren zu wollen. So entstand die für die meisten NS-Institutionen charakteristische Melange aus rabiat konkurrierenden Funktionsträgern und sklavisch bürokratistischen Technokraten.

In weiteren Gesetzen wurde bis 1937 ein strammes Zugriffsrecht vom Reich auf die Stadt Hamburg entwickelt, für das Reichsstatthalter Kaufmann bis 1945 den Dreh- und Angelpunkt bildete. Denn Berlin wollte freilich auch ihn kontrollieren, stellte ihn wie alle Reichsstatthalter 1935 unter die Dienstaufsicht des Reichsinnenministers, musste ihm aber zugleich freie Hand lassen, um vor Ort nicht die Machtposition von Gau und Partei zu gefährden. In diesem vertikalen Konkurrenzverhältnis wurde ständig um Zuständigkeiten gerungen. Trotz einer Flut verordneter und auf viel Papier festgehaltener Zuständigkeiten, die jeweils eigene bürokratische Prozeduren entwickelten,

17 Ebenda.
18 Bajohr, „Arisierung“, S. 71, ursprünglich Broszat, Der Staat Hitlers, S. 439.

hing der Ausgang von Konflikten zwischen Hamburg und dem Reich vom persönlichen Einfluss, von Kooperation und Konkurrenz ab.[19]

Die Forschung spricht vom „personalisierten Herrschaftsverband", in dem Politiker wie Behörden- oder Interessenvertreter die bürokratischen Finessen zwar beherrschen mussten – und sei es, um sie zu umgehen –, aber insgesamt die Bedeutung „überpersoneller Amtswege" abnahm.[20] Kompetenzkampf war an der Tagesordnung, Konflikte blieben meist ungelöst und Machtpositionen wurden immer wieder von Neuem austariert.[21] Im Vergleich zur Reichsebene galt dies weniger einschneidend für die Regional- und Lokalebenen, denn dort konnten Verwaltungen und ihre etablierten Abläufe einen größeren Einfluss behalten.[22] Auch in Hamburg muss die regionale Verwaltungsebene als „eigenständiger Akteur von [...] beträchtlichem Gewicht" betrachtet werden – wenngleich stark geprägt von der regionalen Politik des NSDAP-Gauleiters.[23] Nicht selten sahen sich die kommunalen Verwaltungen und behördlichen Einrichtungen als Korrektiv, um widersprüchliche Vorgaben „von oben" auszugleichen und effizient umzusetzen.[24] In diesem Geflecht und folglich im NS-Machtapparat nahm auch die Handelskammer eine eigenständige Position ein, die sie sowohl durch Konkurrenz als auch durch Kooperation zu sichern suchte.

So arbeitete die Handelskammer ab 1936 auch am Vierjahresplan mit, der offiziell der „Ernährungssicherung" dienen sollte, aber offenkundig die Autarkie und Kriegsfähigkeit Deutschlands vorbereitete und forcierte.[25] Mit großem Propagandaaufwand war Hermann Göring von Hitler zum „Beauftragten des Vierjahresplans" ernannt und mit einer Generalvollmacht zur Lenkung aller kriegswirtschaftlichen Maßnahmen ausgestattet worden. Mit seiner Vierjahresplan-Behörde mussten sich auch regionale Institutionen wie die Handelskammer über die Rohstoffbewirtschaftung oder Lenkung des Arbeitseinsatzes abstimmen. Innerhalb der Kammer wurde von Beginn an die Marschroute vorgegeben, ihre Mitglieder im Sinne des Vierjahresplans und

19 Bajohr, Gauleiter, S. 282.
20 Hachtmann, Allerorten Mobilisierung?, S. 78 f., verweist auf Dieter Rebentisch, Führerstaat und Verwaltung im Zweiten Weltkrieg. Verfassungsentwicklung und Verwaltungspolitik 1939-1945, Stuttgart 1989.
21 Zur Polykratie in der Wirtschaft vgl. Stremmel, Kammern, S. 177.
22 Vgl. u. a. Gotto, Nationalsozialistische Kommunalpolitik.
23 Hachtmann, Allerorten Mobilisierung?, S. 79.
24 John, Mobilisierung, S. 30.
25 Tim Schanetzky, „Kanonen statt Butter". Wirtschaft und Konsum im „Dritten Reich", München 2015, S. 150.

seiner zahlreichen Erlasse „zu größtmöglicher Wirtschaftlichkeit und höchster Leistung zum Nutzen von Volk und Staat [zu] erziehen".[26]

Ebenso arbeitete die Handelskammer 1937 am Groß-Hamburg-Gesetz mit. Sie agierte während dieser politischen Strukturreform selbstständig, auch wenn Hermann Göring in seiner Funktion als preußischer Ministerpräsident und Chef der Vierjahresplan-Behörde die treibende Kraft in dem Verfahren war. In Hamburg existierten allerdings schon seit den 1920er Jahren Bestrebungen um Grenzklärungen und vor allem um Grenzerweiterungen zu den Nachbarstädten. Das Groß-Hamburg-Gesetz von 1937 bot der IHK endlich die Gelegenheit zum Vollzug und Machtzuwachs, denn der Verlust an Eigenständigkeit von Altona, Wandsbek und Harburg-Wilhelmsburg vergrößerte die Fläche von Hamburg um 80 Prozent. Damit wanderten die dort angesiedelten Industriebetriebe in den Zuständigkeitsbereich der Hamburger Handelskammer (1936 lagen 100 große oder größere Industriebetriebe in Hamburg, nach dem Zusammenschluss waren es 1500 Betriebe).[27] Hinzu kamen Geld und Personal aus den dort bald aufgelösten Kammern.

Während sich für die Handelskammer der lang gehegte Wunsch nach einer flächenmäßigen und machtpolitischen Vergrößerung erfüllte,[28] trieb die NS-Führung mit dem Groß-Hamburg-Gesetz die Eingemeindungen und Außerkraftsetzung von Landesordnungen gemäß ihrem ideologisch begründeten Zentralismus voran. Dieser beruhte u.a. auf der Zusammenlegung von lokalen Strukturen bei einem gleichzeitigen Ausbau bürokratischer Strukturen sowie auf der Propagierung von Selbstorganisation bei einer gleichzeitigen Aufhebung jeglicher Autonomie. Die Umsetzung der fast 20 Jahre alten Pläne offenbarte laut Karl Heinz Roth aber auch eine fatale strukturkonservative Haltung der gesamten Kaufmannschaft. Denn dieser sei ein

26 Vortrag von Dr. Klöver am 9.12.1936 vor dem Beirat der IHK Altona über die Organisation der gewerblichen Wirtschaft unter Berücksichtigung der Erlasse des RWM vom 7.7. und 12.11.1936, HK-Archiv, I.6.F.3.6_23.

27 Friederike Littmann, Ausländische Zwangsarbeiter in der Hamburger Kriegswirtschaft 1940–1945, in: Frank Bajohr/Joachim Szodrzynski (Hrsg.), Hamburg in der NS-Zeit. Ergebnisse neuerer Forschungen, Hamburg 1995, S.175–202, hier S.181.

28 Mit der Eingliederung der Industrie- und Handelskammern Altona und Harburg-Wilhelmsburg dehnte sich die „‚wirtschaftliche Selbstverwaltung' auf ein Potenzial von jetzt insgesamt 1.500 Industriebetrieben und 170.000 Arbeiterinnen und Arbeitern [aus], in dem immerhin vier Fünftel der deutschen Mineralölindustrie, zwei Drittel der Kupferverhüttung, die Hälfte der Ölmühlenkapazität, zwei Fünftel der deutschen Fischindustrie, jeweils ein Viertel des Schiffbaus und der Zigarettenherstellung sowie zehn Prozent der Kautschukindustrie konzentriert waren." Roth, Ökonomie, S.50.

kurzfristiger Macht- und Kompetenzzuwachs wichtiger gewesen als jede Diskussion um strukturpolitische Neuerungen.[29] Inwieweit zu dieser Zeit überhaupt andersartige Pläne in der Hamburger Wirtschaft diskutiert wurden und möglich erschienen, bleibt noch zu klären. Fest steht, dass Hamburg mit der Reform in eine ambivalente Situation geriet, in der die Stadt einerseits ihren reichsunmittelbaren Status bewahren konnte, sie aber andererseits stärker vom Reich abhängig wurde. So wuchs Hamburg zu einem wirtschaftlich zusammenhängenden und schlagkräftigen Gebilde ganz im Sinne des Vierjahresplans an, das von der Reichsebene fest in den Blick genommen wurde. Das Reich demonstrierte seine Nähe durch weitere „Anpassungen" an die NS-staatlichen Strukturen, indem u. a. Kaufmann 1936 auch die Leitung der Landesregierung übernahm.[30] Damit wurde das Nebeneinander von Reichsstatthalter und Landesregierung aufgehoben bzw. Letztere – und damit auch Bürgermeister Krogmann – faktisch zum Weisungsempfänger Kaufmanns gemacht.

Zwar vergrößerten sich mit dem Groß-Hamburg-Gesetz das Einzugsgebiet, die Mitgliederzahlen und der Personalstamm der Handelskammer, aber gleichzeitig musste sie in Kauf nehmen, von der RWK genauer unter die Lupe genommen zu werden. Vor allem die Vermögenstransferierung der verschiedenen Kammern machte eine außerordentliche Kassenprüfung notwendig, bei der die RWK einige Sonderfonds entdeckte (etwa für heiratende Mitarbeiter oder Reisen zum Reichsparteitag), die ab 1937 verboten wurden.[31] Als im Februar 1937 Präses de la Camp und sein Geschäftsführer Klöver mit dem Preußischen Überleitungskommissar über die Aufteilung des Personals der Kammern verhandelten, standen Leistungsqualität und auch soziale Aspekte im Vordergrund – darüber hinausgehende Aussagen etwa über die notwendige politische Zuverlässigkeit der künftigen Mitarbeitenden wurde in den Akten der Handelskammer vermieden.

Die Aufteilung der Vermögen war schwieriger, weil die Gebiete der alten Kammern nicht in Gänze an Hamburg gingen. Altona verfügte zum Zeit-

29 Ebenda, S. 51 f.

30 Schon 1935 hatte das RWM den IHK untersagt, mit ausländischen Konsulaten Kontakte zu pflegen, ab 1937 galt dasselbe für Außenministerien. Geschäftsverkehr der IHK mit ausländischen Konsulaten sowie mit Außenministerien und Dienststellen fremder Länder, 1935–1939, HK-Archiv, I.6.F.4_13.

31 Brief und Bericht von Verwaltungsdirektor Reuter bei der AG der IHK in der Reichswirtschaftskammer an RWM, an Behörde für Handel, Schiffahrt und Gewerbe, an Präses der IHK, 13. 3. 1937, BArch, R 11/1780 Pst III-43 Bd. 1 1936.

punkt der Auflösung über etwa eine halbe Million RM, Harburg über 187 000 RM.[32] Die Hamburger wollten die Vermögen prozentual nach Kammergrößen aufteilen, was ihnen den Großteil eingebracht hätte. Sie wurden jedoch als größte und leistungsstärkste Kammer Norddeutschlands dazu angehalten, kleinere Kammern zu stützen. Dazu zählte etwa die Flensburger Handelskammer, die aus „grenzpolitischen Gründen" unbedingt erhalten bleiben sollte. Da sich dieser Teil des Gleichschaltungsprozesses Anfang 1937 zu einer Art Geschacher entwickelte, betonte de la Camp, es dürfe nicht der Eindruck entstehen, Hamburg wolle sich auf Kosten der anderen Kammern bereichern.[33] Schließlich wurde im April die Neukonstituierung der Hamburger Kammer vollzogen: Das Plenum hieß ab jetzt „Beirat" und war mit 38 statt 40 Mitgliedern besetzt; die vormaligen Präsidenten von Harburg und Altona wurden Vizepräsides. Der bisherige Hamburger Präses Hübbe nutzte die allgemeine Umstrukturierung und übergab sein Amt an de la Camp, wechselte in das Vize-Amt neben ↑Moritz Schmidt-Schröder, Hans E. B. Kruse, ↑Rudolf Blohm, ↑Adolf Meyer, Hans Korndörfer und ↑Arnold Mergell.[34]

Während die Integration der Harburger und Altonaer Kammer zwar nicht ohne Konflikte, aber zügig vollzogen wurde, hatten die Rechnungsprüfer bei der Detaillistenkammer deutlich mehr zu beanstanden, die als Einzelhandelsabteilung in die Hamburger Kammer übernommen werden sollte. Die Prüfer kritisierten vor allem die buchhalterische Alltagspraxis der Einzelhandelsvertreter, sei es die Aufbewahrung der Portokasse oder die Bindung der Abrechnungen. Der pikierte Ton, in dem die Beanstandungen an das RWM und die Hamburger Behörde gemeldet wurden, lässt auf einen gewissen Standesdünkel gegenüber der von deutlich weniger betuchten Geschäftsleuten getragenen Detaillistenkammer schließen.[35] Ihr Vorsitzender ↑Adolf Meyer war ein „Alter Kämpfer" der NSDAP, seit 1928 in der Partei, ab spätestens 1931 auch Bürgerschaftsabgeordneter, der sich für den Milchhandel stark machte und als Gauredner etliche Male die Nähe zum Publikum suchte. Aus

32 Vgl. Finanzielle Auseinandersetzung und Vermögensverteilung, HK-Archiv, I.6.C.2.13_2.

33 Bericht über die Verhandlungen über die Eingliederung der an Hamburg fallenden preussischen Gemeinden an die IHK Hamburg, 27. 2. 1937; sowie Pohl, RWM, an IHK, 23. 3. 1937, HK-Archiv, I.6.C.2.13_3.

34 Protokoll der Plenarsitzung, 6. 4. 1937, HK-Archiv, I.6.E.3.5.

35 Brief und Bericht von der Prüfstelle für den Bereich der Organisation der gewerblichen Wirtschaft in der RWK an Behörde für Handel, Schiffahrt und Gewerbe, an Präses der IHK, an Vorsitzenden der Einzelhandelsabteilung, an RWM, 17. 6. 1938, BArch, R 11/1780 Pst III-43 Bd. 1 1936.

diesem Grund wurde Meyer 1937 auch nicht entmachtet, wenngleich er als Leiter der Einzelhandelsabteilung auf die Politik der Handelskammer kaum noch Einfluss nehmen konnte.

Auch wenn sich der Prozess fast ein Jahr lang hinzog, stellte die Eingliederung der Detaillistenkammer einen selbstverständlichen Vorgang dar.[36] Hingegen wusste man mit der Frauenwirtschaftskammer nicht so recht etwas anzufangen. Diese Einrichtung war eine Hamburger Besonderheit, die 1933 wohl maßgeblich auf Betreiben der NS-Gaufrauenschaft und insbesondere ihrer Leiterin Maria Meyer ins Leben gerufen worden war.[37] Meyer war langjähriges Mitglied der NSDAP und engagierte sich dort für frauenspezifische Belange. Mit der Machtübernahme der Nationalsozialisten, bei der auch ihr Ehemann, der Kaffeehändler ↑C. C. F. Meyer, bei der Handelskammer in höchste Position aufstieg, ergab sich die Gelegenheit, eine eigenständige Frauenwirtschaftskammer zu bilden. Schon im Mai 1933 fiel der Senatsbeschluss; die Kammer wurde bei der Deputation für Handel, Schiffahrt und Gewerbe eingegliedert. Ihre Aufgabe war es, wirtschaftspolitische Maßnahmen „in volkstümlicher und leicht fasslicher Form an die Frauen heranzubringen", womit in der Regel die Vermittlung von Hauswirtschaft und ein sparsamer Umgang mit Nahrungsmitteln gemeint war.[38]

Eine eigene Wirtschaftskammer für Frauen entsprach im Prinzip der Volksgemeinschaftsideologie, nach der alle sozial erwünschten (!) Gruppen für einen höheren Zweck zusammengeführt und auf diesen eingeschworen wurden. Aber angesichts der federführenden Maria Meyer kann durchaus vermutet werden, dass die Frauenwirtschaftskammer als ein Projekt galt, das noch der nationalrevolutionären Strömung der NSDAP verbunden war. Bis zur Machtübernahme der Nationalsozialisten hatte diese Strömung – öffentlich fälschlich als eher links wahrgenommen – unter Gregor Strasser mit dem Flügel unter Adolf Hitler konkurriert, der jede Sozialismus-Rhetorik nur unter Vollzug einer nach rassistischen Kriterien gestalteten „Volksgemeinschaft" gelten ließ. Strasser persönlich hatte Ende der 1920er Jahre an der

36 Vgl. auch IHK, Hamburg, Bd. 1: 1936/37, BArch, R3101/9571 Generalreferat für Organisationsfragen.

37 Offenborn, Hamburger Unternehmer, S. 331, Anm. 773–775.

38 IHK an RWM, 14. 11. 1936, BArch, R3101/9571. Vorstandsmitglieder waren Maria Meyer, Else Gloy, Gertrud Engelken, Margarete Röhrs. Sie sollten Hamburger Hausfrauen zum „Wohle der deutschen Volkswirtschaft" schulen und durch Artikel, Vorträge, Ratschläge in Presse und Rundfunk, Ausstellungen, Schulungen über „Verbrauchslenkung" informieren. Vgl. StAHH, 371-14_I Tätigkeitsberichte 1933–1936.

Gründung einer NS-Frauenorganisation mitgewirkt, womit er seinen eher sozialistisch ausgerichteten Gestus im Unterschied zu Hitler unterstrichen hatte.[39] In dieser Tradition begründete auch Maria Meyer im August 1933 die Eigenständigkeit einer auf Frauen ausgerichteten Wirtschaftskammer: An jeder Stelle solle „die Frau“ mitarbeiten, aber nicht im „Konkurrenzkampf zum Manne, sondern als Kameradin des Mannes“.[40] Schon im ersten Diktaturjahr wurden jedoch die Protagonisten des Strasser-Flügels der NSDAP kaltgestellt. Mit Verzögerung folgten jene Organisationen, die einen entsprechenden Ruch hatten.

Auch wenn die Frauenwirtschaftskammer ihre Eigenständigkeit verlieren sollte, blieb zunächst unklar, wo sie angegliedert werden konnte. Die Handelskammer war bereit, sie als Abteilung aufzunehmen und mit 15 000 RM auszustatten, wenn die zusätzlich benötigten 15 000 RM vom Hamburger Staat kämen. Aber das zuständige RWM zeigte sich irritiert von dieser Konstruktion und sah die Aufgaben der Frauenwirtschaftskammer eher beim Reichsnährstand oder bei der NS-Frauenschaft liegen.[41] Um aus der Angelegenheit endgültig jedes Konfliktpotenzial herauszunehmen, schlug die Handelskammer dem zuständigen Senator Georg Ahrens vor, die vormals in der Frauenwirtschaftskammer aktiven Frauen in einem ehrenamtlichen „Verbraucherausschuss“ einzusetzen, der finanziell von „interessierten Einzelhandelskreisen“ und nicht vom Staat unterstützt werden sollte.[42] Letztlich wurde die Frauenwirtschaftskammer, weiterhin unter der Leitung von Maria Meyer, wieder in die Gaufrauenschaft zurückgeführt und damit wieder in die Parteistruktur eingegliedert.[43]

Langfristig sollten im NS-Staat sämtliche Verwaltungs-, Gemeinde- und (ehemaligen) Landesstrukturen soweit umgeformt werden, bis die entstandenen Gebilde territorial und politisch mit der NSDAP-Gaustruktur übereinstimmten. Tatsächlich aber beförderten die reichsweiten Reformen die Dis-

39 Armin Nolzen, Straßer, Gregor, in: Neue Deutsche Biographie (NDB), Bd. 25, Berlin 2013, S. 478–479, https://daten.digitale-sammlungen.de/0008/bsb00085894/images/index.html?id=00085894&groesser=&fip=eayayztswxdsydenxdsydsdaseayawen&no=&seite=506 [2. 11. 2022].

40 Maria Meyer, Die Frau muß mitarbeiten, in: Hamburger Tageblatt, Nr. 183, 7. 8. 1933, S. 9, zitiert nach Offenborn, Hamburger Unternehmer, S. 331, Anm. 776.

41 Notiz im RWM, Januar 1937, BArch, R 3101/9571.

42 Vgl. Auflösung der Frauenwirtschaftskammer, 1936–1937, StAHH, 131-4_1935 A 66/5.

43 Offenborn, Hamburger Unternehmer, S. 331, Anm. 776.

kussionen zwischen Reich und Gau, auch weil sie letztlich nie zu Ende geführt wurden. Aber in Hamburg schienen die Reformen vorbildlich voranzuschreiten und die Stadt galt sogar als Prototyp eines „Reichsgaus".[44] Nachdem 1937 mit dem Groß-Hamburg-Gesetz erstmals Gau-, Reichs- und Landeszuständigkeiten zusammengeführt worden waren, entstand eine „städtestaatliche Einheitsverwaltung", in der staatliche und gemeindliche Verwaltungsbezirke ineinander aufgingen und von Kaufmann geleitet wurden. Kaufmann war nun u. a. Hamburgs Reichsstatthalter, Gauleiter und Leiter der Staatsverwaltung in einer Person. Anschließend wurde auch noch die Gebietseinteilung der Hansestadt Hamburg an die Gebietseinteilung des NSDAP-Gaus Hamburg angepasst. Mit dieser Anpassung war die kommunale Autonomie beseitigt und die „Durchdringung von Verwaltung und NSDAP-Apparat in die Wege geleitet".[45]

Die Machtkonzentration auf Hamburger Gauebene führte u. a. zu einer intensiven Zusammenarbeit zwischen der Handelskammer (ab 1943 Gauwirtschaftskammer) mit Gau- und Parteigremien der Stadt. Da der Gau stärker als bisher „zwischengeschaltet" war, schuf die enge Verflechtung Hamburger Institutionen mit der Gauebene eine größere politische Unabhängigkeit von den zentralen Reichsinstanzen (Reichsunmittelbarkeit). Die „politischen Handlungsspielräume der Verwaltungsbeamten [erweiterten sich genauso], wie dies für die ‚wirtschaftliche Selbstverwaltung' der IHK der Fall war".[46] Die besonderen Befugnisse des Reichsstatthalters und Hamburgs Reichsunmittelbarkeit stärkten den Ruf einer gewissen Eigenständigkeit der Stadt innerhalb des zentralistischen NS-Staates, verdeckten jedoch, dass ihre wirtschaftspolitischen Institutionen massiv auf die Reichsebene in Berlin angewiesen waren und bei dieser durch zahlreiche Annäherungen und Kooperationen um Unterstützung warben.

Hamburg hatte sich im politischen Geflecht des NS-Staates eine gewisse Machtposition erarbeitet, weshalb die Reichsebene umso mehr die Stadt sowohl fördern als auch kontrollieren wollte. So wurden zwar zahlreiche Reformen nicht oder nur teilweise umgesetzt, aber im Zuge dieser auch „Verreichlichung" genannten sukzessiven Zentralisierung wurden zahlreiche Reichssonderbehörden von Reichsseite aus in Hamburg angesiedelt, die hier auf je eigene Kompetenzen bestanden und in der städtischen Politik zusätzlich mit-

44 Lohalm, „Modell Hamburg", S. 138 f.
45 Roth, Ökonomie, S. 53 f.
46 Ebenda.

redeten.[47] Von diesen Sonderbehörden spielten für die Handelskammer vor allem das Landesarbeitsamt, der Transport- oder Verkehrsbeauftragte und die Reichsstellen für verschiedene Warengruppen eine Rolle; vonseiten des Gaus kamen weitere Sonderbeauftragte hinzu, wie der Sonderbeauftragte für Wirtschaftsförderung und Vierjahresplan, ein Wirtschaftsbeauftragter des Reichsstatthalters, ein „Arisierungsbeauftragter", ein Sonderbeauftragter für die Beziehungen Hamburgs zu den Reichswerken Hermann Göring, ein Sonderbeauftragter für Westwallarbeiten und viele Dienststellen[48] – ein Zusammenspiel, das sowohl destruktive als auch effizienzsteigernde Effekte entfaltete.[49] Gegen die Ansprüche dieser dem Reich direkt unterstellten Behörden kam Kritik insbesondere aus der Hamburger Wirtschaft, ein weiterer Faktor, der Hamburgs Ruf als Stadt mit besonderer NS-Distanz zu untermauern schien.

Die Frage, ob sich Hamburg durch eine überbetonte Nähe oder Distanz zum NS-Staat und seinen Vertretern in Berlin auszeichnete, führt bis in die Gegenwart zu Kontroversen. Anstatt ein „entweder oder" zu vermuten, liegt die Sache komplizierter bzw. steckt in beiden Deutungen ein „zutreffender empirischer Kern", wie Frank Bajohr betont.[50] Eine sowohl distanzwahrende als auch enge Beziehung zu Berlin widersprach sich nicht, sondern zeigt auf, wie sich Hamburger Politik im NS-Staat plausibel erklären lässt: „Nicht weil Hamburg so gut, sondern weil Hamburg so schlecht zum Nationalsozialismus und seinen wesentlichen Zielen passte, verstrickte sich die Stadt besonders tief in die verbrecherische Herrschaftspraxis des ‚Dritten Reiches'."[51] Auf den Wirtschaftssektor und den Handlungsspielraum der Handelskammer angewendet lautet die Formel: Gerade weil Hamburgs Groß- und Außenhandelsschwerpunkt so schlecht zur Rüstungs- und Autarkiepolitik des Nationalsozialismus passte, engagierte sich die Handelskammer besonders intensiv im Herrschaftsapparat des „Dritten Reiches".

In der Praxis führte diese Gemengelage zu einem ausgeprägten Lobbyismus Hamburger Interessenvertreter. Beispielsweise bemühten sich Gauleiter Kauf-

47 Liste unterschiedlicher Reichs-Einrichtungen, 10. 3. 1942, StAHH, 113-5_A I 12.

48 Bajohr, Gauleiter, S. 283.

49 Zu dieser Besonderheit, mit der sich erst die jüngere Forschung auseinandersetzt, vgl. Oliver Werner, Einführung, in: ders. (Hrsg.), Mobilisierung im Nationalsozialismus. Institutionen und Regionen in der Kriegswirtschaft und der Verwaltung des „Dritten Reiches" 1936 bis 1945, Paderborn 2013, S. 9–28, hier S. 17–19.

50 Frank Bajohr, Hamburg im „Dritten Reich". Rückblick und Ausblick, in: Zeitgeschichte in Hamburg 2013, hrsg. v. d. Forschungsstelle für Zeitgeschichte in Hamburg Hamburg 2014, S. 14–33, hier S. 21. Vgl. auch Bajohr, Gauleiter, S. 269.

51 Bajohr, Hamburg im „Dritten Reich", S. 21.

mann wie Wirtschafts- und Handelskammer-Vertreter von Beginn an, beim RWM in Berlin die besondere Stellung Hamburgs und die sich daraus ergebende Notwendigkeit besonderer Begünstigungen zu vermitteln. Kaufmann stellte sich als NS-Kämpfer in einer wahlweise besonders „roten" oder zermürbend bildungsbürgerlichen Stadt dar. Wirtschaftslobbyisten wie der nationalsozialistische Bürgermeister Carl Vincent Krogmann oder der spätere Präses Joachim de la Camp brachten Berliner Behördenvertretern immer wieder die besondere Rolle Hamburgs für den gesamten deutschen Handel nahe. Ihnen ging es um Verordnungen und Zuschläge, die den Hamburger Hafen und die Handelsfirmen gegenüber der Konkurrenz im Nord- und Ostseeraum oder auch in industriestarken Regionen in eine vorteilhafte Position bringen sollten.

Nicht nur der zunehmende Lobbyismus von Hamburger Seite konterkarierte sämtliche Strukturreformen, mit denen Institutionen zwecks angeblicher Effizienzsteigerung zusammengeführt worden waren. Auch innerhalb der Stadt war die Politik vor allem auf Personen und ihren Einfluss ausgerichtet, zuvorderst auf Kaufmann, der meist ad hoc, kurzatmig und kampagnenhaft agierte. So erfolgreich sich 1936 die strukturpolitischen Maßnahmen auf dem Papier lasen, so sehr blieb Kaufmanns Politik ein „Wechselspiel von punktueller Intervention und kurzfristiger Mobilisierung aller Ressourcen" ohne planvollen Umgang mit den infrastrukturellen Grundlagen Hamburgs, sondern getrieben vom „Raubbau vor allem zur Kriegsvorbereitung".[52] In den Quellen zur Handelskammer ist Kritik an den Folgen dieser Ad-hoc-Politik ebenso überliefert wie die regelmäßig artikulierten Hoffnungen und Pläne für ein baldiges Kriegsende, nach dem man wieder langfristigere Geschäftsbeziehungen aufbauen könne. Die Handelskammer äußerte hierbei aber keinen Zweifel an Kaufmann, seiner Politik oder der nationalsozialistisch durchdrungenen Staatsstruktur, sondern lediglich den Wunsch, nach einem für Deutschland erfolgreichen (sprich mit vielen Gebietseroberungen verbundenen) Ende des Krieges wieder mehr Planungssicherheit für den Handel zu gewinnen.

Insgesamt galt das Groß-Hamburg-Gesetz innerhalb der Handelskammer als ein großer Fortschritt, da die Gebiets- und Zuständigkeitserweiterung einen effizienteren Organisationsapparat und einen gesteigerten Einfluss im Sinne der Wirtschaft zu belegen schienen. Neben der gesteigerten Schlagkraft produzierte die Zentralisierung aber auch neue Reibungspunkte innerhalb der Kammer wie in der gesamten Verwaltung der Stadt. In einer Rede vor dem

52 Bajohr, Gauleiter, S. 285.

Nationalklub von 1919 musste Gauleiter Kaufmann auch noch ein Jahr später zugeben, dass die gesamte Organisation der Verwaltung weiterhin verbessert werden müsse, um etwa überflüssige Rundschreiben oder andere Doppelarbeiten zu minimieren. Kaufmann vertiefte seine Kritik an langatmigen bürokratischen Verfahren – laut Redemanuskript auf Seite 17! – mit Verweis auf sein eigenes Arbeitsverhalten, er selbst „lese grundsätzlich keine Gutachten, die länger als drei Seiten sind, denn wer 12 Seiten schreibt, hat zuviel Zeit, und wer zuviel schreibt, der stiehlt auch mir die Zeit".[53] Weit entfernt davon, einen Widerspruch zwischen seinen Ansprüchen und dem eigenen Verhalten zu bemerken, praktizierte Kaufmann in seiner Nationalklub-Rede vielmehr einen im Nationalsozialismus üblichen Doppelstandard, nach dem die dogmatisch hoch gehaltenen NS-Prinzipien zumeist für andere galten.

Angesichts der anwachsenden bürokratischen Prozeduren versuchte Präses de la Camp ab 1937 in dem verzweigten und zugleich relativ offenen Handlungsspielraum zwischen Gauführung und Kammer-Präsidium informelle Wege zu finden, wie etwa mit einer Einladung an Kaufmann zu einer „zwanglosen Abendveranstaltung bei einem Glas Bier", da die „persönliche Verbindung zwischen der Spitze des Staates und der Partei in Hamburg sowie den Männern der Wirtschaft gar nicht eng genug sein" könne.[54] Neben der latenten Konkurrenz und Kooperation mit Einrichtungen vor Ort nahmen sowohl Zusammenarbeit als auch Abgrenzung in der Vertikalen zu.[55] Ab 1934 war die Kammer offiziell der Aufsicht des RWM unterstellt,[56] aber es blieben Unklarheiten, wie sich etwa die Kontrolle der Kammerfinanzen im Detail zwischen staatlichen oder städtischen Behörden abspielte. Im folgenden Jahr setzte sich vor allem Syndikus Elso Klöver dafür ein, Vorgaben aus Berlin auf ihre Schwachpunkte zugunsten der Kammer hin zu begutachten. Denn das RWM ließ nichts unversucht, seine Gesetze in der (formal von der Kammer selbst erlassenen) Ordnung zu verankern. So bestand das RWM etwa darauf, die Handelskammerordnung solle das „Gesetz zur Erhaltung und Hebung der Kaufkraft" aufnehmen, da in ihm auch Bestimmungen

53 Rede Karl Kaufmanns vor dem Nationalklub von 1919, Hamburg 6.5.1938, BArch, R58/3510.

54 Zusammenarbeit des IHK-Archiv sowie Hamburger Kaufleute und Industrielle mit dem Herrn Reichsstatthalter, 1937, HK-Archiv, I.6.F.4_16.

55 Es handelte sich jedoch nicht um eine „zerstörerische Konkurrenz", denn Konflikte entstanden „kaum aus grundsätzlichen ideologischen Differenzen, sondern aufgrund divergierender Interessen in bestimmten Situationen". Gruner, Kommunen im Nationalsozialismus, S. 185.

56 Runderlass des RWM Nr. IV 4618/34, 17.9.1934, StAHH, 131-4_1935_A_66/2.

„über Finanzgebaren öffentlicher Körperschaften" aufgeführt seien.[57] Gegen solche Pläne, mit denen das RWM seine Weisungen auf indirektem Wege implementieren wollte, setzte sich die Kammer noch eine Zeit lang erfolgreich zur Wehr. Letztlich konnte sie aber nicht durchsetzen, einen Großteil der Aufsicht in Hamburg zu belassen und nicht an Berlin zu geben.[58]

Größere Konflikte zwischen Kammer und Reichsbehörde entwickelten sich meist, weil Letztere Einsparungen verlangte, die von Ersterer als untauglich abgelehnt wurden. Dazu zählten etwa Sparsamkeitsleitlinien zu Regelungen, die die Kammer eigens aus dem Unternehmertum übernommen hatte, um ihre Effizienz zu steigern. So stand 1936 die Weihnachtsgratifikation zur Debatte, die als freiwillige Sozialleistung mit paternalistischen Zügen vor allem Leistungsanreize setzen sollte. Das RWM untersagte solche Zusatzzahlungen an Beamte, widersprachen sie doch dem volksgemeinschaftlichen Ideal, nach dem jeder Staatsbedienstete auf seiner Position allein für die „Volksgemeinschaft" und nicht für individuelle Zwecke tätig sein müsse. Die Handelskammer hielt dennoch an ihrer Praxis fest, für die sie 1939 kurz nach Kriegsbeginn vom RWM besonders ermahnt wurde. Präses de la Camp rechtfertigte aber die Sonderzahlungen mit Verweis auf die „Unzahl der Anordnungen, die für die Arbeit der Kammer zu beachten sind" und von den Beamten bearbeitet werden müssten.[59] Ein Jahr später konnte sich die Kammer auch in einem wochenlang geführten Konflikt über neu einzurichtende Stellen durchsetzen.[60] Es gab aber auch durchaus subtilere Konflikte, bei denen die Handelskammer mit der Reichsebene um ihre Entscheidungskompetenzen stritt. Hierbei vermied die Kammer tunlichst, machtpolitische oder inhaltliche Argumente gegen Vorgaben von Reichsbehörden vorzutragen (z. B. im Fall der Zusatzzahlungen, weil das individuelle Arbeitnehmertum höher bewertet werde als eine kollektivistisch orientierte Organisationsführung). Vielmehr konzentrierte sich ihre Kritik an Berlin auf betriebswirtschaftliche Widersprüchlichkeiten, die sich an finanziellen Aufstellungen und Vorgaben besonders gut aufzeigen ließen.

Trotz sinkender Gewerbesteuereinnahmen und damit sinkender Kammerbeiträge (6 Prozent des Gewerbesteuermessbetrags) konnte die Handelskammer zwischen 1937 und 1940 ihr buchhalterisches Vermögen von gut

57 Korrespondenz zwischen Eller und Klöver, Juni 1934, HK-Archiv, I.6.C.5_2.

58 Vgl. Aktennotiz Klöver, 16.12.1935, HK-Archiv, I.6.C.2_10.

59 J. de la Camp, IHK, an RWM, 8.11.1939, BArch, R3101/9573 Generalreferat für Organisationsfragen, IHK, Hamburg, Bd. 3: 1939/40.

60 Briefwechsel RWM und IHK, April/Mai 1940, BArch, R3101/9573.

3 Mio. RM um knapp eine Million RM[61] und bis 1944 nach eigenen Angaben auf 8,6 Mio. RM erhöhen.[62] Der Großteil davon war in Pensionsfonds für die Beamten gebunden und muss durch die verdeckte Inflation im Deutschen Reich in seinem Wert ohnehin niedriger angesetzt werden.[63] Wenn von Reichsebene Mahnungen zu Einsparungen erteilt wurden, sah man dies in Hamburg besonders kritisch, stand Berlin doch im Verdacht, mit zweierlei Maß zu messen. Das zeigte sich u. a. an den Diskussionen um einen geplanten Neubau des Kammersitzes für etwa 3,5 Mio. RM.[64] Das Hamburger Plenum bewertete in diesem Zusammenhang auch den Kammerneubau in Berlin, der „etwa 12-14 Mio. RM kostet". Dies galt als völlig überzogen. Die „Berliner" könnten die Summe nur aufbringen, weil sie deutlich höhere Kammerbeiträge als Hamburg erheben würden. Mit deutlicher Missbilligung kommentierte man die Berliner Gepflogenheiten[65] und beschloss einmütig, eine für

61 Die Steigerung leite ich aus den Vermögensangaben 3 118 649 (1936) und 4 068 948 (1940) ab. Der Begriff „Vermögen" ist aus den Quellen übernommen; Verbindlichkeiten, Guthaben, Kassenbestand etc. ließen sich im Detail nicht nachvollziehen bzw. vergleichen. Bericht der Prüfstelle für den Bereich der Organisation der gewerblichen Wirtschaft in der RWK über die Prüfung des Haushaltswesens der IHK Hamburg für das Rechnungsjahr 1940, September, BArch, R 11/1784 Pst III-43 Bd. 3: 1940–42.

62 Niederschrift über die Beiratssitzung am 28. 4. 1944, StAHH, 621-1_72 Blohm+Voss 341 Bd. 2.

63 Bericht der Prüfstelle für den Bereich der Organisation der gewerblichen Wirtschaft in der RWK über die Prüfung des Haushaltswesens der IHK Hamburg für das Rechnungsjahr 1940, September, BArch, R 11/1784 Pst III-43 Bd. 3: 1940–42. Eine Einschätzung des Vermögenswertes fällt schwer. Denn der NS-Staat häufte zwar immense Schulden an, sorgte aber durch ihre Auslagerung etwa in Clearingverfahren für eine nominell niedrige Inflation. Gleichzeitig schritt die alltägliche Geldentwertung voran, weil mit Kriegsbeginn die Konsumgüterproduktion massiv eingeschränkt wurde und Rationierungen an der Tagesordnung waren. Da die Deutschen zwar Geld besaßen, aber wenig kaufen konnten, weitete sich schon ab Ende der 1930er Jahre der Tauschhandel aus und Geldwerte verloren ihre Funktion.

64 Niederschrift über die Plenarsitzung am 26. 7. 1940, StAHH, 621-1_72 Blohm+Voss 1410 Bd. 2.

65 „Berlin" (anders als einzelne Behörden oder Reichsstellen) galt in solchen Diskussionen als Inbegriff der Übervorteilung und Maßlosigkeit. Beispielhaft sei die Plenarsitzung im Herbst 1941 genannt, TOP 6 Verschiedenes aus dem Bericht über die Versorgungslage in Hamburg: „An Spirituosen stehen gegenüber 1938/39 nur noch 20% zur Verfügung [mit Bleistift und Ausrufezeichen markiert; C. K.]. Eine Erleichterung soll zu Beginn des nächsten Jahres durch die Einfuhr bulgarischer Weine eintreten. Berlin scheint in der Spirituosenzuteilung und auch in der Zuteilung von Schokolade und Marzipanerzeugnissen bevorzugt zu sein." Niederschrift über die Plenarsitzung am 7. 11. 1941, StAHH, 621-1_72 Blohm+Voss 1410 Bd. 2 (Hervorh. i. Orig.).

den Neubau in Hamburg nötige Beitragserhöhung nicht vorzunehmen. An dieser „roten Linie“ wollte sich die Kammer weiterhin orientieren, auch wenn mit Beginn des Krieges die Gewerbesteuer- und somit die Beitragseinnahmen der Kammer weiter sanken. Die vor allem politisch-propagandistisch motivierte Priorität, die Kammerbeiträge nicht zu erhöhen, blieb aber bestehen.[66]

Die vergleichsweise solide Haushaltspolitik der Kammer weckte Begehrlichkeiten. Die Parteioberen sahen in den Kammereinnahmen eine Quelle zur Finanzierung der notorisch klammen NSDAP, die sich häufig über „Spenden“ finanzierte. „Spenden“ waren eine gängige Form der Einnahme und wurden entweder erzwungen oder dienten als Schmiermittel der im NS-Staat weitverbreiteten Korruption.[67] Inwieweit sich die Handelskammer aktiv gegen solche Avancen vonseiten der Partei wehrte, ist nicht nachvollziehbar. Belegt ist, dass die Kammer 1939 und 1940 ohne ein Zeichen der Kritik äußerst hoch dotierte Geschenke im Namen der Wirtschaft machte: Zum 50. Geburtstag Hitlers erlaubte ein Erlass des RWM, dass das erwünschte „Geschenk der Wirtschaft“ von den Handelskammern ausgezahlt wurde, aus Hamburg belief es sich auf 43 876 RM.[68] Ein Jahr später verkündete de la Camp, „aus der Wirtschaft“ käme die Anregung, dem „Herrn Gauleiter und Reichsstatthalter zu seinem 40. Geburtstag ein Geldgeschenk zur Verwendung für soziale Zwecke“ überreichen zu wollen, für das eine Summe von 50 000 RM zusammengekommen sei.[69] Hinter den „sozialen Zwecken“ verbarg sich kaum verschleiert Kaufmanns gezielte Unterstützung von Parteigenossen oder Propagandaaktionen, finanziert durch seine eigens gegründete „Hamburger Stiftung von 1937“, an die wohl auch das Geburtstagsgeschenk ging.[70]

66 Z. B. Niederschrift über die Plenarsitzung am 17. 12. 1939, StAHH, 621-1_72 Blohm+Voss, 1410 Bd. 1.

67 Der Reichsrechnungshof durfte sogar die staatlichen Finanzzuweisungen an die NSDAP nicht prüfen. Frank Bajohr, Korruption in der NS-Zeit als Spiegel des nationalsozialistischen Herrschaftssystems, in: Jens Ivo Engels/Andreas Fahrmeir/Alexander Nützenadel (Hrsg.), Geld – Geschenke – Politik. Korruption im neuzeitlichen Europa, München/Berlin 2009, S. 231–248, hier S. 236.

68 IHK an RWM, 17. 4. 1939, BArch, R3101/9572 Generalreferat für Organisationsfragen, IHK, Hamburg, Bd. 2: 1938/39. Vgl. auch Bielfeldt, Vom Werden Groß-Hamburgs, S. 172.

69 Niederschrift über die Plenarsitzung am 11. 10. 1940, StAHH, 621-1_72 Blohm+Voss 1410 Bd. 2.

70 Solche „Stiftungen“ zur privaten Bereicherung waren verbreitet unter NS-Gauleitern. Bajohr, Korruption, S. 241. Die „Hamburger Stiftung von 1937“ diente als ein nur von Kaufmann „kontrolliertes Finanzsystem außerhalb des städtischen Haushalts“; die ca. 10 Mio. RM Stiftungsvermögen stammten aus öffentlichen Mitteln,

Auch wenn es auf der Sachebene bei Auseinandersetzungen oder Unterstützungen „nur" um Geld ging, bildeten die Entscheidungsfreiheit und Eigenständigkeit der Kammer, die sie vonseiten der Stadt oder des Reiches herausgefordert oder eingeschränkt sah, den Kern solcher Konflikte. In der Selbsterzählung der Kammer nach 1945 werden diese Konflikte angeführt, um eine substanzielle Ablehnung des NS-Staates zu belegen. Jedoch stellten Abwehrversuche gegen Zugriffe von außen kein NS-spezifisches Verhalten der Handelskammer dar. Vielmehr gehörten Autonomiekonflikte auch schon vor 1933 und ebenso nach 1945 zum Selbstverständnis der Kammer.[71]

Mit Kriegsbeginn fielen der Kammer weitere Zuständigkeiten zu; zudem wurde sie im Wehrkreis X federführend in wehrwirtschaftliche Aufgaben integriert. Die Wehrkreise entsprachen den schon in der Weimarer Republik existierenden Reichsverteidigungsbezirken, wurden aber nach 1933 sukzessive erweitert und organisierten die Kriegsvorbereitung, u.a. durch die Rekrutierung und Ausbildung des Heeres oder durch den Aufbau regionaler Wehrwirtschaftsstellen zur Betreuung der Rüstungsbetriebe. Aus diesen Wehrwirtschaftsstellen gingen 1939 die Rüstungskommandos hervor, die ausgeprägte Zugriffsrechte hatten, aber weiterhin nicht über die gesamte Privatwirtschaft, insbesondere die „kriegswichtigen" W-Betriebe, verfügen konnten.[72] Die Kontrolle und Organisation der W-Betriebe, daneben auch die Aufteilung von Transportkraftwagen oder Kohlenlieferungen und viele weitere Aufgaben übernahm vielmehr die IHK.[73] Um an den Umsätzen und

Spenden der Hamburger Wirtschaft, Zwangsabgaben der städtischen Betriebe und sog. „Arisierungsspenden". Aus der Stiftung ging das Geld wiederum an wichtige Repräsentanten der Wirtschaft und Kontaktpersonen im RWM. Vgl. Einzahlungen (1939–1945), StAHH, 614-2/13_5. „Mit der Hamburger Stiftung von 1937 komplettierte sich ein zentralistisches System der Protektion, das von der Zuteilung von Arbeitsplätzen und gutdotierten Scheinämtern über umfangreiche Geldzahlungen bis zur Verteilung jüdischer Grundstücke, Häuser und Betriebe an ausgewählte Günstlinge reichte." Bajohr, Gauleiter, S. 278 f.; ders., Korruption, S. 242.

71 Vgl. insbesondere den Konflikt mit der Deputation für Handel, Schiffahrt und Gewerbe über die besondere Stellung von Körperschaften in Hansestädten, HK-Archiv, I.6.C.2_7.

72 Stremmel, Kammern, S. 199.

73 Niederschrift über die Sitzung des EKA in Hannover am 6.7.1939 von Herrn Ministerialrat Sussdorf behandelten wehrwirtschaftlichen Fragen, 19.7.1939, sowie Aufzeichnung über eine Sitzung der IHK des Wehrbezirks X bei der Wehrwirtschaftlichen Abteilung am 26.9.1939, 30.9.1939, vermutlich Bosch, sowie Aufzeichnung für Herrn Präses de la Camp, 3.10.1939, HK-Archiv, 94.A.1_59.1 Mobilmachung VI.

Erträgen der Kriegswirtschaft zu partizipieren, musste sie sich wiederum in Berlin mit anderen IHK um die besten Plätze streiten.[74]

Wie sehr die IHK die Kriegslogik in ihre Arbeit und ihr Selbstverständnis integrierte, zeigte u. a. die 1939 ohne jede Meinungsverschiedenheit beschlossene Einstellung des Jahresberichts.[75] Im Jahresbericht erschienen routinemäßig die Leistungsbilanzen einzelner Branchen und Firmen, Defizitbekundungen oder Pläne, die den Wirtschaftsbereich betrafen. Da diese Punkte von nun als streng vertraulich galten, präsentierte de la Camp seinen deutlich kürzeren und für die Presse abgestimmten Bericht nur noch mündlich. Für die interne Vorbereitung dieser Vorträge sollten alle Abteilungen ihre Daten vor allem mit Blick auf die Außenwirkung zusammenstellen. Je weiter der Krieg voranschritt, desto dringlicher wurden die Aufforderungen, wobei offengelassen wurde, ob die Sorgfalt mit Blick auf einen Sieg oder eine Niederlage notwendig sei. 1944 hieß es:

> „Da auch in diesem Jahr ein Jahresbericht nicht gedruckt wird, ist es erwünscht, die Berichte über die Tätigkeit der einzelnen Abteilungen, Sachdezernate usw. ausführlich zu gestalten, damit diese für eine spätere Geschichtsschreibung oder Gesamtberichterstattung über die Tätigkeit im Kriege verwertet werden kann."[76]

Organisatorisch erzielte schließlich 1943 die Auflösung aller IHK und ihre Überführung in Gauwirtschaftskammern (GWK) eine durchschlagende Wirkung. So wie die vorherigen Umwandlungswellen 1933 und 1937/38 griff auch diese tief in den rechtlichen und politischen Status der Kammer ein.[77] Hintergrund war wieder einmal der Wunsch nach Effizienzsteigerung, diesmal unter den besonderen Bedingungen des Krieges.

Die Gründung der GWK hatte einen längeren und komplizierten Vorlauf. Bis 1942 herrschte zwischen dem Militär, den Wirtschaftsbehörden des

74 U. a. bei den sogenannten Russlandgeschäften, denn die Reichsregierung forderte zur Devisengewinnung mehr Exporte in die Sowjetunion; im entscheidenden Russlandausschuss der Reichsstelle Industrie war jedoch die IHK Hamburg nicht vertreten. Eller, IHK-Niederlassung Berlin, an Bosch, IHK Hamburg, 29. 9. 1939, HK-Archiv, 94.A.1_59.1 Mobilmachung VI.

75 Niederschrift über die Plenarsitzung am 27. 10. 1939, HK-Archiv, I.6.P.3_35.

76 Rundbrief „An die Geschäftsführer der Abteilungen und Sachdezernate, einschließlich Dr. Klein für die Commerzbibliothek" von Dr. Leuckfeld, 15. 11. 1943, HK-Archiv, I.6.P.3_40.

77 Bajohr, Gauleiter, S. 283.

Reiches, der Bezirkswirtschaftskammer und der IHK ein ständiger Konflikt über Zugriffsrechte und Prioritäten. Dazu trug bei, dass die institutionelle Stellung der IHK eher diffus blieb, weil ihre wichtigsten Funktionsträger in Doppelrollen auftraten. Die Bekleidung mehrerer Ämter war nichts Ungewöhnliches im Nationalsozialismus, aber drohte im Falle de la Camps Konfusion zu bereiten. Denn ab 1939 fungierten alle IHK-Präsidenten laut RWM-Verordnung auch als Reichskommissare, womit sie formal den Bezirkswirtschaftsämtern unterstellt gewesen wären.[78] Die zusätzliche Funktion vergrößerte vor allem das Regulierungsvolumen innerhalb der Kammern und beschnitt gleichzeitig formal ihre Hoheitsrechte. Zusammen mit anderen Kammern protestierte Hamburg gegen diese „Verbürokratisierung der Wirtschaft", die Reichswirtschaftsminister Walther Funk nach längerem Hin und Her im August 1941 wieder zurücknahm.[79] Stattdessen sollte ab April 1942 mit einer Verordnung „die Vereinfachung und Vereinheitlichung der Organisation der gewerblichen Wirtschaft"[80] reichsweit vorangetrieben werden, indem politische und wirtschaftliche Organisationsgrenzen endgültig vereinheitlicht und die regionale und fachliche Ordnung zusammengeführt würden. Hinter dieser Verordnung stand eine über zwei Jahre andauernde Kontroverse, denn spätestens seit 1940 wollte die NSDAP-Führung die Organisation der gewerblichen Wirtschaft in ein effektives Lenkungsorgan umwandeln, stritt aber mit den Gauen über den genauen Zuschnitt und musste sich mit Widerstand aus den Kammern auseinandersetzen.[81] 1942 wurde in der Gauwirtschaftskammer-Aufbauverordnung (GWKAV) schließlich verkündet, die GWK seien von nun an

> „die regionalen Führungsstellen der Deutschen Wirtschaftsorganisation im Bereich der Gaue. Ausgestattet mit dem Recht der Selbstverwaltung und von aktiven Unternehmern geführt, repräsentieren sie die Wirtschaft ihres Bezirks in ihrer Gesamtheit. Bei der Betreuung

78 Die Kriegswirtschaftsordnung ermöglichte dem Reichswirtschaftsminister, den Kammern staatliche Aufgaben zu übertragen, wozu dieser die Reichskommissare bei den IHK einsetzte. Friederike Littmann, Zwangsarbeiter in der Kriegswirtschaft, in: Hamburg im „Dritten Reich", hrsg. v. d. Forschungsstelle für Zeitgeschichte in Hamburg, S. 78.

79 Aufzeichnung über eine Sitzung des Ausschusses über die Zusammenarbeit mit den Bezirkswirtschaftskammern bei der Reichswirtschaftskammer, 22. 1. 1940, HK-Archiv, 94.A.1_59.4; Stremmel, Kammern, S. 201.

80 RGBl. I 1942, S. 189.

81 Stremmel, Kammern, S. 204–210.

der Wirtschaft haben sie den Staat in seiner Wirtschaftsführung zu unterstützen und den Gauleitern bei der Durchführung ihrer Aufgaben zur Verfügung zu stehen.“[82]

Der letzte Punkt stellte für die IHK Hamburg keine größere Kurskorrektur dar. Aber insgesamt stieg ihr Arbeitsaufwand, denn sie musste zusätzliche Besprechungen und Kommunikationswege einplanen, wie etwa die routinemäßige Einladung des Gauwirtschaftsberaters zu wichtigen Besprechungen. Dies war zu diesem Zeitpunkt Otto Wolff, der kurze Zeit später auch „Generalkommissar für die gesamte Wirtschaft“ wurde. De la Camp wurde erneut als Präses eingesetzt, weiterhin ins Präsidium berufen wurden ↑Christian Bartholatus, ↑Rudolf Blohm, Johannes Hamann, Hans E. B. Kruse, Harald Mandt, ↑Arnold Mergell, ↑Max Peperkorn und Arnold Petersen, Letzterer als Vertreter der Gauhandwerkskammer.[83]

Die GWK waren in erster Linie eine Reaktion auf die Kriegssituation. Sie wurde per Führererlass im Laufe des Jahres 1943 noch einmal bestärkt.[84] Denn die organisatorische Umstrukturierung – u. a. durch regelmäßige Treffen und die Zusammenarbeit der GWK mit der Rüstungsinspektion und dem Generalkommissar für die Wirtschaft – sollte vor allem der kriegswirtschaftlichen Konzentration dienen. Gegenüber der Hamburger Öffentlichkeit wurde die weiter bestehende „Unabhängigkeit“ der Kammer betont: „Wesentlich ist, dass die Gauwirtschaftskammer keine Dienststelle der Partei darstellt, sondern nur mit dem Gauleiter, dem Gauwirtschaftsberater und den übrigen Parteiorganisationen aufs engste zusammenarbeitet. Ihre Weisungen erhält sie durch den Reichswirtschaftsminister.“[85] Tatsächlich war die Kammer nun fast ausschließlich mit kriegswirtschaftlichen Maßnahmen betraut: „Stilllegungsaktionen“, Katastrophenvorsorge, Arbeitskräfteeinsatz, Bearbeitung arbeitsrechtlicher Fragen nach den Bombenangriffen, Wohnungsfrage,

82 Bielfeldt, Vom Werden Groß-Hamburgs, S. 83. Vgl. auch die Abschrift aus dem Deutschen Reichsanzeiger: Anordnung des Reichswirtschaftsministers Walther Funk über den Aufbau der Gauwirtschaftskammer Hamburg, 16. 12. 1942, HK-Archiv, Plenarierakten, Nr. 481 Joachim de la Camp.

83 Verzeichnis der Mitglieder des Beirats der Gauwirtschaftskammer und der Handelskammermitglieder, 1943–1947, HK-Archiv, I.6.E.3.5_5.

84 Vgl. Pressebericht über die Tätigkeit der Gauwirtschaftskammer Hamburg im Jahre 1943, HK-Archiv, I.6.P.3_39 Jahresbericht 1943.

85 Wie die Gauwirtschaftskammer in Hamburg arbeitet, in: Hamburger Tageblatt, 6. 3. 1943, Nr. 64, S. 6.

Bildung von Arbeitsgemeinschaften im Handel, Transportwesen oder Entschädigungsfragen nach Fliegerschäden.[86]

Damit erreichte 1943 die Gleichschaltung der wirtschaftlichen Selbstorganisation ihren Höhepunkt. Nicht nur stimmten Bezirk und Organisation der Hamburger Kammer nun mit dem Hamburger Gau überein, sondern die Kammer verlor auch ihren Status als Körperschaft des öffentlichen Rechts und damit den letzten Hinweis auf ihren Selbstverwaltungsauftrag.

Nach den Bombenangriffen und großflächigen Zerstörungen im Sommer 1943 folgte eine letzte wirtschaftspolitische Konzentration, in der sich die Handelskammer fast ausschließlich der Aufgabe widmete, die produzierenden Betriebe zu sichten und, wenn möglich, deren Wiederinstandsetzung zu organisieren. Nach den alliierten Luftangriffen reagierte die Kammer schnell und ihre mittlerweile zu einem eigenen Machtfaktor angewachsene Industrieabteilung richtete innerhalb eines Monats die sogenannten Industrieblocks ein, mit denen der Wiederaufbau bezirksweise organisiert wurde. In der nun anbrechenden Phase des Krieges musste unter allen Umständen die Produktion von kriegswichtigen Gütern aufrechterhalten werden. Dafür wurden der Handelskammer so viele Kompetenzen übertragen, dass für einen Moment sogar im Beirat die Frage auftauchte, inwieweit die Kammer mit „staatlichen Hoheitsaufgaben“ betraut werden dürfe, da sie doch eigentlich ein Selbstverwaltungsorgan sei.[87] Hinter dieser kurzen Diskussion stand vor allem die Sorge, dass sich angesichts des Kriegsverlaufs das Rüstungskommando zunehmend in die Entscheidungen der Kammer einmischen würde.[88] Die Sorge war nicht ganz unberechtigt, denn auch hier lösten sich die Grenzen der Zuständigkeit zusehends auf. Ab Januar 1944 wurden zwischen GWK und Rüstungskommando eigene Abteilungen gebildet, in denen die zentralen Bereiche wie Uk-Stellung,[89] Energieversorgung oder Verkehr bearbeitet wurden.[90] Die Gauwirtschaftskammer war bis zum Schluss maßgeblich in die Kriegswirtschaft integriert.

86 Vgl. u. a. Pressebericht über die Tätigkeit der Gauwirtschaftskammer Hamburg im Jahre 1943, HK-Archiv, I.6.P.3_39.

87 Niederschrift der Beiratssitzung am 22. 10. 1943, StAHH, 621-1_72 Blohm+Voss, 341 Bd. 1.

88 Rudolf Blohm an J. de la Camp, 30. 11. 1943, StAHH, 621-1_72, Blohm+Voss, 341 Bd. 1.

89 Wehrpflichtige konnten wegen kriegswichtiger Arbeit als „unabkömmlich“ eingestuft werden, sodass sie zunächst nicht einberufen wurden.

90 Dem lag die Umsetzung eines Erlasses des Reichsministers für Rüstung und Kriegsproduktion Albert Speer vom Oktober 1943 zugrunde. Vgl. Vereinbarung betr.

2.2 Personen, Netzwerke und Machtpolitik

Schon bei der Bürgerschaftswahl im September 1931 hatte sich die radikalisierte Stimmung in Hamburg offenbart. Die NSDAP wurde zweitstärkste Kraft nach der SPD, der Senat verlor seine Mehrheit und blieb nur noch kommissarisch im Amt.[91] Da keine bürgerliche Regierungskoalition zustande kam, gab es im April 1932 Neuwahlen. Nun wurde die NSDAP stärkste Partei, fand aber nicht ausreichend Koalitionspartner für eine Regierungsbildung. Das zähe Ringen um die Regierungsgewalt ging ein Jahr lang weiter, bis Anfang 1933 der Druck aus Berlin, u.a. durch Sanktionsandrohung aus dem NSDAP-geführten Reichsinnenministerium, die Macht der Hamburger NSDAP weiter stärkte. Bei den Reichstagswahlen am 5. März 1933 gewann sie noch einmal hinzu und konnte nun mit ausreichend Druck zusammen mit der DNVP und DStP koalieren. Am 8. März 1933 übernahm die NSDAP die Macht in Hamburg.

In der bisherigen Forschung über die erste Phase der NS-Machtübernahme in Hamburg tauchen regelmäßig die Namen von Carl Vincent Krogmann, ↑Emil Helfferich[92], ↑Hermann Victor Hübbe und Gustav Schlotte-

Zusammenarbeit zwischen Rüstungskommando Hamburg und Gauwirtschaftskammer Hamburg, 17.1.1944, StAHH, 621-1_72 Blohm+Voss, 341 Bd.1. Vgl. auch Littmann, Ausländische Zwangsarbeiter (2006), S.421.

91 Büttner, Aufstieg der NSDAP, S.56.

92 Emil Helfferich war der Bruder des 1924 verstorbenen einflussreichen Wirtschaftswissenschaftlers, DNVP-Politikers und Jungkonservativen Karl Helfferich. Zum jungkonservativen Kreis bestanden über den Nationalklub weiterhin enge Kontakte. Asendorf, Hamburger Nationalklub, S.111f. Es gibt einen Hinweis, dass Helfferich vom Widerstandskreis des 20. Juli für das Finanzministerium angedacht war. Vgl. Bericht des Chefs der Sicherheitspolizei und des SD an den Leiter der Partei-Kanzlei über die Untersuchung im Zusammenhang mit dem 20. Juli 1944, Bd.2: 26.–31.7.1944, BArch, NS 6/5. Die ermittelnde Sicherheitspolizei stellte im August 1944 fest, dass Helfferich davon nichts gewusst hatte: „In Bezug auf Helfferich ergibt sich, dass er mit Schwerin eng bekannt war. Schulenburg will aus einigen Unterhaltungen zu dem Eindruck gelangt sein, dass seine Ansichten im allgemeinen [sic] gleichgerichtet waren. Man habe ihn beim zweiten Anlauf am 15. Juli 1944 orientieren wollen, doch seien Schulenburg und Schwerin schließlich doch zu dem Ergebnis gelangt, dass das Finanzministerium keine dringliche Frage sei, und dass sich dort in den ersten Tagen nach dem Anschlag nichts so wesentliches [sic] ereigne, dass Helfferich unbedingt ins Bild gesetzt werden müsse." Chef der Sicherheitspolizei und des SD an Martin Bormann, Parteikanzlei München, 5.8.1944, BArch, NS 6/6. Helfferich hat vermutlich weder von den Plänen noch von den Ermittlungserkenntnissen erfahren. Vgl. Emil Helfferich, 1932–1946 Tatsachen. Ein Beitrag zur Wahrheitsfindung, Jever (Oldenburg) 1969.

rer[93] auf, die – bis auf den Erstgenannten – im weiteren Verlauf auch wichtige Rollen in der oder für die Handelskammer spielten.[94] Krogmann war Sohn einer alteingesessenen, großbürgerlichen Hamburger Familie, Gesellschafter der im Bankwesen und in der Reederei tätigen Firma Wachsmuth & Krogmann und in Hamburg sehr gut vernetzt.[95] 1932 nutzte er seine guten Kontakte im Hamburger Nationalklub von 1919, um hiesige Unternehmer für seine Pläne zu gewinnen, einen autoritären Kurs zu wagen. Ab Ende des Jahres warb er in Hamburg offen für die NSDAP unter Hitler und gegen dessen Konkurrenten, den noch amtierenden Reichskanzler von Papen.[96] Der Nationalklub war zentral für die politische Netzwerkarbeit in Hamburg, gehörten zu seinen tonangebenden Mitgliedern Reeder (insbesondere Wilhelm Cuno von der HAPAG), Großkaufleute und Bankiers.[97] Ähnlich ausgerichtet waren der Industrieklub in Düsseldorf als ein wichtiger Treffpunkt für die Ruhrindustrie sowie der Nationalklub in Berlin. Mitglieder der jeweiligen Klubs waren gut miteinander bekannt und bildeten ein deutschlandweit einflussreiches Industriellennetzwerk. Als sich Ende der 1920er Jahre in Hamburg eine kaufmännisch orientierte Fraktion im Nationalklub bildete, zeigte sich, wie sehr die Wirtschaftskrise und die Frage ihrer Überwindung die verschiedenen Branchen entzweite.[98]

Die politische Unterstützung für die DNVP und die beiden NSDAP-Flügel war in diesen Netzwerken keineswegs eindeutig verteilt. Großindustrielle

93 Gustav Schlotterer (1906–1989) begann seine berufliche Karriere in Hamburg, als er 1931 Wirtschaftsredakteur des *Hamburger Tageblatts* wurde. Innerhalb der NSDAP fungierte er als Gauwirtschaftsberater, wurde im März 1933 zum Assistenten von Krogmann und Präsidenten der Behörde für Wirtschaft ernannt. Schon 1934 wechselte er in die Außenwirtschaftsabteilung des RWM in Berlin, stieg zum Ministerialrat auf und machte während des Krieges weiter Karriere im Wirtschaftsstab Ost. Vgl. Frank Brunecker/Christian Rak, Dr. Gustav Schlotterer – Verbrecher oder Widerständler?, in: Wolfgang Proske (Hrsg.), Täter, Helfer, Trittbrettfahrer. NS-Belastete in Oberschwaben, Gerstetten 2015, S. 225–239.

94 Roth, Ökonomie, S. 29–31; Asendorf, Hamburger Nationalklub; Büttner, Aufstieg der NSDAP, S. 52. Zwischen 1933 und 1935 arrangierte Hübbe regelmäßige informelle Treffen zum Austausch mit Schlotterer, Regierungsdirektor in der Behörde für Wirtschaft. Als Staatskommissar de la Camp 1934 die Treffen auf die Kaufmannschaft ausweiten wollte, stieß die Handelskammer dort auf wenig Resonanz. Vgl. HK-Archiv, I.6.F.4_8 und _10.

95 Helmut Stubbe-da Luz, Krogmann, Carl Vincent, in: Franklin Kopitzsch/Dirk Brietzke (Hrsg.), Hamburgische Biografie, Bd. 7, Göttingen 2020, S. 197–199.

96 Asendorf, Hamburger Nationalklub, S. 144–146.

97 Ebenda, S. 107.

98 Ebenda, S. 111.

unterstützten mehrheitlich den Papen-Kurs[99] und zunächst zurückhaltender die NSDAP-Führungsfigur Hitler, während Kaufleute und Handelsunternehmen durchaus Sympathien für die industriekritische Ausrichtung des NSDAP-Flügels um Gregor Strasser haben konnten. Obwohl der Strasser-Flügel vor allem auf Anhänger in der städtischen Arbeiterschaft baute und einen mit den hanseatischen Gepflogenheiten wenig kompatiblen sozialrevolutionären Stil pflegte, waren die ihm aus Handelskreisen entgegengebrachten Sympathien im Umbruchjahr 1933 nicht abwegig. Krogmann und Helfferich hatten im Jahr zuvor eine Rede in Hamburg gehört, von der sich beide begeistert zeigten, denn Strasser habe „außerordentlich klug gesprochen" und „großes Fingerspitzengefühl für wirtschaftliche Dinge" gezeigt. Nur an seinen Ausführungen zu Außenhandelsfragen habe man im Detail etwas auszusetzen gehabt.[100] Ohnehin war Strasser zu diesem Zeitpunkt ein beliebter Gesprächspartner bei konservativen Eliten. In Hamburg kam hinzu (neben der Überzeugung, hier einen wirtschaftspolitisch informierten Mann zu haben), dass Gauleiter Kaufmann bis zu Strassers Entmachtung und späteren Ermordung als einer seiner Anhänger galt.[101]

Krogmann und Helfferich setzten aber letztlich auf Hitler und beteiligten sich im November 1932 an der sogenannten Industrielleneingabe. Diese Eingabe war prominent von Hjalmar Schacht und anderen Bankiers und Verbandsvertretern formuliert worden und forderte von Reichspräsident Paul von Hindenburg eine endgültige Absage an die parlamentarische Demokratie und die Beteiligung der „größte[n] Gruppe der nationalen Bewegung" an der Regierung. Damit war Hitler gemeint, von dem man sich nicht weniger erhoffte als den „Wiederaufstieg der deutschen Wirtschaft".[102] In Hamburg hatte Krogmann versucht, Unterstützung von den traditionellen Kaufmannsfamilien zu bekommen. Er warb damit, dass

> „in dem Kreise, dem ich angehöre, die Absicht ein Kabinett zu befürworten [bestehe], dem außer Hitler von N.S.D.A.P. nur noch Strasser als Innenminister angehören soll, im übrigen aber durch unpolitische

99 Das Kabinett Papen hatte im Sommer 1932 verschiedene Maßnahmen zur Bekämpfung der Arbeitslosigkeit erlassen. Es folgte das „Papen-Programm", das mit 300 Mio. RM verschiedene Branchen stützte. Anfang Januar 1933 folgte von Schleichers „Sofortprogramm" mit 500 Mio. RM. Die positiven Folgen der Programme konnte Hitler allein für sich in Anspruch nehmen. Auch die Forschung hat sehr lange Zeit dieser Deutung angehangen. Vgl. Buchheim, NS-Regime, S. 388 f.

100 Krogmann an Keppler, 5. 11. 1932, StAHH, 622-1/153_C7/1.

101 Nolzen, Straßer; Bajohr, Gauleiter, S. 274.

102 Kurt Pätzold, Denkzettel für Hindenburg, in: Junge Welt, 19. 11. 2007.

Fachleute zu besetzen [sic], die auch das Vertrauen der anderen Parteien besitzen, und auch das Wehrministerium unpolitisch zu lassen."[103]

Auch wenn die Forschung weiterhin darüber diskutiert, inwieweit diese Eingabe zur Kanzlerschaft Hitlers beitrug, steht fest, dass der hier aktive Kreis auch nach der Machtübernahme seinen Einfluss geltend machte. Dies geschah im Rahmen des seit 1932 bestehenden Keppler-Kreises, dem auch Krogmann und Helfferich angehörten und der die NSDAP in wirtschaftspolitischen Fragen beraten sollte. Obwohl der Unternehmer Wilhelm Keppler nach einer Idee von Adolf Hitler eigens hierfür beauftragt worden war, konnte der Kreis nach der Machtübernahme nur noch wenig Einfluss auf die Wirtschaftsprogrammatik der Partei nehmen.[104] Kepplers Bedeutung hatte vor allem in der vorherigen Phase in seiner vermittelnden und kontaktanbahnenden Tätigkeit zwischen NSDAP, DNVP und Industrie gelegen.[105]

Nach Krogmanns Einschätzung hatte sich auch die Handelskammer Hamburg noch bis zum Herbst 1932 zögerlich gegenüber der NSDAP gezeigt, weil sie ihr keine wirtschaftspolitische Kompetenz zutraute. Bis zum Ende des Jahres setzte sich der Keppler-Kreis erfolgreich für einen Stimmungsumschwung ein.[106] Hilfreich dürfte gewesen sein, dass die Hitler-NSDAP zwar nur eine vage erscheinende nationalsozialistische Wirtschaftsordnung vorgab, aber sich klar zum Privateigentum und dem Eigentümer-Unternehmer bekannte.[107] Beide Punkte unterschieden sich deutlich von den zu dieser Zeit in anderen Parteien noch diskutierten staatssozialistischen Plänen. An diesem Punkt setzten Vermittler wie Krogmann und Helfferich an, um die Handelswirtschaft zu überzeugen. Sie gingen zwar stilistisch unterschiedlich vor, ähnelten sich aber in ihrer NS-ideologischen Überzeugung sehr.

103 Krogmann an Ricardo Sloman, 10.11.1932, StAHH, 622-1/153_C8.

104 Der Keppler-Kreis wurde umgebildet zum „Freundeskreis Reichsführer SS" bzw. „Freundeskreis Heinrich Himmler", deren Mitglieder regelmäßig hohe Summen an Heinrich Himmler spendeten und erheblich von den „Arisierungen" profitierten. Forschungsarbeiten zu diesem NS-Wirtschaftsnetzwerk sind spärlich. Bislang die einzige Monografie: Reinhard Vogelsang, Der Freundeskreis Himmler, Göttingen 1972.

105 Matthias Riedel, „Keppler, Wilhelm", in: Neue Deutsche Biographie (NDB), Bd. 11, Berlin 1977, S. 509–510, https://www.deutsche-biographie.de/sfz40570.html#ndbcontent [2.11.2022].

106 Vgl. StAHH, 622-1/153_C7/1 Krogmann, Familie/Briefwechsel mit Hitlers Wirtschaftsberater Wilhelm Keppler 1931–32.

107 Stremmel, Kammern, S. 133.

Während Krogmann offenbar mit Übereifer an die Sache heranging, zog Helfferich im weiteren Verlauf deutlich geschickter im Hintergrund der Hamburger Wirtschaft seine Fäden. Krogmann bekam im März 1933 schließlich den Posten als Regierender Bürgermeister, der aber durch die Vormachtstellung des Hamburger Gauleiters ohne große Einflussmöglichkeiten blieb. Für die Handelskammer war Helfferich der wichtigere Vermittler, auch durch seine Mitgliedschaft in wirtschaftspolitisch zentralen Gremien, u. a. als Leiter des Außenhandelsausschusses der Reichsgruppe Handel, als Leiter des Verbandes der deutschen Handelskammern in Übersee, als Vorsitzender des Verwaltungsrates des Welt-Wirtschafts-Instituts e. V. und als Mitglied im Handelspolitischen Ausschuss der Reichswirtschaftskammer sowie des Beirats und Allgemeinen Ausschusses der Reichsbank und schließlich (bis 1941) als Vorsitzender des Aufklärungsausschusses.

Durch Kepplers Fürsprache konnte Helfferich schon im Februar 1933 zusammen mit Joachim de la Camp ein Treffen mit Rudolf Hess in Berlin wahrnehmen.[108] Die beiden legten Hess, der zu diesem Zeitpunkt noch Vorsitzender der politischen Zentralkommission der NSDAP war und kurz danach zum Stellvertreter Hitlers ernannt wurde, konkrete Pläne für die Umgestaltung des Hamburger Wirtschaftsraumes vor. Helfferich und de la Camp boten sich hierbei den kommenden Machthabern als Vermittler an, wenn es darum gehen sollte, das Regierungspersonal in Hamburg zusammenzustellen.[109] Nach ihrer Meinung sei es geboten, so formulierte Helfferich, NSDAP-Politiker in ihren Funktionen durch „Männer mit praktischen Erfahrungen" in der Wirtschaft zu unterstützen. Am besten würde die Auswahl der Personen von einem Vertreter der Reichsleitung in Absprache mit Gauleiter Kaufmann getroffen. Neben den Personalfragen war den beiden Hamburgern wichtig, dass die wirtschaftspolitischen Aufgaben ihrer Stadt, also Schifffahrt, Handel, Im- und Export, „in die Gesamtheit der deutschen Wirtschaftspolitik" eingegliedert würden, womit sie nicht weniger als eine Monopolstellung ihres Außenhandels forderten.[110] Noch bevor die offizielle Machtübernahme der Nationalsozialisten begann, hatten sich Hamburger Wirtschaftslobbyisten somit der NSDAP schon angenähert.

Nach den Reichstagswahlen Anfang März 1933 bestand die Hamburgische Bürgerschaft offiziell nur noch bis zum Herbst. Zuvor war ihr schon

108 Helfferich (vermutlich) an Keppler, 4. 2. 1933, StAHH, 622-1/153_C7/2.
109 Helfferich (vermutlich) an Reichsleitung NSDAP, 3. 2. 1933, StAHH, 622-1/153_C7/2.
110 Ebenda.

die Zuständigkeit für den Senat entzogen worden, dessen Mitglieder im Mai 1933 vom nun mächtigsten Mann in der Stadt, Gauleiter Karl Kaufmann, ernannt wurden. Im Plenum der Handelskammer herrschte in dieser Phase Ungewissheit, welche Forderungen die neuen Machthaber an die Kammer stellen würden und welches Entgegenkommen erwartet wurde. Die anstehende Gleichschaltung schürte vor allem Ängste, wieweit die Kammer ihre bisherige Unabhängigkeit verlieren könne. Im Plenum gab es Meinungen, man gerate umso mehr in die Bevormundung, je duldsamer man das Prozedere über sich ergehen lasse.[111] Sprachliche Feinheiten fielen nun ins Gewicht. Deshalb ließ das Plenum im Protokoll die Formulierung entfernen, es sei der „Wunsch" der Handelskammer gewesen, dass der Senat Staatskommissare in das Präsidium der Kammer entsende. Vielmehr hieß es nun, die Kammer habe „von der Absicht Kenntnis genommen".[112] Den Kaufleuten war es offenkundig unangenehm, wenn die Neukonstitution der Kammer den Eindruck machen könnte, sie erfolge durch äußeren Zwang oder weil „die Arbeiten der Kammer in der Vergangenheit irgendwie zu Beanstandungen Anlass" gegeben hätten.[113]

Die Beschäftigten im Hauptamt zeigten sich wiederum von Beginn an treu ergeben. Zum Amtsantritt der vier Staatskommissare am 20. April betonte ↑Moritz Schmidt-Schröder, einer der neuen Staatskommissare: „Die Übereinstimmung zwischen Regierung und der Wirtschaft herbeizuführen, ist in erster Linie unsere Aufgabe, und wir hoffen, dass wir dabei auf Ihre Mitarbeit rechnen dürfen." Dies beantworteten alle Beamten und Angestellten der Kammer „mit einem dreifachen ‚Heil' auf den Reichskanzler" und Syndikus Dr. Schwencke ergriff das Wort, „um im Namen der Geschäftsführung und der gesamten Beamten – und Angestelltenschaft die gleiche Treue und Hingabe zu geloben" wie bisher.[114]

Die Gleichschaltung geschah nicht in Unwissenheit der nationalsozialistischen Methoden und Ziele. Denn mit wem es die Handelskammer zu tun hatte, kann keinem Handelskammer-Mitglied entgangen sein, da Aussagen und Auftreten der neuen Machthaber keinen Zweifel an ihrer Absicht ließen, alle Elemente der parlamentarischen Demokratie auf allen Ebenen des Staates zu beseitigen. Jedem, der sich in der Stadt bewegte, mussten auch die brutalen Übergriffe der SA-Schlägertrupps auffallen, die sich in den ersten

111 Auszug aus dem Protokoll der Plenumssitzung, 12. 4. 1933, HK-Archiv, I.6.C.5_1.
112 Ebenda.
113 Ebenda.
114 Mitteilung der Handelskammer Hamburg Nr. 8, 22. 4. 1933, HK-Archiv, I.6.C.5_1.

Wochen gezielt gegen Ausländer richteten.[115] Die überlieferten Äußerungen von Kammervertretern bezogen sich jedoch nur auf den ruppigen und als wenig hanseatisch geltenden Stil von Kaufmann und seinen Parteigenossen, aber geben keine genaueren Hinweise, wie präsent die Gewalthaftigkeit der neuen Machthaber in der Kammer war, geschweige denn diskutiert wurde. Offenbar erhielt die Handelskammer als Interessenvertretung des Groß- und Außenhandels empörte Beschwerden aus Konsulaten und Botschaften über die Behandlung ihrer Angestellten. Denn als sie eine gewisse Schadensbegrenzung vornehmen wollte, reagierte das RWM prompt und untersagte schon im März 1933 allen Handelskammern den Kontakt zu Botschaften und anderen ausländischen Vertretungen.[116]

Gleich nach der Machtübernahme ging der neu ernannte Erste (ab Mai 1933 Regierende) Bürgermeister Krogmann daran, die wirtschaftspolitischen Verhältnisse gemäß der NS-Vorstellungen zu ordnen.[117] Ihm zur Seite stand der ehemalige Wirtschaftsredakteur und neu ernannte Gauwirtschaftsberater Gustav Schlotterer. Die von der NSDAP ehrenamtlich berufenen Gauwirtschaftsberater waren erst 1932 eingerichtet worden, sollten die Gauleitung unterstützen und gleichzeitig bei Unternehmern für die NS-Wirtschaftspolitik werben.[118] In dieser Phase zeigten sich in der Handelskammer verschiedene Fraktionen, die ebenso unterschiedliche Vorstellungen vom Weg der Gleichschaltung hatten. So gab es zum einen die Seilschaft um Krogmann, die schon seit einigen Jahren im Nationalklub von 1919 an wirtschaftspolitisch-autokratischen Plänen und Programmen gefeilt hatte und die Handelskammer als ständestaatliches Organ in ihren Plänen vorsah. Helfferich muss auch zu diesem Kreis gezählt werden, weil er als Überseehändler, HAPAG-Aufsichtsratsvorsitzender und Leiter der Abteilung Handel in der Reichsgruppe Handel ein unerlässlicher Kontakt für die Handelskammer war. Ab 1933 trat er in der Kammer deutlich sichtbarer auf, als er auch die Leitung des Aufklärungsausschusses übernahm. Von den Handelskammer-Mitgliedern

115 Bajohr, Gauleiter, S. 276.

116 Solche Unterlassungshinweise gab das RWM in der Folge noch öfter, da es öffentliche Kritik unterbinden und vor allem den Eindruck einer einheitlichen Haltung aller Handelskammern erwecken wollte. Vgl. HK-Archiv, I.6.F.4_11.

117 Roth, Ökonomie, S. 31 f.

118 „Die Fäden liefen in der ‚Kommission für Wirtschaftspolitik' zusammen, die Ende 1932 bei der NSDAP-Reichsleitung geschaffen worden war und der die Gauwirtschaftsberater sachlich unterstanden. Fachlich wurde die Kommission Mitte 1933 dem ‚Beauftragten des Führers für Wirtschaftsfragen', Wilhelm Keppler, untergeordnet." Stremmel, Kammern, S. 95.

dürften vor allem Großhändler zu dieser Fraktion gezählt haben, die nationalsozialistisch überzeugt gewesen sein mögen, aber keine parteipolitischen Ambitionen hatten, sondern in erster Linie unternehmerisch erfolgreich sein wollten.

Im Unterschied hierzu gab es in der Handelskammer auch offen überzeugte Nationalsozialisten wie den Unternehmer ↑Christian Bartholatus, Vorstandsmitglied der Nordwestdeutschen Versicherungsanstalt (Nova), die insbesondere für Handwerk, Handel und Gewerbe aktiv war. Schon seit 1931 in der Partei, konnte sich Bartholatus ab 1933 als Staatskommissar für den Mittelstand besonders engagieren.[119] Er stand dem Hamburger Zweig des „Kampfbundes des gewerblichen Mittelstands“[120] vor, der sogenannte Braune Messen organisierte, auf denen das Angebot der mittelständischen Wirtschaft präsentiert und vor dem Kauf in „jüdischen Geschäften“ gewarnt wurde.[121] Die Mitglieder des Kampfbundes verpflichteten sich, keinerlei Geschäftsbeziehungen zu „jüdischen Firmen“ zu haben. Im Frühjahr 1933 wollte Bartholatus zusammen mit einer von Kurt Woermann angeführten Kaufleutegruppe, der „Studien-Gesellschaft für organische Wirtschaft“, die Kammer am liebsten in SA-Manier übernehmen.[122]

Das selbstbewusste und brachiale Auftreten des durch SA-Leute geprägten Kampfbundes im März und April 1933 war kein Einzelfall. In vielen Städten gingen SA- wie auch NSDAP-Mitglieder eigenmächtig gegen Unternehmen, öffentliche Einrichtungen und auch Handelskammern vor, drangen in die Räumlichkeiten ein und warfen Angestellte buchstäblich hinaus.[123] Über diese Vorgänge kam es zwischen dem neu ernannten Reichswirtschaftsminister Alfred Hugenberg und Hermann Göring zur heftigen Auseinandersetzung. Göring wies maßgeblich alle reichsweiten Aktionen zur sogenannten Gleichschaltung an und verlangte auch mit Blick auf die Handelskammern eine schleunige Neubesetzung, weil deren Zusammensetzung „in keiner

119 Vgl. Festigung der neuen Staats- und Wirtschaftsordnung nach 1933, StAHH, 131-4_1933_A_61.

120 Der stark durch die SA geprägte und antikapitalistisch ausgerichtete Kampfbund existierte seit 1932 und ging vor allem gegen Warenhäuser und das sogenannte Großkapital vor. Bis Mitte 1933 ließ ihn die NSDAP-Führung gewähren, dann entschied sie sich endgültig für einen großindustriellen- und unternehmerfreundlichen Kurs. Der Kampfbund wurde in die Nationalsozialistische Handwerks-, Handels- und Gewerbeorganisation (NS-HAGO) überführt. Stremmel, Kammern, S. 95.

121 Bajohr, „Arisierung“, S. 35.

122 Roth, Ökonomie, S. 31 f.

123 Buchheim, NS-Regime, S. 400 f.

Weise mehr den heutigen politischen Verhältnissen" entspreche.[124] Hugenberg bat hingegen um Zeit und verbat sich das eigenmächtige Handeln der SA. Die Übergriffe im Wirtschaftssektor nahmen in diesen ersten Wochen der NS-Machtübernahme ein solches Ausmaß an, dass sich die „Zentralkommission der NSDAP" veranlasst sah, der SA und der SS per Verordnung zu verbieten, „in die inneren Verhältnisse der Wirtschaftsunternehmungen, Industriewerke, Banken usw. selbständig einzugreifen, gegen Gewerkschaften vorzugehen, Absetzungen vorzunehmen und dergleichen".[125] Damit wollte die NSDAP nicht nur ihren Anspruch demonstrieren, Privateigentum zu schützen, sondern auch vorbereiten, dass Rauswürfe und Gleichschaltungen einen rechtlich autorisierten Anstrich bekamen. In Hamburg besetzte der Kampfbund, in Absprache mit Bartholatus und von Kaufmann gutgeheißen, die Zentrale der Gewerbe- und Detaillistenkammer und erzwang die Einsetzung eines neuen Vorstandes, darunter der altgediente Parteigenosse ↑Adolf Meyer.[126]

Neben diesen beiden Strömungen lässt sich in der Handelskammer eine dritte, zahlenmäßig kleine Gruppe identifizieren, die aus einflussreichen Großunternehmern wie Rudolf Blohm oder Philipp F. Reemtsma bestand und massiv Einfluss nahm. Sie verfolgten eigene Interessen und setzten diese in unterschiedlichen Konstellationen innerhalb der Handelskammer durch. Dabei griff Blohm gezielt auf ehrgeizige und versierte Mitarbeiter im Hauptamt zu, sodass er bestens informiert und reaktionsfähig war. Hierzu zählte vor allem ↑Werner Bosch, der nicht nur wegen seiner engen Verbindung zu Blohm eine Schlüsselfigur innerhalb der Handelskammer darstellte. Seit 1933 als stellvertretender Hauptgeschäftsführer im Hauptamt angestellt, war Bosch immer an zentralen Aufgaben der Kammer beteiligt: Neben dem Ausbau der Industrieabteilung war er ab 1937 u.a. mit sogenannten wehrwirtschaftlichen Aufgaben betraut. Zudem organisierte er die von der Handelskammer überwachte Mobilisierung in den Betrieben, arbeitete 1940

124 Auszug aus der Niederschrift über die Sitzung des Reichsministeriums des Inneren in der Reichskanzlei, 4.4.1933 [207–208], BArch, R43-II_1195.

125 Verordnung der politischen Zentralkommission der NSDAP, in: Nachtausgabe Wolff's Telegraphisches Büro, 7.4.1933, BArch, R43-II_1195.

126 Offenborn, Hamburg Unternehmer, S.720, Anm. 1864. Der Einzelhandelsunternehmer Meyer war seit 1928 NSDAP-Mitglied und hatte 1929 die „Sektion Hafen" der Partei gegründet. Meyer blieb weiterhin sehr aktiv für die Partei, ab 1930 als NSDAP-Bürgerschaftsabgeordnete und bei zahlreichen Veranstaltungen als „Gauredner". 1933 wurde er wie oben beschrieben als Präses der Detaillistenkammer eingesetzt.

maßgeblich am Wirtschaftsplan Hamburg mit und stieg während des Krieges – außerhalb der Kammer – zum Militärverwaltungschef im Planungs- und Rohstoffamt von Rüstungsminister Albert Speer auf. Als engagiertes NSDAP-Mitglied bewegte er sich regelmäßig unter hochrangigen Parteimitgliedern.[127] Während seiner aktiven Zeit in der Handelskammer verfasste der wirtschaftlich und rhetorisch versierte Nationalsozialist Bosch zahlreiche Texte, die geschickt NS-ideologische Vorstellungen mit handelspolitischem Sachverstand verflochten.

In allen Gruppierungen und Netzwerken dürften wiederum unterschiedliche Unternehmer aus Traditionshäusern oder aus dem Einzelhandel aktiv oder informiert gewesen sein. Die innere Fraktionierung wurde schließlich auch von anderen Verbänden beeinflusst, die in der so vielversprechenden Umbruchzeit Anfang 1933 von der Handelskammer mehr Einfluss und Mitsprache verlangten, und sei es durch Zugang zur elitär gepflegten und prestigeträchtigen „Versammlung eines Ehrbaren Kaufmanns".[128] Das geschäftliche und auch persönliche Fortkommen im Nationalsozialismus, so viel war allen Kaufleuten von Beginn klar, hing vom Zugang zu den entscheidenden Kreisen, Netzwerken und Seilschaften ab.

Die hier umrissenen Strömungen oder auch Fraktionen innerhalb der Handelskammer schlugen sich wiederkehrend in kleineren oder größeren Konflikten unter Handelskammer-Mitgliedern nieder, die in Teilen archivalisch überliefert sind.[129] Oft waren die Anlässe alltäglicher Natur, wenn etwa Handelskammer-Mitglieder wie ↑Oscar Traun oder Walter Krasemann[130] ein Gutachten über wirtschaftliche Projekte anfertigten. Krasemann begutachtete

127 Vgl. u. a. Werner Bosch, Bericht über den Großen Lehrgang der Kommission für Wirtschaftspolitik der NSDAP, 7. 2. 1939, HK-Archiv, I.6.L.8.6.K.10_2.

128 So etwa der Agenten- und Maklerverein der Hamburger Börse in einem Brief an das Handelskammer-Präsidium, 30. 3. 1933, HK-Archiv, I.6.C.5_2.

129 Angriffe und Beleidigungen gegen HK Mitglieder (gegen Traun seitens Holst, gegen Krasemann seitens Peters, gegen Krasemann seitens Schwarzes Korps), 1934–1938, HK-Archiv, I.6.E.3_12.

130 Walter Krasemann, geboren 1901, war Mitgesellschafter der Fruchtimportfirma Timm & Gerstenkorn und seit Mai 1933 in der NSDAP. Er geriet mehrmals in solche Konflikte, die sich zwar im Geschäftlichen abspielten, aber offenbar innerparteilich motiviert waren. Im Verband der Marktgroßhändler galt er als einer der „Kapitalisten", gegen die sich die „alten Kämpfer" des Verbandes zur Wehr setzten. Vgl. Protokoll über die außerordentliche Generalversammlung [des Verbands der Marktgroßhändler], 3. 10. 1934, HK-Archiv, I.6.E.3. 1938 griff ihn die SS-Zeitung Schwarzes Korps wegen angeblicher „Wuchergeschäfte" an. Vgl. HK-Archiv, Personalakte 486.

u. a. den Plan einer Ansiedlung eines neuen Betriebs negativ und provozierte einen Konflikt, in dem die oben beschriebenen gegensätzlichen Haltungen sichtbar wurden: Fühlten sich Unternehmer ungerecht, womöglich von oben herab behandelt oder benachteiligt (wie im Falle des Gutachtens), griffen sie auf politische Argumente zurück, appellierten an den Geist der „Volksgemeinschaft“ oder warfen der Gegenseite moralisch gewissenloses Handeln vor.[131] Das Beispiel zeigt, dass sich auch in Konflikten, die im Kern eine ökonomische Abwägung betrafen, die totalitäre NS-Doktrin niederschlug. Da jeder Konflikt im Sinne der NS-Ideologie politisiert werden konnte, musste er von allen Seiten sehr ernst genommen werden.

Aus diesem Grunde reagierte die Handelskammer auf die Vorwürfe gegen ihren Gutachter Krasemann mit der Androhung eines Ehrengerichtsverfahrens, denn die politisch aufgeladenen Anschuldigungen mussten ebenso politisch entkräftet werden.

Sowohl für das Ehrenamt als auch das Hauptamt der Handelskammer dürfte gelten, was in der gesamten Hamburger Verwaltung zu beobachten war: Die personellen und institutionellen Wucherungen des NS-Systems hatten nicht zwangsläufig zur Folge, „dass die traditionellen Verwaltungsleiter ihren Einfluss verloren, vor allem dann nicht, wenn es ihnen gelungen war, ein enges persönliches Verhältnis zum Gauleiter zu entwickeln“.[132] Zu dessen Herrschaftsprinzipien zählten Korruption, Sozialpopulismus und regionaler Lobbyismus und die Handelskammer bemühte sich insbesondere, an Letzteres anzuknüpfen. Während Krogmann in Richtung Wirtschaftskreise vermittelte, half Kaufmann sowohl dem Bürgermeister als auch dem neuen Handelskammer-Präses Hübbe, ihre Reputation in Berlin zu verbessern. Dazu kam es u. a. im Mai 1933, als Krogmann und andere Senatoren die Entlassung des soeben erst ernannten nationalsozialistischen Senators Dietrich

131 Auf Grundlage eines Gutachtens von Walter Krasemann lehnte die Handelskammer die Ansiedlung einer Sperrholzfabrik in Hamburg ab, worauf das Unternehmen reagierte: „Es ist uns heute wirklich gleich, welche Stellung die Handelskammer zu unserem Antrage einnehmen wird; wir haben lediglich im Interesse vieler deutscher Volksgenossen gehandelt, wenn wir alle Anstrengungen machten, die Patente in Deutschland auszunutzen und machen uns heute keinen Vorwurf daraus, wenn man über das Wohl vieler deutscher Volksgenossen durch einen nicht vollständig orientierten und die Materie nicht beherrschenden Sachverständigen entscheiden lässt.“ Lignum Anglo-European Plywood Co. LTD., Holborn an HK-Archiv, z. Hd. Bosch, 4. 4. 1934, HK-Archiv, I.6.E.3.

132 Frank Bajohr, Die Zustimmungsdiktatur. Grundzüge nationalsozialistischer Herrschaft in Hamburg, in: Hamburg im „Dritten Reich“, hrsg. v. d. Forschungsstelle für Zeitgeschichte in Hamburg, S. 69–121, hier S. 73.

Engelken betrieben, der schon die wirtschaftspolitische Abteilung des Gaus geleitet hatte und nun für Handel und Schifffahrt zuständig war.[133] Offenbar stand Engelken in Konkurrenz zu Kaufmann, denn dieser nutzte die Gelegenheit, um in Berlin bei Rudolf Hess vehement gegen ihn vorzugehen und dabei seine eigene enge Verbindung und sein Vertrauen zu den erst jüngst zur Partei gestoßenen Krogmann und Hübbe zu betonen. Er habe zwei Jahre zuvor „zum 1. Mal vor einem größeren Kreis hamburgische[r] Wirtschaftler [...] nationalsozialistische Gedankengänge entwickelt". Bei dieser Veranstaltung im Nationalklub sei er aber noch „im allgemeinen auf Ablehnung" gestoßen. Es seien „die Herren Krogmann und Hübbe" gewesen, „die spontan aufstanden und erklärten, dass sie zwar nicht Mitglieder der NSDAP seien, dass sie aber aus vollem Herzen und mit Leidenschaft für diese deutsche Bewegung eintreten, die unter Adolf Hitler stände und dass sie überzeugt seien, dass nur Adolf Hitler mit seiner Bewegung das Schicksal des deutschen Volkes meistern werde".[134] Deutlich wird, wie sich die für Hamburg im weiteren Verlauf so wichtigen nationalsozialistischen Schlüsselfiguren und die einflussreichen Kreise der Stadt schon nach der Machtübernahme angenähert hatten.

Auch in den folgenden Jahren spielten persönliche Kontakte und Netzwerke für die Politik der Handelskammer eine große Rolle, bildeten sie doch einen ausschlaggebenden Faktor für das Handeln und Fortkommen einzelner ihrer Mitglieder. Gauleiter Kaufmann beförderte solche Strukturen, indem er nicht nur alte Kameraden aus seiner Partei protegierte, sondern auch informelle „Beraterkreise" um sich scharte, mit denen er den regionalen Lobbyismus gezielt planen und sich selbst als entscheidenden Vermittler zwischen Berlin und Hamburg in Szene setzen konnte. Von Kammerseite bewegten

133 Die genauen Gründe und Umstände lassen sich aus den Akten im Staatsarchiv Hamburg (113-6_1933 A 27) nicht erschließen. Weitere Aktenfunde im Bestand der Treuhandverwaltung (StAHH, 731-8_A 755 Engelken, Diedrich W. sowie 311-3 I_Abl. 1989 305-2-1/339) lassen darauf schließen, dass Engelken nicht zufällig wenige Monate nach seiner Entlassung in Hamburg zunächst zum Leiter der Abteilung Außenhandel der Reichsstelle des deutschen Handels aufstieg und 1934 in den Wirtschaftsstab beim Stellvertreterstab des Führers Rudolf Hess berufen wurde. Dieser Aufstieg war ganz im Sinne der Hamburger Wirtschaft; durch weitere Aktenfunde kann evtl. ihr Einfluss und der von Kaufmann auf den Vorgang näher beleuchtet werden. Ich danke Jessica Erdelmann für den Hinweis auf die Treuhandakte.

134 Bericht zu der Eingabe des Herrn Senator Diedrich Engelken an den Stellvertreter des Führers, Pg. Rudolf Hess, Berlin (vermutlich 1933, ohne Namen, vermutlich Kaufmann), StAHH, 113-6_1933 A 27 (eine Kopie der Quelle liegt in Archiv FZH, 12).

sich in diesen Kreisen u. a. der allseits rege Emil Helfferich und der umsichtige Joachim de la Camp.[135] Letzterer prägte zusammen mit seinem Vorgänger im Amt, Hermann Victor Hübbe, maßgeblich das Auftreten und die loyale Professionalität der Handelskammer zwischen 1933 und 1945.

Hübbe und de la Camp sollen an dieser Stelle (sowie im biografischen Teil II) ausführlicher vorgestellt werden, um die traditionellen familiären Netzwerke ebenso wie die neuen Möglichkeiten zur Kooperation zu veranschaulichen, die im Hintergrund das Geschehen in der Handelskammer bestimmten. Auf den ersten Blick ähnelten sich Hermann Victor Hübbe und Joachim de la Camp sehr in ihrer Systemloyalität und NS-Überzeugung, unterschieden sich jedoch in ihren Lebenswegen und ihrer Distinktion.

↑Hermann Victor Hübbe, Präses von 1933 bis 1937, kam aus einer weitverzweigten Kaufmannsfamilie und war verheiratet mit Ingeborg Schroeder, Tochter von Wilhelm Octavio Schroeder, dem Geschäftsinhaber der Norddeutschen Bank in Hamburg. Hübbes Vater Anton hatte schon als Präses der Handelskammer fungiert und war auch weiterhin als Leiter der Wertpapierbörse eine „Schlüsselfigur des Wirtschaftsbürgertums in der Hansestadt".[136] An seine Banklehre schloss Hübbe einige Berufsjahre in Buenos Aires und New York an, bevor er Anfang der 1930er Jahre nach Hamburg zurückkehrte. Mittlerweile war er in der für Hamburg wichtigen Deutsch-Südamerikanischen Bank (DSB) zum Direktor aufgestiegen und stellte somit den idealen Außenhandelsfinanzfachmann dar. Hübbe fasste nicht nur dank seines bekannten Vaters problemlos in den einflussreichen Kreisen der Stadt Fuß, sondern u. a. auch deshalb, weil ein anderes Mitglied der Familie als Kaffeeexporteur in Südamerika lebte und mit der Firma von Krogmann eng verbunden war.[137]

Seit seiner Rückkehr in die Stadt pflegte er gute Kontakte zum Nationalklub von 1919, wo sich seine Kontakte mit Krogmann und Helfferich vertieften. Es verwundert jedenfalls kaum, dass Hübbe im Juni 1933 zum Nachfolger des in Misskredit geratenen Präses Carl Ludwig Nottebohm ernannt wurde.[138] Der erste Chronist der Handelskammer, Hans Bielfeldt, zeigte sich

135 Bajohr, Gauleiter, S. 289.

136 Strupp, Nahverkehr und Nationalsozialismus, S. 195.

137 Christiane Berth, Biografien und Netzwerke im Kaffeehandel zwischen Deutschland und Zentralamerika 1920–1959, Hamburg 2014, S. 346.

138 Carl Ludwig Nottebohm (1870–1945) war kein Parteimitglied und zudem mit öffentlicher Kritik an der NS-Wirtschaftspolitik bekannt geworden, die den Welthandel zu sehr abwürge. Vgl. Die Zwiegespaltenen, in: Der Funke. Tageszeitung für Recht, Freiheit und Kultur, 9. 2. 1933, S. 6, http://library.fes.de/inhalt/digital/funke/pdf/1933/19330209.pdf [2. 11. 2022].

später wenig gnädig mit dem ersten Präses während der NS-Zeit. Der „Newcomer" sei gerade einmal halb so alt gewesen wie sein Vorgänger; zudem hätten dem Senat doch auch ältere „Kaufleute mit zum Teil wesentlich längerer Mitgliedschaft in der NSDAP zur Verfügung" gestanden.[139] Bielfeldt ging davon aus, allein Hübbes Familienhintergrund gepaart mit einer gehörigen Portion Selbstüberschätzung hätten ihn ins Amt gebracht. Womöglich hatte Bielfeldt damit recht. Hinzu kam aber auch, dass Hübbe zu der jungen und NS-kompatiblen Kaufmannsgeneration gehörte, die sich mit den neuen Machthabern identifizieren konnte und gleichzeitig dem Hanseatischen treu blieb. Sein Vater Anton pflegte noch traditionelle Umgangsformen und ein gediegenes Hanseatentum, mit dem er etwa seine persönliche Beziehung zu Hamburgs prominentestem jüdischen Bankier, Max M. Warburg, begründete. Den neuen Gepflogenheiten gemäß brach Hübbe senior den Kontakt zu Warburg ab, gab sich aber betont trauernd. Sein Sohn wiederum nahm als überzeugter Nationalsozialist solche Gratwanderungen nicht vor. Im Verhältnis zur NS-Doktrin standen die beiden Hübbes paradigmatisch für einen Generationswechsel, der zu Beginn der 1930er Jahre in der gesamten Hamburger Wirtschaft und in den Gremien der Handelskammer stattfand. Die nachrückende jüngere Kaufmannsgeneration hatte „die bürgerliche Standeswelt vor allem unter dem Signum der Krise und des Zerfalls erlebt" und sah im „freihändlerischen Liberalismus" längst keine ausreichende oder geeignete Orientierung mehr.[140]

Auch wenn Hübbes öffentlich bekundete Zustimmung zum Nationalsozialismus karrieristische Gründe gehabt haben mag, blieb sie in erster Linie eine Zustimmung und tatkräftige Unterstützung. Er modelte die Hamburger Filiale der Deutsch-Südamerikanischen Bank zu einem „nationalsozialistischen Vorzeigebetriebe" um, u.a. durch den zügigen Ausschluss jüdischer Mitarbeitender.[141] Die DSB genoss auch wirtschaftlich großes Renommee, da sie bis Kriegsbeginn zu den zentralen Stützen des Außenhandels mit Südamerika gehörte. In der Zentrale machte sich Hübbe nicht gerade beliebt, als er diese gleich nach der Machtübernahme von Berlin nach Hamburg verlagern lassen wollte. Außerdem ging er gegen den Vorstand vor, der weiterhin an seinem Mitglied Oskar Nathan festhielt. Im selben Jahr wurde Hübbe Parteimitglied, ließ sich aber nicht übermäßig für parteiinterne Zwecke einspannen,

139 Bielfeldt, Vom Werden Groß-Hamburgs, S. 147.
140 Bajohr, Zustimmungsdiktatur, S. 117.
141 Bähr, Zwischen zwei Kontinenten, S. 63.

was er zum großen Teil mit seinen hohen und zeitintensiven Posten sowohl in der Bank als auch in der Handelskammer rechtfertigte. Aber wo sich beide Bereiche verbinden ließen, ergriff er die Gelegenheit, um zum Beispiel in Bankenkreisen Werbung für die Partei zu machen.[142] Offenbar um Hübbe nicht gefährlich werden zu lassen, holte man ihn 1937 auf einen Vorstandsposten in der DSB.[143] Nach diesem Karrieresprung trat er als Präses zurück und zog nach Berlin. Nach Kriegsbeginn stieg er zudem auf wichtige Posten beim Oberkommando der Wehrmacht und im Reichssicherheitshauptamt auf.[144]

Zum Nachfolger als Präses der Handelskammer wurde am 1. April 1937 ↑Joachim de la Camp ernannt. De la Camps Familie war geachtet und besaß ein hohes Renommee, aber ihre Stellung in hanseatischen Elitenkreisen reichte nicht an die der Hübbes heran. Für die Zusammenarbeit mit der NS-Gauleitung war der arbeitsame und offenbar nach allen Richtungen jovial und verbindlich auftretende Mann aber genau richtig. De la Camp wurde 1895 als Sohn des Juristen Dr. jur. Otto de la Camp (1852–1913) geboren, der als Erster Vormundschaftssekretär in Hamburg tätig war. Otto de la Camp war mit Modesta Milberg (1866–1943) verheiratet, einer Tochter von Daniel und Anna Sophie Milberg, geborene Brettschneider. Nach dem Besuch des ehrwürdigen Gymnasium Johanneum machte Joachim de la Camp eine Ausbildung zum Kaufmann und meldete sich bei Kriegsbeginn, knapp 19-jährig, als Freiwilliger zu den Ratzeburger Jägern. Im August 1915 wechselte er zur Fliegertruppe und auch noch ein Jahr nach Ende des Krieges, nunmehr 23 Jahre alt, gehörte de la Camp dem Freikorps Maerker an.[145] Dem Paramilitärischen blieb de la Camp noch länger verbunden, denn später trat er in das 1937 durch einen Führererlass geschaffene Nationalsozialistische Fliegerkorps (NSFK) ein, wo er den Rang eines Sturmbannführers einnahm.

1920 heiratete Joachim de la Camp Else Haynemann, die 1899 als Tochter des Konsuls Oscar Haynemann und seiner Frau Luise (geb. Rätz) im japanischen Yokohama geboren worden war. Das Ehepaar bekam drei Söhne: 1921 wurde Hans-Joachim geboren, der im August 1943 fiel, 1922 folgte Jürgen und 1935 der Nachzügler Ulf-Hinrich. 1924 machte sich de la Camp zusammen mit seinem Partner Walter Markwitz mit der Firma Markwitz,

142 H.V. Hübbe an NSDAP Hamburg, 17.6.1935, HK-Archiv, Plenarierakten, Nr. 485 Hermann Hübbe.
143 Bähr, Zwischen zwei Kontinenten, S. 63.
144 Ebenda, S. 79f.
145 Zum Freikorps vgl. Claus Kristen, Ein Leben in Manneszucht. Von Kolonien und Novemberrevolution. Der „Städtebezwinger" Georg Maercker, Stuttgart 2018.

Delacamp & Co. selbstständig, die Häute und Felle importierte. In den folgenden Jahren wurde de la Camp in verschiedene Aufsichtsräte gewählt, u. a. der Hamburger Landesbank, der Kampnagel Fabrik, der Deutschen Maizena Werke, der Deutsch-Südamerikanischen Bank und der Vereinsbank Hamburg. De la Camps Importfirma konnte sich erstaunlich gut durch die Wirtschaftskrise lavieren und erlebte nach 1933 sogar einen deutlichen Aufschwung – ein Umstand, der von der Konkurrenz scharf beobachtet wurde.[146] Die genauen Abläufe lassen sich kaum nachvollziehen; auffällig sind die regelmäßig lukrativen Geschäftsabschlüsse und Kooperationen. Spätestens ab Mitte 1941 betrieb die Firma auch in der besetzten Sowjetunion eine Niederlassung zum Handel mit Fellen und Häuten.[147] Nach Aussage des ehemaligen Prokuristen im Rahmen des Entnazifizierungsverfahrens verbrannten die Firmenakten von Markwitz, Delacamp & Co. im „Feuersturm" 1943.[148]

Zuverlässiger lässt sich belegen, dass de la Camp nicht zufällig an die Spitze der Handelskammer aufstieg. Er trat 1932 in die NSDAP ein (Mitgliedsnummer 128659) und wurde durch den Erlass vom 16. Juni 1933 für das Plenum der Handelskammer bestimmt. Nach seiner Amtszeit als Vizepräses übernahm er im April 1937 die Funktion des Präses, die er offiziell bis zum 20. Juni 1945 ausübte. Dies war möglich, weil noch vor Kriegsbeginn, im April 1938, die Amtszeit des Präses vom Reichswirtschaftsministerium ohne zeitliche Begrenzung bis auf Weiteres verlängert und dies mit den Notwendigkeiten des Krieges begründet worden war.[149] Um die Geschäfte zu leiten, setzte de la Camp sich wie auch die Hamburger Staatsverwaltung für eine Freistellung vom Kriegsdienst ein. Auch ohne Kriegseinsatz wurde ihm im September 1943 das Kriegsverdienstkreuz 1. Klasse ohne Schwerter „in Anerkennung Ihrer hervorragenden Verdienste bei der Durchführung von Aufgaben der Kriegswirtschaft" verliehen.[150]

Die Zentralisierung der deutschen Wirtschaft schritt voran und bedeutete für die Handelskammer Hamburg eine enge Anbindung an die Reichswirtschaftskammer, in deren engeren Beirat de la Camp (so wie alle anderen

146 Vgl. Treuhandverwaltung des Vermögens von Joachim de la Camp, ehemaliger Ratsherr, 1945–48, StAHH, 311-3_Abl. 1989 305-2-1.

147 Vgl. Bericht über die Tätigkeit der Kammer auf dem Gebiete des Osteinsatzes, 14. 11. 1942, StAHH, 621-1_72 Blohm+Voss 1404 Bd. 19.

148 Entnazifizierungsakte de la Camp, StAHH, 211-11/4568.

149 Kaufmann an de la Camp, 8. 1. 1941, HK-Archiv, Plenarierakten, Nr. 481.

150 Reichswirtschaftsminister Walther Funk an Joachim de la Camp, 8. 9. 1943, HK-Archiv, Plenarierakten, Nr. 481.

Handelskammer-Präsides) im Februar 1939 berufen wurde. Zudem nahm de la Camp sukzessive weitere zentrale Positionen in der Hamburger Politik und Wirtschaft ein, wobei sich die Zuständigkeiten seiner Ämter, typisch für den NS-Staatsapparat, immer weiter vermengten. Dazu zählte u. a. seine Berufung in den Beirat der Landesplanungsgemeinschaft der Reichsstelle für Raumordnung im Juli 1937 oder die Ernennung zum Wehrwirtschaftsführer Anfang 1938. Wenn es so etwas wie einen roten Faden in der Präses-Politik von de la Camp gab, dann lässt dieser sich an seinen ständigen Bemühungen um die Vermittlung zwischen nationalsozialistischer Politik, in der die Aufrüstung und der Umbau des Reiches im Sinne der rassistischen Volksgemeinschaftsdoktrin Priorität hatten, und Hamburger Wirtschaftspolitik erkennen. De la Camp war kein Opportunist, sondern sowohl überzeugter Nationalsozialist als auch engagierter Hamburger Unternehmer und Interessenvertreter.

Der Präses der Handelskammer verfolgte in den staatlich-administrativen Zusammenhängen zwischen Handelskammer, Gau und Reichsebene eine geschickte Interessenpolitik für den Hamburger Handel und war in diesem Zusammenhang gut informiert über das verbrecherische System, in dem er tätig war. Als der langjährige und einflussreiche Hamburg-Lobbyist Walter Emmerich im Spätherbst 1941 einige Mitglieder der Kammer unter Leitung de la Camps zu einer Reise durch das Generalgouvernement einlud, wurde darüber detailliert im Plenum der Kammer berichtet.[151] Die Delegation „habe sich über die Situation ihrer Mitgliedsfirmen informiert, die als Kreisgroßhändler tätig waren, und außerdem das Ghetto Warschau besichtigt".[152] Zahlreiche weitere Dokumente über Besprechungen, Vereinbarungen und Reisen geben Auskunft darüber, wie sehr de la Camp Einblick hatte in die systematische Enteignung und Vertreibung von Juden sowohl in Hamburg als auch in den besetzten Gebieten.

151 Walter Emmerich (1895–1967) war ein in Hamburg promovierter Volkswirt, der ab 1934 Karriere in der Wirtschaftsbehörde machte, ab 1935 die Hamburger Verbindungsstelle der Überwachungsstelle für den Im- und Export leitete, ab 1937 die Abteilung Freihafenwirtschaft und ab 1938 Hamburger Interessen in Wien vertrat. Als Nationalsozialist stellte Emmerich einen wichtigen Kontakt zwischen Kammer, Wirtschaftsbehörde und Gaueinrichtungen dar; auch noch nach seinem Einsatzwechsel 1940 ins Generalgouvernement. Vgl. auch Felix Matheis, „Hanseaten im Osten" – Bremer und Hamburger Firmen im Generalgouvernement 1939–1945", abgeschlossenes Dissertationsprojekt an der Universität Hamburg, https://www.geschichte.uni-hamburg.de/forschung/doktoranden/matheis.html [8. 10. 2022].

152 Sitzung vom 12. 12. 1941, HK-Archiv, k.Sig./Protokolle Plenarsitzungen 1941, unpag.

Seinem Vorgänger im Amt, der mittlerweile mit der Wehrmacht in Afrika und Südgriechenland eingesetzt war, berichtete de la Camp 1941 von den zahlreichen Schwierigkeiten der Kriegswirtschaft, dass aber alles in allem „die Wirtschaft Hamburgs doch noch staunenswert gut [funktioniert], wenn sich auch das Schwergewicht auf den industriellen Sektor stark verschoben hat". Er selbst müsse weiter im Präses-Amt verbleiben und habe größten Respekt vor Hübbes „Auffassung soldatischer Pflicht": „Seien Sie gewiss, dass wir alle Sie niemals vergessen werden und stolz darauf sind, dass ein Präses der Kammer sich noch so selbstlos und überzeugt mit der Waffe der Wehrmacht einsetzt."[153] Als Ende 1942 die IHK und die Wirtschaftskammer Nordmark aufgelöst wurden und dafür die Gauwirtschaftskammer Hamburg entstand, übernahm de la Camp wiederum das Amt des Präses. De la Camps Zuständigkeiten wuchsen im Zeichen der Kriegswirtschaft weiter an, als im Dezember 1943 seine Berufung zum Mitglied des Beirats der Reichsgruppe Handel folgte und im Januar 1944 die Ernennung zum Vertreter des Generalkommissars für die gesamte Wirtschaft in Hamburg.[154]

Die politischen Netzwerke der beiden Präsides hatten – vor allem im Fall Hübbe – zusätzlich starke familiäre Knotenpunkte, ein Charakteristikum, das auch auf andere Präsidiumsmitglieder zutraf. Denn die vier Kaufleute, die im April 1933 als „Staatskommissare" in das Präsidium der Handelskammer entsandt wurden, waren zum einen Nationalsozialisten und Vertraute Krogmanns, zum anderen waren drei von ihnen familiär stark eingebunden in die Hamburger Kaufmannschaft. Der Kaffeeimporteur ↑Heinz Justus gehörte, ähnlich wie Walter Krasemann oder Hermann Carl Vering, einer der „bekannten Hamburger Kaufmannsfamilien"[155] an. Er war außerdem ein Vetter des vormaligen Präses C. L. Nottebohm sowie Krogmanns und verschwägert mit dem langjährigen Vizepräses Hans E. B. Kruse.

Vor allem ↑Heinrich Hartwig dürfte zu jenen „alten Kämpfern" gezählt haben, die durch Kaufmanns Patronage in lukrative Positionen kamen.[156] Hartwig war seit 1930 in der NSDAP und hatte sich in der besonders gewalttätigen Phase vor der Machtübernahme in Schlägereien seine Parteireputation verdient.[157] Als Getreidekaufmann taucht er in archivalischen Beständen

153 Feldpost de la Camp an Hübbe, 4. 12. 1941, HK-Archiv, Plenarierakten, Nr. 485.
154 Littmann, Ausländische Zwangsarbeiter (2006), S. 405.
155 Kammergeschichte Bd. I, S. 151 [ein Auszug liegt im HK-Archiv, Plenarierakten, Nr. 480 Heinz Justus].
156 Bajohr, Gauleiter, S. 277.
157 Schaden-Anzeige Nr. 8364, Eidesstattliche Erklärung, BArch, R9361-III BDC_567280.

lediglich im Zusammenhang mit strafrechtlich relevanten Umständen auf: 1936 wurde ihm Unterschlagung vorgeworfen (woraufhin ihn Präses de la Camp für nicht mehr tragbar hielt)[158] und 1940 fiel Hartwig mit überhöhten Provisionsforderungen auf, die pikanterweise zuungunsten der Reichsstelle für Getreide gingen.[159] Obwohl er ständig im Visier staatlicher Behörden war, gehörte Hartwig offenbar zu den klassischen Parteinutznießern, die wegen alter Seilschaften und Gefälligkeiten sogar gegen die NS-Bürokratie gefeit waren. Offenbar mit großem Vertrauen in den Schutz durch die Partei trat er auch in der Handelskammer auf, wo er aber kaum durch eigene Impulse oder Tätigkeiten auffiel. 1936 zog er nach Berlin und übernahm (als Getreidemakler!) den Vorsitz der Hauptvereinigung der Deutschen Fischwirtschaft, wo er ebenfalls nicht lange verblieb.[160] Im Zuge der Umstrukturierungen 1937 bekam er von de la Camp die lapidare Mitteilung, dieser sehe sich aus den „in der gestrigen Plenarversammlung dargelegten Gründen […] nicht in der Lage, […] [ihn] wieder in das Plenum der Kammer zu berufen".[161]

Ein weiteres Präsidiumsmitglied war ↑Moritz Schmidt-Schröder, der mit seiner Firma im internationalen Kaffeehandel tätig war und 1933 nicht nur als Staatskommissar in das Handelskammer-Präsidium entsandt, sondern auch zum Vorstand der Hamburger Kaffeebörse ernannt wurde. Zu Beginn dürfte er deshalb mit de la Camp ein Konkurrenzverhältnis gepflegt haben, denn im Zuge ihrer parallelen Entsendung ins Präsidium hatte Schmidt-Schröder laut Organigramm zunächst die einflussreicheren Geschäftsbereiche zugewiesen bekommen.[162] In den folgenden Jahren konnte de la Camp aber seine Position verbessern, auch weil die Familie Schmidt-Schröder 1935 in ein Ehrengerichtsverfahren verwickelt wurde, das dessen Stellung in der Kammer untergrub.

158 Vgl. Briefwechsel und Aufzeichnungen in HK-Archiv, Plenarierakten, Nr. 482 Heinrich Hartwig.

159 Untersuchung gegen die Fa. Heinrich Hartwig, Berlin, wegen Verdachts überhöhter Provisionsforderungen 1940–1943, BArch, R 15-VII/1577.

160 Vgl. Hauptvereinigung der Deutschen Fischwirtschaft, BArch, R 16/8516.

161 De la Camp an Hartwig, 7. 4. 1937, HK-Archiv, Plenarierakten, Nr. 482.

162 Geschäftsverteilung unter den Staatskommissaren: Hartwig (Eisenbahn, Post-, Telegraphen- und Fernsprechwesen; gewerbliche und soziale Fragen, Arbeiterverhältnisse; Patentwesen; Steuerausschuss), Justus (Seeschifffahrt, Häfen und Kaibauten; Flussschifffahrt; Konsulatswesen), Schmidt-Schröder (handelspolitische Fragen, Zoll- und Steuerwesen; koloniale Fragen; Warenhandel, Handelsgebräuche; Bank- und Münzwesen), de la Camp (auch handelspolitische Fragen, Zoll- und Steuerwesen; Versicherungswesen; Wahlaufsätze, Jahresbericht; Börse, Bibliothek, Rechnungswesen, innere Angelegenheiten). Vgl. Abschrift einer Mitteilung des Senats, 19. 4. 1933, HK-Archiv, I.6.C.5_1.

Das Verfahren wurde gegen Moritz Schmidt-Schröder angesetzt, da sein Sohn die durch ihn erhaltenen Informationen aus einer vertraulichen Vorstandssitzung des Vereins der am Caffeehandel betheiligten Firmen weitergegeben hatte. Die Voruntersuchung gegen den Senior wurde zwar eingestellt, aber die „Unvorsichtigkeit" und der Ruf seines wenig vertrauensvollen Sohnes hafteten ihm an.[163] Nach diesem kompromittierenden Zwischenfall folgte im September 1939 ein schwerwiegenderer Umstand, als die Firma wegen Verstoßes gegen die Preisverordnung von der Verwaltung für Handel, Schiffahrt und Gewerbe, Abteilung für Preisbildung und Überwachung, in Hamburg mit einer Geldstrafe von 200000 RM bestraft wurde. Bedacht auf eine tadellose Außenwirkung des Präsidiums bat de la Camp beim RWM um Abberufung Schmidt-Schröders, bevor sich die Angelegenheit „am hiesigen Platz herumgesprochen" habe.[164] Da de la Camp zu dieser Zeit fest im Sattel der Kammer saß, konnte er sich zugleich ganz jovial und helfend gegenüber der Traditionsfirma Schmidt-Schröders und ihrem über 60-jährigen Vertreter zeigen.[165] Nichtsdestotrotz musste Schmidt-Schröder sein Amt verlassen, in das der „in politischer und charakterlicher Hinsicht" zuverlässige Harald Mandt nachfolgte.[166]

Anders als Schmidt-Schröder zeichnete sich der im Mai 1933 ebenfalls als Staatskommissar entsandte ↑C. C. F. Meyer vor allem durch sein Parteiengagement aus, das vermutlich 1935 auch ein Grund für sein Ausscheiden war, da er anschließend Karriere bei der SS machte. Meyer war schon seit 1929 Parteimitglied und engagierte sich vor allem im Jugendbereich. Nach der NS-Machtübernahme in Hamburg amtierte Meyer bis zur Auflösung der Bürgerschaft als ihr Präsident, wobei er sich vor allem durch Unterwerfungsadressen an den neuen Reichsstatthalter Kaufmann auszeichnete. Als Staatskommissar im Präsidium setzte er sich mit besonderem Nachdruck und gemäß der Parteilinie für die zügige Gleichschaltung ein. Meyer war hart gesottener Nationalsozialist und, wie das *Hamburger Tageblatt* betonte, bekannt „für sein unerschrockenes Eintreten für Adolf Hitler und seine Bewegung in Hamburger Wirtschaftskreisen zu einer Zeit, als es noch nicht so einfach und selbstverständlich war".[167] Ausgestattet mit dieser Reputation vertrat Meyer im

163 Abschrift des Beschlusses des Ehrengerichts der Hamburger Börse, 26. 2. 1935, HK-Archiv, Plenarierakten, Nr. 479 Moritz Schmidt-Schröder.
164 J. de la Camp an RWM, 8. 9. 1939, BArch, R3101/9573.
165 Vgl. HK-Archiv, Personalakte Schmidt-Schröder; HK-Archiv, I.6.C.5.1.
166 Abberufungsbescheid des RWM, 19. 9. 1939, BArch, R3101/9573.
167 Der neue Bürgerschaftspräsident C. C. Fritz Meyer, in: Hamburger Tageblatt, 12. 5. 1933, StAHH, 121-3 I Bürgerschaft_A 41.

Präsidium Reichs- bzw. Parteipositionen,[168] um den Unternehmern „Miesmachertum“ und „Eigennutz“ auszutreiben. Wie er seinem Parteifreund Kaufmann Mitte 1933 anvertraute, schien es ihm dringend notwendig, „dass auch die Kreise der freien Wirtschaft ermahnt werden, den neuen Staat zuversichtlich zu bejahen und an seiner Erneuerung freudig mitzuwirken“.[169]

Wie wenig er der freien Wirtschaft traute, offenbarte Meyer u. a. in der Diskussion über notwendige Maßnahmen zur Exportförderung. Während Präses Hübbe sich im Wirtschaftspolitischen Ausschuss für bürokratische Vereinfachungen oder nach Hamburg gelenkte Einfuhrlizenzen einsetzte, plädierte sein Vizepräses dafür, „den Außenhandel in eine straffe Organisation“ hineinzunehmen, das Handelsregister unter nationalsozialistische Aufsicht und Leitung zu stellen und innerhalb der Handelskammer Firmenneugründungen routinemäßig „von einem Nationalsozialisten“ überprüfen zu lassen.[170] Parteitreu, aber mit wenig Verständnis für die Prioritäten der NS-Wirtschaftspolitik konnte Meyer mit seinen Vorschlägen nicht vordringen, denn der NS-Führung war an einer starren Steuerung wenig gelegen, da sie alle verfügbaren Außenhandelsfirmen brauchte, um den immensen Rohstoffbedarf für die Rüstungsproduktion zu decken.[171]

Meyer war unternehmerisch[172] und parteiintern durchaus erfolgreich, was darauf hinweist, wie gut er das Prinzip der Seilschaften zu seinen Gunsten zu nutzen wusste. Während seines Entnazifizierungsverfahrens offenbarte er zudem große opportunistische Kompetenz, als er die Untersuchungsbehörden erfolgreich davon überzeugen konnte, gerade seine Nähe zu Kaufmann hätte ihm die Möglichkeit gegeben, „religiös Verfemten und Verfolgten“ zu helfen.[173] Realistischer scheint jedoch die Einschätzung des Hamburger Wohnungsamtes ein Jahr zuvor, das dem „ausgesprochenen Aktivisten [des NS]“ seine Wünsche abschlägig beschieden hatte.[174] Meyer dürfte zu jenen Unter-

168 Protokoll über die Sitzung der Präsidialsektion, 11. 4. 1934, HK-Archiv, I.6.C.5.2

169 Meyer an Kaufmann, 17. 7. 1933 (Abschrift), StAHH, 121-3 I Bürgerschaft_A 41.

170 Grundlinien zur Führung des Hamburger Groß- und Überseehandels im Sinne der Arbeitsbeschaffung, von C.C.F. Meyer, 16. 4. 1934, StAHH, 113-3_II.3.

171 Roth, Ökonomie, S. 34 f.

172 Unternehmensumsätze liegen vor, aber die Nachweise seiner Geschäfte sind disparat. Dorothee Wierling, Mit Rohkaffee handeln. Hamburger Kaffee-Importeure im 20. Jahrhundert, München/Hamburg 2018, S. 216 f.

173 Mitteilung Zentralstelle für Berufungsausschüsse an C.C.F. Meyer, 18. 11. 1948, StAHH, 311-3 I Finanzbehörde I_Abl. 1989 305-2-1/361.

174 Verwaltung der Hansestadt Hamburg, Wohnungsamt, Rechtsreferent Jacobs an die Einspruchsstelle des Senats, 6. 1. 1947, StAHH, 353-2 II Wohnungsamt II_280.

nehmern im Ehrenamt gehört haben, die durch ihren Parteistatus – in seinem Fall in Kombination mit der Tatsache, dass er eine wichtige klassische Hamburger Branche vertrat und sich im NS-System aufs Beste zum eigenen Nutzen bewegen konnte, ohne besonders aufzufallen –, ins Amt gekommen sind. 1935 schied er im Rahmen der Neukonstitution der „Industrie- und Handelskammer" aus, „weil er seine Aufgabe als Verbindungsmann zwischen den wirtschaftlichen Vereinen Hamburgs und der Kammer als erfüllt" ansah.[175]

Die Umrisse der Führungsfiguren in der Hamburger Handelskammer verdeutlichen ein gewisses typologisches Spektrum, das vom traditionellen Kaufmannshabitus bis zum Parteischlägertum reichte. Allen gemeinsam war eine eindeutige, wenngleich unterschiedlich offensiv vertretene nationalsozialistische Haltung.

Ebenfalls allen gemeinsam war ihre unkomplizierte Aneignung und Instrumentalisierung des hanseatischen Nimbus der Stadt, in der sie unternehmerisch tätig waren. Damit standen sie freilich nicht allein, denn der Hanseaten-Mythos erlebte während der NS-Zeit eine ausgesprochene Konjunktur, wurde er doch von allen Interessenvertretern der Stadt genutzt, um die Eigenständigkeit und zugleich Besonderheit Hamburgs innerhalb des NS-Staates zu betonen.

In zahlreichen Reden wurde der „hanseatische" Kaufmannsgeist betont, der allein in besonderer Weise den Herausforderungen einer Handelswirtschaft gewachsen sei, die ganz Deutschland zugutekäme. An diesen Punkt konnten Hamburger Unternehmer jedweder Couleur anknüpfen, bot der Hanseaten-Mythos doch ein Identifikationsnarrativ, das sowohl nationale Integrität als auch lokale Verbundenheit bereithielt. Das Hanseatentum geriet auf diese Weise zur verkappten Volksgemeinschaftsideologie und trug dazu bei, den Nationalsozialismus in der Hamburger Wirtschaft zu legitimieren.[176] Nationalsozialistische Unternehmer wie C. C. F. Meyer deuteten das Hanseatische auch als entscheidendes Bindeglied zwischen NSDAP und Hamburger Kaufmannschaft. Als beispielsweise Gauleiter Kaufmann zum offiziellen

175 Mitteilung „Neuberufungen der Mitglieder der Industrie- und Handelskammer Hamburg", 8. 3. 1935, HK-Archiv, I.6.E.3.5_1.

176 Lu Seegers, Hanseaten und das Hanseatische in Diktatur und Demokratie: Politisch-ideologische Zuschreibungen und Praxen, in: Zeitgeschichte in Hamburg 2014, hrsg. v. d. Forschungsstelle für Zeitgeschichte in Hamburg, Hamburg 2015, S. 71–83, hier S. 75. Vgl. auch Lu Seegers, Deutungen des Hanseatischen im 20. Jahrhundert, in: Hansische Identitäten, hrsg. v. Kerstin Petermann/Anja Rasche/Gerhard Weilandt, Petersberg 2018, S. 221–231.

Vertreter des Reiches in der Stadt aufstieg, dankte ihm der neu zum Bürgerschaftspräsidenten ernannte Meyer überschwänglich:

> „Sie, Parteigenosse Kaufmann, waren unser Führer in Not und Kampf. So häufig in der alten Geschichte Hamburgs war diese Stadt in Not und Sorge, und kämpferischer Hanseatengeist hat immer die Krisen überwunden. So sind auch Sie als alter Kämpfer des Nationalsozialismus der richtige Mann, um im Sinne des Hanseatentums Führer zu sein.“[177]

Während Meyer vonseiten der NSDAP den Hanseaten-Mythos strapazierte, ging Carl Vincent Krogmann als Vertreter einer etablierten Kaufmannstradition nicht weniger offensichtlich vor. Als Regierender Bürgermeister betonte er ein ums andere Mal, wie sehr der „hanseatische Kaufmannsgeist“ in den neuen politischen Verhältnissen gebraucht würde.[178] Habituell und rhetorisch sah sich so eine ganze Reihe hanseatischer Kaufleute „zumindest formal repräsentiert“.[179] Familiäre Netzwerke und unternehmerische Kontakte, städtischer Mythos und die Aussicht, dass die Handelsmetropole Hamburg von den Veränderungen – insbesondere der Entmachtung konkurrierender Länder – stark profitieren würde, ergaben schließlich die Grundlagen für eine tragfähige Verbindung zwischen NS- und Wirtschaftsführung.

2.3 Prioritätensetzung: Handelspolitik und Hamburgs Monopolstellung

Mit dem weltwirtschaftlichen Einbruch Ende der 1920er Jahre zeichnete sich für die Handelsmetropole Hamburg ein düsteres Bild ab: Zwischen 1928 und 1932 halbierte sich der Gesamtumsatz im Hamburger Staat, auch die Zahl der Beschäftigten ging kontinuierlich zurück.[180] In dieser Phase stand vielen Hamburger Unternehmern noch deutlich die Krisenerfahrung des Weltkrieges von 1914 bis 1918 vor Augen. Schon damals hatten der Hafen und die

177 Redemanuskript, vermutlich C.C.F. Meyer, 20.5.1933, StAHH, 121-3 I_A 41 Bestellung des NSDAP-Mitglieds C.C.F. Meyer zum Bürgerschaftspräsidenten, sowie durch ihn erledigte Geschäfte.

178 Seegers, Hanseaten, S. 77.

179 Ebenda, S. 75.

180 Büttner, Aufstieg der NSDAP, S. 29.

Handelsgeschäfte besonders gelitten, was sich nicht noch einmal wiederholen sollte.[181] Nicht erst mit der Machtübernahme der Nationalsozialisten setzten sich deshalb einflussreiche Kreise in Berlin dafür ein, den Hamburger Hafen und die damit zusammenhängenden Handelsstrukturen fördern zu lassen. Auch schon zuvor lobbyierte Hamburg auf Reichsebene, um den Handelsplatz zu sichern. Dies setzte sich, freilich unter gänzlich anderen Voraussetzungen, nach 1933 fort.

Während sich Hamburger Wirtschaftsvertreter für ihre handelspolitischen Vorteile stark machten, verschärfte sich unter nationalsozialistischem Einfluss die wirtschaftspolitische Gangart innerhalb der Stadt. Hier setzte sich 1934 der Präsident der Hamburger Behörde für Wirtschaft Gustav Schlotterer für die Umsetzung des „Neuen Plans" ein, der ein reglementiertes Verrechnungssystem für Im- und Exporte implementieren sollte. Anfang Mai stellt Schlotterer in einer Rede vor deutschen Pressevertretern das Ende des Freihandels fest: „Mit [dieser] Ideologie […], die rein preismäßig orientiert war", müsse gebrochen werden. Auch Hamburg könne sich nicht mehr für das System der privathändlerischen Geschäfte einsetzen, obwohl es vielleicht einen größeren Nutzen davon haben könnte. Jetzt dürfe es nur noch eine bestimmte Form des Außenhandels geben, die mit den nationalen Notwendigkeiten übereinstimme. Noch sei es nicht gelungen, dieses Ziel zu erreichen, es bedürfe dazu der Planung und Steuerung des Imports, und zwar „durch Lenkung der Träger des Außenhandels".[182] Der von Schlotterer ausgegebene programmatische Standpunkt widersprach zwar „allen Denktraditionen Hamburger Kaufleute", doch konnte dem 1934 öffentlich nichts mehr entgegengesetzt werden: „Es galt nur noch, unter den dirigistischen Bedingungen nationalsozialistischer Außenhandelspolitik die Geschäfte so ertragreich wie möglich zu gestalten."[183]

Insofern hat Hans Bielfeldt nicht Unrecht, dass die Handelskammer permanent um die Autonomie ihrer wirtschaftspolitischen Entscheidungen kämpfte, die letztlich nur ein Ziel kannten: Handelsgeschäfte ermöglichen.[184] Bielfeldt betonte in seiner Darstellung, wie die Handelskammer vor allem

181 Christoph Strupp, Die mobilisierte Gesellschaft. Hamburg im Ersten Weltkrieg, in: Zeitgeschichte in Hamburg 2014, hrsg. v. d. Forschungsstelle für Zeitgeschichte in Hamburg, Hamburg 2015, S. 11–37, hier S. 17.

182 Frankfurter Zeitung, 5. 5. 1934, zitiert nach Wierling, Mit Rohkaffee handeln, S. 139.

183 Wierling, Mit Rohkaffee handeln, S. 139.

184 Bielfeldt, Vom Werden Groß-Hamburgs, S. 98.

als Schutzschild der Hamburger Kaufleute agiert habe. Sie sollte den Rigorismus und die Lenkungsintensität der NS-Führung fernhalten, damit man die „eigentliche Aufgabe als Selbstverwaltungsorgan der Wirtschaft" erledigen konnte.[185] Er unterschlug jedoch, dass die Rede von Selbstverwaltung in der Regel die bloße Durchsetzung eigener Interessen bedeutete, z. B. in der Konkurrenz mit Bremen in Fragen des Hafenumschlags oder mit westlichen Handelskammern beim Zugang zu den niederländischen Häfen. Solche Vorteile erlangte Hamburg durch die Zusammenarbeit von Handelskammer-Vertretern und NS-Führungspersonal. Die konkrete Zusammenarbeit unter den Bedingungen der überwachten Handelsgeschäfte lassen sich im Rahmen dieser Studie leider nur anhand einzelner Unternehmer umreißen, die mit engagierten und ausgeklügelten Geschäftsideen den NS-Staat und sein Ziel der Devisenbeschaffung unterstützten.[186]

Gewinner und Verlierer der NS-Wirtschaft in Hamburg lassen sich relativ leicht nachvollziehen: Grundsätzlich profitieren konnten Unternehmen, die öffentliche Aufträge erhielten, vor allem in der Rüstungsproduktion und allen verwandten Bereichen. Dazu zählten Großwerften, metallverarbeitende und feinmechanische Unternehmen, die ihren Schwerpunkt vom Export auf den Binnenmarkt verlegten. Deutliche Einbußen erlitten die klassischen Groß- und Außenhandelsunternehmen, aber auch Branchen, die von Rohstoffimporten abhängig waren, wie die Kaffeeunternehmen.[187] Zunächst aber sah es ohnehin nicht so aus, als würde sich Hamburg schnell von der Weltwirtschaftskrise erholen. Die Startschwierigkeiten, mit denen die NS-Führung nach 1933 in Hamburg noch zu tun hatte, lagen weniger an einer grundsätzlich ablehnenden Haltung gegenüber der NS-Ideologie in der Bevölkerung, sondern an der anhaltenden wirtschaftlichen Krise der Stadt.[188] In dieser Phase war die Handelskammer eine wichtige Instanz, die in enger Vernetzung mit der lokalen NS-Führung und den städtischen Kaufleuten das Ziel verfolgte, Hamburgs wirtschaftliche Einnahmen wiederherzustellen und strategische Position zu sichern.[189] Eine ihrer ersten Kampagnen widmete sich den „Syndikaten", die

185 Ebenda.

186 So etwa Willy Ganssauges Vorschlag, die Afrikanische Frucht-Compagnie als Devisenbeschafferin einzusetzen. StAHH, 371-8 II_SXXXIII_C_58: 1938.

187 Weinhauer, Handelskrise und Rüstungsboom, S. 206.

188 Bajohr, Zustimmungsdiktatur, S. 94.

189 Bajohr hat dies aus Sicht des Gauleiters Kaufmann festgestellt, der sich ab 1934 verstärkt in Belange der Hamburger Wirtschaft einschaltete. Über die Hamburger Gesandtschaft in Berlin arrangierte er zahlreiche „Kontaktgespräche" und „betrieb so einen ausgedehnten regionalwirtschaftlichen Lobbyismus, der vor allem auf

man u. a. in der chemischen Industrie beobachtete und deren Absprachen den Exportinteressen Hamburger Firmen massiv schadeten.[190]

In dieser Phase dauerte die wirtschaftliche Krise in Hamburg an und die NS-Machthaber konnten keineswegs auf eine uneingeschränkte Zustimmung in der Bevölkerung setzen. Dies wurde im August 1934 besonders deutlich, als in Hamburg wie im ganzen Reich über die Zusammenführung der Ämter des Reichskanzlers und des Reichspräsidenten in der Hand Hitlers abgestimmt wurde. Die NSDAP musste in Hamburg das reichsweit schlechteste Ergebnis verzeichnen, was eine unmittelbare Folge der schwierigen Handelslage und der anhaltend hohen Arbeitslosenzahlen war.[191] Hamburg galt bis 1938 als „wirtschaftliches Notstandsgebiet", das durch „Stützungsmaßnahmen" vom Reich stabilisiert werden sollte.[192] Vor diesem Hintergrund muss das Engagement von Reichsstatthalter Kaufmann und Handelskammer-Vertretern gesehen werden. Denn sie versuchten in Berlin, diese Stützungsmaßnahmen bestmöglich für Hamburg auszuhandeln, wenngleich dies auch bedeutete, in zunehmende staatliche Abhängigkeit zu geraten.

Schon 1934 zahlte sich die Lobbyarbeit aus, als hamburgische und bremische Wirtschaftsvertreter beim RWM und Reichsfinanzministerium eine finanzielle Unterstützung der von den Exportschwierigkeiten arg getroffenen Überseehäuser aushandeln konnten. Priorität bei der Kreditvergabe sollten Kolonialfirmen haben, die nach den Plänen von ↑Emil Helfferich und anderen Hamburger Außenhandelsunternehmen in einem zu errichtenden überkontinentalen Wirtschaftsraum unter deutscher Führung eine wichtige Rolle spielen sollten.[193] Von der Aktion profitierten bei Weitem nicht alle Überseehäuser, deren Kreditanträge durchaus betriebswirtschaftlich geprüft wur-

eine Stärkung des Außenhandels ausgerichtet war. In wirtschaftspolitischen Fragen suchte und befolgte er regelmäßig den Rat eines informellen Beraterkreises aus Repräsentanten der Hamburger Wirtschaft. Mit einzelnen Hamburger Wirtschaftsführern pflegte Kaufmann daher bald ein enges Duzverhältnis" (genannt werden als Mitglieder des Beraterkreises de la Camp, Anton Hübbe, Emil Helfferich und Louis Leisler-Kiep von der HAPAG). Vgl. Bajohr, Gauleiter, S. 289.

190 U. a. Handelskammer (Vorsitzender der Warensektion Hartwig; Syndikus Leuckfeld) an Behörde für Wirtschaft, 5. 10. 1933, StAHH, 131-6_130.

191 1934 „verzeichnete Hamburg unter den Großstädten über 200000 Einwohner die geringste Abnahme der durchschnittlichen Arbeitslosenzahl." Bajohr, Zustimmungsdiktatur, S. 98.

192 Ebenda.

193 Karsten Linne, Deutsche Afrikafirmen im „Osteinsatz", in: 1999. Zeitschrift für Sozialgeschichte des 20. und 21. Jahrhunderts 16 (2001), 1, S. 49–90, hier S. 52; ders., ‚Kolonialstadt Hamburg', S. 180 f.

den.[194] Die „Rettungsaktion" erlangte umso größeren symbolpolitischen Erfolg, da sie sich auf die Hamburger Aushängeschilder konzentrierte und zudem die guten Kontakte Hamburgs nach Berlin unterstrich. Schon wenig später war die Subventionsmaßnahme in den hanseatischen Mythenkanon eingegangen: 1938 dankte Gauleiter Kaufmann „Herrn Helfferich", der sich „in schwerer Zeit" um die Überseehäuser verdient gemacht habe. Kaufmann selbst habe „diese Aktion von hier deshalb unterstützt, weil ich überzeugt war, man soll in schwerer Zeit die einzelnen Fälle nicht so kritisch untersuchen, denn es ist jeder Posten, den wir draußen weiter verlieren, ein fast unersetzlicher Verlust".[195] Mit der „Stützungsaktion" blieben fortan die Namen Helfferich und Kaufmann verbunden, obwohl auch Anton und Hermann Victor Hübbe ihren Beitrag geleistet hatten. Hübbe senior hatte einen detaillierten Kriterienkatalog für die Kreditvergabe entworfen, mit dem er Krogmann ausstattete, der wiederum beim RWM das Verfahren organisierte. Helfferich vermittelte die infrage kommenden Firmen in das Verfahren, fragte aber im Hintergrund beim neuen Handelskammer-Präses Hübbe Details nach, um etwa die „Unterstützungswürdigkeit" zu klären. Hübbe junior urteilte rundweg negativ, wenn es sich um jüdische Firmeninhaber handelte: Die „wirtschaftliche Notwendigkeit" sei zwar gegeben, aber die „rassenmäßige Zugehörigkeit der Unterstützten" müsse auch in Betracht gezogen werden; deshalb sei eine Unterstützung „politisch nicht tragbar".[196]

Schon kurze Zeit später kursierte die Kreditvergabe an die Überseehäuser als glatt gestrichene Erzählung volksgemeinschaftlicher Notwendigkeit, in der nicht nur Personen, sondern auch konflikthafte Details ausgeblendet waren. Denn die konkrete Abwicklung der „Rettungsaktion" hatte durch-

194 Vgl. Reichsgarantien für Bankkredite an deutsche Überseehäuser, StAHH, 131-4_1934 A 10/5.

195 Rede Karl Kaufmann vor dem Nationalklub von 1919, 6. 5. 1938, BArch, R 58/3510. Als Aufsichtsratsmitglied der HAPAG bemühte sich Helfferich zudem darum, die Afrika-Linien wieder profitabel zu machen. Noch 1937 musste er bei Kaufmann beklagen: „Bei dem gegenwärtigen Stand ihrer Flotte sind die Deutschen Afrika-Linien jetzt schon nicht in der Lage, den Anforderungen, welche an sie gestellt werden, zu entsprechen, und noch weniger dann, wenn im Wege der Wiedererlangung deutschen Kolonialbesitzes wesentlich höhere Ansprüche von Seiten der deutschen Wirtschaft an sie gestellt werden." Helfferich an Kaufmann, 22. 11. 1937, StAHH, 621-1_95_62. Bis 1939 verbesserte sich die wirtschaftliche Situation der Linien. 1941 kaufte sie Philipp F. Reemtsma auf und privatisierte sie wieder. Linne, ‚Kolonialstadt Hamburg', S. 179.

196 H.V. Hübbe an Krogmann, 5. 4. 1934; A. Hübbe an Krogmann, 9. 10. 1933, StAHH, 131-4_1934_A_10/5.

aus die unterschiedlichen Prioritäten von NS-System und Handelsunternehmen hinsichtlich der Arbeitskräfte aufgezeigt. So setzte Ersteres alles daran, qualifizierte Deutsche aus dem Ausland (sogenannte Auslandsdeutsche) für den heimischen Arbeitsmarkt „zurückzuholen". Zugleich beklagten Hamburger Händler und die Kammer einen Nachwuchsmangel für ihre Überseehäuser.[197] Über diese Klagen empörten sich wiederum NS-Funktionäre wie der Hamburger Gesandte in Berlin, Hans Peter Eiffe, der dem RWM meldete, das Problem „Nachwuchsmangel" ergebe sich allein aus dem „Hamburg-Bremer ‚Familienprinzip'", nach dem „ein kleiner Kreis alter Kaufmannsfamilien glaubt das Vorrecht zu haben, immer in sich geschlossen zu bleiben" und man nur als „Schwiegersohn" Zugang bekäme.[198] Bislang hätten die Hanseaten noch ablehnen können, jungen aufstrebenden Männern mit noch wenig Erfahrung im Ausland eine Chance zu geben. Nun sei aber das Deutsche Reich mit Geld und Garantien direkt an den Geschäften beteiligt und müsse Forderungen, auch hinsichtlich des politischen Wohlverhaltens der Kaufleute, stellen.[199] Die Handelskammer versuchte zu vermitteln und setzte sich u. a. und in enger Absprache mit dem Gauleiter und dessen Wirtschaftsberater dafür ein, Zugriff auf einen Fonds bei der Reichsbank zu bekommen, der den Nachwuchs bei „Auslandsniederlassungen" förderte.[200] Abgesehen von den hier zutage tretenden Ressentiments gegenüber der Ineffizienz hanseatischer Traditionen offenbarte der Disput schon frühzeitig ein grundsätzliches Problem. Denn fortan stand das Thema Arbeitskraftmangel auf der Agenda Hamburger Unternehmer, die im weiteren Verlauf keine Gelegenheit ausließen, um die Lücken zu schließen.

Kaufmann, Krogmann und Hermann Victor Hübbe betrieben intensive Werbung bei der Kaufmannschaft für die uneingeschränkte Unterstützung des Regimes und vor allem für seine politisch nicht infrage zu stellenden Prinzipien. Während einer gemeinsamen Kundgebung in der Hamburger Börse vor der versammelten Kaufmannschaft im August 1933 wurde in allen Reden die schlechte Wirtschaftslage Hamburgs angesprochen. Während Kauf-

197 Vgl. u. a. HK-Archiv, I.6.F.4_20 Protokolle von Besprechungen beim Wirtschaftsbeauftragten des Reichsstatthalters und Gauleiter (mit Wirtschaftssenator von Allwörden), 1939–1942.

198 Geschäftsstelle Berlin des Hamburger Staatsamtes, Eiffe, an RWM, Ministerialrat Soltau, 1. 3. 1934, StAHH, 131-4_1934_A_10/5.

199 Bajohr, Gauleiter, S. 289.

200 Niederschrift über die 2. Besprechung bei Herrn Senator von Allwörden am 9. 5. 1939, HK-Archiv, I.6.F.4_20.

mann zu Geduld mahnte angesichts der „nationalen Revolution", die in alle Lebens- und Wirtschaftsbereiche hineinwirke, und Krogmann sich mit konkreten Vorschlägen an die Regierung richtete, dem Seehandel wieder auf die Beine zu helfen, appellierte Hübbe an den volksgemeinschaftlich notwendigen Zusammenhalt der Kaufleute:

> „Wenn wir aber auch besonders stark betroffen sind durch die Schwierigkeiten, die sich gegenwärtig aus dem Handelsverkehr mit dem Auslande ergeben, so wollen wir doch nicht den Mut sinken lassen, sondern unter Anspannung aller Kräfte, jeder auf seinem Platz daran arbeiten, die Hemmnisse zu überwinden, die sich uns entgegenstellen. Die Hamburgische Wirtschaft muss mit nicht nachlassender Zähigkeit immer wieder nach neuen Wegen und Mitteln suchen, um ihre Existenz behaupten zu können, und sie soll überzeugt sein, dass die Handelskammer mit zäher Energie sie darin unterstützen wird."[201]

Nach der akut notwendigen Rettung der Überseehäuser, die von den Außenhandelsbeschränkungen besonders getroffen waren, ging es den Hamburger Lobbyisten 1934 darum, die weiterhin schlechte „Wirtschaftslage in Hamburg" grundsätzlich zu verbessern. Dies war umso notwendiger, da die Wirtschaft in ganz Deutschland noch nicht wieder an Fahrt aufgenommen hatte und sich eher im Krisenmodus befand. Zur Bündelung aller entsprechenden Kräfte, zu denen auch die Handelskammer zählte, wurde der „Ausschuss für Wirtschaftspolitik" gegründet.

Unter der Leitung von Senator Wilhelm Burchard-Motz kamen ab März die Leiter der wichtigsten wirtschaftspolitischen Stellen zusammen, um sowohl die Industrie- als auch die Exportförderung zu verbessern. Als eine seiner ersten Maßnahmen ließ der Ausschuss von der Handelskammer eine Erhebung des hamburgischen Ausfuhrhandels durchführen.[202] Demnach gab es Anfang 1934 819 Exportfirmen, darunter 30 ausländische, von denen 693 Firmen an der Umfrage teilnahmen. Die stärksten Geschäftsbeziehungen pflegten diese Exportfirmen mit Lateinamerika, weniger mit, wie

201 Mitteilungen der Handelskammer Hamburg, Nr. 17, 26. 8. 1933, S. 636–637, HK-Archiv, I.6.F.3.6_18

202 Ergebnis der Umfrage der Behörde für Wirtschaft über den hamburgischen Ausfuhrhandel vom März 1934 (Fragebogen A), Zusammenfassung von Dr. Marquardt, Handelsstatistisches Amt, 7. 5. 1934, StAHH, 113-3_II.3.

es hieß, „Afrika" und „Fernost". Die Firmen waren eher auf bestimmte Länder und weniger auf den breiten Absatz bestimmter Waren spezialisiert; etwa die Hälfte von ihnen war vor dem Ersten Weltkrieg gegründet worden. Wie sehr die Weltwirtschaftskrise die Außenwirtschaft belastet hatte, zeigte die Zahl der Angestellten, die zwischen 1929 und 1933 von insgesamt 7692 auf 5038 gesunken war, besonders stark in den lateinamerikanisch orientierten Exportfirmen. Vor diesem Hintergrund nahm das Hamburger Staatsamt, bis November 1933 bekannt als Senatskanzlei, regen Anteil an den zahlreichen Verhandlungen über bilaterale Clearing- und Zahlungsabkommen.[203] In den ersten Jahren des NS-Regimes legten solche staatlichen Abmachungen über Warenarten, Importquoten und Devisenvolumen den Grundstein für eine massiv verwaltete Außenwirtschaft,[204] deren oberstes Ziel die Ersparnis oder Beschaffung von Devisen war. Ernsthafte Umsatzsteigerungen konnten Handelshäuser auf diesem Weg nicht erzielen, denn die in den Verträgen festgelegte Devisenersparnis für Deutschland war zwar zum Nachteil kleinerer ausländischer Handelspartner, aber auch mit ungünstigen Preisbedingungen für die Händler in Deutschland „erkauft".[205]

Im Krisenjahr 1934 entsann man sich im RWM wieder des Krogmann-Plans, der auf dem Prinzip eines umfangreichen Einfuhrscheinsystems beruhte, um die Ausfuhren steigern zu können, ohne dass die Preise für Importwaren allzu stark anstiegen.[206] In der Handelskammer gab Präses

203 Vgl. StAHH, 131-6_134 Bd. 1 Handelsverkehr mit dem Ausland: Belgien, Dänemark und Island, Danzig, Finnland, Frankreich und Marokko, Griechenland, Großbritannien und Irland, Italien, Jugoslawien, Lettland, Litauen, 1933–1938; 131-6_134 Bd. 2 Handelsverkehr mit dem Ausland: Niederlande, Norwegen, Polen, Portugal und Portugiesisch-Guinea, Rumänien, Schweden, Spanien, Tschechoslowakei, 1933–1938; 131-6_134 Bd. 3 Handelsverkehr mit dem Ausland: Union der Sozialistischen Sowjet Republiken, Türkei, Ungarn, 1933–1938.

204 1935 wurden 80 Prozent des Handels im Rahmen bilateraler Abkommen abgewickelt. Grundsätzlich zu den dirigistischen Maßnahmen der NS-Führung und der „Verformung des Aufschwungs" vgl. Buchheim, NS-Regime, S. 381–414. Ich danke Ulrich Pfister, WWU Münster, für den Hinweis.

205 Vgl. Ulrich Pfister, „Die Wirtschaft in der Ära des Nationalsozialismus", Lehr-Präsentation an der WWU Münster, Folie Nr. 17, https://docplayer.org/12528169-Die-wirtschaft-in-der-aera-des-nationalsozialismus-1933-1939.html [2.11.2022]. Vgl. auch Albrecht Ritschl, NS-Devisenbewirtschaftung und Bilateralismus in Zahlen: Eine Auswertung der bilateralen Devisenbilanzen Deutschlands aus den Jahren 1938–1940, in: Eckhart Schremmer (Hrsg.), Geld und Währung vom 16. Jahrhundert bis zur Gegenwart, Stuttgart 1993, S. 289–314, hier S. 291–306. Ich danke Ulrich Pfister für den Literaturhinweis.

206 Ebi, Export um jeden Preis, S. 112.

Hübbe im Sinne des Krogmann-Plans vor, Hamburg dürfe nicht um Sonderkonditionen mit dem Reich verhandeln, sondern müsse alle exportfördernden Pläne und Maßnahmen auf den „Rahmen der durch das nationalsozialistische Regime gegebenen Möglichkeiten“ ausrichten.[207] Während Hübbe die Position des RWM spiegelte, entsprachen die Forderungen C.C. F. Meyers denen des Reichsbankpräsidenten Schacht und der Wehrmacht, denn beide hielten wenig von einem Steuerungssystem, mit dem nicht auch der Import gesteuert werden konnte. Dies würde sich mit einer klaren Verkopplung von Im- und Export umsetzen lassen.[208] Im Juli 1934 setzte sich auf Reichsebene Schacht im Sinne der Wehrmacht durch, wurde zum Reichswirtschaftsminister ernannt und erließ als solcher den „Neuen Plan“.[209] Damit gab es auch für Hamburg keine andere Möglichkeit mehr, als seinen Handel gemäß der Einfuhrvorgaben und dem Verrechnungssystem abzuwickeln.

Vor diesem Hintergrund war es für die politische Führung Hamburgs mehr als geboten, sich regelmäßig über die „Stimmung“ unter den Kaufleuten zu informieren. In solchen „Geheimberichten“ wurde mitunter Offensichtliches zusammengetragen, denn dass die Kaufmannschaft in Sorge wegen der schlechten und eventuell antideutschen Stimmung in Übersee war, war kein Geheimnis. Schwieriger sowohl für die politische Machtstellung des Gaus als auch für Rüstungspläne waren Berichte im August 1934, nach denen „in der breiten Masse der Hamburger Kaufleute [...] weiterhin eine starke Mutlosigkeit feststellbar“ sei, da die Devisenknappheit die Betätigung der Firmen so stark einschränke. Im Dezember folgten weitere Erklärungen für die schlechte Stimmung, denn die „Geschäftsabwicklung des Handels leidet unter der ausgedehnten Formularwirtschaft. Die dadurch notwendige, nahezu bürokratische Tätigkeit des Kaufmanns in Verbindung mit der Notwendigkeit, andauernd eidesstattliche Erklärungen abzugeben, wirkt ungünstig auf die Stimmung.“[210]

Da Kaufmanns Machtposition als Reichsstatthalter maßgeblich auf der wirtschaftlichen Prosperität Hamburgs beruhte, übernahm er meistens

207 Niederschrift über eine Sitzung über Fragen der Förderung des Importes, Anwesend Krogmann, Markert, Goerdeler, Burchard, Löser, Hübbe, Körner, Scipio, Ahrens, Schlotterer, Lindemann, Rauschning, 20.4.1934, StAHH, 113-3_II.4.

208 Niederschrift über eine Besprechung über Fragen der Exportförderung, 18.3.1934, Rathaus, Anwesend: Krogmann, Burchard, C.C.F. Meyer, Köhn, Hübbe, Klöver, Grau, Rauschning, StAHH, 113-3_II.4.

209 Ebi, Export um jeden Preis. S. 117.

210 Geheimberichte (Berichterstattung in politischen Angelegenheiten und über die wirtschaftliche Lage) an die Innere Verwaltung), 1934–1936, StAHH, 113-3_III.9.

persönlich die Aufgabe, zentrale Stellen in Berlin von einer Wirtschaftsförderung Hamburgs zu überzeugen. Im August 1934 nahm er die Verhandlungen mit der Reichskanzlei auf und erklärte, wie der Devisenmangel „für Tausende kleinerer, mittlerer und auch größerer Export- und Importfirmen den absoluten Zusammenbruch" bedeute, mit schlimmen Folgen für Schifffahrt und Hafen. Nach einer dramatischen Überzeichnung Hamburgs als „röteste Stadt Deutschlands" forderte er nicht weniger, als dass bei Reichsaufträgen „Hamburg nach seinen wirtschaftlichen Möglichkeiten [am] stärksten berücksichtigt werde".[211] Angesichts der großen Abhängigkeit vom Handel könne „Hamburg nur mit ganz großen Mitteln geholfen werden", die „die Warenströme" Deutschlands und Europas und Aufträge für die Industrieproduktion nach Hamburg leiten müssten.[212] Bei der im November folgenden Besprechung in Berlin[213] erhielt Hamburg zwar die Zusage für mehr Rüstungsaufträge, aber auch die klare Botschaft, dass der Außenhandel „nur mehr zur Beschaffung der notwendigen Rohstoffe" diene und die Rüstungsproduktion höchste Priorität genieße.[214] Von da an setzte sich die Handelskammer umso intensiver dafür ein, den Groß- und Außenhandel zu sichern und wenn möglich auszubauen.

Reichsstatthalter Kaufmann ging ganz in der Rolle auf, auf der einen Seite werbewirksam in Berlin für Hamburger Interessen aufzutreten und andererseits Hamburger Unternehmer aufzufordern, „an einem Strang" zu ziehen und „Solidarität" zu zeigen. Letzteres waren eindeutige Warnungen an Hamburger Unternehmer, von lobbyistischen Alleingängen bei der Reichsregierung Abstand zu nehmen. Er sagte zudem mögliche Umsatzverluste voraus, wenn er in Berlin „Vorschläge und Neuerungen erreicht und herausgeholt" habe, die sich aber „im vorweg zerschlagen, wenn die Stellen, an die ich mich wende, sagen müssen, in Hamburg muss ein ungeheurer Saustall herrschen".[215]

Effektiver für die Hamburger Wirtschaft als alle Alleingänge waren die Kontakte zu ehemaligen Hamburger Behördenvertretern wie Gustav Schlotterer, der 1934 von der Hamburger Behörde für Wirtschaft nach Berlin in die Außenwirtschaftsabteilung des RWM gewechselt war und dort ein Jahr

211 Kaufmann an Rudolf Hess, Stellv. des Führers, 27.8.1934 (Abschrift), BArch, R43-II_1344.
212 Kaufmann an Hitler, 26.9.1934, BArch, R43-II_1344.
213 Roth, Ökonomie, S. 40.
214 Weinhauer, Handelskrise und Rüstungsboom, S. 196.
215 Rede Karl Kaufmann vor dem Nationalklub von 1919, 6.5.1938, BArch, R58/3510.

später zum Ministerialdirektor aufstieg.[216] Der ehemalige Assistent von Krogmann blieb für die Handelskammer ein wichtiger Ansprechpartner, wenngleich das RWM und damit auch Schlotterer nach Einrichtung der Vierjahresplan-Behörde 1936 deutlich weniger Einfluss ausüben konnten als zuvor.[217] Aber Schlotterer konnte immer wieder etwas ausrichten, so etwa kurz nach Kriegsbeginn, als ihn Präses de la Camp bat, zu Besprechungen in Berlin hinzugezogen zu werden, wenn es um „deutsche Außenhandelsfirmen, insbesondere solche mit Niederlassungen in Übersee", gehe und um die Frage, wie diese „nutzbringend für die allgemeinen Belange des Außenhandels in den uns erreichbaren neutralen Ländern ausgenutzt werden könnten, insbesondere durch Neuerrichtung von Niederlassungen im Ausland".[218] Offenbar gab Schlotterer dem Hamburger Präses großzügigen Zugang zu solchen Besprechungen im RWM. Denn als er 1940 seinen Posten Richtung Ostministerium verließ, beendete dessen Nachfolger im Amt die Vorzugsbehandlung und informierte de la Camp unverzüglich, die Kammern müssten aus „den staatlichen Verwaltungsbetrieben" herausgehalten werden.[219]

Um die Interessen der Hamburger Wirtschaft und insbesondere der Handelskammer bestmöglich durchzusetzen, war neben Emil Helfferich oder Gustav Schlotterer auch Walter Emmerich sehr wichtig. Der versierte und praxiserfahrene Hamburger Ökonom wurde 1934 zum Leiter der neu eingerichteten „Verbindungsstelle der Überwachungsstellen" für die Wareneinfuhr berufen. Diese Stelle war ein Teil des „Neuen Plans" von Reichsbankpräsident Schacht, der durch ein verschärftes Kontrollsystem aus Devisenzuteilung, Importkontingentierung und Exportgenehmigungsverfahren die Außenwirtschaft rigoros auf rüstungspolitische Linie bringen sollte. Um auch den Hamburger Handel für das Kontrollsystem zu gewinnen, war Schacht persönlich in die Stadt gereist und sagte ihr zu, die „Verbindungsstelle" vor Ort und unter Leitung von Walter Emmerich einzurichten. Während die Reichsregierung

216 Roth, Ökonomie, S. 35 f.

217 Vgl. u. a. Krogmanns Notizen: Blatt 482, 2. 10. 1936: „Dr. Schlotterer erzählte von den unhaltbaren Zuständen in den Ministerien. Für ihn wäre die Lage sehr unangenehm. Man traue ihm nicht mehr und habe ihm bereits schon einen Beamten hingesetzt zum Aufpassen. Die gesamten Rohstofffragen sind dem Ministerium weggenommen worden und werden durch das Büro Göring bearbeitet, so würde das Wirtschaftsministerium allmählich immer weiter zur Bedeutungslosigkeit herabsinken." StAHH, 213-11_72425.

218 De la Camp an Ministerialdirektor Schlotterer, RWM, 11. 12. 1939, HK-Archiv, I.6.F.4_26.

219 Notiz Werner Bosch für de la Camp, 24. 8. 1940, HK-Archiv, I.6.F.4_26.

auf diese Weise den Außenhandel beziehungsweise die Devisenbewirtschaftung regulieren wollte, versprachen sich die Hamburger Kaufleute von der Nähe zu den Überwachungsstellen einen guten Kontakt zu staatlichen Kontrolleuren und Möglichkeiten zur Einflussnahme.[220]

Je näher der Krieg rückte und die Rüstungsproduktion forciert wurde, desto schwieriger wurde das Verhältnis von Handelsunternehmen zu den Devisen-Überwachungsstellen und desto dringender wurde Emmerichs Einfluss gebraucht. In Besprechungen mit Senatsdirektor Wilhelm von Allwörden sprachen die Handelskammer-Vertreter im Mai 1939 das Problem offen an, da sie eine zunehmende „Erstarrung" des Handels befürchteten, bei der nur derjenige am meisten erreiche, der „die besten persönlichen Beziehungen unterhalte".[221] Schon im Jahr zuvor hatte sich Kaufmann gezwungen gesehen, den Hamburger Handelsunternehmern ihre nach wie vor bedrängte Lage zu erklären. In seiner weithin wahrgenommenen Rede vor dem Nationalklub im Herbst 1938 gab er zu, dass „Störungen auf dem Weltmarkt" sich vor allem zum Nachteil Hamburgs auswirkten.[222] Aber, so Kaufman weiter, die aktuelle Lage sei ein „vorübergehender Rückschlag", der durch den „Aufrüstungsrun" (sic) und den „großen Sturm auf die Rohstoffe des Weltmarktes" und entsprechende Preissteigerungen verursacht sei. Im Ton der üblichen Geltungssucht führte Kaufmann aus, dass ihm der „Vorwurf" gemacht worden sei, „erheblich forciert Industrien nach Hamburg herangezogen" zu haben, sodass der „eigentliche Charakter dieser Handels- und Schiffahrtsstadt zu verwischen" drohe. Er aber habe diese Industrien nach Hamburg geholt, um die städtische Wirtschaft stabiler zu machen, weil sie nicht „den augenblicklichen Schwankungen des Weltmarktes" unterworfen seien. Das habe sich auch schon in den „günstigen Erwerbslosenzahlen" niedergeschlagen. Wieder einmal ermahnte er die Unternehmer, mit ihren Problemen nicht in Berlin, sondern in Hamburg vorstellig zu werden und ihm, dem Reichsstatthalter, „positive Vorschläge" zu machen. Sicherlich konnten Hamburger Handelsunternehmer realistisch die Gründe für eine Bevorzugung der Industrie in ihrer Stadt einschätzen. Dennoch lag in Kaufmanns Ausführungen ein Anknüpfungspunkt für sie, denn die wirtschaftliche Leistungsbilanz und der Status als kriegswichtiger Standort konnten auch der Außenwirtschaft zugutekommen.

220 Vgl. Matheis, „Hanseaten im Osten".

221 Niederschrift über die 3. Besprechung bei Herrn Senator von Allwörden am 30. 5. 1939, HK-Archiv, I.6.F.4_20.

222 Rede Karl Kaufmann vor dem Nationalklub von 1919, 6. 5. 1938, BArch, R 58/3510.

Wie notwendig die persönlichen Beziehungen zu Walter Emmerich waren, der auch als Senatsdirektor fungierte und eng mit den Gauwirtschaftsberatern zusammenarbeitete, zeigte sich noch einmal, kurz bevor er ins Generalgouvernement versetzt wurde. Emmerich verschob seinen Dienstantritt, um in Hamburg auch nach Kriegsbeginn dafür zu sorgen, „dem mehr und mehr von der Bürokratie ausgeschalteten Handel wieder Terrain" zurückzugewinnen.[223] Gemäß seiner jahrelang propagierten Idee, die nationale Wirtschaftsleistung durch Kartellbildung zu steigern – Kern jeder radikalen, protektionistischen Handelspolitik –, empfahl er den Hamburgern die weitere Bildung von Einfuhrgemeinschaften und versprach, bei den Reichsstellen die Einfuhrgenehmigungen rigoros „durch[zu]drücken".[224] Emmerichs Vorschlag wurde sehr ernst genommen, auch wenn die Getreide-Einfuhrgesellschaft die einzige Gründung dieser Art in Hamburg blieb.

Mit der Getreide-Einfuhrgesellschaft, die alle Hamburger Getreideimporteure vereinte, brachte man wiederum die rheinländische Konkurrenz nachhaltig gegen sich auf. Die Handelskammern von Köln, Dortmund, Duisburg und Düsseldorf beschwerten sich 1940 unisono beim RWM, dass Hamburg versuche, nachdem Frankreich und die Niederlande von der Wehrmacht besetzt worden waren, „auf die sich infolge der Besetzung der Weststaaten ergebene wirtschaftliche Neuausrichtung dieser Länder Einfluss zu erhalten und eine Verlagerung der Wareneinfuhr zugunsten Hamburgs anzubahnen".[225] Mehr noch: Die Benachteiligung rheinischer Importeure sei schon seit Jahren das Ziel Hamburger Handelspolitik. In einem Schreiben an das RWM beklagten sie, Hamburg würde seine politischen und wirtschaftlichen Dienststellen vor Ort einseitig nutzen, um „genaue Angaben über die durch die Kriegslage bedingten Auswirkungen auf den Hamburger Einfuhrhandel" an die zuständigen Stellen zu leiten, von denen wiederum „unter Hinweis auf die Notlage der Hamburger Einfuhrfirmen wirksame Abhilfemaßnahmen beansprucht" würden.[226] Die rheinischen Handelskammern äußerten schließlich den konkreten Verdacht, die Hamburger Getreide-Einfuhrgesellschaft würde von der Reichsstelle für Getreide einseitig bevorteilt. Den Vorwürfen kann im Rahmen dieser Studie nicht nachgegangen werden,

223 Besprechung am Montag, 27.11.1939, mit Senatsdirektor Dr. Emmerich und Herrn Bergemann, HK-Archiv, 94.A.1_59.3.

224 Ebenda.

225 Zweckverband nordwestdeutscher Wirtschaftsvertretungen e.V. an RWM, 12.8.1940, BArch, R3101/9573.

226 Ebenda.

jedoch steht fest, dass die Handelskammer Hamburg ihre Lobbyarbeit für die Standortsicherung mit spürbaren Effekten bei der Konkurrenz betrieb.

Neben der unternehmensspezifischen Förderung versprach man sich in Hamburg auch eine strukturelle Unterstützung vom NS-Regime. Die Handelskammer legte dem RWM hierfür zu verschiedenen Gelegenheiten Prognosen und Pläne für die Nachkriegszeit vor, in der das wirtschaftliche Potenzial Hamburgs erst vollends ausgeschöpft werden könne.[227] Ein Strukturbericht für das RWM geriet dann schon einmal zur Werbebroschüre für den „am meisten ausgeprägten Stückguthafen", der durch ständigen Ausbau seines Liniennetzes vorbildlich für alle Häfen weltweit sei; hinzu kam der Hinweis auf Hamburg als Deutschlands größter Eisenbahnhafen und bedeutendster Umschlagplatz für Güterferntransport mit Kraftwagen. Die Handelskammer betonte, Hamburg werde in Zukunft „zur Versorgung des mitteleuropäischen Wirtschaftsraumes mit überseeischen Produkten maßgeblich beizutragen haben". Nach dem Krieg sollten sich „für den hamburgischen Außenhandel große Möglichkeiten [ergeben], an dem kolonialwirtschaftlichen Aufbau mitzuwirken".[228]

Schon nach dem Polenfeldzug hatte die Kammer begonnen, für die Nachkriegszeit zu planen,[229] parallel zu anderen städtischen Interessengruppen, bis Reichsstatthalter, Kammer, Unternehmer und Verwaltung zusammenfanden und ihre Planungen bündelten. Nachdem Rudolf Blohm bei der Kammer mehr Ordnung und Abstimmung anmahnte, entstand bis Ende Mai 1940 ein „Planungsapparat", für den der Geschäftsführer der Industrieabteilung Werner Bosch als „Generalreferent" beim Wirtschaftsbeauftragten Wilhelm von Allwörden eine wichtige Koordinationsfunktion übernahm. Im „Zentralen Beratungsausschuss" saßen neben Senatsdirektor Wolfgang Essen, dem Hamburger „Sonderbeauftragten für Wirtschaftsförderung und Vierjahresplan", und Gauwirtschaftsberater Otto Wolf vonseiten der Handelskammer Blohm, de la Camp, Reemtsma, Ritter und H. E. B. Kruse.[230]

227 Bericht der IHK Hamburg an RWM, Betrifft: Wirtschaftsgeographische Struktur der Kammerbezirke, 22. 1. 1941, BArch, R3101/9574.

228 Ebenda. Vgl. auch Linne, ‚Kolonialstadt Hamburg', S. 181.

229 Roth, Ökonomie, S. 82 f. Vgl. HK-Archiv, 78.4, 78.5; StAHH, 621-1 72_1404 Blohm+Voss Bd. 17.

230 Werner Bosch, „Arbeitsplan für Entwicklung und Ausbau der hamburgischen Wirtschaft", 1. 6. 1940, StAHH, 621-1 72_1411 Blohm+Voss Unterakte 1940; Ausschussprotokolle, HK-Archiv, 73.4_22b, 78.A_13.1, 78.A_13.2, 78.J.5. Vgl. auch Meyhoff, Blohm & Voss, S. 291.

In einer der ersten Besprechungen im Juni 1940 gab Präses de la Camp die Größenordnung vor, in der Hamburg für die Zeit nach einem erfolgreichen Kriegsabschluss denken müsse. Bei der industriellen Planung sei entscheidend,

> „dass wir nicht für die nächsten 5 Jahre, sondern für die nächsten 50 oder 100 hinaus planen müssen. Für Hamburg sei die Frage entscheidend, ob Hamburg der große europäische Hafen mit der Industrie sein werde, die dazu gehört, oder ob Hamburg eine mehr binnenwirtschaftlich orientierte Provinzhauptstadt werden solle, die Verbrauchsgüter herstelle und damit allerdings in einem gewissen Sinne krisenfest sein würde."[231]

Hamburg, so de la Camp, müsse den ersten Weg gehen und sich nicht von der größeren Konjunkturempfindlichkeit des Weltmarktes beeinflussen lassen. Der von den Hamburger Planern unter Boschs Federführung vorgelegte umfangreiche „Wirtschaftsplan Hamburg" stellte für die bald erhoffte Nachkriegszeit die Bildung eines „mitteleuropäischen Wirtschaftsblocks" unter deutscher Führung sowie die „Übereignung eines Kolonialraumes an Deutschland" in Aussicht. Nach Maßgabe der beteiligten Großindustriellen Reemtsma, Blohm und Mergell und mit Unterstützung de la Camps blieben die konkreten Vorhaben aber auf die örtliche Industrie beschränkt, die in der Breite gestärkt werden sollte.[232] Bemerkenswert offen legte der Plan auch Befürchtungen dar, unter der NS-Führung könnten zukünftig „staatssozialistische Tendenzen" weiter vordringen „mit der unerwünschten Folge einer weitgehenden Bürokratisierung". Demgegenüber sei es „Aufgabe der Wirtschaftskreise, Formen[,] vielleicht genossenschaftliche, zu finden, die der Unternehmerinitiativen auch in Zukunft Spielraum lassen".[233]

Die Handelskammer agierte aber nicht nur als produktiver Teil wirtschaftlicher Entwicklungspläne und zeigte sich gewissenhaft bei der Umset-

231 Niederschrift über eine Besprechung „Ausbau der hamburgischen Industrie nach dem Krieg" am 4. 6. 1940, StAHH, 621-1_72 Blohm+Voss 1411.

232 Meyhoff, Blohm & Voss, S. 294. Vgl. auch Roth, Ökonomie, S. 89, der in dem Plan eine deutlich größere Reichweite sieht. Der Plan beinhaltete vor allem Verkehrsinfrastrukturvorhaben und bildete die Grundlage für die Handelskammer, sich an den Vorbereitungen des „Generalbebauungsplans" unter Leitung von Konstantin Gutschow zu beteiligen. Vgl. Roth, Ökonomie, S. 89–96.

233 Niederschrift über die Plenarsitzung am 28. 6. 1940, StAHH, 621-1_72 Blohm+Voss 1410 Bd. 2.

zung politischer Vorgaben. Im Detail geriet die Kammer auch an die Grenzen ihres Einflusses oder loyalen Selbstverständnisses. Denn Handelsgeschäfte wurden nicht nur durch Devisenmangel und Bewegungseinschränkungen schwieriger, sondern auch durch die Vorgaben des Reichskommissars zur Preisbildung (verkürzt auch Preiskommissar genannt). 1936 zusammen mit der Vierjahresplan-Behörde geschaffen, überwachte der Preiskommissar die Einhaltung vorgegebener Einkaufs- und Verkaufspreise in Industrie und Handel, die reichsweit auf Grundlage zahlreicher Statistiken einheitlich eingehalten werden sollten. Ab 1939 wurden die Sanktionen bei Verstößen gegen das Preisbildungsgesetz deutlich verschärft. Aus Sicht des Handels bot diese Einrichtung zwar Schutz vor Benachteiligung gegenüber konkurrierenden Handelsplätzen, aber für jedes einzelne Handelsgeschäft stellten die Vorgaben erhebliche Einschränkungen dar. In Hamburg gab das Verfahren gegen den 1939 abberufenen Vizepräses ↑Moritz Schmidt-Schröder den Anstoß für eine umfangreiche Beschwerde beim RWM, wonach vor allem die Sanktionen geschäftsschädigend seien.

1940 eröffnete der Preiskommissar ein Verfahren gegen Schmidt-Schröders Kaffeehandelsfirma wegen des Verdachts auf unerlaubten Kettenhandel.[234] Gemeinhin auch als „Wucher“ bezeichnet, wog der Vorwurf während der NS-Zeit schwer, da mit ihm der unmittelbare Vorwurf verbunden war, der „Volksgemeinschaft“ zu schaden – mithin ein politisches Verbrechen. Nicht nur Schmidt-Schröder, sondern auch andere Hamburger Firmen sahen sich mit den Vorwürfen konfrontiert. An dieser Stelle kann nicht rekonstruiert werden, ob und in welchem Ausmaß Hamburger Unternehmer und Handelskammer-Mitglieder durch Kettenhandel tatsächlich ihren Profit steigern konnten. Belegt ist, wie sehr sich die Handelskammer und Senator von Allwörden (also die Hamburger Staatsverwaltung) in Berlin für die beschuldigten Unternehmen einsetzten. Handelskammer-Syndikus Kurt Zinkeisen übernahm die genaue Recherche und Aufstellung der betroffenen Handelsgeschäfte Schmidt-Schröders und legte dar, wie unverhältnismäßig die Sanktionen gegenüber den erzielten Margen ausfielen.[235] Da zur gleichen Zeit auch andere Firmen sanktioniert wurden, witterte die Handelskammer eine

234 Bei einem Kettenhandel werden zusätzliche Zwischenhändler in die Geschäftsabwicklung eingeschaltet, sodass sich durch Provisionen und Weiterverkauf die Ware verteuert.

235 Aufzeichnung für Herrn Präses de la Camp betreffend Ordnungsstrafverfahren gegen die Firma Chr. Heinr. Schmidt jr., 5. 1. 1940; de la Camp an Senator von Allwörden, 5. 1. 1940, HK-Archiv, Plenarierakten, Nr. 479.

gezielte Aktion, mit der in Form von Strafzahlungen Gelder abgeschöpft werden sollten. Auf einer gemeinsamen Sitzung beschlossen Handelskammer und Staatsverwaltung, „dass die Kammer für sämtliche von der Aktion betroffenen Firmen eine Eingabe an Herrn Senator von Allwörden richten soll, auf Grund derer Herr Senator von Allwörden alsdann in Berlin vorstellig werden wird, um für sämtliche Firmen eine Ermäßigung der Strafe auf dem Gnadenwege zu erreichen".[236] Schon im Februar war von Allwörden in Berlin, aber die Aussichten standen schlecht. Der Hamburger Einfluss reichte nicht bis in die Behörde des Reichskommissars zur Preisbildung, die auf die Strafzahlungen bestand, auch wenn sie, wie er zugab, möglicherweise eine betriebswirtschaftliche Herausforderung darstellten.[237]

Solche Konflikte erschütterten jedoch nicht die grundsätzlich loyale Haltung der Handelskammer zum NS-Regime und seiner Wirtschaftspolitik. Da aber nicht von der Hand zu weisen war, dass sich das Leistungsvolumen der Außenwirtschaft im Vergleich zur Industrieproduktion verringerte, setzte ab 1938 eine intensive Phase des Außenhandel-Lobbyismus ein. In Kaufmanns üblicher informeller Manier rief er im Herbst 1938 eine von ihm ausgewählte Runde ein zu „einer sehr wichtigen Besprechung im kleineren Kreis über Fragen der Außenwirtschaft und insbesondere die Mitwirkung Hamburgs".[238] Neben Senator von Allwörden, Bürgermeister Krogmann, Gauwirtschaftsberater Carl Otte und dem allseits präsenten Emil Helfferich waren Ludwig Wirtz[239], Generaldirektor der Freihafen-Lagerhaus Gesellschaft sowie Gaubeauftragter des Reichskommissars für die Seeschiffahrt, und John T. Essberger, Schiffsreeder, der wegen „Überlastung" als Leiter der Gruppe Seeschiffahrt und Reederei wenige Jahre zuvor aus der Kammer ausgeschieden war, anwesend.[240] Aus der Handelskammer geladen waren Präses de la Camp und sein

236 Aufzeichnung für Herrn Präses de la Camp über eine Sitzung bei Herrn Senator von Allwörden, betr. Verstösse im Kaffeehandel, 16. 1. 1940, HK-Archiv, Plenarierakten, Nr. 479.

237 Aufzeichnung für Herrn Präses de la Camp betreffend Bestrafung im Kaffeehandel, 28. 2. 1940, HK-Archiv, Plenarierakten, Nr. 479.

238 Fragen der Außenwirtschaft und Kolonialprobleme. Aufzeichnungen des Herrn Präses de la Camp hierzu. 1938, HK-Archiv, 78.J.1.

239 Die Besprechungen waren der Auftakt für eine engere Zusammenarbeit von Handelskammer und Freihafen; auf Betreiben de la Camps wurde Wirtz ein Jahr später in die Kammer berufen. HK-Archiv, I.6.E.3.5_3.

240 HK-Archiv, I.6.E.3.5_1. Das Zusammentreffen von Helfferich und Essberger dürfte spannungsreich verlaufen sein, da Letzterer sich wenige Jahre zuvor als „Treuhänder des Reiches für die Groß-Reedereien" im Machtkampf bei der Umstrukturierung der HAPAG gegen Helfferich durchgesetzt hatte. Helfferich hatte versucht,

Vorgänger Hermann Victor Hübbe, außerdem Willy Ganssauge, Chef der Westafrikanischen Handelsgesellschaft, der Industrielle Philipp F. Reemtsma und Geschäftsführer Elso Klöver. De la Camp sollte einen konzisen Plan vorstellen, mit dem sich der Hamburger Handelsplatz langfristig innerhalb der zunehmenden kriegswirtschaftlichen Strukturen behaupten solle.

Zu diesem Zeitpunkt war Österreich schon Teil des Deutschen Reiches, hatte Hitler soeben von der Tschechoslowakei die Abtretung des Sudetengebietes erzwungen und forcierte er in seiner Rhetorik unverblümt die weitere Gewinnung von „Lebensraum". In Hamburg hörte man diese Verheißungen gern und de la Camp ging in seinen Überlegungen von einem baldigen Aufschwung der Außenwirtschaft und einer „Lösung der deutschen Kolonialprobleme" aus, wofür Hamburg „rechtzeitig vorsorgen" müsse.[241] Seine Vorschläge für die Außenwirtschaft ließen somit keinen Zweifel, dass Hamburg zu einem kriegsfesten und vom Krieg profitierenden Standort ausgebaut werden solle. Der wichtigste organisatorische Punkt sah die Gründung einer Hamburger Wirtschaftsgruppe Außenhandel unter dem Vorsitz von Emil Helfferich vor.

Um Hamburger Handelsunternehmen zu bevorteilen, sollten zudem weitere deutsche Handelskammern in Übersee „unter Führung Hamburgs" eingerichtet werden; dortige Überseefirmen müssten stärker als bisher den Import dorthin übernehmen. Um den Druck auf die Exporteure zu mindern, sollten Banken ihnen Exportkredite gewähren können und ihre Exportlieferfristen verkürzt werden, auch wenn sich dadurch „Lieferfristen für die Wehrmacht" verlängerten. Hamburg müsse zum „Stapelplatz für Transitgüter unter Berücksichtigung wehrwirtschaftlicher Erfordernisse" ausgebaut werden und um (wieder einmal) nicht im Nachteil gegenüber Bremen zu sein, sollten die Hafen- und Speditionstarife auf das dortige Niveau gesenkt werden. Auch auf der Agenda stand der schon seit Beginn der 1920er Jahre geplante Hansa-Kanal, mit dem die Rhein-Ruhr-Region mit Bremen und Hamburg besser

zusammen mit anderen Hamburgern des Keppler-Kreises, Essberger als Treuhänder zu verhindern und dabei auch massiv auf Denunziation gesetzt. Essberger konnte sich jedoch mit seinem Plan, den HAPAG-Lloyd-Großkonzern zu zerschlagen, durchsetzen. Vgl. StAHH, 621-1_95_63 Korrespondenz zwischen E. Helfferich und John T. Essberger in HAPAG-Angelegenheiten 1934-38. Vgl. auch Stefan Kiekel, Die deutsche Handelsschifffahrt im Nationalsozialismus. Unternehmerinitiative und staatliche Regulierung im Widerstreit 1933 bis 1940/41, Bremen 2010, S. 84–114. Aus Helfferichs Sicht vgl. ders., Tatsachen, S. 232–264.

241 Dies und das Folgende: De la Camp an Kaufmann, 4. 10. 1938, HK-Archiv, 78.J.1. Vgl. auch Linne, ‚Kolonialstadt Hamburg', S. 182.

verbunden werden sollte. Vorsorglich müsste „für die Aufnahme des Kriegsrisikos" eine Rückversicherungsgesellschaft gegründet werden und deutsche Kapitalanlagen im Ausland sollten geschützt werden.

Da jedes außenwirtschaftliche Geschäft von ausländischen Kunden abhing, sollte deren Urteil wissenschaftlich sowie publizistisch-propagandistisch beeinflusst werden, betonte de la Camp. Dafür müsste der mittlerweile stark vom Propagandaministerium beanspruchte Aufklärungsausschuss auch für Hamburger wieder aktiver werden, außerdem würde die Zusammenlegung des Kieler Instituts für Weltwirtschaft mit dem Hamburger Welt-Wirtschafts-Archiv „sowie eine Aktivierung und Ausrichtung der Hansischen Universität für Kolonial- und Wirtschaftsfragen" die Außenwirkung erhöhen. Ohnehin müsste mit Blick auf die „kommenden Kolonien" das kolonialwirtschaftliche Wissen in Hamburg besser organisiert und zusammengeführt werden, sei es durch den Ausbau des Tropen-Instituts oder die „Aufnahme des Kolonialgedankens" in den Schulunterricht.[242]

De la Camps Vorschläge präsentierten den anwesenden Herren keine grundsätzlichen Neuigkeiten, führten aber in ihrer Dichte einen außerordentlichen Maßnahmenkatalog vor, mit dem Hamburg eine Monopolstellung als Transit- und Außenhandelsstandort unter Kriegsbedingungen einnehmen würde. Der neue Leiter der Außenhandelsstelle Helfferich formulierte für die eher praktischen Vorschläge des Präses den politischen Rahmen: Hamburg müsse es gelingen, „eine Art Diktatorschaft zu schaffen" für die gesamte Außenwirtschaft, am besten in Form eines in Hamburg ansässigen „Reichskommissars für die Außenwirtschaft", da „in Berlin zweifellos sachlich die Aufgabe nicht gemeistert werden könne und die Dinge dort mehr oder weniger durcheinander gehen".[243] Für die Realisierung kündigte Kaufmann Verhandlungen in Berlin an.[244] Als Nationalsozialist lag ihm darüber hinaus die „Kolonialfrage" besonders am Herzen, für die ein „für die Vorbereitungsarbeiten geeignete[s] Gremium" gegründet wurde, dessen Leitung ↑Willy Ganssauge übernahm.

In seinem umfangreichen Forschungsaufsatz vertritt Karl Heinz Roth die These, dass in dieser Phase die zum Teil selbstverursachten Schwierigkeiten in der Hamburger Außenwirtschaft kumulierten und eskalierten. Die Kauf-

242 De la Camp an Kaufmann, 4. 10. 1938, HK-Archiv, 78.J.1.
243 Aufzeichnungen über eine Sitzung beim Reichsstatthalter über außenwirtschaftliche Fragen, am Donnerstag, 6. 10. 1938, HK-Archiv, 78.J.1.
244 Ein solches Reichskommissariat wurde nie eingerichtet; Kaufmann selbst wurde 1942 zum Reichskommissar für die Seeschiffahrt ernannt.

mannschaft und ihre Interessenvertretung hätten bis 1937/38 eine kurzsichtige Interessenpolitik verfolgt, der es allein um die Zuwendung von Subventionsleistungen oder Erleichterungen ging, ohne überkommene Strukturen der örtlichen Handelswirtschaft zu modernisieren. Sowohl der „Standort-Fetischismus" als auch „außenhandelspolitische Kampfmaßnahmen" und ein „innerer Raubbau durch den ressourcenverzehrenden Ausbau der Rüstungswirtschaft" hätten Hamburgs Wirtschaft in die Sackgasse geführt.[245]

Ohne hier im Detail diskutieren zu können, welche grundsätzlichen Veränderungen unter eigener Regie möglich gewesen wären, kann Roths Befund zugestimmt werden, dass nach 1938 in der Handelskammer eine zunehmend radikalere und fordernde Stimmung um sich griff. Die Radikalisierung korrespondierte mit einer Verschlechterung der Umsatzzahlen. Von 1933 bis 1938 war der Seehafenumsatz von 19 Mio. Tonnen Warenumsatz auf fast 26 gestiegen, um schon 1939 auf nur noch 18,7 Mio. Tonnen abzusacken.[246] Trotz aller Maßnahmen konnte der Seehafenumsatz offensichtlich nicht stabilisiert werden, während sich die Konkurrenz in Rotterdam und Bremen zu erholen schien.[247] Man war bereit, offensiver vorzugehen und auch radikalere Maßnahmen zu akzeptieren.

Handelskammer-Präses de la Camp warb von nun an verstärkt in verschiedenen Interessenverbänden für den Handelsstandort Hamburg, wobei er zunehmend völkische Argumente platzierte. In einer Rede, die de la Camp im Sommer 1939 vor Industriellen in Düsseldorf hielt, unter ihnen der einflussreiche Unternehmer Ernst Poensgen, hob er die Schwierigkeiten des Im- und Exports hervor, um anschließend vor allem die uneingeschränkt wichtige Stellung der Außenwirtschaft – und damit seines Wirtschaftsstandortes Hamburg – zu betonen:

> „Die deutsche Außenwirtschaft ist nicht ein bestimmter errechenbarer Teil unserer Volkswirtschaft, auf den wir durch Engschnürung unseres Leibriemens verzichten können; sie ist vielmehr ein unbedingt lebenswichtiges Glied im Gesamtorganismus unserer Volkswirtschaft."[248]

245 Roth, Ökonomie, S. 57.

246 Vgl. Andreas Kunz/Lars U. Scholl (Hrsg.), Die deutsche Seeschifffahrt 1821–1989. Ein Datenhandbuch, Bremen 2011, S. 530.

247 Vgl. Roth, Ökonomie, S. 55–57.

248 Redemanuskript de la Camp: Deutschlands Außenwirtschaft, HK-Archiv, I.6.F.3.6_19 Rede von Präses de la Camp auf der MV der Wirtschaftsgruppe Eisen

De la Camp stellte ausführlich die seiner Meinung nach durch den Außenhandel wachsende „deutsche Weltgeltung“ dar und skizzierte die Aussichten für das Deutsche Reich, die sich durch die Wirtschaftsabkommen mit südosteuropäischen Ländern ergäben. Der Präses argumentierte ganz im Sinne eines „organischen Wirtschaftsgefüges“, in dem jeder Zweig seinen notwendigen Platz zum Wohle des Ganzen habe, und flocht dabei auch immer wieder Kritik an einer rein auf Autarkie setzenden Politik ein. Zu diesem Zeitpunkt, als die Rüstungsproduktionsförderung höchste Priorität genoss, brauchte Hamburg Verbündete unter den Industriellen. Hamburgs Position im Außenhandel war schwierig, auch wegen der Konkurrenz mit anderen Seehäfen.

Deshalb machte de la Camp schließlich sein eigentliches Anliegen deutlich, als er betonte, wie notwendig ein starker Seehafen-Standort Hamburg sowohl für den Binnenverkehr als auch den „Welthandel“ und damit letztlich für die Industrieproduktion im Lande sei. Die Industrie – deren Unfähigkeit in Handelsgeschäften de la Camp unverhohlen anmerkte – möge von Direktexporten absehen und stattdessen uneingeschränkt auf Hamburg als Umschlagplatz setzen.[249]

Da die Exportgenehmigungen unmittelbar an das Importvolumen gekoppelt waren und die Hindernisse im Handel mit bisherigen Partnern wie England oder Frankreich gegen Ende der 1930er Jahre immer offensichtlicher wurden, orientierte sich die Hamburger Wirtschaft an der finanz- und militärpolitischen Ausrichtung des NS-Systems, die nach Südosteuropa[250] und nach Kriegsbeginn nach Osteuropa wies. Neben den zahlreichen Besprechungen mit Behördenvertretern kamen 1939 von Gauleiter Kaufmann im großen Stil anberaumte „Wirtschaftsbesprechungen“ hinzu. Zu Beginn des Jahres hatte Hitler in seiner Rede zum 6. Jahrestag der Machtübernahme nicht nur die Begründung für einen baldigen Krieg dargeboten, sondern der Wirtschaft auch eine wichtige Überlebensparole mit auf den Weg gegeben: „Deutsches

schaffende Industrie und ihre Bezirksgruppe Nordwest in Düsseldorf, 21. 6. 1939. Ähnlich auch schon im Februar vor der Deutschen Weltwirtschaftlichen Gesellschaft e. V. in Berlin, vgl. HK-Archiv, I.6.F.3.6_21.

249 Redemanuskript de la Camp: Deutschlands Außenwirtschaft, HK-Archiv, I.6.F.3.6_19.

250 Handel sollte vorrangig mit Ländern getrieben werden, die nicht auf Bezahlung in Dollar oder Pfund bestanden, sondern bereit waren, ein Verrechnungs- oder Kompensationsabkommen einzugehen. So stieg die Zahl südosteuropäischer Handelspartner und schrumpfte der Handel mit den USA und Westeuropa. Vgl. Spoerer/Streb, Wirtschaftsgeschichte, S. 114.

Volk, [...] exportiere oder stirb!"[251] Damit sahen sich alle Exportbranchen aufgefordert, sämtliche Möglichkeiten zu nutzen, um durch Exportsteigerungen letztlich die Importquote deutlich zu verbessern. Bei den Wirtschaftsbesprechungen waren neben de la Camp viele wichtige Handelskammer-Mitglieder anwesend, u.a. ↑Rudolf Blohm, ↑Willy Ganssauge, ↑Arnold Mergell, Max Mörck, Philipp F. Reemtsma und ↑Adolf Vogler.[252] Auch der immer rege Helfferich nahm teil und legte die politische Haltung der Zusammenkunft fest:

> „Für den Exporthandel ergibt sich die Forderung nach engster Zusammenarbeit. Es soll in Zukunft nicht mehr möglich sein, dass die deutsche Volkswirtschaft durch gegenseitiges Unterbieten der Exporteure auf dem Weltmarkt geschädigt wird und sich die Kräfte in einem ungesunden Wettbewerb zerschleissen."[253]

Neben dem Appell, durch Absprachen untereinander die ausländische Konkurrenz auszubooten, gab es noch andere „kreative" Lösungsvorschläge. Vor allem der im Afrika-Importgeschäft tätige Willy Ganssauge entwickelte in der Vorkriegszeit einige Ideen, wie die Zahlungsabkommen mit einzelnen Ländern umgangen werden könnten, um mehr Devisen als kalkuliert einzunehmen. 1937 unterbreitete er Hermann Göring seine Pläne für ein „geschlossenes deutsch dominiertes Wirtschaftsgebiet" in Afrika im großen Stil, für die seine Firma, die Afrikanische Frucht-Compagnie (AFC), Subventionen erhielt.[254] Konkreter schlug er im Jahr darauf Schlotterer und Emmerich vor, die Niederlassung der AFC im britischen Mandatsgebiet als Einkäuferin für deutsche Waren und Exporteurin für Bananen, Baumwolle oder Salz nach Deutschland auftreten zu lassen.[255] Um Devisen einzunehmen, würde der korrekte Exportpreis aber nur auf dem Papier auftauchen, während er tatsächlich weit darunter

251 Hitlers Ansprache vor dem „Ersten Großdeutschen Reichstag", 30.1.1939 (Auszüge), http://ghdi.ghi-dc.org/sub_document.cfm?document_id=2289 [2.11.2022]. Auch erwähnt in den Dokumenten zur ersten Besprechung des Reichsstatthalters mit Vertretern der Wirtschaft, April 1939, HK-Archiv, I.6.F.4_17.

252 Einladungsliste, 2. Wirtschaftsbesprechung des Gauleiters [ca. Juni 1939], HK-Archiv, I.6.F.4_17.

253 Dokumente zur ersten Besprechung des Reichsstatthalters mit Vertretern der Wirtschaft, April 1939, HK-Archiv, I.6.F.4_17.

254 Linne, ‚Kolonialstadt Hamburg', S. 178.

255 Ganssauge an RWM, Ministerialrat Schlotterer, 21.11.1938; Ganssauge, AFC, an Sonderbeauftragten für Wirtschaftsförderung und Vierjahresplan, Senatsdirektor Essen, 15.12.1938, StAHH, 371-8 II_SXXXIII_C_58.

läge. Der Plan basierte auf dem komplizierten Status von Handelsniederlassungen in Mandatsgebieten, den Ganssauge zugunsten der deutschen Import- und Devisenquote ausnutzen wollte. Es kann nur vermutet werden, warum sowohl der Hamburger Sonderbeauftragte für Wirtschaftsförderung und Vierjahresplan, Wolfgang Essen, als auch Schlotterer im RWM zögerlich reagierten. Ganssauge verfolgte seine Pläne weiter und brachte sie auch im Rahmen des 1940 entstehenden „Wirtschaftsplans Hamburg" unter.

Zielgerichteter als einzelne Geschäfte verliefen konzertierte Aktionen, in die ein Großteil der Handelsfirmen integriert werden konnte. Ab 1938/39 sprach man auf der Ebene der Wirtschaftslenker und Lobbyisten zunehmend über eine notwendige Erhöhung der wirtschaftlichen Schlagkraft und in diesem Sinne nahmen auch die Absprachen und Pläne zu, Hamburg gegenüber der Konkurrenz anderer Regionen zu stärken. Ein Mittel der Wahl hierfür war die Gründung von Einfuhrgesellschaften, um den Import effektiver steuern zu können. Ein solches Monopolunternehmen berge zwar die Gefahr – so die einhellige Meinung – irgendwann vom Staat übernommen zu werden, jedoch müsse sich die Hamburger Wirtschaft organisieren, um ihre Position nicht zu verlieren. Emmerich wusste den Kaufleuten positive Aussichten zu vermitteln, denn nach der „Entjudung" in Jugoslawien seien vor Ort nicht genügend Handelsunternehmen aktiv, um die Firmen zu übernehmen, sodass „nun in den Südost-Ländern Staatsmonopole entstehen". An dieser Stelle könne eine Hamburger Einfuhrgesellschaft erfolgreich aktiv werden. Wie so oft wollte sich Kaufmann persönlich beim RWM um die Genehmigung hierfür kümmern und er stellte zugleich in Aussicht, „eine Klärung der politischen Lage werde so oder so in Kürze eintreten".[256]

Im Sommer 1939 war der Krieg absehbar, aber in den zahlreichen Besprechungen und Korrespondenzen der Handelskammer zeigte sich niemand über dessen mögliche Folgen besorgt. Vielmehr ging es darum, die Ausgangsposition für Hamburg so gut wie möglich zu gestalten. Neben der Sicherung der Importgeschäfte außerhalb des Deutschen Reiches zählte dazu auch die Schwächung inländischer Konkurrenz. So musste man mit Bedauern und gebundenen Händen zusehen, wie im Sommer die Direktion der Seehafen-Tarife nach München verlegt wurde, womit sich neben der NS-Führung in Hamburg auch de la Camp und Helfferich noch arrangieren konnten, da die mit „gutem Fachwissen" arbeitenden Münchner Kollegen in der Regel ganz

256 Aufzeichnung über eine Besprechung beim Herrn Reichsstatthalter am 17. 4. 1939, 17.30 Uhr bis 18. 4., 3 Uhr, HK-Archiv, I.6.F.4_17.

im Sinne der Hamburger vorgingen.[257] Als die Seehafen-Direktion aber von dort weiter nach Wien verlagert werden sollte, befürchtete man eine Bevorteilung „der Italiener" gegenüber Hamburg. Noch im Jahr zuvor war man in der Handelskammer von den geschäftlichen Möglichkeiten in der nun zum Reichsgebiet gehörenden Stadt angetan: In Wien sollte ein „Amt Hamburg" eingerichtet werden, um die „Arisierungen" im Sinne Hamburgs voranzutreiben; zudem sollte der österreichische Umschlaghafen Triest zugunsten Hamburgs ausgeschaltet werden.[258] Zwar waren in der Folge einige Hamburger Unternehmen an „Arisierungen" in Wien beteiligt, aber nicht unter der systematischen Anleitung der Handelskammer. Ebenso wenig kam man in der Hafenangelegenheit voran und musste nun sogar mit einer Übervorteilung durch Italien rechnen. Die Hamburger trauten den Wienern nicht und um Schlimmeres zu verhindern, „müsse alles getan werden", damit wenigstens Mitarbeiter aus München mit dorthin übersiedelten.[259]

Aus Hamburger Sicht versuchten auch andere strategisch gut gelegene Städte, Hamburg gezielt Konkurrenz zu machen, wie etwa die Hafenstadt Stettin.[260] Kaufmann persönlich setzte sich beim RWM dafür ein, die „früher über Hamburg [und nun über Stettin] laufenden Transporte" wieder zurückzuholen.[261] Aber um überregionale Strukturvorteile zu entwickeln, hätte Hamburg noch lieber einen einflussreichen Verkehrslobbyisten in Berlin für sich arbeiten gesehen, denn – darin waren sich Behördenvertreter und Handelskammer einig – der Präsident der Hamburger Reichsbahndirektion agierte in dieser Frage dort nur schwach. In einer gemeinsamen Besprechung im Sommer 1939 beschlossen beide Seiten, andere Kontakte zu nutzen, um die Verkehrsanbindung Hamburgs zu verbessern, und außerdem „zur Hebung der [eigenen] Konkurrenzfähigkeit" fast eine Million RM zu investieren. Galt Stettin als Konkurrenz, bemühten sich Hamburger Wirtschaftsvertreter wiederum mit Breslau um gute Geschäftsbeziehungen. Der langjährige Geschäftsführer der Kammer, ↑Gottfried Leuckfeld, schätzte, Breslau sei den Hamburger Kaufleuten ohnehin „sympathischer" als „irgendwelche Plätze in

257 Niederschrift über die 5. Besprechung bei Herrn Senator von Allwörden am 16. 6. 1939, HK-Archiv, I.6.F.4_20.
258 Roth, Ökonomie, S. 63.
259 Niederschrift über die 5. Besprechung bei Herrn Senator von Allwörden am 16. 6. 1939, HK-Archiv, I.6.F.4_20.
260 Ebenda.
261 Niederschrift über die Plenarsitzung am 26. 1. 1940, StAHH, 621-1_72 Blohm+Voss 1410 Bd. 2.

Polen oder Wien".[262] Aber auch ohne diesen Hinweis auf eine besondere Verbindung zur schlesischen Hauptstadt setzte sich die Handelskammer vehement dafür ein, die Anzahl der in Hamburg umgeschlagenen Waren aus dem Ausland zu erhöhen. In Breslau sah sie einen idealen Umschlagplatz für Hamburger Waren nach Südosten.[263]

Um aus Richtung Südosteuropa den Warenumschlag in Hamburg zu erhöhen, investierte die Handelskammer in ihren Reichsstatthalter. Sie ließ sich vom RWM genehmigen, Kaufmann mit 10 000 RM zu unterstützen. Dieser wollte „gewisse Maßnahmen zur Durchführung" bringen, „welche der Vertiefung der Beziehungen zwischen Hamburg und Südost-Europa dienen sollen".[264] Trotz des Engagements blieben die Handelskammer wie die gesamte Kaufmannschaft bei Kriegsbeginn im Herbst 1939 noch zögerlich, ob sich Investitionen „im Osten" lohnen würden – man hatte schlicht zu wenig Erfahrungen mit Geschäftsbeziehungen in dieser Region. Zudem kamen die seit dem Sommer so intensiv geplanten guten Handelsbeziehungen mit Südosteuropa, insbesondere Jugoslawien, nicht so recht in Gang. Die Kammer musste feststellen, dass Hamburger Firmen vergleichsweise deutlich weniger Kontingente genehmigt bekamen als andere Importstätten in Deutschland. In ungewohnter Kritik – auch an der Gauleitung – identifizierten die Kammervertreter die mangelnden Beziehungen zu Berliner Stellen als das Kernproblem und forderten, in Hamburg „die politischen Kräfte" besser zu mobilisieren, um den Handel mit Jugoslawien zu verbessern.[265]

In den folgenden Monaten nutzte die Handelskammer ihre Kontakte ins RWM zu Gustav Schlotterer besonders intensiv, um dem „Ausdehnungsbestreben und Ausdehnungsmöglichkeiten der bisherigen Überseefirmen für den Südosthandel" günstige Rahmenbedingungen zu verschaffen. Im Januar 1940 ließ Schlotterer das Plenum wissen, er werde die Reichs- und Prüfungsstellen „entsprechend beeinflussen […], um den Hamburger Außenhandelsfirmen möglichst wenig Schwierigkeiten bei ihrem Bestreben zu bereiten, im Südosten Ersatz für ihre verloren gegangenen Handelsgebiete zu finden".[266]

262 Leuckfeld an Eller, 18. 11. 1939, HK-Archiv, I.6.F.7_6.
263 Dazu auch Niederschrift über die 1. (Dienstags)Besprechung bei Herrn Senator von Allwörden am 27. 4. 1939, Anwesend Allwörden, Otte, de la Camp, Senatssyndikus Köhn, Senatsdirektor Essen, Senatsdirektor Zellmann, HK-Archiv, I.6.F.4_20.
264 De la Camp, IHK, an RWM, 23. 6. 1939, BArch, R 3101/9572.
265 Sitzung betr. den Handel mit Jugoslawien am 3. 10. 1939, HK-Archiv, 94.A.1_59.1.
266 Niederschrift über die Plenarsitzung am 26. 1. 1940, StAHH, 621-1_72 Blohm+Voss 1410 Bd. 2.

Florierende Handelsbeziehungen hingen aber nicht nur von der Zahl an Niederlassungen Hamburger Firmen ab, sondern auch von der Besetzung mit Handelsvertretern. Im Jahresbericht für 1941 vermeldete die Außenhandelsabteilung der Handelskammer, die „Auswechslung jüdischer und politisch unzuverlässiger Vertreter wurde weiter fortgeführt“. Aber Schwierigkeiten mache „die Beschaffung neuer Vertreter in den Balkanstaaten, Ungarn und der Slowakei“.[267]

Die für Hamburg mit Kriegsbeginn „verloren gegangenen Handelsgebiete“ lagen in Südamerika. Nachdem 1934 die Überseehäuser massiv subventioniert worden waren, hatte sich der Im- und Export mit den südamerikanischen Ländern leidlich entwickelt, kam aber mit der im September 1939 von Großbritannien gegen Deutschland verhängten Seeblockade fast zum Erliegen. In einer Sitzung der Außenhandelsstellen der IHK beklagten sich alle Beteiligten über das „Durcheinander bzw. Gegeneinander, das seit der Mobilmachung in der Berichterstattung und Auskunfterteilung der verschiedenen mit der Unterrichtung der Außenhandelsfirmen betrauten Organisationen“ herrsche.[268] Nicht nur hätten sich die Wartezeiten für Exportgenehmigungen deutlich verlängert, hinzu kamen auch willkürliche Beschlagnahmungen von kriegswichtigen Gütern. Die Regierungen in Südamerika seien misstrauisch gegenüber dem „deutschen Verrechnungssystem“ und befürchteten, bei Handelsgeschäften Verluste zu erleiden. Umso dringender sollte eine „restlose Umstellung auf Export gegen Devisenzahlung“ erfolgen. Um das Vertrauen der südamerikanischen Geschäftspartner zu erhalten, und vor allem, um die Zahlungsfähigkeit des Deutschen Reiches zu demonstrieren, einigten sich die IHK darauf, alle Mitglieder zu gleichlautenden Verlautbarungen zu verpflichten: Deutschland sei im Prinzip zum Export bereit, „die praktische Durchführung aber schwierig […], wenngleich es nicht Deutschlands Schuld sei,

267 Bericht der Außenhandelsstelle der Handelskammer, o. D. [vermutlich Dezember 1941], HK-Archiv, I.6.P.3_37.

268 Sitzung der Leiter der Außenhandelsstellen (der IHK) am 29. 9. 1939 im RWM, HK-Archiv, 94-A.1_59. 1. Die Reichsstelle für Außenhandel koordinierte die Außenhandelsstellen und unterstand dem Auswärtigen Amt und dem Reichswirtschaftsministerium. Außenhandelsstellen hatte es schon vor 1933 gegeben, aber das „Gesetz über Maßnahmen zur Förderung des Außenhandels“ desselben Jahres übertrug ihnen bislang von den Handelskammern wahrgenommene Aufgaben den Außenhandel betreffend. Vgl. Volkmann, Außenhandel und Aufrüstung, S. 107. Die Außenhandelsstellen und die Reichsstelle für Außenhandel blieben bis zum April 1943 maßgeblich, dann wurden sie in die neu geschaffenen Gauwirtschaftskammern eingegliedert.

dass die Schiffahrt nicht durchgeführt werden könne". Unter keinen Umständen dürften Handelsfirmen „an die Gesamtheit oder eine größere Zahl ihrer Kunden Rundschreiben in dieser Sache verschicken, nur auf Einzelanfragen in dem vorher geschilderten Sinne antworten".[269] Die Strategie wurde vonseiten des RWM bestärkt: Für deutsche Exportartikel sollten zwar höhere Preise herausgeholt werden, aber nicht um den Preis, die Handelspartner zu verprellen.

Eine weitere Maßnahme im Südamerikahandel setzte auf die Abwicklung von Handelsgeschäften über „neutrale Drittländer" – ein riskantes Unterfangen, da jederzeit mit Sanktionen gegen diese Länder zu rechnen war und im Zweifel die Ware im dortigen Hafen liegen blieb.[270] Die Handelskammer übernahm für solche Geschäfte u. a. die Aufgabe, Reiseausweise auszustellen.[271] Daneben eruierten Geschäftsführer der Handelskammer in Italien die Möglichkeiten für Tarngeschäfte mit deutschen Handelswaren, für die italienische Handelsschiffe und -firmen genutzt werden sollten.[272] Als diese Pläne von Hamburger Seite zusammen mit dem RWM vorangetrieben wurden, zeigten sich die Schwierigkeiten im Detail, denn dem politisch Verbündeten traute man in wirtschaftlicher Beziehung nur spärlich über den Weg. Im November 1939 erfuhr die Handelskammer, sie könne zwar als Treuhänderin der Tarngeschäfte die Namen entsprechender Hamburger Handelsfirmen nach Berlin übermitteln, aber letztlich werde die Auswahl von italienischer Seite getroffen, die wiederum Industriefirmen bevorzuge.[273] An diesem Punkt sah man sich in Hamburg in doppelter Weise benachteiligt, denn „die Italiener" würden durch direkte Geschäftsbeziehungen mit Industriefirmen auch genauere Informationen über die Bezugsquellen der Waren erhalten. Darin sah die Handelskammer einen Wettbewerbsnachteil genauso wie in dem Umstand, dass Industriefirmen auf diese Weise ihren Direktexport ausbauten, wogegen sich die Hamburger Handelspolitik schon seit Jahren enga-

269 Sitzung der Leiter der Außenhandelsstellen (der IHK) am 29. 9. 1939 im RWM, HK-Archiv, 94-A.1_59.1.

270 Lagebericht zum 7. 12. 1939 (gewerbliche Wirtschaft), HK-Archiv, 94.A.1_59.3.

271 Niederschrift über eine Sitzung des Beirats der Wirtschaftskammer Nordmark, 9. 1. 1940, HK-Archiv, 94.A.1_59.4.

272 Bericht Boerschel/Genua, 9. 10. 1939, und Vertretung der Hansestadt Hamburg in Berlin an Reichsstatthalter Kaufmann, 1. 10. 1939, HK-Archiv, 94.A.1_59.1.

273 Unter anderem standen auf der Liste die Firmen Riensch & Held (Justus), van Dissel, Rode (Peperkorn), Fertsch & Laeisz (Laeisz). Vgl. Niederschrift über die Besprechung im RWM betr. Export-Import über Italien am 2. 11. 1939, HK-Archiv, 94.A.1_59.2.

gierte. Die Handelskammer ließ sich jedoch nicht entmutigen, sondern beteiligte sich im Verlauf des Krieges weiterhin „auf dem interessanten Gebiet des Blockadebruchs".[274]

Im Laufe des Krieges wurde die Situation für den Handel immer schwieriger. Die Handelskammer sah sich zwar selbst gern als Vermittlerin zwischen den Vorgaben des Reiches und den Bedürfnissen des Handels, aber tatsächlich agierte sie als wirtschafts- und handelspolitischer Arm des NS-Regimes. Denn ihre Kritik an der Benachteiligung des Handels gegenüber der Industrie war immer an Vorschläge und Verfahren gekoppelt, um der Außenwirtschaft Umsatz und damit dem Reich die erwünschte Import- und Exportquote zu verschaffen. Um dieses Ziel zu erreichen, unterschieden die Funktionsträger in der Kammer nicht zwischen einer legitimen oder verbrecherischen Dimension ihres Handelns. Vielmehr nutzten sie die ihnen gegebenen Handlungsspielräume in alle ihnen notwendig erscheinenden Richtungen aus.

274 Bericht der Außenhandelsstelle der Handelskammer, o. D. [vermutlich Dezember 1941], HK-Archiv, I.6P.3_37. Unterstützung kam vonseiten der Stadt, als im Oktober 1942 der Hamburger Oberfinanzpräsident entschied, „dass an Ausländer gezahlte Schmiergelder einkommensteuerlich als Betriebsausgaben gelten" dürfen. Syndikerbesprechung, 15. 10. 1942, HK-Archiv, 94.A.1_59.8.

3 Facetten der Belastung und Verantwortung von Handelskammer-Protagonisten

> „Präses de la Camp eröffnet die Sitzung um 14.30 Uhr. Unter dem gewaltigen Eindruck des soeben gehörten Wehrmachtsberichtes, der den Zusammenbruch der französischen Nordfront und den Einzug unserer Truppen in Paris meldet, verzichtet die Versammlung darauf, in die Tagesordnung einzutreten. Sie erhob sich von ihren Sitzen und gedachte tiefbewegt der in den Schlachten Gefallenen und [der] siegreichen Kämpfer. Mit einem dreifachen Siegheil auf unsere unvergleichliche Wehrmacht und unseren einzigartigen Führer schloss die Sitzung."[1]

In der Euphorie des gewonnenen Frankreichfeldzuges im Juni 1940 hielt es neben de la Camp auch die anderen Plenarier nicht auf den Sitzen, darunter Rudolf Blohm, Arnold Mergell, Willy Ganssauge sowie die Herren Justus, Traun, Vogler und Wirtz. Es ist aus dem Protokoll dieser Sitzung nicht ersichtlich, mit welcher Intensität oder Ausdauer dem „einzigartigen Führer" gehuldigt wurde, aber die Szenerie mag den Lesenden dennoch vor Augen stehen. Sie hat sich 1940 vermutlich so auch in anderen Kammern und Gremien abgespielt, denn nach weniger als einem Jahr Krieg schien die Wehrmacht die deutsche Vorherrschaft in Europa zu sichern und ein geordneter Nachkrieg in Aussicht zu stehen – aus unternehmerischer Sicht eine vielversprechende Konstellation.

Die „Sieg-Heil"-Rufe nach der Besetzung Frankreichs und insbesondere des Prestigeortes Paris stehen beispielhaft für die politische, wirtschaftliche und institutionelle Verschränkung von NS-Staat und vormals selbstständigen Institutionen mit Hoheitsrechten wie der Handelskammer. Sicherlich, die Mitglieder der Hamburger Handelskammer verhielten sich gemäß ihrer überlieferten Tradition und dem vorgesehenen Protokoll, indem sie die Regeln des geltenden politischen Systems umsetzten. So gedachten sie in ihrer Sitzung im Juni 1940 der gefallenen und siegreichen Wehrmachtssoldaten auf ähnliche Weise, wie sie während des Ersten Weltkrieges ihre patriotische Pflicht erfüllt

1 Niederschrift über die Plenarsitzung am 14. 6. 1940, StAHH, 621-1_72 Blohm+Voss 1410 Bd. 2.

hatten. Jedoch kann das Handeln des Plenums nicht losgelöst von den völlig veränderten politischen Bedingungen während der NS-Zeit eingeordnet und beurteilt werden. Denn mit ihrer Handlung ehrten, manifestierten und stabilisierten die Plenumsmitglieder zugleich den diktatorischen Staat und dessen Machtzentrum Adolf Hitler. Dies mag „nur" eine Geste gewesen sein, aber sie veranschaulicht den Mechanismus und das Zusammenspiel von Verhalten im Sinne tradierter Normen und jenen Maßnahmen, die das NS-System hervorbrachte und die es trugen. Der totalitäre Anspruch des NS-Regimes wurde nicht im Top-down-Prinzip durchgesetzt, sondern konnte an ein dynamisches Entgegenkommen der mittleren Ebenen des Staates anknüpfen. Ein solches Verhalten kam in zahlreichen Situationen zum Tragen, die sich für die Handelskammer aus den Quellen zum Teil rekonstruieren lassen.

Ganz im Sinne des von Ernst Fraenkel beschriebenen „Doppelstaates" lässt sich an der Handelskammer ähnlich wie an der gesamten Verwaltung nachvollziehen, wie ihre Mitglieder gemäß tradierter Verwaltungsnormen agierten, Gutachten und Statistiken nach etablierten Verfahren erstellten, Berechnungsgrundlagen lieferten oder Vertragsrecht durchsetzten.[2] Fraenkel nannte diesen Teil des NS-Systems den *Normenstaat*. Zugleich arbeiteten dieselben Funktionsträger im Sinne des *Maßnahmenstaates,* der kein tradiertes Recht kannte, sondern nur die politische und ideologische Zweckmäßigkeit und Willkür. Fraenkels aus eigener Anschauung entwickelte hellsichtige Analyse ermöglicht ein Verständnis dafür, wie die nationalsozialistische Doktrin sich mit dem vermeintlich unpolitischen Handeln in Verwaltung und Bürokratie verflechten konnte.[3] Zu Beginn repräsentierte vor allem die NSDAP den maßnahmenorientierten Teil der neuen Staatsordnung, aber schon bald hatten alle relevanten Instanzen verinnerlicht, ihre Arbeit nicht nur an den Normen von Verfahren und Vertrag, sondern gleichzeitig an der NS-Doktrin und aller damit verbundenen „Maßnahmen" auszurichten, die jede Rechtssicherheit aushebelten bzw. auf rassistischen Prinzipien beruhende Ordnungsregeln schufen.

2 Ernst Fraenkel, Der Doppelstaat, hrsg. v. Alexander v. Brünneck, Rückübersetzung aus dem Engl. v. Manuela Schöps in Zusammenarbeit mit dem Verfasser (1974), 4. Aufl., Hamburg 2019 (Original: The Dual State. A Contribution to the Theory of Dictatorship, New York 1941).

3 Vgl. Michael Wildt, Die Transformation des Ausnahmezustands. Ernst Fraenkels Analyse der NS-Herrschaft und ihre politische Aktualität, Version: 1.0, in: Docupedia-Zeitgeschichte, 1.6.2011, http://docupedia.de/zg/wildt_fraenkel_doppel staat_v1_de_2011 [2.11.2022].

Sowohl Normen- als auch Maßnahmenstaat bezogen ihre legitimatorische Grundlage nicht aus Recht und Gesetz, sondern aus der Idee der „Volksgemeinschaft". Sie war im Nationalsozialismus eine erb- und rassenbiologistisch definierte Sozialutopie, die zwar „Gemeinschaft" als höchstes Prinzip propagierte, aber vor allem den Blick auf all jene Menschengruppen lenkte, die auszugrenzen und zu vernichten waren.[4] Im politischen Raum der NS-„Volksgemeinschaft" gab es keine autonomen Individuen, kein unpolitisches Tun und keine Eigeninteressen.[5] Das volksgemeinschaftliche Ideal ragte vielmehr in alle Lebensbereiche hinein und galt zu jeder Zeit. Indem zahlreiche Menschen als anders oder unwert markiert wurden und aus dieser „Gemeinschaft" ausgeschlossen und später ermordet wurden, sollte der Zusammenhalt und die Homogenität im Inneren noch stärker werden.[6] Diesen Zusammenhang wurden die Nationalsozialisten nicht müde zu propagieren; zugleich radikalisierte sich dieser soziale Mechanismus von Ausgrenzung, Eingrenzung und totaler Politisierung auf allen Ebenen auch ohne Zutun der Partei.

Diese wenigen Hinweise sollen das ambivalente und zugleich dynamisierende Verhältnis betonen, in dem sich institutionelles Geschehen mit individuellem Verhalten verschränkte und die geltende Ordnung im NS-Staat prägte. Deshalb müssen die Handlungen einzelner Akteure der Handelskammer rekonstruiert, auf ihre Wirkung hin überprüft und zugleich in ihrem institutionellen Kontext verortet werden, denn die Verantwortung für das Mittun im NS-Staat lag bei der Handelskammer insgesamt. Jeder Verwaltungsakt und jede wirtschaftspolitische Entscheidung enthielt auch eine politische Dimension, in der die NS-Doktrin zum Tragen kam und die in den überlieferten Quellen mal mehr, mal weniger explizit erwähnt wird. Je vielfältiger die Quellen zusammengestellt und je umfassender sie ausgewertet werden können, desto schärfer lässt sich das dynamische Zusammenspiel aufzeigen. An dieser Stelle kann diese Dynamik jedoch nur an ausgewählten Bereichen der Handelskammertätigkeit dargestellt werden, nämlich solchen, die mit NS-Verbrechen eindeutig in Verbindung standen und an denen innerhalb der Handelskammer handelnde Personen einen ebenso identifizierbaren

4 Vgl. Michael Wildt, „Volksgemeinschaft", Version: 1.0, in: Docupedia-Zeitgeschichte, 3. 6. 2014, http://docupedia.de/zg/wildt_volksgemeinschaft_v1_de_2014 [2. 11. 2022].

5 Michael Wildt, Die politische Ordnung der Volksgemeinschaft. Ernst Fraenkels Doppelstaat neu betrachtet, in: ders., Die Ambivalenz des Volkes. Der Nationalsozialismus als Gesellschaftsgeschichte, Berlin 2019, S. 261–278.

6 Süß/Süß, „Volksgemeinschaft und Vernichtungskrieg", S. 79–100.

Anteil hatten. Die Bereiche betreffen die Arbeit des Aufklärungsausschusses, die Vernichtung der wirtschaftlichen Existenz von Juden, die Ausbeutung der besetzten Gebiete und die Organisation der Kriegswirtschaft.

3.1 Der Aufklärungsausschuss: Propaganda (auch) für das NS-Regime

Zu den bemerkenswertesten Einrichtungen innerhalb der Handelskammer zählte der Aufklärungsausschuss, der keine offizielle Abteilung darstellte, aber intern als kammereigene Einrichtung behandelt wurde. Dies war umso pikanter, als der Ausschuss nach 1933 voll und ganz im Dienst des NS-Staates und der NS-Ideologie stand. Er existierte schon seit 1923, arbeitete weitgehend verdeckt und wurde ab 1931 auch von der Bremer Handelskammer unterstützt.[7] Über ein großes Netz von Vertrauensleuten lancierte der Ausschuss Propagandaartikel in der ausländischen Presse, „um das nach dem verlorenen Krieg gesunkene Ansehen Deutschlands durch positiv gefärbte Berichte zu verbessern".[8] Im Vorstand des Ausschusses saßen Vertreter der Hamburger Handelskammer, des Deutschen Industrie- und Handelstages, des Vereins Hamburger Reeder und des Reichsverbands der Industrie; daneben existierten ein Verwaltungsrat und ein mit Hamburger Wirtschaftsvertretern besetzter Ehrenausschuss.[9] Institutionell war der Aufklärungsausschuss ein Hybrid sowohl hinsichtlich seiner organisatorischen Verankerung als auch seiner Finanzierung.

Bis 1933 brachten verschiedene Wirtschaftseinrichtungen das Geld für den Ausschuss auf, darunter die Handelskammer mit jährlich 5000 RM.[10] Etwa 60 000 RM kamen vom Verein Hamburger Reeder, verschiedenen

7 Vgl. Aufgaben und Organisationsgrundlagen des Aufklärungsausschusses Hamburg-Bremen sowie die organisatorische Verbindung mit dem Reichsministerium für Volksaufklärung und Propaganda, 1933–44, StAHH, 614-2_1.

8 Frank Bajohr, Aufklärungsausschuss der Handelskammer, in: Datenbank „Die Dabeigewesenen". Von Hamburger NS-Täter/innen, Profiteuren, Denunziant/innen, Mitläufer/innen und Zuschauer/innen. Eine Hamburg Topografie, o. D., https://www.hamburg.de/clp/dabeigewesene-suche/clp1/ns-dabeigewesene/onepage.php?BIOID=691&qN=aufkl%C3%A4rungsausschuss [2. 11. 2022], Original in Bajohr, „Arisierung", S. 52–54.

9 Vgl. Broschüre, „Die Verbindungen des Aufklärungs-Ausschusses mit der Weltpresse", Nr. 1780, ca. 1932, StAHH, 1276 Blohm+Voss/Aufklärungsausschuss Bd. 1.

10 Aufklärungsausschuss Hamburg-Bremen, Organisation, finanzielle Angelegenheiten, Unterstützung durch die Handelskammern (Honorar des Geschäftsführers), 1931–1942, HK-Archiv, I.6.K.6.4.5_Bd. 1.

Hamburger Banken und Im- und Exportfirmen, von der Gewerbe- sowie der Detaillistenkammer. Zudem gaben Industriellenverbände wie der Reichsverband der Deutschen Industrie und andere Handelskammern 50 000 RM und das Auswärtige Amt (AA) 50 000 RM.[11] Auf dem Höhepunkt der Weltwirtschaftskrise setzte eine ausgesprochene Durststrecke ein, als alle Seiten ihre Zuschüsse kürzten. Aber mit der NS-Machtübernahme floss das Geld wieder in Strömen und der Ausschuss konnte seine Kontaktleute bei ausländischen Zeitungen üppig ausstatten.[12] Ab Sommer 1933 zog sich das Auswärtige Amt von der Förderung nach und nach zurück, während vom Propagandaministerium zunehmend Aufträge und Geld flossen.

↑Dr. Gustav Kurt Johannsen fungierte seit 1929 als Geschäftsführer des Aufklärungsausschusses und prägte im Wesentlichen dessen Ausrichtung und Auftreten. Geboren 1892 und im Hauptberuf Gymnasiallehrer, trat Johannsen nach 1933 als fanatischer Nationalsozialist auf. Ähnlich wie Präses Hermann Victor Hübbe gehörte er zu jener Geburtskohorte, für die der Erste Weltkrieg einen starken emotionalen Bezugsrahmen darstellte, die sich als Frontkämpfergeneration verstand und deren Politisierung häufig mit einer radikalen Deutung der Kriegserlebnisse und ihrer Folgen einherging. Johannsen hatte sich 1914 als Freiwilliger gemeldet und diente nach einer Verwundung 1916 bis Kriegsende in Bukarest.[13] Wegen der Kriegs- und Nachkriegssituation konnte er nur mit Unterbrechungen studieren und legte schließlich 1921 an der Hamburgischen Universität sein Staatsexamen ab.[14] Schon im Januar 1922 stellte ihm das Pädagogische Prüfungsamt das Prüfungszeugnis „mit Auszeichnung" aus, und ab 1924 war er Studienrat an der Aufbauschule Hohe Weide, von wo aus er sein besonderes Interesse an Oswald Spengler und rechtsintellektuellen Deutungen Deutschlands und seine „Auslandskunde"-Fähigkeiten publik machte.[15] Von 1924 bis 1932 leitete Johannsen den Aufklärungsausschuss nebenamtlich, immer im Einvernehmen mit der staatlichen Pressestelle, der Presseabteilung des Auswärtigen Amtes und anderen Wirtschaftsstellen. 1929 richtete die Handelskammer einen Werbeausschuss

11 Vgl. Zahlung staatlicher Zuschüsse an den Aufklärungsausschuß Hamburg-Bremen, 1931–1937, StAHH, 135-1 I-IV Öffentlichkeitsarbeit, Presseangelegenheiten, Propaganda_614.

12 Ebenda.

13 Personalien des Leiters und der Mitarbeiter des Aufklärungsausschusses (Alphabetische Ablage), 1933–1944, StAHH, 614-2/6_2.

14 Schulwesen – Personalakten/Johannsen, Gustav Kurt, StAHH, 361-3_A 1048.

15 Johannsen an Schulrat Meyer, Oberschulbehörde, 29.4.1924 sowie 30.7.1925, StAHH, 361-3_A 1048.

ein, der gezielt für Hamburgs Handel, Industrie und Schifffahrt werben sollte und an dem Johannsen mit seiner Erfahrung aus dem Aufklärungsausschuss intensiv mitarbeitete.[16] Von diesem Zeitpunkt an wurde er auf Bitten der Handelskammer bei der Oberschulbehörde vom Schuldienst beurlaubt; das Beurlaubungsprozedere wurde auch nach 1933, dann bei der Landesschulbehörde, fortgesetzt.[17]

Die Initiative für die Zusammenarbeit mit dem Propagandaministerium war von ↑Hermann Victor Hübbe ausgegangen, der 1933 in das Plenum der Handelskammer berufen worden war.[18] Hübbe erklärte in einem Schreiben an Reichspropagandaminister Joseph Goebbels, man sei schon seit vier Jahren mit der Reichsparteileitung in Kontakt, sodass „auch verschiedene der NSDAP schädliche Propagandamaßnahmen der damaligen Regierungsstellen im Auslande verhindert werden konnten". Um Artikel verdeckt zu lancieren, würden die „vielen Verbindungsfäden und Kanäle nutzbar gemacht, die die hanseatische Wirtschaft mit dem Auslande verknüpfen" – so könne das Material veröffentlicht werden, ohne zu „geräuschvollen Methoden" greifen zu müssen. Hübbe pries den Ausschuss als wertvolles Instrument für das Propagandaministerium, mit dem sich zudem Kosten sparen ließen, da der Ausschuss mittlerweile seit neun Jahren funktioniere und „insgesamt ½ Million Mark [...] aus freiwilligen Beiträgen der Wirtschaft zusammengebracht worden" seien. Schon einen Monat später folgte der Vertragsabschluss zwischen Propagandaministerium und Aufklärungsausschuss, wobei das Ministerium offiziell nur 3500 RM beisteuerte und die komfortable Position einnahm, über seine Aufträge allen Beteiligten gegenüber Stillschweigen zu bewahren.[19]

Ob schon ab diesem Zeitpunkt die tatsächlichen Zahlungen weitaus höher lagen, ist nicht zu rekonstruieren,[20] aber sie stiegen im Laufe der Zeit an, während der Beitrag der Handelskammer bis 1941 bei etwa 17 000 RM

16 Handelskammer Hamburg (Hübbe, Leuckfeld) an Oberschulbehörde, 13. 3. 1929, StAHH, 362-2/13.

17 Johannsen an Landesunterrichtsbehörde, 27. 2. 1934, StAHH, 131-10 I.

18 Hübbe, Handelskammer, an Reichsminister Goebbels, 30. 6. 1933, StAHH, 614-2/6_1.

19 Vertrag zwischen Reichsministerium für Volksaufklärung/Propaganda und Aufklärungsausschuss, 20. 7. 1933, StAHH, 614-2/6_1.

20 Als Johannsen 1935 für seine ausländischen Mitarbeiter um eine Erhöhung der Devisenzuteilung bittet, erwähnt er 280 000 RM jährliches Budget vonseiten des Propagandaministeriums. Vgl. StAHH, 614-2/6_3. Zum Devisenmangel in der Auslandspropaganda vgl. Brief Aufklärungsausschuss Johannsen an Reichsministerium Volksaufklärung, 1. 2. 1937, StAHH, 614-2/6_3.

jährlich, danach bei 14 000 RM lag.[21] Der Vertragsabschluss wertete den Ausschuss deutlich auf und machte aus dem bis dahin nationalistisch bis völkisch ausgerichteten Aufklärungsausschuss ein lupenreines NS-Propagandainstrument, zu dessen ersten Aufgaben es gehörte, mit vehementen Gegendarstellungen auf ausländische Berichte über Judenverfolgung und Konzentrationslager zu reagieren.

Schon bald gingen die beteiligten Einrichtungen zu den im NS-Staat verbreiteten kreativen Geldbeschaffungsmaßnahmen über, um die finanzielle Ausstattung des Ausschusses sicherzustellen. Der allseits engagierte ↑Emil Helfferich fungierte als Vorsitzender des Aufklärungsausschusses und organisierte in dieser Funktion im August 1933 eine Dampferfahrt für den Vorstand des Ausschusses. Hierbei sollte eine Strategie entworfen werden, mit der kommunale Einrichtungen mehr oder weniger genötigt werden sollten, dem Ausschuss „Geldspenden" zukommen zu lassen.[22] Die Stadtverwaltungen würden zwar keinen Anspruch auf die Arbeit des Ausschusses haben, die aber so wichtig sei, dass ihnen eine Geldzuwendung als äußerst erwünscht nahegelegt werden sollte. Das RWM forderte die Verbände im Reichsstand der Industrie dringend auf, die Zahlungen an den Ausschuss zu erhöhen und Mitglied zu werden.[23]

In einem ähnlichen Duktus wandte sich das RWM auch an die 1935 eingerichteten Wirtschaftskammern, die aufgefordert wurden, „umgehend den Beitritt zum Förderkreis des Aufklärungs-Ausschusses Hamburg-Bremen zu vollziehen".[24] Johannsen wusste 1937 den vor allem zur Geldeinnahme gegründeten Förderkreis gegenüber de la Camp gekonnt zu interpretieren als „jene enge Verbindung mit der Wirtschaft", die wieder aufgenommen werde,

21 Bericht von Verwaltungsdirektor Reuter bei der AG der IHK in der Reichswirtschaftskammer an RWM, an Behörde für Handel, Schiffahrt und Gewerbe, an Präses der IHK, 13.3.1937, BArch, R 11/1780 Pst III-43 Bd. 1 1936; Bericht über die außerordentliche Kassenprüfung bei der IHK Hamburg (Haushaltsjahr 1939), BArch, R 11/1783 Pst III-43 Bd. 2 1939–1941; Bericht der Prüfstelle für den Bereich der Organisation der gewerblichen Wirtschaft in der RWK über die Prüfung des Haushaltswesens der IHK Hamburg für das Rechnungsjahr 1941, September 1942, BArch, R 11/1785 Pst III-43 Bd. 3 1941–43.

22 U.a. Johannsen, Aufklärungsausschuss an Oberregierungsrat Ott, Propagandaministerium, 3.8.1933, StAHH, 614-2/6_1.

23 Rundschreiben Reichsstand der deutschen Industrie/Wirtschaftspolitische Abteilung an Fachgruppen und landschaftliche Verbände des Reichsstandes, 4.10.1933, Vertraulich, StAHH, 621-1_72 Blohm+Voss, 1276.

24 RWK an die Wirtschaftskammern, 8.10.1937, HK-Archiv, I.6.K.6.4.5_Bd. 2.

wie sie „vor Jahren für uns seitens der IHK zu den einzelnen grossen deutschen Handelskammern bereits einmal erfolgreich angeknüpft war".[25]

Der Aufklärungsausschuss war eine zuverlässige Produktionsstätte sowohl antisemitischer Pamphlete als auch wirtschaftspolitischer Propagandareportagen und damit ein wichtiges Instrument für das NS-Regime. Die NS-Machtübernahme bewirkte im Wirtschaftssektor zunächst keine Stabilisierung. Dafür blieb das NS-Wirtschaftsprogramm zunächst zu konturlos und war aus ausländischer Sicht der Umgang mit Privatunternehmen – jüdischen und nicht jüdischen – ungewiss. Deutschland bot in den ersten zwei Jahren des NS-Regimes kein attraktives Bild für Investitionen und Handelsabschlüsse und brauchte umso dringender Außenwerbung.[26] In lang andauernden Beratungen entwickelten Vertreter des Ausschusses (maßgeblich darunter Helfferich und Johannsen), des Propagandaministeriums und der Zentralstelle für Außenhandel sowohl kurzfristige als auch weitergehende Strategien.[27] In der täglichen Arbeit des Ausschusses stand die Versorgung des weitverzweigten Netzes von Autoren und Journalisten im Mittelpunkt. Die vom Ausschuss platzierten Artikel in der Presse des jeweiligen Landes gaben sich ausgewogen, aber kamen grundsätzlich zu einer rundum positiven Einschätzung der Entwicklung in Deutschland. In viersprachigen Broschüren wurden die nun einsetzende innenpolitische Stabilität und Sicherheit gepriesen, während der Terror gegen jüdische Geschäftsleute unerwähnt blieb. Ein Gegengewicht stellten die Berichte von Korrespondenten und Botschaftern dar, die über die antisemitischen Ausschreitungen, die daraus entstandenen unternehmerischen Unsicherheiten sowie die prompten Gleichschaltungsmaßnahmen ins Ausland berichteten, wo darauf teils mit Boykottaufrufen gegen deutsche Waren reagiert wurde. Johannsens propagandistische Beiträge, die er solchen Aufrufen entgegensetzte, waren offensiv antisemitisch und stellten den „angeblich großen Einfluss der Juden auf Politik, Wirtschaft, Kultur und Wissenschaft in Deutschland" in den Mittelpunkt.[28] Auch versuchte er, die „Minderwertigkeit" der Juden und die „weitgehende rassische Degeneration des Judentums" nachzuweisen. In seiner maßgeblichen Studie

25 Johannsen an de la Camp, 22.9.1937, sowie beigefügte Abschrift RWM an RWK, 14.9.1937, HK-Archiv, I.6.K.6.4.5_Bd.2.

26 Buchheim, NS-Regime, S.389–400.

27 Protokoll über die Tagung zwischen Vertretern des Propagandaministeriums, der Zentralstelle für Außenhandel und dem Aufklärungs-Ausschuss Hamburg-Bremen in der Zeit vom 19.–21. August 1933, HK-Archiv, I.6.K.6.4.5_Bd.2.

28 Bajohr, „Arisierung", S.53.

über die „Arisierungen" in Hamburg betont Frank Bajohr, dass sich im Aufklärungsausschuss unter Johannsen ein „primitiver, dumpfer Antisemitismus [äußerte], der deutlich machte, dass derartige Einstellungen keineswegs auf die Parteibasis der NSDAP und mittelständische Kreise beschränkt blieben".[29]

Ende 1933 richtete der Ausschuss „im Einvernehmen mit dem Reichsministerium für Volksaufklärung und Propaganda" eigene „Vertretungen" in Brüssel, London, Mailand, Paris, Prag und Rom ein.[30] Damit reichte der Aktionsradius der Wirtschaftspropaganda weit über die Interessen Hamburgs hinaus. Die Handelskammer Hamburg hatte zwar großes Interesse daran, die Auslandsgeschäfte durch gute Presse vor Ort am Laufen zu halten, aber der Ausschuss kümmerte sich im Grunde um Werbung für Deutschland und nicht speziell für Hamburg. Hierfür war wiederum der Pressedienst Hansa zuständig, der laut Johannsen als Teil des Ausschusses einen „massgeblichen Einfluss auf die binnenländische Presse im Sinne der Aufrechterhaltung und pfleglichen Behandlung des für Hamburg so wichtigen Ein- und Ausfuhrhandels erreiche" und aus taktischen Gründen „unter privater Flagge" agiere.[31] Damit der Ursprung dieser Wirtschaftspropaganda und die gezielte Beeinflussung bzw. Falschinformation in der ausländischen Presse unbestimmt blieb, verblieb der Ausschuss während seiner gesamten Existenz im Organisationsbereich der Handelskammer.

Johannsen erhielt sein Gehalt zunächst noch offiziell von der Schulbehörde (die es zuvor von der Handelskammer überwiesen bekommen hatte),[32] aber ab 1934 wurden nach Johannsens Aussage Kosten und Gehälter des Aufklärungssauschusses weitgehend vom Propagandaministerium übernommen.[33] Da die Mittel dort jedoch nicht etatisiert werden konnten, weil sie „nicht aus dem öffentlichen Haushalt, sondern aus dem Geheimfonds bewilligt werden" – wie Johannsen gegenüber der Landesunterrichtsbehörde freimütig erwähnte[34] –, stand er auf der Gehaltsliste des Hauptamtes der Handels-

29 Ebenda, S. 54.

30 HK-Archiv, I.6.K.6.4.5_Bd. 2 Aufklärungsausschuss Hamburg-Bremen, Organisation, finanzielle Angelegenheiten, Unterstützung durch die Handelskammern (Honorar des Geschäftsführers), 1931–1942.

31 Johannsen an Landesschulbehörde, 24. 2. 1933, StAHH, 361-3_A 1048.

32 Handelskammer an Oberschulbehörde, 13. 3. 1929, StAHH, 362-2/13_4. Die Behörde wurde 1932 in Landesschulbehörde umbenannt, im März 1934 in Landesunterrichtsbehörde.

33 Schulwesen – Personalakten/Johannsen, Gustav Kurt, StAHH, 361-3_A 1048.

34 Johannsen, Aufklärungs-Ausschuss an Landesunterrichtsbehörde, 18. 3. 1935, StAHH, 131-10 I_1934_Ja_II_33. Das Geld wurde vom 1933 gegründeten „Werbe-

kammer. Um die zu genehmigende Beurlaubung vom Schuldienst kümmerte sich Johannsen persönlich, wobei er den zuständigen Stellen gegenüber hervorhob, für wie dringlich das Propagandaministerium, das Auswärtige Amt und das RWM seinen Beurlaubungsantrag hielten.[35] Die Hinweise auf die im Hintergrund wirkenden mächtigen Ministerien und der staatstragende Gestus, mit dem Johannsen die notwendige Geheimhaltung dieser Konstruktion betonte, dürften in der Landesunterrichtsbehörde letztlich dazu geführt haben, gegen jede Regel der Beurlaubung weiterhin zuzustimmen.[36] Wie die meisten Bereiche des NS-Staates war auch die Wirtschaftspropaganda von Bürokratismus und Konkurrenz geprägt. Im Hamburger Fall stellte zudem die inhaltlich völlig irrelevante, aber andauernde Einbeziehung der Schulbehörde in die Tätigkeit Johannsens einen wiederkehrenden Quell für Korrespondenz und Konflikte dar.

Schwerwiegende Konkurrenz wiederum erwuchs dem Aufklärungsausschuss in dem Hamburger Welt-Wirtschafts-Archiv (HWWA), das im Zuge der Gleichschaltung nicht mehr als wissenschaftliche Anstalt, sondern in Form einer Wirtschaftsdienst GmbH der Wirtschaftsbehörde unterstellt wurde.[37] Das HWWA sollte sich von nun an praxis- und nutzerorientiert auf die Hamburger Wirtschaft ausrichten, wofür vor allem der ab 1936 eingesetzte Leiter Leo F. Hausleiter sorgte. Aufklärungsausschuss und HWWA arbeiteten zwar mit denselben Materialien, sammelten Berichte aus dem Ausland und verbreiteten eigene oder lancierte Berichte über die deutsche Wirtschaft dort. Aber im Unterschied zum Ausschuss machte das HWWA unter strengen Auflagen seine Informationen und Auskünfte nur „einem auf seine national-

rat der deutschen Wirtschaft" überwiesen, der dem Reichsministerium für Volksaufklärung und Propaganda unterstand und das gesamte öffentliche und private Werbungs- und Ausstellungswesen beaufsichtigte und für die Propaganda der Wirtschaftspolitik zuständig war.

35 Johannsen, Aufklärungs-Ausschuss an Landesunterrichtsbehörde, 27.2.1934, StAHH, 131-10 I_1934_Ja_II_33.

36 Aktenvermerk Landesunterrichtsbehörde, 18.1936, StAHH, 131-10 I_1934_Ja_II_33. Die titelbezogene und finanzielle Anerkennung erhielt der beurlaubte und längst auf der Gehaltsliste der Handelskammer stehende Johannsen weiterhin gemäß der Schuldienst-Hierarchie. Anfang Januar 1940 ernannte ihn der Reichsstatthalter zum Oberstudiendirektor. Vgl. Ernennungsurkunde Gustav Johannsen, 30.1.1940, StAHH, 361-3_A 1048.

37 Vgl. Helmut Leveknecht, 90 Jahre HWWA. Von der Zentralstelle des Hamburgischen Kolonialinstituts bis zur Stiftung HWWA. Eine Chronik, hrsg. vom HWWA, Hamburg 1998, http://webopac.hwwa.de/publication/Leveknecht_Chronik_HWWA.pdf [2.11.2022].

sozialistische Zuverlässigkeit geprüften Personenkreis zugänglich[,] [...] der sich aus leitenden Unternehmensvertretern und Vertretern staatlicher Dienststellen aus ganz Deutschland zusammensetzt".[38] Den Aufklärungsausschuss betrachtete das HWWA eher als eine Agentur, die im Hintergrund wirkte und seine Texte in Übersetzung gebrauchen durfte, während wiederum der Ausschuss bzw. Johannsen sich als Speerspitze aller Propagandamaßnahmen sah und das HWWA nur als einen träge kumulierenden Wissenstanker.

Der Kompetenzkonflikt eskalierte schon 1935, als beide Seiten zu Beratungen über eine mögliche Zusammenlegung gebeten wurden. Da der wie ein Spindoktor wirkende Helfferich in den Verwaltungsräten beider Einrichtungen saß,[39] konnte er für die Fortsetzung der politisch und propagandistisch notwendigen Trennung sorgen. Denn das HWWA sollte weiterhin als offizielles wirtschaftsnachrichtendienstliches Aushängeschild fungieren, während von ihm getrennt der „Apparat des Aufklärungsausschusses möglichst unbemerkt von der Öffentlichkeit arbeiten" müsse.[40] Johannsen ließ es sich in der Folge nicht nehmen, sämtliche Lieferdienste mit dem HWWA aufzukündigen, dessen Beiträge zu wissenschaftlich und zu wenig für die breite Masse angelegt seien.[41] Im Unterschied zum HWWA – so erklärte er – sei der Ausschuss auf „schlagartige Wirkung" bedacht, er sei „gewissermaßen Muniti-

38 Leveknecht bezieht sich hier lediglich auf die 1958 vom HWWA herausgegebene Festschrift „Ein Blick in die Vergangenheit". Vgl. ebenda, S. 27.

39 1937 wurde zusätzlich ein Welt-Wirtschafts-Institut e.V. gegründet, dessen Satzungsauftrag lautete, „in Übereinstimmung und ständiger Fühlung mit den maßgebenden Stellen des Reiches und der NSDAP, das im Hamburgischen Welt-Wirtschafts-Archiv anfallende Nachrichtenmaterial, insbesondere soweit es ausländischen Ursprungs ist, zum allgemeinen Nutzen auszuwerten". Vorsitzender des Verwaltungsrates wurde Emil Helfferich. Vgl. ebenda, S. 28. Beim Aufklärungsausschuss war Helfferich sowohl Vorsitzender des Präsidiums als auch des Beratenden Verwaltungsrates. Dort waren neben Vertretern des Propagandaministeriums, des AA, des Reichswehrministeriums (Major Foertsch), des RWM und des Hamburgischen Staatsamtes, ein Dr. Nolte und Hans E. B. Kruse von der Handelskammer vertreten. Außerdem gab es noch vier „Gruppen" für Mitglieder aus der Wirtschaft und einen renommiert besetzten Ehrenausschuss. Vgl. Übersicht Vorstand, Verwaltungsrat und Ehrenausschuss des Aufklärungsausschuss Hamburg-Bremen, o. D., StAHH, 361-3_A 1048.

40 Protokoll: Besprechung über den Aufklärungsausschuss und das Hamburgische Welt-Wirtschafts-Archiv unter Vorsitz des Herrn Reg. Bürgermeisters Krogmann, 9. 10. 1935, Rathaus Hamburg, StAHH, 135-1 I-IV Hochschulwesen und außeruniversitäre Wissenschaft und Forschung_631.

41 Johannsen, Aufklärungsausschuss an Dr. Kroymann, HWWA, 16. 11. 1935, StAHH, 135-1 I-IV Hochschulwesen und außeruniversitäre Wissenschaft und Forschung_631.

onslieferant", der sich „nach den Anforderungen richtet, die aus der Frontlinie kommen". Weniger dramatisch gesagt: Der Ausschuss lieferte sein Material heimlich und auf Anforderung seiner ausländischen Mitarbeiter.

In der Regel griffen das Aufgabenprofil des Ausschusses und die persönlich-politischen Interessen seines Geschäftsführers Johannsen ineinander. Dessen Veröffentlichung „Das Kolonialproblem Deutschlands" von 1936 hatte Johannsen mit dem Propagandaministerium, dem Auswärtigen Amt und mit dem Kolonialpolitischen Amt der NSDAP abgesprochen. Sie profilierte ihn als Auslandskenner.[42] Da die Broschüre, die auf Deutsch und Englisch erschien, einen „auf die Wirkung auf das Ausland abgestellte[n] Charakter" haben sollte, fand sich in ihr kein Hinweis auf die ministerielle Verflechtung. Gleichzeitig empfahl die Reichswirtschaftskammer die Broschüre als „Schulungsmaterial", um allen ein „brauchbares Rüstzeug in die Hand zu geben, das vor allem auch gegenüber dem Ausland in jeder Beziehung hieb- und stichfest ist".[43]

Die Arbeit des Ausschusses dürfte aber nicht nur propagandistische Freude im NS-Deutschland erzeugt haben, denn mit jedem vergebenen Auftrag flossen auch Devisen ins Ausland. Denn anders als in der streng regulierten Handelswirtschaft, liefen diese Aufträge ohne jede devisenkompensierende Gegenleistung ab. Am Anfang eines Jahres bekam der Ausschuss die notwendigen Devisen zugewiesen, mit denen er seine weltweite Propaganda betrieb. Aber für jede Auszahlung, z. B. für Übersetzungskosten in Großbritannien, Griechenland oder Rumänien, antikommunistische Propaganda in Schweden oder Fachpresseartikel in Dänemark, mussten eigene Devisengenehmigungen eingeholt werden. So rechnete der Ausschuss etwa für 1938 mit einem Bedarf an 10 000 RM in Fremdwährung plus 2500 RM pro Monat in Reichsmark, um Ausländer im Inland bezahlen zu können.[44]

Im Verlauf des Jahres 1938 nahmen der Druck und die Auftragslage vonseiten des Propagandaministeriums auf den Aufklärungsausschuss zu, denn längst war dieser zu einem kriegsrelevanten Instrument geworden. Um den Überblick zu behalten, bat der Ausschuss darum, das Ministerium möge in Zukunft Anweisungen und Verfügungen lückenlos an ihn senden. Dabei

42 Begleitschreiben des Aufklärungsausschusses zur Broschüre, 24. 8. 1936, HK-Archiv, 84.A.4_15.

43 Rundschreiben der Reichswirtschaftskammer an alle HK, 19. 9. 1936, HK-Archiv, 84.A.4_15.

44 Johannsen, Aufklärungsausschuss an Reichsministerium für Propaganda und Volksaufklärung, 1. 2. 1937, StAHH, 614-2/6_3.

offenbarten sich aber die weithin bekannten Schwierigkeiten des NS-Apparates. Denn Goebbels wollte trotz zunehmender Aufgabenerteilung die vollständige Kontrolle behalten. In der Folge nahmen die von Goebbels persönlich gezeichneten Anordnungen und Ermahnungen zu. Zudem sollten die Veröffentlichungen des Aufklärungsausschusses zunächst dem Ministerium vorgelegt werden. Anfang 1939 nahmen die Aufgaben und damit das Kompetenzgerangel auf Reichsebene weiter zu, als auch das RWM einen Großauftrag an den Ausschuss vergab, die Handelsvertragsverhandlungen mit „bestimmten Ländern" durch gezielte Artikel im Ausland zu flankieren.[45]

Nach eigener Aussage arbeitete Johannsen nach Kriegsbeginn auch für das Oberkommando der Wehrmacht (OKW). Der Hamburger Gemeindeverwaltung gegenüber erklärte er seine „Unabkömmlichkeit" damit, dass er „zur Verfügung des Reichsministers für Volksaufklärung und Propaganda" stehen müsse und außerdem für „Sonderaufgaben" des Chefs des OKW.[46] Bis 1945 agierte der Aufklärungsausschuss als „nachgeordnete Dienststelle" des Propagandaministeriums mit Sitz in Hamburg, die zudem dem OKW als auch dem Reichssicherheitshauptamt zur Verfügung stand.[47]

Nach dem Einmarsch der britischen Armee beging Johannsen am 7. Juni 1945 in seiner Wohnung in Groß-Flottbek Selbstmord.[48] Die klandestine Struktur des Aufklärungsausschusses und die zu Verschleierungszwecken entwickelte Konstruktion, in der Johannsen offiziell bei der Schulbehörde, aber faktisch für das Reichspropagandaministerium tätig war, wirkte sich auch noch auf die Zeit nach 1945 aus. Denn, wie die Akten der Schulverwaltung zeigen, lag Johannsens Witwe gut 20 Jahre im Konflikt mit der Schulbehörde, um die Auszahlung seiner Pensionsbezüge zu bewirken.

45 Dafür stellte das RWM 13500 RM im laufenden Jahr zur Verfügung, dessen Abrechnung vom Propagandaministerium geprüft werden sollte. Aufklärungsausschuss, StAHH, 614-2/6_1.

46 Johannsen an Gemeindeverwaltung Hamburg/Schulverwaltung, 20.1.1940, StAHH, 361-3_A 1048.

47 Johannsen an Schulverwaltung, 26.2.1945, StAHH, 361-3_A 1048.

48 Sterbeurkunde Gustav Johannsen, 8.6.1945, StAHH, 361-3_A 1048; Abschlussbericht der Kriminalpolizei Hamburg, Amt für Staatssicherheit über den Nationalklub von 1919, 2.8.1945, Archiv FZH, 453_Nationalklubs und Herrengesellschaften.

3.2 Antijüdische Politik und die Vernichtung der wirtschaftlichen Existenz von Juden

Die sukzessive Ausgrenzung von Juden und Jüdinnen aus allen Lebensbereichen bis hin zu ihrer Deportation in Vernichtungslager ist für Hamburg im Rahmen erinnerungskultureller Auseinandersetzungen und Forschungsarbeiten relativ gut erforscht.[49] Nicht zuletzt konnten durch die zahlreichen Stolpersteine sowohl die Biografien von Jüdinnen und Juden als auch das Vorgehen gegen sie vielfach aufgearbeitet und öffentlich sichtbar gemacht werden.[50] In diesem Zusammenhang liegen jedoch vergleichsweise geringe Kenntnisse über die ökonomischen Verluste und existenziellen Folgen aus Perspektive der Betroffenen vor. Die nicht nur für Hamburg, sondern deutschlandweit maßgebliche Studie von Frank Bajohr, „Arisierung in Hamburg", aus dem Jahr 1998 blieb bislang die einzige systematische Auseinandersetzung mit diesem komplexen Ausbeutungs- und Vernichtungssystem. Bajohr forderte schon damals einen Perspektivwechsel, der nicht länger nur die staatlichen Akteure, sondern stärker die von Enteignung und Zwangsverkäufen betroffenen Unternehmer und Gewerbetreibende und – auf Täterseite – die privatwirtschaftlichen Akteure sowie die Verwaltungen in den Blick nimmt. Unter den letzten Punkt fällt auch die Handelskammer Hamburg, die in Bajohrs Arbeit eine relevante Rolle spielt, aber bei Weitem nicht ausgeforscht ist. Das folgende Unterkapitel bietet Befunde und Anstöße für weitergehende Forschungen.

Innerhalb des Gesamtkomplexes der Vernichtung wirtschaftlicher Existenzen jüdischer Geschäftsleuten in Hamburg nahm die Handelskammer eine wichtige, aber nicht die entscheidende Rolle ein. Grundsätzlich unterschieden sich im gesamten Reich die Akteurskonstellationen innerhalb des Vernichtungskomplexes: In Hamburg war hierfür der Gauwirtschaftsberater zentral, u. a., weil ihm die letztgültige Entscheidung in einem „Arisierungsverfahren" zustand.[51] Mit dem Begriff „Arisierung"[52] ist aber nur die Übertragung eines

49 Vgl. u. a. Stätten der Erinnerung in Hamburg, http://www.gedenkstaetten-in-hamburg.de [2.11.2022]; Beate Meyer (Hrsg.), Die Verfolgung und Ermordung der Hamburger Juden 1933–1945, Hamburg 2006.

50 Stolpersteine in Hamburg, https://www.stolpersteine-hamburg.de/ [2.11.2022].

51 Benno Nietzel, Die Vernichtung der wirtschaftlichen Existenz der deutschen Juden 1933–1945. Ein Literatur- und Forschungsbericht, in: Archiv für Sozialgeschichte 49 (2009), S. 561–613, hier S. 579.

52 „Arisierung" ist ein Quellenbegriff, den das NS-Regime etablierte, um das Ziel in den Mittelpunkt zu stellen, auf das die Entrechtung und Ausbeutung jüdischer Bürgerinnen und Bürger hinauslief. In der Forschung wurde er zwar lange genutzt,

Geschäfts von einem jüdischen zu einem „arischen" Besitzer erfasst. Daneben kam es noch häufiger zur Liquidation von Unternehmen;[53] hinzu kamen Verbote der Berufsausübung. Fasst man die unterschiedlichen Formen und Vorgehensweisen gegen jüdische Geschäftsleute zusammen, wird die „Vernichtung der wirtschaftlichen Existenz der Juden" als zentraler Teilprozess innerhalb des Holocaust erkennbar,[54] dem wiederum die Identifizierung, Markierung und Kategorisierung der zu vernichtenden Existenzen voranging. Hieran hatte die Handelskammer in Hamburg einen wichtigen Anteil, denn sie verfügte mit ihren Mitgliederlisten und Verzeichnissen über die Möglichkeit, den politischen Stellen eine nach rassistischen Vorgaben erstellte Systematik zu verschaffen. Im weiteren Verlauf kam dieses Wissen auch innerhalb der Kammer zur Anwendung, als sie zunehmend in die Begutachtung und Vermittlung von Besitzübertragungen integriert wurde.

Der Ausschluss von jüdischen Angestellten beschränkte sich zunächst auf staatliche Institutionen, während in der Privatwirtschaft erst ab 1937/38 die gesetzlichen Vorgaben zu umfassenden Entlassungen führten.[55] Zu dieser Zeit verschärften sich die Maßnahmen gegen jüdische Gewerbetreibende, wobei gegen Einzelhändler deutlich rigider vorgegangen wurde als gegen Groß- und Außenhandelskaufleute.[56] Die Handelskammer war über die in Hamburg

ist aber mittlerweile obsolet, weil er den Umfang und die verschiedenen Facetten der Vernichtung der wirtschaftlichen Existenz jüdischer Unternehmer verschleiert. Vgl. Christoph Kreutzmüller, Vernichtung der jüdischen Gewerbetätigkeit im Nationalsozialismus. Abläufe, Blickwinkel und Begrifflichkeiten, Version: 2.0, in: Docupedia Zeitgeschichte, 12.3.2020, https://docupedia.de/zg/Kreutzmueller_vernichtung_der_juedischen_Gewerbetaetigkeit_v2_de_2020#cite_ref-ftn13_13-0 [2.11.2022].

53 Bajohr, „Arisierung", S. 231.

54 Vgl. Raul Hilberg, Die Vernichtung der europäischen Juden, 3 Bde., Frankfurt a. M. 1997. Hilberg identifizierte in seiner bahnbrechenden Studie fünf Teilprozesse: Definition, Kennzeichnung, Enteignung, Konzentration und Mord, von denen die Vernichtung der wirtschaftlichen Existenz der Juden am längsten dauerte und in alle anderen Prozesse hineinreichte. Vgl. Kreutzmüller, Vernichtung.

55 Nietzel, Vernichtung, S. 572, weist darauf hin, dass wir weiterhin viel zu wenig wissen über die genauen Abläufe von Entlassung und Diskriminierung jüdischer Angestellter in der Privatwirtschaft, die freilich auch schon vor 1937/38 einsetzten.

56 Das entsprach einer Strategie, die schon 1934 im Keppler-Kreis und für das gesamte Reich diskutiert wurde. Vgl. Auszugsweise Abschriften aus dem Tagebuch des ehem. Reg. Bürgermeisters Karl Vincent Krogmann, Bd. AII vom 1.1. bis 31.12.1934, StAHH, 213-11_72425. „Die Ausschaltung der Juden aus der deutschen Wirtschaft gehörte nicht unbedingt zu den erklärten Programmpunkten der Nationalsozialisten; tatsächlich wurden bis 1938 keine gesetzlichen Bestimmungen erlassen, die das Recht der jüdischen Bürger auf gewerbliche Betätigung grundsätzlich ein-

laufenden Vorgänge und Ziele von sogenannten Arisierungsverfahren von Anfang an im Bilde und auch schon in der Zeit vor den gesetzlichen Vorgaben involviert. Wie von Bajohr schon festgestellt wurde und in Akten des Staatsarchivs nachvollziehbar ist, ging die Handelskammer in den ersten Jahren zwar auf Distanz zu einer allzu offensiven antijüdischen Politik, sogar wenn ihr mit Polizeianweisungen Nachdruck verliehen wurde.[57] Sie orientierte sich u. a. an dem vom RWM ausgegebenen Grundsatz, „keinerlei Einzelaktionen" gegen jüdische Geschäfte zuzulassen.[58] Mit solchen Anweisungen und Restriktionen produzierte die „Arisierungspolitik" eine stark verregelte Sprache und Distinktion, die aber nur spärlich verschleierten, dass die antisemitischen und rassistischen Prämissen des NS-Regimes längst zur Handlungsleitlinie der Kammer geworden waren, u. a. ersichtlich an ihrem Verhalten gegenüber den jüdischen Kammermitgliedern, die im Mai 1933 ihre Ämter niederlegen mussten.[59]

Noch ohne gesetzliche Vorgabe, aber durch politischen Druck und Eigeninitiative in den Unternehmen forciert, mussten im Sommer 1933 Juden in repräsentativer Stellung, etwa Senatskommissare oder Aufsichtsratsmitglieder von Schlüsselunternehmen und Großreedereien, ihre Posten verlassen, nur notdürftig kaschiert durch angebliche personelle Umstrukturierungen.[60] Die von ↑Emil Helfferich maßgeblich initiierte „Rettung" der Überseehäu-

geschränkt hätte. Vielmehr traten seit 1933 verschiedene NS-Führungspersönlichkeiten sogar wiederholt entsprechenden Forderungen der unteren Anhängerschaft öffentlich entgegen. Diese Zurückhaltung, die von der Forschung unterschiedlich interpretiert wird, galt jedoch allein für die oberste Ebene der Reichsführung. Tatsächlich wurden jüdische Unternehmer seit Beginn der NS-Herrschaft auf vielfältige Weise und mit einer Radikalität diskriminiert und verfolgt, die bis 1937 bereits schwere Spuren in der jüdischen Gewerbetätigkeit hinterlassen hatte." Nietzel, Vernichtung, S. 574.

57 So wie im von Bajohr beschriebenen Fall, als die Handelskammer von der Polizeibehörde mittels der Behörde für Wirtschaft aufgefordert wurde, nicht mehr bei der Firma Ackermann & Wulff, sondern bei einem „nichtjüdischen Unternehmen" drucken zu lassen. Dagegen wehrte sich die Handelskammer bzw. belegte, dass das Angebot von Ackermann & Wulff „wirtschaftlich das günstigste" sei. Fast ein Jahr dauerte der Konflikt an, bis Ende 1934 Präses Hübbe der Behörde mitteilte, die Kammer müsse „in ihren wirtschaftlichen Entscheidungen frei sein". Vgl. StAHH, 371-8 II_SXIII_A 1 24, sowie Bajohr, „Arisierung", S. 76.

58 Niederschrift über die Aussprache der Behörde für Wirtschaft und Gauwirtschaftsberatung am Dienstag, 19. 11. 1935, HK-Archiv, I.6.F.4.12.

59 Vgl. Gröwer/Günther, Gegen das Vergessen; sowie u. a. Tagesbericht Carl Vincent Krogmann, 12. 5. 1933, StAHH, 622-1 I C.15.I_7.

60 Roth, Ökonomie, S. 57.

ser schloss „nichtarische“ Antragsteller aus, bis auf jene, die sich nach seiner Meinung besonders für das „Deutschtum“ eingesetzt hätten.[61] Laut Roth war schon 1935/36 die Ausgrenzung der als jüdisch diskriminierten Unternehmen derart fortgeschritten, dass diese entweder versuchten, einen „arischen“ Status zu erhalten oder sich in einem separaten sogenannten „jüdischen Sektor“ zusammenschlossen. Lediglich „die wegen ihrer besonderen Auslandsbeziehungen noch unangreifbaren größeren Exportfirmen und Privatbanken blieben von dieser Entwicklung vorerst verschont“.[62]

In dieser Phase weigerte sich die Handelskammer noch, ihre Kenntnisse anderen als politischen Stellen zur Verfügung zu stellen. „Arische“ Firmeninhaber, die sich an die Handelskammer wandten und um Auskunft über „jüdische“ Firmen baten – entweder um diese zu kaufen oder um sich von ihnen nicht beliefern zu lassen –, verwies sie auf das von der Reichsregierung erlassene Verbot, mit „Sonderaktionen“ gegen „jüdische Firmen“ vorzugehen. Eine interne Anordnung sah vor, Auskünfte „über die ‚Ariereigenschaft eines Firmeninhabers‘ auf Behörden und öffentlich-rechtliche Körperschaften“ zu beschränken.[63]

In diesem Sinne arbeitete die Handelskammer auch dem Reichswirtschaftsministerium zu, wenn es um die Frage von Berufsverboten ging. Der Fall zweier Hamburger Notare, die Ende 1935 von dem Erlass betroffen waren, der Juden das Bekleiden öffentlicher Ämter verbot, zeigt anschaulich, wie rigoros Mitarbeitende des Hauptamtes zusammen mit dem Aufklärungsausschuss die Vorgaben der antijüdischen Politik interpretierten und umsetzten. Die Notare waren im Handelsrecht aktiv und mussten laut Runderlass als „jüdische Träger eines öffentlichen Amtes“ ihre Tätigkeit einstellen.[64] Im Frühjahr 1936 baten sie beim RWM um Erlaubnis zur Fortsetzung ihrer Tätigkeit, wobei sie in aller Offenheit darauf hinwiesen, ihr Berufsverbot würde sich sowohl in der ausländischen Presse als auch bei ausländischen Klienten, die in Hamburg Geschäfte machten, negativ auswirken und Hamburger Unternehmen letztlich wirtschaftliche Nachteile bringen.[65] Vom RWM um eine Ein-

61 Ebenda, mit einem Verweis auf StAHH, 131-4 Senatskanzlei Präsidialabteilung 1934 A 10/5; 131-6 Staatsamt, Nr. 129.

62 Roth, Ökonomie, S. 59.

63 Bajohr, „Arisierung“, S. 76. Vgl. HK-Archiv, 100.B.1_22 Ersuchen um Übersendung einer Liste nichtarischer Importfirmen, 1935.

64 Runderlass I A 16234/5016 vom 21. 12. 1935, HK-Archiv, 100.B.1_27.

65 Haage an Johannsen, Aufklärungsausschuss, 16. 4. 1936, HK-Archiv, 100.B.1_27. Es blieb ein Interpretationsspielraum, welche Posten unter „öffentliche Ämter“ fielen. Die für die Handelskammer tätigen Handelschemiker fielen ebenso wie Fleisch-

schätzung gebeten, wandte sich Handelskammer-Geschäftsführer Haage an seinen Kollegen ↑Gustav Kurt Johannsen im Aufklärungsausschuss, um die möglichen Folgen einzuschätzen. Dessen Antwort entsprach im Stil einem abwägenden Gutachten, war aber letztlich politisch eindeutig. Johannsen holte weit aus und erläuterte, die „Machenschaften der Juden im Auslande gegen Deutschland [dauerten] noch unvermindert" an, aber gleichzeitig wachse „im Auslande die Erkenntnis von den Schädigungen, die von den Juden ganz allgemein gegen jedes seiner Nationalität bewusste Volk ausstrahlen".[66] Johannsen schätzte, dass die Nachrichten der beiden Notare an ihre „Rassegenossen" im Ausland die „Boykottaufrufe" nicht stärken würden und der wirtschaftliche Schaden im Inland, wenn die beiden entlassen würden, ebenfalls überschaubar sein werde. Schließlich wog Johannsen den möglichen Reputationsschaden, die wirtschaftlichen Vorteile und politische Prinzipien gegeneinander ab:

> „Zusammenfassend erklärt also der Aufklärungs-Ausschuss, dass die Wiederbetrauung der beiden jüdischen Notare mit ihrem Amt die Schädigung der Boykottpropaganda nicht abschwächen wird. Andererseits besteht die Möglichkeit, dass die beiden Notare als ‚gewandte Leute' unter Umständen wegen ihrer Beziehungen zu der Nederlandsche Band voor Zuid-Afrika gewisse Vorteile für den Hamburger Platz heraushandeln könnten. Wir sind der Auffassung, dass selbst die gegebenenfalls vorhandene Möglichkeit, einen Vorteil für den Hamburger Platz zu erwirken, auch in diesem Einzelfall nicht zu einer Preisgabe unserer grundsätzlichen Stellungnahme gegenüber dem Judentum führen darf."[67]

Mit dem Hinweis auf die „gewissen Vorteile" hatte Johannsen dem Selbstverständnis der Handelskammer genüge getan, vorgeblich nach wirtschaftlichen Gesichtspunkten zu agieren. Jedoch wog der Verweis auf die „grundsätzliche

beschauer und Stempelverteiler nach ihrer Ansicht nicht darunter, weil sie lediglich „vereidigte Gewerbetreibende" seien. Vgl. Aktennotiz Elso Klöver, o. D. [vermutlich Mai 1936], HK-Archiv, 100.B.1_27. Darüber kam es 1937 zum Streit mit Staatsrat Hellmuth Becker, der verlangte, „den Zustand zu beseitigen". Beide Seiten trugen den Fall zur Entscheidung dem RWM vor. Vgl. Abschrift aus Geheimprotokollen des Senats im Staatsarchiv des Rathauses Hamburg: Geheimniederschrift zu der Niederschrift über die Verwaltungsberatung vom 15. 12. 1937, StAHH, 213-11_72425.

66 Johannsen an Haage, 6. 5. 1936, HK-Archiv, 100.B.1_27.

67 Ebenda.

Stellungnahme" weitaus schwerer. Hübbe übernahm die eindeutig politische und antisemitische Einschätzung vonseiten des Aufklärungsausschusses und schrieb an das RWM, es spreche nichts gegen den „Fortfall der Notare", da „kein wirtschaftlicher Schaden" zu erwarten sei.[68]

Eine weitere Verschärfung antijüdischer Politik setzte im Herbst 1936 ein, als u.a. das Devisenfahndungsamt offiziell begann, „jüdische Devisen" zu beschlagnahmen, die durch Kapital- und Vermögenstransfer ins Ausland gelangen könnten. Die Devisenstellen gingen mithilfe der „Sicherungsanordnung in teilweise brutaler Weise gegen jüdische Gewerbetreibende" vor und erzwangen auch ganz ohne gesetzliche Grundlage die Aufgabe ihrer Betriebe.[69] Vom RWM erhielt die Handelskammer eine Handreichung, die das Prinzip des scheinlegalen Vorgehens gegen jüdische Unternehmen noch einmal auf den Punkt brachte:

> „Es bedarf keiner Hervorhebung, dass jede Ausübung von Zwang auf jüdische Gewerbetreibende zur Überführung ihres Unternehmens durch die Kammern zu unterbleiben hat. Liegt aber eine freiwillige und ernstgemeinte – nicht etwa zu Tarnungszwecken vorgenommene – Veräußerung eines jüdischen Geschäftes an einen deutschstämmigen Erwerber vor, so ist dieser Tatsache auch Rechnung zu tragen und dieses Geschäft, insofern überhaupt eine Unterscheidung zwischen nichtjüdischen und jüdischen Gewerbebetrieben statthaft ist, nunmehr als nichtjüdisches Unternehmen zu behandeln."[70]

Um jüdischen Unternehmen jede Möglichkeit zu nehmen, ihre Verhandlungsposition strategisch zu verbesseren, war von „Tarngeschäften" die Rede, wenn sich jüdische Geschäftsinhaber selbst darum bemühten, einen „arischen" Geschäftspartner in das Unternehmen zu holen. Sanktionen richteten sich auch gegen „arische" Deutsche, denen bei einer Beteiligung an „Tarngeschäften" eine strafrechtliche Verfolgung drohte. Entsprechend galt die Firmenübertragung als eine „freiwillige Veräußerung", wenn ein „deutschstämmiger Erwerber" die Übertragung initiierte und dieser als politisch zuverlässig galt. Die Begrifflichkeiten verschleierten nur spärlich die tatsächlichen Vorgänge

68 Hübbe an RWM, 9.5.1936, HK-Archiv, 100.B.1_27.

69 Nietzel, Vernichtung, S. 589, der insbesondere auf Bajohr, „Arisierung", S. 189–216, verweist.

70 RWM an alle Wirtschaftskammern, 26.8.1936, HK-Archiv, 100.B.1_19 (Hervorh. i. Orig.).

von Enteignung und Zwang, an denen auch die Handelskammer teilhatte. Nach jüngster Einschätzung von Wirtschaftshistorikern hatte in so einer Situation ein Unternehmer,

> „der sich an die außer Mode geratenen Verhaltensregeln des anständigen Kaufmanns halten wollte, […] im Prinzip nur drei Möglichkeiten: Er konnte erstens versuchen, den jüdischen Verkäufer durch überhöhte Bewertung des Vermögens für den Verlust des *Goodwills* und anderer ihm eigentlich zustehender Zahlungen zu kompensieren. Zweitens war es zumindest denkbar, den Differenzbetrag zwischen dem fairen Kaufpreis und dem offiziellen Preis illegal an den jüdischen Verkäufer zu transferieren. Drittens schließlich blieb die Option, einfach nicht an Arisierungen teilzunehmen. Es ist schließlich kein Fall bekannt, in dem einem Unternehmer im Dritten Reich eine Arisierung aufgezwungen wurde.“[71]

Vor diesem Hintergrund ist es gut möglich, dass Kammer-Geschäftsführer Leuckfeld seine Meldung an das RWM im Herbst 1936 mit Bedauern äußerte: In letzter Zeit hätte es „keine besonderen Beobachtungen“ gegeben und „lediglich“ zehn Firmen seien „aus jüdischen Händen in deutsche übergeführt worden“.[72]

Als Institution, die den politischen Stellen zuarbeitete, generierte die Handelskammer eigene antisemitische Wissensbestände und Daten, die als Grundlage für antijüdische Politik herangezogen wurden. Als die Gestapo im Herbst 1937 bei der Handelskammer die „jüdischen Firmen“ und ihren „wirtschaftlichen Einfluss“ abfragte,[73] wurden in sämtlichen Abteilungen die Mitgliederverzeichnisse in diesem Sinne ausgewertet. Die Erfassung „nichtarischer“ Unternehmen war ein kompliziertes Verfahren, denn schon die gesetzliche Definition von „Juden“ war „eine bizarre und widerspruchsvolle Konstruktion“, deren Widersprüche bei der Festlegung, was unter einem „jüdischen Unternehmen“ zu verstehen sei, noch größer wurden.[74] In der Praxis bedeutete dies für die Handelskammer, die rassistischen Vorgaben in eine eigene Anwendung zu bringen, und sie zog hierfür von der Namensgebung

71 Spoerer/Streb, Wirtschaftsgeschichte, S. 194 (Hervorh. i. Orig.).
72 Leuckfeld, HK, an Behörde für Wirtschaft, 14. 9. 1936, HK-Archiv, 100.B.1_19.
73 Umfrage über die Lage der Juden und ihren Einfluss in der Öffentlichkeit, 1937/38, HK-Archiv, 100.B.1_7.
74 Nietzel, Vernichtung, S. 574.

einer Firma bis zu den Gesellschaftern einer GmbH sämtliche Beurteilungskriterien heran.[75] Nach der Gestapo-Anfrage 1937 meldete u.a. die Einzelhandelsabteilung, dass von insgesamt 1656 Mitgliedern „175 jüdisch" seien.[76] Aus dem gesamten Bezirk der Wirtschaftskammer Nordmark meldete die entsprechende Abteilung, von 620 Groß-, Ein- und Ausfuhrfirmen seien „nur 39 jüdisch" und erklärte, im Ausfuhrhandel sei der „wirtschaftliche Einfluss von Juden" traditionell gering; von einer Beteiligung an Staatsaufträgen oder einer Tarnung von Geschäften, wie die Gestapo vermutete, könne keine Rede sein.[77] Einige Monate später zeigte sich die Einzelhandelsabteilung der Handelskammer besser vorbereitet auf solche Anfragen. Sie entwarf ein Formular, das von den Unternehmen ausgefüllt werden musste und Fragen enthielt, ob die Inhaber oder der Geschäftsführer der Firma „arisch" seien oder ob der Firma „jüdisches Kapital unmittelbar oder mittelbar zur Verfügung gestellt" worden sei.[78] Mit der „Dritten Verordnung zum Reichsbürgergesetz" erfolgten im Juni 1938 zwar Vorschriften, nach welchen Anteilen und Stimmberechtigungen von jüdischen Teilhabern an einem Betrieb dieser als „jüdisches Unternehmen" einzustufen sei. Aber es lag bei örtlichen Behörden wie der Handelskammer, Verfahren zur Datenerhebung oder -zusammenstellung zu entwickeln. So erarbeitete sie auch noch 1941 eigenständige Strategien, um den Erlass zur endgültigen „Entfernung jüdischer Firmennamen" im Sinne des eigenen Wirtschaftsvorteils umzusetzen. Bis Ende 1942 setzte sie den ursprünglichen, meist traditionsreichen und im Ausland bekannten Namen in Klammern hinter den neuen, um „Schädigungen in der Wirtschaft" zu ver-

75 „Lokale wie zentrale Instanzen legten jedoch ab 1933 bei der Frage, welche Unternehmen zu ächten seien, lange unterschiedliche Maßstäbe an. […] Auffällig ist freilich, dass Firmen, die unter einem als ‚jüdisch' konnotierten Namen firmierten, unter deutlich stärkerem Verfolgungsdruck standen als andere. Deshalb ist davon auszugehen, dass ein Begriff des ‚jüdischen Unternehmens' bei den Zeitgenossen vorhanden war, aber oft auf der Kategorie des Hörensagens fußte und sich an einer – an den Rändern unscharfen – Vorstellung eines vermeintlich jüdischen Namens orientierte. Erst Ende 1937 gab das Reichswirtschaftsministerium eine bindende Definition vor, was ein jüdischer Gewerbebetrieb sei. Diese Definition wurde im Juni 1938 im Wesentlichen – mit der ‚Dritten Verordnung zum Reichsbürgergesetz' – veröffentlicht. Im Spannungsfeld von teils willkürlichen Zuschreibungen und spät erfolgender Definition kann ‚jüdisch' retrospektiv nichts anderes heißen wie ‚als jüdisches Unternehmen verfolgt'." Kreutzmüller, Vernichtung.

76 IHK Einzelhandelsabteilung an IHK gesamt, 2.10.1937, HK-Archiv, 100.B.1_7.

77 Wirtschaftskammer Nordmark, Unterabteilung Groß-, Ein- und Ausfuhrhandel, an IHK gesamt, 7.10.1937, HK-Archiv, 100.B.1_7.

78 Formular der Einzelhandelsabteilung, [ca. Mai 1938], HK-Archiv, 100.B.1_7.

meiden.[79] Die Handelskammer Hamburg ging gemäß ihrer Verwaltungslogik vor, um schneller, effektiver und im Sinne des NS-Regimes erfolgreich zu arbeiten. Mit solchen Hilfestellungen trug die Handelskammer zum „Gelingen“ der antijüdischen Politik bei.[80]

Das Vorgehen der Handelskammer war Teil der Verfolgungspolitik und diese zeigt eine Dynamik auf, die im gesamten Reich zu beobachten war. Denn „die eigenständige Verfolgungspolitik der Städte und Gemeinden verschmolz immer wieder mit Planungen der Partei- und Ministerialbürokratie oder beeinflusste und radikalisierte diese“.[81] Wie Wolf Gruner in seiner Arbeit über die „NS-Judenverfolgung und die Kommunen“ betont hat, bot

> „speziell die in vielen Städten geübte Praxis des Ausschlusses von öffentlichen Einrichtungen […] der NS-Führung offensichtlich ein Vorbild für ihre Entscheidung zur Separierung der Juden nach dem Pogrom von 1938. Das Engagement städtischer Behörden konnte die NS-Führung zudem als ‚Druck der Bevölkerung‘ für die Radikalisierung des eigenen Vorgehens interpretieren. Die wechselseitige Dynamisierung lokaler und zentraler Verfolgungspolitik ist augenfällig.“[82]

Die Reichsebene verordnete in den folgenden Monaten weitere drastische Einschränkungen, die auf kommunaler Ebene umzusetzen waren. Nachdem 1937 jüdische Importeure von der Devisenzuteilung ausgeschlossen worden waren, mussten ab April 1938 alle Juden ihr In- und Auslandsvermögen anmelden.[83] Bis zu dieser Phase hatte es die Handelskammer vermieden, mit antisemitischen Äußerungen oder durch offene Teilhabe an antijüdischer Politik aufzutreten. Bajohr fasst das ambivalente Verhalten der Kammer zusammen: „Sie beteiligte sich nicht an der ‚Ausschaltung‘ jüdischer Firmen, setzte

79 Niederschrift über die Plenarsitzung, 6. 6. 1941, StAHH, 621-1_72/1410 Bd. 2.

80 Die Handelskammer erfasste nicht nur inländische Firmen nach rassistischen, antisemitischen und politisch vorgegebenen Prinzipien, sondern auch ausländische Firmen, mit denen aus Hamburg Handel getrieben wurde. 1941 führte sie nach eigenen Aussagen eine Auskunftskartei mit 45 000 ausländischen Firmen. Bericht der Außenhandelsstelle der Handelskammer, o. D. [Dezember 1941], HK-Archiv, I.6.P.3_37.

81 Wolf Gruner, Die NS-Judenverfolgung und die Kommunen. Zur wechselseitigen Dynamisierung von zentraler und lokaler Politik 1933–1941, in: Vierteljahrshefte für Zeitgeschichte 48 (2000), S. 75–126, hier S. 123.

82 Ebenda.

83 Vgl. zum Prozess der Radikalisierung der Enteignungspolitik gegen Juden in scheinlegaler Form ab 1938 Bajohr, „Arisierung“, Kapitel V.

ihr aber auch keinen Widerstand entgegen. Öffentliche Bedenken wurden nur dann geäußert, wenn die ‚Ausschaltung' jüdischer Betriebe und ihre ‚Arisierung' die eigene Stellung bedrohte oder als potentielle Bedrohung aufgefasst wurde."[84] Die nun einsetzende Radikalisierung zeigte sich u. a. an einer rigorosen Verweigerung von Bau- und Handelsgenehmigungen gegenüber jüdischen Geschäftsleuten oder an den deutlich strengeren Urteilen in den von der Kammer angefertigten Gutachten für sogenannte Arisierungsfälle.

In dieser Phase war auf allen Ebenen des NS-Regimes eine Radikalisierung der Vernichtungspolitik gegenüber Juden und Jüdinnen zu erkennen, die mit den reichsweiten Pogromen im November 1938 ihren offensichtlichsten Ausdruck fand. Für das in Hamburg einsetzende verschärfte Vorgehen gegen jüdische Gewerbetreibende und Unternehmer liegen mindestens drei Faktoren auf der Hand:[85] Erstens hing die Radikalisierung eng mit den ökonomischen Bedürfnissen sowohl in Hamburg als auch auf Reichsebene zusammen. Vor allem der Außenhandel stand unter Druck und die Handelskammer forderte 1937/38 massive Exportförderungen für Hamburger Unternehmen. Ähnlich wie schon 1932/33 glaubten Unternehmer, politische Maßnahmen und Eingriffe würden ihre wirtschaftliche Lage verbessern. Es lockte die Ausschaltung von Konkurrenz und die Aussicht auf verbesserte Handelskonditionen in besetzten Ländern.

Zweitens begann mit der Pflicht zur Vermögensanmeldung im Frühjahr 1938 eine Phase, in der Gesetze und Verordnungen die „Arisierungen" von oben lenken sollten, womit sich entsprechende Stellen und Einrichtungen bei Anfragen oder Teilaufgaben nicht mehr verweigern konnten. Bajohr spricht von „scheinlegalen" Formen, mit denen der Druck auf jüdische Gewerbetreibende erheblich erhöht wurde und sich zudem die Weisungsbefugnis der Reichsstellen gegenüber den lokalen Behörden eindeutiger gestaltete. So nahm das RWM die Industrie- und Handelskammern im gesamten Reich zunehmend in die Pflicht, um beispielsweise mit „strengeren Maßstäben" als bisher die Passerteilung für Geschäftsreisen ins Ausland einzuschränken.[86]

84 Ebenda, S. 81 f.

85 Bajohr verweist zudem auf übergreifende Radikalisierungsmomente, so etwa, dass nach Ende der Weltwirtschaftskrise eine „politische Rücksichtnahme auf jüdische Betriebe" in Wirtschaftskreisen nicht mehr nötig erschien und dass die außenpolitischen „Erfolge" des NS-Regimes 1938 „eine lange Dauer nationalsozialistischer Herrschaft erwarten ließ". Ebenda, S. 228.

86 Ebenda, S. 220.

Drittens rückte die Aussicht auf „Arisierungen“ in anderen Regionen als eine angebliche politische Notwendigkeit immer stärker in den Fokus. Hierfür entfaltete Wien und das ab März zum Deutschen Reich gehörende Österreich eine besondere Prägekraft. Denn schon vor dem sogenannten Anschluss hatte es in Wien zahlreiche Plünderungen gegeben und NS-Anhänger hatten sich mit Gewalt die Betriebe jüdischer Unternehmer angeeignet.[87] In Berlin zog man daraus Schlussfolgerungen hinsichtlich notwendiger Gesetzgebungen für das Vorgehen gegen jüdische Unternehmen; in Hamburg wiederum verbreitete Kaufmann geradezu Goldgräberstimmung und prophezeite im Mai 1938, dass Hamburger Kaufleute auch in Wien von der zügigen „Arisierung“ profitieren würden.

> „Denn wenn in Deutschland die Juden eine ganz gewaltige Rolle gespielt haben, dann in Österreich eine noch viel größere. Wenn ich mir vorstelle, dass z.B. das Speditionsgewerbe in Wien, das eine recht große Bedeutung hat, fast zu 95% kapital- und führungsmäßig in jüdischer Hand lag, und wenn ich mir überlege, dass der Außenhandel Österreichs mindestens zu 99% direkt oder indirekt jüdisch geführt oder beeinflusst war, dann ist natürlich die Durchführung des wundervollen Wortes ‚Arisierung‘ in Wien ganz einfach. Und es kommt darauf an, dass eine Stadt wie Hamburg, die hier großes Interesse haben muss, mit der Wirtschaft Wiens in besten, engsten und praktischen Kontakt kommt, und es kommt weiter darauf an, 1. dass man die Zeit nutzt, 2. richtig auftritt und 3. etwas wagt und eben die Chance der Zeit auch fruchtbar zu machen weiß. Was wir von der Verwaltung hier tun können, ist geschehen. […] Es liegt jetzt an den Kreisen der in Frage kommenden Hamburger Wirtschaft, dieses Vorpostengefecht zur siegreichen Schlacht auszugestalten. Die Vorarbeiten sind geleistet und Sie werden bald Einzelvorschläge hören. Ich darf Sie bitten, dass sie mir dann Ihrerseits helfen, dass wir das für Hamburg herausholen, was nur herauszuholen ist.“[88]

87 Nietzel, Vernichtung, S. 603.

88 Rede Karl Kaufmann vor dem Nationalklub von 1919, 6. 5. 1938, BArch, R 58/3510. Kaufmann war persönlich befreundet mit dem für die „Wiedervereinigung mit Österreich“ verantwortlichen Gauleiter Josef Bürckel. Hamburger Repräsentanten konnten zahlreich in Wien anreisen und agieren, darunter Walter Emmerich, der für den „Reichskommissar“ arbeitete oder Handelskammer-Geschäftsführer Werner Bosch, der in Österreich die Bezirksausgleichsstellen für öffentliche Aufträge

Laut dem Lagebericht der Hamburger Abteilung der Wirtschaftsgruppe Groß-, Ein- und Ausfuhrhandel von 1941 gehörte Riensch & Held des Präsidiumsmitgliedes ↑Heinz Justus zu jenen Firmen, die nach der Annexion Österreichs 1938 nach Wien gingen und an der dortigen „Arisierung" und an der Verdrängung von Juden in anderen südosteuropäischen Ländern teilhatten. Neben einer Niederlassung in Wien eröffnete Justus Im- und Exportfirma auch Einzelhandelsgeschäfte in Bulgarien, Jugoslawien und Rumänien.[89]

Der Fall ↑C. C. F. Meyer wiederum zeigt in diesem Zusammenhang, wie kleinteilig rekonstruiert werden muss, was Hamburger Unternehmer in Wien oder anderen Städten „herausgeholt" haben. Zwar taucht der Unternehmer C. C. F. Meyer nicht in den Unterlagen zu Hamburger „Arisierungsfällen" auf, aber im Rahmen seiner Entnazifizierung[90] ergaben sich Hinweise auf eine indirekte Teilhabe an „Arisierungsvorgängen" in Österreich. Ausgangspunkt sind Unterlagen aus der bis 1952 geltenden Treuhandverwaltung, die Meyer ab 1948 wieder erlaubte, über sein Vermögen selbst zu verfügen.[91] In der Akte findet sich ein Schriftverkehr zwischen der Landeskasse Hamburg und dem Steuerberater von Meyer, in dem es um die endgültige Festsetzung der Gebühren für dessen Vermögensverwaltung ging. Die Festsetzung war schwierig, da ein Teil des Vermögens abhandengekommen war. Der Vermögensverwalter hatte herausgefunden, dass die Bank der Deutschen Arbeit in Wien zum 31. März 1945 im Auftrag der Julius Meinl AG einen Betrag von 450 000 RM an die Bank der Deutschen Arbeit in Hamburg überwiesen hatte. Der Betrag entsprach dem Wert des Aktienbesitzes von Meyer an der Julius

einrichtete. Vgl. Bajohr, „Arisierung", S. 326. Nachgewiesen sind „Arisierungs"-Aktivitäten der Firmen Riensch & Held (Heinz Justus), Fertsch & Laeisz (Otto Laeisz), van Dissel, Rode & Co. (Max Peperkorn). Vgl. Bericht über die Lage des hamburgischen Ausfuhrhandels im Frühjahr 1941, erstellt von der Wirtschaftsgruppe Groß-, Ein- und Ausfuhrhandel, Abteilung Außenhandel, Geschäftsstelle II, Hamburg, Juni 1941, StAHH, 371-16 I 1461.

89 Bericht über die Lage des hamburgischen Ausfuhrhandels im Frühjahr 1941 der Wirtschaftsgruppe Groß-, Ein- und Ausfuhrhandel an die Preisbildungsstelle, StAHH, 371-16 I/1461. 1941 siedelte Justus mit seiner Familie nach Bukarest, wo er u. a. die rumänisch-deutsche Handelskammer aufbaute, deren Präsidium nur aus „reichsdeutschen Herren" bestehen sollte. Die Kontakte mit Hamburg blieben eng, von Präses de la Camp persönlich bekam Justus weiterhin vertrauliche Kammerberichte zugeschickt. Vgl. de la Camp an Justus, Bukarest, 18. 12. 1941; Justus an de la Camp, 8. 1. 1942, HK-Archiv, I.6.E.3.5_3.

90 C.C.F. Meyer, StAHH, 221-11/FA 8294.

91 Treuhandverwaltung des Vermögens von C. C. F. Meyer (Parteigenosse seit 1929, SS-Brigadeführer, Staatsrat), 1946–1952, StAHH, 311-3 I_Abl. 1989 305-2-1-/361.

Meinl AG. Die Überweisung ging offenbar in den Wirren der Endphase des Krieges „verloren". Die Hamburger Bank trug den Verlust und verrechnete den Überweisungsbetrag mit Meyers damaligen Schulden. Bemerkenswert an dem Vorgang ist der Hinweis auf die Julius Meinl AG, die seit 1938 und der „Verreichlichung" Österreichs von den Nationalsozialisten sukzessive übernommen und zu einem Machtfaktor ausgebaut worden war.[92] Jüdische Verwaltungsräte mussten die Meinl AG verlassen, der Vertrieb der hochwertigen Lebensmittel in Europa wurde gefördert und ihre Abnahme teils verpflichtend gemacht. Der Hamburger Unternehmer und Handelskammer-Funktionär Meyer besaß somit Anteile an einem Großunternehmen in Österreich, das von der NS-Führung zu einem „Arisierungsunternehmen" ausgebaut wurde, das nachgewiesenermaßen Unternehmen oder Anteile jüdischer Geschäftsleute unter Preis aufkaufte.

In Hamburg markierte das neu geschaffene Amt des „Arisierungsbeauftragten", das Wilhelm von Allwörden übernahm, den zunehmenden Druck auf jüdische Unternehmer; beim Gauwirtschaftsberater entstand zudem ein Sonderreferat für „Arisierungsüberwachung", in das auch das „Judenreferat" der Gestapoleitung eingebunden wurde. Roth vermutet eine unmittelbare Wirkung auf „das mentale Selbstverständnis der Kaufmannschaft", denn die neuen Möglichkeiten machten „chronische Verlierer der Krise" wieder optimistisch und „Zukurzgekommene und Konjunkturritter" wollten um jeden Preis profitieren, wodurch auch Korruption und Bestechung Tür und Tor geöffnet wurden. Dies wurde zusätzlich befördert durch das notorische Verhalten der „NSDAP-Gauclique".[93] Reichsstatthalter Kaufmann persönlich sorgte dafür, dass immer auch „langjährige und verdiente" NSDAP-Mitglieder auf diese Weise auf ihre Kosten kamen.[94]

92 Christa Zöchling, Julius Meinl II strebte NSDAP-Aufnahme an: Aufnahme wurde ihm allerdings verweigert, in: profil, 23.8.2008, https://www.profil.at/home/julius-meinl-ii-nsdap-aufnahme-aufnahme-216761 [2.11.2022]. Weitere Fallbeschreibungen, jedoch nicht zur Meinl AG, finden sich in Ulrike Felber u. a. (Hrsg.), Ökonomie der Arisierung. Teil 2: Wirtschaftssektoren, Branchen, Falldarstellungen, Wien/München 2004.

93 Roth, Ökonomie, S. 60–62.

94 So im Fall der „Arisierung" des Foto- und Optikgeschäfts W. Campbell & Co., StAHH, 113-6_1939 S II/28; hierzu auch Bajohr, Gauleiter, S. 279, Anm. 55. Hiervon profitierte vor allem Staatsrat Bartholatus, dessen Sohn das Geschäft offenbar als Strohmann übernahm. Vgl. Dr. Reinhard Crasemann an Landesamt für Vermögenskontrolle, 23.9.1948, StAHH 311-3 I, Abl. 1989 305-2-1/380. Mit Dank an Jessica Erdelmann für den Hinweis.

Die Handelskammer richtete zudem einen „Ausschuss für Arisierung und Liquidation" ein, kurz „Entjudungsausschuss". Unter Syndikus Hans Haage[95] waren in ihm weitere Hauptamt-Mitarbeiter tätig, die in enger Absprache mit dem Gauwirtschaftsberater laufend Unternehmen kategorisierten, „Arisierungsgutachter" benannten,[96] eigene Empfehlungen aussprachen und allein 1938 über 200 „Entjudungsverträge" begutachteten.[97] Von einzelnen Kammerangehörigen im Ehrenamt ist bekannt, dass sie hiervon direkt profitierten, so etwa Frank Schünemann-Kilian, Vorstand der Chinosolfabrik AG, die 1939 die Betriebsstätten des ehemaligen jüdischen Kammermitglieds Ernst Valentin Burchardt deutlich unter Preis übernahm.[98]

Die Diskussionen der Ausschussmitglieder kreisten längst nicht nur um vertragsrechtliche Details. Das Protokoll einer Sitzung im September 1938 offenbart, wie sehr die Mitglieder über die Abläufe der Ausgrenzungspolitik Bescheid wussten und wie sehr sie die Argumentation und „Logik" des NS-Rassestaates in ihren Überlegungen berücksichtigten. Ausgangspunkt war die Sorge, der Stadt Hamburg könnte durch die „Arisierungen" eine finanzielle Mehrbelastung drohen.[99] Denn einerseits würden jüdische Firmen verkauft, andererseits seien Neugründungen von Juden verboten, womit drohte, dass die Zahl an jüdischen Fürsorgeempfängern wuchs. Da die Zuwendungen vonseiten der jüdischen Gemeinde zurückgingen, rechneten die Ausschussmitglieder damit, dass „jüdische Personen zum wesentlichen Teil der öffentlichen Fürsorge anheim fallen [sic] werden". Um dies zu vermeiden, wurde diskutiert, wie die Auswanderung von Juden gefördert werden könne, „soweit die Art der Förderung nicht den deutschen Interessen widerspricht". Den Anwesenden fielen „Sprachunterricht", „Errichtung von Lehrwerkstätten" oder die

95 Dr. Hans Haage, Jahrgang 1892, hatte 1914 sein Jurastudium abgeschlossen, leistete vier Jahre Kriegsdienst und schloss 1919 seine Promotion ab. Bis 1922 war er als Assessor in der Hamburger Staatsverwaltung tätig gewesen und wechselte dann zur Handelskammer. Vgl. Personalakte IHK in Hamburg: Haage, Hans, BArch, R 3101/9574.

96 Vgl. Ernennung von Sachverständigen in Entjudungssachen 1938, HK-Archiv, 49.C_28.

97 Roth, Ökonomie, S. 61.

98 Stolperstein: Valentin Burchard *1891, Adolphsplatz 1 (Hamburg-Mitte, Hamburg-Altstadt), https://www.stolpersteine-hamburg.de/?&MAIN_ID=7&r_name=&r_strasse=adolphsplatz&r_bezirk=3&r_stteil=&r_sort=Nachname_AUF&recherche=recherche&submitter=suchen&BIO_ID=5568 [2. 11. 2022].

99 Protokoll der Sitzung des Ausschusses für Arisierung, 9. 9. 1938, HK-Archiv, 100.B.1_19. Vom Hauptamt der Handelskammer waren Hermann Jacubowsky und Kurt Zinkeisen anwesend.

„Zulassung von Zimmervermietung an auswandernde Juden" ein, womit Juden ein gewisses Einkommen erzielen könnten. Dabei offenbarte sich den Ausschussmitgliedern ein Dilemma. Denn zum einen verstanden sie den Ausschuss als Teil der Verwaltung, die finanzpolitischen Prioritäten verpflichtet war (keine weiteren Fürsorgeempfänger). Zum anderen agierte der Ausschuss auf Basis politischer Vorgaben, die im Sinne des *Maßnahmenstaates* umzusetzen waren (Vernichtung wirtschaftlicher Existenzen von Juden).

Die Ideen, mit denen Juden kleine Einkommen ermöglicht werden konnten, bargen weitere Fallstricke. So hielten die Ausschussmitglieder fest, dass von Juden betriebene Lehrwerkstätten nur gesonderte Bescheinigungen ausstellen dürften und keine nach „deutschem Standard", damit „das Ansehen des deutschen Handwerks im Auslande [nicht] dadurch geschädigt würde, dass ungenügend ausgebildete Juden bei Versagen drüben als schlechte deutsche Handwerker in Verruf kommen würden".[100] Gleich wie erfolgreich der „Ausschuss für Arisierung" seine Vorschläge bei der Hamburger Gauleitung vorbringen konnte, zeigt die Diskussion aufschlussreich, wie sich herkömmliche finanz- und wirtschaftspolitische Interessen und Überlegungen in die rassistische NS-Doktrin einfügten und auf diese Weise ihre alltägliche Anwendbarkeit verstärkten.

Inwiefern auch der Wechsel auf der Präses-Position von Hübbe zu de la Camp das radikalere Agieren der Kammer beeinflusste, bleibt weiterhin zu erforschen. Da sich beide Männer in ihren pronationalsozialistischen Äußerungen kaum unterschieden, dürfte das interne Klima in der Kammer ohnehin offen antisemitisch gewesen sein. Aber de la Camps Ausrichtung war verwaltungsaffiner und es gelang ihm besser als seinem Vorgänger, mit den verschiedenen behördlichen Akteuren ausgleichend zu kommunizieren. Die Phase der austarierten Distanz zur antijüdischen Politik nahm 1937/38 ein Ende und die Handelskammer begann, Verordnungen im Rahmen der „Arisierungspolitik" stringent und aufmerksam umzusetzen.

In so einer Atmosphäre nahm zugleich die Eigeninitiative insbesondere im Hauptamt deutlich zu. So korrespondierten Geschäftsführer Haage und der Leiter des Berliner Handelskammerbüros Eller ausführlich über die „Lücken" in der Verordnung von April 1938, die es zuließen, dass jüdischen Angestellten genehmigungsfrei Abfindungen gezahlt werden könnten und daraus Pensionsansprüche in „ganz unglaublicher" Höhe entstünden.[101] Haage wies Eller

100 Ebenda.

101 U.a. Haage an Eller, 6.10.1938, HK-Archiv, 100.B.1_19; vgl. Frank Bajohr, Handelskammer Hamburg, in: Datenbank „Die Dabeigewesenen". Von Hamburger NS-Täter/innen, Profiteuren, Denunziant/innen, Mitläufer/innen und Zuschauer/

an, mit dem zuständigen Referenten im RWM zu klären, wie diese „offensichtliche Lücke geschlossen werden“ könne. Schon kurze Zeit später konnte dieser eine „Lösung“ nach Hamburg übermitteln: Der Referent des RWM rate, bis zur Regelung des Problems, bei Kündigungen jüdischer Angestellter „aus wichtigem Grund“ anzugeben, da in diesem Falle keine Abfindung fällig werde. „Die heutige Rechtsprechung“ – so Eller – „erkenne die jüdische Qualität im allgemeinen [sic] als ‚wichtigen Grund‘ an, um daraus Rechtsfolgerungen zu ziehen“.[102] Diese Übergangslösung musste den Handelskammer-Mitgliedern jedoch nur zwei Monate empfohlen werden, bis das RWM mit einer neuen Verordnung auch genehmigungsfreien Abfindungen einen Riegel vorschob. Handelskammer-Geschäftsführer Haage trieb dennoch die Entrechtung jüdischer Vertragsnehmer weiter voran und argumentierte, im Sinne einer „Gleichbehandlung“ müssten nun auch ältere Dienstverträge ohne Abfindung und Pensionsanspruch außer Kraft gesetzt werden dürfen.[103]

Haages Verhalten wurde auch in Bajohrs Studie dokumentiert, steht es doch paradigmatisch für den Handlungsspielraum, der sich auch auf unterster Ebene der Handelskammer-Hierarchie auftat: „Von einer Zurückhaltung in der Judenpolitik, wie sie die Handelskammer in den ersten Jahren der NS-Herrschaft praktiziert hatte, war in solchen Äußerungen nichts mehr übrig geblieben. Einzelne Mitarbeiter der Handelskammer exponierten sich jetzt im antisemitischen Sinne und setzten jüdische Firmen unter Druck.“[104] So verschärfte die Handelskammer ohne Zwang ihr Vorgehen gegenüber jüdischen Geschäftsleuten.

Kurz nachdem Österreich als aussichtsreiches Betätigungsfeld für Hamburger Kaufleute diskutiert worden war (das im weiteren Verlauf aber nur von einzelnen Unternehmern tatsächlich genutzt wurde), lenkte die NS-Außenpolitik den Blick der Handelskammer auf die Tschechoslowakei. Die erzwungene „Eingliederung“ des Sudetenlandes in das Deutsche Reich im September 1938 und der Überfall auf die „Tschechei“ mit der anschließenden Errichtung des „Protektorats Böhmen und Mähren“ im März 1939 lösten unter den Kaffeehändlern Interesse an möglichen „Arisierungen“ branchenverwandter Betriebe vor Ort aus.[105] Besser organisiert als im österreichischen Fall kursier-

innen. Eine Hamburg Topografie, o. D., https://www.hamburg.de/clp/dabeigewesene-dokumente/clp1/ns-dabeigewesene/onepage.php?BIOID=768 [2. 11. 2022].

102 Eller an Haage, 13. 10. 1938, HK-Archiv, 100.B.1_19.

103 Haage an Eller, 15. 12. 1938, HK-Archiv, 100.B.1_19.

104 Bajohr, „Arisierung“, S. 230.

105 Wierling, Mit Rohkaffee handeln, S. 193.

ten nun Listen, in denen nach Branchen geordnet mögliche „Arisierungsobjekte“ aufgeführt waren. Die Listen wurden der Handelskammer von verschiedenen Seiten zugesandt, da diese die weitere Vermittlung koordinieren sollte. So wurden Firmen- und Branchenverzeichnisse über Böhmen und Mähren in der Behörde für Wirtschaft zusammengestellt, maßgeblich von Senatsdirektor Essen.[106] Ebenso übersandte Handelskammer-Mitglied Jacob Ritter, Vorstandsmitglied der Vereinigten Jute-Spinnereien und zugleich Generalkonsul von Estland, seine Kenntnisse über in Betracht kommende Firmen.[107] Priorität hatten Branchen, deren Waren für den Hamburger Außenhandel lukrativ waren, worüber die Handelskammer auch den gesamten Wirtschaftsbezirk Nordmark informierte. Im nächsten Schritt tauschte sich Präses de la Camp mit dem Repräsentanten der Dresdner Bank in Prag aus, um neben den Geschäftsübernahmen auch die Exportwirtschaft in den Protektoraten unter Leitung Hamburger Firmen auszubauen.[108]

Während einer Besprechung mit Wirtschaftsvertretern im April 1939, an der auch Kammervertreter teilnahmen, informierte Essen über die „Entjudung im Protektorat“ und die Möglichkeit, „dass sich Hamburger Firmen an der Entjudung in der Tschechei beteiligen. Es seien 4000 Firmen zu entjuden und die vorhandenen Kräfte reichen nicht aus.“[109] Damit es der „Tschechei“ nicht gelänge, aus der „Entjudung eine Tschechisierung zu machen“, organisierte der „Bevollmächtigte des Reichswirtschaftsministeriums für das Protektorat Böhmen und Mähren“ persönlich die „Germanisierung“. Im Juni 1939 reiste eine Delegation nach Prag, um die „Arisierungen“ für Hamburger Unternehmen zügig und vor allem so günstig wie möglich in die Wege zu leiten, denn bis Mitte 1940 stand zu erwarten, dass Böhmen währungs- und zollpolitisch dem „deutschen Wirtschaftskörper“ einverleibt würde.[110]

Eine entscheidende Bedingung vonseiten der Protektoratsführung lautete jedoch, Hamburger Unternehmen sollten sich vor Ort niederlassen. In Absprache mit dem Reichsprotektor und Vertretern von Reichsbank und

106 Roth, Ökonomie, S. 65 f.

107 Vgl. Wirtschaftsfragen von Böhmen und Mähren, die Hamburg unmittelbar interessieren, HK-Archiv, 78.A_15.

108 Roth, Ökonomie, S. 65.

109 Auszug aus der Niederschrift über die Besprechung mit Vertretern der Wirtschaft, am Montag, dem 17. 4. 1939 im Hause Neue Rabenstr. 31, 24. 4. 1939, HK-Archiv, I.6.F.4_17.

110 Aktennotiz, Betrifft: Besuch der Hamburger Herren, o. O. [vermutlich Böhmen], o. D. [vermutlich Mai 1939], HK-Archiv, 78.A_15; Roth, Ökonomie, S. 65. Dort auch detaillierte Angaben zu Übernahmen.

RWM sollte Präses de la Camp den Hamburger Kaufleuten klarmachen, dass sie nicht erwarten könnte, „‚eine fertig gebratene Taube' vom Hamburger Schreibtisch aus zu verzehren". De la Camp wurde angehalten festzustellen, welche Firmen ernsthaft beabsichtigten, eine Niederlassung in Böhmen und Mähren zu betreiben und dafür auch „Gelder frei machen können und wollen".[111] Damit das Hamburger Engagement dennoch nicht allzu offensichtlich geriet, sollte die tschechische Export-Gesellschaft AMEREX als „Dach- und Spitzenorganisation des sich hier niederlassenden Hamburger Handels" fungieren. Deren „nichtarische" Importfirmen würden als „Abteilungen" übernommen, ebenso die „Kollektiv-Vertreter" für den Export. Diese Handelsvertreter, von denen die Hälfte als jüdisch galt, sollten „sukzessive ausgeschaltet" werden. Um keine unnötigen ökonomischen Nachteile zu provozieren, legten die Herren fest, dass „diese Leute langsam und unter Schonung der Exportdevisenbelange durch deutsche Übersee-Kaufleute" ersetzt werden sollten. „Herr Präses de la Camp meinte, dass zu anständigen Bedingungen in Hamburg ausreichend gutes Menschenmaterial vorhanden sein würde", um die frei werdenden Stellen zu besetzen.[112] Im Hamburger Handel wurde zwar schon seit einigen Jahren über Nachwuchsmangel geklagt, aber de la Camp dürften als „Menschenmaterial" wohl jene aufstrebenden jungen Männer vor Augen gestanden haben, die nicht den hanseatischen und familiär geprägten Handelsnetzwerken entstammten, sondern die als „Auslandsdeutsche" – vom RWM wärmstens empfohlen und von der Auslandsorganisation der NSDAP vermittelt – für leitende kaufmännische Stellungen nach Hamburg kamen.[113]

Die maßgeblichen Stellen im „Reichsprotektorat für Böhmen und Mähren" blieben skeptisch, was die konkrete Ansiedlung Hamburger Firmen anging, denn die Hamburger Kaufleute schienen trotz des guten Zuredens von de la Camp zu erwarten, ohne viel Aufwand und Anreise von den „Arisie-

111 Aktennotiz, Betrifft: Besuch der Hamburger Herren, o. O. [vermutlich Böhmen], o. D. [vermutlich Mai 1939], HK-Archiv, 78.A_15.

112 Ebenda.

113 RWM an RWK (Abschrift für die IHK), 6. 8. 1938, HK-Archiv, 100.A.2_6. Dazu auch HK-Archiv, I.6.F.3.8, die Korrespondenz enthält bzgl. der Ersuchen von Handelsunternehmern, die im europäischen Ausland tätig waren und wegen schlechter Geschäftsbedingungen wieder nach Deutschland zurückkehren wollten und bei der Handelskammer um Vermittlung von zu „arisierenden" Betrieben anfragten. Die Resonanz sowohl von Firmen wie auch der Kammer auf solche Anfragen ist verhalten, zeigt aber keinerlei Berührungsängste, „Arisierungen" als kammerrelevantes Arbeitsfeld auszufüllen.

rungen" profitieren zu können.[114] Präses de la Camp sah wiederum die Kammer in der Rolle einer anbahnenden Vermittlerin, wofür sie einen eigenen Abgesandten in Böhmen unterhielt, um die Kontakte zu pflegen.[115] Weiterhin blieb auch de la Camp im engen Kontakt mit Prag, von wo ihn die Böhmische Union Bank gezielt informierte, welche „jüdischen Firmen" für eine „Arisierung" infrage kämen, und anfragte, „ob Sie oder ihre Freunde für in Frage kommende Unternehmen im Prinzip Interesse haben".[116] De la Camp signalisierte ungebrochenes Interesse der Handelskammer, aber verwies auf die mittlerweile in Hamburg geschaffenen zuständigen Stellen, insbesondere auf den „Arisierungsbeauftragten" Wilhelm von Allwörden und Senatsdirektor Essen, an die im weiteren Verlauf die aus Prag eintreffenden Anfragen und Listen weitergeleitet werden sollten. In diesem Sinne trieb der Präses auch die Erschließung weiterer Gebiete voran. Im Juni 1939 mahnte er bei von Allwörden die Entsendung eines Handelskammer-Vertreters in die „Slovakei" an, um „die erforderliche Klarheit" herzustellen.[117]

Nach Beginn des Krieges zeigte sich das Konzept der Hamburger Einzelvertretung vor Ort als nicht mehr tauglich. Um gegenüber den dortigen deutschen Behörden nicht als Konkurrenz aufzutreten, ließ der Hamburger Gauwirtschaftsberater Otte eine „Interessengemeinschaft Hamburger Firmen" gründen. Ihre Finanzierung wurde nicht mehr vom RWM, sondern durch Zahlungen der Mitgliedsfirmen aufgebracht.[118] Der von Senatsdirektor Essen geleitete „Arbeitsausschuss zur Förderung der Hamburger Wirtschaft in Böhmen und Mähren", an dem die Handelskammer vor allem koordinierend teilhatte, war ein typisches NS-Konstrukt, in dem staatliche und privatwirtschaftliche Akteure eng zusammenarbeiteten, ihre Interessen und Handlungsvollmachten miteinander verschmolzen und die Grenzen zwischen Vorgabe und Eigeninitiative aufgehoben wurden.[119]

114 U. a. im Verein der Kaffeehändler „wartete man vergeblich auf konkrete Angebote zur Arisierung vor Ort". Wierling, Mit Rohkaffee handeln, S. 194.

115 Aktennotiz, Betrifft: Besuch der Hamburger Herren, o. O. [vermutlich Böhmen], o. D. [vermutlich Mai 1939], HK-Archiv, 78.A_15.

116 Böhmische Union Bank, Prag, an de la Camp, Hamburg, 13. 6. 1939, HK-Archiv, 78.A_15.

117 De la Camp an von Allwörden, 17. 6. 1939. Im Juli wurde Geschäftsführer Zinkeisen hierfür in die „Slovakei" entsandt.

118 Eller, Senatssyndikus der Hamburger Vertretung in Berlin, an de la Camp, 15. 11. 1939, HK-Archiv, 78.A_16.

119 Senatsdirektor W. Essen, Arbeitsausschuss zur Förderung der Hamburger Wirtschaft in Böhmen und Mähren, Gründungsbericht, 11. 11. 1939, HK-Archiv, 78.A_16. Den Vorstand bildeten Wolfgang Essen als Vorsitzender, Herbert Ahl-

In den besetzten Gebieten nahm die Handelskammer zwar kontinuierlich, aber nicht systematisch an der Vernichtung der wirtschaftlichen Existenz jüdischer Gewerbetreibender teil. Das war anders in Hamburg, wo die Handelskammer als örtlich zuständige Interessenvertretung über mehr Handlungsspielraum, Einfluss und Daten verfügte. In ihrem Jahresbericht 1939 stellte die Abteilung VIII, Rechts- und Gerichtswesen der Handelskammer, befriedigt fest: „Die Entjudung der Wirtschaft wurde auch im Berichtsjahr konsequent weiter durchgeführt."[120] Zuvor war das Plenum über die genauen Vorgänge bei der Bearbeitung von „Entjudungsanträgen" informiert worden. Mit Stolz ließ die Abteilung wissen, mit welchem Nachdruck sie jedes Schlupfloch für jüdische Gewerbetreibende geschlossen hatte:

> „Die Kammer hat sich auch erneut mit der Beseitigung des Missstandes befasst, wonach Juden, deren Gewerbebetrieb freiwillig oder gemäß Verordnung vom 3. 12. 1938 zwangsweise entjudet worden ist, nach wie vor mit Erfolg den Versuch machen, Handelsgeschäfte jeder Art (Maklergeschäfte, Agenturgeschäfte, Kommissionsgeschäfte, conto à meta-Geschäfte) zu schließen. Die Juden haben sich bei ihrem Geschäftsgebaren darauf berufen, dass ein Verbot, nach dem sie auf Grund ihres alten Gewerbescheins nicht weiter tätig sein dürften, nicht bestehe. Die von der Kammer unternommenen Schritte hatten den Erfolg, dass die Gewerbepolizei ersucht worden ist, den Inhabern entjudeter Firmen den Gewerbeschein zu entziehen."[121]

Im folgenden Jahr sollte der Großhandel endgültig „arisiert" sein. Hierfür stellte die Kammer Ende 1939 bei der Verwaltung für Handel, Schiffahrt und Gewerbe einen Antrag „zur zwangsweisen Abwicklung der jüdischen

born (Fa. Hauschild & Co.) als stellvertretender Vorsitzender, Wirtschaftsprüfer Tidemann Lemberg als Schriftführer, Joachim Overbeck von der Dresdner Bank als Kassenführer. Die Mitgliederliste führte auf: Afrikanische Frucht-Compagnie, Deutscher Ring Lebensversicherung AG, Lederwerke Wiemann, Holsatia-Werke Heinz Meyer KG, Wm. Klöpper AG, Gustav Ruth Temperel-Werke, J. H. Lütten & Sohn, Henry Unger, Otto Embden & Co., Sociedad Vinicola Eicke & Co., Deutsche Maizena Werke AG, Karl Schweighöfer, P. Beiersdorf & Co.; A. Rudolf Meyerkort, Bromberg & Co. Vgl. auch Roth, Ökonomie, S. 68 f.

120 Jahresbericht 1939/Berichte der Abteilungen/Ersuchen um Übersendung der Jahresberichte, HK-Archiv, I.6.P.3_35.

121 Bericht der Abteilung V, Niederschrift über die Plenarsitzung am Freitag, 27. 10. 1939, HK-Archiv, I.6.P.3_35.

Großhandelsfirmen".[122] Sowohl den Geschäftsführern der Handelskammer als auch der Wirtschaftskammer Nordmark lag die Vollständigkeit dieser Abwicklung besonders am Herzen, denn viele Firmen seien zwar schon liquidiert, aber ein „definitives" Ende sei noch nicht absehbar.[123] Um dies zu beschleunigen, schlugen die Kammer-Geschäftsführer vor, die verbliebenen „jüdischen Gewerbebetriebe in einer geschlossenen Aktion zwangsweise abzuwickeln und zur Löschung zu bringen". Vorab würde die Wirtschaftskammer dafür sorgen, „die noch etwa vorhandenen Lagerbestände der in Betracht kommenden jüdischen Grosshandelsfirmen vor unsachgemäßer Verwertung" zu sichern.[124]

In den kammerinternen Abläufen waren jüdische Unternehmer längst nur noch Zahlen, die es gen null zu treiben galt. Die Pläne hierfür mussten aber immer einer Kosten-Nutzen-Rechnung standhalten. Denn als sich kurze Zeit später herausstellte, dass von den 73 erfassten „jüdischen Großhandelsfirmen" lediglich knapp 20 noch aktiv handelten, beschloss die Abteilung VIII der Handelskammer, dass eine „Generalaktion" nicht notwendig sei, sondern eine weitere Überprüfung in sechs Monaten ausreiche. Schließlich seien die „wesentlichen jüdischen Firmen in Industrie und Großhandel arisiert" und die verbliebenen würden nach und nach folgen.[125] Damit war nichts anderes gemeint, als den Plan zur „Entjudung des Großhandels" durch den absehbaren Gang der Dinge erledigen zu lassen.

Nach der Verdrängung von Juden aus wirtschaftlichen Positionen folgte im nächsten Schritt die Verhinderung jeder weiteren wirtschaftlichen Betätigung und die Ausweitung der Vernichtungspraxis auf sogenannte Mischlinge. Nicht trotz der schwierigen Kriegssituation, sondern vermutlich durch diese radikalisiert, setzten die Handelskammer-Abteilungen ihre Ausgrenzungs- und Vernichtungspraxis auf jeder Ebene ihrer Zuständigkeit fort. Im Sommer 1944 übernahm die Kammer von der Gauleitung Listen mit Betrieben, in denen „Mischlinge" tätig waren und die für schwere kriegswichtige Arbeiten ausgesondert werden sollten.[126] Die Abteilung Handel übernahm die

122 Wirtschaftskammer Nordmark an IHK Hamburg, 15.1.1940, HK-Archiv, 100.B.1_37.

123 IHK Hamburg, Abteilung VIII, an Wirtschaftskammer Nordmark, 15.2.1940, HK-Archiv, 100.B.1_37.

124 Wirtschaftskammer Nordmark an IHK Hamburg, 22.6.1940, HK-Archiv, 100.B.1_37.

125 Notiz IHK, 3.7.1940, HK-Archiv, 100.B.1_37.

126 Littmann, Ausländische Zwangsarbeiter (2006), S.606f.

Aufgabe, sogenannte Verpflichtungszuweisungen zu versenden und Einsprüche der betroffenen Angestellten entgegenzunehmen.[127] Schon kurz danach wurde der Kammer mitgeteilt, ihre Auswahlarbeit einzustellen, da nach Erlass des Reichsführers SS „männliche Mischlinge I. Grades und jüdisch Versippte geschlossen zum Baueinsatz der OT herangezogen, körperlich hierzu ungeeignete und weibliche Mischlinge zu manueller Arbeit in geschlossenen Gruppen" eingesetzt würden. Eine Weiterbeschäftigung im bisherigen Betrieb war demnach möglich, „wenn es sich um körperliche Arbeit handelt"; alle Betroffenen sollten „in Lägern zusammengezogen [werden], damit hier über den Wohnraum verfügt werden kann".[128] Ende 1944 ordnete das Reichserziehungsministerium in einem streng vertraulichen Vermerk an, „Mischlinge ersten Grades vom Besuch der Berufsschule" auszuschließen.[129] Zur Umsetzung empfahl die RWK, „sie auch nicht mehr zur Kaufmannsgehilfenprüfung" zuzulassen, sondern ihnen nur noch eine Ausbildungsbescheinigung auszustellen. Die Handelskammer Hamburg antwortete zügig, der Empfehlung Folge zu leisten.

Die hier geschilderten Vorgänge verdeutlichen, dass der Prozess zur Vernichtung der wirtschaftlichen Existenz jüdischer Gewerbetreibender weder einheitlich noch in Gänze von oben gesteuert war. Obwohl die antisemitische Verdrängungs- und Vernichtungspolitik die oberste Priorität im NS-Regime bildete, gab es zunächst keinen umfassenden Plan ihrer Umsetzung, zumal nicht auf lokaler Ebene. Wie in anderen Regionen und Städten zeigte sich auch in Hamburg ein Muster in der antisemitischen Politik, nach dem zunächst Juden in repräsentativen, öffentlich sichtbaren Positionen markiert, angegriffen und dann vertrieben wurden. Von dort aus griffen die Vorhaben und Maßnahmen Schritt für Schritt und mit großer Sorgfalt tiefer in die Gewerbe- und Berufsstrukturen der Stadt ein. In Hamburg wurde wie vielerorts zunächst vor allem der Einzelhandel „arisiert", während der Großhandel erst zu Kriegszeiten in den Fokus der Handelskammer rückte. Handelskammer-Mitarbeiter konnten genau verfolgen und beeinflussen, wie sich die antijüdische Politik radikalisierte und wie sich sukzessiv die Kriterien zum Ausschluss und zur Vernichtung ausweiteten. Daran wirkten sie selbst mit.

127 Geschäftsführerbesprechung der Abteilung Handel, 25. 10. 1944, StAHH, 371-15/1.

128 Notiz zur Geschäftsführerbesprechung der GWK am 19. 10. 1944, angefertigt am 23. 10. 1944, StAHH, 621-1_72 Blohm+Voss 342 Bd. 4.

129 Vermerk von Rudolf Blohm, streng vertraulich, 20. 12. 1944, StAHH, 621-1_72 Blohm+Voss 341 Bd. 2.

3.3 Die Ausbeutung der besetzten Gebiete

Zu den offensichtlichsten NS-Verbrechen während der Kriegszeit gehörte die „Hungerpolitik" in den besetzten sowjetischen Gebieten.[130] Um den eigenen „Lebensraum" zu erweitern und die deutsche „Volksgemeinschaft" ernähren zu können, wurden nach dem Überfall auf die Sowjetunion im Sommer 1941 die fruchtbaren Gebiete im Südosten des Landes ausgebeutet. Der Hungertod von Millionen Sowjetbürgerinnen und -bürger wurde hierbei nicht nur in Kauf genommen, sondern von den zuständigen deutschen Behörden schriftlich festgehalten und kalkuliert.[131] Neben der Vernichtung der europäischen Juden bildete die Nahrungsmittel- und Rohstoffversorgung des Deutschen Reiches aus den besetzten Gebieten einen zentralen verbrecherischen Komplex, in den die Wehrmacht sowie Unternehmer, Wirtschaftsfachleute und Ministeriumsmitarbeiter eingebunden waren. In vielen Fällen konnten im Nachhinein kaum justiziable Taten nachgewiesen werden. Aber die Täterforschung widmet sich auch den Grauzonen gerichtlicher Belangbarkeit, wo Mitwisserschaft und Ermöglichung von Verbrechen einen großen Raum an Handlungsmöglichkeiten ließen. In so einer Grauzone bewegte sich neben einzelnen Handelskammer-Mitgliedern nachgewiesenermaßen auch Gustav Schlotterer, der für die von der Hamburger Handelskammer orchestrierte Ostexpansion eine wichtige Rolle spielte.

Schlotterer war NSDAP-Mitglied der ersten Stunde und hatte nach kurzer Zeit in führender Position beim nationalsozialistischen *Hamburger Tageblatt* den Karrieresprung in politische Machtpositionen geschafft: 1933 zunächst als Gauwirtschaftsberater der Hamburger Gauleitung und Regierungsdirektor im Hamburger Senat und ein Jahr später als Präsident der Behörde für Wirtschaft.[132] Schon zu dieser Zeit pflegte Schlotterer Kontakte zur Handelskammer, die nach seinem Wechsel 1935 nach Berlin ins Reichswirtschaftsministerium für die Kammer noch wichtiger wurden. Denn im RWM war Schlotterer zunächst Referent für Südamerika, ab 1937 Referent in der Gruppe

130 Siehe Christoph Dieckmann/Babette Quinkert (Hrsg.), Kriegführung und Hunger. 1939–1945: zum Verhältnis von militärischen, wirtschaftlichen und politischen Interessen, Göttingen 2015.

131 Vgl. u. a. Wirtschaftspolitische Richtlinien für Wirtschaftsorganisation Ost, Gruppe Landwirtschaft, in: Der Prozess gegen die Hauptkriegsverbrecher vor dem Internationalen Militärgerichtshof. Nürnberg, 14. November 1945–1. Oktober 1946, Bd. 36, Nürnberg 1949, Dok. 126-EC, S. 135–157.

132 Brunecker/Rak, Dr. Gustav Schlotterer, S. 226.

Außenhandel der Vierjahresplan-Behörde und ab 1941 mit leitender Funktion in der Ostabteilung des RWM und der Wirtschaftsabteilung im Ostministerium. In diesen Funktionen hatte Schlotterer für die „Handelsmöglichkeiten" der gewerblichen Wirtschaft in den besetzten Ostgebieten zu sorgen und war über die Ausbeutungs- und Vernichtungspläne der NS-Führung informiert. Schlotterer ist zudem von besonderer Bedeutung, weil er ab 1938 vonseiten der Handelskammer als Verbindungsmann in Berlin genutzt wurde, um die Handelsgeschäfte auch mit Afrika und Übersee ausbauen zu können.[133]

Ein wichtiger Akteur während der Ausbeutung der besetzten Gebiete im Osten war auch ↑Max Peperkorn, der ab 1938 als Mitglied im Handelskammer-Plenum saß, 1942 zum Leiter des neuen Sachdezernats „Einsatz in den besetzten Gebieten" ernannt wurde und von 1943 bis 1944 auch als Vizepräses amtierte. Peperkorn, Jahrgang 1893, trat 1922 in die 1852 gegründete Im- und Exportfirma van Dissel, Rode & Co. ein, wo er 1936 auch Teilhaber wurde. Schon 1928 war Peperkorn in die NSDAP eingetreten, womit er dem Ideal eines „alten Partei-Kämpfers" entsprach. Der Hamburger Gau führte ihn als offiziellen Redner und Spezialisten für Wirtschaftspolitik. Außerdem fungierte er in der Hamburger Gauleitung als Beauftragter der Volksdeutschen Mittelstelle Berlin, ein Amt, das über die angebliche rassische Eignung von Menschen in den besetzten Gebieten befand, die als Volksdeutsche in das Deutsche Reich einwandern konnten. Mit einem ähnlichen Thema befasste sich Peperkorn auch ab 1935 als stellvertretender Leiter und ab 1937 als Landesleiter des Volksbunds für das Deutschtum im Ausland (VDA).[134] Durch den VDA holte Peperkorn „volksdeutsche Nachwuchskräfte" nach Hamburg, die in Sammelunterkünften für den Export ausgebildet und dann bei Firmen aus ihren Herkunftsländern oder mit Bezug dorthin untergebracht wurden.[135]

133 StAHH, 371-8 II_SXXXIII_C_58 Reederei Laeisz GmbH Afrikanische Fruchtcompagnie, 1935–38; HK-Archiv, I.6.F.4_8 Regelmäßige Besprechungen zwischen der Behörde für Wirtschaft und der Handelskammer, 1933–35 sowie _26 Geschäftsverkehr mit dem Reichswirtschaftsminister, 1939–1942; HK-Archiv, 78.B.2_52 Exportsteigerung nach Westafrika durch den Ausbau der Niederlassungen deutscher Firmen, 1934–1939; HK-Archiv, 78.J.1 Fragen der Außenwirtschaft und Kolonialprobleme. Aufzeichnungen des Herrn Präses de la Camp hierzu 1938; HK-Archiv, 94.A.1_59.5 Februar–März 1940.

134 1944 legte Peperkorn „in Übereinstimmung mit dem Gauleiter" und der „Reichsleitung in München" seine Ämter im VDA nieder, um sich „in Zukunft besonders intensiv den wirtschaftspolitischen Aufgaben Hamburgs zu widmen". Peperkorn an GWK Hamburg, 29.9.1944, HK-Archiv, Plenarierakten, Nr. 552 Max Peperkorn.

135 Auszug aus der Niederschrift über die Besprechung mit Vertretern der Wirtschaft, am 17.4.1939 im Hause Neue Rabenstr. 31, 24.4.1939, HK-Archiv, I.6.F.4_17.

An Peperkorns nationalsozialistischer Überzeugung gibt es wenig Zweifel, zumal Peperkorn 1937 auch in die SS eintrat, ein Unterfangen, das obligatorisch mit zahlreichen Befragungen und Überprüfungen der ideologischen Zuverlässigkeit einherging. Nach Kriegsbeginn beteiligte sich die Firma van Dissel am sogenannten Osteinsatz und wurde als Bezirksfirma im Generalgouvernement eingesetzt, wo sie von Saporoshje den Transport wichtiger Rohstoffe nach Deutschland mitorganisierte.[136]

Der Fall Peperkorn zeigt auch besondere Facetten der persönlichen Vorteilsnahme und veranschaulicht, wie wenig in der „Volksgemeinschaft" jene Gleichbehandlung praktiziert wurde, die sie ideologisch versprach. Stattdessen herrschten Konkurrenz, Nepotismus und Habgier und vor allem Parteimitglieder genossen Vorteile. Zu verschiedenen Gelegenheiten profitierte Peperkorn von der Tatsache, dass er sowohl engagiertes Parteimitglied, „im Osten" aktiver Unternehmer und Funktionsträger in der Handelskammer war. So erhielt die Firma van Dissel, Rode & Co. im November 1941 einen Kredit über 200 000 RM, der teils von Gauwirtschaftsberater Wolff und teils von Kaufmanns „Hamburger Stiftung von 1937" aufgebracht wurde.[137] Van Dissels Begünstigung dürfte im unmittelbaren Zusammenhang mit Peperkorns besonderem Engagement in den besetzten Gebieten in Jugoslawien und in der Ukraine sowie mit seiner einwandfrei nationalsozialistischen Haltung gestanden haben. Demnach wurden die besetzten Gebiete als Kolonien betrachtet, wo nach eigener Aussage „Pionierarbeit" geleistet wurde, um die „vollkommen zerstörte oder absolut nicht vorhandene Wirtschaft [...] auf die Beine zu stellen".[138]

Nachdem Peperkorn im Sommer 1942 während des Großangriffs auf Hamburg ausgebombt worden war, setzte sich Gauleiter Kaufmann persönlich für seine Versorgung ein.[139] Im September war ein Anwesen in Lehmsahl-Mellingstedt gefunden worden, das von seinen vormaligen jüdischen Besitzern „ver-

136 Vgl. Bericht über die Tätigkeit der Kammer auf dem Gebiete des Osteinsatzes, 14. 11. 1942, StAHH, 621-1_72 Blohm+Voss 1404 Bd. 19. Das Vorgehen der Hamburgischen Bezirksfirmen vor Ort, das Ausmaß der damit verbundenen Ausbeutung und Vertreibung steht im Mittelpunkt der mittlerweile abgeschlossenen Dissertation von Felix Matheis, „Hanseaten im Osten".

137 Gewährung eines Kredits an die Firma van Dissel, Rode & Co. Nachf. (1941–45), StAHH, 614-2/13_20.

138 Bilanzbericht (van Dissel, Rode & Co.) per 31. 12. 1941, StAHH, 614-2/13_20.

139 Schreiben der Gemeindeverwaltung Hamburg – Kämmerei vom 8. 9. 1942, StAHH, 311-3 I Abl. 1959 416-1/3 Beschaffung eines Grundstücks aus ehemals jüdischem Besitz in Lemsahl-Mellingstedt, Ulmenweg 6, durch den Oberfinanzpräsidenten für den ausgebombten Ratsherrn Max Peperkorn, 1942–43.

wahrlost" zurückgelassen worden sei und nun so schnell wie möglich dem Ratsherrn Peperkorn „zugewiesen" werden solle. Anscheinend wollte Kaufmann Peperkorn das Grundstück ohne Bezahlung überlassen, wogegen sich die Oberfinanzdirektion, die über das Grundstück „verfügte", wehrte und stattdessen auf einen korrekten Durchgang des Verwaltungsaktes bestand. Peperkorn stellte einen Antrag, das Haus an ihn zu verkaufen. Allerdings entstanden in den folgenden Wochen einige Uneinigkeiten zwischen Verwaltung und Gauleitung, da zu diesem Zeitpunkt der Verkauf solcher Grundstücke an bestimmte Voraussetzungen des Käufers gebunden war. Unter anderem sollten Verwundete und Invalide des Ersten Weltkrieges vorrangig berechtigt sein. Peperkorn wies offenbar erfolglos auf seine schwere Verwundung von 1917 hin, denn im Oktober lag der Vorgang dem Ministerialrat des Reichsfinanzministeriums in Berlin vor, der Peperkorns Antrag ablehnte. Dort beeindruckte niemanden die besondere Rolle Peperkorns für die Hamburger Nationalsozialisten, bis sich Kaufmann persönlich einsetzte und seine Berliner Kontakte nutzte. Staatssekretär Reinhard genehmigte schließlich den Verkauf des Grundstücks an Peperkorn für 28 400 RM.[140] Der Vorgang wies auf den ersten Blick keine Verbindung zur Handelskammer auf, aber stellt den notwendigen Hintergrund her, um Peperkorns Agieren innerhalb der Kammer zu bewerten. Denn mit Peperkorn nahm ein überzeugter Nationalsozialist und das NS-Regime aktiv unterstützender Unternehmer in der Handelskammer hohe Posten ein.

Mit Kriegsbeginn rückten weitere Teile Osteuropas in den Blick der Handelskammer. Der im November 1939 gegründete „Arbeitsausschuss zur Förderung der Hamburger Wirtschaft in Böhmen und Mähren" konnte zwar Geschäftsniederlassungen vor Ort in die Wege leiten, musste aber insgesamt feststellen, wie sehr die Seeblockaden und das durch Kriegsdienst dezimierte Personal auch hier die Möglichkeiten einschränkten.[141] Nach dem deutschen Überfall auf Polen und der Einrichtung des Generalgouvernements taten sich weitere Möglichkeiten auf. Anfang 1940 erreichten das Handelskammer-Plenum erste Informationen über dessen wirtschaftliche Struktur. Ernüchtert musste man zur Kenntnis nehmen, dass Städte wie Hinterland im „wesentlichen abhängig von der agrarischen Basis" seien, die aber „keineswegs sehr intensiv betrieben" werde.[142] Zwar würden nun im Generalgou-

140 Ebenda.

141 Roth, Ökonomie, S. 68.

142 Niederschrift über die Plenarsitzung, 12. 1. 1940, StAHH, 621-1_72 Blohm+Voss 1410 Bd. 2 („Anwesend die Herren de la Camp, Dr. Mandt, Blohm, Kruse, Mergell, Breme, Brettschneider, Foerster, Hamann, Hübbe, Krüger, Lassalle, Laeisz, Mörk,

vernement „Volksdeutsche“ aus dem Baltikum angesiedelt, aber diese seien größtenteils aus der städtischen „Intelligenz“; von den „Volksdeutschen aus Russland“ würden die meisten wiederum ins „Altreich überführt werden“, um in der Landwirtschaft zu arbeiten. Hinzu kämen Kompetenzstreitigkeiten der örtlichen Behörden, sodass die aus Hamburger Wirtschaftskreisen geplanten Projekte mit einem Wert von 22 Mio. RM vor Ort nicht unterzubringen seien. Das Protokoll hielt fest, dass nur für den Einzelhandel und das Handwerk günstige Aussichten bestünden und es noch „eine lange Zeit“ dauern werde, „bis ganz allmählich die Wirtschaft dort auf einem höheren Lebensstandard gebracht und soweit entwickelt sei, dass Handel und Industrie im großen Umfang arbeiten könnten“.[143]

Vor diesem Hintergrund hatte der Besuch von Vertretern der Danziger Industrie- und Handelskammer im März 1940 große Bedeutung, da dort der Warenumschlag für Hamburger Firmen erhöht werden sollte. Der Danziger IHK-Präsident warb beim Hamburger Plenum um Investitionen, denn „durch den Abzug der Polen und Juden aus Danzig [ist] dort tatsächlich ein erheblicher Bedarf an Kaufleuten entstanden […], den Danzig selbst nicht befriedigen kann“.[144] Hamburger Unternehmen könnten sich am besten mit einer finanziellen Beteiligung an bestehenden Danziger Firmen vor Ort engagieren, während Danzig zusicherte, seine Importe in Hamburg abzunehmen und keine eigenen Überseeverbindungen zu schaffen. Der Hamburger Gegenbesuch in Danzig fand erst im November 1941 statt, nachdem deutsche Truppen die Sowjetunion überfallen hatten und die Verkehrswege Richtung Osten nun auch wieder für Zivilpersonen unkompliziert zu nutzen waren.[145] Anschließend versicherte de la Camp den Danzigern, bei der Umstellung ihrer wirtschaftlichen Struktur, nachdem Juden und Polen hinausgedrängt oder deportiert worden waren, zu helfen, indem er Hamburger Firmen auf die Gelegenheiten in Danzig aufmerksam mache.[146]

Während mit dem Reichsgau Danzig relativ unkomplizierte inländische Geschäftsbeziehungen gepflegt wurden, setzten die Investitionen im besetz-

Münchmeyer, Peper, Pohl, Dr. Ritter, Schaefer, Dr. Schlinck, Vering, Vogler, Zech, Wirtz; Dres. Leuckfeld, Bosch, Eller, Repenning, Marwedel, Meisel, Stenzel, Zinkeisen, Weniger, Humann sen., Maier, Dettmar, Jacubowsky, Referandar Stüver“).

143 Niederschrift über die Plenarsitzung, 12.1.1940, StAHH, 621-1_72 Blohm+Voss 1410 Bd. 2.

144 Niederschrift über die Plenarsitzung, 19.4.1940, StAHH, 621-1_72 Blohm+Voss 1410 Bd. 2.

145 Zusammenarbeit der IHK Hamburg und Danzig, HK-Archiv, I.6.F.7_6.

146 De la Camp an Mohr, IHK Danzig, 15.11.1941, HK-Archiv, I.6.F.7_6.

ten Polen eine größere Koordination voraus. Ab Mai 1940 wurden Großhandelsfirmen aus Hamburg im Generalgouvernement zugelassen, koordiniert von einer „Gesellschaft der Kaufleute in Polen GmbH“, die sich um den kommissionsweisen Einkauf und die Verteilung auf die Firmen kümmerte sowie um die Übernahme von Vertretungen für die Firmen, die Erledigung der Zollabfertigung und Devisenangelegenheiten.[147]

Ganz anders wiederum gestalteten sich die Handelspläne in den besetzten Gebieten West- und Nordeuropas. Zum einen stand Hamburg seit Jahren in Konkurrenz mit den Hafenstädten Rotterdam und dem belgischen Antwerpen sowie anderen niederländischen und auch norwegischen Handelsstädten, die es unter Kriegs- und Besatzungsbedingungen endlich auszuhebeln galt. Zum anderen hatten schon die wenigen Erfahrungen in den besetzten Ostgebieten gezeigt, dass es mehr brauchte als die Verfügung über einzelne Handelsniederlassungen, um den Hamburger Gesamtumsatz anzukurbeln. Die Kriegssituation sollte Hamburg vielmehr eine Vorrangstellung unter den europäischen Häfen ermöglichen, wofür Kaufmann und die Hamburger Handelskammer schon bald nach den Eroberungen und Besetzungen im Westen zahlreiche Aktivitäten entfalteten.

Kurz nach dem Einmarsch deutscher Truppen übernahm Hamburgs Gauwirtschaftsberater Carl Otte im April 1940 die Leitung der Hauptabteilung Volkswirtschaft beim Reichskommissar für die besetzten norwegischen Gebiete, von wo er deren Außenhandel Richtung Deutschland lenkte. In der Folge ließen sich Hamburger Firmen in Dänemark, Finnland, Norwegen und Schweden nieder. Die norwegische Fischerei wurde zu Kooperationsabkommen mit der Hamburger Fischwirtschaft gezwungen und schon im September 1940 wurde in Oslo eine Deutsche Handelskammer gegründet.[148] Noch während des Frankreichfeldzuges hatte die Handelskammer Hamburg bei verschiedenen Außenhandelsfirmen eine Umfrage gestartet, um einen „Überblick über einen etwaigen Einsatz Hamburger Kaufleute in besetzten Westgebieten“ zu haben.[149] Mit diesem Material sollte eine „Auswahl geeigneter Herren für die Aufstellung verschiedener Wirtschaftstrupps“, die von der Devisenabteilung und Rüstungsinspektion X vorgenommen würde, erleich-

147 Niederschrift über die Plenarsitzung am 31. 5. 1940, StAHH, 621-1_72 Blohm+Voss 1410 Bd. 2.
148 Roth, Ökonomie, S. 70.
149 Jahresbericht 1940, Tätigkeitsberichte einzelner Abteilungen, Bericht Transithandel, HK-Archiv, I.6.P.3_36.

tert werden. Im September 1940 beriet das Plenum der Handelskammer über die Aufnahme von Geschäftsbeziehungen zu holländischen Firmen.[150]

Beteiligungen von Hamburger Firmen an holländischen Firmen schienen eine zweischneidige Angelegenheit. Sogar die deutschen Dienststellen vor Ort zögerten, deutsche Beteiligungen zuzulassen, weil sie eine Abwanderung der Firmen befürchteten. De la Camp äußerte wie so oft die Sorge, durch solche Beteiligungen würde Hamburger Personal abgezogen. Er bevorzuge stattdessen, „alle Kräfte in Hamburg zu konzentrieren, um auf diese Weise das Wiederaufleben Rotterdams zu bekämpfen".[151] Die Mehrheit des Plenums sprach sich dafür aus, die holländischen Häfen zu entmachten und zu reinen „Speditionsplätzen" zu degradieren. Schwierigkeiten würde hierbei die „deutschfeindliche[] Einstellung der Holländer" bereiten. De la Camp und Mergell hielten abschließend fest, eine „Konzentration der Kräfte in Hamburg" sei der beste Weg, ohne die Möglichkeiten „einer Holland-Beteiligung" aus dem Auge zu lassen, „zumal dort nach Kriegsende vielleicht zahlreiche geschäftliche Zusammenbrüche zu erwarten seien". Die Siegesgewissheit, mit der Handelskammer-Vertreter niederländische Firmen und Handelsplätze für sich reklamierten, wurde durch die Reise einer Hamburger Delegation in die besetzten Niederlande im Oktober 1940 gedämpft. De la Camp und sein Hauptgeschäftsführer Zinkeisen wollten an den Rheinmündungshäfen erkunden, welche Chancen für Hamburger Kaufleute bestanden. Nach Hamburg berichteten sie, immerhin würden schon „Arisierungen" anlaufen. Ansonsten musste man ernüchtert feststellen, dass Antwerpen, Rotterdam und Amsterdam modernere Häfen hatten als Hamburg und zudem als europäische Umschlag- und Handelsplätze aufgewertet werden sollten.[152] Während der folgenden Plenarsitzungen der Handelskammer formulierten die Mitglieder ihre „Sorge", Hamburg könne ins Hintertreffen geraten und nicht genug an der „Arisierung" teilhaben.[153]

Noch pessimistischer stimmten die Aussichten für Belgien und Frankreich. Im November 1940 berichtete ↑Rudolf Blohm dem Plenum von seiner Reise durch das besetzte Gebiet und schätzte „die Möglichkeit einer Beteiligung deutscher Firmen an den belgischen Kolonialunternehmungen" negativ

150 Niederschrift über die Plenarsitzung am 27. 9. 1940, StAHH, 621-1_72 Blohm+Voss 1410 Bd. 2.
151 Ebenda.
152 Niederschrift über die Plenarsitzung am 2. 10. 1940, StAHH, 621-1_72 Blohm+Voss 1405 Bd. 17. Vgl. auch Roth, Ökonomie, S. 74.
153 Roth, Ökonomie, S. 73.

ein, „da etwa ¾ der letzteren von der Societé Generale Belgique beherrscht würden, deren Weiterbestehen wahrscheinlich sei".[154] In Frankreich seien die Beteiligungsmöglichkeiten deutscher Firmen noch begrenzter, da die „Arisierung [...] ausschließlich den Franzosen überlassen" werde; hinzu kämen „sehr lebhafte" Bemühungen der rheinischen Industrie, die die Hamburger Position schwächten.

Bis zum Ende des Jahres zeichnete sich endgültig ab, dass Hamburgs Handelsmöglichkeiten in Westeuropa eingeschränkt bleiben würden. Immerhin konnten einzelne Handelskammer-Vertreter Einfluss auf Unternehmen in Westeuropa nehmen, indem sie die „Feindvermögensverwaltung" übernahmen.

Die Verordnung über die Behandlung von Feindvermögen trat in Deutschland im Mai 1940 in Kraft, nachdem Frankreich und Großbritannien ihre Maßnahmen gegen deutsches Vermögen in ihren Ländern schon ergriffen hatten.[155] Bis zu diesem Zeitpunkt hatte in den Ministerien Zurückhaltung vorgeherrscht, um deutsches Vermögen im Ausland zu schützen. Denn aus den Erfahrungen während des Ersten Weltkrieges wusste man, dass eine Liquidierung feindlichen Vermögens in Deutschland den unmittelbaren Verlust deutschen Vermögens im Ausland zur Folge hatte – dazu zählten neben nicht unbeträchtlichen Summen auch wichtige aktuelle oder potenzielle Handelsposten. „Sicherstellungen" (wie solche Liquidierungen hießen) sollten nur als Reaktion auf entsprechende Schritte im Ausland stattfinden. Deshalb sollten die für den Export so wichtigen Auslandsanlagen erhalten bleiben und nicht riskiert werden, dass Feindstaaten auf etwaige Enteignungen in Deutschland mit Gegenmaßnahmen reagieren würden.[156] Zudem sollten die USA keine weiteren Gründe an die Hand bekommen, in den Krieg einzutreten, und neutrale Staaten, die eine Enteignungspolitik in Deutschland als Teil eines Handelskrieges wahrnehmen würden, sollten wohlwollend gestimmt werden. Vor allem die Reichsbank befürchtete im Falle von Enteignungen, dass die Neutralen anschließend deutlich weniger bereit wären, Waren auf Kredit nach Deutschland zu liefern.[157]

154 Niederschrift über die Plenarsitzung am 9. 11. 1940, StAHH, 621-1_72 Blohm+Voss 1410 Bd. 2.

155 Dies und das Folgende nach Lindner, Reichskommissariat, S. 162–166.

156 Philipp Gassert, Keine rein geschäftliche Angelegenheit. Die „Feindvermögensfrage" und die Auseinandersetzungen um die amerikanischen Investitionen im Dritten Reich, in: Manfred Berg/Philipp Gassert (Hrsg.), Deutschland und die USA in der internationalen Geschichte des 20. Jahrhunderts. Festschrift für Detlef Junker, Stuttgart 2004, S. 339–363, hier S. 352 f.

157 Lindner, Reichskommissariat, S. 36.

Nach dem Frankreichfeldzug sollte die Feindvermögensverordnung für das „Großdeutsche Reich“ inklusive der neuen Ostgebiete sowie das Protektorat Böhmen und Mähren festlegen, wessen Vermögen als „feindlich“ einzustufen und von deutscher Seite zu „verwalten“ war. Im Sommer 1940 betraf dies Staatsangehörige oder juristische Personen aus Großbritannien, Frankreich, Ägypten, Sudan, Irak, später auch aus der Sowjetunion und den USA. Als zentrale Stelle zur Lenkung der Verwaltung belgischer, britischer, französischer, niederländischer und norwegischer Unternehmen wurde das Amt des Reichskommissars für die Behandlung feindlichen Vermögens eingerichtet. Vorgesetzte Behörde war das Reichsjustizministerium, das zusammen mit dem Auswärtigen Amt sowie dem RWM und dem Reichsfinanzministerium die Vermögenskontrollen steuerte. Vermögensverwalter wurden nicht von den Behörden direkt, sondern auf deren Antrag durch das zuständige Oberlandesgericht eingesetzt. Dieser Ablauf erhöhte die Chancen der örtlichen Einflussnahme, denn die Verwalter sollten nach Möglichkeit aus den betroffenen Unternehmen selbst kommen oder nahestehende Personen sein. Vorrangiges Interesse der Feindvermögensverwaltung galt „der deutschen Kriegswirtschaft, in die [die Unternehmen] nicht selten schon eingespannt waren“, und die es galt, „möglichst wenig zu stören und Interessenten oder Konkurrenten fernzuhalten“.[158]

Schon im Sommer 1940 wurden aber Forderungen etwa in der Vierjahresplan-Behörde lauter, feindliches Vermögen zu liquidieren. Im Sinne dieser „Germanisierungspolitik“ gingen die Besatzungsbehörden vor allem in den Ostgebieten vor, wo Unternehmen an die Haupttreuhandstelle Ost und nicht an die Feindvermögensverwaltung übergeben wurden.[159] Als 1941 die USA in den Krieg eintraten, verschärften sich die Diskussionen zwischen den Ministerien und Behörden bezüglich des Feindvermögens. Auf der einen Seite gab es im RWM und in der Parteikanzlei jene, die feindliches Vermögen liquidieren wollten. Auf der anderen Seite waren jene im Reichsjustizministerium oder auch Gustav Schlotterer im RWM, die eine pflegliche Behandlung wollten. Deren Befürchtungen, ähnliche Maßnahmen würden auch auf feindlicher Seite ergriffen, führten sogar dazu, dass auch das Vermögen von „Juden mit feindlicher Staatsangehörigkeit“ treuhänderisch verwaltet und nicht liquidiert wurde. Für die deutsche Wirtschaft ging es um hohe Investitionssummen, die mit den ausländischen Unternehmen im Verlauf der 1930er Jahre ins

158 Ebenda, S. 163.
159 Ebenda.

Land gekommen waren und die in der Spitze Unternehmen wie Ford, Kodak, Opel, Rhenania-Ossag oder Unilever betrafen.[160]

Auf Grundlage dieser Verordnung nahmen Hamburger Unternehmer und Handelskammer-Mitglieder nicht nur Verwaltungstätigkeiten in Deutschland, sondern auch in den besetzten Gebieten wahr. So wurde ↑Max Peperkorn zum Feindvermögensverwalter der niederländischen Handelsfirma N.V. Mirandolle, Voute & Co. in Amsterdam ernannt. Vor Ort beschäftigte sich Peperkorn mit den Bilanzen der Firma, um ihre Im- und Export-Möglichkeiten zu eruieren, die vor allem deutschen Abnehmern durch extrem verbilligte Preise zugutekommen sollten. Wie wenig entfernt seine Haltung von der eines Kolonialbeamten lag, offenbarte sein Abschlussbericht, kurz bevor er aus Amsterdam wieder abreiste: „Abschließend lässt sich nach den geführten Besprechungen noch mitteilen, dass die Firma mit ihrem gesamten Personalbestand von 2 Direktoren, 2 Prokuristen und ca. 10-15 weiteren Angestellten seit Jahr und Tag vollständig untätig dasitzt, jedenfalls bisher nicht die Absicht habe, diese abwartende Tätigkeit aufzugeben."[161] Der Firmeninhaber habe ihm zugesichert, mit ihm bzw. seinem Vertreter vor Ort zusammenzuarbeiten. Peperkorn sah in dieser Unterwerfungsgeste „einen ersten Erfolg" seiner Treuhändertätigkeit.[162]

Auch ↑Emil Helfferich war in den Niederlanden sehr aktiv in der Feindvermögensverwaltung. Ihn verband ein langjähriges Interesse mit der alten

160 „Es war die Aussicht auf Stabilität und Gewinne, die den nationalsozialistischen Staat nicht nur in Kreisen der deutschen Industrie, sondern auch bei ausländischen, insbesondere auch bei amerikanischen Industriellen interessant machte." Ebenda, S. 166.

161 Max Peperkorn an Deutsche Revision und Treuhand AG, Den Haag, 2.9.1942, BArch, R 177/1183.

162 Im August 1942 war Peperkorn wegen Arbeitsüberlastung per Erlass durch einen anderen Verwalter ersetzt worden. Im März 1944 hob der Reichskommissar die Verwaltung der Firma kurzfristig auf, weil sie rein niederländisch sei, also nicht in „Feindeshand". Die Deutsche Revisions- und Treuhandaktiengesellschaft, Niederlassung Den Haag informiert den Reichskommissar wiederum über die Aktienbesitzverhältnisse. Demnach seien am „ausgegebenen Aktienkapital in Höhe von Hf. 1.955.000,- Feinde für fast 20% beteiligt sind. Bei diesen Feinden handelt es sich um die Aktionäre Herrn. G. A. Voute und Frau Voute-Dodd, seit 1932 wohnhaft in Redwood City, USA, welche im Besitze von 455 der sämtlichen 2300 ausgegebenen Aktien sind." Die Treuhand AG schlug vor, die Firma unter „Beteiligungsverwaltung" zu stellen, die im April 1944 von einem Herrn Ostrowski übernommen wurde. Vgl. Erlass des Reichskommissars für die besetzten niederländischen Gebiete, 29.1.1943, sowie Deutsche Revision- und Treuhand AG, Den Haag an Reichskommissar für die besetzten niederländischen Gebiete, 14.3.1944, BArch, R 177/1183.

Kolonialmacht, denn seinen jahrelangen Auslandsaufenthalt hatte er vor allem in Sumatra und Niederländisch-Indien (Indonesien) verbracht, wo er zum einen das Handelsunternehmen Trust Straits and Sunda und zum anderen den Deutschen Bund, eine Interessenvertretung im Sinne des Deutschtums, gegründet hatte.[163] Neben seinen zahlreichen Posten, u. a. als Aufsichtsrat der HAPAG, trat Helfferich 1939 in den Aufsichtsrat der Deutsch-Amerikanischen Petroleum Gesellschaft (DAPG) ein. Die DAPG war eine Tochtergesellschaft der Standard Oil of New Jersey (in deren Händen das Aktienkapital von 74,2 Mio. RM lag). Vorstandsvorsitzender der DAPG war Generaldirektor und Wehrwirtschaftsführer Franz Klasen, der Ende März 1941 den Reichskommissar aufsuchte, um für den Fall vorzusorgen, dass die USA in den Krieg eintraten. Die dann einsetzende Zwangstreuhänderschaft des amerikanischen Vermögens sollte u. a. von ihm selbst und vom Aufsichtsratsvorsitzenden Helfferich übernommen werden.[164] Der Hamburger Staatsverwaltung, aber auch dem Sicherheitsdienst, stand Klasen in zu enger Verbindung mit dem Mutterkonzern in den USA. Zudem setzten sich Reichsstatthalter Kaufmann und Ministerialbeamte auf Reichsebene vehement für Helfferich als alleinigen Verwalter ein, der ihnen u. a. wegen seiner Mitgliedschaft im „Freundeskreis Heinrich Himmler" (vormals Keppler-Kreis) als besonders vertrauensvoll erschien.[165] Fast ein Jahr zogen sich die Auseinandersetzungen zwischen DAPG und Reichsstatthalter Kaufmann in Hamburg, Reichskommissar und verschiedenen Staatssekretären hin, bis Helfferich im Mai 1942 die Feindvermögensverwaltung der DAPG im In- wie Ausland übernahm.[166]

163 Vgl. u. a. die Erinnerungen: Emil Helfferich, Ein Leben, Bd. 1–5, Hamburg 1948; Ernst Klee, Das Personenlexikon zum Dritten Reich. Wer war was vor und nach 1945, 2., durchges. Aufl., Frankfurt a. M. 2003, S. 242.

164 Lindner, Reichskommissariat, S. 119.

165 Vgl. die betreffende Korrespondenz in BArch, R 87/6227. Vgl. auch Lindner, Reichskommissariat, S. 119.

166 Helfferich übernahm auch die Verwaltung der Standard Amerikaanische Petroleum Companie in Rotterdam/Den Haag, die Nederlandsche Koloniale Tankvaart Mij. in Gravenhage, die Oliehandel „Americol" v/h Jac., Trinthamer & Co. in Delft, die Petroleum Industrie Mij. in Den Haag und die Mijnbouw-Maatschappij in Rotterdam/Den Haag. Vgl. BArch, R 177/25, 183, 967, 1612, 1673, 1006, 2159. In seinen Erinnerungen gibt Helfferich an, sich 1941 nicht nur aus Gesundheitsgründen von allen Ämtern zurückgezogen zu haben, sondern weil er „innerlich nicht mehr mitmachen" wollte. Nichtsdestotrotz beschreibt er seine feierliche Verabschiedung aus sämtlichen Ämtern sehr ausführlich und erwähnt danach, dass ihn zur gleichen Zeit Kaufmann dringend gebeten habe, in Hamburg zu bleiben, um die DAPG-Verwaltung zu übernehmen, damit sie nicht nach Berlin abwandere. Er habe diese „neue, große und interessante Aufgabe" schließlich angenommen, weil

Die Feindvermögensverwaltung war auf die westlichen besetzten Gebiete konzentriert, denn hier hatte das NS-Regime Interesse, eine einigermaßen funktionstüchtige örtliche Handelslandschaft aufrechtzuerhalten. Während besetzte Gebiete in Osteuropa brutal und rigoros für die Nahrungsmittelversorgung ausgebeutet wurden, benötigte das „Großdeutsche Reich" Im- und Exportunternehmen im Westen, die mehr oder weniger eigenständig agierten, um die Handelsrouten auszuschöpfen. Die Firmen standen durch die Vermögensverwalter unter strikter Kontrolle und mussten umfassend zugunsten Deutschlands handeln, konnten aber weiterhin mit eigenem Personal agieren.[167]

Nach der Ernüchterung über die Handelsmöglichkeiten in Westeuropa und bevor Hamburger Firmen sich im größeren Stil nach Osteuropa wandten, befasste sich die Handelskammer auch kontinuierlich mit dem Handel mit Afrika. So wie in der offiziellen NS-Großraumpropaganda war hier explizit von Kolonialplänen die Rede, die Hamburg auch in seinen „Wirtschaftsplan" aufgenommen hatte. Um nach einem erfolgreichen Kriegsende ein „Deutsches Mittelafrika" zu verwirklichen, spielten traditionelle Afrika-Großhändler eine wichtige Rolle.[168] Die hochfliegenden Kolonialpläne der Handelskammer schlugen sich 1941 in der Einrichtung einer eigenen Kolonialabteilung nieder, die Vorläuferin einer reichsweit zuständigen „Kolonialkammer" sein sollte.[169]

Die Kolonialabteilung arbeitete in Hamburg mit dem Afrika-Verein, dem Reichskolonialbund und dem Kolonial-Institut der Universität zusammen und sollte in der „lebhaften Debatte" und angesichts der zahlreichen Planungsarbeiten „Fühlung halten" mit staatlichen Stellen und Parteistellen sowie der Wirtschaft.[170] Offensichtlich ohne konkrete Zusagen von Reichsseite ging die Kammer davon aus, „im entscheidenden Augenblick über den Apparat [verfügen zu müssen], um wichtige koloniale Sofort-Aufgaben lösen

er sich den Interessen der Standard Oil Company verpflichtet gefühlt habe. Vgl. Helfferich, Tatsachen, S. 265–277, hier S. 265 und 272.

167 Aus diesem Grund konnte die Handelskammer Hamburg kaum einem der bei ihr vorstellig gewordenen Kaufleuten einen Einsatz in den besetzten belgischen oder niederländischen Gebieten vermitteln. Vgl. u. a. IHK an Oberregierungsrat Kernert, Reichsinnenministerium, 25. 5. 1940, BArch, 01/7937.

168 Karsten Linne, Deutschland jenseits des Äquators? Die NS-Kolonialplanungen für Afrika, Berlin 2008, S. 77; ders., Deutsche Afrikafirmen im „Osteinsatz", S. 55.

169 Interne Mitteilung an Dr. Leuckfeld, vermutlich von Human, Betr. Aufstellung über die Sachgebiete in den Abteilungen der Kammer vom 1. 12. 1944, 12. 12. 1944, HK-Archiv, I.6.G.14.1_3.

170 Bericht der Kolonialabteilung der Handelskammer, o. D. [vermutlich Dezember 1941], HK-Archiv, I.6.P.3_37.

zu können". Durch die „Ereignisse im Osten" sei die Kolonialfrage zwar in den Hintergrund getreten, aber für die „künftige Weltmachtstellung" des Reiches sei Kolonialbesitz sehr wichtig. Eine „Neuordnung Europas" gehe unabdingbar auch mit einer Neuordnung Afrikas einher.

Zu den gefragten Unternehmern hierfür zählte Rolf Brettschneider von der Firma G. L. Gaiser, der seit 1934 Mitglied des Handelskammer-Plenums war, zeitweilig auch als Vizepräses amtierte und u. a. im Afrika-Verein engagiert war. Als Brettschneider 1940 vonseiten der Staatsverwaltung als offizieller Kolonialvermittler eingesetzt wurde, freute sich Präses de la Camp, dass auf diese Weise „Doppelarbeit" vermieden werden könne.[171]

Die Hoffnungen der Hamburger Unternehmen, in Afrika zu gleichen Bedingungen agieren und Handel treiben zu können wie im Reichsgebiet, wurden durch entsprechende Pläne von der Reichsebene bestärkt.[172] Ein anderer wichtiger Afrika-Unternehmer war ↑Willy Ganssauge von der Afrikanischen Frucht-Compagnie AG. Ganssauge gehörte seit den 1920er Jahren der AFC an, die nach dem Ersten Weltkrieg vor allem mit dem Wiederaufbau ihrer Handelsgeschäfte und ihrer Niederlassung in Kamerun zu tun hatte und bis Anfang der 1930er Jahre zum größten Bananen-Importeur Deutschlands expandierte. In der Handelskammer war Ganssauge spätestens ab 1938 sehr aktiv und agierte als Verbindungsmann zwischen dem Hamburger Afrika-Verein und den weiteren kolonialpolitischen Einrichtungen, den Hamburger Außenhandelsfirmen und der Handelskammer. Die AFC wurde zum Dreh- und Angelpunkt der kolonialpolitischen Förderung durch NS-Behörden: Der von der Reichsgruppe Handel, dem Amt für deutsche Roh- und Werkstoffe und dem Auswärtigen Amt eingerichtete Fonds zur Unterstützung entsprechender Firmen wickelte die Beitragsverteilung über das Konto der AFC ab, beispielsweise zwischen April 1938 und März 1939 440 000 RM.[173] Solange die Seewege zu den afrikanischen Handelsniederlassungen frei waren, setzten sich Ganssauge und Brettschneider zusammen mit Schlotterer im RWM dafür ein, die Niederlassungen deutscher Firmen in Afrika zu fördern.[174] Die

171 Vgl. de la Camp an Brettschneider, 27. 5. 1940, HK-Archiv, Plenarierakten, Nr. 496 Rolf Brettschneider.

172 Niederschrift über die Plenarsitzung am 30. 8. 1940, StAHH, 631-1_72 Blohm+Voss 1410 Bd. 2.

173 Karsten Linne, „Deutsche Kamerun-Bananen". Die Afrikanische Frucht-Compagnie Aktiengesellschaft, in: Heiko Möhle/Reimer Dohrn (Hrsg.), Branntwein, Bibeln und Bananen. Der deutsche Kolonialismus in Afrika – eine Spurensuche [in Hamburg], S. 143–148, hier S. 147.

174 Protokolle zur Sitzung im RWM, 18. 1. 1939, HK-Archiv, 78.B.2_52.

Kammer betraute Brettschneider noch im Frühjahr 1940 „mit den Vorarbeiten für die Tätigkeit des deutschen Handels in den kommenden afrikanischen Kolonien".[175] Aber seit Kriegsbeginn machten die alliierten Seeblockaden dem Afrika-Geschäft erhebliche Schwierigkeiten und sowohl G. L. Gaiser als auch die AFC orientierten sich in Richtung Osteuropa.[176]

Für die traditionell auf Seeschifffahrt ausgelegten Handelsfirmen war es nicht leicht, im Generalgouvernement und anderen besetzten Gebieten Osteuropas Fuß zu fassen. Der mit Hamburg weiterhin gut verbundene Walter Emmerich setzte sich nun als Wirtschaftsminister im Generalgouvernement für die Ansiedlung Hamburger Firmen ein, was vor allem die Vertreibung jüdischer Gewerbehändler bedeutete.[177] Anfang 1940 wurden erste Hamburger Niederlassungen in den polnischen Westprovinzen gegründet, darunter Textilfirmen in Lodz und Getreidegroßhandel in Posen.[178] Ganssauges AFC verfügte über gute Verbindungen in dieses Gebiet, weil sie die Kapitalmehrheit an der dort seit 1935 tätigen Deutsch-Westafrikanischen Handelsgesellschaft hielt, deren stellvertretender Aufsichtsratsvorsitzender Ganssauge war. Diese Handelsgesellschaft wurde ab Anfang 1940 als „Kreisgroßhändler" in den Kreisen Ostrowiec und Tschenstochau im Distrikt Random eingesetzt.[179] Das Muster, nach dem diese „Kreisgroßhändler" vorgingen, war relativ simpel: Fertigwaren wurden im Distrikt verkauft, im Gegenzug wurden landwirtschaftliche Kontingente erfasst und nach Deutschland abtransportiert. An den oft gewalthaften und euphemistisch bezeichneten „Ernteerfassungsaktionen" beteiligte sich die Deutsch-Westafrikanische Handelsgesellschaft, solange es die militärische Situation erlaubte.

Im Herbst 1940 berichtete Rolf Brettschneider, der mittlerweile auch vorrangig in den besetzten Gebieten Osteuropas aktiv war, an das Plenum der Handelskammer über eine Reise durchs Generalgouvernement, wo „32 notleidende Überseefirmen als Großhändler eingesetzt [waren], darunter 15 Hamburger und 10 Bremer".[180] Nach seinem Eindruck seien die

175 De la Camp an Brettschneider, 27. 5. 1940, HK-Archiv, Plenarierakten, Nr. 496.
176 Vgl. etwa das Kapitel „Hanseatische Raubzüge in Polen" in: Linne, Deutsche Afrikafirmen, S. 60–74.
177 Roth, Ökonomie, S. 76.
178 Ebenda.
179 Linne, „Deutsche Kamerun-Bananen", S. 148.
180 Niederschrift über die Plenariersitzung am 27. 9. 1940, StAHH, 621-1_72 Blohm+Voss 1410 Bd. 2.

> „allgemeinen Voraussetzungen für den Geschäftsbetrieb im GG [...] schwierig und in gewissem Sinne mit den kolonialen Verhältnissen vergleichbar. Unsauberkeit, unhygienische Zustände, schlechte Wohnräume erschweren das dortige Leben. Der Geschäftsbetrieb ist aber sehr lebhaft, dabei mangelt es an Personal. Es herrscht eine ziemliche Unsicherheit im Verhältnis zu den Behörden. Diese haben in den verschiedenen Bezirken verschiedene Auffassungen über den Sinn des Einsatzes des Großhandels, über die Preisgestaltung, die Frage des Aufkaufs der Landesprodukte, die Einschaltung des Einzelhandels usw., so dass die Firmen vielfach nicht wissen, was sie dürfen und nicht dürfen, besonders in der Preisgestaltung. Es ist ein ausgedehnter Zwischenhandel zu beobachten, der große Preiserhöhungen im Gefolge hat. Die Ernteerfassungsaktion des Herrn Dr. Emmerich wird von Seiten der Devisenbehörde, die den Devisentransfer verhindert, durchkreuzt. Auch im Verhältnis zum Reichsnährstand bestehen Differenzen. Dieser beansprucht alle einschlägigen Artikel für sich, gleichwohl sind aber einzelne Firmen als Aufkäufer von landwirtschaftlichen Produkten für die Wehrmacht tätig. Allgemein ist zum Wirtschaftsleben im Gouvernement zu sagen, dass die Ernte recht gut gewesen ist. Die Bauern bringen ihr Getreide flott heran, wenigstens solange sie Waren dafür bekommen. Das Land ist sehr gut bestellt, jeder Platz ausgenutzt. Abgesehen von Warschau ist vom Krieg nur noch wenig zu spüren.“[181]

Dieses ausführliche Zitat aus dem Protokoll der Plenarsitzung am 27. September 1940 soll verdeutlichen, mit welcher Selbstverständlichkeit aus dem eroberten Kriegsgebiet berichtet wurde und in welcher Form alle Handelskammer-Mitglieder über die Vernichtung wirtschaftlicher Existenzen in Polen informiert waren. Brettschneiders Duktus entsprach dem eines Kolonialherren, dessen Sorge vor allem der ineffizienten Bürokratie in einem unterentwickelten Land gilt und der die Bevölkerung vor Ort nur erwähnt, weil sie „ihr Getreide flott heran“ bringt.

Hierbei dürfte er auch auf eigene Erfahrungen zurückgegriffen haben, denn Brettschneiders Firma G.L. Gaiser betrieb im Generalgouvernement Großhandelslager und Verkaufsstellen, außerdem war sie an der „Fabrikation

181 Ebenda.

von Marmelade, Dörrgemüse, Kartoffeltrocknung“ beteiligt und expandierte bald auch in die Ukraine.[182]

Der Überfall auf die Sowjetunion im Sommer 1941 verschärfte und radikalisierte sämtliche Handelspläne, denn die deutsche Rüstungsproduktion verlangte mehr denn je nach Rohstoffimporten. Deshalb forderte Reichsstatthalter Kaufmann im August einen besonderen Einsatz der Hamburger Wirtschaft für die Eroberung neuer Handelsräume.[183] De la Camp unterstrich die Aufforderung, angesichts der „Ungewissheit der zukünftigen Gestaltung des Überseehandels“ sei der „Hamburger Kaufmann zu intensivem Einsatz im Ostraum aufgefordert“.[184] Ein intensiverer Einsatz würde zwangsläufig auch Personal aus Hamburg verlangen, was die alte Sorge der Handelskammer angesichts des allgemeinen Arbeitskräftemangels weiter anfachte.

Gauwirtschaftsberater Wolff, Nachfolger von Carl Otte, beantwortete deshalb im Plenum der Handelskammer persönlich die Fragen zur Organisation der Handelsgeschäfte in den besetzten Ostgebieten. Auf de la Camps Hinweis, Hamburger Firmenpersonal würde vor Ort eingesetzt, womit „das größte Aktivum der hamburgischen Firmen“ weiter verringert werde, entgegnete Wolff beschwichtigend.[185] Er stellte in Aussicht, nach einer „gewissen Zeit“ müssten die „Russen die Arbeit selbst“ machen und nur die führenden Stellen seien von Deutschen zu besetzen. De la Camp zeigte sich skeptisch angesichts dieser Arbeitsorganisation, unterstrich aber, „dass die hamburgische Wirtschaft sich der ihr gestellten neuen Aufgabe keinesfalls entziehen dürfe“.

Kurz danach reisten auf Einladung Emmerichs mehrere Kammermitglieder mit de la Camp ins Generalgouvernement, „um sich über den Einsatz der hanseatischen Firmen zu orientieren“.[186] Dem Plenum in Hamburg berichtete die Delegation, zu den Aufgaben der Kreisgroßhändler vor Ort gehöre die „Versorgung der Bevölkerung mit allen lebensnotwendigen Gütern“. Zu den besonderen Herausforderungen zähle, dass die „Arbeit der Firmen [...] teilweise unter den Primitivsten [sic] den kolonialen ähnlichen Verhältnissen

182 Vgl. Bericht über die Tätigkeit der Kammer auf dem Gebiete des Osteinsatzes, 14. 11. 1942, StAHH, 621-1_72 Blohm+Voss 1404 Bd. 19.

183 Roth, Ökonomie, S. 78, zitiert Alfred Schneider, Hamburgs Aufgabe und Zukunft, in: Wirtschaftsdienst 26 (1941), 34, S. 665 f.

184 Niederschrift über die Plenarsitzung am 22. 8. 1941, StAHH, 621-1_72 Blohm+Voss 1410 Bd. 2.

185 Niederschrift über die Plenarsitzung am 24. 10. 1941, StAHH, 621-1_72 Blohm+Voss 1410 Bd. 2.

186 Niederschrift über die Plenarsitzung am 12. 12. 1941, StAHH, 621-1_72 Blohm+Voss 1410 Bd. 2.

[erfolgt], und ist so besonders hoch einzuschätzen". Die konkrete Geschäftsabwicklung folgte dem aus Kolonialgebieten bekannten Prinzip über ein Prämienscheinsystem, bei dem die Bauern für abgelieferte Produkte Prämienscheine bekamen, die als Bezugsscheine für wichtige Bedarfsartikel fungierten, aber nur innerhalb desselben Kreises bei deutschen „Einsatzfirmen" eingelöst werden konnten. Die Handelskammer-Delegation berichtete weiter, Krakau und Umgebung machten einen gut bestellten Eindruck und ebenfalls Warschau, trotz der großen Kriegsschäden. Jedoch habe man „das Ghetto in Warschau, infolge des Flecktyphus" nicht besuchen können. Dieses bilde „eine Stadtgemeinschaft für sich mit eigenen Einrichtungen der Verwaltung, der Polizei, Gerichtsbarkeit und sonstigen öffentlichen Lebens. In der Wirtschaft des Ghettos wird dem freien Spiel der Kräfte freier Lauf gelassen. Es besteht ein Handelsverkehr des Ghettos mit der Außenwelt, der u.a. auch durch im Ghetto ansässige deutsche Firmen vermittelt wird".[187]

Verstärkt durch die Nüchternheit der Mitschrift, fällt es schwer, diesen Reisebericht im Detail einzuordnen. Es ist nicht nachzuvollziehen, ob die Hamburger Delegation die Situation im Warschauer Ghetto wahrgenommen oder das Ghetto sogar besichtigt hat oder ob sie ohne jede Kenntnis und bereitwillig die Vorlagen der NS-Propaganda übernahm, die darauf ausgelegt war, ordnungsgemäße Verhältnisse zu simulieren. Offenkundig waren die Plenumsmitglieder bis zu diesem Zeitpunkt nicht offiziell im Detail über das Ausbeutungssystem im Generalgouvernement oder über die Situation im Warschauer Ghetto informiert. Dafür spricht auch, dass die Plenarprotokolle nicht wie üblicherweise Fragen oder Gegenreden auch kritischer Art festgehalten haben.

Schon wenige Monate später wurde den Handelskammer-Mitgliedern die militärisch schwierige Situation vor Augen geführt. Zum einen erfuhren sie im Juni 1942 durch den Hauptgeschäftsführer ↑Werner Bosch von den Plänen des Rüstungsministers Albert Speer, in den besetzten Ostgebieten Rüstungsproduktionsstätten zu errichten, um den Waren- und Arbeitskräftetransport zu erleichtern.[188] Bosch, der kurz darauf zum Militärverwaltungsleiter im Aufgabenbereich Speers ernannt wurde, zeigte sich skeptisch angesichts dieser Pläne, die den Hamburger Handelsinteressen entgegenstünden und den allgemeinen Arbeitskräftemangel noch verschärfen würden. Zum anderen berichtete Brettschneider nach einer seiner regelmäßigen Reisen ins General-

187 Ebenda.
188 Niederschrift über die Plenarsitzung am 13.6.1942, StAHH, 621-1_72 Blohm+Voss 1410 Bd. 2.

gouvernement von der zunehmenden „Gefahr der Brandstiftung durch Partisanen“ nicht nur für Gutshöfe, sondern ganze Dörfer.[189] Auch hier kann nicht überprüft werden, ob Brettschneider der üblichen NS-Propaganda das Wort redete oder inwieweit er über die tatsächliche Situation der polnischen und ukrainischen Bevölkerung unter deutscher Besatzung informiert war. Angesichts seiner regelmäßigen Reisen in das Gebiet ist es wahrscheinlich, dass er die Folgen des Abgabezwangssystems für die Nahrungsmittelsituation vor Ort sehr wohl kannte. Den Plenumsmitgliedern in Hamburg war jedoch die Botschaft vorbehalten, dass zwar „das Ablieferungssoll“ eingehalten werde, aber die Gefahrenquellen zunähmen.

Genaueres erfuhr die Handelskammer von ihrem Mitglied Hans E. B. Kruse, der im November 1942 von seiner Reise berichtete, der

> „Einsatz Hamburger Firmen im Osten habe ein beachtliches Ausmaß erreicht. Unter insgesamt 10 im Ostland [Teile des Baltikums und Weißrusslands; C. K.] eingesetzten Firmen befänden sich 6 Hamburger Unternehmen. In der Ukraine seien 14 Hamburger Firmen eingesetzt. Insgesamt seien außerdem in der Ukraine an privaten Firmen eingesetzt: 13 Firmen zur Erfassung von Häuten und Fellen, 13 Holzhandelsfirmen, 5 mit Spezialaufgaben betraute Firmen, 13 Schiffahrts-, Speditions- und Versicherungsfirmen, sowie 40 bis 50 Industrie- und Handwerksfirmen.“[190]

Trotz der zahlreichen privaten Firmen würden aber weiterhin die Monopolgesellschaften, darunter vor allem die Zentralhandelsgesellschaft Ost GmbH (ZO), eine dominierende Stellung einnehmen. Die ZO war eine typische semistaatliche Konstruktion der Vierjahresplan-Behörde, die Gesellschafter aus Landwirtschaft und Handel vereinte und den Handel mit einer bestimmten Warengruppe monopolartig organisierte. Kruse skizzierte die ZO als „Platzhirsch“, dessen Aufgabe es sei, „Schrittmacherin der privaten Wirtschaft zu sein“. Auch wenn die Hamburger Firmen damit konkurrieren müssten, stünde Hamburg insgesamt „im Osten an führender Stelle“: Unter den 4000 deutsche Angestellten der ZO gebe es allein 700 Hamburger und von den 24 Geschäftsstellen dieser Gesellschaft würden sieben von Hamburgern

189 Niederschrift über die Plenarsitzung am 4. 9. 1942, StAHH, 621-1_72 Blohm+Voss 1410 Bd. 2.

190 Niederschrift über die Plenarsitzung am 6. 11. 1942, StAHH, 621-1_72 Blohm+Voss 1410 Bd. 2.

geleitet. Max Peperkorn wusste das Kammerplenum weiter zu beruhigen, als er hinzufügte, der Leiter der ZO pflege eine „handelsfreundliche Einstellung“ und besondere „Gewogenheit gegenüber Hansischem Kaufmannstum“.[191]

Tatsächlich zählte die Vermittlung von Angestellten an die ZO mittlerweile zu den Hauptaufgaben der Handelskammer Hamburg. Neben zahlreichen Firmen aus dem Getreide-, Frucht-, Fell-, Holz- und Fruchthandel, denen die Handelskammer bei ihrer Niederlassung im „Ostland“ und in der Ukraine geholfen hatte, vermittelte sie Hunderte von Angestellten an die Monopolgesellschaften vor Ort.[192] Die von ihr kurz nach Kriegsbeginn eingerichtete „Beratungsstelle“ habe schon „vorher durch Zusammenarbeit mit verschiedenen Wehrmachtsdienststellen und anderen Behörden [...] vielen hiesigen Kaufleuten Ersatz für ihre frühere Tätigkeit [in Übersee; C. K.]“ beschaffen können. In der Beratungsstelle prüften Kammerangestellte die Bewerbungen an die ZO, zugleich waren sie für die amtsärztliche Untersuchung der neuen Angestellten „auf Osteinsatzfähigkeit“, für die vorgeschriebenen Impfungen, die Freistellung vom bisherigen Arbeitgeber sowie ihre Abwanderungs- und Ausreisegenehmigung und Besorgung von Kennkarten zuständig. Nach eigener Aussage hatte die Beratungsstelle bis zum Sommer 1942 die Anträge von 1424 Interessierten entgegengenommen und 794 davon bearbeitet.[193] Nach der Prüfung traf die ZO nur noch die Entscheidung über den Einsatzort des Angestellten und setzte Hamburger Kaufleute in Kirowograd, Rostow, Saporoshje, Shitomir, Stalino, Sumy und Tschernigow ein, u. a. als Außenstellenleiter, Abteilungsleiter oder Büropersonal.[194]

Wie am Jahresende in der Ansprache von Präses de la Camp auf der „Versammlung eines Ehrbaren Kaufmanns“ deutlich zu hören war, galt 1942 aus Sicht der Handelskammer Hamburg als ein erfolgreiches Jahr:

> „Unternehmerinitiative hat ferner gerade in Hamburg einen Weg gefunden, an der wir vor dem Kriege noch nicht denken konnten: Das ist der Einsatz von Menschen, Fabriken, Firmen, insbesondere

191 Ebenda.

192 Vgl. Bericht über die Tätigkeit der Kammer auf dem Gebiete des Osteinsatzes, 14. 11. 1942, StAHH, 621-1_72 Blohm+Voss 1404 Bd. 19.

193 Vgl. ebenda. Die Beratungsstelle der Handelskammer konzentrierte sich nicht nur auf die besetzten Ostgebiete, sondern vermittelte auch leitende Angestellte aus Hamburg an das Reichsministerium des Inneren. 1940 seien dort „52 Herren“ für die Preisüberwachung eingestellt worden. Jahresbericht 1940, Tätigkeitsberichte der einzelnen Abteilungen, Abteilung Beratungsstelle, HK-Archiv, I.6.P.3_36.

194 Bericht der Beratungsstelle der IHK Hamburg, 15. 9. 1942, HK-Archiv, I.6.P.3_38.

in dem Handelssektor im Osten. Beginnend mit der Westgrenze des Generalgouvernements bis zu den Bergen des Kaukasus, finden Sie zur Erschließung der wirtschaftlichen Möglichkeiten Hamburger Menschen und Hamburger Firmen in großer Zahl. Wo wir jetzt von Übersee abgeschlossen sind, müssen wir die Rohstoffe des Ostens für unsere Wirtschaft erschließen, ungeachtet dessen, ob, wann und wie wir Hamburger uns später wieder in Übersee betätigen können. [...] Die Bereitwilligkeit für die Ostarbeit, von der Kammer durch eine besondere Beratungsstelle gefördert, hat in den weitesten Teil der Hamburger Kaufmannschaft Platz gegriffen und zum Segen des Ganzen viel Kräfte zum Einsatz gebracht, und dadurch mit zu den Anstrengungen beigetragen, alle wirtschaftlichen Möglichkeiten des großen Gebietes, das uns zur Verfügung steht, zu erschließen."[195]

Der Osteinsatz entwickelte eine solche Relevanz innerhalb der Kammer, dass ein eigenes Ressort eingerichtet wurde. Peperkorn übernahm die Leitung des Sachdezernats „Einsatz in den besetzten Ostgebieten" und Rudolf Brettschneider die Stellvertretung.[196] In seiner Funktion als Einsatzleiter trat Peperkorn mit Präses de la Camp im Juli 1943 eine Rundreise durch die Ukraine an, um deutsche Firmen zu besuchen und Kontakte für die eigenen Firmen (van Dissel bzw. Markwitz, Delacamp & Co.) aufzunehmen.[197] Wilhelm von Allwörden, der bis 1942 als Wirtschaftsbeauftragter des Hamburger Reichsstatthalters agiert und u. a. mit de la Camp zusammengearbeitet hatte, leitete mittlerweile die Verwaltung des neu geschaffenen Reichsministeriums für die besetzten Ostgebiete in Berlin. Von ihm sowie vom Generaldirektor der Handelsgesellschaft Ost in Berlin erhielt de la Camp Empfehlungsschreiben, die ihm bei den zuständigen Stellen im Reichskommissariat eine günstige Verhandlungsposition verschaffen sollten. Wie eng die Verbindung zu von Allwörden noch war, zeigte sich kurz vor der Abfahrt, als sich de la Camp persönlich an ihn wandte: „Welche Empfehlungen und Tipps kannst du mir geben? [...] Da ich ja ein völliger Neuling auf diesem Gebiet bin, ist mir jeder Rat und

195 Präses de la Camp auf der Versammlung eines Ehrbaren Kaufmanns am 31. 12. 1942, in: Hamburgs Wirtschaft. Mitteilungen der GWK Hamburg, Nr. 1, 8. 1. 1943, S. 3, zitiert nach Littmann, Ausländische Zwangsarbeiter (1995), S. 178.
196 Roth, Ökonomie, S. 80.
197 Reise des Herrn Präses de la Camp nach der Ukraine, 1943, HK-Archiv, I.6.G.5.24_2.

jede Hilfe von Dir willkommen."[198] Auch Kammer-Geschäftsführer ↑Werner Bosch hatte mittlerweile einen Karrieresprung von Hamburg nach Berlin in den Wirtschaftsstab Ost gemacht. Von dort schrieb er de la Camp aufmunternd, dessen Reise führe in einen „wirtschaftlich sehr viel interessantere[n] Bezirk als unser Urwald in der Mitte" (gemeint war Weißrussland, für das er auch zuständig war).[199]

Die geplante Reise sollte per Auto über, wie vermerkt war, Warschau, Cholm, Kowel, Rowno, Shitomir, Uman, Kerowograd, Dnjepropetrowsk, Saporoshje, Berdjanek bis Kiew und zurück nach Berlin führen und verfolgte offiziell das Ziel, mit den Firmen vor Ort „über ihre Organisation, ihren Erfolg, ihre besonderen Wünsche und Möglichkeiten weiterer Ausgestaltung im Sinne der Versorgungs- und Vorratswirtschaft, insbesondere auch über Verbesserung der Verkehrsverbindungen u.a. zu sprechen".[200] Relativ früh musste de la Camp aber die Reise abbrechen, da im Juli 1943 die nächtelangen Bombardements der „Operation Gomorrha" Hamburg zerstört hatten und die Handelskammer nun besonders gefordert war.

↑Max Peperkorn reiste als offiziell Beauftragter weiterhin in die besetzten Ostgebiete. Ende 1943 waren nach seiner Aussage insgesamt 19 Hamburger Firmen im „Ostland" (Teile des Baltikums und Weißrusslands) tätig, 48 Firmen in der Ukraine und 38 Firmen im besetzten Russland. Um die Vernetzung untereinander zu fördern, hatte Peperkorn zudem eine „Arbeitsgemeinschaft Hamburger Ukraine-Firmen" gegründet.[201] Im April 1944 berichtete er nach einem Besuch im dem Generalgouvernement vorgelegenen „Warthegau" (Reichsgau Posen), die „Entpolung" schreite gut voran, während zugleich an die 300 000 „Schwarzmeer-Deutsche[]" angesiedelt worden seien.[202] Peperkorn erwähnte, die polnische Bevölkerung werde nach Lothringen und „dem Ruhrgebiet verpflanzt", gab aber keine Hinweise darauf, dass zur gleichen Zeit Polen massenhaft liquidiert oder ins Generalgouvernement vertrieben wurden.[203] Aber wichtiger erschien ihm ohnehin, dass bei

198 De la Camp an von Allwörden, Ostministerium Berlin, 2.7.1943, HK-Archiv, I.6.G.5.24_2.

199 Werner Bosch an de la Camp, 23.7.1943, HK-Archiv, I.6.G.5.24_2.

200 Notiz für Herrn Viebrock von N.N. (vermutlich Leuckfeld), 25.6.1943, HK-Archiv, I.6.G.5.25_2.

201 Bericht über die Tätigkeit des Sachdezernats Einsatz in den besetzten Gebieten im Jahre 1943, 10.12.1943, HK-Archiv, I.6.P.3_39.

202 Niederschrift über die Beiratssitzung der GWK, 28.4.1944, StAHH, 621-1_72 Blohm+Voss 341 Bd. 2.

203 Vgl. u.a. Online-Lexikon zur Geschichte und Kultur der Deutschen im östlichen

der „Versorgung der Ansiedler im Warthegau" nur zwei Hamburger Firmen aktiv seien. Beeindruckt zeigte er sich von der Textilindustrie in „Litzmannstadt" (Lodz), wo „85.000 Juden im Ghetto untergebracht" und „in 10 bis 12stündiger Akkordarbeit für die Wehrmacht insbesondere in der Uniformherstellung" tätig seien.[204] Als aus dem Plenum der kritische Einwand erhoben wurde, die Bedingungen zur Eröffnung einer Hamburger Niederlassung seien in „Litzmannstadt" weniger gut als von Peperkorn dargestellt, bat Präses de la Camp Peperkorn, mit Plenumsvertretern über ein etwaiges Vorgehen von Hamburger Seite aus zu beraten.

Aus dem Generalgouvernement berichtete wiederum Peperkorns Stellvertreter Brettschneider, ohne auf die prekäre militärische Lage und das Vorrücken der Roten Armee näher einzugehen. Viele „Einsatzfirmen" hätten ihre Geschäfte geräumt und seien in den Westen des Generalgouvernements geflohen, sollten nun aber auf Befehl in ihre Kreise zurückkehren.[205] Dies zeigte, dass den deutschen Befehlshabern vor Ort auch der Rückzug ziviler Einrichtungen als Zeichen der Schwäche galt und zu unterbinden war. Tatsächlich sank bis Ende 1944 die Handelstätigkeit zwischen Hamburg und den besetzten Ostgebieten drastisch. Die Reiseabteilung der Handelskammer meldete für das Jahr einen Rückgang um 70 Prozent, aber immerhin noch 1820 Anträge auf Geschäftsreisen ins Protektorat und 340 ins Generalgouvernement.[206]

In der öffentlichen Rhetorik der Handelskammer war ab Ende 1944 ein deutlicher Schwenk zu erkennen, der markierte, wie sich die Handelskammer-Protagonisten zunehmend und vorausschauend von ihrer starken Integration in das NS-System distanzierten. Vor der „Versammlung eines Ehrbaren Kaufmanns" betonte Präses de la Camp Anfang Januar 1945, die Kammer wolle beraten, nicht verwalten, sie sei aber in der Vergangenheit „als ausführendes Organ mit manchen Dingen beauftragt worden […], die uns im Grunde nicht liegen, die wir aber leider mit übernehmen mussten".[207] Freilich bezog sich de la Camp hier auf kleinste zeitraubende bürokratische Aufgaben wie Reisegenehmigungen oder die Abschaltung von Fernmeldeanschlüssen, die sich ohne

Europa, Carl von Ossietzky Universität Oldenburg, https://ome-lexikon.uni-oldenburg.de/regionen/reichsgau-wartheland [2. 11. 2022].

204 Niederschrift über die Beiratssitzung der GWK, 28. 4. 1944, StAHH, 621-1_72 Blohm+Voss 341 Bd. 2.

205 Ebenda.

206 Tätigkeitsbericht der Reiseabteilung im Jahre 1944, 12. 12. 1944, HK-Archiv, I.6.P.3_40.

207 Ansprache des Präses der GWK, de la Camp, an die Versammlung Eines Ehrbaren Kaufmanns, im Rathaus am 2. 1. 1945, HK-Archiv, I.6.P.3_40.

Gefahr kritisieren ließen. Die kriegswirtschaftliche Ausrichtung Hamburgs und alle damit verbundenen Konsequenzen für „Menschen, Energie, Material und Verkehr“ stellte de la Camp auch jetzt nicht infrage.

3.4 Die Organisation der „Arbeitskräftebeschaffung“, Zwangsarbeit und Kriegswirtschaft

Im Dezember 1939 erklärte die Reichswirtschaftskammer die „Phase der Übergangswirtschaft“ für beendet, weil die Anforderungen des Rüstungsprogramms nun in alle Bereiche betrieblicher Arbeit hineinreichten und „wir [...] jetzt endgültig in die reine Kriegswirtschaft hineinkommen“.[208] Für die Bezirkskammer Nordmark wie für die Handelskammer Hamburg bedeutete die kriegswirtschaftliche Arbeit – neben den problematischen Folgen der Devisenbewirtschaftung für den Handel – vor allem, den Mangel an Facharbeitern und im weiteren Verlauf einen generellen Arbeitskräfte- und Materialmangel zu managen.[209] Als Schnittstelle zwischen städtischer Wirtschaft und NS-Führung fungierte die Kammer als erste Ansprechpartnerin, um den rationellen Einsatz von Arbeitern und Arbeiterinnen zu organisieren. Die Kammer verfügte über die Daten von Unternehmen und beschäftigte einen Apparat, der auf die Kommunikation mit den Betrieben eingestellt war. Während der gesamten NS-Zeit war die Handelskammer in den Komplex „Arbeitskräftebeschaffung“ integriert, teils in Kooperation oder auch in Konkurrenz mit der Deutschen Arbeitsfront (DAF), dem Landesarbeitsamt Nordmark und dem Hamburger Arbeitsamt.[210]

Faktisch befand sich die deutsche Wirtschaft schon seit der Phase 1934 bis 1936 im Modus Kriegswirtschaft.[211] Als 1936 der Vierjahresplan die vollständige kriegswirtschaftliche Ausrichtung festlegte, organisierte die Handelskammer Umschulungen, Umsetzungen von Arbeitskräften oder „Auskämmaktionen“. Dabei wurden die Betriebe auf ihre Kriegswichtigkeit überprüft

208 Wirtschaftskammer Nordmark, Aufzeichnung über eine Sitzung bei der Reichswirtschaftskammer, 13. 12. 1939, HK-Archiv, 94.A.1_59.3.

209 Marc Buggeln/Michael Wildt, Arbeit im Nationalsozialismus – Einleitung, in: dies. (Hrsg.), Arbeit im Nationalsozialismus, Berlin 2014, S. IX-XXXVIII, hier S. XXI.

210 U. a. war Werner Bosch als „Kräftebedarfsreferent“ eingesetzt, der die Auswahl der zu überprüfenden Betriebe beeinflusste und an die Arbeitsämter meldete. Vgl. Littmann, Ausländische Zwangsarbeiter (2006), S. 79.

211 Streb, Das nationalsozialistische Wirtschaftssystem, S. 79.

und sie mussten gegebenenfalls einen Teil ihrer Angestellten in die Kriegsproduktion abgeben, wurden stillgelegt oder mithilfe von Maschinen anderer Betriebe erweitert.[212] Die Umstellung auf die Kriegswirtschaft verschärfte in vielen Betrieben den Arbeitskräfte- und Rohstoffmangel und veranlasste die Handelskammer schon 1939, über mögliche Unterstützungsleistungen für diese Betriebe nachzudenken.[213] Die Arbeitenden wiederum durften nur noch mit einer offiziellen Genehmigung den Arbeitsplatz wechseln und wurden so mit verschärften Regeln im gesamten Reichsgebiet in ihrer Bewegungsfreiheit eingeschränkt. Bis Ende des Jahres erfolgten außerdem rund 1,3 Mio. vom Arbeitsamt ausgesprochene Dienstverpflichtungen, davon betrafen über die Hälfte Umstellungen in der Industrie.[214] Während die Handelskammer die innerstädtischen kriegswichtigen Betriebe und Belegschaften koordinierte, vermittelte sie außerdem die Unternehmensleitungen an die Wehrmacht, u. a. mithilfe branchensortierter Listen, die die führenden Industriellen, Handelsunternehmern und Bankiers der Stadt aufführten.[215]

Schnell zeigte sich, dass die Handelskammer vor der Herausforderung stand, die kriegswirtschaftlichen Notwendigkeiten mit der Versorgung und Stimmungslage in Hamburg auszutarieren. ↑Rudolf Blohm entpuppte sich hierbei als Seismograf, der den Zusammenhang zwischen „Stimmung" und „Arbeitsproduktivität" einzuschätzen wusste. Er äußerte schon im Dezember 1939 die Sorge, „dass eine zu weit gehende Einschränkung der Verbrauchsgüter-Industrie auf die Dauer gesehen bedenklich" sei, da sich die „Stimmung" verschlechtern könnte.[216] Blohms Leistungsprinzip war unternehmerisch geprägt und widersprach in Teilen dem volksgemeinschaftlichen Leistungsdenken. Deshalb hielt er wenig vom reichsweiten Verbot von Lohnerhöhungen, von fortgesetzten Betriebsstilllegungen und einer Besteuerung der Weihnachtsgratifikation.[217]

212 Vgl. Littmann, Ausländische Zwangsarbeiter (2006), S. 90–95.

213 Niederschrift über die Plenarsitzung am 15. 12. 1939, StAHH, 621-1_72 Blohm+Voss 1405 Bd. 1.

214 Buggeln/Wildt, Arbeit, S. XXI.

215 Verzeichnis führender Hamburger Wirtschaftler, 1938–1939, HK-Archiv, I.6.F.3.8_7.

216 Niederschrift über die Plenarsitzung, 15. 12. 1939, StAHH, 621-1_72 Blohm+Voss 1410 Bd. 1.

217 Um die Arbeitsproduktivität und Kriegsbegeisterung zu steigern, wurden negative Maßnahmen wie Lohnkürzungen, Arbeitszeitverlängerung und Streichung von Überstundenzulagen, die landesweit für „Missstimmung" sorgten, bald wieder zurückgenommen. Buggeln/Wildt, Arbeit, S. XXII.

Eng verknüpft mit der Sorge um die Stimmung in den Belegschaften waren auch Pläne für einen erhöhten Fraueneinsatz in der Kriegsproduktion. Einerseits mussten Frauen verstärkt mobilisiert und in die Produktion eingebunden werden, andererseits durften sie nicht im selben Maße belastet werden wie männliche Kollegen, da zu befürchten war, ihre Doppelbelastung würde angesichts der ohnehin prekären Versorgungslage die schlechte Stimmung in der Bevölkerung anheizen.[218] Denn in der Regel waren Frauen alleinverantwortlich für die Haushaltsarbeit und Nahrungsmittelbeschaffung für die Familie, was lange Wege und Schlange stehen bedeutete. Als der Industrieausschuss mit Senatsdirektor Paul Lindemann[219] über mögliche Strategien beriet, um die Lohnarbeitsquote von Frauen zu erhöhen, hielt das Protokoll erhebliche Kritik an der NS-Sozialpolitik fest, die dem entgegenstünde. Vielmehr habe „die großzügige Gestaltung der Familien-Beihilfe [...] das Problem ihres Einsatzes noch erschwert".[220] Würden Frauen im großen Stil in einem Industriebetrieb arbeiten, müsse man wiederum mit der Industrie über kürzere Arbeitsschichten bzw. 4-Stunden-Schichten verhandeln, damit arbeitende Frauen nicht im Nachteil seien, weil sie dann „keine Zeit zum Anstehen" hätten.[221] Insgesamt konnte die auf Freiwilligkeit beruhende Anwerbung von Frauen für die Kriegsproduktion in Hamburg bei Weitem nicht den Bedarf decken.

Mit Kriegsbeginn ließ sich der Mangel nicht mehr allein durch rationelle Umorganisation bewältigen, sodass auf höchster Ebene beschlossen wurde, ausländische Arbeitskräfte und Kriegsgefangene in der deutschen Kriegswirtschaft einzusetzen.[222] Die ersten zur Arbeit gezwungenen Kriegsgefangenen kamen aus Polen,[223] die im weiteren Verlauf zusammen mit sowjeti-

218 Kundrus/Schulte-Zweckel, Versorgungslage und Frauenarbeitseinsatz, S. 55.

219 Dr. Paul Lindemann war seit 1933 Leiter der Verwaltungsabteilung des Staatsamtes, ab 1938 Senatsdirektor im Hauptverwaltungsamt der Gemeindeverwaltung, von 1942 bis 1945 Senatssyndicus. Vgl. Gabrielsson, 750-Jahr-Feier, S. 189, Anm. 2.

220 Niederschrift über die Sitzung des Industrie-Ausschusses am 28. 3. 1940, StAHH, 621-1_72 Blohm+Voss 1410 Bd. 2. Das 1933 eingeführte sog. Ehestandsdarlehen richtete sich an vormals berufstätige Frauen, die nach ihrer Heirat die Anstellung aufgaben. Das Darlehen war ausschließlich für die Anschaffung von Hausrat vorgesehen, pro Kind verminderte sich die Tilgungssumme um 25 Prozent. Auf diese Weise wurde der Arbeitsmarkt von Frauen „entlastet". Aber 1936 wurden im Rahmen des Vierjahresplans Lockerungen beschlossen.

221 Niederschrift über die Sitzung des Industrie-Ausschusses am 28. 3. 1940, StAHH, 621-1_72 Blohm+Voss 1410 Bd. 2.

222 Littmann, Ausländische Zwangsarbeiter (1995), S. 177.

223 Buggeln/Wildt, Arbeit, S. XXI.

schen Kriegsgefangenen fast die Hälfte aller Zwangsarbeiter in Deutschland ausmachten. Weitere Zivilarbeitende und Kriegsgefangene, die in Hamburg wie im Reich zur Arbeit eingesetzt wurden, kamen zu Hunderttausenden aus Belgien, Frankreich, Italien, den Niederlanden, der Tschechoslowakei und Jugoslawien. Am Ende wurden bis zu 10 Mio. ausländischer Zivilisten und Zivilistinnen sowie Kriegsgefangene zwangsmigriert und unter teils katastrophalen Umständen zur Arbeit gezwungen.[224]

Da zu den Aufgaben der Handelskammer die Erfassung und Koordination von Arbeitskräften in Handel und Industrie gehörte, fielen auch die „ausländischen Arbeitskräfte" in ihr Aufgabengebiet. Dadurch war die Kammer nicht nur über die Arbeitssituation der Zwangsarbeit Leistenden informiert,[225] sondern sie hatte schon bald auch im internen Austausch eine völkisch-rassistische Rangfolge etabliert, nach der ausländische Arbeitskräfte allgemein nur „für untergeordnete Arbeiten" und hierbei wiederum „nach rassischen Gesichtspunkten" eingesetzt würden.[226]

So wie in der NS-Doktrin vorgegeben standen „die Russen" auch in Hamburg ganz unten in der rassistisch geprägten Hackordnung. So wurde konstatiert, wie sehr die „Einberufungen zur Wehrmacht" den Betrieben Probleme bereiteten, weil „die zur Verfügung gestellten zivilen Russen" für die Fach- und Schlüsselkräfte keinen Ersatz böten, zumal die sowjetische Armee in den von ihr „geräumten Gebieten fast nur minderwertige Männer zurückgelassen" habe.[227]

Mit steigendem Bedarf an ausländischen Arbeitskräften wurden auch die Zwangsarbeiter und Kriegsgefangenen immer wieder versetzt und hierbei „die

224 Littmann, Ausländische Zwangsarbeiter (1995), S. 177. Da die „Anwerbung" von ausländischen Arbeitern mit viel Bürokratie verbunden war, über die Zentralstellen in Berlin lief und die Verteilung wenig effizient, sondern nach rassistischen Prinzipien verlief, gingen Wirtschaftsorganisationen und Betriebe dazu über „mit Unterstützung von Wehrmachtsdienststellen eigene Werber im Ausland einzusetzen". Ebenda, S. 183, sowie Littmann, Ausländische Zwangsarbeiter (2006), S. 25.

225 Vgl. Einsatz französischer Kriegsgefangener, 1943–44, HK-Archiv, 94.A.4_19, und Einsatz von italienischen Militärinternierten (Imis), 1943–44, HK-Archiv, 94.A.4_20. Ebenfalls wurde bei Stabsbesprechungen des Rüstungskommandos laufend über den Einsatz von KZ-Häftlingen informiert. Vgl. u. a. Aktennotiz Stabsbesprechung beim Rüstungskommando am 22. 7. 1944, Aktennotiz Humann vom 24. 7. 1944, HK-Archiv, 73.4.27 Bd. 2.

226 Niederschrift über die Plenarsitzung am 12. 7. 1940, StAHH, 621-1_72 Blohm+Voss 1410 Bd. 2.

227 Niederschrift über die Plenarsitzung, 9. 10. 1942, HK-Archiv, 94.A.1_59.8.

Russen" anstatt „der Franzosen" zunehmend für die schwere Arbeit in der Landwirtschaft oder auf den Werften vorgesehen.[228]

Ein knappes Jahr nach Kriegsbeginn zeigte sich der Hauptgeschäftsführer und Industrieausschuss-Koordinator ↑Werner Bosch alarmiert vom permanenten Arbeitskräftemangel in der Stadt und in der gesamten „Nordmark". Er hoffe zwar nach dem abgeschlossenen Frankreichfeldzug auf Beurlaubungen und sogar Entlassungen aus der Wehrmacht, aber diese rückkehrenden Kräfte würden die Lücken nicht auffüllen können.[229] Deshalb, so Bosch, müssten die „Auskämmungsaktionen unvermindert fortgesetzt werden, obwohl ihre Ergiebigkeit sehr nachgelassen hat". Eine spürbare Verbesserung würde aber erst der Einsatz von Kriegsgefangenen bedeuten, der in Hamburg „zurückgeblieben" sei, „da das Arbeitsamt sich dagegen gestemmt hat, Kriegsgefangene im Stadtbezirk einzusetzen". Bis dahin hatte das Arbeitsamt offenbar Sicherheitsbedenken gehabt, die nun aufgegeben wurden. Bosch konnte dem Handelskammer-Plenum mitteilen, demnächst würden im Gesamthafenbetrieb „einige hundert Kriegsgefangene eingestellt". Bis zum Ende des Frankreichfeldzuges 1940 hoffte die Hamburger Wirtschaft – zur Sprache gebracht in vielen Besprechungen der Handelskammer – der Krieg werde nun insgesamt erfolgreich beendet und die Situation für die Beschäftigten sich wieder normalisieren. Optimistisch stimmte zu diesem Zeitpunkt, dass mit Belgien, Dänemark, Frankreich, den Niederlanden, Norwegen, Österreich und Polen nun wirtschaftlich wertvolle Gebiete zum deutschen Hoheitsgebiet gehörten, die geschäftliche Expansionen zuließen.

Nach dem Überfall auf die Sowjetunion im Sommer 1941 weitete sich der Krieg und damit auch der Bedarf der Wehrmacht an Rohstoffen und Menschen noch einmal deutlich aus. Weitere Arbeitskräfte wurden eingezogen, womit sich auch die „Arbeitskräftepolitik" erheblich verschärfte. Das neu geschaffene Reichsministerium für Bewaffnung und Munition unter Albert Speer und die Berufung eines Generalbevollmächtigten für den Arbeitseinsatz unterstrichen, dass die Kriegswirtschaft ab jetzt zentral organisiert werden sollte.[230] Präses de la Camp fasste am Ende des Jahres zusammen, dass 1941 für die

228 Vermerk über die Besprechung der Rüstungskommission X am 19. 10. 1942, HK-Archiv, 94.A.1_59.8. Vgl. auch USF-Aktion (Umsetzung in schwere Fertigung), Erlass des Reichsministers für Rüstungs- und Kriegsproduktion vom 13. 11. 1944, HK-Archiv, 94.A.3_14.

229 Niederschrift über die Plenarsitzung am 9. 8. 1940, StAHH, 621-1_72 Blohm+Voss 1410 Bd. 2.

230 Buggeln/Wildt, Arbeit, S. XXIV.

Wirtschaft der „Schwebezustand zwischen Kriegs- und Friedensaufgaben“ aufgehoben sei. Jetzt bestehe nur noch „die klare Forderung, aus der Wirtschaft herauszuholen, was nur irgendwie geht, um das Kriegspotential zu stärken“.[231]

Neben dem erheblichen Anteil an ausländischen zivilen Arbeiterinnen und Arbeitern in der Kriegsproduktion kamen nun auch Millionen sowjetischer Kriegsgefangener ins Reich. Einen weiteren Radikalisierungsschub erlebte das Arbeits- und Ausbeutungssystem, als die NS-Führungsebene im März 1942 beschloss, auch KZ-Häftlinge in der Rüstungsindustrie einzusetzen, die ab dem Herbst 1942 in Außenlager in der Nähe von Fabriken transportiert wurden.[232] In Hamburg nahm die Handelskammer bei der Organisation der Zwangsarbeit regelmäßig und auf höchster Ebene durch Arbeitsgruppen- und Gremienmitarbeit an den Erfassungen und Zuteilungen von Zwangsarbeiterinnen und Zwangsarbeitern teil.[233] Anfang 1943 konnte die Industrieabteilung vermelden, dass sich die „Zahl der Gefolgschaftsmitglieder durch den Zugang von Ausländern“ endlich erhöht habe.[234] Je mehr ausländische Arbeitskräfte zwangsweise in Hamburger Betrieben eingesetzt wurden, desto größer wurden aber auch die Probleme vor Ort. Von der Werft Blohm & Voss erfuhr die Kammer, dass mit dem Zuzug weiterer Ausländer grundsätzlich die Gefahr von „Verlausung“ oder „deutschenfeindlicher Propaganda“ steige.[235] Blohm beklagte sich auch auf Reichsebene über die zunehmenden Schwierigkeiten bei der Auswahl für Arbeiten, die nicht nur praktische Fertigkeiten erforderten, sondern auch „Anlagen zu ordnen, vor-

231 Zitiert nach Littmann, Ausländische Zwangsarbeiter (1995), S. 180.

232 Buggeln/Wildt, Arbeit, S. XXV.

233 Seit November 1941 koordinierte Werner Bosch mit dem Arbeitsamt und dem Rüstungskommando den Einsatz von sowjetischen Kriegsgefangenen in Hamburger Betrieben. Vgl. Littmann, Ausländische Zwangsarbeiter (2006), S. 310. Weitere Koordinationsrunden folgten, u. a.: Besprechungen beim Reichsstatthalter Harvesterhuderweg, 1943–45 (an den Besprechungen nahm Präses de la Camp teil), HK-Archiv, 92.15.64, Allgemeines über den Wiederaufbau der Betriebe nach den Luftangriffen, Beseitigung der Fliegerschäden, Mitteilungen u. Anordnungen über die Gesamtlage der Wirtschaft, 03/1944-09/1944 (darin u. a. die Beteiligung von Präses de la Camp in Aktennotiz Stabsbesprechung beim Rüstungskommando am 22. 7. 1944, Aktennotiz Humann vom 24. 7. 1944), HK-Archiv, 73.4.27 Bd. 2.

234 Bericht für die GWK, von Rudolf Blohm (Geheim!), 27. 3. 1943, StAHH, 621-1_72 Blohm+Voss 342 Bd. 1. 1942 lag der Ausländer- und Kriegsgefangenenanteil an allen Arbeitskräften in Hamburg bei den Männern bei 15 Prozent (knapp 17 000), bei den Frauen bei 4,5 Prozent (11 500). Littmann, Ausländische Zwangsarbeiter (1995), S. 185.

235 Bericht für die GWK von Rudolf Blohm (Geheim!), 27. 3. 1943, StAHH, 621-1_72 Blohm+Voss 342 Bd. 1.

zubereiten, vorauszudenken, reibungslos mit Menschen in vor-, neben- oder nachgeordneten Stellen zu verkehren, sich vor Inanspruchnahme fremder Hilfe selbst zu helfen usw".[236]

Es ist davon auszugehen, dass in einem Prozess der Radikalisierung die Beteiligung der Kammer am Hamburger Zwangsarbeitssystem zunehmend als Kammeraufgabe wahrgenommen wurde. Dieser Prozess wurde von außen durch die ständig erhöhten Bedarfsanforderungen aus der Wehrmacht und der Kriegsproduktion in Gang gesetzt und innerhalb der Kammer durch ihre auf Routinisierung ausgelegte Verwaltungslogik vorangetrieben. Diese Logik ließ nicht zu, dass Alternativen formuliert wurden, die in irgendeiner Form die uneingeschränkte Unterstützung der städtischen Wirtschaftskraft begrenzt hätten. In den vorliegenden Quellen finden sich keine Belege eines zögerlichen oder abwägenden Verhaltens, wenn es um den Einsatz von Zwangsarbeiterinnen und Zwangsarbeitern ging. Stattdessen sind Hinweise auf ein handlungsleitendes rassistisches Menschenbild zu lesen, das im Plenum der Handelskammer offen ausgesprochen und reproduziert wurde.[237] Die Handelskammer-Vertreter behandelten die Zwangsarbeit als eine logistische Notwendigkeit, die sich ergab, nachdem andere Mittel in der „Arbeitskräftepolitik" ausgeschöpft waren. Die Kammer sah sich als wichtige Stellschraube in der gesamten Arbeitsorganisation und den Einsatz von Zwangsarbeiterinnen und Zwangsarbeitern zwar als eine Notlösung, die aber so „effizient" – d. h. ausbeuterisch – wie möglich umgesetzt werden musste.[238] Dazu gehörte schließlich auch der gezielte Aufbau von Produktionsstätten im KZ Neuengamme.[239] Zentral vom Gauwirtschaftsberater geplant und assistiert von de la Camp, Blohm, Vogler und Voswinckel wurden Fabrikations- und Reparaturstätten für Gleitlager, Werkzeugmaschinen und Generatoreneinbau in Neuengamme eingerichtet. Während die Deutsche Ausrüstungswerkstätten GmbH mit der Durchführung beauftragt wurde,

236 Brief Blohm, Abteilung Industrie, an Reichsgruppe Industrie Berlin, 17. 3. 1944, HK-Archiv, 92.15_15.

237 Littmann, Ausländische Zwangsarbeiter (2006), S. 24.

238 Da Ausländer und Kriegsgefangene nur einen Bruchteil von dem Lohn einer regulären Arbeitskraft erhielten, sank das Lohnniveau. Es lag im Ermessungsspielraum jedes Unternehmens, inwieweit die Kosten zusätzlich gesenkt wurden – etwa bei Unterbringung und Nahrung. Littmann, Ausländische Zwangsarbeiter (2006), S. 184.

239 „Durchführung wird der Deutschen Ausrüstungswerkstätten GmbH übertragen, vorgeschaltet wird aber eine andere Firma, die die Auftragsabwicklung vornimmt und als alleiniger Auftraggeber auftritt." Notizen Besprechung Dr. Wolff am 2. 5. 1944, HK-Archiv, 92.15.57.

übernahm eine weitere Firma die Auftragsabwicklung. Die Handelskammer nahm in diesem Konstrukt keine nach außen sichtbare Rolle ein, obwohl sie an den Planungen intensiv beteiligt war.[240]

Ab 1943 dominierte in der gesamten Arbeit der Handelskammer die Verwaltung des Mangels, der von Rohstoffen über Arbeitskräfte bis hin zu Alltagsgegenständen reichte. Der euphorische Ton ihrer Verlautbarungen konnte nur mühsam die schlechte Lage kaschieren. So hielt die Abteilung Handel im Jahresbericht für 1943 fest, ihre Tätigkeit sei „in hervorragendem Maße" auf den Umfang reduziert worden, „der durch die Versorgung der Bevölkerung und der Rüstung mit lebens- bzw. rüstungsnotwendigen Gütern gegeben ist".[241] Im Rahmen der „Totalen-Krieg-Aktion" des RWM habe man vor allem durch „Stilllegungsaktionen" zahlreiche Arbeitskräfte für den kriegswichtigen Einsatz zusammenstellen können. Im Einzelnen hatte die Abteilung im abgelaufenen Jahr 34 Parfümerieläden, 9 Teppichhandlungen, 33 Ausstellungsräume im Kraftfahrzeughandel, 71 Briefmarkenhandlungen, 219 Juwelen-, Gold- und Uhrengeschäfte, 288 Süßwarengeschäfte und 177 Betriebe im ambulanten Handel stillgelegt. Nach der Stilllegung kümmerte sich die Kammer ebenfalls um die Genehmigung der sogenannten Stilllegungshilfe, eine Ausgleichszahlung, die die Betriebe auf Antrag von der RWK erhielten.

Die Niederlage der Wehrmacht in Stalingrad zu Beginn des Jahres, grassierende Rationierungen und die zunehmenden Bombenangriffe auf die Stadt machten Kriegsverluste und Bedrohung zu alltäglichen Erfahrungen der Hamburger Bevölkerung. Vonseiten der NSDAP setzten eine hektische Organisation der Luftschutzmaßnahmen und schönfärberische Propagandaaktionen ein.[242] Jedoch halfen keine Vorbereitungen, um die Bombenangriffe vom 24. Juli bis 3. August 1943 zu mildern. Die britische und US-amerikanische Luftwaffe flog fünf Nächte lang Fliegerangriffe auf Hamburg, bei denen, auch durch den nach der Bombardierung einsetzenden und durch die heiße Witterung begünstigten „Feuersturm", etwa 34 000 Menschen zu Tode kamen. Die „Katastrophe", wie der propagandistische Sprachgebrauch

240 Littmann, Zwangsarbeiter, S. 596–598.

241 Tätigkeitsbericht der Abteilung Handel der GWK Hamburg für das Jahr 1943, StAHH, 371-15/3.

242 Joachim Szodrzynski: Die „Heimatfront" zwischen Stalingrad und Kriegsende, in: Hamburg im „Dritten Reich", hrsg. v. d. Forschungsstelle für Zeitgeschichte in Hamburg, S. 633–685, hier S. 640.

von Gauleiter Kaufmann noch während der Angriffe vorgegeben wurde,[243] machte etwa 900 000 Hamburgerinnen und Hamburger obdachlos, zerstörte ganze Stadtteile, Krankenhäuser, Schulen, Kirchen, Wohnungen, Straßen und natürlich auch Tausende Betriebe.[244]

Das Gebäude der Handelskammer war zwar beschädigt, aber nutzbar. Die verschiedenen Abteilungen sammelten so gut es ging Informationen, um einen Überblick zur Situation im Groß- und Einzelhandel zu erhalten. Demnach fielen nach der Bombardierung und dem „Feuersturm" insgesamt zwei Drittel aller Betriebe aus, u. a. blieben im Lebensmitteleinzelhandel von 7000 Geschäften nur 2000 geöffnet, Betriebe des Elektrogroßhandels waren zu 70 Prozent zerstört, im Holz- und Flachglasgroßhandel zu 90 Prozent und im pharmazeutischen Großhandel zu 100 Prozent.[245] Zu den wichtigsten Aufgaben der Handelskammer zählte nun, die noch zur Verfügung stehenden Räumlichkeiten zu prüfen und zu verteilen. So konnten nach eigener Aussage bis September 1943 im schwer getroffenen Einzelhandel knapp 10 000 von vormals 17 800 Geschäften wieder eröffnen. Auch unter den verschärften Kriegsbedingungen und im zerstörten Hamburg legte die Kammer Wert darauf, einen in Grundzügen funktionierenden Handel zu demonstrieren. Darin spiegelte sich auch die nun von Parteiseite einsetzende propagandistische Ausschlachtung der Bombardements als „Bewährungsprobe" wider, nach der das Leben weitergehen müsse.[246] Aber die ohnehin knappe Materialversorgung machte es in Kombination mit der nun desaströsen Infrastruktur notwendig, die Warenverteilung zentral zu lenken. Zuständig waren das Landeswirtschaftsamt zusammen mit der Abteilung Handel der Handelskammer, die Großhandelsfirmen auswählten, die wiederum die Verteilung von „Sonderaktionsware" übernahmen. 741 versorgungswichtige Großhändler, 279 Rüstungsgroßhändler und 251 Außenhändler wurden zu unentbehrlichen Betrieben des Handels erklärt, die von kriegsrelevanten Einschränkungen, z. B. dem Abzug von Angestellten, weitgehend ausgenommen bleiben sollten.[247]

243 Malte Thießen, Eingebrannt ins Gedächtnis. Hamburgs Gedenken an Luftkrieg und Kriegsende 1943 bis 2005, Hamburg 2007, S. 35.

244 580 Industrie- und Rüstungsbetriebe, 2632 gewerbliche Betriebe und 379 Kontorhäuser wurden zerstört. Ursula Büttner, „Gomorrha" und die Folgen. Der Bombenkrieg, in: Hamburg im „Dritten Reich", hrsg. v. d. Forschungsstelle für Zeitgeschichte in Hamburg, S. 613–632, hier S. 618.

245 Tätigkeitsbericht der Abteilung Handel der GWK Hamburg für das Jahr 1943, StAHH, 371-15/3.

246 Thießen, Eingebrannt ins Gedächtnis, S. 39–45.

247 Tätigkeitsbericht der Abteilung Handel der GWK für 1943, StAHH, 371-15/3.

Auch für die Produktion verschärfte sich nach den Luftangriffen im Sommer 1943 die Lage, denn Maschinen waren zerstört und Material kaum verfügbar. Nicht nur musste die wirtschaftliche Logistik wieder in Gang gesetzt werden, auch die Rückführung von Arbeitenden an ihre Arbeitsplätze war schwierig. Die Handelskammer beteiligte sich daran, dass Untauglichkeitsbescheinigungen strenger als bisher ausgestellt wurden; daneben organisierte sie weiterhin die „Aushebung“ von Frauen und Männern im Einzel- und Großhandel für den Einsatz in der Kriegsproduktion.[248]

Noch am Tag des letzten Angriffs der „Operation Gomorrha“ auf Hamburg ergriff die Kammer die Initiative und organisierte sogenannte Industrieblocks. Mit den Industrieblöcken wurde die Produktions- und Arbeitskräfteorganisation dezentralisiert und unter dem Dach der GWK der Wirtschaft direkt übertragen.[249] Das Vorhaben wurde maßgeblich von ↑Rudolf Blohm vorangetrieben und sollte größere und mittlere Betriebe einzelner Stadtteile zusammenfassen und unter Leitung eines führenden Industriellen bzw. kriegswirtschaftlich relevanten Unternehmers stellen: Wiederaufbau, Materialverteilung, Produktion und Arbeitskräfteverteilung und somit auch zwangsweise Schließungen oder Zwangsarbeitereinsätze wurden nun von diesen Industrieblockleitern in Absprache mit der Kammer und den Rüstungsämtern organisiert.[250] Die Handelskammer konnte damit, als Partei und zahlreiche Behörden funktionsuntüchtig geworden waren, ihr jahrelang propagiertes Selbstbild eines Selbstverwaltungsorgans effizient in die Tat umsetzen. Denn nunmehr lagen wichtige kriegswirtschaftliche Kompetenzen wie Verkehr und Energieversorgung in ihrer Hand bzw. in der der Industrieblocks.[251] Hamburgs Vorgehen galt als vorbildlich für andere Gaue und die Arbeitskräfte- und Zwangsarbeiterorganisation durch die Industrieblocks wurde von der Reichswirtschaftskammer zur Richtlinie für das gesamte Reich erhoben.[252]

Charakteristisch für diese letzte Kriegsphase, in der die meiste Energie für die Aufrechterhaltung von Betriebsabläufen und der Produktion aufgewendet wurde, standen zwei Kammermitglieder und Industrieblockleiter: ↑Adolf Vogler, Geschäftsführer des Altonaer Bau- und Rüstungsbetriebs Menck & Hambrock GmbH, sowie ↑Hans Ulrich Voswinckel, Geschäftsführer der

248 StAHH, 371-15/1.
249 Littmann, Ausländische Zwangsarbeiter (2006), S. 404.
250 Lohalm, „Modell Hamburg“, S. 151.
251 Weinhauer, Handelskrise und Rüstungsboom, S. 214.
252 Littmann, Ausländische Zwangsarbeiter (2006), S. 418–424.

Conz Elektrizitätswerke GmbH in Altona-Bahrenfeld.[253] Beide Firmen zählten zum Mittelstand, gehörten aber, ähnlich wie Blohm & Voss, zu den großen Gewinnern des Rüstungsbooms und der Kriegsproduktion.[254]

Vogler war schon 1930 in das Maschinenbauunternehmen seines Schwiegervaters eingestiegen, dessen Geschäftsführung er 1935 übernahm. In dieser Zeit profitierte Menck & Hambrock von den zahlreich angestoßenen Bauvorhaben; die Produktion der Firma orientierte sich zunehmend auch am steigenden Rüstungsbedarf. Umsatzsteigerungen ließen sich in der Kriegszeit im Prinzip nur über Rationalisierung und effizienten Einsatz von Arbeitskräften erreichen. Um Letzteres bemühte sich Vogler besonders, indem er etwa frühzeitig Eigeninitiative entwickelte und Ende 1941 eigene Mitarbeiter in der besetzten Sowjetunion nach Facharbeitern suchen ließ.[255] Für die im Ottenser Betrieb eingesetzten Zwangsarbeiter und Kriegsgefangenen entstand ein eigenes Lager auf dem Betriebsgelände.[256] Menck & Hambrock konnte auf diese Weise seinen Umsatz merklich steigern. Vogler wiederum zählte auch wegen seiner Position als Wehrwirtschaftsführer und ab 1943 als Industrieblockleiter II (Ottensen) zu den einflussreichen Industriellen in der Hamburger Kriegswirtschaft. Zu seinen Aufgaben zählte u. a. die Überwachung der Disziplin in den Betrieben, die vor allem durch den regelmäßigen Bombenalarm zu erodieren drohte. In einem Rundschreiben forderte er deshalb alle Betriebsleiter auf, dafür zu sorgen, dass bei Tagesalarm nicht alle „Gefolgschaftsleute“ in den Hochbunkern verschwänden. Es müsse „zumindest von der männlichen Bevölkerung erwartet werden, dass sie – genau wie der Soldat an der Front – den Schutz ihres Betriebes garantier[t]“. Da die Bunker ohnehin nicht alle aufnehmen könnten, so Vogler lapidar, müsse „ein großer Teil immer draußen bleiben“.[257]

253 Beide Firmen beschäftigten nachgewiesenermaßen auch Zwangsarbeiter. Siehe Littmann, Zwangsarbeiter, S. 225–245. In der Darstellung wird genauer darauf eingegangen, inwieweit dies auch für andere Industrieblock-Betriebe „organisiert“ wurde und wie darüber zwischen Industrieblock und Gauwirtschaftskammer kommuniziert wurde. Zur weiteren Erforschungen können die Archivalien hilfreich sein, die Friederike Littmann jüngst dem Hanseatischen Wirtschaftsarchiv übergeben hat.

254 Vgl. Schriftwechsel mit Firmen, 1936, BArch, RL 3/408.

255 Littmann, Ausländische Zwangsarbeiter (2006), S. 311.

256 Gerd Krämer, Der betriebliche Entnazifizierungsausschuß der Firma Menck & Hambrock in Hamburg-Ottensen, in: Demokratische Geschichte. Jahrbuch zur Arbeiterbewegung und Demokratie in Schleswig-Holstein 6 (1991), S. 153–187.

257 Rundschreiben Vogler an die Firmen es Industrieblocks II, 8. 11. 1944, HK-Archiv, 92.15_72.

Voglers Durchhalteparolen reichten sogar bis an die Front. Im Sommer 1944 wandte er sich in einem Feldpost-Rundbrief an „Menck & Hambrock"-Arbeiter, die an der Westfront soeben die Landung der Alliierten erlebt hatten.[258] Diese, so Vogler, würden bald einsehen, dass es „sinnlos ist, von dort Deutschland in die Knie zwingen zu wollen". Die Soldaten würden schwere Kämpfe führen müssen und in der Heimat müsse schwer daran gearbeitet werden, „die materielle Überlegenheit des Gegners soweit wie möglich durch qualitative Leistungen auszugleichen". Gegen jede unternehmerische Ratio schloss sich Vogler hier der vom NS-Regime in dieser Phase vorgegebenen Propagandaleitlinie an, nach der Wille und deutsche Wertarbeit die offenkundige Unterlegenheit der deutschen Truppen ausgleichen könne. Vogler erhöhte die Glaubhaftigkeit seiner Parolen noch mit dem Hinweis auf ein Treffen mit Speer und Hitler auf dem Obersalzberg, wo sich Letzterer „vollkommen unerschütterlich" in seinem Wissen um den „Endsieg" gezeigt habe. Er und die anderen Besucher seien „mit dem felsenfesten Zutrauen gegangen [...], auch diese schwere Aufgabe wird gemeistert und der Sieg wird unser sein".

Auch die Conz Elektrizitätswerke gehörten zu den Gewinnern der industriepolitischen Wende Hamburgs und der Förderung der Rüstungsproduktion. Voswinckel hatte ab 1927 „von der Pike" auf bei Conz gelernt und folgte 1939 seinem Vater in der Geschäftsleitung. Die Firma lieferte Antriebsmotoren für die Rüstungsproduktion, baute eine Zweigniederlassung in Schlesien und verkaufte sich unter dem (auch nach dem Krieg beibehaltenen) Leitsatz „Conz liefert schnell und pünktlich". Voswinckel trat 1937 in die NSDAP ein und wurde u. a. Wehrwirtschaftsführer. In der Hamburger Produktion griff Conz auf sogenannte Ostarbeiter zurück, wenngleich er laut einer Quelle von Mitte 1944 „wegen Schwierigkeiten im Betrieb" den Einsatz von KZ-Häftlingen abgelehnt habe.[259] Vor allem die „freiwilligen" sogenannten „Ostarbeiterinnen" im Betrieb nutzte Voswinckel so umsatzsteigernd wie möglich aus, indem er ein „Leistungslohnsystem" einführte, mit dem das allgemeine Lohnniveau der Firma deutlich sank.[260] Ab 1943 war Voswinckel Leiter des Industrieblocks III (Bahrenfeld) und in der Industrieabteilung der Kammer für den „Arbeitseinsatz" insgesamt zuständig; er hatte

258 Menck & Hambrock GmbH, Alfred Vogler, 3. 7. 1944 (Abschrift), Stadtteilarchiv Ottensen, Bestand Menck&Hambrock.

259 Stabsbesprechung beim Rüstungskommando X am 10. 8. 1944, Aufzeichnung Humann 12. 8. 1944, HK-Archiv, 92.15.57.

260 Littmann, Ausländische Zwangsarbeiter (2006), S. 372.

also mit der gesamten Bandbreite an Arbeitsverhältnissen in der Hamburger Industrie zu tun.[261]

Neben der Arbeits-, Reparatur- und Wiederaufbauorganisation in Bahrenfeld kümmerte sich Industrieblockleiter Voswinckel auch um die Stimmung in der Bevölkerung, die mehr denn je aufrechterhalten werden musste. Zur „Freizeitgestaltung" wurden deshalb gelegentlich Unterhaltungskonzerte in der Sternwollspinnerei zum Eintrittspreis von einer Reichsmark oder Filmvorführungen von „Altes Herz wird wieder jung" oder „Romanze in Moll" im Gemeinschaftsraum der Firma Reemtsma angeboten oder auf Theaterabende im Schauspielhaus hingewiesen.[262] Angesichts der ohnehin knappen Räumlichkeiten blieben weitere Angebote wie „Kameradschaftsheime", Werkkapellen, Räume für Schachgruppen oder Werkbüchereien eine Herausforderung. Ähnlich wie Vogler engagierte sich Voswinckel nicht nur für den Erhalt der Industrieblocks, sondern auch für die strikte politische und organisatorische Umsetzung der NS-Vorgaben in seinem Betrieb. Dafür setzte er auch auf gezielte Propaganda- und Durchhaltevorträge wie beispielsweise 1944, als Conz die Auszeichnung „Kriegsmusterbetrieb" erhielt und Voswinckel den „Frontgeist" seiner Belegschaft beschwor.[263]

Vogler und Voswinckel genossen das volle Vertrauen von ↑Rudolf Blohm, der als Leiter der Industrieabteilung in der Handelskammer die maßgebliche industrielle Machtposition innehatte. Noch im März 1945 ernannte er Vogler zum ehrenamtlichen Leiter der Referate Rationalisierung, Außenhandel und Auftragsverlagerung und Voswinckel zum ehrenamtlichen Leiter des Referates Arbeitseinsatz und Uk-Stellungen.[264]

Ebenfalls zu den Kriegsgewinnern zählte ↑Richard-Eugen Dörr, Vorstandsvorsitzender der Phrix-Werke AG, die sich ab Kriegsbeginn durch technische Innovationen in der Zellstoffverarbeitung als besonders kriegswichtig etablierten. Dörr hatte sich seit Mitte der 1930er Jahre kontinuierlich hochgearbeitet, vom Vorstandsmitglied der Schlesischen Zellwolle AG über den Zusammenschluss mit anderen Firmen zur Kurmärkischen Zellwolle und

261 Referat Arbeitseinsatz und Uk-Stellungen bei der Abteilung Industrie, 1943–1945, HK-Archiv, I.6.G.16.3_2.

262 Industrieblock III: Dr. H. U. Voswinckel, HK-Archiv, 92.15.73.

263 Frontgeist, in: Unser Werk. Werkzeitschrift der Betriebsgemeinschaft Conz Elektricitäts-GesellschaftmbH Hamburg-Bahrenfeld, Nr. 1/2, Jan./Juni 1944, S. 1 f., StAHH, 221-11 Staatskommissar für die Entnazifizierung und Kategorisierung, Entnazifizierungsakte I (E) 410.

264 Blohm an Vogler sowie Blohm an Voswinckel, 29. 3. 1945, StAHH, 621-1_72 Blohm+Voss 342 Bd. 5.

Zellulose AG bis hin zur Gründung der Phrix-Werke AG 1941, in der die wichtigsten Zellwolle-Hersteller vereint waren und in deren Aufsichtsrat Dörr saß.[265] Im Januar 1941 wurde der Sitz der Phrix GmbH von Hirschberg nach Hamburg verlegt, wo zur Sicherung des Konzerns im Juli die Phrix-Werke AG mit einem Grundkapital von einer Million RM gegründet wurde, das bis Ende 1941 auf 50 Mio. RM erhöht wurde.[266] Der Aufstieg der Phrix-Werke AG zum Vorzeigekonzern im NS-Staat, in dem Dörr eine maßgebliche Rolle einnahm, hing zum großen Teil an der Entwicklung kriegswichtiger Ersatzstoffe. Denn Deutschlands notorische Rohstoffknappheit führte in der Lebensmittelindustrie, der Kraftstoffherstellung und der Textilproduktion zu einer besonderen Förderung von Verfahren, die Rohstoffe ersetzen konnten.[267]

Schon 1939 hatte Dörr ein Patent mit der Bezeichnung „Verfahren zur Herstellung von Zellstoff" angemeldet. Im Juni 1940 folgte die Patentanmeldung „Verfahren zur Herstellung von künstlichen Fasern aus Viskose", für dessen beschleunigte Zulassung sich das RWM beim Reichspatentamt einsetzte, da das Verfahren „volkswirtschaftlich von ganz besonderer Bedeutung" sei.[268] Die Genehmigung folgte rasch, nicht zuletzt, weil dem Patentamt mitgeteilt wurde, welch großen Wert der Minister darauf lege, „dass dasselbe so schnell wie möglich in breitem Umfange angewendet werden kann".[269] Mit der Zentralisierung ab 1941 war aus der ursprünglichen Studien- bzw. Forschungsarbeitsgemeinschaft ein „Großhersteller synthetischer Textilrohstoffe geworden".[270] Auf dieser Basis war die Phrix-Werke AG, neben der IG Farben,

265 Neben den erwähnten Firmen außerdem die Zellwolle und Zellulose AG (Küstrin [Oder]), Rheinische Zellwolle AG (Siegburg), Rheinische Kunstseide AG (Krefeld). Vgl. Karsten Linne, Wissenschaft als Standortfaktor. Mobilisierung von Ressourcen für die „Kolonialstadt" Hamburg, in: Sören Flachowsky/Rüdiger Hachtmann/Florian Schmaltz (Hrsg.), Ressourcenmobilisierung. Wissenschaftspolitik und Forschungspraxis im NS-Herrschaftssystem, Göttingen 2017, S. 121–152.

266 Phrix-Werke AG, Prüfung des Jahresabschlusses zum 31.3.1943, 1944, BArch, R 121/2152.

267 Allein die „Kurmärkische Zellwolle und Zellulose AG" erhielt u. a. durch Hilfe vom RWM Kredite in Höhe von 48 Mio. RM, zudem wurden Tilgungsfristen aufgeschoben, Steuerverpflichtungen aufgehoben und die besetzten Niederlande gezwungen, ein Darlehen über 20 Mio. RM zu gewähren. Kaienburg, Zwangsarbeit, S. 17.

268 Patentangelegenheiten der Phrix Werke AG, Hamburg, Phrix Arbeitsgemeinschaft Hirschberg (Schlesien) und der Werke Krefeld, Küstrin, Siegburg, Wittenberge, Juli–Sept. 1944, BArch, R 3/219.

269 1943 und 1944 folgten die Patentierung von Sulfit-Verfahren zur Herstellung eines zur chemischen Weiterverarbeitung geeigneten Zellstoffes. Ebenda.

270 Deutsche Allgemeine Zeitung, 17.8.1941, in: Phrix Werke AG, Hamburg, Bd. 1: 1941–1944, BArch, R 8136/2959.

Vereinigte Glanzstoffe und dem Zellwollring, in die führende Gruppe der Zellwollindustrie aufgestiegen und ein wichtiges Vierjahresplan-Unternehmen, dessen Produktion zu mindestens 80 Prozent der Wehrmacht bzw. SS zugutekam.[271] Die Verbindung zur SS, Dörrs gute Kontakte zum Leiter des SS-Wirtschaftsverwaltungshauptamtes (WVHA) Oswald Pohl und zum Generalreferenten des RWM Hans Kehrl[272] ermöglichten es der Phrix-Werke AG, die Zahl ihrer Arbeitskräfte im Verlauf des Krieges sogar zu steigern.[273] Im September 1944 waren über 4500 Menschen bei Phrix beschäftigt, davon ein Gutteil Zwangsarbeiter und Zwangsarbeiterinnen aus verschiedenen europäischen Ländern. Eine besondere Abmachung mit der Lagerleitung in Hamburg hatte schon 1942 dazu geführt, dass in Hirschberg das erste bei einem Industriebetrieb angesiedelte Außenlager des KZ Neuengamme entstand.[274]

Dörr war ein erfolgreicher Manager, der über gute Kontakte verfügte und sich während der Konzernerweiterung der Phrix-Werke bei der NS-Führung in relevante Position gebracht hatte und dem wohl auch deshalb, zumindest bis 1943, ein unkonventionelles Verhalten nachgesehen wurde. Obwohl er als Parteimitglied seiner Meldepflicht gegenüber der Gauleitung nicht nachkam, als er mehrmals umzog, und obwohl das Oberste Parteigericht ein Verfahren gegen ihn wegen der vormaligen Mitgliedschaft in einer Freimaurerloge führte, konnte er bzw. sein Unternehmen den exponierten Zuliefererstatus über lange Zeit ungebrochen halten. Das NS-Regime bzw. die NSDAP waren angesichts der Kriegslage und der materiellen Notwendigkeit zu erheblichen Konzessionen bereit, um produktive Kräfte wie Dörr im System zu halten. Auf Fürsprache u.a. des Reichsforschungsrates Rudolf Menzel wurde Dörr von Göring im Dezember 1942 zum Bevollmächtigten für das Gebiet der synthetischen Faserstoffe ernannt. Menzel setzte sich wenige Monate später auch dafür ein, Dörrs Ehrenpromotion nicht abzuerkennen. Dörr könne man „zur Zeit gar nicht entbehren“ und durch die Ablehnung würde er „sicherlich einen schweren persönlichen Knax bekommen“, der seine „ungeheure Arbeitskraft“ lähmen könnte.[275]

271 Phrix Werke AG, Hamburg, 1942, BArch, R 12 II/601.

272 Hans Kehrl war Textilindustrieller und Generalreferent für Sonderaufgaben im RWM und nahm später in Speers Rüstungsministerium eine zentrale Funktion ein.

273 Kaienburg, Zwangsarbeit, S. 20 f.

274 Ebenda, S. 13, 20. Vgl. auch Marc Buggeln, Arbeit & Gewalt. Das Außenlagersystem des KZ Neuengamme, Göttingen 2009, S. 60–63.

275 Sören Flachowsky, Von der Notgemeinschaft zum Reichsforschungsrat. Wissenschaftspolitik im Kontext von Autarkie, Aufrüstung und Krieg, Stuttgart 2008, S. 351.

In der Hamburger Handelskammer spielte Dörr nur am Rande eine Rolle, die jedoch paradigmatisch verdeutlicht, dass nicht nur Parteigenossen, sondern auch kriegswichtige Unternehmer in der Kammer „untergebracht" wurden. Obwohl die Fälle unterschiedlich gelagert sind, zeigt sich im Fall Dörr ähnlich wie beim kriminell aktiven Parteigenossen ↑Heinrich Hartwig, dass die Handelskammer jede Form des NS-Aktivismus in ihren Reihen duldete, solange dies nicht ein allzu zwielichtiges Licht auf sie warf. So stand im Fall Dörr die Hamburger Handelskammer vor der Herausforderung, diesen besonders wichtigen Unternehmer in die Kammer aufzunehmen, ohne dessen nicht ganz reine Weste zur Kenntnis zu nehmen. Es bleibt weiter zu erforschen, warum genau Dörrs Stern bei der NS-Führung 1943 zu sinken begann[276] und warum er, kaum hatte ihn die Handelskammer gefahrlos hinauskomplimentiert, im April 1944 schon wieder ins Amt berufen werden musste.[277]

Im Lebensmittelbereich profitierte ein weiteres Handelskammer-Mitglied von der Rohstoffknappheit Deutschlands. ↑Arnold Mergell war Mitinhaber und Produktionsleiter der Harburger Oelwerke Brinckman & Mergell (HOBUM), die er schon ab 1933 auf die besonderen Regimebedürfnisse ausgerichtet hatte. Bis Mitte der 1930er Jahre konnte das Unternehmen seinen Gewinn kontinuierlich steigern und sich eine Ausgangsposition verschaffen, um zum kriegswichtigen und besonders geförderten Betrieb aufzusteigen.[278] Laut Karl Heinz Roth habe die HOBUM zusammen mit dem unter Treuhand gestellten Unilever-Konzern nach 1941 den gesamten osteuropäischen Margarine-, Speisefett- und Reinigungsmittelsektor beherrscht.[279] Außerdem stieg Mergell mit den „Metallwerken Niedersachen Brinckman & Mergell" (MENIBUM) auch direkt in die Rüstungsindustrie ein. Die MENIBUM

276 Zur parteiinternen Auseinandersetzung, wie mit Dörr zu verfahren sei, vgl. Richard Eugen Dörr, BArch, R9361-I/9621. Sein Gnadengesuch wurde schließlich abgelehnt, im selben Jahr genehmigte ihm der Reichsforschungsrat einen Etat in Höhe von 100000 RM für die Faserstoff-Forschung. Vgl. Richard Eugen Dörr, BArch, R9361-VI/493.

277 De la Camp an Dörr, 18.2.1943, HK-Archiv, I.6.E.3.5.4; De la Camp an Dörr, 13.4.1944, HK-Archiv, Personalakte 565.

278 Bilanzen, Gewinn- und Verlustrechnungen, Geschäftsberichte einzelner Unternehmen, Bd. 4: Brinckman & Mergell, Harburger Oelwerke, BArch, R13-XXXII/376.

279 Roth, Ökonomie, S. 81. Über die Stellung der Phrix-Werke AG zur Konkurrenz: Karsten Linne, Bremer Baumwollhändler in den besetzten sowjetischen Gebieten 1941–1944, in: Bremisches Jahrbuch 81 (2002), S. 126–155; ders., Baumwollanbau im Zweiten Weltkrieg: Eine „Einsatzfirma" in Südrussland, in: Zeitschrift für Unternehmensgeschichte 48 (2003), 2, S. 196–214; ders., Wissenschaft als Standortfaktor, S. 121–152.

war ein Zulieferbetrieb für die Flugzeugindustrie mit guten Verbindungen zur Hamburger Flugzeugbau GmbH und damit auch zu Rudolf Blohm. Ab 1942/43 wurden hier vermutlich auch Zwangsarbeiter und Kriegsgefangene eingesetzt.[280] In der Hamburger Handelskammer war Mergell kontinuierlich aktiv (u. a. beim Wirtschaftsplan und im Industrie-Ausschuss), nachdem er 1937 durch das Groß-Hamburg-Gesetz seinen Posten als Präsident der Harburger Handelskammer verloren hatte und u. a. als Vizepräses in die Hamburger Handelskammer eintrat. Ähnlich wie Dörr hatte auch Mergell gute Kontakte zu NS-Führungsebenen, die in seinem Fall jedoch erfolgreicher fruchteten, als er in Bedrängnis geriet. Denn die „Abstammung" seiner Ehefrau galt als „nicht arisch", woraufhin ihm 1941 die Parteimitgliedschaft aberkannt werden sollte. Mergell stellte ein Gnadengesuch – ein übliches Verfahren, wenn Parteimitglieder mit nicht parteikonformen Verhaltensweisen oder Merkmalen auffielen –, das Hitler im Dezember des Jahres positiv beschied.[281] 1943 machte ihn Blohm ebenfalls zum Industrieblockleiter, woraufhin Harburger Firmen ihr mangelndes Vertrauen in Mergell äußerten und den Vorwurf, dieser würde seine Stellung als Industrieblockleiter vor allem zum eigenen Vorteil nutzen. Aber Blohms Autorität reichte so weit, dass er die klagende Firma kurzerhand aufforderte, sich nicht so zu haben. Die an Mergell gelieferten Unterlagen würden schließlich keine relevanten Betriebsgeheimnisse enthalten.[282]

Sowohl Vogler, Voswinckel wie Mergell hatten nach Einrichtung der Gauwirtschaftskammer die Stellvertretung Blohms in der Industrieabteilung übernommen[283] und wurden nach den flächendeckenden Zerstörungen Hamburgs mit der Leitung jeweils eines der insgesamt 17 (später 18) Industrieblöcke betraut. Neben der Aufrechterhaltung der Produktion stand für die Kammer von diesem Zeitpunkt an die Verwaltung des kriegsbedingten Ausnahmezustandes an oberster Stelle, der sich im Wesentlichen durch Arbeitskräftemangel, notwendige Reparaturen und Materialknappheit auszeichnete. In diesem Zusammenhang verschärfte die Handelskammer

280 Eckhard Sternberg, Die Metallwerke Niedersachsen Brinckman & Mergell, in: geschichtsspuren.de, o. D., https://www.geschichtsspuren.de/artikel/ruestungsproduktion-lagerung-versorgung/214-menibum.html [2. 11. 2022]; Offenborn, Hamburger Unternehmer, S. 560, Anm. 1407.

281 Mergell, Arnold, BArch, R 9361-II/704991.

282 Industrieblock XV: Arnold Mergell, 1943–1945, HK-Archiv, 92.15_85.

283 Konstituierung der Industrieabteilung der GWK Hamburg, o. D. [vermutlich 9. 3. 1943], StAHH, 621-1_72 Blohm+Voss 342 Bd. 1.

auch ihre allgemeinen Anweisungen zur betrieblichen Arbeitsorganisation nach solchen Fliegerangriffen: „Inländische Arbeitskräfte" durften Hamburg nicht mehr verlassen und sollten nur in Ausnahmefällen Urlaub erhalten. Für „ausländische Arbeitskräfte" galt der Grundsatz, sie im Betrieb möglichst zusammenzuhalten und „bei Gefahr durch Zusammenballung" notfalls die DAF und Gestapo zu unterrichten.[284] In dieser Phase des Krieges hatte die Kammer besonders großen wirtschaftspolitischen Einfluss in Hamburg.[285]

Zu den Aufgaben der Industrieblockleiter zählte auch, das Durchhaltevermögen der Betriebe zu stärken, wovon ein Vortrag einen guten Eindruck gibt, den ↑Hans Ulrich Voswinckel Anfang 1944 auf einer Luftschutztagung für Betriebsführer hielt. Nach den Ausführungen zahlreicher Schutz- und Rationalisierungsmaßnahmen ging er auf die kaum zu verhehlende Gesamtsituation ein:

> „Meine Herren, vor 5 Monaten hat unsere Stadt und auch unsere Industrie einen Schlag hinnehmen müssen, der sie endgültig zu Boden bringen sollte und konnte. Wir haben ihn ertragen – wir haben gestanden. Es war eine Bewährungsprobe und man darf wohl sagen, sie wurde bestanden, aber – es war der erste Schlag. Seien wir bereit, die folgenden, wenn möglich noch besser zu bestehen. Das heißt Vorbereitungen treffen, Vorbereitungen auf der ganzen Linie, Vorbereitungen bis ins Kleinste. Schaffen wir für den Betrieb, für unsere Gefolgschaft und nicht zuletzt auch für uns selbst, höchste äußere und innere Vorbereitung. Dann werden wir auch fernerhin unsere Pflicht erfüllen können und diese heißt im Kriege ausschließlich ‚produzieren'. Bereit sein ist alles!"[286]

Präses de la Camp wandte sich u. a. im September 1944 an die Plenumsmitglieder und sprach laut Protokoll,

284 Merkblatt der GWK für die Betriebe bei Eintritt schwerer Schadensfälle, 22. 1. 1944, StAHH, 621-1_72 Blohm+Voss 342 Bd. 2.

285 Littmann, Ausländische Zwangsarbeiter (2006), S. 405.

286 Vortragstext: Die Wiederaufnahme der Arbeit und Betreuung der Gefolgschaft nach Luftangriffen. „Vortrag gehalten auf der Luftschutztagung der Betriebsführer der WL-Bereichsstelle Nordmark von Dr. Hans Ulrich Voswinckel, Betriebsführer der CONZ Elektrizitäts-Gesellschaft mbH, Hamburg-Bahrenfeld am 10. Januar 1944", StAHH, 621-1_72 Blohm+Voss 343.

> „die Hoffnung und Überzeugung aus, dass eine militärische Wende kommen werde. Die Wirtschaft müsse sich jetzt mehr denn je auf ihre Pflicht gegenüber der Allgemeinheit besinnen, betriebsegoistische Gedanken hintansetzen und sich als Glied des großen Ganzen fühlen. Zurzeit ergingen hin und wieder Anordnungen, die teilweise widerspruchsvoll und kaum durchführbar erschienen. Da gelte es, nicht zu resignieren, sondern guten Willens etwas sinnvolles [sic] daraus zu machen. Mißstände müssten schonungslos ausgemerzt werden, der Schild der Wirtschaft müsse blank bleiben. Dann werde die Wirtschaft im Gauleiter einen verständnisvollen Förderer finden, der sich immer gegenüber unberechtigten Vorwürfen schützend vor sie stellen werde. Es komme jetzt darauf an, das Letzte herzugeben, damit wir durch diese harten Wochen erfolgreich hindurchkämen.“[287]

Dennoch äußerten die Mitglieder ihre Zweifel, wenn auch sehr verhalten, indem sie den Bedarf nach mehr Informationen über die „wirtschaftliche Gesamtlage“ äußerten.[288]

Die wirtschaftliche Gesamtlage war im Sommer 1944 gelinde gesagt prekär bis katastrophal. Auch deshalb setzte die Abteilung Handel der GWK, neben den schon zahlreichen Besprechungen, die sogenannte Geschäftsführerbesprechung an, an der neben de la Camp, Kruse und Leuckfeld alle Geschäftsführer der Abteilung teilnahmen, um Beschlüsse sofort umsetzen zu können.[289] Oft genug konnte die Runde jedoch nur Zahlen des Verlustes zur Kenntnis nehmen, ohne weiter reagieren zu können, so etwa im Juli 1944, als allein an einem Tag nach Fliegerangriffen 190 Total- und 130 Teilschäden im Großhandel zu verzeichnen waren.[290] Im Handelsausschuss der Kammer waren de la Camp, Peperkorn und Friedrich Breme, Vorstandsmitglied der Deutsch-Amerikanischen Petroleum Gesellschaft, unterschiedlicher Meinung, welche Möglichkeiten es für die Handelskammer gab.[291] Während Peperkorn kurzerhand die „Innenstadt leeren“ wollte, warf Breme ein, die

287 Niederschrift über die Beiratssitzung der GWK, 1.9.1944, StAHH, 621-1_72 Blohm+Voss 341 Bd. 2.
288 Niederschrift über die Beiratssitzung der GWK, 13.10.1944, StAHH, 621-1_72 Blohm+Voss 341 Bd. 2.
289 Geschäftsführerbesprechung der Abteilung Handel, 7.6.1944, StAHH, 371-15/1.
290 Geschäftsführerbesprechung der Abteilung Handel, 26.7.1944, StAHH, 371-15/1.
291 Niederschrift über die Sitzung des Ausschusses der Abteilung Handel der GWK Hamburg am 7.7.1944, StAHH, 371-15/2.

Schadensmeldungen dürften nicht „zu schwarz gemalt werden". Präses de la Camp zeigte sich wenig überzeugt und eher pessimistisch, sowohl was die Reichshilfe anging als auch hinsichtlich eines ausreichenden Schutzes der Innenstadt.

Mochten die Hamburger Innenstadt und das dortige Handelsleben zunehmend lahmgelegt worden sein, so konnte die Kammer doch gleichzeitig erfreuliche Nachrichten über die Importleistung zur Kenntnis nehmen. 1944 hatten sich die „Verbrauchsgütereinkäufe in Italien [...] weiterhin zufriedenstellend entwickelt", woran Hamburger Firmen „hervorragend beteiligt" seien.[292] Beispielsweise sei es gelungen, „auf dem Eisenwaren- und Haushaltssektor im Jahre 1944 für ca. 18-20 Mill. RM Waren einzuführen (z.B. 115 Waggons Keramikerze, 57 Waggons Glasartikel)". Im Jahr zuvor hatte Italien einen Waffenstillstand mit den Alliierten geschlossen und deutsche Truppen hatten einen Großteil des Landes besetzt. In Hamburg mussten italienische Gefangene als „Militärinternierte" (IMI) Zwangsarbeit leisten und Hamburger Firmen importierten Waren aus besetzten italienischen Gebieten, wo Kriegsverbrechen und Ausbeutung an der Tagesordnung waren.[293]

Anders als die Einfuhr aus den noch besetzten Gebieten verlief der Export dorthin zunehmend schleppend. Die Außenwirtschaftsabteilung musste Mitte 1944 eine insgesamt rückläufige Ausfuhr melden, verursacht durch Materialknappheit, Beschränkung der zugelassenen Firmen, eine „geringere Aufnahmebereitschaft für deutsche Waren", Transportschwierigkeiten und die allgemeine Entwicklung der politischen und militärischen Lage.[294] Die Abteilung war auch über die Deportationen von Juden, etwa in Ungarn,[295] gut informiert, zeigte sich aber hierüber nur im Geschäftssinne besorgt:

292 Niederschrift über die Sitzung des Ausschusses der Abteilung Handel der GWK Hamburg am 20.1.1945, StAHH, 371-15/2.

293 Littmann, Ausländische Zwangsarbeiter (2006), u.a. S. 155–160; Carlo Gentile, Wehrmacht und Waffen-SS im Partisanenkrieg: Italien 1943–1945, Paderborn 2012.

294 Lagebericht Außenwirtschaftsabteilung, Mai, Juni, Juli 1944, StAHH, 371-15/3.

295 Anfang 1944 besetzten deutsche Truppen Ungarn, das nach seinen Verlusten bei Stalingrad drohte, auf die Seite der Alliierten zu wechseln. Innerhalb kürzester Zeit organisierten die deutschen Einheiten zusammen mit den ungarischen Faschisten die Erfassung der jüdischen Bevölkerung. Über eine halbe Million als jüdisch gekennzeichnete Menschen wurden im Verlauf des Jahres ermordet, ein Großteil von ihnen im Vernichtungslager Auschwitz-Birkenau. Vgl. u.a. Regina Fritz (Bearb.), Ungarn 1944–1945, hrsg. v. Bundesarchiv, Institut für Zeitgeschichte und Lehrstuhl für Neuere und Neueste Geschichte der Universität Freiburg (Die Verfolgung und Ermordung der europäischen Juden durch das nationalsozialistische Deutschland, Bd. 15), Berlin/Boston 2021.

> „In Ungarn wird die bestehende Absatzkrisis verschärft durch die Maßnahmen, die zur Eliminierung der in der ungarischen Wirtschaft sehr stark vertretenen Juden jetzt kurzfristig durchgeführt werden. Die Zahl der rückgängig gemachten Aufträge ist im Ungarn-Geschäft besonders groß.“[296]

Im Südosten waren allein mit Kroatien „die deutschen Geschäftsmöglichkeiten nach wie vor günstig“ und ließen Glas- und Porzellanwarenlieferungen zu. Auch der „Norden ist für deutsche Waren immer noch sehr aufnahmefähig, die Nachfrage kann durchweg nicht befriedigt werden“. Neben den Transportschwierigkeiten traten aber auch, parallel zur nachlassenden deutschen Vormachtstellung in Europa, ganz neue Schwierigkeiten in der Geschäftsabwicklung hinzu:

> „Es fällt auf, dass in letzter Zeit aus den verschiedensten Ländern in sehr viel größerem Umfange als früher Reklamationen über die Lieferung deutscher Waren eintreffen. Es kann kaum mehr ein Zufall sein, dass die Deutsche Handelskammer in Madrid [in Helsingfors, in Stockholm, in Oslo; C. K.] gleichzeitig mit Beanstandungen deutscher Lieferungen auf den verschiedensten Gebieten auftreten, bei denen die von den ausländischen Firmen eingebrachten Beschwerden sachlich nicht einmal sehr bedeutend, im Ton aber auffallend scharf sind. Es dürfte sich empfehlen, hierauf bei den dafür zuständigen Stellen in Berlin hinzuweisen.“[297]

In Hamburg musste sich die Handelskammer weiter mit dem durch Fliegerschäden verursachten Raummangel und dem fortgesetzten Verlust von Arbeitskräften beschäftigen, da das Arbeitsamt ebenfalls weiterhin die Betriebe „auskämmen“ ließ, an einem Tag zum Beispiel 325 Einzelhandelsbetriebe, von deren Angestellten 22 Männer und 44 Frauen dienstverpflichtet wurden.[298] Die Männer und Frauen wurden nicht nur in kriegswichtigen Betrieben eingesetzt, sondern auch für den immer notwendigeren „Schnellwohnungsbau“.[299] Die Handelskammer musste die Aktionen mit dem Arbeitsamt koordinieren, wodurch ein latenter Konflikt entstand, da jede erdenkliche Arbeitskraft der

296 Lagebericht Außenwirtschaftsabteilung, Mai, Juni, Juli 1944, StAHH, 371-15/3.
297 Ebenda.
298 Geschäftsführerbesprechung der Abteilung Handel, 26. 7. 1944, StAHH, 371-15/1.
299 Lagebericht für die Monate Februar, März, April 1944 (erstellt Hamburg 3. 5. 1944), StAHH, 371-15/3.

Rüstungsproduktion zugeführt werden sollte und sich der Handel regelmäßig benachteiligt sah.

Um die Zwangsläufigkeit der Arbeitskraftumsetzung noch zu erhöhen, wurden regelmäßig Aktionen ausgerufen, so etwa die „Aktion Sommer 1944", mit der wieder einmal das Narrativ der Effizienz bemüht wurde, um aus den schon längst ausgedünnten Betrieben weitere Arbeitskräfte „umzusetzen". Die Handelskammer übernahm hierbei die Koordination zwischen Arbeitsamt und Unternehmen und instruierte u.a. ihre Fachgruppen, darauf zu achten, die Lagerware von stillgelegten Betrieben zu versorgen und zu verteilen.[300] Die Geschäftsführerbesprechung hielt fest, bei der Aktion „sollen bevorzugt Kriegsgefangene und Ausländer umgesetzt werden. In Handel, Banken, Börse und Versicherungen sollen nach Angaben des Arbeitsamtes 137 derartige Kräfte tätig sein. Es ist aber nicht festzustellen, in welchen Betrieben." Die Kammer war besorgt, diese Kräfte würden pauschal aus dem Handel abgezogen, obwohl vor allem Rüstungshandelsbetriebe unter einem „Mangel an gewerblichen Arbeitskräften" litten. Wie rabiat mittlerweile die einzelnen Behördenstellen in Hamburg nur noch auf die Erfüllung des eigenen Solls achteten, zeigte sich nach der Durchführung der Aktion. Verärgert stellte die Handelskammer fest, dass das Arbeitsamt selten bis nie genauere Angaben machte, welche der gemeldeten Arbeitskräfte von ihm tatsächlich herangezogen und umgesetzt worden waren.[301]

Schwieriger noch war die Situation für Handel, Banken und Versicherungen, die im Rahmen der „Aktion Sommer 1944" innerhalb von 24 Stunden weitere 500 Kräfte an das Arbeitsamt melden mussten, wogegen sie Widerspruch einlegten, da eine viel geringere Quote vereinbart worden war. Der Widerspruch nützte wenig, denn im Verlauf der nächsten Wochen wurden noch deutlich mehr Einzel- und Großhandelsbeschäftigte zur Umschulung für die Rüstungsproduktion abgezogen. Dem zuständigen Gremium in der Handelskammer blieb nur übrig, die Unübersichtlichkeit der Anordnungen zu beklagen und bei Staatssekretär Curt Ferdinand Rothenberger und beim Gauwirtschaftsberater Wolff eine bessere Abstimmung bei den Auskämmungen und Umsetzungen zu verlangen.[302] Nicht nur die Verwaltung des Mangels,

300 Geschäftsführerbesprechung der Abteilung Handel der GWK, 16. 8. 1944, StAHH, 371-15/1.

301 Geschäftsführerbesprechung der Abteilung Handel der GWK, 31. 8. 1944, StAHH, 371-15/1.

302 Geschäftsführerbesprechung der Abteilung Handel der GWK, 11. 10. 1944, StAHH, 371-15/1.

sondern auch die zunehmend risikoreiche Situation für Handelsgeschäfte und Produktion boten genügend Anlass, den fortgesetzten Kriegswillen des NS-Regimes zumindest mit der eigenen Situation abzugleichen. Aber längst waren im NS-Staat die Durchhalteparolen zur Staatsräson erhoben, sodass jeder protokollierte Zweifel an der Sinnhaftigkeit des Krieges die Gefahr der Denunziation barg.

Im Oktober 1944 sah die Handelskammer in Südosteuropa nur noch die Slowakei, Kroatien und Teile Ungarns „für den deutschen Warenverkehr offen“, während im Westen der Handel mit Frankreich, Belgien und Teilen der Niederlande „zum Erliegen“ gekommen war. Jedoch bestünden noch „mit dem Protektorat und dem von den Russen noch nicht besetzten Teil des Generalgouvernements [...] nach wie vor Handelsbeziehungen“.[303] Die Schwierigkeiten vor Ort hatten Bestand, Zeichen einer näher rückenden Niederlage blieben jedoch unkommentiert und wurden stattdessen in eine stoisch fortgesetzte Verwaltungs- und Ablauflogik integriert. Als etwa einer der Geschäftsführer berichtete, „neuerdings“ würden Verkäufer bei Lieferung in die „Grenzgebiete“ eine Vorauszahlung verlangen, offenbarte dies erhebliche Sorgen auf Händlerseite über die fortgesetzte Zurückdrängung der militärischen Front.[304] Aber die Handelskammer beschloss lediglich, bei der RWK klären zu lassen, ob es Bedenken gegen ein Vorauszahlungsprozedere gebe. Sie schien in ihrer demonstrierten Gelassenheit bestätigt zu werden, denn kurz darauf erfuhren die Mitglieder des Handelsausschusses, dass der für Händler bislang nicht ausreichende Versicherungsschutz bei Verlusten durch Kriegsschäden durch Ausgleichszahlungen des Reichsfinanzministeriums behoben werden sollte.[305]

Ob und in welchem Ausmaß es zu diesen Ausgleichszahlungen noch kam, bleibt zu erforschen. In jedem Fall beschäftigte sich die Außenwirtschaftsabteilung der Kammer auch noch im März 1945 mit der Abwicklung von „Kriegsschäden in feindbesetzten Gebieten“, die Händler erlitten hatten.[306] Dabei verließ man sich auf Zusagen des Hamburger Oberfinanzpräsidiums, nach denen „für alle Kriegs- und sonstige Schäden eine darlehensweise

303 Lagebericht Außenwirtschaftsabteilung, August, September, Oktober 1944, StAHH, 371-15/3.
304 Geschäftsführerbesprechung der Abteilung Handel der GWK, 18.10.1944, StAHH, 371-15/1.
305 Niederschrift über die Sitzung des Ausschusses der Abteilung Handel der GWK Hamburg, 21.11.1944, StAHH, 371-15/2.
306 Niederschrift über die Sitzung des Ausschusses der Abteilung Handel der GWK Hamburg, 14.3.1945, StAHH, 371-15/2.

Unterstützung der betroffenen Firmen zur Aufrechterhaltung ihrer Liquidität gewährleistet werden [könne], damit diese ihren kriegsnotwendigen Aufgaben weiter nachkommen können". Die Abteilung Außenwirtschaft unterstützte Firmen bei der Meldung ihrer Schäden beim RWM, die sich aus besetzten Gebieten zurückziehen mussten, etwa aus Albanien, Belgien, Bulgarien, Finnland, Frankreich, Griechenland, Rumänien, Serbien, aus Teilen von Italien, Kroatien, der Slowakei, den Niederlanden, Ungarn und der Türkei, und Warenverluste erlitten hatten.[307]

Im November 1944 mehrten sich in Hamburg die Zeichen des unaufhaltsamen Niedergangs: Auf Erlass des RWM mussten Importfirmen stillgelegt werden und mit der Bildung sogenannter Transportgemeinschaften sollte vor allem Verpackungsmaterial gespart werden[308] – ein weiteres Gut, das neben Streichhölzern und Fahrrädern längst Mangelware war. Trotzdem galt die Versorgungslage in Hamburg als noch vergleichsweise gut, was die Handelskammer hauptsächlich auf ihr eigenes Zutun und das des Handels zurückführte.[309] Dennoch wuchsen in der Stadt die Konflikte an, etwa zwischen Groß- und Einzelhändlern. Wegen der mangelnden Transportmöglichkeiten wurden Letztere zunehmend gezwungen, die gekaufte Ware selbst beim Großhändler abzuholen, woraus sich für die Handelskammer die Aufgabe ergab, über die korrekte Abwicklung der Transportkosten zu befinden.[310] Als im selben Monat plötzlich von einer „Sättigung der Industrie mit Arbeitskräften" die Rede war, hieß dies nichts anderes, als dass die Zerstörungen und Betriebseinschränkungen mittlerweile so groß waren, dass nur noch auf niedrigem Niveau produziert werden konnte. Stattdessen begann die Handelskammer, bei der Erfassung, Einkleidung, Ausbildung und dem Einsatz des „Volkssturms" zu helfen.[311] Im Januar 1945 konnte der Handelsausschuss vermerken, von 180 000 „Volkssturm-Pflichtigen" sei ein erstes Bataillon von 12 000 „in den Osten abgestellt" worden.[312]

307 Lagebericht Außenwirtschaftsabteilung, August, September, Oktober 1944, StAHH, 371-15/3.
308 Geschäftsführerbesprechung der Abteilung Handel der GWK, 1. 11. 1944 sowie 8. 11. 1944, StAHH, 371-15/1.
309 Niederschrift über die Sitzung des Ausschusses der Abteilung Handel der GWK Hamburg, 14. 3. 1945, StAHH, 371-15/2.
310 Niederschrift über die Sitzung des Ausschusses der Abteilung Handel der GWK Hamburg, 21. 11. 1944, StAHH, 371-15/2.
311 Geschäftsführerbesprechung der Abteilung Handel der GWK, 8. 11. 1944, StAHH, 371-15/1.
312 Niederschrift über die Sitzung des Ausschusses der Abteilung Handel der GWK

Längst waren im Osten des Deutschen Reiches die Flüchtlingstrecks auf der Flucht vor der vorrückenden sowjetischen Armee, die Ende Januar 1945 nur noch 80 Kilometer vor Berlin stand. Schon im Mai 1944 waren die im Generalgouvernement „weit nach Osten vorgeschobenen Stützpunkte deutscher Firmen zurückgezogen" worden und die „Lagerbestände der Firmen [...] nach Westen zurückgeholt, dort [...] eingelagert" worden.[313] Sie sollten erst „verwertet" werden, wenn klar sei, „wie sich die Lage im Osten in den nächsten Wochen weiter" entwickeln würde. Bis zum Winter kam es immer wieder zu Truppenbewegungen auch in östliche Richtung, aber insgesamt rückte die Rote Armee unaufhaltsam näher. Im Januar 1945 berichtete die Außenwirtschaftsabteilung der Handelskammer aus dem Generalgouvernement, „der Mehrzahl der Angestellten [von Kreis- und Fachgroßhandelsfirmen] scheint es erfreulicherweise gelungen [zu sein], sich in Sicherheit zu bringen, obwohl die Benachrichtigung über die erforderlich werdende Räumung teils zu spät, teils gar nicht erfolgte. Über die Verwertung der schon vorher ins Reich zurückgebrachten Lagerbestände hat eine Besprechung der Hamburger GG-Kreishandelsfirmen stattgefunden."[314]

In der Hamburger Handelskammer hatte man von einem „Geheimerlass" des RWM erfahren, wonach örtliche „Versorgungsausschüsse" gebildet werden sollten, die im Falle des Zusammenbruches sämtlicher Lieferwege aktiv werden sollten.[315] Die Vorbereitung auf die Niederlage liefen von nun an auf Hochtouren, wurden aber weiterhin als Verwaltungsnotwendigkeiten kommuniziert. So hielt das Protokoll zwischen den Punkten „Einschränkungen im Postverkehr" und „Sonderzuteilung Tabak" als Anweisung an die Handelskammer-Mitarbeiter fest: „Alles für den gegenwärtigen Geschäftsverkehr nicht mehr benötigte Geheimmaterial der Kammer ist sofort zu vernichten, um das Aktenmaterial nicht zu sehr anwachsen zu lassen."[316] Während in Hamburg „Geheimmaterial" vernichtet wurde, hatte die Handelskammer weniger Sorge vor Repression hinsichtlich der von Hamburger Unternehmern

Hamburg, 20. 1. 1945, StAHH, 371-15/2. Vgl. auch Notdienstpflicht – Volkssturm, 1944-45, HK-Archiv, 94.A.2_12d.

313 Lagebericht der Außenwirtschaftsabteilung (erstellt in Hamburg, 3. 5. 1944), StAHH, 371-13/3.

314 Niederschrift über die Sitzung des Ausschusses der Abteilung Handel der GWK Hamburg, 20. 1. 1945, StAHH, 371-15/2.

315 Geschäftsführerbesprechung der Abteilung Handel der GWK, 3. 1. 1945, StAHH, 371-15/1.

316 Geschäftsführerbesprechung der Abteilung Handel der GWK, 23. 1. 1945, StAHH, 371-15/1.

beauftragten Textilproduktion im Ghetto Litzmannstadt. Als sich Anfang Februar die Nachricht verbreitete, dass die sowjetische Armee das Ghetto eingenommen hatte, zeigte man sich in der Abteilung Handel der Handelskammer lediglich um den Produktionsverlust besorgt. Einer der Geschäftsführer versicherte aber, die „Gerüchte über Textilverluste in Litzmannstadt" seien teils übertrieben, teils unwahr, vielmehr habe ihm „ein Gewährsmann" versichert, dass keine erheblichen Verluste zu verzeichnen seien.[317]

Noch im Februar 1945 war die Handelskammer an der Organisation einer Stadtverteidigung gegen die anrückenden britischen Truppen beteiligt. Bei unmittelbarer Feindbedrohung würde der Alarmfall „Küste" ausgerufen und Senator Georg Ahrens zum Stellvertreter des Reichverteidigungskommissars, de la Camp zum Stellvertreter des Generalkommissars für die Wirtschaft. Ahrens und de la Camp sollten ihren Sitz im Bunker an der Eiffestraße haben. Dem Plenum erklärte de la Camp, er sehe seine Aufgabe als Generalkommissar der Wirtschaft darin, „bei etwaigen Schwierigkeiten einzugreifen, im übrigen [sic] aber haben die Behörden und auch die Kammer an ihren alten Arbeitsplätzen unter erhöhter Verantwortlichkeit ihre Aufgaben weiter zu erfüllen". Innerhalb der Kammer organisierte Geschäftsführer Klöver die Vorbereitungen auf den „Alarmfall Küste":

> „Bei den Vorbereitungen wird vorausgesetzt, dass eine ernsthafte Bedrohung der Stadt, evtl. eine Einschließung, jedenfalls eine Unterbindung der normalen Zufuhren, etwa auch durch schwere Verkehrsstörungen, eintritt. Es ist beabsichtigt, die Stadt aufs äußerste zu verteidigen, Evakuierungen werden daher nötig sein. Ihre Planung und Durchführung ist Sache der militärischen Stellen."[318]

Im März 1945 folgte eine Besprechung beim Gauleiter, um eine „Rundumverteidigung Hamburgs" zu planen. Dafür sollte die Handelskammer an der Verteilung von 14 000 Arbeitskräften aus Industrie und Bevölkerung mitwirken, um Panzersperren zu bauen.[319] Zur selben Zeit erfuhr de la Camp bei einer Besprechung bei Reichsstatthalter Kaufmann, dass „mehr Aufsicht für die

317 Geschäftsführerbesprechung der Abteilung Handel der GWK, 6. 2. 1945, StAHH, 371-15/1.

318 Niederschrift über die Beiratssitzung der GWK, 9. 2. 1945, StAHH, 621-1_72 Blohm+Voss 345.

319 Niederschrift über die Beiratssitzung der GWK, 2. 3. 1945, StAHH, 621-1_72 Blohm+Voss 345.

KZ-Häftlinge und Kriegsgefangenen erforderlich" sei. Falls die Polizei keine entsprechenden Leute stellen könne, würden möglicherweise „200 Mann aus der Wirtschaft für die Polizei zu diesen Zwecken dienstverpflichtet".[320]

Aber je näher die britischen Truppen auf Hamburg rückten, desto geringer erschien das Vertrauen des Präses in die Verteidigungsfähigkeit Hamburgs. Dringlicher war nun, die Arbeitskräftesituation in Hamburg zu ordnen und die Spuren der eigenen Mitarbeit am Ausbeutungssystem zu verschleiern, wozu an erster Stelle die Zwangsarbeiter und KZ-Häftlinge aus dem Sichtfeld gebracht werden mussten. Gleichzeitig musste die öffentliche Ordnung in irgendeiner Form aufrechterhalten werden. In einer der letzten Plenarsitzungen der Handelskammer im April 1945 wurden Pläne hierfür offen besprochen. De la Camp berichtete den Mitgliedern von der Entscheidung des Gauleiters,

> „unter allen Umständen in Hamburg zu bleiben und bis zum Letzten für das Wohl der Hamburger zu wirken. Mit ihm wird auch die Verwaltung zum größten Teil hier bleiben [sic], ebenso die nicht kasernierte Polizei. Die Ruhe und Ordnung Hamburgs muss mit allen Mitteln aufrecht erhalten [sic] werden. Die Wirtschaft muss den Gauleiter in seinen Bemühungen mehr denn je unterstützen und seine Autorität stärken, wo immer sie kann. Die Frage, ob Hamburg verteidigt wird, kann niemand beantworten."[321]

Der Kammer war an einer geordneten Übergabe gelegen, da nur so die verbliebenen Betriebs- und Produktionsstätten, Handels- und Lagerhäuser sichern ließen. Zudem galt es, einen guten Eindruck zu machen. Deshalb wurden

> „die nichtdeutschen Arbeitskräfte [...] weitgehend aus Hamburg herausgeführt [...]. Die Ausländer sollen grundsätzlich möglichst alle herausgeführt werden, zunächst die Polen, Rumänen und Italiener. Von der ersten Rate von 20.000 werden zurzeit 8.500 aus Hamburg entfernt. Ferner wird beabsichtigt, die Ausländer in den freigewordenen großen Lagern zusammenzuziehen und unter erhöhte Bewa-

320 Aktennotiz über die Besprechung beim Gauleiter von de la Camp, 22.3.1945, HK-Archiv, 92.15_62.

321 Niederschrift über eine Besprechung beim Gauleiter, betr. Entwicklung des Arbeitseinsatzes in der nächsten Zeit, am 12.4.1945, gezeichnet Humann, StAHH, 621-1_72 Blohm+Voss 344; Niederschrift über die Beiratssitzung der GWK Hamburg, 13.4.1945, StAHH, 371-15/2.

> chung zu stellen. Über die Kriegsgefangenen Herausführung wurde noch nichts näheres [sic] bestimmt. Die KZ-Häftlinge sollen bis zum 13. April abends aus Hamburg herausgebracht sein. Der Zurückbehaltung besonders qualifizierter Ausländer steht nichts im Wege. Herr Schäfer spricht sich aber dafür aus, keine derartigen Ausnahmen zu machen, sondern sämtliche Ausländer abzuschieben, insbesondere wegen der Diebstahlsgefahr."[322]

In diesem Sinne veröffentlichte die Handelskammer ihre „Richtlinien für die Betriebe bei der Evakuierung im Falle unmittelbarer Feindbedrohung".[323] Als die KZ-Häftlinge „aus Hamburg herausgeschafft" waren und der „Abtransport" ausländischer Arbeiter in die Wege geleitet war, organisierte sie die Besetzung der jetzt freien Stellen mit „deutschen Arbeitskräften". Um die öffentliche Ordnung zu wahren, galt als oberstes Ziel, „Arbeitslosigkeit zu verhindern. Entlassungen von Gefolgschaftsmitgliedern [...] möglichst zu vermeiden".[324] Auch über den weiteren Verbleib der KZ-Häftlinge war die Handelskammer informiert, ebenso über die „erheblichen Pannen", die passiert waren, weil die „herausgeschafften" Ausländer von den Nachbargauen teilweise wieder zurückgeschickt worden seien. Ebenfalls erhielt sie Nachricht, dass zur „besseren Überwachung" eine Zusammenlegung von kleineren in große Lager notwendig sei und dass vor allem „ein Arbeitseinsatz dieser Kräfte in den größeren Lägern [...] nach wie vor möglich [ist], auch Brigadeführer Henke steht mit der Wirtschaft auf dem Standpunkt, dass diese Ausländer nicht unbeschäftigt bleiben dürfen".[325]

Bis zum Schluss hielt das Personal der Handelskammer an seiner Aufgabe fest, das NS-System im Bereich der Arbeitsorganisation zu unterstützen, womit sie das NS-Ausbeutungssystem tatkräftig am Laufen hielt. Denn sie nahm ihre Aufgabe offenkundig ohne Unterschied wahr, unabhängig davon, ob es regulär Betriebsbeschäftigte, Zwangsarbeiter oder KZ-Häftlinge betraf.

322 Niederschrift über die Beiratssitzung der GWK Hamburg, 13.4.1945, StAHH, 371-15/2, sowie StAHH, 621-1_72 Blohm+Voss 345.

323 Richtlinien für die Betriebe bei der Evakuierung im Falle unmittelbarer Feindbedrohung, GWK Hamburg, Abteilung Industrie, 13.4.1945, StAHH, 621-1/72_344. Vgl. auch Detlef Garbe, Neuengamme im System der Konzentrationslager. Studien zur Ereignis- und Rezeptionsgeschichte, Berlin 2015, S. 116.

324 Geschäftsführerbesprechung der Abteilung Handel der GWK, 20.4.1945, StAHH, 371-15/1.

325 Aktennotiz Gf. Humann, nachrichtlich an Wolff, de la Camp, Blohm, Klöver u.a., 21.4.1945, StAHH, 621-1_72 Blohm+Voss 344.

4 Die Handelskammer Hamburg während der NS-Zeit – Handlungsspielräume, Mythen und Ausblick

Nur knapp drei Monate nach der Einnahme Hamburgs durch britische Truppen tagte das neu zusammengestellte Plenum der Handelskammer wieder, weiterhin unter der Bezeichnung Beirat. Er sollte laut Militärverwaltung 36 Mitglieder haben, von denen im August 1945 schon 26 ernannt worden waren – alles nachgewiesenermaßen keine ehemaligen Parteimitglieder. Unter Leitung des neuen Präses Max Mörck galt es, die wirtschaftspolitische Handlungsfähigkeit der Institution so schnell wie möglich wiederherzustellen. Bei allen Widrigkeiten, die das Kriegsende und die Besatzungssituation mit sich brachten, half dem Plenum eine außerordentlich robuste Selbstgewissheit, um sich wieder zu orientieren. Laut Protokoll stellte das Plenum fest:

> „Hamburg habe den Ruf, alle Dinge mit Ruhe und Besonnenheit anzufassen[,] und habe diesen Ruf erworben dadurch, dass seine führenden Männer auch in stürmischen und kritischen Zeiten kühl und nüchtern handelten und damit Hamburg und seiner Wirtschaft am besten dienten. Die Hamburger Handelskammer habe in diesem Sinne eine große Aufgabe zu erfüllen und müsse dabei von dem Vertrauen aller Hamburger Wirtschaftskreise getragen werden."[1]

In den folgenden Jahren sollte sich diese Selbstdeutung als fortgesetzte Selbstvergewisserung etablieren: Die Handelskammer verstand sich als eine Organisation, deren vorrangige Aufgabe es war, Herausforderungen zu bewältigen. Damit rückte die politische Wirklichkeit der NS-Zeit in den Hintergrund – jene Wirklichkeit, in der die Kammer nicht oberhalb der Entscheidungen geschwebt hatte, die in der Politik getroffen wurden, und auch nicht außerhalb von sozialen Kontexten und persönlichen Verbindungen gestanden hatte, die das gesellschaftliche Leben in der NS-Zeit prägten.

In der vorgelegten Studie ist die Handelskammer Hamburg je nach Perspektive als eine Organisation erkennbar, die sich von Jahr zu Jahr tiefer und

1 Niederschrift über die Beiratssitzung der Handelskammer Hamburg, 3.8.1945, StAHH, 371-15/2.

effizienter in das NS-System integrierte oder die zunehmend vom NS-System vereinnahmt wurde.

Wie so oft braucht es mehrere Perspektiven, um der historischen Wirklichkeit näher zu kommen. Sie helfen auch im Fall der Handelskammer, um ihre Bedeutung im NS-System zu klären und um darüber hinaus der Frage nachzugehen, wie mithilfe solcher Institutionen der keineswegs effizient regierte zentralistische NS-Staat und das zunehmend radikal und eliminatorisch agierende NS-System so viele Jahre existieren konnten.

Mit Blick auf die Gegenwart scheint es eine banale Feststellung zu sein, dass die Handelskammer so wie jede andere Organisation substanziell eingebunden ist in den sie umgebenden gesellschaftlich-politischen Kontext. Denn die demokratisch konstituierte Gegenwart beruht auf dem partizipativen Selbstverständnis aller gesellschaftlichen Einrichtungen und Gruppen. Jede und jeder Einzelne ist in irgendeiner Form organisiert und gestaltet auf diese Weise Gesellschaft und Politik. Wie steht es aber mit dieser Erkenntnis, wenn es um die NS-Diktatur geht? Wie verändert sich die Sichtweise auf eine Einrichtung wie die Handelskammer, wenn es um ihre Bedeutung während des Nationalsozialismus geht?

Antworten darauf verweisen auf grundsätzliche Fragen an die NS-Geschichte: Wer oder was war der NS-Staat? Lange Zeit lautete in Deutschland die Antwort, die Nazis und ihre Partei hätten Deutschland zu einer Diktatur gemacht. Und ebenfalls sehr lange hat sich auf dieser Grundlage in der deutschen Erinnerungskultur der selbstberuhigende Mythos gehalten, der totalitäre Anspruch der NS-Doktrin habe gleichsam alternativlose Handlungsanweisungen für den Alltag der Bevölkerung produziert und diesen gestaltet. Die Diktatur gab vor und die Beherrschten arrangierten sich, hatten keine andere Wahl, versuchten, irgendwie durchzukommen, oder nahmen Herausforderungen an. An dieser bipolaren Deutung der NS-Geschichte wird schon längst nicht mehr festgehalten, da historische Studien und Projekte in erdrückender Weise deutlich machen, wie sehr die NS-Diktatur und das NS-Verbrechenssystem auf der Basis einer willigen und betriebsam mitwirkenden Bevölkerung ermöglicht wurden. Aber erst in den letzten Jahren hat diese Sichtweise auch Eingang gefunden in die Aufarbeitung von Verwaltungen und Körperschaften des öffentlichen Rechts, also Einrichtungen, die eigenständig agierten und zugleich Staatsverwaltungsaufgaben übernahmen. In der Forschung ist unstrittig, dass sowohl die öffentliche Verwaltung als auch Gemeinden, Kreise, Hochschulen, Berufsgenossenschaften, Rechtsanwaltskammern, Ärztekammern oder

Handelskammern zentrale Säulen des NS-Staates darstellten.[2] Dies gilt auch für die Handelskammer in Hamburg.

Wie an verschiedenen Stellen dieser Arbeit ausgeführt, liegt eine besondere Herausforderung der Untersuchung darin, den Grad an Belastung und Verantwortung bzw. Verantwortlichkeiten einzelner Funktionsträger innerhalb der Handelskammer abzuwägen. Die gegenwärtige Aufarbeitungs- und Täterforschung betont, die Klärung dieser Begriffe solle mit der Diskussion von Einzelfällen verbunden werden, um ein differenziertes Gesamtbild aufzeigen zu können.[3] Auf diese Weise kann auch im Fall der Hamburger Handelskammer ein höchst ambivalenter Prozess verdeutlicht werden: Auf der einen Seite zeigt sich, wie groß die Handlungsspielräume für Funktionsträger und Unternehmer waren und dass Entscheidungen auch unter den Bedingungen der NS-Diktatur nicht zwangsläufig waren. Auf der anderen Seite wird deutlich, dass eine Institution wie die Handelskammer schon aufgrund ihrer Funktion, Sichtbarkeit und Vernetzung einer Integration in das NS-System nicht entgehen konnte. In der vorliegenden Studie wurden Beispiele aufgeführt, die das dynamische Zusammenspiel von individuellem Verhalten und Organisation verdeutlichen, an dem wiederum der Grad der Belastung und der Verantwortung für das Funktionieren des NS-Systems erkennbar werden.

Ein solches Zusammenspiel wurde, um ein Beispiel aufzugreifen, ein ums andere Mal an der Arbeitskräftebeschaffung deutlich. Ab etwa 1936 wurde die Notwendigkeit der Arbeitskräftebeschaffung zu einer prinzipiellen Handlungsleitlinie der Kammer, die weder im Plenum noch in den beteiligten Gremien Alternativen zuließ, nach denen möglicherweise etwas weniger rigide oder sogar kritisch mit der Tatsache umgegangen worden wäre, auch Zwangsarbeiterinnen und Zwangsarbeiter einzusetzen. Alles musste der städtischen Wirtschaftskraft dienen, die wiederum ein elementarer Bestandteil des NS-Systems und seiner Herrschaftspläne war. An diesem Dogma mitzuwirken, bedeutete für einzelne Unternehmer nicht unbedingt, dass sie überzeugte Nationalsozialisten sein mussten. Vielmehr gab ihnen dieses Dogma die Möglichkeit, die NS-Prinzipien innerhalb ihrer unternehmerischen Abläufe zu routinisieren. Sicherlich gab es privat- und freihandelswirtschaftliche Einschränkungen und zahlreiche Regularien, aber zugleich boten sich den Hamburger Kaufleuten neue Möglichkeiten zur begrenzten Profitsteigerung und

2 Sabine Mecking/Andreas Wirsching, Stadtverwaltung als Systemstabilisierung? Tätigkeitsfelder und Handlungsspielräume kommunaler Herrschaft im Nationalsozialismus, in: dies. (Hrsg.), Stadtverwaltung, S. 1–19, hier S. 2.

3 Mentel/Weise, Die zentralen deutschen Behörden, S. 91.

zum Machtausbau. In seiner Arbeit über die westfälischen Kammern urteilte Ralf Stremmel, diese „leisteten mit loyaler Professionalität einen unverzichtbaren Beitrag zur tagtäglichen Funktionsfähigkeit des NS-Systems und schufen ihm damit – mittelbar und ungewollt – den notwendigen Freiraum für das Verfolgen seiner drei Kernziele: Etablierung eines totalitären Herrschaftsapparates, Eroberungskrieg und Ausrottung der Juden".[4]

Es mag vielleicht auf Kritik stoßen, dass in der vorliegenden Studie dem dynamischen Zusammenspiel mehr Gewicht beigemessen wird als der detaillierten Unterscheidung, ob einzelne Personen als überzeugte Nationalsozialisten oder sogenannte Mitläufer agierten. So wie in der gesamten Unternehmerschaft unterschieden sich auch in der Handelskammer nicht nur politische Überzeugungen, sondern auch das damit verbundene Verhältnis zur NS-Ideologie. Und auf einer theoretischen Ebene kann zwischen einem überzeugten und einem funktionalen Verhältnis zur NS-Ideologie unterschieden werden. Aber eine solche kategoriale Bestimmung beantwortet in keiner Weise die Frage, ob die betreffende Person mehr oder weniger verantwortlich handelte, etwa für die NS-Propaganda, die Vernichtung der wirtschaftlichen Existenz von Juden, für die Ausbeutung der besetzten Gebiete oder die Kriegswirtschaft. Wenn ein Handelskammer-Mitglied überzeugter Nationalsozialist war, kann sein Tun nicht automatisch als schuldhafter eingeschätzt werden als das eines anderen Mitglieds, das sich – oft nach Eigenaussage – primär unternehmerischen Fragen widmete und sich erst im zweiten Schritt mit der NS-Kompatibilität seiner Entscheidungen beschäftigte. Auch wenn zu erkennen ist, dass sich „alte Kämpfer" der NSDAP offensiv überzeugter zeigten als Unternehmer, die erst 1933 oder 1937 in die Partei eintraten, muss ihr Verhalten, das sie innerhalb der Handelskammer *und* im Sinne des Nationalsozialismus zeigten, individuell nachvollzogen werden. Eine weitergehende Einordnung müsste – was im vorliegenden knappen Zuschnitt nicht möglich ist – zum einen ideologische und politische Hinter- und Untergründe der Protagonisten, ihre sozialen Verhältnisse, kulturellen Prägungen und politischen Aktivitäten mit handelskammerspezifischen Handlungen in Verbindung bringen; zum anderen müssten die familiären und unternehmerischen Netzwerke sowie politischen Seilschaften sehr viel genauer rekonstruiert und als Teil der Hamburger NS-Geschichte anerkannt werden.

Die Handelskammer Hamburg zeichnete sich weder durch ein besonders inniges noch distanziertes Verhältnis zum NS-System aus. Sie betrieb eine

4 Stremmel, Kammern, S. 579.

Standortpolitik, die durch die regionalen Gegebenheiten geprägt war und sich deshalb im Detail von der ihrer Pendants an anderen Orten unterschied. Um zu beurteilen, ob das lokale Beziehungsgeflecht zwischen ihr, der Partei und der Staatsverwaltung eher typisch oder spezifisch geprägt war, bräuchte es mehr vergleichbare Studien.[5] Fest steht, dass die Handelskammer vom Reich wie vom Gau so viele Vorteile wie möglich für die Hamburger Wirtschaft aushandeln wollte und hierfür den ihr gegebenen Handlungsspielraum effektiv nutzte. Eine Konkurrenzsituation ergab sich für sie aber weniger in der Vertikalen als vielmehr auf horizontaler Ebene mit angrenzenden Gauen, Kammerbezirken, Häfen, Umschlagplätzen oder Behörden, die in Hamburg eigene Prioritäten setzen wollten. Um die besten wirtschaftspolitischen Bedingungen für den Standort Hamburg zu erreichen, mussten und wollten die Entscheidungsträger in der Kammer mit den Instanzen des Gaus und des Reiches eng und produktiv zusammenarbeiten, solange nicht allzu sehr von dieser Seite in ihre internen Abläufe eingegriffen wurde. Auf diese Weise trug sie als eine von vielen Mittelinstanzen auf kommunaler Ebene dazu bei, das Gesamtsystem zu stabilisieren und fortzusetzen.[6] Da der NS-Staat zu keinem Zeitpunkt auf einer „Durchherrschung" der gesamten Gesellschaft von oben beruhte, war er vielmehr auf die „Mobilisierungsanstrengungen der nachgeordneten Instanzen" angewiesen.[7] Deren Motive waren durchaus unterschiedlich, aber im Fall der Handelskammer Hamburg zu keinem Zeitpunkt NS-kritisch grundiert.

Obwohl die rassistischen Vernichtungspläne in den nationalsozialistischen Gedankengebäuden schon lange Jahre entwickelt worden waren, waren sie auf staatlich-institutionelle Verfahren angewiesen, deren Praktiken letztlich in Rathäusern und Standesämtern, Gemeindeverwaltungen und kommunalen Behörden in Handlungsanweisungen und Handlungen „übersetzt" werden mussten. Sosehr das NS-Regime von Beginn an auf Gewaltandrohung und -ausübung setzte, um Ausgrenzung und Vernichtung zur gesellschaftlichen Normalität werden zu lassen, so hing es doch vom Verhalten einzelner Menschen in Einheiten und Bataillonen, in Instituten und Vereinigungen, in Anwalts-, Ärzte- oder Handelskammern vor Ort ab, inwieweit diese Normalität zur alltäglichen, unhinterfragbaren Praxis wurde und den Diskriminierungs- und Verfolgungsalltag von Juden prägte.[8] An jedem einzelnen Tag zwischen Anfang 1933 und Frühsommer 1945 trafen Menschen Entschei-

5 Vgl. Mecking/Wirsching, Stadtverwaltung als Systemstabilisierung?, S. 9.
6 John, Mobilisierung, S. 54.
7 Ebenda, S. 55.
8 Mecking/Wirsching, Stadtverwaltung als Systemstabilisierung?, S. 14.

dungen, gaben Anweisungen, befolgten Richtlinien und wirkten durch diese Handlungen mit an der Gestaltung der Wirklichkeit des NS-Staates. Dies betraf sowohl eindeutige diskriminierende Anweisungen (wie z. B. die Begutachtung in sogenannten Arisierungsprozessen) als auch die vielen bürokratischen oder politischen Vorgaben, die dem NS-System erst den Möglichkeitsraum für seine Ausgestaltung gaben.

Vermutlich – soweit sich das nach bisheriger Aktenlage sagen lässt – war keiner der in Rede stehenden Kaufleute an einer Mordaktion oder einem anderen justiziablen NS-Verbrechen direkt beteiligt. Aus Sicht der Justiz mussten nach 1945 „harte" Kriterien bestimmt werden, um Täter, Schuldige und Verantwortungsträger identifizieren zu können. Die Partei- und SS-Mitgliedschaft war ein solches Kriterium, anhand dessen in einer ersten Phase eine Aufklärungsarbeit beginnen konnte. In den folgenden Jahren kamen weitere Bewertungsmaßstäbe hinzu, die immer wieder auch politische Debatten auslösten, ob dieses oder jenes Merkmal nicht doch zu weit führe, um jemanden zur Verantwortung zu ziehen. Die justizielle Aufarbeitung und Verurteilung von NS-Verbrechen ist ein substanzieller und weiterhin nicht abgeschlossener Teil in der Auseinandersetzung mit der NS-Vergangenheit. Aber die justizielle Logik ist nicht gleichzusetzen mit dem Anspruch und der Funktion gesellschaftlicher Erinnerungskultur; sie kann sogar mitunter den Blick verstellen. Denn Aufarbeitung und Erinnerungskultur gehen über die Anklage einzelner Personen hinaus, indem sie sich mit dem historischen Geschehen als Vorgang der persönlichen Vorgeschichte auseinandersetzen. Daraus ergeben sich Fragen an diejenigen, die sich erinnern. In dieser Studie wurde eine dieser Fragen aufgegriffen und den Handlungen der Handelskammer-Mitglieder nachgegangen, anhand denen sich die Bedeutung der Handelskammer und die Handlungsspielräume ihrer Mitglieder innerhalb des verbrecherischen NS-Systems verstehen und einordnen lassen.

Die hier vorgelegten Befunde über die Handelskammer Hamburg bieten einen ersten systematischen Überblick der Handlungsfelder, in denen sich die Kammer und ihre Mandatsträger und Beschäftigten während der NS-Zeit bewegten. Viele dieser Befunde müssen weiter erforscht, mit tiefer gehender Quellenrecherche ergänzt und kontextualisiert werden. Dennoch zeigen sie schon jetzt, wie sich eine aufgeklärte und verantwortungsvolle Selbstdeutung der Handelskammer zukünftig ausrichten sollte. Denn die Kammer als Interessenvertretung der Wirtschaft und von Staatsseite ausgestattet mit hoheitlichen Rechten war Teil des NS-Systems, in der eine „institutionell determinierte Handlungspraxis" an der Tagesordnung war, die eine Radikalisierungsspirale in Gang setzte.[9] Anders als bei der SS oder Gestapo führte diese Radikalisierung nicht zu Morden und Gewalttaten, aber zu einer dehumanisierenden Haltung gegenüber all jenen Gewerbetreibenden, Arbeitern, Arbeiterinnen und Gefangenen, die nicht zur „Volksgemeinschaft" gehörten und denen zur Aufrechterhaltung der Produktivität jedes Menschenrecht abgesprochen wurde. Auf dieser Basis wurden Verbrechen ermöglicht und, genährt durch die Handlungen der Kammer genauso wie anderer Einrichtungen und Körperschaften des Deutschen Reiches, war es möglich, die verbrecherische Praxis über Jahre und mit größter Effizienz durchzuführen. Daraus leitet sich die erinnerungspolitische Aufgabe ab, Handlungsleitlinien, wie Professionalität, Effizienz oder Wirtschaftlichkeit, die seit jeher und weiterhin aktuell sind, auch kritisch-historisch einzuordnen.

Mit Abschluss der Studie nach zwei Jahren Projektlaufzeit ist es nicht möglich, ein umfassendes Bild der Zusammenhänge und Dimensionen von Verantwortung zu zeichnen. Vielmehr bietet die Studie eine erste wissenschaftliche Grundlage, die Personen und ihr Verhalten identifiziert und den Referenzrahmen ihrer Handlungen historisch-spezifisch aufzeigt. Die Studie unterstreicht, welche Bandbreite an Verhalten und Handlungsspielräumen in der Kammer möglich waren und welche weiterführenden Fragen an die Verantwortlichkeiten der Handelskammer und ihrer Protagonisten sich daraus ergeben. Davon gehen hoffentlich erinnerungspolitische Impulse und weitere Forschungen aus.

9 Bajohr, Neuere Täterforschung.

Teil II:

Biografische Skizzen

(Hannah Rentschler)

Vorbemerkung

Aus den 113 Personen, die zwischen 1933 und 1945 im Haupt- und Ehrenamt der Hamburger Handelskammer tätig waren, wurden 21 ausgewählt, die im Folgenden in einzelnen biografischen Skizzen näher vorgestellt werden. Die Auswahl erfolgte unter Berücksichtigung mehrerer Kriterien. Mit den Präsides, Staatskommissaren, einigen der Vizepräsides und Mitgliedern, die sich vor allem in kriegswichtigen Ausschüssen und Kommissionen engagierten, finden sich Personen darunter, die zumindest formal wichtige Schlüsselpositionen innerhalb der Kammer besetzten. Außerdem soll die Auswahl der vorgestellten Akteure einen Einblick in die in der Handelskammer vertretenen Branchen geben (z.B. Banken, Kaffee-, Außen- und Einzelhandel). Hinzu kommen Mitarbeiter des Hauptamtes der Handelskammer sowie mit Emil Helfferich und Gustav Kurt Johannsen zwei Akteure des Aufklärungsausschusses (siehe Kapitel 3.1), die formal nicht der Kammer angehörten, jedoch als wichtige Verbindungspersonen zu werten sind.

Vom offiziellen Status einer Person lässt sich allerdings nicht immer auf ihren Einfluss und ihre Position innerhalb der Kammer schließen, da einige Akteure in Schlüsselpositionen anscheinend in erster Linie auf dem Papier Kammermitglied waren. Umgekehrt lässt es die Überlieferungslage in vielen Fällen nicht zu, die Handelskammer-Aktivitäten von besonders aktiven und in zahlreichen Gremien vertretenen Personen genau zu rekonstruieren. Handelskammer-Mitglieder im Ehrenamt waren zugleich Unternehmer und Lobbyisten. Die Skizzen bieten daher einen Einblick in den persönlichen und beruflichen Werdegang der Personen, in ihr wirtschaftliches, ehrenamtliches und teils politisches Engagement während der NS-Zeit und in ihren Lebensweg nach 1945. Die Darstellungen wiederholen damit teilweise die in Teil I geschilderten Ereignisse, gehen aber gerade mit den Schlaglichtern auf die Zeit nach 1945 darüber hinaus und tragen dazu bei, den politischen Handlungsspielraum von Kammermitgliedern zu erkennen, der über die Kammer hinausreichte.

Als Hauptquellen für die Skizzen wurden die Plenarier- bzw. Personalakten aus dem Archiv der Handelskammer sowie die jeweiligen Entnazifizierungsakten aus dem Staatsarchiv Hamburg genutzt. Alle biografischen Angaben, die nicht anderweitig belegt sind, entstammen diesen Akten und wurden – abgesehen von direkten Zitaten – aus Gründen der Lesbarkeit nicht einzeln nachgewiesen. Ergänzt werden sie durch Material, das bei gezielten Recherchen zu den ausgewählten Personen zusätzlich gefunden werden konnte, etwa Presseartikel, Auszüge aus der Forschungsliteratur und sogenannter grauer Literatur, darunter häufig Eigen- oder Unternehmenspublikationen mit sehr tendenziösem Charakter. Für Präses Hermann Victor Hübbe kam im Verlauf der Projektlaufzeit noch ein Nachlass hinzu, der in Auszügen gesichtet werden konnte.[1] Zur Übersicht findet sich am Ende einer jeden Skizze ein Überblick aller verwendeten Quellen und Literatur.

Das zur Verfügung stehende Material unterscheidet sich je nach Person mitunter deutlich. Deshalb sind die einzelnen Skizzen zwar ähnlich gestaltet und sie beginnen alle mit Datenfeldern, bestehend aus Angaben zu Persönlichem, zum Unternehmen, zur Stellung innerhalb der Handelskammer und zu Verbindungen zum Nationalsozialismus.[2] Im Hinblick auf den Umfang und den Aufbau der sich anschließenden Ausführungen variieren sie hingegen mitunter stark. Bei einigen bekannteren Akteure war die Materialfülle so groß, dass aus Gründen der Verständlichkeit einige Details aus den Biografien weggelassen werden mussten; andere Skizzen weisen hingegen sichtbare Informationslücken auf. Grundsätzlich zielen die Texte darauf ab, den jeweiligen Werdegang der Person möglichst deskriptiv und urteilsfrei darzustellen. Es werden keine Bewertungen oder Vergleiche der persönlichen Belastung oder Verantwortung vorgenommen, da es hierzu einer Einordnung in größere Kontexte bedarf (siehe Kapitel 1.2 und 4). In jeder der 21 Skizzen wird jedoch auch so deutlich, inwiefern die jeweilige Person vom NS-System profitieren konnte und zugleich systemfördernd bzw. -stabilisierend wirkte. Viele waren in rüstungswichtigen Branchen tätig und wurden mit NS-Ehrentitel für ihre kriegswirtschaftlichen Verdienste ausgezeichnet. Einige engagierten sich sehr aktiv in der NSDAP, teilweise zudem noch in der SS.

1 Der Nachlass wurde teilweise von Hübbe selbst zusammengestellt, befand sich jahrzehntelang im Familienbesitz und wurde im Frühjahr 2021 von einem Nachkommen Hübbes der Stiftung Hanseatisches Wirtschaftsarchiv übergeben, die ihn unter der Signatur N23 bewahrt.

2 Soweit sie dokumentiert war, findet sich bei jedem NSDAP-Mitglied die jeweilige Mitgliedsnummer, die entweder aus der Gau- oder Zentralkartei stammt. Eine niedrige Nummer ist allerdings nicht zwingend gleichbedeutend mit einem frühen Parteieintritt, da viele Parteimitglieder versuchten, mithilfe verschiedener Begründungen eine niedrigere Nummer zugeteilt zu bekommen. Wenngleich die Gründe nicht immer nachvollziehbar sind, erklärt sich so der Umstand, dass bei den hier vorgestellten Personen mitunter deutliche Diskrepanzen zwischen Beitrittsdatum und Mitgliedsnummer bestehen.

Im Hinblick auf die Entnazifizierungsverfahren, die alle Personen durchliefen, die nicht zuvor verstorben waren, zeigen sich Auffälligkeiten, die an dieser Stelle thematisiert und eingeordnet werden. Bis auf einen nicht eindeutig zu klärenden Fall (siehe Christian Bartholatus) wurden alle Personen nach Abschluss ihres Entnazifizierungsverfahrens bzw. des erfolgreichen Berufungsverfahrens in Kategorie IV („Mitläufer") oder V („Entlastete") eingestuft. Die vorhandenen Verfahrensunterlagen zeigen, dass die zuständigen Ausschüsse[3] den Leumundszeugnissen viel Gewicht beimaßen und auch den Argumentationen der zu kategorisierenden Personen, die bspw. ihren NSDAP-Beitritt häufig rein wirtschaftspolitisch zu begründen versuchten, Glauben schenkten. Bei den Leumundszeug*innen fällt auf, dass einerseits Handelskammer-Mitglieder öfter füreinander aussagten und andererseits viele Personen hochrangige Zeug*innen aus der Hamburger Wirtschaft und Politik anführen konnten. Wenngleich eine jüngst erschienene Studie den Begriff des „Persilscheins" kritisch beleuchtet und die These vertritt, dass dem Ausstellen von Leumundszeugnissen durchaus ein komplexerer Kommunikationsprozess zugrunde lag,[4] zeigt sich bei den hier vorliegenden Fällen deutlich der „Eli-

3 In der britischen Besatzungszone waren ab August 1945 beratende Ausschüsse mit deutschen Mitgliedern an den Entnazifizierungsverfahren der Militärregierung beteiligt. Ab Frühjahr 1947 ging die Verantwortung für die „minderbelasteten" Fälle (Kategorie III bis V) ganz auf Hamburger Instanzen über, die oberste Instanz war hier der Leitende Ausschuss, dem der Staatskommissar für die Entnazifizierung und Kategorisierung vorstand. Davon unabhängig bestanden Spruchgerichte, vor denen Angehörige der in Nürnberg zu verbrecherisch erklärten Organisationen (u. a. das Führerkorps der NSDAP, die SS, die Gestapo) wegen ihrer Mitgliedschaft angeklagt waren. Daher durchliefen einige der Akteure zwei Verfahren, meistens mit sich jeweils anschließender Berufung. Siehe Anton F. Guhl, Wege aus dem „Dritten Reich". Die Entnazifizierung der Hamburger Universität als ambivalente Nachgeschichte des Nationalsozialismus, Göttingen 2019, S. 64–71; Gerd Krämer, Der betriebliche Entnazifizierungsausschuß der Firma Menck & Hambrock in Hamburg-Ottensen, in: Demokratische Geschichte. Jahrbuch zur Arbeiterbewegung und Demokratie in Schleswig-Holstein 6 (1991), S. 153–187, hier S. 155–162.

4 Hanne Leßau, Entnazifizierungsgeschichten. Die Auseinandersetzung mit der eigenen NS-Vergangenheit in der frühen Nachkriegszeit, Göttingen 2020. Leßau betont jedoch, dass sie sich in ihrer Untersuchung nicht auf „gesellschaftliche Eliten" konzentriert, für die eine andere Leumundspraxis galt: „In der Wissenschaft, zwischen Diplomaten und Politikern oder innerhalb der Führungsschicht der deutschen Wirtschaft bestanden schon vor Kriegsende enge professionelle Beziehungen, was Angehörige von Elitenzirkeln mit anderen Mitteln ausstattete, als sie den meisten Zeitgenossen zur Verfügung standen. Zudem waren diese zu Überprüfenden in ihren Verfahren vielfach mit sehr ähnlichen, aber spezifischen Ausgangslagen kon-

tenbonus", den Cornelia Rauh-Kühne im Kontext der Entnazifizierung in der amerikanischen Zone festgestellt hat: „Je höher der Sozialstatus eines Betroffenen war, desto günstiger verlief im Allgemeinen seine Entnazifizierung und desto eindrucksvoller war meist die Reihe seiner Fürsprecher."[5] Daher überrascht es nicht, dass nahezu alle Personen, deren anschließender Werdegang rekonstruiert werden konnte, an ihren beruflichen Erfolg der (Vor-)Kriegszeit anknüpfen konnten.

Die These des „Elitenbonus" vertritt auch Jessica Erdelmann in ihrem Forschungsprojekt, in dem sie den Umgang mit dem Privat- und Unternehmensvermögen (ehemaliger) lokaler Eliten nach 1945 untersucht und dabei auch einige Akteure der Handelskammer in den Blick nimmt.[6] Erdelmanns Projekt und die hier vorliegende Studie verweisen beide deutlich auf die Bedeutung persönlicher Netzwerke innerhalb gesellschaftlicher Eliten sowohl für die Personen selbst als auch für die sozioökonomische Ordnung im Nationalsozialismus sowie in der Nachkriegszeit. Die Ergebnisse der Handelskammer-Studie tragen im Sinne des Projektauftrages dazu bei, die „Profiteure und Systemgewinner der nationalsozialistischen Gewaltherrschaft" aus den Reihen der Handelskammer sichtbar zu machen. Sie sollten aber vor allem auch als Anstoß und Appell für zukünftige Forschungen gesehen werden, sich tiefergehend mit der Verflechtung von Akteuren, Netzwerken und Institutionen der NS-Wirtschaftsgeschichte zu befassen.

frontiert, für die sich in dieser Konstellation vielleicht passgenauere Erklärungen finden oder absprechen ließen" (ebenda, S. 142 f.).

5 Cornelia Rauh-Kühne, „Wer zu spät kam, den belohnte das Leben". Entnazifizierung im Kalten Krieg, in: Detlef Junker (Hrsg.), Deutschland und die USA im Zeitalter des Kalten Krieges, 1945–1990. Ein Handbuch, 2 Bde., Stuttgart/München 2001, Bd. 1: 1945–1950, S. 112–123, hier S. 119.

6 Jessica Erdelmann, Forschungsprojekt: Nutznießer des Nationalsozialismus nach 1945. Vermögenskontrolle und materielle Entnazifizierung in Hamburg und München, in: Forschungsstelle für Zeitgeschichte in Hamburg, o. D., https://www.zeitgeschichte-hamburg.de/contao/index.php/forschung-der-nationalsozialismus-und-seine-zweite-geschichte/items/nutzniesser-des-nationalsozialismus-nach-1945.html [7. 9. 2022].

Christian Bartholatus

Lebensdaten: * 20. Dezember 1885 in Flensburg, † 17. Februar 1954 in Hamburg
Angaben zur Familie: verheiratet mit Martha Bartholatus, geb. Andresen (seit 14. Oktober 1911), zwei Söhne (Hans Jürgen [† 1945], Karl Heinz)[7]
Funktionen/Ämter in der Handelskammer: 11. Mai 1938–31. Dezember 1938 sowie 18. Januar 1943–16. Mai 1945 Beiratsmitglied; 18. Januar 1943–16. Mai 1945 Vizepräses
Firma und Branche: Nordwestdeutsche Versicherungsanstalt AG für Handwerk, Handel und Gewerbe, Sitz Hamburg (Nova), und Vereinigte Lebensversicherungsanstalt AG für Handwerk, Handel und Gewerbe in Hamburg (Vela), Versicherung
Verbindungen zum NS: NSDAP-Mitglied ab 1. Oktober 1931, Mitgliedsnr. 709709; April 1932–28. Oktober 1933 Bürgerschaftsabgeordneter der NSDAP; ab 1933 Gauamtsleiter der NSDAP-Gauhauptstelle für Handwerk und Handel sowie Vorsitzender der Hamburger Ortsgruppe des NS-Kampfbunds für den gewerblichen Mittelstand/ab August NS-HAGO; Mitglied in der DAF und NSV

Über den persönlichen Werdegang von Christian Bartholatus ist nur wenig bekannt. Nach dem Besuch einer Präparandenanstalt und eines sich anschließenden Lehrerseminars absolvierte er 1907 seine Lehrerprüfung. Während des Ersten Weltkrieges diente er ab 1915 im Holsteinischen Landwehrregiment Nr. 85, aus dem er wegen schwerer Krankheit allerdings vorzeitig entlassen wurde.

1926 trat Bartholatus in die Nova (gegründet 1906) und die Vela (gegründet 1914) ein, die seit ihren Gründungen eine Interessengemeinschaft bildeten.[8] Ab 1929 gehörte er den Vorständen an, u. a. als Direktor der Nova. Des Weiteren war er – teils bis in die 1940er Jahre – als Aufsichts- und Verwaltungsratsmitglied in mehreren Banken und Versicherungsgesellschaften aktiv, u. a. in der Kreditbank zu Harburg, der Landesbank Hamburg und der Hamburger Feuerkasse. Außerdem amtierte er Anfang der 1930er Jahre zeitweilig als Vorsitzender des Verbands Hamburgischer Gewerbevereine sowie

7 Traueranzeige für Christian Bartholatus, StAHH, 731-8_A 752 Bartholatus, Christian.

8 Hamburgische Versicherungswirtschaft (Hrsg.), Hamburg als Versicherungsstadt, Hamburg 1950, S. 36, 41.

ab 1934/35 als Vorsitzender des Landesverbandes Hamburgischer Grundeigentümervereine.[9]

In den 1930er Jahren engagierte sich Bartholatus verstärkt wirtschaftspolitisch. Nach seinem Eintritt in die NSDAP im Oktober 1931 zog er im folgenden Jahr für die Partei als Abgeordneter in die Bürgerschaft ein. Im Juli 1933 wurde er zum Staatsrat im gleichnamigen Gremium ernannt, 1938 zum Ratsherrn der Ratsherrenversammlung, die den Staatsrat ablöste.[10] 1936 versuchte Bartholatus, seine Machtposition als Staatsrat zu nutzen, um einem befreundeten Parteigenossen eine Arbeitsstelle beim Oberlandesgericht Hamburg zu verschaffen, allerdings ohne Erfolg.[11]

Noch 1933 erfolgte seine Ernennung zum Staatskommissar für den Mittelstand.[12] Im April war er maßgeblich in den Konflikt um die Gleichschaltung der Detaillistenkammer involviert, die in der Handelskammer aufgehen sollte. Bei diesem Vorgang kam dem „Nationalsozialistischen Kampfbund für den gewerblichen Mittelstand“, dessen Hamburger Ortsgruppe Bartholatus leitete, eine wichtige Rolle zu.[13] Der Kampfbund verzeichnete nach der NS-Machtübernahme einen deutlichen Mitgliederzuwachs und führte größere Boykottaktionen gegen jüdische Unternehmer*innen und ihre Geschäfte durch. Unter Bartholatus' Leitung veranstaltete die Hamburger Ortsgruppe auch „Braune Messen“ mit Produktvorstellungen aus der mittelständischen Wirtschaft, bei denen zugleich vor dem Kauf in jüdischen Geschäften gewarnt wurde.[14] Die NSDAP-Führung untersagte jedoch im Juli 1933 einen Warenhausboykott, da die Sicherung von Arbeitsplätzen im Rahmen der NS-

9 Eintrag zu Christian Bartholatus, in: Wer leitet? Die Männer der Wirtschaft und der einschlägigen Verwaltung 1941/42, Berlin 1942, S. 34.

10 Die in Bartholatus' Entnazifizierungsakte mehrfach zu findende Angabe, er sei 1933/34 Staatsrat und ab 1934 Ratsherr gewesen, ist vermutlich auf eine inkorrekte Angabe seinerseits zurückzuführen. Siehe etwa Lebenslauf von Christian Bartholatus, o. D., StAHH, 221-11_F.1354. Eine Auswertung der Hamburger Adreßbücher in Bezug auf beide Gremien hat die genannten Zeiträume bestätigt.

11 Brief von Bartholatus an Senator Rothenberger, Präsident des Oberlandesgericht Hamburg, 14. 8. 1936, StAHH, 241-1 I_836.

12 StAHH, 131-4_1933 A 61.

13 Peter Offenborn, Interessen Hamburger Unternehmer am Nationalsozialismus. Ihre Beteiligung an der Durchsetzung des nationalsozialistischen Herrschaftssystems. Eine Annäherung, Hamburg 2020, S. 720; Hans Bielfeldt, Vom Werden Groß-Hamburgs. Citykammer, Gauwirtschaftskammer, Handelskammer. Politik und Personalia im Dritten Reich, Hamburg 1980, S. 141.

14 Frank Bajohr, „Arisierung“ in Hamburg. Die Verdrängung der jüdischen Unternehmer 1933–1945, 2. Aufl., Hamburg 1998, S. 35.

Wirtschaftspolitik Priorität hatte. Nach diesen internen Machtkämpfen im Zuge der NS-Machtübernahme wurden im August der Kampfbund aufgelöst und seine Mitglieder in die Nationalsozialistische Handwerks-, Handels und Gewerbeorganisation (NS-HAGO) überführt. Anfang 1936 ging die NS-HAGO vollständig in den neugegründeten Reichsbetriebsgemeinschaften „Handel" und „Handwerk" der DAF auf.[15] Bartholatus agierte 1933/34 als Leiter der Hamburger NS-HAGO. Gleichzeitig war er ab Juni 1933 als Gauamtsleiter der Hamburger NSDAP-Gauhauptstelle für Handwerk und Handel tätig, nachdem er sich bereits seit 1931 als Gauredner engagierte. Ab 1937 amtierte er zudem als Gaubeauftragter für Altmaterialerfassung.

Von Oktober 1934 bis Juni 1935 war Bartholatus allerdings von der NSDAP ausgeschlossen, da ihm vorgeworfen wurde, bei Parteieintritt noch Mitglied der Johannis-Loge „Eidora zum Schwan" in Tönning gewesen zu sein. Die Mitgliedschaft widersprach dem Ausschließlichkeitsanspruch der NSDAP und hätte somit zur Ablehnung des Parteieintrittsantrags führen müssen. Der Parteiausschluss wurde aufgehoben, nachdem Bartholatus seinen fristgerechten Logen-Austritt begründet darlegen konnte.[16]

In den Beirat der IHK wurde Bartholatus im Mai 1938 berufen. Bereits zum Ende des Jahres schied er jedoch wieder aus, da er „durch neuerliche Übertragung grösserer wirtschaftlicher und politischer Aufgaben zu stark in Anspruch genommen" wurde.[17] Dennoch nahm er weiterhin an hochrangigen Wirtschaftsberatungen teil, darunter 1939 an Besprechungen mit dem Wirtschaftsbeauftragten des Reichsstatthalters, Wilhelm von Allwörden, in denen u. a. „Arisierungen" im Protektorat Böhmen und Mähren sowie Probleme der Devisenbewirtschaftung diskutiert wurden.[18] Im gleichen Jahr war er in einen weiteren „Arisierungsfall" involviert: Sowohl zwei Angestellte des Geschäfts als auch ein NSDAP-Ortsgruppenleiter, der von Karl Kaufmann unterstützt wurde, beabsichtigten, das Foto- und Optikgeschäft eines jüdischen Eigentümers zu übernehmen. Bartholatus agierte als Vermittler

15 Heinrich August Winkler, Der entbehrliche Stand. Zur Mittelstandspolitik im „Dritten Reich", in: Archiv für Sozialgeschichte 17 (1977), S. 1–40, hier S. 4–6, 15.

16 Urteil des Obersten Parteigerichts vom 12. 6. 1935, BArch, R 9361-II/45291; vgl. auch Jürgen W. Falter, Wer durfte NSDAP-Mitglied werden und wer musste draußen bleiben?, in: ders. (Hrsg.), Junge Kämpfer, alte Opportunisten. Die Mitglieder der NSDAP 1919–1945, Frankfurt a. M./New York 2016, S. 15–40.

17 Schreiben von Joachim de la Camp an Reichsstatthalter Karl Kaufmann, 24. 11. 1938, HK-Archiv, I.6.E.3.5_3.

18 Niederschriften der Besprechungen am 9. und 30. 5. 1939, HK-Archiv, I.6.F.4_20.

zwischen den beiden Parteien, der Ausgang dieses Vorgangs lässt sich aber nicht rekonstruieren.[19]

Zusätzlich engagierte sich Bartholatus ab 1939 im Beirat der Kämmerei[20] sowie mindestens in den 1940er Jahren als Verbandsdirektor des Nordwestdeutschen Genossenschaftsverbands e. V. Hamburg. Vermutlich im gleichen Zeitraum bzw. bis Kriegsende[21] amtierte er auch im Beirat der Reichsgruppe Versicherungen, der Wirtschaftsgruppe Lebens- und Krankenversicherung, als Leiter der Fachgruppe Lebensversicherung und als stellvertretender Beiratsvorsitzender der Fachgruppe Private Krankenversicherung. 1941 erhielt er das Kriegsverdienstkreuz II. Klasse ohne Schwerter. 1942/43 wurde Bartholatus für volkswirtschaftliche Vorträge innerhalb des Deutschen Volksbildungswerkes vorgeschlagen und in diesem Kontext vom Kulturpolitischen Archiv als in politischer Hinsicht unbedenklich eingestuft, was wiederum seine Parteinähe und -treue unterstreicht.[22] Im Januar 1943 erfolgte seine erneute Berufung in die zu diesem Zeitpunkt umbenannte Gauwirtschaftskammer und er amtierte fortan auch als Vizepräses.[23] Im Rahmen dieses Amtes leitete er 1943 einen Ausschuss in der Abteilung Handel, der Stilllegungen im Einzelhandel genehmigte, die dem Erhalt von Arbeitskräften für den Kriegseinsatz dienten.[24]

Bei Kriegsende schied Bartholatus aus der Kammer aus und wurde im November 1945 rückwirkend ab Mai aus seinen Vorstandsämtern entlassen. Da er in dieser Zeit nach Niedersachsen umzog, setzte sowohl in Hamburg als auch in Soltau ein Entnazifizierungsverfahren ein, was zu langwierigen Zuständigkeitsdiskussionen führte.[25] In Hamburg bestätigte die Militärregierung 1946 die vorangegangene Entscheidung des Entnazifizierungsausschusses, Bartholatus aus politischen Gründen aus seiner Position bei der Nova zu entlassen. Dies bedeutete die Gleichstellung mit in Kategorie III eingestuften Personen und somit auch keinerlei Ansprüche auf Pensionsbezüge.[26] In

19 StAHH, 131-4_1939 S II/28.

20 Hamburger Adreßbücher 1933–1943, Staats- und Universitätsbibliothek Hamburg, https://agora.sub.uni-hamburg.de/subhh-adress/digbib/start [7.9.2022]. Für 1944/45 sind keine Bände vorhanden.

21 Exakte zeitliche Angaben sind in Bartholatus' Plenarierakte nicht genannt.

22 BArch, NS 15/33, Bd. 9; BArch, NS 15/254, Bd. 8.

23 HK-Archiv, I.6.E.3.5_4.

24 Tätigkeitsbericht der Abteilung Handel für das Jahr 1943, StAHH, 371-15_3.

25 Siehe auch StAHH, 131-15_A 129.

26 Schreiben des Sekretärs des Zentralausschusses für Entnazifizierung in Hamburg, Rose, an den Entnazifizierungsausschuss Soltau, 15.2.1949, sowie an den

Soltau hingegen wurde Bartholatus im November 1948 in die Kategorie IV ohne Beschränkungen eingestuft, wobei in dem Bescheid laut Angaben seines Anwalts kein Urteil in Bezug auf Pensionsbezüge enthalten waren. Im Dezember 1949 wurde diese Entscheidung vom Berufungsausschuss im Regierungsbezirk Lüneburg für unwirksam erklärt, vorangegangen waren eine Eingabe des Betriebsrats der Nova sowie Bemühungen der Hamburger Entnazifizierungsbehörden. Im Mai 1950 stellte Bartholatus einen Antrag zur Wiederaufnahme seines Verfahrens, insbesondere um seine Pensionszahlungen doch noch zu erhalten.[27] Der Leitende Ausschuss in Hamburg entschied im Juni 1951, dass Bartholatus' Antrag abgelehnt werde, da er ein „alter Kämpfer" und „in besonderem Maße propagandistisch für die NSDAP tätig, sowie im höchsten Maße Nutznießer in seiner Stellung als Staatsrat, Direktor und Aufsichtsratsmitglied bei mehreren Versicherungsgesellschaften" gewesen sei. Er habe nichts zu seiner politischen Entlastung vortragen können, weshalb die Entscheidung von 1946, nach der Bartholatus mit Kategorie III gleichgestellt werde und keine Pensionsansprüche habe, endgültig sei.[28] Im Januar 1952 zog der Öffentliche Kläger des Berufungsausschusses im Regierungsbezirk Lüneburg seinen Antrag auf Wiederaufnahme des Verfahrens aus formalen Gründen zurück und entschied, dass die Entscheidung aus dem November 1948, wonach Bartholatus in Kategorie IV eingestuft wurde, für den Kreis Soltau doch rechtswirksam sei.[29] Inwiefern dies Konsequenzen für Hamburg und seine Pensionsansprüche hatte, lässt sich infolge fehlender Unterlagen nicht rekonstruieren. Ein Brief der Nova und Vela deutet darauf hin, dass die Versicherungen sich mit Bartholatus auf einen Vergleich einigten.[30]

Betriebsrat der „Nova" Krankenversicherungsanstalt AG, 23. 3. 1950, StAHH, 221-11_F.1354.

27 Schreiben des Rechtsanwalts Dr. Scholz an den Sekretär des Zentralausschusses für Entnazifizierung in Hamburg, Rose, 24. 5. 1950, StAHH, 221-11_F.1354.

28 Schreiben von Herrn Rose an Christian Bartholatus, 28. 6. 1951, StAHH, 221-11_F.1354.

29 Schreiben des Öffentlichen Klägers bei dem Berufungsausschuß für die Entnazifizierung im Regierungsbezirk Lüneburg, 3. 1. 1952, StAHH, 221-11_F.1354.

30 Schreiben der Nova und Vela an den Staatskommissar für die Entnazifizierung und Kategorisierung Hamburg, 10. 8. 1951, StAHH, 221-11_F.1354.

Quellen und Literatur

BArch, NS 15/33, Bd. 9; NS 15/254, Bd. 8; R 9361-II/45291
HK-Archiv, Plenarierakten, Nr. 551; I.6.E.3.5_3; I.6.E.3.5_4; I.6.F.4_20
StAHH, 131-4_1933 A 61; 131-4_1939 S II/28; 131-15_A 129; 221-11_F.1354; 241-1 I_836; 371-15_3; 731-8_A 752 Bartholatus, Christian

Hamburger Adreßbücher 1933–1943, Staats- und Universitätsbibliothek Hamburg, https://agora.sub.uni-hamburg.de/subhh-adress/digbib/start [7.9.2022].
Hamburgische Versicherungswirtschaft (Hrsg.), Hamburg als Versicherungsstadt, Hamburg 1950.
Eintrag zu Christian Bartholatus, in: Wer leitet? Die Männer der Wirtschaft und der einschlägigen Verwaltung 1941/42, Berlin 1942, S. 34.

Bajohr, Frank, „Arisierung“ in Hamburg. Die Verdrängung der jüdischen Unternehmer 1933–1945, 2. Aufl., Hamburg 1998.
Bielfeldt, Hans, Vom Werden Groß-Hamburgs. Citykammer, Gauwirtschaftskammer, Handelskammer. Politik und Personalia im Dritten Reich, Hamburg 1980.
Falter, Jürgen W., Wer durfte NSDAP-Mitglied werden und wer musste draußen bleiben?, in: ders. (Hrsg.), Junge Kämpfer, alte Opportunisten. Die Mitglieder der NSDAP 1919–1945, Frankfurt a.M./New York 2016, S. 15–40.
Offenborn, Peter, Interessen Hamburger Unternehmer am Nationalsozialismus. Ihre Beteiligung an der Durchsetzung des nationalsozialistischen Herrschaftssystems. Eine Annäherung, Hamburg 2020.
Winkler, Heinrich August, Der entbehrliche Stand. Zur Mittelstandspolitik im „Dritten Reich“, in: Archiv für Sozialgeschichte 17 (1977), S. 1–40.

Georg Wilhelm Rudolf Blohm

Lebensdaten: * 2. September 1885 in Hamburg, † 7. Oktober 1979 in Hamburg
Angaben zur Familie: verheiratet mit Gertrud Blohm, geb. Schütte (seit 1919), vier Töchter
Funktionen/Ämter in der Handelskammer: 17. Mai 1919–August 1945 Plenums-/Beiratsmitglied; 1930–1932 sowie 1935–1945 Vizepräses; ab 23. Mai 1919 Mitglied der Industriekommission (ab 1937 Industrieausschuss), ab 1933 als Vorsitzender; ab 1933/34 ehrenamtlicher Vorsitzender der Industrieabteilung;[31] ab August 1943 Leiter des Industrieblocks 14
Firma und Branche: Blohm & Voss, Werft/Industrie
Verbindungen zum NS: ab 1934 DAF-Mitglied; ab 1935/36 NSV-Mitglied; 1934–1940 Fördermitglied der SS; ab 1936 Mitglied im Reichskolonialbund; Mitglied im NS-Bund Deutscher Technik sowie NS-Reichskriegerbund

Rudolf Blohm wuchs als ältester Sohn von Hermann Blohm, dem Mitbegründer der Schiffswerft Blohm & Voss, auf. Nach der Reifeprüfung 1904 machte er eine Ausbildung im Unternehmen seines Vaters sowie bei den Maschinenbauunternehmen Haniel & Lueg in Düsseldorf und Gutehoffnungshütte in Oberhausen. Anschließend leistete er seinen Militärdienst ab und begann ein Studium in München, Danzig und Charlottenburg, das er 1912 als Diplom-Ingenieur abschloss. Es folgte eine zweijährige Studienreise in die USA und nach Südamerika, bevor er am 1. Juli 1914 in Hamburg als persönlich haftender Gesellschafter in die Unternehmensleitung von Blohm & Voss eintrat; 1916 kam sein jüngerer Bruder Walther hinzu. Im Ersten Weltkrieg diente

31 In den Quellen variieren teilweise die Bezeichnungen der mit ehrenamtlichen Handelskammer-Mitgliedern besetzten Industriekommission bzw. des Industrieausschusses sowie der von Werner Bosch ab 1933 hauptamtlich geleiteten Industrieabteilung. Höchstwahrscheinlich bestand die Industriekommission von 1900 bis 1937 und wurde im Zuge des Groß-Hamburg-Gesetzes als Industrieausschuss fortgeführt. Während der Überführung der Gewerbe- in die Handelskammer 1933 wurde zusätzlich ein gemeinsamer „Industrie-Ausschuß“ gebildet, der maßgeblich zum Aufbau der ab 1934 bei der Handelskammer bestehenden Industrieabteilung beitrug. Blohm hatte den ehrenamtlichen Vorsitz beider Gremien inne: Peter Offenborn, Interessen Hamburger Unternehmer am Nationalsozialismus. Ihre Beteiligung an der Durchsetzung des nationalsozialistischen Herrschaftssystems. Eine Annäherung, Hamburg 2020, S. 502–504; Hans Bielfeldt, Vom Werden Groß-Hamburgs. Citykammer, Gauwirtschaftskammer, Handelskammer. Politik und Personalia im Dritten Reich, Hamburg 1980, S. 62–65.

Georg Wilhelm Rudolf Blohm

Rudolf Blohm zeitweise im Leib-Dragoner-Regiment (2. Großherzoglich Hessisches) Nr. 24 sowie beim Infanterie-Regiment Prinz Carl (4. Großherzoglich Hessisches) Nr. 118.[32]

Blohm & Voss – gegründet 1877, seit 1891 eine Kommanditgesellschaft auf Aktien – wurde allein von der Familie Blohm geführt, nachdem der Mitbegründer Ernst Voss 1910 ausgeschieden war. Nach der Revolutionszeit 1918, in der kurzzeitig der Hamburger Arbeiter- und Soldatenrat das Kommando über die Werft übernommen hatte, übergab Hermann Blohm die Betriebsleitung vollständig an seine beiden Söhne.[33] Während Walther Blohm für die innerbetrieblichen Abläufe zuständig war, vertrat Rudolf Blohm das Unternehmen in der Öffentlichkeit, sowohl gegenüber Kunden als auch gegenüber der Politik und in nationalen und internationalen Verbänden. Hierfür hatte er zahlreiche ehrenamtliche Positionen von seinem Vater übernommen: Seit dem 17. Mai 1919 war Blohm Mitglied der Handelskammer und wurde Vorsitzender des Gesamtvorstands des Arbeitgeberverbands Hamburg-Altona e.V., der 1890 von seinem Vater als erste branchenübergreifende Arbeitgeberorganisation im Kaiserreich gegründet worden war. Mit diesem Engagement versuchte er, insbesondere gegen „kollektiv artikulierte Arbeitnehmerinteressen“ einzutreten.[34] Von der Handelskammer wurde Rudolf Blohm in den 1920er Jahren mehrmals in die Deputation für Handel, Schiffahrt und Gewerbe sowie in den Fürsorge-Ausschuss des Arbeitsamts entsandt. Überregional agierte er im gleichen Zeitraum als Vorstandsmitglied des Reichsverbands der Deutschen Industrie und der Vereinigung der Deutschen Arbeitgeberverbände. Branchenspezifisch war er außerdem u.a. stellvertretender Vorsitzender des Vereins Deutscher Eisen- und Stahlindustrieller sowie des Vereins deutscher Schiffswerften e.V. und Vorsitzender der Abteilung Seeschiffswerften der Norddeutschen Gruppe des Gesamtverbands Deutscher Metallindustrieller.[35]

32 Andreas Meyhoff, Blohm, Rudolf, in: Franklin Kopitzsch/Dirk Brietzke (Hrsg.), Hamburgische Biografie. Personenlexikon, Bd. 2, Göttingen 2003, S. 54f., hier S. 54; Stefan Kiekel, Die deutsche Handelsschifffahrt im Nationalsozialismus. Unternehmerinitiative und staatliche Regulierung im Widerstreit 1933 bis 1940/41, Bremen 2010, S. 365.

33 Andreas Meyhoff, Blohm & Voss im „Dritten Reich“. Eine Hamburger Großwerft zwischen Geschäft und Politik, Hamburg 2001, S. 26f., 30f.

34 Meyhoff, Rudolf Blohm, S. 54.

35 Meyhoff, Blohm & Voss, S. 27; Eintrag zu Georg Wilhelm Rudolf Blohm, in: Deutscher Wirtschaftsführer. Lebensgänge Deutscher Wirtschaftspersönlichkeiten, Hamburg 1929, Sp. 216.

Rudolf Blohms gute geschäftliche Kontakte sowie einige Aufträge aus dem Ausland halfen der Werft dabei, die wirtschaftlich schwierigen Jahre zu Beginn der 1920er Jahre zu überstehen. Auch von der Weltwirtschaftskrise am Ende der Dekade erholte sich Blohm & Voss durch eine Vielzahl an zivilen und militärischen Aufträgen, und Blohm selbst avancierte zeitweilig zu einem der einflussreichsten Rüstungsindustriellen des Deutschen Reiches.[36] Als Mitglied der DNVP war er ein entschiedener Gegner der parlamentarischen Demokratie und nahm etwa im Oktober 1931 an einer Tagung der „Harzburger Front“ teil, einem antidemokratischen Bündnis gegen die Weimarer Republik.[37] Gegenüber der Politik der NSDAP zeigte er sich anfänglich zwiegespalten, da er ihre Ablehnung der Weimarer Republik teilte, zugleich jedoch starke Bedenken wegen der geforderten Verstaatlichung des Geldwesens hatte. Die Nationalsozialisten wurden für Blohm „salonfähig“, als Hitler sich in den 1930er Jahren „deutlich von sozialistischen Tendenzen“ der Partei distanzierte und sich Unternehmern zuwandte.[38] Wenngleich Blohm nie NSDAP-Mitglied wurde, nahm er eine „hervorgehobene Position“ im NS-Staat ein und pflegte enge Kontakte mit hochrangigen NS-Funktionären. Hitler, der in Blohm „den wichtigsten Repräsentanten der deutschen Schiffbauindustrie“ sah, traf er mehrfach bei dessen Besuchen in Hamburg.[39]

Blohms wichtigstes Amt auf Reichsebene war ab 1934 die Leitung der Hauptgruppe II (Maschinenbau, Elektrotechnik, Optik und Feinmechanik) der Reichsgruppe Industrie. Im selben Jahr übernahm er zudem die Leitung der Gruppe Industrie der Wirtschaftsgruppe Nordmark im Reichsstand Industrie (später Bezirksgruppe Nordmark der Reichsgruppe Industrie). Im März 1936 wurde Blohm außerdem innerhalb der DAF zum stellvertretenden Leiter der Reichsbetriebsgemeinschaft „Eisen und Metall“ ernannt.[40] Auf regionaler Ebene bescherte ihm seine Tätigkeit in der Handelskammer bedeutenden Einfluss: Vor der Gleichschaltung 1933 war Blohm Mitglied in der Industriekommission und im Steuerausschuss sowie für die Sektionen Eisen-

36 Meyhoff, Blohm & Voss, S. 34; Meyhoff, Rudolf Blohm, S. 54.

37 Katharina Tenti, Rudolf Blohm, in: Datenbank „Die Dabeigewesenen“. Von Hamburger NS-Täter/innen, Profiteuren, Denunziant/innen, Mitläufer/innen und Zuschauer/innen. Eine Hamburg Topografie, o. D., https://www.hamburg.de/clp/dabeigewesene-suche/clp1/ns-dabeigewesene/onepage.php?BIOID=125&qN=Blohm [7. 9. 2022].

38 Meyhoff, Blohm & Voss, S. 48–51.

39 Meyhoff, Rudolf Blohm, S. 54 f.; ders., Blohm & Voss, S. 111.

40 Meyhoff, Blohm & Voss, S. 96, 105.

bahn & Post, Seeschifffahrt, Gewerbliche und Soziale Fragen, Bank- und Münzwesen, Versicherungswesen und den Jahresbericht zuständig.[41] Im Juni 1933 wurde er erneut zum Plenumsmitglied ernannt und übernahm den Vorsitz der neu zusammengesetzten Industriekommission,[42] den er – wie auch seine Position als Vizepräses ab 1935 – bis Ende des Zweiten Weltkrieges innehatte. Zusätzlich agierte er als ehrenamtlicher Leiter der Industrieabteilung im Hauptamt sowie zeitweilig als Vizepräses der Wirtschaftskammer Nordmark. Des Weiteren war er mindestens 1934 Mitglied im Ehrenausschuss des Aufklärungsausschusses.[43] Ab 1935 nahm er als Vertreter der Handelskammer auch an Treffen mit dem Gauwirtschaftsberater der NSDAP Carlo Otte und Vertretern der Wirtschaftsbehörde teil.[44]

Im Rahmen seiner Ämter, sowohl innerhalb der Reichsgruppe Industrie als auch in der Industriekommission der Handelskammer, hatte Blohm weitreichenden Einfluss auf Personalentscheidungen. Als die Handelskammer bspw. 1933 von der Hamburger Arbeitsbehörde aufgefordert wurde, einen Kandidaten für den Posten eines Treuhänders der Arbeit für das Wirtschaftsgebiet Nordmark zu benennen, wurde Blohms Empfehlung angenommen. Bei der Wahl der Untergruppenleiter der Hauptgruppe II waren „rassische" und politische Kriterien entscheidend, Blohms Mitarbeiterstab wählte ausschließlich Personen aus, die als überzeugte Nationalsozialisten galten. Blohm selbst äußerte weder offen „moralische Bedenken gegen den harschen Umgang mit jüdischen Kollegen" noch deutliche antisemitische Ansichten. Andreas Meyhoff bewertet sein Verhalten als „indifferent", da Blohm Verständnis für die rassistischen NS-Kategorien zeigte, zugleich aber persönliche Beziehungen zu jüdischen Kollegen davon ausnahm, etwa zum Bankier Max Warburg, der lange Zeit im Aufsichtsrat von Blohm & Voss gewesen war.[45]

Blohms wichtige Position in Hamburg spiegelt sich auch in seiner Ernennung zum Staatsrat 1933 und Ratsherr 1940 sowie zum Wehrwirtschaftsführer 1937 wider. Mitte 1941 wurde ihm zudem das Kriegsverdienstkreuz II. Klasse ohne Schwerter verliehen. Der eher symbolische Charakter eini-

41 HK Hamburg, Geschäftsverteilungsplan der Handelskammer für das Jahr 1933, Archiv FZH, 227-11 IHK Hamburg II, Bd. 3 (ID 995).

42 Blohm hatte das Konzept, das eine Zusammenlegung der Industrievertretungen von Handels- und Gewerbekammer vorsah, mitentwickelt: Offenborn, Hamburger Unternehmer, S. 502 f.

43 Archiv FZH, 11/H1 E. Helfferich, Helfferich Erinnerungen; StAHH, 621-1/72_1276 Bd. 1.

44 HK-Archiv, I.6.F.4_12.

45 Meyhoff, Blohm & Voss, S. 92–95; siehe auch HK-Archiv, I.6.E.3.5_3.

ger Ämter und Auszeichnungen, insbesondere auf Reichsebene, missfiel ihm jedoch. Als er sich von 1936 bis Anfang 1937 von seinen Ämtern in der Bezirksgruppe Nordmark und der Hauptgruppe Industrie beurlauben ließ, da Blohm & Voss umfangreiche Rüstungsaufträge erhalten hatte, drückte er damit laut Meyhoff keinen Widerstand gegen wirtschaftspolitische Maßnahmen der NS-Regierung aus. Er war weiterhin uneingeschränkt bereit, „in der nationalsozialistischen Wirtschaftspolitik eine führende Rolle zu übernehmen", zeigte sich aber enttäuscht über den Bürokratismus und fehlende inhaltliche Einflussmöglichkeiten. Trotz mehrerer angekündigter Rücktritte blieb er bis zum Ende der Hauptgruppen in seinem Amt, setzte sich vor allem aber verstärkt im wirtschaftspolitischen Geschehen Hamburgs ein.[46]

Als die Wehrmacht 1938 im Zuge von Kriegsvorbereitungen mithilfe der IHK ein örtliches Netzwerk mit der Hamburger Wirtschaft aufbaute, stand Blohm auf Listen, die der Hauptgeschäftsführer Elso Klöver u. a. von Industriellen zusammenstellte.[47] 1939 nahm er mit weiteren Mitgliedern der IHK an Besprechungen mit Gauleiter Karl Kaufmann über die wirtschaftliche Lage und Zukunft Hamburgs teil, in denen auch die mögliche Beteiligung Hamburger Firmen an „Arisierungen" in der Tschechoslowakei diskutiert wurde.[48] Genaueres über Blohms Rolle und Beteiligung lässt sich jedoch nicht rekonstruieren. Bedeutenden Anteil hatte er hingegen am „Wirtschaftsplan Hamburg 1940", den die IHK erarbeitete. Blohm leitete das Industriereferat des Wirtschaftsplanausschusses und setzte im Plan seine Präferenzen für die Gestaltung der regionalen Wirtschaftsstruktur durch.[49]

Während des Zweiten Weltkrieges nahm er eine „zentrale Position der nationalsozialistischen Rüstungswirtschaft" ein.[50] Unter anderem amtierte er 1941 als Sonderbeauftragter der Marine für den Aufbau einer Transportflotte in Italien.[51] Im März 1942 ernannte ihn Albert Speer zum Leiter des Hauptausschusses Schiffbau, wo er mit der Rationalisierung und Beschleunigung des U-Boot-Baus betraut war und zudem eine Lösung für die Verluste der deutschen Handelsflotte finden sollte. Innerhalb des Ausschusses über-

46 Meyhoff, Blohm & Voss, S. 105–107.
47 Brief von Klöver an das Infanterie-Regiment Nr. 76, Hamburg, Kaserne Bundesstraße, 2. 3. 1938, HK-Archiv, I.6.F.3.8_7.
48 Dokumente zur ersten Besprechung des Reichsstatthalters mit Vertretern der Wirtschaft, April 1939, HK-Archiv, I.6.F.4_17.
49 Meyhoff, Blohm & Voss, S. 290–292.
50 Meyhoff, Rudolf Blohm, S. 55.
51 Kiekel, Handelsschifffahrt, S. 365 f.

nahm Blohm zugleich die Leitung der darin untergeordneten wichtigsten Sonderausschüsse Kriegsschiff- und Handelsschiffbau. Die Aufgaben waren angesichts von Material- und Arbeitskraftmangel kaum umsetzbar, woraufhin Blohm im Juni 1943 abgelöst wurde. Bis September hatte er zusätzlich noch die Leitung der Wirtschaftsgruppe Schiffbau sowie der darin enthaltenen Prüfungsstelle Schiffbau inne, die er im Mai bzw. Oktober 1942 übertragen bekommen hatte. Mit seinem Ausscheiden aus diesen Gremien endete sein Engagement in überregionalen Gremien und er konzentrierte sich fortan auf seine Hamburger Ämter.[52] Er gehörte dem Kriegswirtschaftsstab an, den der Generalkommissar für die Wirtschaft, Otto Wolff, nach der „Operation Gomorrha" 1943 einberufen hatte, um täglich notwendige Maßnahmen für die Wirtschaft abzustimmen, und spielte eine führende Rolle beim Aufbau und der Koordination der Industrieblöcke. Blohm selbst übernahm die Leitung des Industrieblocks 14, der Steinwärder, Kuhwärder und den Kleinen Grasbrook umfasste. Außerdem war er innerhalb der Industrieblöcke für das Sachreferat „Wiederaufbau" zuständig und wählte die Verantwortlichen für die restlichen Sachreferate aus.[53]

Blohm & Voss war während des Zweiten Weltkrieges das größte Rüstungsunternehmen Hamburgs und stellte in dieser Zeit ausschließlich U-Boote her. Für die Arbeiten wurden von 1942 bis 1945 auf der Werft Tausende Zwangsarbeiter*innen sowie Häftlinge aus dem KZ Neuengamme eingesetzt, im Juli/August 1943 waren es fast 3300. Im Oktober 1944 entstand zudem ein Außenlager des KZ-Neuengamme auf dem Werftgelände, in dem ca. 600 Häftlinge unter teils katastrophalen Bedingungen untergebracht waren und viele starben.[54] Meyhoff bewertet die Gebrüder Blohm als Mittäter „bei der Ausbeutung von jüdischen Zwangsarbeitern", die später versuchten, ihre Schuld zu verschleiern.[55] So sei die Eröffnung des KZ-Außenlagers nicht vom Hauptausschuss Schiffbau aufgezwungen gewesen, sondern auf Beratungen des Kriegswirtschaftsstabs um Otto Wolff zurückgegangen, an denen Blohm aktiv beteiligt war. Auch nahm er am 22. Juli 1944 gemeinsam mit Joachim de la Camp an einer Besprechung im Rüstungskommando teil, in der Modalitäten für die Häftlingsbeschäftigung in Hamburg festgelegt wurden.[56] Zwar

52 Meyhoff, Blohm & Voss, S. 338–340, 412 f.; Meyhoff, Rudolf Blohm, S. 55.
53 Meyhoff, Blohm & Voss, S. 418 f.; HK-Archiv, 92.15; HK-Archiv, 94.A.1_104.
54 Tenti, Rudolf Blohm; Meyhoff, Rudolf Blohm.
55 Meyhoff, Rudolf Blohm, S. 55.
56 Aktennotiz Stabsbesprechung beim Rüstungskommando, 22. 7. 1944, und Aktennotiz Humann, 24. 7. 1944, HK-Archiv, 73.4.27, Bd. 2.

habe Blohm den Häftlingseinsatz nicht aktiv vorangetrieben und sah auch die Errichtung des KZ-Außenlagers kritisch, jedoch nicht aus humanitären Gründen, sondern weil er keine „betriebsfremden Wachmannschaften“ auf dem Gelände haben wollte. Er persönlich wies an, die Arbeitsstunden der KZ-Häftlinge zu erhöhen, und nahm höchstwahrscheinlich Misshandlungen durch die Wachmannschaften hin, ohne einzugreifen.[57]

Nach Kriegsende schied Blohm aus der Handelskammer und all seinen Ämtern aus. Im Rahmen des Entnazifizierungsverfahrens wurde er im März 1949 zunächst in Kategorie IV, nach der Berufung im September in Kategorie V eingeteilt, nachdem sich u. a. der vormalige Bürgermeister Rudolf Petersen sowie der ehemalige Senator und Handelskammer-Mitglied Hans E. B. Kruse für ihn eingesetzt hatten. Blohm & Voss verzeichnete Kriegsschäden in Höhe von ca. 80 Millionen RM und wurde zudem ab 1946 von den Briten demontiert. Die Gebrüder Blohm versuchten, die Demontagemaßnahmen zu unterlaufen und zu sabotieren, indem sie Betriebsanlagen und -gegenstände entfernen und anderweitig verwenden ließen. Dafür wurden sie mit mehreren Mitarbeitern 1949 vom Gericht der britischen Kontrollkommission angeklagt und in einem „aufsehenerregenden Prozess“ zu Geldstrafen verurteilt.[58] Für den Wiederaufbau der Werft gründeten die Brüder 1951 die Steinwerder Industrie AG, die 1955 dank der finanziellen Hilfe der Phoenix-Rheinrohr AG in die neue Blohm & Voss AG umgewandelt wurde. Bis Ende 1957 war Rudolf Blohm deren Vorstandsmitglied, wechselte dann in den Aufsichtsrat, wo er bis 1966 verblieb und anschließend bis zu seinem Tod als dessen Ehrenvorsitzender agierte. Zugleich amtierte er in den 1960er Jahren als Aufsichtsratsmitglied der Dresdner Bank AG sowie als Vorstandsmitglied der Deutsch-Niederländischen Finanzabkommen (Tredefina) GmbH. 1955 wurde er außerdem mit der „Karmasch-Denkmünze“ der Hochschulgemeinschaft Hannover für seine Verdienste in der Schiffstechnik und den Wiederaufbau von Blohm & Voss ausgezeichnet.[59]

57 Meyhoff, Blohm & Voss, S. 486–489.

58 Meyhoff, Rudolf Blohm, S. 55; Anklage gegen Blohm verlesen, in: Hamburger Abendblatt, 7. 6. 1949, S. 1.

59 Eintrag zu Rudolf Blohm, in: Wer ist wer? Das deutsche Who’s Who XV (1967/68), Berlin 1967, S. 155; Rudolf Blohm ausgezeichnet, in: Hamburger Abendblatt, 12. 11. 1955, S. 4.

Quellen und Literatur

Archiv FZH, 11/H1 E. Helfferich, Helfferich Erinnerungen; 227-11 IHK Hamburg II, Bd. 3 (ID 995)
HK-Archiv, Plenarierakten, Nr. 447; 73.4.27, Bd. 2; 92.15; 94.A.1_104; I.6.E.3.5_3; I.6.F.3.8_7; I.6.F.4_12; I.6.F.4_17
StAHH, 221-11_Z 8002; 621-1/72_1276, Bd. 1

Eintrag zu Rudolf Blohm, in: Wer ist wer? Das deutsche Who's Who XV (1967/68), Berlin 1967, S. 155.
Eintrag zu Georg Wilhelm Rudolf Blohm, in: Deutscher Wirtschaftsführer. Lebensgänge Deutscher Wirtschaftspersönlichkeiten, Hamburg 1929, Sp. 216.
Anklage gegen Blohm verlesen, in: Hamburger Abendblatt, 7.6.1949, S. 1.
Rudolf Blohm ausgezeichnet, in: Hamburger Abendblatt, 12.11.1955, S. 4.

Bielfeldt, Hans, Vom Werden Groß-Hamburgs. Citykammer, Gauwirtschaftskammer, Handelskammer. Politik und Personalia im Dritten Reich, Hamburg 1980.
Kiekel, Stefan, Die deutsche Handelsschifffahrt im Nationalsozialismus. Unternehmerinitiative und staatliche Regulierung im Widerstreit 1933 bis 1940/41, Bremen 2010.
Meyhoff, Andreas, Blohm & Voss im „Dritten Reich". Eine Hamburger Großwerft zwischen Geschäft und Politik, Hamburg 2001.
–, Blohm, Rudolf, in: Franklin Kopitzsch/Dirk Brietzke (Hrsg.), Hamburgische Biografie. Personenlexikon, Bd. 2, Göttingen 2003, S. 54f.
Offenborn, Peter, Interessen Hamburger Unternehmer am Nationalsozialismus. Ihre Beteiligung an der Durchsetzung des nationalsozialistischen Herrschaftssystems. Eine Annäherung, Hamburg 2020.
Tenti, Katharina, Rudolf Blohm, in: Datenbank „Die Dabeigewesenen". Von Hamburger NS-Täter/innen, Profiteuren, Denunziant/innen, Mitläufer/innen und Zuschauer/innen. Eine Hamburg Topografie, o. D., https://www.hamburg.de/clp/dabeigewesene-suche/clp1/ns-dabeigewesene/onepage.php?BIOID=125&qN=Blohm [7.9.2022].

Werner Bosch

Lebensdaten: * 26. April 1901 in Ellwangen, † 23. Mai 1970 in Stuttgart
Angaben zur Familie: verheiratet mit Lore Bosch, geb. Wennberg (seit 1927)
Funktionen/Ämter in der Handelskammer: 18. September 1933–Mai 1945 hauptamtliches Mitglied; ab 1933 (stellvertretender) Syndikus der Industrieabteilung; 1935–1937 Syndikus der Abteilung Berufsausbildung; ab 1937 Leiter der wehrwirtschaftlichen Abteilung
Verbindungen zum NS: NSDAP-Mitglied ab 1. Mai 1937, Mitgliedsnr. 4012326; ab 1934 SA-Mitglied; ab 1933/34 SS-Mitglied, ab 1938 im Rang eines Oberscharführers

Über Werner Boschs familiäre Herkunft ist nichts bekannt. Nach der Reifeprüfung 1919 machte er eine Ausbildung bei der Privatbank Paul Kapff in Stuttgart und zog anschließend nach Hamburg, wo er von 1922 bis 1924 bei zwei verschiedenen Banken arbeitete und zugleich ein volkswirtschaftliches Studium begann. 1925 erwarb er das Diplom und wurde ein Jahr später promoviert. Von 1926 bis 1928 arbeitete er zunächst als Volontär, anschließend als Schriftleiter beim *Stuttgarter Neuen Tageblatt*, bevor er zu den *Hamburger Nachrichten* wechselte und dort ab 1930 die Leitung der Wirtschaftsredaktion übernahm. Die Zeitung vertrat eine anti-parlamentarische Position und lehnte die Weimarer Republik ab. Zunächst national-konservativ ausgerichtet, übernahm sie bereits vor Januar 1933 „viele nationalsozialistische Kernpositionen".[60] Nach der Gleichschaltung 1933 wurde Bosch vom Gauwirtschaftsberater und Wirtschaftsredakteur des *Hamburger Tageblatts*, Gustav Schlotterer, für die Position des Chefredakteurs des „Wirtschaftsdiensts" des Hamburgischen Welt-Wirtschafts-Archivs angeworben. Bosch trat damit die Nachfolge von Eduard Rosenbaum an, der als Jude seine Stelle vor allem auf Initiative von C. C. F. Meyer und Hermann Victor Hübbe hatte räumen müssen.[61] Für den Wirtschaftsdienst arbeitete Bosch neben seiner Tätigkeit

60 Claudia Thorn, Werner Bosch. Nationalökonom im Dienst der „Kriegsverwaltung", in: Wirtschaftsdienst. Zeitschrift für Wirtschaftspolitik, o. D., https://100jahre.wirtschaftsdienst.eu/werner-bosch.html [7. 9. 2022]; vgl. auch Werner Bosch, in: Verzeichnis der Professorinnen und Professoren der Universität Mainz, o. D., http://gutenberg-biographics.ub.uni-mainz.de/id/eb8b4529-7f64-452c-ac24-fe18e8d7a118 [7. 9. 2022].

61 Claudia Thorn, Eduard Rosenbaum. Renommierter Ökonom, Vertriebener und Hamburg-Patriot, in: Wirtschaftsdienst. Zeitschrift für Wirtschaftspolitik, o. D., https://100jahre.wirtschaftsdienst.eu/eduard-rosenbaum.html [7. 9. 2022];

für die *Hamburger Nachrichten*, bis er im September 1933 all seine journalistischen Tätigkeiten aufgab und als stellvertretender Syndikus in der Handelskammer anfing.

Mit seinem Eintritt übernahm er zunächst den Aufbau der Industrieabteilung unter Rudolf Blohm und wurde aufgrund seiner erfolgreichen Arbeit zum Januar 1935 zum Syndikus befördert.[62] Von 1935 bis 1937 war er zudem Geschäftsführer der Abteilung Berufsausbildung, ab 1935 Abwehrbeauftragter sowie ab 1937 Leiter der wehrwirtschaftlichen Abteilung. Des Weiteren oblag ihm die Zuständigkeit für den gewerblichen Rechtsschutz, sozialpolitische Angelegenheiten, die Presse und Propaganda. Zudem war er in kolonialpolitische Diskussionen der Handelskammer involviert.[63] 1938 war Bosch im Rahmen seiner Tätigkeit „an der Abwicklung der Arisierungen jüdischer Wirtschaftsunternehmen beteiligt", indem er eine „präzise" Definition „jüdischer" Firmen als Entscheidungsgrundlage verfasste.[64] Während des Zweiten Weltkrieges vertrat er zeitweilig auch den Hauptgeschäftsführer der Handelskammer, Elso Klöver.[65]

Neben seiner Handelskammertätigkeit war Bosch stellvertretender Hauptgeschäftsführer der Wirtschaftskammer Nordmark und dort ab Januar 1938 Leiter einer neu gegründeten Abteilung, der Bezirksausgleichstelle Nordmark, sowie Abwehrbeauftragter. Anfang 1942 war ihm außerdem die Geschäftsführung der dortigen „Kriegswirtschaftlichen Abteilung" zugewiesen.[66]

Auf Partei- und Reichsebene verfügte Bosch über gute Kontakte und konnte dadurch „seine Karriere [...] festigen".[67] Nachdem er seit 1933/34 Mitglied in der SS und SA gewesen war, trat er 1937 nach der Lockerung der Aufnahmesperre in die NSDAP ein. 1938 wurde er von der IHK auf Anfor-

Frank Bajohr, Handelskammer Hamburg, in: Datenbank „Die Dabeigewesenen". Von Hamburger NS-Täter/innen, Profiteuren, Denunziant/innen, Mitläufer/innen und Zuschauer/innen. Eine Hamburg Topografie, o. D., https://www.hamburg.de/clp/dabeigewesene-suche/clp1/ns-dabeigewesene/onepage.php?BIOID=768&qN=Handelskammer [7. 9. 2022.].

62 Hans Bielfeldt, Vom Werden Groß-Hamburgs. Citykammer, Gauwirtschaftskammer, Handelskammer. Politik und Personalia im Dritten Reich, Hamburg 1980, S. 64.

63 Peter Offenborn, Interessen Hamburger Unternehmer am Nationalsozialismus. Ihre Beteiligung an der Durchsetzung des nationalsozialistischen Herrschaftssystems. Eine Annäherung, Hamburg 2020, S. 220, Anm. 468.

64 Ebenda, S. 289 sowie S. 221, Anm. 468.

65 Bielfeldt, Vom Werden Groß-Hamburgs, S. 203.

66 Ebenda, S. 79 f.

67 Thorn, Werner Bosch.

derung der Reichsausgleichstelle im Reichswirtschaftsministerium zeitweilig nach Wien geschickt, um nach dem „Anschluss" Österreichs die dortige Bezirksausgleichsstelle für öffentliche Aufträge aufzubauen. In diesem Zuge bereitete er auch die Export-Messe vor, die Hamburgs wirtschaftliche Interessen vor Ort stärken sollte.[68] Ende des Jahres absolvierte er zusätzlich den „Großen Lehrgang" der Kommission für Wirtschaftspolitik der NSDAP.[69] 1939 nahm er an Wirtschaftsbesprechungen mit Gauleiter Karl Kaufmann teil und war seit Kriegsbeginn stark in die Mobilmachung innerhalb der IHK eingebunden, nachdem er zunächst unabkömmlich gestellt worden war.[70] Innerhalb der Industrieabteilung war er verantwortlich für den Arbeitseinsatz und amtierte zusätzlich spätestens ab November als Leiter des Referats für die Haupttreuhandstelle Ost.[71] Ab Juni 1940 war Bosch als Generalreferent des Wirtschaftsbeauftragten des Reichsstatthalters in Hamburg, Wilhelm von Allwörden, in die Erarbeitung des „Wirtschaftsplans Hamburg 1940" involviert. Er koordinierte die einzelnen Referate des Wirtschaftsplanausschusses und entwarf mehrere Exposés zu inhaltlichen Standpunkten. In diesem Kontext traf er sich außerdem zu regelmäßigen Gesprächen mit Architekten, darunter Konstanty Gutschow, der von Karl Kaufmann mit dem Entwurf eines städtebaulichen Konzepts für die zukünftige Entwicklung Hamburgs beauftragt worden war.[72]

Nach seiner Einberufung wechselte Bosch im Oktober 1942 als Kriegsverwaltungsabteilungschef zum „Wirtschaftsstab Ost" der Wirtschaftsinspektion der Heeresgruppe Mitte in Berlin, wo er u. a. Gustav Schlotterer unterstellt war und sich im Rahmen dieser Tätigkeit vermutlich zeitweise im weißrussischen Borissow aufhielt. Er hielt weiterhin engen Kontakt mit der IHK und bekam regelmäßig Sitzungsprotokolle zugeschickt, um über die Vorgänge informiert zu bleiben.[73] Im Herbst 1943 wurde Bosch in das Planungs-

68 HK-Archiv, 78.C.1_9. Siehe auch Frank Bajohr, „Arisierung" in Hamburg. Die Verdrängung der jüdischen Unternehmer 1933–1945, 2. Aufl., Hamburg 1998, S. 326; Karsten Linne, Deutsche Afrikafirmen im „Osteinsatz", in: 1999. Zeitschrift für Sozialgeschichte des 20. und 21. Jahrhunderts 16 (2001), 1, S. 49–90, hier S. 57.

69 HK-Archiv, I.6.L.8.6.K.10_2.

70 HK-Archiv, 94.A.1_59.1; HK-Archiv, 94.A.1_59.2; HK-Archiv, 94.A.1_59.3; HK-Archiv, 94.A.1_59.4; HK-Archiv, I.6.F.4_17.

71 Andreas Meyhoff, Blohm & Voss im „Dritten Reich". Eine Hamburger Großwerft zwischen Geschäft und Politik, Hamburg 2001, S. 275 f.

72 Ebenda, S. 291–297.

73 Niederschrift über die Plenarversammlung am 6. 11. 1942, StAHH, 621-1/72_1410 Bd. 2; Werner Bosch an Joachim de la Camp, 23. 7. 1943, HK-Archiv, I.6.G.5.24_2.

und Rohstoffamt des Reichsministeriums für Rüstung und Kriegsproduktion unter Albert Speer abkommandiert. Dazu beigetragen hatte vermutlich, dass Bosch in Bezug auf die Industrieproduktion mittlerweile eine ähnlich radikale Position vertrat wie der Leiter des Amtes, Hans Kehrl. Demnach sollte keine Balance mehr gehalten werden zwischen zivilen und militärischen Bedürfnissen, sondern die Produktion vollständig auf die Kriegswirtschaft ausgerichtet werden.[74] Bosch arbeitete im Amt als Militärverwaltungsvizechef und war u.a. mit der „Organisation von Zwangsarbeiterdeportationen in den besetzten sogenannten Ostgebieten im Baltikum und der Sowjetunion“ als auch mit der Planung des Kriegsgefangeneneinsatzes betraut.[75] 1944 erhielt Bosch eine Abmahnung von Albert Speer, nachdem er in einem Schreiben gegenüber dem Landwirtschaftsamt Breslau die Arbeit der eigenen Abteilung kritisiert hatte.[76]

Nach Ende des Zweiten Weltkrieges wurde Bosch aus seinem Amt bei der Handelskammer entlassen und von 1945 bis 1947 interniert. Im sogenannten Wilhelmstraßenprozess, in dem von 1947 bis 1949 NS-Verantwortliche des Auswärtigen Amtes und anderer Ministerien angeklagt waren, darunter Ernst von Weizsäcker, Wilhelm Keppler und Hans Kehrl, sagte Bosch als Zeuge aus. Im Rahmen seines Entnazifizierungsverfahrens wurde er zunächst in Kategorie III, nach Abschluss des Berufungsverfahrens 1949 in Kategorie IV eingestuft. Angebote vonseiten der Handelskammer, seine Tätigkeit dort wiederaufzunehmen, lehnte er aus familiären Gründen ab und leitete fortan die Großbuchbinderei seines Schwiegervaters, die H. Wennberg GmbH in Stuttgart. 1955 habilitierte er sich am Forschungsinstitut für Wirtschaftspolitik in Mainz und arbeitete zunächst als Privatdozent, von 1959 bis 1966 hatte er eine außerplanmäßige Professur für Volkswirtschaftslehre an der Universität Mainz inne. Außerdem war er u.a. seit 1958 Mitglied des Forschungsbeirats für Fragen der Wiedervereinigung beim Bundesministerium für gesamtdeutsche Fragen.[77]

74 Meyhoff, Blohm & Voss, S. 276.
75 Thorn, Werner Bosch.
76 Brief von Speer, Führung der Militärverwaltung Berlin, an Bosch, Militärverwaltungsvizechef, 1. 7. 1944, BArch, R 9361-VI/7165.
77 Thorn, Werner Bosch; Werner Bosch, in: Verzeichnis der Professorinnen und Professoren.

Quellen und Literatur

BArch, R 9361-VI/7165
HK-Archiv, 78.C.1_9; 94.A.1_59.1; 94.A.1_59.2; 94.A.1_59.3; 94.A.1_59.4; I.6.F.4_17; I.6.G.5.24_2; I.6.L.8.6.K.10_2; I.6.L.6.20_8
StAHH, 621-1/72_1410 Band 2

Bajohr, Frank, „Arisierung“ in Hamburg. Die Verdrängung der jüdischen Unternehmer 1933–1945, 2. Aufl., Hamburg 1998.
Bajohr, Frank, Handelskammer Hamburg, in: Datenbank „Die Dabeigewesenen“. Von Hamburger NS-Täter/innen, Profiteuren, Denunziant/innen, Mitläufer/innen und Zuschauer/innen. Eine Hamburg Topografie, o. D., https://www.hamburg.de/clp/dabeigewesene-suche/clp1/ns-dabeigewesene/onepage.php?BIOID=768&qN=Handelskammer [13. 4. 2021].
Bielfeldt, Hans, Vom Werden Groß-Hamburgs. Citykammer, Gauwirtschaftskammer, Handelskammer. Politik und Personalia im Dritten Reich, Hamburg 1980.
Linne, Karsten, Deutsche Afrikafirmen im „Osteinsatz“, in: 1999. Zeitschrift für Sozialgeschichte des 20. und 21. Jahrhunderts 16 (2001), 1, S. 49–90.
Meyhoff, Andreas, Blohm & Voss im „Dritten Reich“. Eine Hamburger Großwerft zwischen Geschäft und Politik, Hamburg 2001.
Offenborn, Peter, Interessen Hamburger Unternehmer am Nationalsozialismus. Ihre Beteiligung an der Durchsetzung des nationalsozialistischen Herrschaftssystems. Eine Annäherung, Hamburg 2020.
Thorn, Claudia, Eduard Rosenbaum. Renommierter Ökonom, Vertriebener und Hamburg-Patriot, in: Wirtschaftsdienst. Zeitschrift für Wirtschaftspolitik, o. D., https://100jahre.wirtschaftsdienst.eu/eduard-rosenbaum.html [7. 9. 2022].
–, Werner Bosch. Nationalökonom im Dienst der „Kriegsverwaltung“, in: Wirtschaftsdienst. Zeitschrift für Wirtschaftspolitik, o. D., https://100jahre.wirtschaftsdienst.eu/werner-bosch.html [7. 9. 2022].

Otto Joachim de la Camp

Lebensdaten: * 7. November 1895 in Hamburg, † 1. April 1950 in Hamburg
Angaben zur Familie: verheiratet mit Else de la Camp, geb. Haynemann (seit 1920), drei Söhne (Hans-Joachim [gefallen August 1943], Jürgen und Ulf-Hinrich)
Funktionen/Ämter in der Handelskammer: ab 15. April 1933 Staatskommissar im Präsidium; 16. Juni 1933–Juni 1945 Plenums-/Beiratsmitglied; 25. Januar 1935–31. März 1937 Vizepräses; 1. April 1937–20. Juni 1945 Präses
Firma und Branche: Markwitz, Delacamp & Co., Häute und Felle
Verbindungen zum NS: NSDAP-Mitglied ab 1. August 1932, Mitgliedsnr. 128659; ab 1938 Mitglied im NSFK im Rang eines Sturmbannführers

Joachim de la Camp wuchs als Sohn eines Ersten Vormundschaftssekretärs in Hamburg auf. Nach dem Besuch des Gymnasiums Johanneum machte er eine Ausbildung zum Exportkaufmann.[78] Während des Ersten Weltkrieges meldete er sich als Kriegsfreiwilliger beim Jäger-Bataillon 9 in Ratzeburg, wo er im Juni 1915 zum Leutnant der Reserve befördert wurde. Zwei Monate später wechselte de la Camp zur Fliegertruppe und war zunächst als Beobachter, anschließend als Flugzeugführer tätig. Nach Kriegsende gehörte er dem paramilitärischen Freikorps Maerker an, für das er bis Juni 1919 Einsätze flog.

Ab Beginn der 1920er Jahre war er erneut im Handel tätig und machte sich gemeinsam mit seinem Partner Walter Markwitz 1924 mit der Firma Markwitz, Delacamp & Co. selbstständig, die hauptsächlich Häute und Felle importierte. Im Gegensatz zu vielen anderen Firmen der Branche, die die Wirtschaftskrise Ende der 1920er Jahre nicht überstanden, konnte sich de la Camp mit seinem Unternehmen, vermutlich u.a. durch geschäftliche Kontakte und geschickten Devisenhandel, erfolgreich etablieren.

Nach seinem Eintritt in die NSDAP im August 1932 brachte er sich Anfang 1933 aktiv in das politische Geschehen in der Stadt ein, indem er etwa an einer Besprechung mit Hitlers Privatsekretär Rudolf Heß teilnahm, in der es um Hamburgs zukünftige Wirtschaftspolitik sowie die Auswahl von Personen für politische Ämter im Hinblick auf die anstehende Machtüber-

78 Peter Offenborn, Interessen Hamburger Unternehmer am Nationalsozialismus. Ihre Beteiligung an der Durchsetzung des nationalsozialistischen Herrschaftssystems. Eine Annäherung, Hamburg 2020, S. 445.

Otto Joachim de la Camp

nahme ging.[79] Im April 1933 wurde de la Camp als einer von vier Staatskommissaren vom Hamburger Senat ins Präsidium der Handelskammer entsandt, um an der Gleichschaltung der Handelskammer mitzuwirken. Vermutlich fiel die Wahl auf ihn, da er u.a. freundschaftliche Beziehungen zum neuen Bürgermeister Hamburgs, Carl Vincent Krogmann, pflegte und geschäftliche Beziehungen zwischen seinem Unternehmen und der Deutsch-Südamerikanischen Bank des neuen Handelskammer-Präses Hermann Victor Hübbe bestanden.[80] In seiner Funktion als Staatskommissar waren de la Camp die Geschäftsfelder handelspolitische Fragen, das Zoll- und Steuerwesen, das Versicherungs- und Rechnungswesen, die Wahlaufsätze und der Jahresbericht, die Börse, die Bibliothek sowie innere Angelegenheiten zugewiesen.[81] Außerdem war de la Camp für die Vereinheitlichung der Industrievertretung verantwortlich.[82] Im Gegensatz zu C.C. F. Meyer, der innerhalb der Handelskammer in erster Linie NSDAP-Interessen vertrat, bemühte sich de la Camp eher um eine Vermittlung zwischen NS-Politik und Hamburger Wirtschaftsinteressen, insbesondere durch einen regelmäßigen Austausch der Handelskammer mit Behörden und Kaufmannschaft.[83]

Nachdem de la Camp ab 1935 als Vizepräses der neustrukturierten IHK amtierte, wurde er im April 1937 zu deren Präses ernannt.[84] Neben seinem beruflichen Erfolg, der eine gute internationale Vernetzung mit sich brachte, war dafür vermutlich sein enges Verhältnis zu Gauleiter und Reichsstatthalter Karl Kaufmann und anderen NS-Funktionären ausschlaggebend. Laut Peter Offenborn zählte de la Camp ab Mitte der 1930er Jahre zum „informellen Beraterkreis" von Kaufmann.[85] Bereits vor Kriegsbeginn, im April 1938, wurde seine Amtszeit durch eine Anordnung des RWM ohne zeitliche Begrenzung bis auf Weiteres verlängert. Im Oktober 1939 wurde er als Oberleutnant der Reserve zunächst für drei Monate vom Wehrdienst freigestellt, wobei sich die Staatsverwaltung Hamburg mit Erfolg dafür einsetzte, von der Einberufung des Präses abzusehen. De la Camp übte sein Amt daraufhin bis Juni 1945 aus.

79 Brief von (vermutlich) Emil Helfferich an die Reichsleitung der NSDAP, Herrn Hess, 3.2.1933, StAHH, 622-1/153_C7/2.
80 Offenborn, Hamburger Unternehmer, S.446f. sowie S.581, Anm. 1479.
81 Abschrift einer Mitteilung des Senats, 19.4.1933, HK-Archiv, I.6.C.5_1.
82 HK-Archiv, I.6.F.1.1.6_1.
83 Siehe etwa HK-Archiv, I.6.F.4_10.
84 Auszug aus dem Protokoll der Plenarsitzung vom 6.4.1937, HK-Archiv, I.6.E.3.5_1.
85 Offenborn, Hamburger Unternehmer, S.450.

Vor Kriegsbeginn waren u.a. Fragen der Außenwirtschaft und kolonialpolitische Angelegenheiten ein wichtiger Bestandteil seiner Arbeit.[86] Zudem prägte de la Camp die ab Ende der 1930er Jahre auch von der Handelskammer unterstützten „Arisierungen". Anfang 1938 teilte er dem NSDAP-Gauwirtschaftsberater Carlo Otte mit, dass er gemeinsam mit dem Syndikus der Börse Johannes Haage „ein Verfahren vereinbart habe, um auch ohne gesetzliche Regelungen gegen unliebsame ‚nichtarische' Firmeninhaber vorzugehen" – etwa solche, „die sich nach Ansicht des Präses unzulässigerweise mit einem ‚arischen' Firmennamen tarnten" und deren Börsenzulassungen dann ohne Weiteres widerrufen werden könnten.[87]

1939 nahm de la Camp mit weiteren Mitgliedern der IHK an Besprechungen mit Gauleiter Kaufmann über die wirtschaftliche Lage und Zukunft Hamburgs teil, in denen u.a. die mögliche Beteiligung Hamburger Firmen an „Arisierungen" in der Tschechoslowakei diskutiert wurde.[88] Inwieweit de la Camp auch mit seinem Unternehmen von „Arisierungen" profitierte, lässt sich nicht vollends rekonstruieren. Auffällig ist, dass die Kommanditgesellschaft Markwitz, Delacamp & Co. nach 1933 einen deutlichen Aufschwung mit einer starken Umsatzsteigerung aufwies und de la Camp öfter seine Interessen als Unternehmer mit seinen Handelskammer-Tätigkeiten verband. Neben der Übernahme eines Prokuristen aus einer jüdischen Firma, „der einen grossen Teil des vornehmlich deutschen Geschäftes" einbrachte, ist auch die Gründung einer „Einfuhrgemeinschaft Wildhäute und Felle" im Jahr 1938 durch de la Camp dokumentiert, der vier „arische" und drei „angesehene jüdische Firmen" angehörten.[89]

Als die Wehrmacht im selben Jahr im Zuge von Kriegsvorbereitungen mithilfe der IHK ein örtliches Netzwerk mit der Hamburger Wirtschaft aufbaute, wurde de la Camp auf Listen geführt, die der Hauptgeschäftsführer Elso Klöver u.a. von Kaufleuten zusammenstellte. Sein Partner Markwitz rangierte in diesem Kontext unter den „100 führenden Hamburger

86 Siehe etwa HK-Archiv, 78.J.1.

87 Frank Bajohr, „Arisierung" in Hamburg. Die Verdrängung der jüdischen Unternehmer 1933–1945, 2. Aufl., Hamburg 1998, S. 229. Bajohr bezieht sich hier auf das Schreiben des Präses de la Camp und des Syndikus Dr. Haage an den NSDAP-Gauwirtschaftsberater Otte vom 12. Januar 1938 (HK-Archiv, 100.A.4.1).

88 Dokumente zur ersten Besprechung des Reichsstatthalters mit Vertretern der Wirtschaft, April 1939 HK-Archiv, I.6.F.4_17.

89 Begründung [11 Seiten, vermutlich als Eingabe beim Berufungsausschuss] der Berufung vonseiten von de la Camp, o. D., HK-Archiv, Plenarierakten, Nr. 481.

Wirtschaftlern".[90] 1939 erhielt de la Camp im Rahmen seiner Präses-Tätigkeit Informationen über die „Arisierung" einer Häute/Felle-Fabrik in Böhmen. Inwieweit er daran selbst beteiligt war, ist unklar.[91] 1941 und 1943 reiste de la Camp mit weiteren Handelskammer-Mitgliedern nach Polen bzw. in die Ukraine, um sich in seiner Funktion als Präses über die wirtschaftlichen Entwicklungen und Bedürfnisse deutscher Firmen vor Ort zu informieren. Wie interne Notizen zeigen, scheint er die Gelegenheit zugleich genutzt zu haben, um für Markwitz, Delacamp & Co. Geschäftsmöglichkeiten auszuloten, wobei die Ukrainereise infolge der Krisensituation in Hamburg nach der „Operation Gomorrha" bereits nach kurzer Zeit abgebrochen werden musste.[92] Friederike Littmann verweist zudem darauf, dass de la Camps Unternehmen durch den Aufkauf von Schuhen in besetzten Gebieten während der Kriegsjahre hohe Gewinne erzielen konnte.[93]

Im Rahmen der Entnazifizierung wurden de la Camp und seine Firma jedoch nicht als „Nutznießer" eingestuft, da die Vermögenssteigerung durch die hohe Anzahl an Insolvenzen innerhalb der Branche sowie die „Ausschaltung jüdischer Firmen auf Grund der Nürnberger Gesetze" zu erklären sei, ohne dass sich de la Camp einen persönlichen Vorteil verschafft habe. Die von ihm gegründete „Einfuhrgemeinschaft Wildhäute und Felle" wurde zudem als entlastend gewertet, da damit jüdische Importfirmen gestützt worden seien und sich einige beteiligte jüdische Kaufleute positiv über de la Camp äußerten, der ihnen auch bei ihrer Auswanderung geholfen habe.[94]

Neben seinem Unternehmen und seiner Handelskammer-Tätigkeit engagierte sich de la Camp ab Ende der 1930er Jahre in weiteren Ämtern, die mehr oder weniger miteinander in Verbindung standen. Als Präses der Handelskammer leitete er parallel die Wirtschaftskammer Nordmark und war Vorsitzender der Außenhandelsstelle für Hamburg und die Nordmark. Im Juli 1937 wurde er in den Beirat der Landesplanungsgemeinschaft Hamburg der Reichsstelle für Raumordnung berufen, ab 1940 war er zudem in deren Verwaltungsrat tätig. Im Februar 1939 wurde de la Camp, gemeinsam mit den Leitern der sechs Reichsgruppen und sieben Präsidenten anderer IHKs, in den

90 Brief von Klöver an das Infanterie-Regiment Nr. 76, Hamburg, Kaserne Bundesstraße, 2. 3. 1938, HK-Archiv, I.6.F.3.8_7.
91 HK-Archiv, 78.A_15.
92 HK-Archiv, I.6.F.7_6; HK-Archiv, I.6.G.5.24_2.
93 Friederike Littmann, Ausländische Zwangsarbeiter in der Hamburger Kriegswirtschaft 1939–1945, München/Hamburg 2006, S. 78.
94 Begründung des Berufungsausschusses, o. D., StAHH, 221-11_C (I) 4568.

engeren Beirat der RWK in Berlin sowie im Dezember 1943 zum Mitglied des Beirats der Reichsgruppe Handel berufen. In Hamburg amtierte er ab 1942 auch im Beirat der Verwaltung für Handel, Schiffahrt und Gewerbe.[95]

Hinzu kamen verschiedene Aufsichtsratsposten, darunter in der Hamburger Landesbank, der Kampnagel-Fabrik (1941–1945), den Deutschen Maizena Werke (1942–1945), der Deutsch-Südamerikanischen Bank (1943–1945) und in der Vereinsbank Hamburg (von März bis Mai 1945). Letztere Funktion scheint er praktisch nicht mehr ausgeübt zu haben, er war aber 1933 als Staatskommissar für die Bank eingesetzt.[96] Seine bedeutsame Position spiegelt sich auch in seiner Ernennung zum Ratsherrn der Stadt Hamburg im Februar 1938 sowie ein Jahr später zum Wehrwirtschaftsführer wider.

Mit Kriegsbeginn übernahm de la Camp weitere kriegswirtschaftlich relevante Ämter. Ab September 1939 war er in Hamburg als Reichskommissar eingesetzt, dem die Verantwortung für die Kontrolle der Betriebe und die Sicherung und Neueinstellung von Arbeitskräften der hier beteiligten Behörden oblag.[97] Ab Frühjahr 1940 beteiligte sich de la Camp mit weiteren Mitgliedern der IHK in einem Ausschuss, der unter Leitung des Wirtschaftsbeauftragten des Reichsstatthalters, Wilhelm von Allwörden, einen „Arbeitsplan für Entwicklung und Ausbau der hamburgischen Wirtschaft" in der Nachkriegszeit entwerfen sollte. De la Camp war sowohl Mitglied des „Zentralen Beratungsausschusses" als auch mit der Leitung des Referats für Angelegenheiten des Handels betraut.[98]

Im Januar 1942 übernahm er die Leitung der neu eingerichteten „Kriegswirtschaftlichen Abteilung" der Wirtschaftskammer Nordmark.[99] Nachdem ihm im Mai 1941 das Kriegsverdienstkreuz II. Klasse verliehen worden war, erfolgte im September 1943 die Verleihung des Kriegsverdienstkreuzes

95 Hamburger Adreßbücher 1942/43, Staats- und Universitätsbibliothek Hamburg, https://agora.sub.uni-hamburg.de/subhh-adress/digbib/start [7.9.2022]. Für 1944/45 sind keine Bände vorhanden.

96 Horst Möller, Regionalbanken im Dritten Reich. Bayerische Hypotheken- und Wechsel-Bank, Bayerische Vereinsbank, Vereinsbank in Hamburg, Bayerische Staatsbank 1933 bis 1945, Berlin/Boston 2015, S. 202, 207.

97 Littmann, Zwangsarbeiter, S. 78.

98 Andreas Meyhoff, Blohm & Voss im „Dritten Reich". Eine Hamburger Großwerft zwischen Geschäft und Politik, Hamburg 2001, S. 291.

99 Hans Bielfeldt, Vom Werden Groß-Hamburgs. Citykammer, Gauwirtschaftskammer, Handelskammer. Politik und Personalia im Dritten Reich, Hamburg 1980, S. 79 f.

I. Klasse ohne Schwerter in Anerkennung seiner „hervorragenden Verdienste bei der Durchführung von Aufgaben der Kriegswirtschaft".[100]

Zum 1. Januar 1943 wurde er zum Präses der umgewandelten Gauwirtschaftskammer ernannt und war dort Vorsitzender der Abteilungen Handel und Außenwirtschaft sowie Leiter des Sachdezernats für allgemeine wehrwirtschaftliche Angelegenheiten und des Auftragslenkungsbüros.[101] Im August desselben Jahres, nach der „Operation Gomorrha", berief der neu ernannte Generalkommissar für die Wirtschaft, Otto Wolff, einen Kriegswirtschaftsstab aus ranghohen Vertretern von Militär, Behörden und Wirtschaft ein, der täglich notwendige Maßnahmen für die Wirtschaft abstimmte. De la Camp gehörte dazu und wurde im Januar 1944 zum stellvertretenden Generalkommissar für die Wirtschaft ernannt.[102] Wie mehrere Dokumente belegen, nahm er ab 1944 an Besprechungen mit Wolff teil, in denen der Einsatz von KZ-Häftlingen und Zwangsarbeiter*innen diskutiert und bestimmt wurde.[103]

Im Juni 1945 wurde de la Camp als Präses der Handelskammer abberufen, nachdem er bereits im Mai seinen Rücktritt angeboten hatte, auf Bitte des Bürgermeisters Rudolf Petersen jedoch noch im Amt geblieben war. Ab Februar 1946 war er für ein Jahr interniert und wurde im Rahmen der Entnazifizierung zunächst in Kategorie III eingestuft, wogegen er Einspruch einlegte.

Im sich anschließenden Berufungsverfahren lagen für de la Camp eine „Fülle an Entlastungszeugnissen aus allen Kreisen führender Persönlichkeiten des hamburgischen Kaufmannsstandes vor, die übereinstimmend die Objektivität des Berufungsklägers in seiner Amtsführung als Präses der Kammer" bestätigten.[104] Darunter waren mit Elso Klöver, Hermann Victor Hübbe und Heinrich Asch sowohl ausgeschiedene als auch mit Hermann Münchmeyer und Albert Schäfer noch bzw. neu amtierende Handelskammer-Mitglieder, die sich allesamt sehr positiv über de la Camp äußerten.

Der von 1937 bis 1945 amtierende Handelskammer-Syndikus Asch bescheinigte de la Camp, er habe sich öffentlich für eine „anständige Behandlung aller Fremdarbeiter" eingesetzt und „Verhaftungen verhindert,

100 Schreiben von Reichswirtschaftsminister Walther Funk an Joachim de la Camp, 8. 9. 1943, HK-Archiv, Plenarierakten, Nr. 481.

101 StAHH, 371/15_6.

102 Meyhoff, Blohm & Voss, S. 418; StAHH, 621-1/72_341 Bd. 1.

103 HK-Archiv, 73.4.27, Bd. 2; HK-Archiv, 92.15_57; HK-Archiv, 92.15_64; siehe auch Meyhoff, Blohm & Voss, S. 485.

104 Begründung des Berufungsausschusses, o. D., StAHH, 221-11_C (I) 4568.

Haftentlassungen erwirkt oder persönliche und wirtschaftliche Rehabilitierung durchgesetzt".[105] Münchmeyer, der seit 1914 Handelskammer-Mitglied gewesen war, bestätigte zwar de la Camps gutes Verhältnis zu Karl Kaufmann, das aber notwendig gewesen sei, um „Wünsche und Forderungen der Kaufmannschaft bei den offiziellen politischen Stellen" durchzusetzen. Außerdem habe sich de la Camp in den Wochen vor der Kapitulation „wesentlich für die Milderung der Not" eingesetzt und „entscheidend an der kampflosen Uebergabe der Stadt" mitgewirkt.[106] De la Camps bedeutsame Beteiligung an der widerstandslosen Kapitulation Hamburgs, die auch C. C. F. Meyer in seinem Entnazifizierungsverfahren als Entlastungsargument anführte, bestätigte insbesondere der seit Dezember 1946 amtierende Handelskammer-Präses Schäfer.[107]

Der Berufungsausschuss wertete de la Camps frühe Parteimitgliedschaft als „lediglich belastend", ebenso wie die Annahme der Ernennung zum Sturmbannführer im Nationalsozialistischen Fliegerkorps (NSFK) und seine Position als Handelskammer-Präses; seine Verstrickung auf Reichsebene wurde innerhalb des Verfahrens nicht thematisiert. Am Ende des Berufungsverfahrens wurde er im Juli 1948 ohne Berufsbeschränkungen in Kategorie IV eingestuft und sein Vermögen wurde freigegeben, nachdem er eine Geldbuße von 10 000 RM gezahlt hatte.[108] Anschließend arbeitete er bis zu seinem Tod wieder in seinem Unternehmen.

105 Erklärung Heinrich Asch, 17. 5. 1948, StAHH, 221-11_C (I) 4568.

106 Begründung des Berufungsausschusses, o. D., StAHH, 221-11_C (I) 4568. Wie die Forschung vielfach zeigen konnte, waren die sozial-moralischen Argumente für die kampflose Übergabe Hamburgs, denen sich auch Karl Kaufmann bediente, ein Vorwand der (wirtschafts-)politischen Verantwortlichen, denen es in erster Linie um sich selbst und die wirtschaftliche Zukunft Hamburgs ging. Siehe etwa Detlef Garbe, Kriegsende und Befreiung vor 75 Jahren – Wegmarken der Erinnerung in Hamburgs Mitte, in: Woche des Gedenkens, 8. 11. 2020, https://gedenken-hamburg-mitte.de/src/files/Text_Kriegsende-vor-75-Jahren-%E2%80%93-Wegmarken-der-Erinnerung-in-Hamburgs-Mit....pdf [7. 9. 2022].

107 Eidesstattliche Erklärung von Albert Schäfer, 6. 12. 1946, StAHH, 221-11_C (I) 4568.

108 StAHH, 311-3 I_Abl. 1989 305-2-1/330.

Quellen und Literatur

HK-Archiv, Plenarierakten, Nr. 481; 73.4.27, Bd. 2; 78.A_15; 78.J.1; 92.15_57; 92.15_64; 100.A.4.1; I.6.C.5_1; I.6.E.3.5_1; I.6.F.1.1.6_1; I.6.F.3.8_7; I.6.F.4_10; I.6.F.4 _17; I.6.F.7_6; I.6.G.5.24_2

StAHH, 221-11_(I) 4568; 311-3 I_Abl. 1989 305-2-1/330; 371/15_6; 621-1/72_341 Bd. 1; 622-1/153_C7/2

Hamburger Adreßbücher 1942/43, Staats- und Universitätsbibliothek Hamburg, https://agora.sub.uni-hamburg.de/subhh-adress/digbib/start [7.9.2022]

Bajohr, Frank, „Arisierung" in Hamburg. Die Verdrängung der jüdischen Unternehmer 1933–1945, 2. Aufl., Hamburg 1998.

Bielfeldt, Hans, Vom Werden Groß-Hamburgs. Citykammer, Gauwirtschaftskammer, Handelskammer. Politik und Personalia im Dritten Reich, Hamburg 1980.

Garbe, Detlef, Kriegsende und Befreiung vor 75 Jahren – Wegmarken der Erinnerung in Hamburgs Mitte, in: Woche des Gedenkens, 8.11.2020, https://gedenken-hamburg-mitte.de/src/files/Text_Kriegsende-vor-75-Jahren-%E2%80%93-Wegmarken-der-Erinnerung-in-Hamburgs-Mit....pdf [7.9.2022].

Littmann, Friederike, Ausländische Zwangsarbeiter in der Hamburger Kriegswirtschaft 1939–1945, München/Hamburg 2006.

Meyhoff, Andreas, Blohm & Voss im „Dritten Reich". Eine Hamburger Großwerft zwischen Geschäft und Politik, Hamburg 2001.

Möller, Horst, Regionalbanken im Dritten Reich. Bayerische Hypotheken- und Wechsel-Bank, Bayerische Vereinsbank, Vereinsbank in Hamburg, Bayerische Staatsbank 1933 bis 1945, Berlin/Boston 2015.

Offenborn, Peter, Interessen Hamburger Unternehmer am Nationalsozialismus. Ihre Beteiligung an der Durchsetzung des nationalsozialistischen Herrschaftssystems. Eine Annäherung, Hamburg 2020.

Richard-Eugen Dörr

Lebensdaten: * 14. Februar 1896 in Offenburg, † 11. August 1975 in Mölln

Angaben zur Familie: verheiratet mit Lena Dörr, geb. Kiehn, drei Söhne (zwei davon 1944/45 gefallen)

Funktionen/Ämter in der Handelskammer: 11. April 1942–18. Februar 1943 sowie 13. April 1944–20. Juni 1945 Beiratsmitglied; 1942/43 Mitglied im Industrieausschuss[109]

Firma und Branche: 1935–1944 Schlesische Zellwolle AG (Hirschberg im Riesengebirge[110]), 1939–1944 Zellwolle und Zellulose AG (Küstrin/Oder), 1937–1944 Kurmärkische Zellwolle und Zellulose AG (Berlin, Wittenberge), ab 1940 Phrix GmbH (Hamburg), ab 1941 Phrix-Werke AG (Hamburg)[111], Industrie

Verbindungen zum NS: NSDAP-Mitglied 1. April 1933–1943 (eventuell mit Unterbrechung), Mitgliedsnr. 1806522; ab 1934 Mitglied in der DAF

Richard-Eugen Dörr wuchs als Sohn eines Oberbausekretärs auf. Nach der bestandenen Reifeprüfung meldete er sich zu Beginn des Ersten Weltkrieges 1914 als Kriegsfreiwilliger. Bis Mitte 1919 diente er im Feldartillerie-Regiment „Großherzog“ (1. Badisches) Nr. 14, zuletzt als Leutnant der Reserve, und wurde mit dem Eisernen Kreuz I. und II. Klasse ausgezeichnet.

Anschließend studierte er Maschinenbau und Chemie an der Technischen Hochschule (TU) Karlsruhe, an der er ab 1914 immatrikuliert war, sowie einige Semester Jura an der Universität Heidelberg. Als Vorsitzender der Studentenschaft der TU engagierte sich Dörr 1920 gegen den Antritt eines bereits berufenen jüdischen Professors. Er wurde hierfür zwar zeitweise von der Universität ausgeschlossen, konnte sein Studium im Oktober 1920 jedoch erfolgreich als Diplom-Ingenieur beenden.[112] Anschließend fing er bei der BASF in Ludwigshafen an und wechselte nach deren Gründung 1925 zur I. G. Farbenindustrie AG. Zwischen 1927 und 1930 hielt er sich beruf-

109 Archiv FZH, 227-11 IHK Hamburg II, Bd. 4 (ID 997).

110 Seit 1945 Jelenia Góra.

111 Dörr agierte in allen Unternehmen zeitweise als Vorstandsvorsitzender, die genauen Zeiträume lassen sich infolge lückenhafter oder widersprüchlicher Quellen nicht einwandfrei rekonstruieren. Die genannten Daten sind am wahrscheinlichsten.

112 Sören Flachowsky, Von der Notgemeinschaft zum Reichsforschungsrat. Wissenschaftspolitik im Kontext von Autarkie, Aufrüstung und Krieg, Stuttgart 2008, Anhang, S. 5.

Richard-Eugen Dörr

lich mehrere Male in den USA auf, wo auch ein Teil seiner Familie lebte. Ab Ende der 1920er Jahre amtierte er als technischer Direktor für Photo und Kunstseide im I. G. Farbenwerk in Wolfen, Kreis Bitterfeld, bis er im Mai 1933 fristlos entlassen wurde. Auf den Vorwurf der Industriespionage zugunsten der USA, der vermutlich erheblichen Anteil an seiner Entlassung hatte, entgegnete Dörr im Rahmen seines Entnazifizierungsverfahrens, dies sei der erfolgreiche Versuch gewesen, ihn als Freimaurer und überzeugten „Anti-Nazi" zu diskreditieren.[113]

Nach einer zweijährigen Arbeitslosigkeit, während der er nach Mölln, in die Heimatstadt seiner Frau, umgezogen war und Mitglied im Reichsbund Deutsche Jägerschaft wurde, amtierte er ab 1935 als Vorstandsmitglied der Schlesischen Zellwolle AG (Hirschberg im Riesengebirge). Im selben Jahr wurde Dörr vom „Bevollmächtigten für die Spinnfaserherstellung" und späteren Generalreferenten des RWM, Hans Kehrl, mit der Entwicklung der deutschen Kunstfaser beauftragt.[114] In der Folge gründete Dörr mehrere Zellwoll-Firmen, deren Entwicklungen sich aufgrund seines bis 1945 mitunter verworrenen beruflichen Werdegangs nur teilweise rekonstruieren lassen.

Der Schlesischen Zellwolle AG gelang bei der Erzeugung von Zellwolle in den 1930er Jahren erhebliche technische Fortschritte und sie gründete 1937 gemeinsam mit vier anderen Firmen die Kurmärkische Zellwolle und Zellulose AG, um effizientere Produktionsbedingungen durchzusetzen. An der Entwicklung hatte Dörr, der bis Anfang der 1940er Jahre mehrere Patente für Verfahren zur Zellstoffherstellung anmeldete, einen entscheidenden Anteil, und er wurde Ende 1937 Vorstandsvorsitzender der Kurmärkischen Zellwolle und Zellulose AG, deren Sitz ab Mai 1938 in Wittenberge lag. Sie galt als „politisches Prestigevorhaben des Vierjahresplans" und wurde sowohl von staatlicher Seite als auch von Parteiinstanzen etwa durch eine Reichsbürgschaft und Steuererleichterungen erheblich gefördert.[115] Vor allem die Unter-

113 Nach eigenen Angaben war er seit 1922 Logen-Mitglied. Vgl. Anlage zum Entnazifizierungsfragebogen von Richard-Eugen Dörr, 8. 6. 1946, S. 7, StAHH, 221-11_I (c) 2277.

114 Flachowsky, Reichsforschungsrat, Anhang, S. 5 f.

115 Hermann Kaienburg, Zwangsarbeit für das „deutsche Rohstoffwunder". Das Phrix-Werk Wittenberge im zweiten Weltkrieg, in: 1999. Zeitschrift für Sozialgeschichte des 20. und 21. Jahrhunderts 9 (1994), 3, S. 12–41, hier S. 14; BArch, R 3/219, Bd. 15; Zellwolle aus Stroh – eine kurmärkische Neugründung, in: Frankfurter Zeitung, 20. 12. 1937; Zellstoff Küstrin in der Phrixgruppe. Veränderungen in der Versorgung mit Natronzellstoff, in: Frankfurter Zeitung, 7. 4. 1939.

stützung durch das Amt für deutsche Roh- und Werkstoffe (ab 1938 Reichsamt für Wirtschafsausbau) war bedeutsam, insbesondere in Person von Carl Krauch, zu dem Dörr ebenso gute Beziehungen pflegte wie zu weiteren einflussreichen NS-Protagonisten und Wirtschaftsgrößen, darunter Hans Kehrl sowie der Bankier und NSDAP-Gauwirtschaftsberater Kurt Freiherr von Schröder.[116]

Zwischen 1935 und 1938 profitierten von der Hilfe des Amts für deutsche Roh- und Werkstoffe mehrere Unternehmen der Zellstoff- und Kunstfaserbranche, darunter die Zellwolle und Zellulose AG (Küstrin an der Oder), in die Dörr 1939 als Vorstandsvorsitzender einstieg. Neben der Leitung der drei Unternehmen war er auch in der Rheinischen Zellwolle AG (Siegburg) und der Rheinischen Kunstseide AG (Krefeld-Uerdingen), u. a. als Aufsichtsratsmitglied, involviert.[117] Diese fünf Unternehmen stärkten ihre Zusammenarbeit durch die Gründung der Phrix GmbH 1940 sowie der Phrix-Werke AG 1941 mit Sitz in Hamburg, deren Vorsitz Dörr jeweils übernahm.[118]

Die Phrix-Werke avancierten zu einem der kriegswichtigen Betriebe, insbesondere nachdem ab 1941 die Gewinnung von Hefe als Nebenprodukt der Zellstoffherstellung ausgebaut wurde.[119] Als die Hefeproduktion der Phrix in Wittenberge im selben Jahr aufgrund eines Arbeitskräftemangels stagnierte, nutzte Dörr seine Kontakte zu hochrangigen Personen innerhalb der SS, woraufhin es Anfang 1942 zu Vereinbarungen zwischen den Phrix-Werken und dem SS-Wirtschaftsverwaltungshauptamt (WVHA) kam: Da die Phrix zukünftig drei Viertel ihrer erzeugten Hefe an die SS liefern sollte, sicherte das WVHA seine Unterstützung bei der Zuteilung von Arbeitskräften für das Unternehmen zu. Ab Ende August 1942 entstand in diesem Kontext ein Außenlager des KZ-Neuengamme beim Phrix-Werk Wittenberge, das als erstes Konzentrationslager „bei einem nichtstaatlichen Industriebetrieb eingerichtet wurde".[120] Neben diesem Vorgang, den Dörr durch seine Kontakte zum Chef des WVHA, Oswald Pohl, initiiert hatte, vereinbarte er im April 1943 mit Vertretern des WVHA in Hirschberg auch die Einrichtung einer gemeinsamen Forschungsgesellschaft für Ernährung, die

116 Die SS-Mitglieder Kehrl und von Schröder waren zudem Teil des „Keppler-Kreises", dem auch Emil Helfferich angehörte. Kaienburg, Zwangsarbeiter, S. 16.
117 Eintrag zu Richard-Eugen Dörr, in: Wer leitet? Die Männer der Wirtschaft und der einschlägigen Verwaltung 1941/42, Berlin 1942, S. 174.
118 Siehe hierzu auch BArch, R 121/2152.
119 Kaienburg, Zwangsarbeiter, S. 14-16, 19 f.
120 Ebenda, S. 13, siehe auch S. 20 f.

drei Monate später mit Beteiligung der Firma Dr. August Oetker gegründet wurde.[121]

Neben dem Engagement in seinen Unternehmen hatte Dörr verschiedene weitere Ämter inne. Vermutlich ab 1939 war er als Kreiswirtschaftsberater der Kreisleitung Hirschberg eingesetzt und 1943/44 als Referent in der Reichsstelle für Raumordnung. Zudem agierte er als Mitglied im Landesausschuß der Dresdner Bank für Schlesien und von 1942 bis 1945 im Präsidium der Reichsvereinigung Chemische Fasern sowie von 1943 bis 1945 in der Wirtschaftsgruppe Chemische Industrie der Reichsgruppe Industrie, wo er den „Produktionsausschuss" leitete.[122] Nachdem Dörr spätestens 1939 nach Hirschberg umgezogen war, agierte er als Beirat in der Wirtschaftskammer Schlesien sowie 1941/42 als Präses der IHK Hirschberg. 1942 zog er nach Hamburg, woraufhin ihn Joachim de la Camp im April in den Beirat der IHK berief. Während seiner Amtszeit war Dörr auch Mitglied des Industrieausschusses, wurde aber bei der Umbildung der Kammer zur Gauwirtschaftskammer (GWK) zunächst nicht berücksichtigt, da Vertretern anderer Sparten der Vortritt gegeben wurde. Dörrs Nichtberücksichtigung hing auch mit seiner häufigen, vermutlich beruflich bedingten Abwesenheit bei Beiratssitzungen zusammen.[123]

Im April 1944 erfolgte seine erneute Berufung in den GWK-Beirat, dem er bis Juni 1945 angehörte.[124] Von besonderer Bedeutung war zudem Dörrs Ernennung zum Bevollmächtigten für Faserstoff-Forschung im Reichsforschungsrat (RFR) im Dezember 1942 durch Hermann Göring, nachdem ihn RFR-Geschäftsführer Rudolf Mentzel vorgeschlagen hatte. Dörr war bis 1945 dafür zuständig, die Zusammenarbeit von Industrie und Wissenschaft in diesem Bereich zu stärken, um insbesondere die Entwicklung und Produktion von synthetischen Faserstoffen voranzutreiben, die unmittelbar kriegsrelevant waren.[125] Im Jahr 1944 verlieh die Technische Hochschule Breslau ihm die Ehrendoktorwürde wegen „wesentlicher Erfolge auf dem

121 Ebenda, S. 22. Siehe auch Marc Buggeln, Wittenberge, in: Wolfgang Benz/Barbara Distel (Hrsg.), Der Ort des Terrors. Geschichte der nationalsozialistischen Konzentrationslager, Bd. 5: Hinzert, Auschwitz, Neuengamme, München 2007, S. 539–543.

122 Brief von der NSDAP-Reichsleitung/Reichsorganisationsleiter an Oberstes Parteigericht München, 1. 4. 1942, BArch, R 9361-I/9621; BArch, N 1301/4; Kaienburg, Zwangsarbeiter, S. 16.

123 Brief von Joachim de la Camp an Rudolf Blohm, 4. 2. 1943, HK-Archiv, I.6.E.3.5.4.

124 StAHH, 371-15_2.

125 Flachowsky, Reichsforschungsrat, S. 350–355.

Forschungs- und Entwicklungsgebiet der synthetischen Faserstoffe", nachdem sich insbesondere Rudolf Mentzel für ihn eingesetzt hatte.[126]

In „Anerkennung besonderer Verdienste um die Kriegswirtschaft" wurde Dörr im August 1940 auf Vorschlag Hermann Görings das Kriegsverdienstkreuz II. Klasse verliehen.[127] 1941 folgte seine Ernennung zum Wehrwirtschaftsführer, wobei er den Titel nach eigenen Angaben im November 1943 ablegte, was möglicherweise auf seinen Ausschluss aus der NSDAP zurückzuführen ist. Nach seinem Parteieintritt 1933 war es infolge seiner mehrmaligen Umzüge zu Irritationen in Bezug auf seine NSDAP-Zugehörigkeit gekommen, da er sich bei seinen Gauwechseln offenbar nicht korrekt ummeldete und in den Parteiunterlagen mehrere Aus- und Wiedereintritte vermerkt sind.[128] Von 1941 bis 1943 fand ein Verfahren vor dem Obersten Parteigericht statt, da Dörr in den 1920er Jahren Mitglied in drei Logen gewesen war und offenbar falsche Angaben über seinen Rang innerhalb der Logen gemacht hatte, was im Widerspruch zum Ausschließlichkeitsanspruch der NSDAP stand und einen Parteiausschluss zur Folge hatte.[129] Im Rahmen des Verfahrens sprach sich neben Hans Kehrl auch der Gauleiter in Schleswig-Holstein, Hinrich Lohse, für Dörr aus. Außerdem wurde ihm bescheinigt, dass er das „volle Vertrauen" von Hermann Göring besitze, der ihn mit der „Organisierung der gesamten Reichswerke Hermann Göring" beauftragt habe.[130] Dennoch wurde Dörrs Gnadengesuch im Oktober 1943 abgelehnt, was seinen Parteiausschluss zur Folge hatte.

Dörrs belegte NS-Verbindungen und (kriegs-)wirtschaftliche Tätigkeiten stehen im deutlichen Widerspruch zu seiner Selbstdarstellung während seines Entnazifizierungsverfahrens, in dem er sämtliches NS-förderndes oder -stützendes Verhalten bestritt. Beruflich habe er nur auf dem „Gebiet der ‚Bekleidung und Ernährung', einem Friedensproduktions-Sek-

126 Auszug aus Die Deutsche Volkswirtschaft, Nr. 15/3 (1944), HK-Archiv, Plenarierakten, Nr. 565; Flachowsky, Reichsforschungsrat, S. 351.

127 Schreiben an die Kanzlei des Führers, 19. 4. 1941, BArch, R 9361-I/9621. Laut eigener Aussage erhielt Dörr das Verdienstkreuz II. Klasse erst Ende 1941 sowie Ende 1942 das Kriegsverdienstkreuz I. Klasse. Vgl. Anlage zum Entnazifizierungsfragebogen von Richard-Eugen Dörr, 8. 6. 1946, S. 5, StAHH, 221-11_I (c) 2277.

128 BArch, R 9361-II/173377.

129 Vgl. Jürgen W. Falter, Wer durfte NSDAP-Mitglied werden und wer musste draußen bleiben?, in: ders. (Hrsg.), Junge Kämpfer, alte Opportunisten. Die Mitglieder der NSDAP 1919–1945, Frankfurt a. M./New York 2016, S. 15–40.

130 Schreiben an die Kanzlei des Führers vom 19. 4. 1941, BArch, R 9361-I/9621. Eine etwaige Tätigkeit für die Reichswerke Hermann Göring ist in keiner weiteren vorliegenden Quelle dokumentiert.

tor, gute Erfolge gehabt" und mehrere Personen vor dem KZ oder Gefängnis bewahrt.[131] Von umfangreichen und ausgesprochen positiven Leumundszeugnissen unterstützt, führte er als Hauptbelege für seine NS-kritische Haltung seine Logenmitgliedschaften, seine Entlassung 1933 sowie die Gründung eines „Anti-Nazi-Komitees" in Mölln an, das mehrere Menschen vor der NS-Verfolgung geschützt und einen entscheidenden Anteil an der kampflosen Übergabe Möllns an die britische Armee gehabt habe. Diese Erzählung, die noch in den 1970er Jahren von der lokalen Presse aufgegriffen wurde, prägte insbesondere auch der „Mitbegründer" und Möllner Bürgermeister Rudolf Michelsen.[132] Nachdem Dörr von August bis Dezember 1945 in einem Verhörzentrum in Frankfurt a. M. interniert gewesen war, wurde er im August 1947 in Kategorie IV eingestuft, da ihm keine „Aktivität für die Partei oder innerhalb des Nazismus" nachgewiesen werden konnte. Hinweise auf ein Berufungsverfahren finden sich nicht, vermutlich da er „weiterhin unverändert" in der Wirtschaft tätig sein durfte.[133]

Nach dem Verfahren arbeitete Dörr erneut als Vorstandsvorsitzender der Phrix und war mit dem Wiederaufbau der zerstörten Werke betraut. Um weiter mit seinen Patenten arbeiten zu können,[134] gründete Dörr 1949 in Zürich die Orgatex AG als Tochtergesellschaft der Phrix, tarnte sie jedoch als schweizerisches Unternehmen. Mit seinen Firmen tätigte er in den folgenden Jahren weitere dubiose Geschäfte und verschuldete sich enorm. Nachdem er die Phrix 1952 hatte verlassen müssen, war er von 1957 bis 1960 infolge seiner illegalen Geschäftspraktiken vor dem Landgericht Hamburg wegen eigennütziger aktienrechtlicher Untreue, Devisenvergehen und des Betrugs zum Schaden des Unternehmens angeklagt. Am Ende eines der längsten Wirtschaftsprozesse der Nachkriegszeit wurde Dörr zu einer Bewährungsstrafe verurteilt, nachdem die meisten Anklagepunkte gegen ihn fallengelassen worden waren.[135]

131 Anlage zum Entnazifizierungsfragebogen von Richard-Eugen Dörr, 8. 6. 1946, S. 2, StAHH, 221-11_I (c) 2277.

132 Schreiben des Bürgermeisters der Stadt Mölln, Michelsen, an die Field Information Agency, Technical, 27. 11. 1945, StAHH, 221-11_I (c) 2277; Am 1. Mai vor 25 Jahren Punkt 9.30 Uhr rückten die Engländer in Mölln ein!, in: Lauenburgisches Tageblatt, 30. 4. 1970.

133 Stellungnahme des Fachausschusses vom 4. 8. 1947, StAHH, 221-11_I (c) 2277.

134 In Westdeutschland hatten sich die Alliierten die Verwertung der deutschen Patente vorbehalten.

135 Dörr-Prozess. Schweizer Touren, in: Der Spiegel, Nr. 8, 16. 2. 1960; Georg Würtz, Machtkampf hinter den Phrix-Kulissen, in: Frankfurter Allgemeine Zeitung, 12. 1. 1960.

In seinem Wohnort Mölln engagierte sich Dörr in den 1950er Jahren als Kunstmäzen und stiftete u.a. den Eulenspiegel-Brunnen. 1952 ernannte ihn der Senat der Technischen Hochschule Karlsruhe für seine Verdienste in der chemischen Technik zum Ehrensenator. Im selben Jahr verlieh ihm Mölln die Ehrenplakette der Stadt und benannte 2001 posthum eine Straße nach ihm.[136]

Quellen und Literatur

Archiv FZH, 227-11 IHK Hamburg II, Bd. 4 (ID 997)
BArch, N 1301/4; R 3/219, Bd. 15; R 121/2152; R 9361-I/9621; R 9361-II/173377
HK-Archiv, Plenarierakten, Nr. 565; I.6.E.3.5_4
StAHH, 221-11_I (c) 2277; 371-15_2

Am 1. Mai vor 25 Jahren Punkt 9.30 Uhr rückten die Engländer in Mölln ein!, in: Lauenburgisches Tageblatt, 30.4.1970.
Dörr-Prozess. Schweizer Touren, in: Der Spiegel, Nr. 8, 16.2.1960.
Eintrag zu Richard-Eugen Dörr, in: Wer leitet? Die Männer der Wirtschaft und der einschlägigen Verwaltung 1941/42, Berlin 1942, S. 174.
Flögel, Alfred, Möllns Eulenspiegelbrunnen hat Geburtstag, in: Markt zum Sonntag für Mölln, Ratzeburg, Büchen und Umgebung, 15.9.1990.
Personalien, in: Die Welt, 16.12.1952.
Würtz, Georg, Machtkampf hinter den Phrix-Kulissen, in: Frankfurter Allgemeine Zeitung, 12.1.1960.
Zellstoff Küstrin in der Phrixgruppe. Veränderungen in der Versorgung mit Natronzellstoff, in: Frankfurter Zeitung, 7.4.1939.
Zellwolle aus Stroh – eine kurmärkische Neugründung, in: Frankfurter Zeitung, 20.12.1937.

Buggeln, Marc, Wittenberge, in: Wolfgang Benz/Barbara Distel (Hrsg.), Der Ort des Terrors. Geschichte der nationalsozialistischen Konzentrationslager, Bd. 5: Hinzert, Auschwitz, Neuengamme, München 2007, S. 539–543.

136 Personalien, in: Die Welt, 16.12.1952; Alfred Flögel, Möllns Eulenspiegelbrunnen hat Geburtstag, in: Markt zum Sonntag für Mölln, Ratzeburg, Büchen und Umgebung, 15.9.1990.

Falter, Jürgen W., Wer durfte NSDAP-Mitglied werden und wer musste draußen bleiben?, in: ders. (Hrsg.), Junge Kämpfer, alte Opportunisten. Die Mitglieder der NSDAP 1919–1945, Frankfurt a.M./New York 2016, S. 15–40.

Flachowsky, Sören, Von der Notgemeinschaft zum Reichsforschungsrat. Wissenschaftspolitik im Kontext von Autarkie, Aufrüstung und Krieg, Stuttgart 2008.

Kaienburg, Hermann, Zwangsarbeit für das „deutsche Rohstoffwunder". Das Phrix-Werk Wittenberge im zweiten Weltkrieg, in: 1999. Zeitschrift für Sozialgeschichte des 20. und 21. Jahrhunderts 9 (1994), 3, S. 12–41.

Willy Heinrich Max Ganssauge[137]

Lebensdaten: * 3. Mai 1901 in Hamburg, † 4. April 1992 in Hamburg

Angaben zur Familie: verheiratet mit Nina Ganssauge, geb. Rohrbach[138] (seit 1925), fünf Kinder

Funktionen/Ämter in der Handelskammer: 11. Mai 1938–3. April 1944 Beiratsmitglied; Mitglied im Ausschuss für Verkehr, Volks- und Kolonialwirtschaft

Firma und Branche: Geschäftsführer der Afrikanischen Frucht-Compagnie (AFC) ab 1925 und der Westafrikanischen Pflanzungsgesellschaft Bibundi AG ab 1930, Teilhaber der Reederei F. Laeisz ab 1936, Außenhandel

Verbindungen zum NS: NSDAP-Mitglied ab 1. Mai 1937, Mitgliedsnr. 4973738; SS-Mitglied ab 1. März 1934, Mitgliedsnr. 702161; ab 1935 Mitglied in der DAF und NSV, zuvor außerdem im Reichskolonialbund

Nach der Reifeprüfung 1919 am Altonaer Realgymnasium machte Willy Ganssauge bis 1921 eine Lehre als Schiffsmakler bei der Reederei H. C. Horn sowie anschließend als Außenhandelskaufmann bei der Reederei F. Laeisz, die 1824 gegründet worden war und von seinem Vater Paul Ganssauge seit 1912 mit zwei Partnern geführt wurde. Paul Ganssauge, der ab 1900 als Prokurist bei F. Laeisz beschäftigt gewesen war, hatte bis 1911 maßgeblich die Gründung der Afrikanischen Frucht-Compagnie (AFC) vorangetrieben, die in Kamerun Bananenplantagen bewirtschaftete und mit der Reederei als Großaktionär eng verbunden war. Das wachsende Geschäft der AFC brach während des Ersten Weltkrieges ein, da die Plantagen von den Briten enteignet wurden. Mitte der 1920er Jahre erhielt die AFC die Plantagen zurück, woraufhin Willy Ganssauge mit deren Wiederaufbau betraut wurde. Nach mehreren beruflichen Auslandsaufenthalten in Chile, Guatemala und New York arbeitete er ab 1925 als Prokurist für F. Laeisz sowie als Geschäftsführer der AFC und reiste dafür häufig nach Kamerun. 1930 wurde die AFC in eine Aktiengesellschaft umgewandelt und Ganssauge wurde zusätzlich Geschäftsführer der Westafrikanischen Pflanzungsgesellschaft Bibundi AG.

137 In seiner Entnazifizierungsakte und anderen Quellen findet sich teils die Schreibeweise „Willi“.

138 Ihr Vater war der Theologe, Kolonialbeamte und politische Publizist Paul Rohrbach, der als einer der „meistgelesenen kolonial- und außenpolitischen Kommentatoren des Kaiserreichs und der Weimarer Republik“ gilt. Josef Anker, Paul Rohrbach, in: Neue Deutsche Biographie (NDB), Bd. 22, Berlin 2005, S. 5 f.

Diese AG gehörte auch zum Laeisz-Konzern, wodurch enge Verflechtungen mit der AFC bestanden.[139]

In den 1930er Jahren verzeichnete die AFC, auch dank eines staatlichen Wiederaufbaudarlehens,[140] einen deutlichen Aufschwung. Bis 1938 wurden circa 35 Prozent aller nach Deutschland importierten Bananen mit AFC-Schiffen transportiert. Für den Bananentransport hatte das Unternehmen ab 1929 eine eigene Flotte aufgebaut, die Transportlogistik übernahm die Reederei F. Laeisz, deren Teilhaber Ganssauge ab 1936 war. 1938 verzeichnete die AFC 74 kaufmännische Angestellte, über 200 Beschäftigte in der Schifffahrt und über 2000 Arbeiter in Kamerun; das Firmenkapital betrug ein Jahr später rund vier Millionen RM.[141] Um den Hamburger Überseehandel weiter auszubauen, versuchte Ganssauge Ende der 1930er Jahre beim RWM und der Reichsbank Interesse zu wecken und Kooperationen auszuloten.[142] Zur Stärkung des deutschen Überseehandels war bereits 1937 das Übersee-Holz-Syndikat gegründet worden, in dessen Beirat Ganssauge saß.[143] Weiterhin war er in den 1940er Jahren Vorstandsmitglied der Deutschen Togo Gesellschaft und Molive AG sowie der Neu-Guinea-Compagnie, jeweils mit Sitz in Berlin.

Nachdem Ganssauge 1929/30 Mitglied der DVP und KVP gewesen war, trat er 1934 der SS sowie 1937 der NSDAP bei. Zudem scheint er über gute Kontakte zu Reichsstatthalter Karl Kaufmann verfügt zu haben, der sich Ende der 1930er Jahre für eine Förderung der Kolonialpolitik einsetzte und damit auch die IHK beauftragte.[144] Ganssauge agierte in diesem Kontext als Verbindungsmann, u.a. zwischen dem Afrika-Verein, dessen Vorsitzender er von 1937 bis 1940 war, weiteren kolonialpolitischen Einrichtungen und der

139 Karsten Linne, „Deutsche Kamerun-Bananen". Die Afrikanische Frucht-Compagnie Aktiengesellschaft, in: Heiko Möhle (Hrsg.), Branntwein, Bibeln und Bananen. Der deutsche Kolonialismus in Afrika – Eine Spurensuche in Hamburg, Hamburg 1999, S. 143–148, hier S. 143; Hans Georg Prager, F. Laeisz. Vom Frachtsegler bis zum Bulk Carrier, Herford 1974, S. 68; Eintrag zu Willi Ganssauge, in: Deutscher Wirtschaftsführer. Lebensgänge Deutscher Wirtschaftspersönlichkeiten, Hamburg 1929, Sp. 694.

140 Siehe hierzu Karsten Linne, Deutsche Afrikafirmen im „Osteinsatz", in: 1999. Zeitschrift für Sozialgeschichte des 20. und 21. Jahrhunderts 16 (2001), 1, S. 49–90, hier S. 52 f.

141 Linne, „Deutsche Kamerun-Bananen", S. 143 f.

142 HK-Archiv, 78.B.2_52; StAHH, 371-8 II_S XXXIII C 58.

143 Karsten Linne, Deutschland jenseits des Äquators? Die NS-Kolonialplanungen für Afrika, Berlin 2008, S. 59.

144 Siehe etwa Aufzeichnung über eine Sitzung beim Herrn Reichsstatthalter über außenwirtschaftliche Fragen, 6. 10. 1938, HK-Archiv, 78.J.1.

Willy Heinrich Max Ganssauge

IHK. Dieser gehörte er ab Mai 1938 an, war Mitglied im Ausschuss für Verkehr, Kolonial- sowie Volkswirtschaft[145] und nahm an verschiedenen Treffen zu außenwirtschaftlichen Fragen, u.a. mit Kaufmann, teil.[146] Als die Wehrmacht 1938 im Zuge von Kriegsvorbereitungen mithilfe der IHK ein örtliches Netzwerk mit der Hamburger Wirtschaft aufbaute, gehörte Ganssauge zu den „100 führenden Hamburger Wirtschaftlern"[147] und stand auch auf weiteren Listen, die der Hauptgeschäftsführer Elso Klöver u.a. von Kaufleuten und Importeuren zusammenstellte. Für seine Schlüsselposition als kolonialpolitischer Akteur in Hamburg waren Ganssauges zahlreiche weitere Ehrenämter von Bedeutung: Unter anderem war er Vorstandsmitglied im Verein der am Rohkakaohandel betheiligten Firmen e.V. und innerhalb der Wirtschaftsgruppe Deutscher Kolonialwirtschaftlicher Unternehmungen Mitglied im Landesausschuss für Westafrika sowie im Fachausschuss für Arbeiterfragen. Hinzu kamen karitative Tätigkeiten, etwa seit 1937 als Vorsitzender des Bezirksvereins der Deutschen Gesellschaft zur Rettung Schiffbrüchiger, sowie ein breites Engagement im wissenschaftlichen Bereich: Unter anderem war Ganssauge in der Gesellschaft der Kaufleute im Hansischen Hochschulring aktiv, einer seit 1937 bestehenden Sponsorengruppe der Universität in Hamburg, und er gründete die „Koloniale Arbeitsgemeinschaft" dieser Vereinigung. Zudem agierte er als Beiratsmitglied des 1939 wiedereröffneten Kolonialinstituts und als Mitglied der „Hundertschaft" der Vereinigung der Freunde des Hamburger Tropeninstituts.[148] Dieses Institut plante 1938 in Kooperation mit anderen Pflanzungsgesellschaften und der AFC ein Krankenhaus in Buea, Kamerun, zu errichten. Hierbei zeigt sich deutlich, dass für die beteiligten Firmen keine humanitären, sondern wirtschaftliche Gründe entscheidend waren, da der, teils krankheitsbedingte, Arbeitermangel eines der Hauptprobleme für den Bananenexport darstellte. Von Ganssauge selbst sind in diesem Kontext zudem offensichtliche rassistische Positionen überliefert, da er „Eingeborene" als „notorisch faul" ansah, deren „sozialer Ehrgeiz auf einem alles andere als hohen Niveau" stünde.[149]

145 Mehrere Schreiben in Ganssauges Plenarierakte (HK-Archiv, Plenarierakten, Nr. 553) deuten darauf hin, dass er in diesem Ausschuss auch noch nach seiner offiziellen Amtszeit aktiv war.

146 HK-Archiv, I.6.F.4_17.

147 Brief von Klöver an das Infanterie-Regiment Nr. 76, Hamburg, Kaserne Bundesstraße, 2.3.1938, HK-Archiv, I.6.F.3.8_7.

148 Linne, „Deutsche Kamerun-Bananen", S. 146.

149 Ebenda, S. 145.

Mit Beginn des Zweiten Weltkrieges konnte die AFC ihr Geschäft zunächst regulär weiterführen. Nach der Besetzung Frankreichs begannen bereits Planungen für die Nachkriegszeit, wie sich am 1940 von der IHK aufgestellten „Arbeitsplan für Entwicklung und Ausbau der hamburgischen Wirtschaft" zeigt. Für diesen lieferte Ganssauge ein Gutachten über „Afrikanische Frischfruchterzeugung", in dem er sich von der wichtigen Rolle Hamburgs für die zukünftige Kolonialpolitik überzeugt zeigte. Nach seinen Vorstellungen sollte unter der Führung der AFC die Produktion im französischen Teil Kameruns durch deutsche Firmen übernommen werden, und er rechnete mit „einer Verdopplung der Einfuhren aus Kamerun".[150] Von dem „Anschluss" Österreichs 1938 und der Annexion des Sudetenlandes hatte sich die AFC außerdem einen vergrößerten Absatzmarkt erhofft. Im November 1939 zählte Ganssauge zu den Gründungsmitgliedern eines Arbeitsausschusses zur Förderung der Hamburger Wirtschaft in Böhmen und Mähren.[151] Im Juli 1940 wurden die Geschäfte der AFC allerdings nachhaltig durch die alliierten Seeblockaden eingeschränkt, ihre europäischen Angestellten wurden interniert und die Plantagen unter britische Verwaltung gestellt.[152] Dennoch wurde Ganssauge noch im Sommer 1942 im Auftrag der IHK ins Kolonialpolitische Amt nach Paris geschickt, um als Kontaktperson für Hamburger Firmen in Nordafrika zu agieren, bevor dieses Anfang 1943 aufgelöst wurde.[153] 1942 wurde ihm „ohne besondere Veranlassung" das Kriegsverdienstkreuz II. Klasse ohne Schwerter verliehen.[154]

Die AFC konzentrierte sich fortan auf Außenhandelsgeschäfte im Ostseeraum, u.a. mit Estland. In den besetzten „Ostgebieten", in denen die Firma als Pflanzungsunternehmen kaum Chancen hatte, wurde hingegen die Deutsch-Westafrikanische Handelsgesellschaft aktiv, an der die AFC seit 1935 die Kapitalmehrheit hatte und in der Ganssauge sich von 1937 bis 1946 engagierte, zeitweise auch als Aufsichtsratsvorsitzender. Ab Anfang 1940 agierte die Firma als „Kreisgroßhändler" in den Kreisen Ostrowiec und Tschenstochau im Distrikt Radom, indem sie vor Ort Fertigwaren verkaufte sowie land-

150 Ebenda, S. 147 f.

151 Senatsdirektor W. Essen, Arbeitsausschuss zur Förderung der Hamburger Wirtschaft in Böhmen und Mähren, Gründungsbericht, 11.11.1939, HK-Archiv, 78.A_16; Linne, „Deutsche Kamerun-Bananen", S. 148.

152 Linne, „Deutsche Kamerun-Bananen", S. 144.

153 Aktenvermerk über eine Sitzung beim Wirtschaftsbeauftragten des Reichsstatthalters am Dienstag, 30.6.1942, HK-Archiv, I.6.F.4_20.

154 Entnazifizierungsfragebogen Willi Ganssauge, StAHH, 221-11_F 2020.

wirtschaftliche Kontingente erfasste und „Überschüsse“ nach Deutschland brachte. Bis 1944 beteiligte sich die Handelsgesellschaft an diesen „Ernteerfassungsaktionen“, bei denen oftmals Bauern, die zu wenig lieferten, erschossen wurden.[155] Genauere Hinweise über Ganssauges Beteiligung finden sich nicht. Aus der GWK schied er zum April 1944 aus, da durch den Kriegsverlauf „koloniale Interessen Hamburgs [...] vor anderen Fragen in den Hintergrund gerückt“ waren.[156]

Nach Ende des Zweiten Weltkrieges war Ganssauge bis Juli 1946 im Lager Gadeland in Neumünster interniert und wurde aus seinen Stellungen bei F. Laiesz, der AFC und Bibundi entlassen. Im Rahmen der Entnazifizierung im Frühjahr 1948 wurde er in Kategorie V eingestuft, nachdem er u.a. ein Leumundszeugnis des Hamburger Bürgermeisters Rudolf Petersen erhalten hatte, der Ganssauge attestierte, „gegen alle radikalen Massnahmen und Auffassungen des Nationalsozialismus eingestellt“ gewesen zu sein.[157] Anschließend blieb Ganssauge bis mindestens Anfang der 1980er Jahre Mitinhaber von F. Laeisz und trieb in den 1950er Jahren vor allem den Wiederaufbau des Überseehandels der Reederei voran.[158] Ab 1951 war er zudem wieder Aufsichtsratsmitglied der Bibundi AG und ab 1953 als Teil des Hamburg-Blocks Mitglied der Bürgerschaft.[159] Sein Mandat legte er 1957 aus beruflichen Gründen nieder, da er auf „Einladung der französischen Regierung [...] eine längere Studienfahrt“ unternahm, „auf der Möglichkeiten zur wirtschaftlichen Erschließung Afrikas erforscht werden“ sollten.[160] Ab Ende der 1950er Jahre engagierte er sich auch ehrenamtlich, in Hamburg u.a. im Rotary-Club, im Verein der Freunde des Botanischen Gartens sowie im Kuratorium der Neuen Sparcasse von 1864. Außerdem war er Mitglied im Europa-Ausschuss des Deutschen Industrie- und Handelstages in Bonn, der Association pour l'Etude des Problèmes de l'Europe (Table Ronde, Paris) sowie des Arbeitsausschusses Afrika im Deutsch-Französischen Wirtschaftskomitee in Paris.

155 Linne, „Deutsche Kamerun-Bananen“, S. 148; Eintrag zu Willi Ganssauge, in: Wer leitet? Die Männer der Wirtschaft und der einschlägigen Verwaltung 1941/42, Berlin 1942, S. 265.

156 Mitteilung, „Vertraulich“, de la Camp an die Vizepräsides, 23.3.1944, HK-Archiv, I.6.E.3.5_4.

157 Brief von Rudolf Petersen an Willi Ganssauge, 24.8.1946, StAHH, 221-11_F 2020.

158 W. Ganssauge 70 Jahre, in: Hamburger Abendblatt, 4.5.1971, S. 17.

159 Linne, NS-Kolonialplanungen, S. 59; DM-Umstellungen und Dividenden, in: Hamburger Abendblatt, 29.5.1951, S. 7.

160 Mandat niedergelegt, in: Hamburger Abendblatt, 13.3.1957, S. 7.

Quellen und Literatur

HK-Archiv, Plenarierakten, Nr. 553; 78.A_16; 78.B.2_52; 78.J.1; I.6.E.3.5_4; I.6.F.3.8_7; I.6.F.4_17; I.6.F.4_20

StAHH, 221-11_F 2020; 371-8 II_S XXXIII C 58

Eintrag zu Willi Ganssauge, in: Wer leitet? Die Männer der Wirtschaft und der einschlägigen Verwaltung 1941/42, Berlin 1942, S. 265.

Eintrag zu Willi Ganssauge, in: Deutscher Wirtschaftsführer. Lebensgänge Deutscher Wirtschaftspersönlichkeiten, Hamburg 1929, Sp. 694.

DM-Umstellungen und Dividenden, in: Hamburger Abendblatt, 29.5.1951, S. 7.

Mandat niedergelegt, in: Hamburger Abendblatt, 13.3.1957, S. 7.

W. Ganssauge 70 Jahre, in: Hamburger Abendblatt, 4.5.1971, S. 17.

Anker, Josef, Paul Rohrbach, in: Neue Deutsche Biographie (NDB), Bd. 22, Berlin 2005, S. 5f.

Linne, Karsten, Deutschland jenseits des Äquators? Die NS-Kolonialplanungen für Afrika, Berlin 2008.

–, Deutsche Afrikafirmen im „Osteinsatz", in: 1999. Zeitschrift für Sozialgeschichte des 20. und 21. Jahrhunderts 16 (2001), 1, S. 49–90.

–, „Deutsche Kamerun-Bananen". Die Afrikanische Frucht-Compagnie Aktiengesellschaft, in: Heiko Möhle (Hrsg.), Branntwein, Bibeln und Bananen. Der deutsche Kolonialismus in Afrika – Eine Spurensuche in Hamburg, Hamburg 1999, S. 143–148.

Prager, Hans Georg, F. Laeisz. Vom Frachtsegler bis zum Bulk Carrier, Herford 1974.

Heinrich Karl Dietrich Hartwig

Lebensdaten: * 4. Dezember 1889 in Hannover, † unbekannt
Angaben zur Familie: verheiratet mit Anny Catharine Hartwig, geb. Stammer (seit 20. November 1920), keine Kinder
Funktionen/Ämter in der Handelskammer: ab 15. April 1933 Staatskommissar im Präsidium; 16. Juni 1933–31. März 1937 Plenums-/Beiratsmitglied
Firma und Branche: Heinrich Hartwig, Getreide
Verbindungen zum NS: NSDAP-Mitglied ab 1. August 1930, Mitgliedsnr. 477738; 1931–1938 Ortsgruppenleiter, 1943–1945 stellvertretender/kommissarischer Ortsgruppenleiter; ab 1934 SS-Mitglied im Dienstgrad Untersturmführer; ab 1935 Mitglied in der NSV

Heinrich Hartwig wuchs als Sohn eines Friseurs auf. Nach dem Besuch einer Oberrealschule in Hannover, die er mit Erreichen der Oberprimareife verließ, absolvierte er eine kaufmännische Lehre in der Getreidebranche. Anschließend war er von 1911 bis zum Beginn des Ersten Weltkrieges in zwei Im- und Exportfirmen dieser Branche tätig. Im Dezember 1914 wurde er zum Kriegsdienst eingezogen und gehörte von März 1915 bis November 1918 dem Infanterie-Regiment „Hamburg“ (2. Hanseatisches) Nr. 76 an. Für seine Verdienste erhielt er das Eiserne Kreuz II. Klasse sowie das Hamburger Hanseatenkreuz.

Nach Kriegsende arbeitete Hartwig zunächst als Prokurist einer Großhandelsfirma, bevor er sich Anfang der 1920er Jahre mit einer nach ihm benannten Agentur für Getreide- und Futtermittel selbstständig machte. Betroffen von den Auswirkungen der Weltwirtschaftskrise ließ er seinen Betrieb nach eigenen Angaben vorübergehend ruhen und arbeitete von 1931 bis 1933 erneut als Angestellter einer Hamburger Getreideagentur.

In den folgenden Jahren engagierte er sich verstärkt wirtschaftspolitisch. Im August 1930 trat Hartwig in die NSDAP ein und ab Januar 1931 amtierte er zunächst als Propagandaleiter der Ortsgruppe Groß-Flottbek/Othmarschen im Stadtkreis VII (Altona), ab Juni als Ortsgruppenleiter. Neben seiner SS-Mitgliedschaft spiegelt auch ein Vorfall im Jahr 1932 seine Nähe zum Nationalsozialismus wider, bei dem er einen Angehörigen der SA gegenüber einer Gruppe des Reichsbanners Schwarz-Rot-Gold verteidigte und dabei verletzt wurde.[161] Im März 1933 wurde Hartwig für die NSDAP in die Altonaer

161 Eidesstattliche Erklärung von Heinrich Hartwig in der Schaden-Anzeige Nr. 8364, BArch, R 9361-III/567280.

Stadtverordnetenversammlung gewählt und er beteiligte sich laut Peter Offenborn in den folgenden Monaten „an den politischen Machenschaften zur Absetzung und Verfolgung des amtierenden Bürgermeisters Max Brauer".[162] Im Juni wurde Hartwig als Stadtverordnetenvorsteher zum Vorsitzenden des Verwaltungsbeirats für Groß Flottbek ernannt sowie 1934 zu einem der 15 Ratsherren, die die vorherige Stadtverordnetenversammlung ersetzten.[163] Im Oktober 1935 folgte seine Berufung zum Beirat für Angelegenheiten des Wohlfahrtswesens der Stadt Altona.[164]

Ebenfalls maßgeblich beteiligt war Hartwig laut Offenborn an der Gleichschaltung des Vereins der Getreidehändler der Hamburger Börse, die einem Putsch gleichkam: Im April 1933 erschien Hartwig in Begleitung von vier SA-Männern bei der Generalversammlung des Vereins, auf der sich ein Teil der Vereinsmitglieder gegen die Gleichschaltung wehren wollte. Hartwig verkündete, er selbst sei zum Staatskommissar des Vereins ernannt und gemeinsam mit fünf weiteren Männern zum kommissarischen Vorstand bestimmt worden. Nach dieser von der Mehrheit offenbar gutgeheißenen Ausrufung folgte im Juni unter Aufsicht des Bürgerschaftspräsidenten C. C. F. Meyer die außerordentliche Generalversammlung, auf der Hartwig zum Vorsitzenden des Getreidehändlervereins gewählt wurde. Zu seinen ersten Amtshandlungen zählte der Antrag, alle jüdischen Mitglieder aus dem Vorstand auszuschließen, den die Mehrheit der Versammlung bewilligte.[165] Nachdem der Verein im Juli aufgelöst wurde und im Deutschen Landhandelsbund e. V. aufging, übernahm Hartwig die Leitung von dessen Landesgruppe Nord-West, die allerdings kaum Einflussmöglichkeiten hatte. Für die organisierte Landwirtschaft entwickelte sich sehr schnell der Reichsnährstand zur entscheidenden Organisation, in dem Hartwig im September 1933 zum Leiter der Hamburger Hauptabteilung IV (Getreide-Futtermittelhandel) ernannt wurde. In dieser Funktion leitete er auch die Hamburger Filiale der dem Reichsnährstand angeschlossenen Getreide-Kreditbank.[166] Hartwig profitierte daher vor

162 Peter Offenborn, Interessen Hamburger Unternehmer am Nationalsozialismus. Ihre Beteiligung an der Durchsetzung des nationalsozialistischen Herrschaftssystems. Eine Annäherung, Hamburg 2020, S. 466.

163 Siehe hierzu auch Bezirksamt Altona (Hrsg.), Das Altonaer Rathaus in der NS-Zeit, Hamburg 2011, S. 10 f.

164 Für sämtliche Vorgänge in Altona siehe StAHH, 424-4_H 236.

165 Offenborn, Hamburger Unternehmer, S. 468–473.

166 Siehe etwa Lebenslauf von Heinrich Hartwig vom 26. 4. 1934, StAHH, 424-4_H 236.

allem in beruflicher und finanzieller Hinsicht deutlich von den Folgen der nationalsozialistischen Machtübernahme.[167]

Vermutlich infolge seiner (wirtschafts-)politischen Verbindungen und einer freundschaftlichen Beziehung zu Bürgermeister Carl Vincent Krogmann wurde Hartwig im April 1933 als einer von vier Staatskommissaren vom Hamburger Senat ins Präsidium der Handelskammer entsandt, um an deren Gleichschaltung mitzuwirken.[168] In dieser Funktion waren ihm als Geschäftsfelder das Eisenbahn-, Post-, Telegraphen- und Fernsprechwesen, gewerbliche und soziale Fragen, Arbeiterverhältnisse, das Patentwesen und der Steuerausschuss zugewiesen.[169] Ab Juni 1933 war Hartwig zudem Plenumsmitglied und amtierte während seiner Handelskammertätigkeit zeitweise als Vorsitzender des Getreidegroßmarkts in Hamburg innerhalb des Börsenvorstands. Seine genauen Tätigkeiten innerhalb der Handelskammer lassen sich nicht rekonstruieren.

Nachdem Hartwig seine Position als Direktor der Getreide Kreditbank 1935 frühzeitig hatte aufgeben müssen – nach eigenen Angaben wegen Krankheit,[170] laut Angabe des Staatssekretärs von Hermann Göring „wegen großen Alkoholgenusses"[171] –, lief 1935/36 am Landgericht Hamburg ein Verfahren gegen ihn wegen mutmaßlicher Unterschlagung und Veruntreuung. Ihm wurde vorgeworfen, im Zuge seiner Tätigkeit als Hauptabteilungsleiter Gelder, insgesamt rund 1400 RM, der Wirtschaftlichen Vereinigung der Kartoffelgroßhändler sowie des Vereins der Getreidehändler, die beide Teil des Reichsnährstands waren, für private Zwecke unterschlagen zu haben. Unter anderem habe er damit Kosten beglichen, die bei einem Unfall im November 1934 in Altona entstanden waren, als Hartwig mit einem Auto seines Arbeitgebers in „offenbar stark angetrunkenem Zustand" sowohl das Fahrzeug als auch ein Privatgrundstück schwer beschädigt hatte.[172] Im Mai 1936 erfolgte

167 Siehe hierzu die Einschätzung der Kripo Hamburg im Zuge der politischen Überprüfung, 29. 9. 1947, BArch, Z 42-IV/4422: „Die wirtschaftlichen Verhältnisse des H. änderten sich nach der Machtübernahme völlig. Man konnte in den späteren Jahren nichts mehr von Armut oder einem Notstand in Hartwigs Haushalt verspüren, sondern im Gegenteil einen Überfluß an Geld- und Sachwerten."

168 Kopien aus „Kammergeschichte Bd. 3", S. 144–146, HK-Archiv, Plenarierakten, Nr. 480.

169 Abschrift einer Mitteilung des Senats, 19. 4. 1933, HK-Archiv, I.6.C.5_1.

170 Fragebogen Heinrich Hartwig, StAHH, 221-11_Z 187.

171 Anlage zum Schreiben des Staatssekretärs des Beauftragten für den Vierjahresplan Göring an Reichsminister Darré, 26. 4. 1940, S. 5, BArch, R 43-II/333.

172 Anklageschrift gegen Heinrich Karl Dietrich Hartwig, 13. 11. 1935, S. 7, HK-Archiv, Plenarierakten, Nr. 482.

sein Freispruch, u.a. nachdem die NSDAP-Gauleitung Schleswig-Holstein beim Reichsminister für Ernährung und Landwirtschaft Walther Darré, der zugleich Leiter des Reichsnährstands war, um Unterstützung für Hartwig gebeten hatte.

Ab August 1936 betraute Darré Hartwig mit dem Vorsitz der Hauptvereinigung der deutschen Fischwirtschaft in Berlin, wohin er im gleichen Jahr umzog, weshalb er zum 31. März 1937 aus dem Beirat der Hamburger IHK ausschied. Laut Aussage eines ehemaligen Nachbarn hatte Hartwigs Wohnung in Berlin zuvor jüdischen Eigentümern gehört.[173] Bereits Ende April wurde er seines Amtes bei der Hauptvereinigung der deutschen Fischwirtschaft wegen mangelnder fachlicher Kompetenzen wieder enthoben und zum Juli 1937 gekündigt. Dagegen klagte Hartwig und bat bei Darré sowie beim Hamburger Gauleiter Karl Kaufmann persönlich um Unterstützung. In einem Berufungsverfahren vor dem Arbeitsgericht Berlin Charlottenburg versuchte Hartwig weiteren Profit aus der Angelegenheit für sich zu ziehen, etwa durch eine höhere Entschädigung.[174] Der genaue Ausgang dieses Verfahrens lässt sich nicht rekonstruieren.

Ab 1938 nahm Hartwig seine selbstständige Tätigkeit als Getreidemakler wieder auf und verlegte seine bis dahin ruhende Firma nach Berlin. Sein „Hauptbetätigungsgebiet“ stellte zunächst der Handel mit dem „mitteleuropäische[n] Raum, d.h.Jugoslavien, [sic] Ungarn und Rumänien“ dar.[175] 1940 geriet Hartwig in Betrugsverdacht wegen mutmaßlich überhöhter Provisionsforderungen für Vermittlertätigkeiten zwischen der Firma Dunarex und der Reichsstelle für Getreide, Futtermittel und sonstige landwirtschaftliche Erzeugnisse. Dunarex kaufte Getreide in Mittel- und Südosteuropa ein und vertrieb sie an die Reichsstelle, die dem Reichsminister für Ernährung und Landwirtschaft unterstand und den Mais- und Getreidemarkt im Reich regelte. Trotz dieses Direktvertrags und eines offiziellen Verbots solcher Vermittlertätigkeiten soll die Reichsstelle 1938 veranlasst haben, dass Hartwig als Vermittler an den Geschäften beteiligt wurde. Innerhalb eines Jahres konnte er dadurch Provisionen in Höhe von 180 000 RM erzielen, während zeitgleich der Getreidepreis anstieg. Die Vierjahresplanbehörde unter Hermann Göring vermutete dahinter einen systematischen Betrugsversuch: Hartwig sei nicht aktiv tätig gewesen, habe überzogene Provisionen kassiert und dies alles durch

173 Zeugenaussage des Postamtmanns a. D., W. K., 14. 8. 1947, BArch, Z 42-IV/4422.
174 Für den gesamten Vorgang siehe BArch, R 16/8516.
175 Brief von Heinrich Hartwig an Präses Joachim de la Camp, 11. 10. 1938, HK-Archiv, Plenarierakten, Nr. 482.

freundschaftliche Beziehungen zu involvierten Parteigenossen erreicht.[176] Bis 1943 wehrte sich Hartwig mit zahlreichen Erklärungen gegen den Betrugsverdacht. Auch der Ausgang dieser Angelegenheit ist unklar.

Ab März 1943 war Hartwigs Unternehmen von staatlich angeordneten Stilllegungen „kriegsunwichtiger" Betriebe betroffen, woraufhin er nach Hamburg zurückkehrte und ab Mai wieder als stellvertretender oder kommissarischer Leiter[177] seiner alten NSDAP-Ortsgruppe amtierte. Im selben Jahr wurde ihm das Kriegsverdienstkreuz II. Klasse verliehen. Ab Januar 1944 war er zudem bei der Kreisleitung Hamburg VII angestellt.

Im Mai 1945 wurde Hartwig interniert, u. a. in Eselheide und Staumühle, und 1948 durch das Spruchgericht Bielefeld wegen seiner SS-Mitgliedschaft zu einer einjährigen Gefängnisstrafe verurteilt, die durch die vorangegangene Internierung bereits abgegolten war. Er hatte die Kosten des Verfahrens zu tragen. Das Gericht sah es als erwiesen an, dass Hartwig als SS-Mitglied und Ortsgruppenleiter weitreichende Kenntnisse über das KZ-System gehabt hatte und über die „verbrecherische Mitwirkung des Führerkorps der Partei bei der Judenverfolgung unterrichtet" gewesen war. Als mildernde Umstände wertete das Gericht u. a., dass ihm keine direkte Beteiligung an Verbrechen des Führerkorps nachzuweisen sei und er einen Leumundszeugen vorweisen konnte, der ihm „glaubhaft" die Unterstützung eines Juden attestierte.[178] Neben weiteren, Hartwig wohlgesonnenen Leumundszeugnissen, die allerdings im Gegensatz zu den meisten anderen Handelskammer-Mitgliedern tendenziell nicht von Personen verfasst wurden, die der städtischen Elite zuzurechnen sind, fanden sich in dem Verfahren auch sehr kritische Stimmen. So wurde er als „aktiver Nationalsozialist" charakterisiert und ausgesagt, seine Frau und er seien als „Denunzianten, Ehrabschneider und Verleumder" aufgetreten.[179]

Im Rahmen der Entnazifizierung wurde Hartwig in Kategorie IV ohne Berufsbeschränkungen eingestuft und zu einer Geldbuße verurteilt, da er „einer der wenigen Ortsgruppenleiter gewesen" sei, die ihr Amt aus „Idealismus, aber nach anständigen und menschlichen Gesichtspunkten" ausgeübt

176 Siehe zu diesem Vorgang Anlage zum Schreiben des Staatssekretärs des Beauftragten für den Vierjahresplan Göring an Reichsminister Darré, 26. 4. 1940, BArch, R 43-II/333. Siehe auch BArch, R 3601/6166; BArch, R 15-VII/1577.

177 Die diesbezüglichen Angaben unterscheiden sich in den Quellen.

178 Urteil des Spruchgerichts Bielefeld gegen Heinrich Karl Dietrich Hartwig, 12. 2. 1948, BArch, Z 42-IV/4422.

179 Zeugenaussagen gegen Heinrich Karl Dietrich Hartwig vor dem Hamburger Polizei-Kriminalamt, 14. 8. 1947, BArch, Z 42-IV/4422.

hätten.[180] Hartwig legte Berufung ein und erreichte, dass die gegen ihn verhängte Geldstrafe im August 1949 aufgehoben wurde, wenngleich er in Kategorie IV verblieb. Über seinen weiteren Werdegang ist nichts bekannt.

Quellen und Literatur

BArch, R 15-VII/1577; R 16/8516; R 43-II/333; R 3601/6166; R 9361-III/529257; R 9361-III/567280; Z 42-IV/4422
HK-Archiv, Plenarierakten, Nr. 480, 482; I.6.C.5_1
StAHH, 221-11_Z 187; 424-4_H 236

Bezirksamt Altona (Hrsg.), Das Altonaer Rathaus in der NS-Zeit, Hamburg 2011.
Offenborn, Peter, Interessen Hamburger Unternehmer am Nationalsozialismus. Ihre Beteiligung an der Durchsetzung des nationalsozialistischen Herrschaftssystems. Eine Annäherung, Hamburg 2020.

180 Begründung des Fachausschusses vom 3. 11. 1948, StAHH, 221-11_Z 187.

Emil Helfferich[181]

Lebensdaten: * 17. Januar 1878 in Neustadt an der Weinstraße, † 22. Mai 1972 in Neustadt an der Weinstraße

Angaben zur Familie: ledig, liiert mit Dina Uhlenbeck-Ermeling

Funktion/Amt in der Handelskammer: 1933–1941 Vorsitzender des Aufklärungsausschusses Hamburg

Verbindungen zum NS: NSDAP-Mitglied ab 1. Mai 1933, Mitgliedsnr. 2727313; Mitglied in der DAF ab 1935; Mitglied im Reichskolonialbund

Emil Helfferich wuchs als einer von fünf Söhnen eines Kommerzienrats und Inhabers einer Wirk- und Trikotagenfabrik in Neustadt an der Weinstraße auf. Einer seiner Brüder war Karl Theodor Helfferich, Bankier und bis zu seinem Tod 1924 führender DNVP-Politiker der Weimarer Republik. Nach dem Besuch der Realschule zog Helfferich 1894 nach Hamburg, um eine Lehre bei der Firma Jürgen Peters Im- und Export zu machen. Anschließend absolvierte er 1898 für ein Jahr seinen Militärdienst beim Holsteinischen Feldartillerie-Regiment Nr. 24 in Hamburg-Bahrenfeld.[182]

Die Jahre von 1899 bis 1928 verbrachte Helfferich mit einigen Unterbrechungen in Südostasien, wo er in den Bereichen Im- und Export, Schifffahrt und Plantagenwirtschaft tätig war. 1903 gründete er in Batavia[183] mit einem Partner eine Exportfirma, die u.a. mit der Hamburger Firma Arnold Otto Meyer (AOM) zusammenarbeitete. Als Helfferichs Unternehmen wegen Fehlspekulationen 1908 in Konkurs ging, wurde es von AOM übernommen und Helfferich selbst war zwei Jahre lang für die Firma in Hamburg tätig.[184]

181 Ein Teil der Angaben, u.a. bei Peter Offenborn und Stefan Kiekel, geht allein auf autobiografische Schriften von Helfferich selbst zurück und ist daher unter Vorbehalt zu bewerten. Da Helfferich im Laufe seines Lebens eine enorme Anzahl an Ämtern und Posten innehatte, wurde zur besseren Lesbarkeit darauf verzichtet, sie alle im Text zu nennen. Stattdessen sind sie nach der biografischen Skizze in einer tabellarischen Übersicht zusammengefasst.

182 Stefan Kiekel, Die deutsche Handelsschifffahrt im Nationalsozialismus. Unternehmerinitiative und staatliche Regulierung im Widerstreit 1933 bis 1940/41, Bremen 2010, S. 401.

183 Bis zur Unabhängigkeit Indonesiens im August 1942, als die Stadt in Jakarta umbenannt wurde, war Batavia die Hauptstadt der niederländischen Kolonie „Niederländisch-Indien".

184 Peter Offenborn, Interessen Hamburger Unternehmer am Nationalsozialismus. Ihre Beteiligung an der Durchsetzung des nationalsozialistischen Herrschaftssystems. Eine Annäherung, Hamburg 2020, S. 106, Anm. 226.

Während seines Aufenthalts konnte er gemeinsam mit dem Hamburger Unternehmer Franz Heinrich Witthoefft Investoren für die Gründung eines Plantagenkonzerns gewinnen, darunter die Deutsche Bank, in der sein Bruder Karl Vorstandsmitglied war, sowie M. M. Warburg & Co. und Münchmeyer & Co. So konnte Helfferich 1909 das Straits & Sunda Syndikat mit Sitz in Batavia und Hamburg gründen, das vor allem dabei helfen sollte, die wachsende Nachfrage nach Kautschuk in Europa zu bedienen. Helfferich fungierte zunächst als Geschäftsführer, bevor er bis Ende der 1920er Jahre als Generaldirektor des Syndikats amtierte.[185] In Niederländisch-Indien war er zudem Aufsichtsratsmitglied verschiedener Gesellschaften und 1915 Mitbegründer des Deutschen Bundes in Batavia, der sich für die Interessen im Sinne des „Deutschtums" im Ausland einsetzte. In den 1920er Jahren unternahm er mehrfach Reisen, u.a. nach Japan und Kanada, um dabei geschäftliche Kontakte zu knüpfen, bevor er 1928 endgültig nach Hamburg zurückkehrte.

In diesem Zeitraum wurde der Besitz des Straits & Sunda Syndikats auf das Straits & Sunda Syndicats Administratie Kantoor (Sussak) in Batavia übertragen, dessen Aufsichtsratsmitglied Helfferich fortan war. Hinzu kamen ab Ende der 1920er zahlreiche Posten in Aufsichts-, Verwaltungs- und Beiräten, darunter im Aufsichtsrat, zeitweise als Vorsitzender, der Hamburg-Amerika-Linie (HAPAG) und der Deutsch-Amerikanischen-Petroleum-Gesellschaft (DAPG) sowie des Norddeutschen Lloyd (NDL). Zudem war er Verwaltungsratsmitglied der Deutsch-Ostafrikanischen Gesellschaft und Beiratsmitglied mehrerer Banken. Während des Zweiten Weltkrieges war Helfferich als Treuhänder mehrerer Firmen der Standard Oil Company in Belgien, Frankreich, den Niederlanden, Norwegen und in Prag eingesetzt. Für Helfferich als Verwalter hatten sich insbesondere Karl Kaufmann und Wilhelm Keppler ausgesprochen.[186]

185 Offenborn, Hamburger Unternehmer, S.106, Anm. 226; Kiekel, Handelsschifffahrt, S.401; Felix Brahm, Witthoefft, Franz Heinrich, in: Franklin Kopitzsch/Dirk Brietzke (Hrsg.), Hamburgische Biografie. Personenlexikon, Bd.3, Göttingen 2006, S.413f., hier S.413.

186 Kiekel, Handelsschifffahrt, S.401; Offenborn, Hamburger Unternehmer, S.107, Anm. 226; Eintrag zu Emil Helfferich, in: Wer leitet? Die Männer der Wirtschaft und der einschlägigen Verwaltung 1941/42, Berlin 1942, S.364; Stephan H. Lindner, Das Reichskommissariat für die Behandlung feindlichen Vermögens im Zweiten Weltkrieg. Eine Studie zur Verwaltungs-, Rechts- und Wirtschaftsgeschichte des nationalsozialistischen Deutschlands, Stuttgart 1991, S.119; Erlass des Reichskommissars für die besetzten niederländischen Gebiete, 29.1.1943, BArch, R 177/1183; siehe auch BArch, R 87/6227.

Emil Helfferich

Bereits seit den frühen 1930er Jahren engagierte sich Helfferich pronationalsozialistisch: 1932 gehörte er zu den Unterzeichnern der sogenannten Industrielleneingabe an Paul von Hindenburg mit der Aufforderung, Hitler zum Reichskanzler zu berufen. Die Eingabe ging maßgeblich auf den Keppler-Kreis (später Freundeskreis Reichsführer SS) zurück, dem Helfferich angehörte.[187] Im Juli 1933 nahm er auf Einladung von Rudolf Heß in München an einer Sitzung der Auslandsabteilung der NSDAP teil, offenbar um die Abteilung vor dem Hintergrund seiner Erfahrungen in der „Deutschtumsarbeit" in Batavia in Organisationsfragen zu beraten.[188] In Hamburg war Helfferich gemeinsam mit Joachim de la Camp aktiv an der Machtübernahme der NSDAP beteiligt und engagierte sich maßgeblich für die Einsetzung von Carl Vincent Krogmann als Bürgermeister, zu dessen einflussreichem wirtschaftspolitischem Berater er avancierte. Nach seinem Eintritt in die NSDAP erfolgte im Sommer 1933 seine Ernennung zum Staatsrat in Hamburg.[189] Seine guten NS-Kontakte nutzte Helfferich auch, um Konkurrenten, wie z. B. John T. Essberger, zu schaden.[190] In der Handelskammer spielte Helfferich eine zentrale Rolle. Er hatte hier zwar nur wenige offizielle Ämter inne, nahm aber durch seine Netzwerkarbeit und anderweitige Ämter immer wieder Einfluss. Als Vorsitzender des Aufklärungsausschusses Hamburg war Helfferich in der Handelskammer von 1933 bis 1941 offiziell aktiv. Bereits seit den 1920er Jahren hatte Helfferich vielfach publiziert und zahlreiche Vorträge gehalten, insbesondere zu wirtschafts- und kolonialpolitischen Themen, bspw. auf Tagungen der deutschen Auslandshandelskammern und vor dem Nationalclub von 1919.[191] In seinen Erinnerungen bezeichnete er den Aufklärungsausschuss als den „wirkungsvollsten Auslandspropagandadienst, den wir im Dritten Reich in Deutschland besaßen".[192] Zudem hatte Helfferich 1934 durch sein Engage-

187 Eintrag zu Emil Helfferich, in: Ernst Klee, Das Personenlexikon zum Dritten Reich. Wer war was vor und nach 1945? Frankfurt a. M. 2003, S. 242; StAHH, 622-1/153_C 7/1.

188 Offenborn, Hamburger Unternehmer, S. 680, Anm. 1733.

189 Siehe etwa den Brief von (vermutlich) Emil Helfferich an die Reichsleitung der NSDAP, Herrn Hess, 3. 2. 1933, StAHH, 622-1/153_C 7/2; Hans Bielfeldt, Vom Werden Groß-Hamburgs. Citykammer, Gauwirtschaftskammer, Handelskammer. Politik und Personalia im Dritten Reich, Hamburg 1980, S. 160; Kiekel, Handelsschifffahrt, S. 401.

190 Kiekel, Handelsschifffahrt, S. 84 f. Siehe auch Kapitel 2.3, Anm. 240.

191 Verzeichnis der im Klub gehaltenen Reden, Archiv FZH, 453, Nationalklubs und Herrengesellschaften; Kiekel, Handelsschifffahrt, S. 401; StAHH, 221-11_Z. 6535.

192 Emil Helfferich, 1932–1946 Tatsachen. Ein Beitrag zur Wahrheitsfindung, Jever (Oldenburg) 1969, S. 65.

ment für die finanzielle Unterstützung Hamburger Überseehäuser der Handelskammer einen besonderen Dienst erwiesen.[193] Durch seine zahlreichen Posten und Mitgliedschaften agierte er an vielen für die Handelskammer entscheidenden Schnittstellen. So war Helfferich u. a. Vorsitzender des Ostasiatischen Vereins und der Deutsch-Niederländischen Gesellschaft sowie Mitglied im Verein für Deutsche Kulturbeziehungen im Ausland. Hinzu kamen die Leitung der Abteilung Außenhandel der Wirtschaftsgruppe Groß-, Ein- und Ausfuhrhandel und des Außenhandelsausschusses der Reichsgruppe Handel sowie Mitgliedschaften im Handelspolitischen Ausschuss der RWK und im Präsidium der Deutschen Gruppe der Internationalen Handelskammern. Ab 1938 engagierte er sich zusätzlich als Leiter der Außenhandelsstelle Hamburg und der Nordmark.[194]

Als die Wehrmacht 1938 im Zuge von Kriegsvorbereitungen mithilfe der IHK ein örtliches Netzwerk mit der Hamburger Wirtschaft aufbaute, stand Helfferich auf Listen, die der Hauptgeschäftsführer Elso Klöver u. a. von Exporteuren zusammenstellte. 1939 nahm er als Aufsichtsratsvorsitzender der HAPAG an Besprechungen mit Gauleiter Kaufmann über die wirtschaftliche Lage und Zukunft Hamburgs teil, in denen auch die mögliche Beteiligung Hamburger Firmen an „Arisierungen" in der Tschechoslowakei diskutiert wurde.[195] Nach Beginn des Zweiten Weltkrieges reiste Helfferich vermutlich im Zuge seiner Lobbytätigkeiten u. a. nach Moskau und Japan, bevor er 1941 nach eigenen Angaben freiwillig den größten Teil seiner Ehrenämter niederlegte, auch im Aufklärungsausschuss.[196] Vermutlich hatten dazu persönliche Differenzen im Rahmen seiner Tätigkeit für die HAPAG beigetragen.[197]

193 Karsten Linne, Deutsche Afrikafirmen im „Osteinsatz", in: 1999. Zeitschrift für Sozialgeschichte des 20. und 21. Jahrhunderts 16 (2001), 1, S. 49–90, hier S. 52–54; Archiv FZH, 225-2 Handel, Bd. 4 Außenhandel 1933–1945; HK-Archiv, 78.B.2_52.

194 Offenborn, Hamburger Unternehmer, S. 107, Anm. 226, sowie S. 599, Anm. 1514; Eintrag zu Helfferich, in: Wer leitet?; Kiekel, Handelsschifffahrt, S. 402.

195 Brief von Klöver an das Infanterie-Regiment Nr. 76, Hamburg, Kaserne Bundesstraße, 2. 3. 1938, HK-Archiv, I.6.F.3.8_7; HK-Archiv, I.6.F.4_17.

196 Menschlich gesehen. Pfälzerwein und Bücher, in: Hamburger Abendblatt, 16. 1. 1953, S. 1; Helfferich, Tatsachen, S. 255–257, 265. Dass Helfferich in seinem Ende der 1960er Jahren erschienenen autobiografischen Werk seine Rücktritte auf moralische Bedenken und Kritik am Umgang des NS-Staats mit Juden zurückführt, erscheint unwahrscheinlich und ist als Verteidigungsstrategie einzuschätzen.

197 Siehe hierzu im Detail Kiekel, Handelsschifffahrt, S. 130-137 sowie S. 321, Anm. 745.

In vielen Darstellungen zu Helfferich wird darauf hingewiesen, dass dieser vermutlich von den Initiatoren des Hitler-Attentats vom 20. Juli 1944 für die Position des Finanzministers ihrer avisierten Regierung angedacht war. Als Beleg wird der Briefwechsel von Juli/August 1944 zwischen dem Leiter der Parteikanzlei, Martin Bormann, und dem Chef der Sicherheitspolizei und des Sicherheitsdienstes des Reichsführers SS, Ernst Kaltenbrunner, angeführt. Vermutlich wusste Helfferich aber weder von den Plänen noch den Ermittlungsergebnissen.[198]

Nach Ende des Zweiten Weltkrieges war Helfferich bis Juni 1946 in einem Militärgefängnis in Altona inhaftiert. Einen Monat später wurde gegen ihn infolge eines Berichts des Oberfinanzpräsidenten an den Korruptionsausschuss der Bürgerschaft ein Verfahren wegen Untreue eröffnet, das ein Jahr später ohne Anklage eingestellt wurde.[199] Sein Vermögen blieb bis April 1947 gesperrt, als sein Entnazifizierungsverfahren mit seiner Einstufung in Kategorie V ohne Prozess endete.[200]

In den 1950er und 1960er Jahren nahm Helfferich einen Teil seiner Tätigkeiten wieder auf und genoss, wie mehrere Berichte im *Hamburger Abendblatt* zeigen, großes Ansehen in Hamburg. So bereiste er 1951/52 im Auftrag der Bundesregierung und des Ostasiatischen Vereins Hamburg-Bremen, dessen Vorsitz er 1960/61 noch einmal übernahm, Indonesien im Rahmen einer „Goodwill Mission". Zeit seines Lebens baute er eine Ostasien-Sammlung auf, bestehend aus Möbeln, Büchern sowie Kult- und Kunstgegenständen, die er nach seinem Tod seinem Geburtsort vermachte. Die „Emil-Helfferich-Sammlung" wird seit den 1990er Jahren vom Ostasieninstitut der Hochschule für Wirtschaft und Gesellschaft Ludwigshafen verwahrt.[201]

198 Schreiben des Chefs der Sicherheitspolizei und des SD Kaltenbrunner an Reichsleiter Bormann, 27.7.1944, BArch, NS 6/5; Schreiben des Chefs der Sicherheitspolizei und des SD Kaltenbrunner an Reichsleiter Bormann, 5.8.1944, BArch, NS 6/6.

199 Genaueres zu dem Verfahren lässt sich nicht ermitteln, da die dazugehörige Akte nicht überliefert ist, sondern lediglich die Angaben im Verfahrensregister vorhanden sind: Einträge in den Verfahrensregistern 4 Js 1946 und 14 Js 1946, StAHH, 213-11_540.

200 Katharina Tenti, Emil Helfferich, in: Datenbank „Die Dabeigewesenen". Von Hamburger NS-Täter/innen, Profiteuren, Denunziant/innen, Mitläufer/innen und Zuschauer/innen. Eine Hamburg Topografie, o. D., https://www.hamburg.de/clp/dabeigewesene-suche/clp1/ns-dabeigewesene/onepage.php?BIOID=122&qN=Helfferich [7.9.2022]; StAHH, 311-3 I_Abl. 1989 305-2-1/345.

201 Kiekel, Handelsschifffahrt, S. 402; Mathes Rehder, Ein langes Leben, farbig wie ein Roman. Morgen feiert Emil Helfferich seinen 90. Geburtstag, in: Hamburger Abendblatt, 16.1.1968, S. 15; Helfferich-Sammlung bleibt am Rhein, in: Die Rhein-

Auswahl an beruflichen Positionen sowie Aufsichts- und Verwaltungsratsämtern[202]

1903–1908 Mitinhaber der Exportfirma „Helfferich & Rademacher"

1908–1910 Angestellter bei „Arnold Otto Meyer"

1909–1919 Geschäftsführer des Straits & Sunda Syndikats

1919–1930 Generaldirektor des Straits & Sunda Syndikats

1924–1945 Aufsichtsratsmitglied der Trikotwarenfabrik F. Helfferich AG

1931–1945 Aufsichtsratsmitglied, zeitweise Vorsitzender des Straits & Sunda Syndicats Administratie Kantoors

1933–1938 Aufsichtsratsvorsitzender der Malzfabrik Naefke

1933–1941 Aufsichtsratsvorsitzender der HAPAG

1933–1941 Aufsichtsratsmitglied des Norddeutschen Lloyd

1933–1942 Aufsichtsratsmitglied, ab 1939 Aufsichtsratsvorsitzender der DAPG

1933–1945 Aufsichtsratsmitglied der C. Lorenz AG

1934–1938 Aufsichtsratsmitglied der Deutschen Afrika-Linien

1934–1939 Verwaltungsratsmitglied der Deutsch-Ostafrikanischen Gesellschaft

1935–1945 Beiratsmitglied der Commerzbank Hamburg

1939–1941 Beiratsmitglied der Deutschen Reichsbank

1942–1945 Treuhänder und Vermögensverwalter mehrerer Firmen der Standard Oil Company

Auswahl an Ehrenämtern und Mitgliedschaften

1915 Mitbegründer und anschließend Mitglied des Deutschen Bundes in Batavia, einige Jahre Vorsitzender

ab 1930 stellvertretender Vorsitzender, 1934–1942 sowie 1960/61 Vorsitzender des Ostasiatischen Vereins

ab 1931 Mitglied im Nationalclub von 1919

1933–1941 Vorsitzender des Aufklärungsausschusses Hamburg

1936 Mitbegründer, ab 1937 Vorsitzender der Deutsch-Niederländischen Gesellschaft e. V.

1938 bis ca. 1941 Leiter der Außenhandelsstelle Hamburg und der Nordmark

pfalz, 28. 8. 2015, https://www.rheinpfalz.de/lokal/ludwigshafen_artikel,-helfferich-sammlung-bleibt-am-rhein-_arid,405278.html [7. 9. 2022].

202 Die Angaben beruhen auf Helfferichs Entnazifizierungsakte sowie der Kurzbiografie bei Kiekel, Handelsschifffahrt, S. 401 f. Die in den Quellen angegebenen Zeiträume variieren teilweise geringfügig. 1930 als Jahr des Ausscheidens als Generaldirektor des Straits & Sunda Syndikats ist eine Circaangabe.

1938–1942 Leiter der Abteilung Außenhandel der Wirtschaftsgruppe Groß-, Ein- und Ausfuhrhandel

ohne zeitliche Angaben
Leiter des Außenhandelsausschusses der Reichsgruppe Industrie
Verwaltungsratsmitglied, zeitweise Vorsitzender des Hamburgischen Welt-Wirtschafts-Instituts e. V.
Mitglied im Handelspolitischen Ausschuss der Reichswirtschaftskammer
Mitglied im Präsidium der Deutschen Gruppe der Internationalen Handelskammern
Mitglied im Verein für Deutsche Kulturbeziehungen
Mitglied im Werberat der Deutschen Wirtschaft
Mitglied in der Akademie für Deutsches Recht

Quellen und Literatur

Archiv FZH, 225-2 Handel, Bd. 4 Außenhandel 1933–1945; 453, Nationalklubs und Herrengesellschaften
BArch, NS 6/5; NS 6/6; R 87/6227; R 177/1183
HK-Archiv, 78.B.2_52; I.6.F.3.8_7; I.6.F.4_17
StAHH, 213-11_540; 221-11_Z. 6535; 311-3 I_Abl. 1989 305-2-1/345; 622-1/153_C 7/1; 622-1/153_C 7/2

Eintrag zu Emil Helfferich, in: Wer leitet? Die Männer der Wirtschaft und der einschlägigen Verwaltung 1941/42, Berlin 1942, S. 364.
Helfferich-Sammlung bleibt am Rhein, in: Die Rheinpfalz, 28. 8. 2015, https://www.rheinpfalz.de/lokal/ludwigshafen_artikel,-helfferich-sammlung-bleibt-am-rhein-_arid,405278.html [7. 9. 2022].
Helfferich, Emil, 1932–1946 Tatsachen. Ein Beitrag zur Wahrheitsfindung, Jever (Oldenburg) 1969.
Menschlich gesehen. Pfälzerwein und Bücher, in: Hamburger Abendblatt, 16. 1. 1953, S. 1.
Rehder, Mathes, Ein langes Leben, farbig wie ein Roman. Morgen feiert Emil Helfferich seinen 90. Geburtstag, in: Hamburger Abendblatt, 16. 1. 1968, S. 15.

Bielfeldt, Hans, Vom Werden Groß-Hamburgs. Citykammer, Gauwirtschaftskammer, Handelskammer. Politik und Personalia im Dritten Reich, Hamburg 1980.

Brahm, Felix, Witthoefft, Franz Heinrich, in: Franklin Kopitzsch/Dirk Brietzke (Hrsg.), Hamburgische Biografie. Personenlexikon, Bd. 3, Göttingen 2006, S. 413 f.

Kiekel, Stefan, Die deutsche Handelsschifffahrt im Nationalsozialismus. Unternehmerinitiative und staatliche Regulierung im Widerstreit 1933 bis 1940/41, Bremen 2010.

Eintrag zu Emil Helfferich, in: Ernst Klee, Das Personenlexikon zum Dritten Reich. Wer war was vor und nach 1945? Frankfurt a. M. 2003, S. 242.

Lindner, Stephan H., Das Reichskommissariat für die Behandlung feindlichen Vermögens im Zweiten Weltkrieg. Eine Studie zur Verwaltungs-, Rechts- und Wirtschaftsgeschichte des nationalsozialistischen Deutschlands, Stuttgart 1991.

Linne, Karsten, Deutsche Afrikafirmen im „Osteinsatz", in: 1999. Zeitschrift für Sozialgeschichte des 20. und 21. Jahrhunderts 16 (2001), 1, S. 49–90.

Offenborn, Peter, Interessen Hamburger Unternehmer am Nationalsozialismus. Ihre Beteiligung an der Durchsetzung des nationalsozialistischen Herrschaftssystems. Eine Annäherung, Hamburg 2020.

Tenti, Katharina, Emil Helfferich, in: Datenbank „Die Dabeigewesenen". Von Hamburger NS-Täter/innen, Profiteuren, Denunziant/innen, Mitläufer/innen und Zuschauer/innen. Eine Hamburg Topografie, o. D., https://www.hamburg.de/clp/dabeigewesene-suche/clp1/ns-dabeigewesene/onepage.php?BIOID=122&qN=Helfferich [7. 9. 2022].

Hermann Victor Hugo Hübbe

Lebensdaten: * 11. Juni 1901 in Mexiko-Stadt, † 7. Oktober 1972 in Hamburg

Angaben zur Familie: verheiratet mit Ingeborg Hübbe, geb. Schroeder (seit 1925), fünf Kinder

Funktionen/Ämter in der Handelskammer: 16. Juni 1933–31. März 1937 Präses; 16. Juni 1933–31. Dezember 1938 Plenums-/Beiratsmitglied; 1. April 1937–31. Dezember 1938 Vizepräses

Firma und Branche: Deutsch-Südamerikanische Bank (DSB)

Verbindungen zum NS: NSDAP-Mitglied ab 1. Mai 1933,[203] Mitgliedsnr. 3030144; 1933–1937 SA-Mitglied im Rang eines Rottenführers; ab 1934 Mitglied in der DAF und im NSV; Mitglied im RLB

Hermann Victor Hugo Hübbe war der älteste Sohn des Bankiers Anton Cornelius Hübbe und seiner Frau Ana, geb. de Chapeaurouge, die aus dem mexikanischen Zweig der gleichnamigen traditionsreichen Hamburger Senatorenfamilie stammte. Er wuchs in Mexiko-Stadt auf, bis er mit seiner Familie 1910/11 zurück nach Deutschland zog, erst nach Frankfurt am Main, dann nach Hamburg. Nach dem Besuch des Gymnasiums Johanneum meldete sich Hübbe 1919 als Zeitfreiwilliger im Freikorps „Bahrenfeld“, bevor er bei der Hamburger Reismühle A. Lüthke & Co. eine kaufmännische Ausbildung begann. Ab 1921 folgte ein längerer beruflicher Auslandsaufenthalt, darunter bei der J. Henry Schroeder Banking Corporation in New York und bei der Deutsch-Südamerikanischen Bank (DSB) in Buenos Aires. Ab 1925 arbeitete er hier als Prokurist, ab 1930 als stellvertretender Direktor, bevor er zurück nach Hamburg ging und die Stelle seines Vaters als Direktor der Hamburger Niederlassung der DSB übernahm, einer Tochtergesellschaft der Dresdner Bank. Während seiner gesamten folgenden Tätigkeit unternahm Hübbe zahlreiche Dienstreisen, insbesondere nach Lateinamerika, und war vor allem für die Pflege der geschäftlichen Beziehungen der Bank verantwortlich.[204]

203 Über Hübbes Parteieintrittsdatum kursieren unterschiedliche Angaben. Gesichert ist, dass die Gaukartei seinen Mitgliedsausweis auf den 1. Mai 1933 ausstellte und sich dasselbe Datum in seiner Entnazifizierungsakte findet.

204 Die Reihenfolge seiner Tätigkeiten im Ausland unterscheiden sich je nach Quelle geringfügig, siehe Eintrag zu Hermann Victor Hübbe, in: Degeners Wer ist's?, 10. Ausg., Berlin 1935, S. 727; Johannes Bähr, Zwischen zwei Kontinenten. Hun-

Hermann Victor Hugo Hübbe

Nach seiner Rückkehr engagierte er sich in verschiedenen Vereinen in der Stadt, darunter im Hansischen Hochschulring, im Verein für Hamburgische Geschichte und in der Patriotischen Gesellschaft Hamburg. Im Nationalklub von 1919 war Hübbe bis 1935 Vorstandsmitglied, in der Pestalozzi-Stiftung amtierte er bis 1939 als Verwaltungsratsmitglied, bevor er eine Ehrenmitgliedschaft erhielt.[205]

Bereits vor seinem Eintritt in die NSDAP setzte er sich für die Ziele der Partei ein und pflegte gute Beziehungen zum seit Mai 1933 Regierenden Bürgermeister Hamburgs, Carl Vincent Krogmann.[206] Laut Peter Offenborn beriet Hübbe mit ihm darüber, „wie die Gleichschaltung der wirtschaftlichen Selbstverwaltungsorgane der Hansestadt zu organisieren sei" und „wie eine Reorganisierung des Bankensystems in Deutschland aussehen könnte".[207] Zudem hatte Hübbe ein sehr enges Verhältnis zu Reichsstatthalter Karl Kaufmann.[208]

Bedingt durch seine Vernetzung, seine pronationalsozialistische Einstellung und seine familiäre Herkunft wurde Hübbe bei der Umbildung der Handelskammer zum 16. Juni 1933 vom Senat zum neuen Präses bestellt und zugleich zum Plenumsmitglied ernannt. Als Nachfolger von Carl Ludwig Nottebohm war er der erste nicht gewählte Präses und scheint Einfluss auf die personelle Neubesetzung der Kammer genommen zu haben. So setzte er sich u. a. für die Berufung von Joachim de la Camp als Plenumsmitglied ein, zu dessen Unternehmen die DSB geschäftliche Verbindungen unterhielt.[209] Als Präses war Hübbe u. a. Mitglied im Ehrenausschuss des Aufklärungsausschuss Hamburg-Bremen und trieb aktiv die Umsetzung von Vorgaben antijüdischer

dert Jahre Dresdner Bank Lateinamerika vormals Deutsch-Südamerikanische Bank, Frankfurt a. M. 2007, S. 79, 84.

205 Peter Offenborn, Interessen Hamburger Unternehmer am Nationalsozialismus. Ihre Beteiligung an der Durchsetzung des nationalsozialistischen Herrschaftssystems. Eine Annäherung, Hamburg 2020, S. 231, Anm. 481.

206 Zwischen Teilen der Familien Hübbe und Krogmann, die im Kaffeehandel tätig waren, bestanden auch Geschäftsbeziehungen. Christiane Berth, Biografien und Netzwerke im Kaffeehandel zwischen Deutschland und Zentralamerika 1920-1959, Hamburg 2014, S. 346; Bericht zu der Eingabe des Herrn Senator Diedrich Engelken an den Stellvertreter des Führers, Pg. Rudolf Hess, Berlin (vermutlich 1933, ohne Namen), StAHH, 131-4_1933 A 27.

207 Offenborn, Hamburger Unternehmer, S. 576.

208 Bähr, Deutsch-Südamerikanische Bank, S. 79.

209 Hans Bielfeldt, Vom Werden Groß-Hamburgs. Citykammer, Gauwirtschaftskammer, Handelskammer. Politik und Personalia im Dritten Reich, Hamburg 1980, S. 147; Erklärung von Hermann Hübbe, 14. 4. 1948, StAHH, 221-11_C (I) 4568.

Politik in der Handelskammer voran, etwa im Falle von Berufsverboten.[210] Seine antisemitische Einstellung zeigte sich beispielhaft auch in einer Anfrage zur möglichen Unterstützung einer jüdischen Exportfirma durch einen Kredit, auf die Hübbe antwortete, dass die wirtschaftliche Notwendigkeit zwar gegeben sei, aber die „rassenmäßige Zugehörigkeit der Unterstützten" beachtet werden müsse und eine Unterstützung der entsprechenden Firma „politisch nicht tragbar" sei.[211]

Ein Schwerpunkt seiner Tätigkeit stellte zudem die Außenwirtschaft dar, beispielweise als Mitglied im Außenwirtschaftsausschuss und von 1933 bis 1937 als Vorsitzender der Außenhandelsstelle für Hamburg und die Nordmark. In seiner Funktion als Präses wurde Hübbe 1935 auch zum Leiter der Wirtschaftskammer Nordmark ernannt. Von ca. 1935 bis 1945 war er Mitglied des Präsidiums der Deutschen Gruppe der Internationalen Handelskammer Berlin sowie von 1936 bis 1945 Mitglied des Ausschusses für Auslandshandelskammern bei der RWK Berlin und in deren Handelspolitischem Ausschuss. Mitte der 1930er Jahre berief ihn das Reichsministerium für Volksaufklärung und Propaganda als Mitglied des Werberats der Deutschen Wirtschaft, wo er im Ausschuss für Auslandswerbung aktiv war. Darüber hinaus amtierte er als Mitglied des Ehrengerichts der Gewerblichen Wirtschaft bei der RWK. Während seiner SA-Mitgliedschaft war er als Vorstandsmitglied der Stiftung des „Hamburger Erholungsheims Merkendorf", das vor allem die Hamburger Marine-SA unterstützte, mit dessen finanzieller Verwaltung betraut.[212]

Hinzu kamen Gremientätigkeiten, die in enger Verbindung mit Hübbes Arbeit für die DSB standen. Ab 1934 war er Vorstandsmitglied der Gesellschaft der Freunde des Ibero-Amerikanischen Instituts Hamburg[213] und bereits ab 1933 als Vertreter der DSB, wie zuvor sein Vater, Vorstandsmitglied der Geschäftsstelle der Deutschen Handelskammern in den lateinamerikanischen Ländern (Gelateino). Diese war sowohl in personeller als auch in materieller Hinsicht eng mit der Handelskammer verflochten, da neben Hübbe ein weiteres Handelskammer-Mitglied sowie Syndikus Gottfried Leuckfeld an Gelateino beteiligt waren und sie von der Handelskammer kostenlos Büro-

210 Vorstand, Verwaltungsrat und Ehrenausschuß des Aufklärungs-Ausschusses Hamburg-Bremen, o. D., StAHH, 361-3_A 1048; HK-Archiv, 100.B.1_27.

211 Schreiben von H. V. Hübbe an Carl Vincent Krogmann, 5. 4. 1934, StAHH, 131-4_1934 A 10/5.

212 Michael Werner, Stiftungsstadt und Bürgertum. Hamburgs Stiftungskultur vom Kaiserreich bis in den Nationalsozialismus, München 2011, S. 408 f.

213 Dieses ist nicht zu verwechseln mit dem Ibero-Amerikanischen Institut in Berlin.

räume zur Verfügung gestellt bekam. Wenngleich sich Hübbe für eine durchgängige finanzielle Unterstützung vonseiten der Handelskammer einsetzte, wurde die Geschäftsstelle wegen finanzieller Probleme 1934 liquidiert und als Latein-Amerikanischer Verein (Gelateino) Hamburg-Bremen e. V. „neu" gegründet, in dessen Vorstand sich Hübbe bis Ende der 1930er Jahre auch als Vorsitzender engagierte.[214]

Trotz Hübbes dokumentierter pronationalsozialistischen Einstellung war er als „Betriebsführer" der DSB gemeinsam mit seinem Stellvertreter 1934/35 in ein Verfahren vor dem Gaugericht Hamburg involviert, an dessen Ende er mit einer Verwarnung bestraft wurde. Nach Auffassung des Gerichts hatte Hübbe einen Angestellten zu Unrecht der Denunziation beschuldigt, nachdem dieser sich gegen das Verbot, in der Bank seine Parteiuniform zu tragen, beschwert hatte. Hübbes Verhalten stelle einen „krassen Fall unnationalsozialistischen Verhaltens und einer Nichtbeachtung der elementarsten Grundsätze hinsichtlich der einzuhaltenden Parteidisziplin dar", urteilte das Gericht.[215] Wenngleich Hübbe dieses Urteil nach Ende des Zweiten Weltkrieges in seinem Entnazifizierungsverfahren als Entlastungsargument gebrauchte, scheint der Vorfall vor allem auf persönliche Differenzen zwischen den beteiligten Parteien zurückzugehen. Zudem ist überliefert, dass sich Hübbe bei Karl Kaufmann beschwerte, er sei vom Gaurichter ungerecht behandelt und nicht objektiv beurteilt worden. Hübbe versicherte dem Reichsstatthalter, alle ihm nahestehenden Parteigenossen stünden weiterhin „rückhaltlos" auf seiner Seite.[216] Johannes Bähr ist der Auffassung, dass die Hamburger Filiale der DSB, die als „Musterbetrieb der deutschen Arbeit" ausgezeichnet wurde, unter Hübbes Leitung „stärker nationalsozialistisch gefärbt" war als die Berliner Zentrale. Bereits 1933/34 wurden alle jüdischen Mitarbeiter in den deutschen DSB-Niederlassungen entlassen oder anderweitig verdrängt.[217]

214 Yvonne Steiner, Die Zeit, in der das Gewissen geschwiegen hat. Der Latein-Amerikanische Verein Hamburg-Bremen E.V. und die Vereinsführung in den 30er Jahren, in: Homepage des Lateinamerika Vereins, Juli 2016, https://www.tantotiempo.de/zeitreise/1930-1939/die-zeit-in-der-das-gewissen-geschwiegen-hat/ [7. 9. 2022]; HK-Archiv, I.6.K.6.4_7.

215 Beschluss des Gaugerichts Hamburg, 10. 4. 1935, StAHH, 221-11_F 16749.

216 Brief von Hermann Victor Hübbe an Karl Kaufmann, 18. 7. 1935, Stiftung Hanseatisches Wirtschaftsarchiv N23/1.

217 Bähr, Deutsch-Südamerikanische Bank, S. 63 f. Bähr weist jedoch darauf hin, dass der Geschäftsleitung bei der Entlassung der jüdischen Mitarbeiter keine andere Wahl blieb, da die DSB als Tochtergesellschaft der reichseigenen Dresdner Bank unter das „Gesetz zur Wiederherstellung des Berufsbeamtentums" fiel.

1937 berief der Aufsichtsrat der DSB Hübbe zum Vorstandsmitglied der Berliner Zentrale – laut Bähr als Ausgleich dafür, dass sie trotz Drucks vonseiten der NSDAP zugleich an Vorstandsmitglied Oskar Nathan festhielt, dessen Vater Jude gewesen war. In Berlin war Hübbe für die „politischen Verbindungen" zuständig und agierte zugleich als „Personalchef".[218] Infolge der beruflichen Veränderung legte Hübbe im April 1937 sein Amt als Präses nieder und wurde bei der Neukonstituierung der IHK infolge des Groß-Hamburg-Gesetzes zum Vizepräses ernannt.[219] Nachdem sich sein Tätigkeitsfeld im Laufe des nächsten Jahres ganz nach Berlin verlagert hatte, legte er Ende 1938 seine Handelskammer-Ämter nieder und schied aus dem Beirat aus.[220] Trotz seines Umzugs blieben Verbindungen nach Hamburg bestehen. Als die Wehrmacht im Zuge von Kriegsvorbereitungen mithilfe der IHK ein örtliches Netzwerk mit der Hamburger Wirtschaft aufbaute, wurde Hübbe auf Listen geführt, die der Hauptgeschäftsführer Elso Klöver u.a. von Bankiers zusammenstellte.[221] Zeitweise gehörte Hübbe auch sowohl dem Beirat der Außenhandelsstelle für Hamburg und die Nordmark als auch dem für Berlin, Westbrandenburg und Pommern an. Insbesondere sein enges Verhältnis zu Karl Kaufmann scheint Bestand gehabt zu haben. Dieser hatte bereits Hübbes Wegzug bedauert, da er ihn „gern hier in Hamburg [...] weiter arbeiten" gesehen hätte.[222] Diese Möglichkeit bot sich im März 1942, als Hübbe die Stelle seines verstorbenen Vaters als Leiter der Hamburger Filiale der Dresdner Bank angeboten wurde. Hübbe erklärte sich grundsätzlich dazu bereit, wohl auch, um von seinem Wehrmachtseinsatz befreit zu werden, forderte jedoch zugleich, eine Vorstandsmitgliedschaft sowie die Vertretung von Überseeinteressen für die gesamte Bank übertragen zu bekommen.[223] Dies lehnte der Aufsichtsrat der Dresdner Bank ab und vergab die Stelle anderweitig, woraufhin Hübbe sich bei Kaufmann persönlich beschwerte. Er wertete die Ablehnung als „typische berliner Einstellung", die Hamburg nicht stärken, sondern zum „Provinzplatz" degradieren wolle, und bat Kaufmann um Unterstützung.[224] Dieser stimmte Hübbe zu und versuchte zu intervenieren, indem er Kontakt

218 Bähr, Deutsch-Südamerikanische Bank, S. 63 f., 80.
219 HK-Archiv, I.6.E.2_5; HK-Archiv, I.6.E.2.6_2.
220 HK-Archiv, I.6.E.2.6_3.
221 HK-Archiv, I.6.F.3.8_7.
222 Brief von Karl Kaufmann an Hermann Victor Hübbe, 23. 12. 1938, Stiftung Hanseatisches Wirtschaftsarchiv N23/5.
223 Stiftung Hanseatisches Wirtschaftsarchiv, N23/3.
224 Brief von Hermann Victor Hübbe an Karl Kaufmann, 20. 4. 1942, Stiftung Hanseatisches Wirtschaftsarchiv N23/5.

zum Vorstand der Dresdner Bank aufnahm. Die Angelegenheit zog sich bis September hin und blieb für Hübbe erfolglos. Zugleich scheint Kaufmann diesen Anlass für ein Treffen mit den Leitern der Hamburger Großbanken genutzt zu haben, um über deren grundsätzliche Ausrichtung zu diskutieren, worin sich wiederum zeigt, wie eng das Verhältnis zwischen Hübbe und Kaufmann gewesen zu sein scheint.[225]

In den 1940er Jahren amtierte Hübbe zusätzlich ab 1942 als stellvertretender Aufsichtsratsvorsitzender der Deutschen Krankenversicherungs-AG, Berlin, sowie ab 1943 als Aufsichtsratsvorsitzender der Madrider Zweigstelle der DSB. 1940 war er zudem zum Generalkonsul von Paraguay ernannt worden.[226] Ab 1941 wurde er von der Wehrmacht eingezogen und war u. a. zeitweise in Griechenland eingesetzt. Ab Juni 1942 war er im Oberkommando der Wehrmacht in Berlin und im Reichssicherheitshauptamt in der Abteilung VI Wi tätig. Hierbei handelte es sich um „eine Art Wirtschaftsgeheimdienst der Wehrmacht und der SS“, allerdings ist nicht belegt, ob Hübbe an Verbrechen seiner Dienststelle direkt beteiligt war.[227] Wahrscheinlich wurde Hübbe wegen seiner Lateinamerika-Expertise und seinen persönlichen Netzwerken für diese Stelle ausgewählt. Wenngleich konkrete Belege fehlen, wurde Hübbe verdächtigt, für seine Arbeit im Reichssicherheitshauptamt seine Mitgliedschaften im Werberat der Deutschen Wirtschaft und seine Position im Lateinamerika-Verein für Wirtschaftsspionage genutzt zu haben.[228]

Nach Kriegsende im Mai 1945 wurde Hübbe von der britischen Militärregierung aus der DSB entlassen. Er arbeitete als Testamentsvollstrecker, bis er von Juli 1946 bis März 1947 in Neuengamme interniert wurde. Bei seiner Entlassung wurde er im Rahmen der Entnazifizierung zunächst in Kategorie III eingestuft, wogegen er Einspruch einlegte. Im sich anschließenden Berufungsverfahren erklärte Hübbe, er sei der NSDAP in erster Linie aus wirtschaftspolitischen Gründen beigetreten, um bei der anvisierten „innerpolitischen Stabilisierung“ mitzuwirken. In Bezug auf seine Handelskammertätigkeit habe er „grosse Bedenken“ gehabt, ob er dem Amt als Präses „gewachsen sein würde“. Er habe es übernommen, um sich gegen Arbeitslosigkeit und für die Förderung des Hamburger Außenhandels einzusetzen. Auf eine Auf-

225 Stiftung Hanseatisches Wirtschaftsarchiv, N23/5.

226 Eintrag zu Hermann Victor Hübbe, in: Wer leitet? Die Männer der Wirtschaft und der einschlägigen Verwaltung 1941/42, Berlin 1942, S. 421.

227 Bähr, Deutsch-Südamerikanische Bank, S. 80.

228 Steiner, Gewissen. Der Vorwurf wurde auch ausgiebig in seinem Entnazifizierungsverfahren thematisiert und als unbelegt zurückgewiesen.

wandsentschädigung hierfür und sämtliche an ihn im Rahmen seines Amtes herangetragenen Aufsichtsratsmandate habe er verzichtet. Neben der Verwarnung vonseiten des Hamburger Gaugerichts führte er als Entlastung u. a. seine Zusammenarbeit und Unterstützung seines „halbjüdischen" Vorstandskollegen Oskar Nathan an. Zudem habe er verschiedenen Personen, die von Repressalien durch den NS-Staat betroffen waren, geholfen und er sei nie an „Arisierungen" beteiligt gewesen.[229]

Seine Leumundszeug*innen, die im Gegensatz zu den Verfahren der meisten anderen Handelskammer-Akteure nicht aus höheren wirtschaftspolitischen Kreisen Hamburgs stammten, bestätigten einen Teil seiner Angaben. Eine Nachbarin sagte zudem aus, in Hübbes Haus habe eine Besprechung von Involvierten des Hitler-Attentats vom 20. Juli 1944 stattgefunden und Hübbe selbst sei daran nur wegen einer „Verkettung äusserer Umstände" nicht beteiligt gewesen. Der Berufungsausschuss wertete alle Aussagen als glaubhaft entlastend und urteilte, dass es angesichts der „glaubwürdigen Persönlichkeit" Hübbes nicht notwendig sei, für seine Angaben in Bezug auf seine Präses-Tätigkeit, die allein auf seiner Aussage beruhten, weitere Zeug*innen zu befragen.[230] Zwar lag auch eine Einschätzung des an der Entnazifizierung beteiligten Beratenden Ausschusses der DSB vor, die Hübbe schwer belastete. Er sei als Präses als „aktiver Nationalsozialist" aufgetreten, habe im Entnazifizierungsfragebogen die Höhe seiner jährlichen Bezüge bei der DSB verschwiegen, die ab 1937 „sprunghaft" angestiegen seien, und er habe die NSDAP vor und während des Zweiten Weltkrieges durch seine Bankpolitik „nachdrücklich unterstützt und gefördert".[231] Der Berufungsausschuss griff diese Einschätzung jedoch nicht auf und befand, dass Hübbe seine „formelle Belastung" in Form seiner Mitgliedschaft bei der NSDAP und SA sowie seines Präses-Amts „ausgeräumt" habe, indem er „insbesondere durch Bekämpfung des Antisemitismus und des Denunziantentums seine aktive Gegnerschaft gegen die Partei und ihre Bestrebungen unter Beweis gestellt" habe.[232] Der Berufungsausschuss gab im Oktober 1947 Hübbes Bitte auf Wiedereinstellung bei der DSB statt und stufte ihn ohne Einschränkungen in Kategorie V ein. Hübbes Anliegen war vonseiten des Betriebsrats der DSB unterstützt worden, da die Bank befürchtete, von größeren Stellenkürzungen durch ihren Hauptak-

229 Erklärung Hermann Victor Hübbe, 22. 5. 1947, StAHH, 221-11_F 16749.
230 Begründung des Berufungsausschusses, 21. 10. 1947, StAHH, 221-11_F 16749.
231 Erklärung Beratender Ausschuss der DSB Hamburg, 24. 7. 1946, StAHH, 221-11_F 16749.
232 Begründung des Berufungsausschusses, 21. 10. 1947, StAHH, 221-11_F 16749.

tionär, die Dresdner Bank, betroffen zu sein, falls Hübbe nicht wiedereingestellt werden könnte.

Ab Dezember 1947 nahm er seine Vorstandstätigkeit bei der DSB wieder auf, zunächst in der Geschäftsleitung der Hamburger Kreditbank, mit der eine Arbeitsgemeinschaft bestand, bevor er 1950 ganz zurück in die DSB wechselte. In erster Linie war er für die Außenrepräsentation der Bank zuständig und reiste in den 1950er Jahren u. a. wieder nach Lateinamerika, um den Aufbau von DSB-Repräsentanzen vor Ort vorzubereiten und seine persönlichen Netzwerke wiederaufzunehmen. Seine NS-Vergangenheit, die laut Johannes Bähr „allgemein bekannt" war, hatte für ihn keine negativen Konsequenzen, stattdessen wurde er im In- und Ausland „hochgeschätzt".[233] Im Vorstand arbeitete auch er wieder mit Oskar Nathan zusammen und scheint zu ihm, wie einige Briefwechsel zeigen, ein recht gutes Verhältnis gehabt zu haben.[234] Mitte der 1960er Jahre wurde Hübbe durch das in der DDR veröffentlichte Buch „Der Banditenschatz" bezichtigt, an den Geldfälschungsaktionen der SS (u. a. an der „Aktion Bernhard") beteiligt gewesen zu sein. Laut Bähr gibt es dafür jedoch keinen Beleg.[235] Nach seiner Pensionierung 1966 wechselte Hübbe in den Aufsichtsrat der DSB, dem er bis zu seinem Tod angehörte.[236]

233 Bähr, Deutsch-Südamerikanische Bank, S. 82; Ralf Ahrens, Die Dresdner Bank 1945–1957. Konsequenzen und Kontinuitäten nach dem Ende des NS-Regimes, München 2007, S. 118 f.

234 Siehe etwa Stiftung Hanseatisches Wirtschaftsarchiv, N23/2.

235 Johannes Bähr, Die Dresdner Bank in der Wirtschaft des Dritten Reichs, München 2006, S. 277.

236 Traueranzeige der DSB für Hermann Victor Hübbe, in: Hamburger Abendblatt, 13. 10. 1972, S. 7.

Quellen und Literatur

HK-Archiv, Plenarierakten, Nr. 485; 100.B.1_27; I.6.E.2_5; I.6.E.2.6_2; I.6.E.2.6_3; I.6.F.3.8_7; I.6.K.6.4_7
Stiftung Hanseatisches Wirtschaftsarchiv, N23/1; N23/2; N23/3; N23/5
StAHH, 131-4_1933 A 27; 131-4_1934 A 10/5; 221-11_C (I) 4568; 221-11_F 16749; 361-3_A 1048

Eintrag zu Hermann Victor Hübbe, in: Degeners Wer ist's?, 10. Ausg., Berlin 1935, S. 727.
Eintrag zu Hermann Victor Hübbe, in: Wer leitet? Die Männer der Wirtschaft und der einschlägigen Verwaltung 1941/42, Berlin 1942, S. 421.
Traueranzeige der DSB für Hermann Victor Hübbe, in: Hamburger Abendblatt, 13. 10. 1972, S. 7.

Ahrens, Ralf, Die Dresdner Bank 1945–1957. Konsequenzen und Kontinuitäten nach dem Ende des NS-Regimes, München 2007.
Bähr, Johannes, Zwischen zwei Kontinenten. Hundert Jahre Dresdner Bank Lateinamerika vormals Deutsch-Südamerikanische Bank, Frankfurt a. M. 2007.
–, Die Dresdner Bank in der Wirtschaft des Dritten Reichs, München 2006.
Berth, Christiane, Biografien und Netzwerke im Kaffeehandel zwischen Deutschland und Zentralamerika 1920–1959, Hamburg 2014.
Bielfeldt, Hans, Vom Werden Groß-Hamburgs. Citykammer, Gauwirtschaftskammer, Handelskammer. Politik und Personalia im Dritten Reich, Hamburg 1980.
Offenborn, Peter, Interessen Hamburger Unternehmer am Nationalsozialismus. Ihre Beteiligung an der Durchsetzung des nationalsozialistischen Herrschaftssystems. Eine Annäherung, Hamburg 2020.
Steiner, Yvonne, Die Zeit, in der das Gewissen geschwiegen hat. Der Latein-Amerikanische Verein Hamburg-Bremen E.V. und die Vereinsführung in den 30er Jahren, in: Homepage des Lateinamerika Vereins, Juli 2016, https://www.tantotiempo.de/zeitreise/1930-1939/die-zeit-in-der-das-gewissen-geschwiegen-hat/ [7. 9. 2022].
Werner, Michael, Stiftungsstadt und Bürgertum. Hamburgs Stiftungskultur vom Kaiserreich bis in den Nationalsozialismus, München 2011.

Gustav Kurt Johannes Johannsen

Lebensdaten: * 23. Oktober 1892 in Hamburg, † 7. Juni 1945 in Hamburg
Angaben zur Familie: verheiratet mit Ella Anna Lina Johannsen, geb. Dühnfahr (seit 1932)
Funktionen/Ämter in der Handelskammer: 1924–1932 nebenamtlicher Leiter; ab 1932 Hauptgeschäftsführer der Hauptgeschäftsstelle des Aufklärungsausschusses Hamburg
Verbindungen zum NS: NSDAP-Mitglied ab 1. Mai 1933[237]

Gustav Kurt Johannsen[238] wuchs als Sohn eines Buchbindermeisters in Hamburg auf. Ab 1907 besuchte er das Lehrerseminar in der Binderstraße, wo er 1913 die Erste Volksschullehrerprüfung ablegte. Ein Jahr später bestand er die Reifeprüfung am Heinrich-Hertz-Realgymnasium, bevor er sich als Kriegsfreiwilliger meldete. Johannsen war in verschiedenen Regimentern auch als Frontkämpfer eingesetzt und wurde im September 1915 zum Leutnant der Reserve befördert. Unter anderem nahm er im April/Mai 1916 an der Schlacht um Verdun teil und wurde im Herbst desselben Jahres verwundet. Anschließend war er 1917/18 in Rumänien eingesetzt, zeitweise als Adjutant des „Militaer-Polizeimeisters" sowie im „Auflösungskommando München" der Kommandantur Bukarest.[239] Für seine Verdienste wurde er mit dem Eisernen Kreuz I. und II. Klasse sowie dem Hamburger Hanseatenkreuz ausgezeichnet.

Ab Februar 1919 erhielt Johannsen in Hamburg eine Anstellung als Volksschullehrer, von der er sich beurlauben ließ, um zunächst an der Universität Jena und anschließend an der Hamburgischen Universität zu studieren. Dort legte er 1921 die Staatsexamensprüfung ab, promovierte und erhielt die Lehrbefähigung für die Oberstufen in Deutsch, Geschichte, Englisch und Philosophie.[240] Im Oktober 1921 begann er sein Referendariat an der Real-

237 Peter Offenborn, Interessen Hamburger Unternehmer am Nationalsozialismus. Ihre Beteiligung an der Durchsetzung des nationalsozialistischen Herrschaftssystems. Eine Annäherung, Hamburg 2020, S. 47, Anm. 116.

238 Alle nicht gesondert nachgewiesenen Angaben sind Johannsens Personalakte der Schulbehörde entnommen: StAHH, 361-3_A 1048. Die Reihenfolge seiner Vornamen, die je nach Darstellung variiert, orientiert sich ebenfalls an dieser Akte. Sein Rufname scheint zwischen Gustav und Kurt gewechselt zu haben.

239 Dienstleistungszeugnis für Leutnant d. R. Johannsen, 12. 12. 1918, StAHH, 361-3_A 1048.

240 Siehe auch Offenborn, Hamburger Unternehmer, S. 47, Anm. 116.

schule in Rothenburgsort, das er bereits im Januar 1922 abschließen konnte, nachdem ihm seine Volksschullehrtätigkeit anerkannt worden war. Ab Oktober 1922 arbeitete er an der Aufbauschule Hohe Weide, ab 1924 als Studienrat. Ein Jahr später legte er zusätzlich eine „Auslands-Diplomprüfung für das spanische Amerika“ ab und wurde 1926 zum Oberlehrer, 1927 zum Oberstudienrat befördert.[241]

Zugleich arbeitete Johannsen von 1924 bis 1932 als nebenamtlicher Leiter des Aufklärungsausschusses Hamburg und war wesentlich am Aufbau und an der Entwicklung des Gremiums beteiligt. Laut Hans Bielfeldt war er besonders erfolgreich in der Einwerbung von finanziellen Mitteln für den Ausschuss.[242] Für die Auswertung ausländischer Presse und die Verbreitung von Auslandspropaganda waren seine vielfältigen Sprachkenntnisse, darunter neben Englisch und Spanisch auch Französisch, Niederländisch und Portugiesisch, von Vorteil. Außerdem publizierte er nach eigenen Angaben zahlreiche Aufsätze und Abhandlungen zu philosophischen und wirtschaftlichen Fragen, die teils unter „den Namen führender deutscher Persönlichkeiten in der Auslandspresse“ veröffentlicht wurden. Er war Mitglied im Reichsverband der Deutschen Presse und der Deutschen Schriftsteller.[243]

Als die Handelskammer 1929 einen Werbeausschuss einrichtete, der gezielt für Hamburgs Handel, Industrie und Schifffahrt werben sollte, sollte Johannsen dort seine Erfahrungen aus dem Aufklärungsausschuss mit einbringen, woraufhin die Handelskammer bei der Oberschulbehörde seine Beurlaubung aus dem Schuldienst erwirkte.[244] Ab 1930 arbeitete er als Geschäftsführer des Werbeausschusses und übernahm zwei Jahre später die Hauptgeschäftsführung der Hauptgeschäftsstelle des Aufklärungsausschusses. Hierbei war er auch mit der Leitung des gesamten Auslandsdienstes des Aufklärungsausschusses sowie mit der Hauptschriftleitung des „Pressedienstes Hansa“ und „Revista Alemana“ betraut.

Obwohl Johannsen ab 1934 sein Gehalt direkt von der Handelskammer bezog, wo der Aufklärungsausschuss – wenngleich nicht als interne Abtei-

241 Brief von Johannsen an die Oberschulbehörde Hamburg, 30. 7. 1925, StAHH, 361-3_A 1048.

242 Hans Bielfeldt, Vom Werden Groß-Hamburgs. Citykammer, Gauwirtschaftskammer, Handelskammer. Politik und Personalia im Dritten Reich, Hamburg 1980, S. 222.

243 Lebenslauf von Dr. G. Kurt Johannsen, StAHH, 614-2/6_2; StAHH, 132-1 II_1795.

244 StAHH, 362-2/13_4.

lung – angesiedelt war, und er nicht mehr in den Schuldienst zurückkehrte, blieb er bis zu seinem Tod offiziell beurlaubt und wurde 1940 sogar zum Oberstudiendirektor befördert. Außerdem wurde ihm im selben Jahr das silberne Treudienst-Ehrenzeichen für „25jährige treue Dienste“ verliehen.[245] Für seine Tätigkeit beim Aufklärungsausschuss arbeitete Johannsen nach eigenen Angaben in den 1920er Jahren u. a. mit der Presseabteilung des Auswärtigen Amtes und anderen Wirtschaftsstellen zusammen, ab 1930 auch mit der Abwehrabteilung des Oberkommandos der Wehrmacht. Ab 1933 kam ein Großteil der Finanzmittel und Aufträge des Aufklärungsausschusses aus dem Reichsministerium für Volksaufklärung und Propaganda; während des Zweiten Weltkrieges erhielt er auch Aufträge vom Reichssicherheitshauptamt.

Nachdem Johannsen zunächst DVP-Mitglied gewesen war, trat er 1933 in die NSDAP ein und als „fanatischer Nationalsozialist“ in Erscheinung. Für den Boykott jüdischer Geschäfte am 1. April 1933 stellte er ein Pamphlet über die „Juden als Verbrecher“ und die „weitgehende rassische Degeneration des Judentums“ zusammen.[246] Mitte der 1930er Jahre unterstützte der Aufklärungsschuss die IHK bei „Arisierungen“, etwa indem Johannsen antisemitische Vorlagen über die angeblichen „Machenschaften der Juden im Auslande gegen Deutschland“ lieferte, die der Präses Hermann Victor Hübbe für ein Schreiben an das RWM nutzte.[247] Neben seiner beruflichen Tätigkeit war Johannsen auch im „Nationalklub von 1919“ aktiv, wo er bis 1945 „Hetzreden“ hielt und Durchhalteparolen verbreitete. Die Hamburger Kriminalpolizei, die Johannsen als „direkte[n] Angestellte[n] des Reichspropagandaamtes“ einstufte, kam zu dem Ergebnis, dass er noch nach der Besetzung Hamburgs versucht habe, belastendes Beweismaterial zu vernichten, und im Juni 1945 vermutlich durch Selbstmord verstarb.[248]

245 Bekanntmachung über die Verleihung des silbernen Treudienst-Ehrenzeichens, 3. 5. 1940, StAHH, 361-3_A 1048; Brief von Johannsen an die Landesunterrichtsbehörde, 27. 2. 1934, StAHH, 131-10 I_1934 Ja II 33; StAHH, 362-2/13_4.

246 Frank Bajohr, Aufklärungsausschuss der Handelskammer, in: Datenbank „Die Dabeigewesenen“. Von Hamburger NS-Täter/innen, Profiteuren, Denunziant/innen, Mitläufer/innen und Zuschauer/innen. Eine Hamburg Topografie, o. D., https://www.hamburg.de/clp/dabeigewesene-suche/clp1/ns-dabeigewesene/onepage.php?BIOID=691&qN=Aufkl%C3%A4rungsausschuss [7. 9. 2022]; siehe auch Offenborn, Hamburger Unternehmer, S. 47, Anm. 116.

247 Brief von Johannsen, Aufklärungsausschuss, an Haage, IHK, 6. 5. 1936, HK-Archiv, 100.B.1_27.

248 Abschlussbericht der Kriminalpolizei Hamburg, Amt für Staatssicherheit über den Nationalklub von 1919, 2. 8. 1945, Archiv FZH, 453_Nationalklubs und Herrengesellschaften.

Quellen und Literatur

Archiv FZH, 453_Nationalklubs und Herrengesellschaften
HK-Archiv, 100.B.1_27
StAHH, 131-10 I_1934 Ja II 33; 132-1 II _1795; 361-3_A 1048; 362-2/13_4; 614-2/6_2

Bajohr, Frank, Aufklärungsausschuss der Handelskammer, in: Datenbank „Die Dabeigewesenen“. Von Hamburger NS-Täter/innen, Profiteuren, Denunziant/innen, Mitläufer/innen und Zuschauer/innen. Eine Hamburg Topografie, o. D., https://www.hamburg.de/clp/dabeigewesene-suche/clp1/ns-dabeigewesene/onepage.php?BIOID=691&qN=Aufkl%C3%A4rungsausschuss [7.9.2022].

Bielfeldt, Hans, Vom Werden Groß-Hamburgs. Citykammer, Gauwirtschaftskammer, Handelskammer. Politik und Personalia im Dritten Reich, Hamburg 1980.

Offenborn, Peter, Interessen Hamburger Unternehmer am Nationalsozialismus. Ihre Beteiligung an der Durchsetzung des nationalsozialistischen Herrschaftssystems. Eine Annäherung, Hamburg 2020.

Heinz Heinrich Ernst Justus

Lebensdaten: * 6. Juni 1894 in Hamburg, † 26. Oktober 1983, beigesetzt in Reinbek

Angaben zur Familie: verheiratet mit Elisabeth Justus, geb. Tiefenbacher, drei Söhne (Heinz Joachim, Harald C. und Alfred P.)

Funktionen/Ämter in der Handelskammer: ab 15. April 1933 Staatskommissar im Präsidium; 16. Juni 1933–31. März 1942 Plenums-/Beiratsmitglied; 1937 stellvertretender Vorsitzender der Abteilungen für Devisenbewirtschaftung sowie für Gerichts- und Rechtswesen

Firma und Branche: Riensch & Held, Export

Verbindungen zum NS: NSDAP-Mitglied ab 1. März 1932, Mitgliedsnr. 999231; ab 1932 SA-Mitglied, Dienstgrad Obersturmbannführer; Januar–Juli 1932 Mitglied im NSKK; 1937–1940 Oberleutnant und Hauptmann der Panzerabwehr-Ersatz-Abteilung 20

Heinz H. E. Justus entstammte einer traditionsreichen Hamburger Kaufmannfamilie, die im 18. Jahrhundert die Tabak- und Kaffeehandelsfirma Friedrich Justus gegründet hatte.[249] Er war mit dem zeitweiligen Handelskammer-Vizepräses Hans E. B. Kruse verschwägert sowie ein Cousin des Hamburger Bürgermeisters Carl Vincent Krogmann und des zeitweiligen Handelskammer-Präses Carl Ludwig Nottebohm.

Nach der Reifeprüfung in Elmshorn 1914 absolvierte er seinen Kriegsdienst, geriet 1917 während der Dritten Flandernschlacht in Kriegsgefangenschaft und wurde in England interniert.[250] Im Juli 1919 kehrte er nach Hamburg zurück und war in den folgenden Jahren kaufmännisch tätig, u.a. in Zentral- und Südamerika, bevor er 1925 Mitinhaber der Exportfirma Riensch & Held in Hamburg wurde. Riensch & Held war 1845 von zwei Hamburgern als Textilhandelshaus in Mexiko gegründet worden; 1868 wurde der Hauptsitz nach Hamburg verlegt. Die Firma, an der Heinz Justus' Vater Johann Wilhelm seit 1889 beteiligt war, konzentrierte sich im Laufe der Jahrzehnte auf den Im- und Export vor allem von Kaffee, Kakao und Kautschuk aus

249 Sabine Wiermann, Eine Kaufleute-Dynastie, in: Hamburger Abendblatt. Extra Journal, 7. 12. 1993, S. 4.

250 Peter Offenborn, Interessen Hamburger Unternehmer am Nationalsozialismus. Ihre Beteiligung an der Durchsetzung des nationalsozialistischen Herrschaftssystems. Eine Annäherung, Hamburg 2020, S. 241, Anm. 495.

Lateinamerika.[251] Im Zuge seiner beruflichen Tätigkeit unternahm Heinz Justus in den 1920er und 1930er Jahren mehrfach Reisen in die Handelsgebiete und ins europäische Ausland.

Nach Justus' Eintritt in die NSDAP und SA 1932 war er im folgenden Jahr an den wirtschaftspolitischen Entwicklungen in Hamburg beteiligt: Im April 1933 wurde er als einer von vier Staatskommissaren vom Hamburger Senat ins Präsidium der Handelskammer entsandt, um an deren Gleichschaltung mitzuwirken. In dieser Funktion waren ihm als Geschäftsfelder die See- und Flussschifffahrt, Häfen und Kaibauten sowie das Konsulatswesen zugewiesen.[252] Ab Juni 1933 war Justus zudem Plenumsmitglied, während seiner Kammermitgliedschaft zeitweise im Außenwirtschaftsausschuss und in den Abteilungen für Devisenbewirtschaftung sowie Gerichts- und Rechtswesen engagiert. Des Weiteren beteiligte er sich, u.a. mit Moritz Schmidt-Schröder, maßgeblich an der Gleichschaltung des Vereins der am Caffeehandel betheiligten Firmen in Hamburg, dessen Vorstand er von 1935 bis 1940 angehörte. Er scheint ein gutes Verhältnis zu Schmidt-Schröder gehabt zu haben, der ihn – als Vorsitzender des Gesamtbörsenvorstandes – zum Januar 1936 zum Vorstandsmitglied der Abteilung „Kaffeebörse" ernannte. Zudem übernahm Justus im Mai 1933 den Vorsitz des Vereins Hamburger Exporteure von Rudolf H. Petersen, bis er den Posten im März des folgenden Jahres an seinen Bruder abgab.

Als Vertreter des Exporteur-Vereins sowie der Handelskammer gehörte er zudem dem Aufklärungsausschuss an, in dem er mit wirtschaftlicher und politischer Auslandspropaganda mit Schwerpunkt Südamerika betraut war.[253] 1935 wurde er als IHK-Vertreter auch für Wirtschaftspropagandaschulungen in München vorgeschlagen.[254] Auf Reichsebene übernahm er im selben Jahr die Leitung der Fachgruppe „Ausfuhr" der Wirtschaftsgruppe Groß-, Ein- und Ausfuhrhandel.[255]

Als die Wehrmacht 1938 im Zuge von Kriegsvorbereitungen mithilfe der IHK ein örtliches Netzwerk mit der Hamburger Wirtschaft aufbaute, gehörte

251 Ingrid Baas, Gefragter Filterspezialist mit mexikanischen Wurzeln, in: Die Welt, 8.3.1995, StAHH, 731-8_A 902 Riensch & Held GmbH & Co.

252 Abschrift einer Mitteilung des Senats, 19.4.1933, HK-Archiv, I.6.C.5_1.

253 Offenborn, Hamburger Unternehmer, S.480 f., 626; Archiv FHZ, 11/H1 E. Helfferich, Helfferich Erinnerungen.

254 Bericht über die Besprechung der IHK mit der Behörde für Wirtschaft und der Gauwirtschaftsberatung am Dienstag, den 18.6.1935, HK-Archiv, I.6.F.4_12.

255 Offenborn, Hamburger Unternehmer, S.627, Anm. 1608.

Heinz Heinrich Ernst Justus

Justus zu den „100 führenden Hamburger Wirtschaftlern“[256] und stand auch auf weiteren Listen, die der Hauptgeschäftsführer Elso Klöver u. a. von Kaufleuten und Exporteuren zusammenstellte. 1939 nahm Justus mit weiteren Mitgliedern der IHK an Besprechungen mit Gauleiter Karl Kaufmann über die wirtschaftliche Lage und Zukunft Hamburgs teil, in denen auch die mögliche Beteiligung Hamburger Firmen an „Arisierungen“ in der Tschechoslowakei diskutiert wurde.[257] Genaueres über Justus’ Rolle und Beteiligung lässt sich nicht rekonstruieren. Allerdings verzeichnete er als Mitinhaber von Riensch & Held in den 1930er Jahren im Rahmen des Kaffeeimports eine deutliche Einkommenssteigerung von 31 620 RM (1931) hin zu 97 965 RM (1938).[258] Außerdem eröffnete die Firma nach dem „Anschluss“ Österreichs 1938 eine Niederlassung in Wien und weitere Einzelhandelsgeschäfte in Südosteuropa, wo sie vermutlich von der Verdrängung jüdischer Unternehmer*innen profitierte.[259]

Ab 1940 hielt sich Justus mit seiner Familie in Rumänien auf, wo er für eine Tochtergesellschaft seines Unternehmens tätig war. Zugleich sollte er in Bukarest die offizielle deutsch-rumänische Handelskammer aufbauen bzw. die bis dahin rumänische „Somag, Societatea Pentru Marfuri Generale“ in eine fortan nur deutsche Vertreter umfassende Kammer umwandeln. Infolge seiner Tätigkeit im Ausland schied Justus zum 1. April 1942 aus dem Beirat der IHK aus, unterhielt aber weiterhin persönliche Kontakte nach Hamburg.[260]

Justus war von 1944 bis Anfang 1946 in Rumänien interniert und wurde im Rahmen der sich anschließenden Entnazifizierung im Dezember 1948 in Kategorie V eingestuft. Hierbei scheinen ihm hochrangige Leumundszeugen zugutegekommen zu sein, darunter neben dem vormaligen Ersten Bürgermeister Hamburgs Rudolf H. Petersen auch der Vorsitzende des Hamburger Kaffee-Vereins Werner Ihnen sowie Isidor Schulimsohn (Vorsitzender der jüdischen Kulturgemeinde in Bukarest), den Justus vor einer Gestapo-

256 Brief von Klöver an das Infanterie-Regiment Nr. 76, Hamburg, Kaserne Bundesstraße, 2. 3. 1938, HK-Archiv, I.6.F.3.8_7.

257 Dokumente zur ersten Besprechung des Reichsstatthalters mit Vertretern der Wirtschaft, April 1939, HK-Archiv, I.6.F.4_17.

258 Dorothee Wierling, Mit Rohkaffee handeln. Hamburger Kaffeeimporteure im 20. Jahrhundert, München/Hamburg 2018, S. 150.

259 BArch, R 3101/34449; StAHH, 371-16_1461.

260 Brief von Joachim de la Camp an Heinz Justus, c/o Soma S.A.R, Bukarest, 18. 12. 1941, sowie Brief von Heinz Justus an Joachim de la Camp, 8. 1. 1942, HK-Archiv, I.6.E.3.5_3.

Verhaftung geschützt haben soll. Ein anderer Geschäftspartner, der im KZ Buchenwald inhaftiert gewesen war, sagte zudem aus, Justus habe dennoch die Geschäftsbeziehungen aufrechterhalten.[261] Weitere Quellen zu den Vorgängen sind nicht bekannt.

Anschließend war Justus noch bis in die 1970er Jahre wieder bei der Firma Riensch & Held tätig, die sich auf die Herstellung von Spezialfiltern konzentrierte. Zugleich amtierte er als Geschäftsführer der Justus Technik GmbH Industrie-Anlagen, einem weiteren Familienunternehmen, das 1964 gegründet worden war. Gemeinsam mit seinen Söhnen Alfred und Harald führte Heinz Justus die sogenannte Justus-Gruppe, zu der seit 1958 auch das älteste Familienunternehmen, die Tabak- und Kaffeehandelsfirma Friedrich Justus, gehörte.[262]

Quellen und Literatur

Archiv FHZ, 11/H1 E. Helfferich, Helfferich Erinnerungen

BArch, R 3101/34449

HK-Archiv, Plenarierakten, Nr. 480; I.6.C.5_1; I.6.E.3.5_3; I.6.F.3.8_7; I.6.F.4_12; I.6.F.4_17

StAHH, 221-11_30624; 371-16_1461; 731-8_A 902 Justus, Friedrich & Co.; 731-8_A 902 Riensch & Held GmbH & Co.

Wiermann, Sabine, Eine Kaufleute-Dynastie, in: Hamburger Abendblatt. Extra Journal, 7. 12. 1993, S. 4.

Offenborn, Peter, Interessen Hamburger Unternehmer am Nationalsozialismus. Ihre Beteiligung an der Durchsetzung des nationalsozialistischen Herrschaftssystems. Eine Annäherung, Hamburg 2020.

Wierling, Dorothee, Mit Rohkaffee handeln. Hamburger Kaffeeimporteure im 20. Jahrhundert, München/Hamburg 2018

261 Erklärung des Prokuristen von H. J. von Grundlach, 30. 11. 1948, StAHH, 221-11_30624.

262 StAHH, 731-8_A 902 Justus, Friedrich & Co.

Elso Hinrich Klöver

Lebensdaten: * 31. Januar 1893 in Wewelsfleth (Kreis Steinburg), † 30. August 1984 in Lüneburg

Angaben zur Familie: verheiratet mit Lisa Klöver, geb. Schaeffer (seit 1923), zwei Kinder (Elso Hinrich Wilhelm, Gertrud Elisabeth)

Funktionen/Ämter in der Handelskammer: 1. Januar 1921–26. November 1945 hauptamtliches Mitglied; ab 1. Dezember 1928 stellvertretender Syndikus; ab 18. September 1933 Syndikus; ab 1. April 1934 Hauptgeschäftsführer

Verbindungen zum NS: NSDAP-Mitglied ab 1937; ab 1933 Mitglied im „Stahlhelm, Bund der Frontsoldaten"/1934 Teil der SA-Reserve im Rang eines Scharführers; ab 27. Januar 1936 Mitglied im Reichsbund der Deutschen Beamten; Mitglied im NS-Rechtswahrerbund und in der NSV

Über Elso Klövers familiäre Herkunft ist nichts bekannt. Nach der Reifeprüfung in Hamburg begann er 1912 in Tübingen Staats- und Rechtswissenschaften zu studieren. Von Dezember 1914 bis November 1918 leistete er Kriegsdienst, u. a. als Leutnant der Reserve der Luftstreitkräfte, und wurde mit dem Eisernen Kreuz I. Klasse ausgezeichnet. Anschließend beendete er sein Studium und promovierte 1920 in Hamburg.

Im Januar 1921 begann Klöver seine Tätigkeit bei der Handelskammer als wissenschaftlicher Hilfsarbeiter in der Abteilung Warenhandel, ab Juli unterstützte er zusätzlich als wissenschaftlicher Assistent den Syndikus Gottfried Leuckfeld in der „Geschäftsführung mehrerer Einfuhrverbände". In den nächsten Jahren wechselte sein Aufgabengebiet mehrmals, u. a. war Klöver für börsenrechtliche Fragen, Verkehrs- und Hafenpolitik sowie „besondere hamburgische Industriefragen" zuständig. Nachdem er im Dezember 1928 zum stellvertretenden Syndikus befördert worden war, folgte im Sommer 1931 seine Ernennung zum Sachverständigen für devisenpolitische Fragen für das RWM. Hierbei sollte er mit weiteren Sachverständigen und Beamten eine gesetzliche Grundlage für die Devisenbewirtschaftung erarbeiten.[263]

Nach der Gleichschaltung der Handelskammer wurde Klöver am 18. September 1933 zum Syndikus sowie mit Wirkung zum 1. April 1934 zum „allgemeinen Leiter der Geschäftsführung" als Nachfolger von Emil Schwen-

263 Zeugnis von Albert Schäfer für Elso Klöver, 28. 4. 1948, HK-Archiv, I.6.L.6.20_8.

Elso Hinrich Klöver

cke ernannt.[264] Zugleich agierte er auch als Hauptgeschäftsführer der Wirtschaftskammer Nordmark sowie ab Mai als Leiter der Außenhandelsstelle für Hamburg und die Nordmark.[265] Als Hauptgeschäftsführer der Handelskammer war Klöver u.a. für die „Aufsicht über sämtliche Arbeitsgebiete, das Berliner Büro, Harburger Büro, Erledigung der Angelegenheiten der Beiratsmitglieder", das Handelskammergesetz, das Plenum, die Satzung und den Jahresbericht zuständig.[266] Ab Oktober 1933 nahm er regelmäßig an wichtigen Besprechungen des HK-Präses und weiteren Mitgliedern teil, etwa mit dem Präsidenten der Wirtschaftsbehörde Gustav Schlotterer sowie mit Gauleiter Karl Kaufmann.[267] In den 1930er Jahren hielt Klöver mehrfach Vorträge über die Organisation der gewerblichen Wirtschaft, u.a. vor dem Beirat der IHK Altona und einem DAF-Schulungszentrum.[268] 1936 wirkte er daran mit, die Eingliederung der Detaillistenkammer in die IHK zu vollziehen, und war ein Jahr später auch an der personellen Umgestaltung der IHK beteiligt, die infolge des Groß-Hamburg-Gesetzes nötig wurde.[269] Auch in die Debatten und Vorgänge innerhalb der Handelskammer in Bezug auf „Arisierungen" war er involviert.[270] Als IHK-Geschäftsführer unterstützte er die Wehrmacht bei ihren Kriegsvorbereitungen und dem Aufbau eines örtlichen Netzwerks mit der Hamburger Wirtschaft, indem er Namenslisten wichtiger Wirtschaftsvertreter zur Verfügung stellte.[271]

Neben seiner Tätigkeit für die Handelskammer war Klöver in den 1930er Jahren Mitglied im Hamburger Ausschuss für Wirtschaftspolitik in der Ver-

264 Der Titel „Hauptgeschäftsführer" wurde erst mit einem Erlass des Reichswirtschaftsministers im Juni 1939 eingeführt. Ab diesem Zeitpunkt trug Klöver diesen Titel. Hans Bielfeldt, Vom Werden Groß-Hamburgs. Citykammer, Gauwirtschaftskammer, Handelskammer. Politik und Personalia im Dritten Reich, Hamburg 1980, S. 163f.

265 Eintrag zu Elso Klöver, in: Hamburger Persönlichkeiten, o.D., http://hamburger-persoenlichkeiten.de/hamburgerpersoenlichkeiten/login/person.asp?reqid=938 [7.9.2022].

266 Beamte und Angestellte der Industrie- und Handelskammer Hamburg in Referentenstellungen, o.D., HK-Archiv, I.6.L.6.20_8.

267 HK-Archiv, I.6.F.4_8.

268 HK-Archiv, I.6.F.3.6_23; HK-Archiv, I.6.F.3.6_24.

269 Bericht über die Verhandlungen über die Eingliederung der an Hamburg fallenden preussischen Gemeinden an die IHK Hamburg, 27.2.1937, HK-Archiv, I.6.C.2.13_3; HK-Archiv, I.6.E.3.5_2; BArch, R 3101/9571.

270 Siehe etwa Niederschrift über die Aussprache der Behörde für Wirtschaft und Gauwirtschaftsberatung am Dienstag, den 19.11.1935, HK-Archiv, I.6.F.4_12.

271 HK-Archiv, I.6.F.3.8_7.

waltung für Wirtschaft, Technik und Arbeit. Im Juli 1940 wurde er als Beisitzer in den „Ehrengerichtshof der Wirtschaft" berufen.[272]

Nachdem Klöver ab 1933 dem „Stahlhelm, Bund der Frontsoldaten" angehört hatte und ein Jahr später durch dessen Eingliederung SA-Mitglied wurde, trat er 1937 nach Lockerung der Aufnahmesperre in die NSDAP ein. Bereits ab 1938 diente er zeitweilig als Oberleutnant in der Flakabteilung Neumünster, bevor er von Dezember 1939 bis Januar 1945 zum Kriegsdienst einberufen war. Er behielt dennoch seine Stelle in der IHK und wurde von verschiedenen Syndizi vertreten. 1943 wurde er zum Hauptgeschäftsführer der GWK ernannt und gehörte ein Jahr später dem Kriegswirtschaftsstab an, den der Generalkommissar für die Wirtschaft, Otto Wolff, nach der „Operation Gomorrha" gegründet hatte, um täglich notwendige Maßnahmen für die Wirtschaft abzustimmen. Klöver war in diesem Stab für den Bereich „Selbstverwaltung der Wirtschaft" zuständig.[273]

Nach Ende des Zweiten Weltkrieges arbeitete er zunächst weiter in der Handelskammer, bevor er im November 1945 auf Befehl der britischen Militärregierung entlassen wurde. Im sich anschließenden Entnazifizierungsverfahren wurde Klöver zunächst in Kategorie III eingestuft, nach erfolgreicher Berufung hingegen in Kategorie V, als entlastet. Neben seinem späten NSDAP-Eintritt waren dafür u. a. seine hochrangigen Leumundszeugen ausschlaggebend, darunter der ehemalige Bürgermeister Rudolf Petersen sowie der Syndikus von Blohm & Voss, Robert Lind. Seine formal vorhandene Belastung wegen seiner SA-Mitgliedschaft wurde insbesondere durch die „Fortsetzung des freundschaftlichen Verkehrs zu einem jüdischen ehemaligen Mitglied der Handelskammer" ausgeglichen, die einen Verweis seitens der SA nach sich gezogen hatte.[274] Dahinter verbarg sich eine Begebenheit im Februar 1936 mit dem ehemaligen Vizepräses der Handelskammer Otto Friedeberg.[275] Dieser war 1933 angesichts seiner zu erwartenden Nichtberücksichtigung „freiwillig" aus der Handelskammer ausgeschieden und hatte sich

272 Peter Offenborn, Interessen Hamburger Unternehmen am Nationalsozialismus. Ihre Beteiligung an der Durchsetzung des nationalsozialistischen Herrschaftssystems. Eine Annäherung. Hamburg 2020, S. 223, Anm. 474; StAHH, 113-3_II 2.

273 Friederike Littmann, Ausländische Zwangsarbeiter in der Hamburger Kriegswirtschaft 1939–1945. München/Hamburg 2006, S. 405, Anm. 133; HK-Archiv, 78.J.1.

274 Begründung des Berufungsausschusses, 17. 2. 1948, StAHH, 221-11_Ad 817.

275 Karin Gröwer, Biografie von Otto Friedeberg, in: dies./Barbara Günther, Gegen das Vergessen. Opfer totalitärer Verfolgung aus dem Ehren- und Hauptamt der Handelskammer Hamburg, Kiel 2019, S. 53–62.

Ende 1935 aus Altersgründen aus seinem Unternehmen zurückgezogen. Aus diesem Anlass lud er Klöver und zwei seiner Mitarbeiter zu einem Essen im Hamburger Bürgerhaus ein. Zwei Monate später erhielt Klöver von der SA einen „strengen Verweis", da er die Einladung von Friedeberg angenommen hatte, dessen Eltern Juden gewesen waren, und somit „den Bestrebungen der SA, sowie der Bewegung im allgemeinen, welche das Judentum meiden und bekämpfen soll, zuwidergehandelt" habe.[276] Dieser SA-Verweis verhalf Klöver nach dem Krieg zur Einstufung in die Kategorie „Entlastete".

Ab dem 1. Juli 1948 arbeitete Klöver als Hauptgeschäftsführer der IHK Lüneburg bis zu seiner Pensionierung 1960. Wegen seiner „Verdienste als Geschäftsführer des Nord-Süd-Kanal-Vereins und um ‚den künftigen Hafen Lüneburg'" wurde in den 1970er Jahren im dortigen Hafenbereich eine Straße nach ihm benannt.[277]

276 Strafverfügung gegen Elso Klöver, 20. 4. 1936, BArch, BDC/SA4000002319.
277 Eintrag zu Elso Klöver.

Quellen und Literatur

BArch, BDC/SA4000002319; R 3101/9571
HK-Archiv, 78.J.1; I.6.C.2.13_3; I.6.E.3.5_2; I.6.F.3.6_23; I.6.F.3.6_24; I.6.F.3.8_7; I.6.F.4_8; I.6.F.4_12; I.6.L.6.20_8
StAHH, 113-3_II 2; 221-11_Ad 817

Bielfeldt, Hans, Vom Werden Groß-Hamburgs. Citykammer, Gauwirtschaftskammer, Handelskammer. Politik und Personalia im Dritten Reich, Hamburg 1980.
Eintrag zu Elso Klöver, in: Hamburger Persönlichkeiten, o. D., http://hamburger-persoenlichkeiten.de/hamburgerpersoenlichkeiten/login/person.asp?reqid=938 [7. 9. 2022].
Gröwer, Karin, Biografie von Otto Friedeberg, in: dies./Barbara Günther, Gegen das Vergessen. Opfer totalitärer Verfolgung aus dem Ehren- und Hauptamt der Handelskammer Hamburg, Kiel 2019, S. 53–62.
Littmann, Friederike, Ausländische Zwangsarbeiter in der Hamburger Kriegswirtschaft 1939–1945, München/Hamburg 2006.
Offenborn, Peter, Interessen Hamburger Unternehmen am Nationalsozialismus. Ihre Beteiligung an der Durchsetzung des nationalsozialistischen Herrschaftssystems. Eine Annäherung, Hamburg 2020.

Gottfried Leuckfeld

Lebensdaten: * 31. Januar 1874 in Kaulsdorf (Saale), † 18. November 1944 in Hamburg

Angaben zur Familie: verheiratet (seit 1902)[278]

Funktionen/Ämter in der Handelskammer: 1. August 1907–18. November 1944 hauptamtliches Mitglied; ab 1910 Syndikus; zeitweise ab 1939 kommissarischer Hauptgeschäftsführer

Verbindungen zum NS: förderndes Mitglied der SS; Mitglied in der NSV und im Reichsbund der deutschen Beamten

Gottfried Leuckfeld wuchs als Sohn eines Pastors in Thüringen auf. Nach der Reifeprüfung 1893 studierte er kurzzeitig Theologie in Halle (Saale) und Greifswald, bevor er in Halle zum Studiengang der Nationalökonomie wechselte und diesen 1900 mit der Promotion abschloss. Anschließend arbeitete er in Berlin als wissenschaftlicher Assistent beim Handelsvertragsverein, u. a. in der Presseabteilung, für die er auch „Propagandavorträge" hielt. Ein Jahr später wurde er wissenschaftlicher Hilfsarbeiter und Assistent beim Deutschen Handelstag und war hierbei zeitweise als Schriftleiter der Zeitschrift *Handel und Gewerbe* beschäftigt. Nebenbei arbeitete er noch als Schriftleiter der *Deutschen Wirtschaftszeitung* sowie als Geschäftsführer der Vereinigung der Exportfirmen, Berlin, dem späteren Verein Berliner Exporteure.[279]

Zum August 1907 trat Leuckfeld als Sekretär in den hauptamtlichen Dienst der Hamburger Handelskammer ein, ab 1910 amtierte er unter der Amtsbezeichnung „Syndikus" und war in verschiedenen Feldern tätig: Im Bereich Verkehr waren ihm das Eisenbahn-, Post-, Telegraphie- und Fernsprechwesen zugewiesen, im Warenhandel kümmerte er sich insbesondere um die Angelegenheiten der Terminbörsen und organisierte die „Schaffung der Metall-Terminbörsen und Kautschuk-Terminbörsen". Des Weiteren wirkte er in der Industriekommission mit und war mit Sozialpolitik sowie Patent- und Warenzeichenrecht betraut, wobei er auf „Kongressen für den gewerblichen Rechtsschutz die Interessen des hansischen Exporthandels nachdrücklich" vertrat. Außerdem befasste er sich mit Kolonialfragen und Konsulatsangelegenheiten.[280] Bei der „Weiterentwicklung des Umfanges der Kammertätigkeit

278 Abschrift des Lebenslaufs von Gottfried Leuckfeld, 12. 6. 1907, HWWA Pressearchiv, Mappe zu Gottfried Leuckfeld.

279 Abschrift des Lebenslaufs von Gottfried Leuckfeld, 12. 6. 1907.

280 G. Kurt Johannsen, Dr. Gottfried Leuckfeld 70 Jahre alt. Ein Leben im Dienste

[wurde Leuckfeld] Leiter der Hauptabteilung III" und zugleich zum stellvertretenden Hauptgeschäftsführer ernannt.[281]

Während des Ersten Weltkrieges war Leuckfeld an Handelskammerinitiativen zur Warenbeschaffung und Versorgung der Bevölkerung, etwa mit Getreide, beteiligt und setzte sich gegen aufkommendes „Spekulantentum" ein. Außerdem wirkte er an der Einrichtung der Auskunfts- und Nachweisstelle der Handelskammer mit, die Betriebe personell und materiell sichern sollte, sowie in der Anfang 1915 neu eingerichteten Abteilung Kriegswirtschaftsgüter, die sich mit der Bewirtschaftung verschiedenster Kriegsrohstoffe befasste. Nach Kriegsende war Leuckfeld zeitweise von seiner Arbeit freigestellt, um als stellvertretender Demobilmachungskommissar zu arbeiten.[282]

In den 1920er Jahren war er u.a. für die Organisation der „Hamburger Exporttagungen mit dem Reichsverband der deutschen Industrie" verantwortlich, die für den Hamburger Außenhandel bedeutsam waren. Außerdem war er an der Einrichtung des Aufklärungsausschusses beteiligt. Neben seiner Tätigkeit bei der Handelskammer wirkte Leuckfeld in der unmittelbaren Nachkriegszeit im Arbeitgeberverband der chemischen Industrie mit und amtierte als Geschäftsführer des Verbandes des Hamburger Einzelhandels. Des Weiteren übernahm er bis mindestens Ende der 1920er Jahre die Leitung der neu gegründeten „Zweigstelle des Auswärtigen Amtes für den Außenhandel", aus der später die Außenhandelsstelle für Hamburg und die Nordmark entstand. Außerdem arbeitete er in der Geschäftsführung der eng mit der Handelskammer verflochtenen Geschäftsstelle der Deutschen Handelskammern in den lateinamerikanischen Ländern (Gelateino).[283] Laut Gustav Kurt Johannsen war Leuckfeld auch in der Einrichtung der ersten Rundfunksendestation Hamburgs involviert, wo er sich später als Rundfunksprecher über die „Wirtschaftliche Bedeutung der Radiosendung" betätigte.[284]

Hamburgs, in: Hamburgs Wirtschaft. Mitteilungen der Gauwirtschaftskammer, Nr. 4, 28.1.1944, S. 1f., hier S. 1.

281 Personalbogen Gottfried Leuckfeld, 3.10.1940, HK-Archiv, I.6.L.6.20_8. Ein Datum für die Erweiterung und Beförderung findet sich nicht.

282 Johannsen, Dr. Gottfried Leuckfeld 70 Jahre alt, S. 1.

283 HK-Archiv, I.6.K.6.4_7.

284 Johannsen, Dr. Gottfried Leuckfeld 70 Jahre alt, S. 1f. Wenngleich kein Name genannt wird, handelte es sich vermutlich um die „Nordische Rundfunk Aktiengesellschaft", die 1924 ihren Programmbetrieb aufnahm. An der Gründung waren mehreren Hamburger Kaufleute beteiligt, die Mitglieder verschiedener Börsen waren, wodurch eine Verbindung zu Leuckfeld naheliegt. Siehe: Alina Laura Tiews, Kaufleute als Medienmacher. Die Eintragung der Norag in das Hamburger Handelsregister am 19. Januar 1924, in: Die Norag und die Kultur der 1920er

Zudem beteiligte sich Leuckfeld laut Peter Offenborn 1919 an der Gründung des Hamburger Nationalklubs sowie 1922 an der Gründung des Überseeclubs, in dessen Verwaltungsrat und Präsidium er zeitweise Mitglied war.[285]

Während der Weltwirtschaftskrise Ende der 1920er Jahre wurde in Leuckfelds Handelskammer-Abteilung die „Beratungsstelle für Warenaustausch und Devisenclearing" eingerichtet, in der er sich engagierte. Zur selben Zeit hielt er an der Hamburgischen Universität Vorlesungen über Organisationsformen der Wirtschaft. Nach der Gleichschaltung der Handelskammer 1933 behielt Leuckfeld seine berufliche Position und war mit Aspekten des Im- und Exports sowie „insbesondere des Werbewesens auf diesen Gebieten" beschäftigt.[286] In den 1930er Jahren hatte er weitere Ämter inne, u. a. als stellvertretender Hauptgeschäftsführer der Wirtschaftskammer Nordmark. 1938 übernahm er die „kriegswichtige Geschäftsführung" der Fachuntergruppe Rohkautschuk und verwandte Stoffe der Fachgruppe Technische Chemikalien, Öle und Fette der Wirtschaftsgruppe Groß-, Ein- und Ausfuhrhandel der Reichsgruppe Handel in Berlin. Zusätzlich amtierte er als Geschäftsführer des Vereins der am Kautschukhandel beteiligten Firmen der Hamburger Börse.[287]

Wenngleich er selbst nie NSDAP-Mitglied wurde, ist für seine Handelskammertätigkeiten belegt, dass Leuckfeld über „Arisierungen" in Hamburg und in Böhmen und Mähren informiert war.[288] Im Mai 1939 vervollständigte er einen „Überblick über die zur Disposition stehenden ‚jüdischen Firmen'" in Böhmen und Mähren, an denen Hamburger Unternehmen Interesse zeigten, und leitete die Liste anschließend an Fachverbände der regionalen Wirtschaft weiter.[289] Außerdem war er am Boykott jüdischer Unternehmer*innen betei-

Jahre in Hamburg, 2014, https://leibniz-hbi.de/uploads/media/default/cms/media/i1sd002_1%20Norag%20Geschichte%20Tiews%20Kaufleute%20als%20Medienmacher%202014.pdf [7. 9. 2022].

285 Peter Offenborn, Interessen Hamburger Unternehmer am Nationalsozialismus. Ihre Beteiligung an der Durchsetzung des nationalsozialistischen Herrschaftssystems. Eine Annäherung, Hamburg 2020, S. 224, Anm. 474, S. 326; siehe auch Eintrag zu Gottfried Leuckfeld, in: Deutscher Wirtschaftsführer. Lebensgänge Deutscher Wirtschaftspersönlichkeiten, Hamburg 1929, Sp. 1343.

286 Johannsen, Dr. Gottfried Leuckfeld 70 Jahre alt, S. 2.

287 Zitat bei Offenborn, Interessen Hamburger Unternehmer, S. 224, Anm. 474; Eintrag zu Dr. Leuckfeld, in: Wer leitet? Die Männer der Wirtschaft und der einschlägigen Verwaltung 1941/42, Berlin 1942, S. 579.

288 HK-Archiv, 100.B.1_19; HK-Archiv, 78.A_15.

289 Karl Heinz Roth, Ökonomie und politische Macht. Die „Firma Hamburg" 1930–1945, in: Angelika Ebbinghaus/Karsten Linne (Hrsg.), Kein abgeschlossenes Kapitel. Hamburg im „Dritten Reich", Hamburg 1997, S. 15–176, hier S. 65.

ligt, bspw. als er 1938 gemeinsam mit Hans E. B. Kruse den Antrag einer jüdischen Firma ablehnte, die in Hamburg einen Zollschuppen mieten wollte. Als Begründung wurde angegeben, dass „es sich bei dem Antragssteller um einen Nichtarier handelt und außerdem auch die hier einzurichtende Firma unter nichtarischer Leitung stehen soll".[290] 1942 nahm er an Sitzungen des Industrieausschusses teil und berichtete u. a. über die Vermittlung von Firmeninhabern und Prokuristen in die besetzten „Ostgebiete".[291]

Im September 1933 hatte Leuckfeld um seine Entlassung in den Ruhestand gebeten, woraufhin Werner Bosch als stellvertretender Syndikus eingestellt und u. a. Elso Klöver zum Syndikus ernannt wurde. Obwohl Leuckfeld bereits zum April 1939 offiziell pensioniert worden war, blieb er bis zu seinem Tod im November 1944 im Amt und war zeitweise als kommissarischer Hauptgeschäftsführer eingesetzt, nachdem Klöver zur Wehrmacht eingezogen worden war.[292] Dafür wurde Leuckfeld vorübergehend von seiner Ressorttätigkeit befreit. Auch in der umgewandelten Gauwirtschaftskammer behielt er seine Position und ihm wurden als Geschäftsfelder neben Organisation, Personalien und Aufsicht über die gesamte Geschäftsführung der GWK „auch allgemein wirtschaftliche Angelegenheiten und Fragen von grundsätzlicher Bedeutung, einschließlich der grundsätzlichen Fragen der Wehrwirtschaft," und das Pressedezernat zugewiesen.[293] Im September 1943 erhielt er für seine (kriegs-)wirtschaftlichen Verdienste das Kriegsverdienstkreuz I. Klasse.[294]

290 Schreiben der Handelskammer an die Behörde für Handel, Schiffahrt und Gewerbe vom 21. 3. 1938, StAHH, 371-8 II_S VI B 3 32 Sch 21.
291 Niederschrift über die Sitzung des Industrie-Ausschusses, 26. 10. 1942, HK-Archiv, 94.A.1_59.8.
292 Hans Bielfeldt, Vom Werden Groß-Hamburgs. Citykammer, Gauwirtschaftskammer, Handelskammer. Politik und Personalia im Dritten Reich, Hamburg 1980, S. 163 f.
293 Offenborn, Interessen Hamburger Unternehmer, S. 225, Anm. 474.
294 Ein Leben für Hamburgs Wirtschaft, in: Hamburger Fremdenblatt, 29. 1. 1944.

Quellen und Literatur

HK-Archiv, 78.A_15; 94.A.1_59.8; 100.B.1_19; I.6.K.6.4_7; I.6.L.6.20_8
HWWA Pressearchiv, Mappe zu Gottfried Leuckfeld
StAHH, 371-8 II_S VI B 3 32 Sch 21

Ein Leben für Hamburgs Wirtschaft, in: Hamburger Fremdenblatt, 29. 1. 1944.
Eintrag zu Dr. Leuckfeld, in: Wer leitet? Die Männer der Wirtschaft und der einschlägigen Verwaltung 1941/42, Berlin 1942, S. 579.
Eintrag zu Gottfried Leuckfeld, in: Deutscher Wirtschaftsführer. Lebensgänge Deutscher Wirtschaftspersönlichkeiten, Hamburg 1929, Sp. 1343.
Johannsen, G. Kurt, Dr. Gottfried Leuckfeld 70 Jahre alt. Ein Leben im Dienste Hamburgs, in: Hamburgs Wirtschaft. Mitteilungen der Gauwirtschaftskammer, Nr. 4, 28. 1. 1944, S. 1 f.

Bielfeldt, Hans, Vom Werden Groß-Hamburgs. Citykammer, Gauwirtschaftskammer, Handelskammer. Politik und Personalia im Dritten Reich, Hamburg 1980.
Offenborn, Peter, Interessen Hamburger Unternehmer am Nationalsozialismus. Ihre Beteiligung an der Durchsetzung des nationalsozialistischen Herrschaftssystems. Eine Annäherung, Hamburg 2020.
Roth, Karl Heinz, Ökonomie und politische Macht. Die „Firma Hamburg“ 1930–1945, in: Angelika Ebbinghaus/Karsten Linne (Hrsg.), Kein abgeschlossenes Kapitel. Hamburg im „Dritten Reich“, Hamburg 1997, S. 15–176.
Tiews, Alina Laura, Kaufleute als Medienmacher. Die Eintragung der Norag in das Hamburger Handelsregister am 19. Januar 1924, in: Die Norag und die Kultur der 1920er Jahre in Hamburg, 2014, https://leibniz-hbi.de/uploads/media/default/cms/media/i1sd002_1%20Norag%20Geschichte%20Tiews%20Kaufleute%20als%20Medienmacher%202014.pdf [7. 9. 2022].

Arnold Friedrich Albrecht Mergell

Lebensdaten: * 8. Juni 1886 in Harburg, † 7. Juni 1946 in Hamburg[295]

Angaben zur Familie: verheiratet mit Carmen Mergell, geb. Thörl (seit 21. Dezember 1932), ein Sohn (Arnold)

Funktionen/Ämter in der Handelskammer: 1. April 1937–20. Juni 1945 Plenums-/Beiratsmitglied sowie Vizepräses; 1942 Mitglied im Industrieausschuss; ab August 1943 Leiter des Industrieblocks XV

Firma und Branche: Harburger Oelwerke Brinckman & Mergell, Metallwerke Niedersachsen Brinckman & Mergell, Industrie

Verbindungen zum NS: NSDAP-Mitglied ab 1. Mai 1933, Mitgliedsnr. 3002019; Mitglied in der DAF, der NSV, dem NS-Reichsbund für Leibesübungen, dem NS-Reichskriegerbund und dem Reichskolonialbund; Fördermitglied im NSFK

Arnold Mergell wuchs als Sohn des Apothekers Arnold Mergell senior und Luise Kroos, Tochter eines Kommerzienrats und Mitinhabers der Großhandelsfirma Bode & Kroos in Harburg, auf. Sein Vater verkaufte die familieneigene Apotheke 1895 und gründete gemeinsam mit dem Unternehmer Max Brinckman und einem weiteren Partner die Harburger Leinöl- und Firnisfabrik Brinckman & Co. GmbH. Zunächst erzeugte das Unternehmen technische Öle, konzentrierte dann die Produktion auf Öle und Fette für den Nahrungsmittelbedarf. Das erweiterte Produktionsprogramm machte eine andere Geschäftsform nötig, sodass 1906 der Betrieb in die offene Handelsgesellschaft Harburger Oelwerke Brinckman & Mergell (HOBUM) überführt wurde.[296]

Nach der Reifeprüfung an einem Realgymnasium in Harburg machte Arnold Mergell junior eine kaufmännische Ausbildung und arbeitete anschließend in einem Londoner Ölsaaten-Importhaus, was auch einige Geschäftsreisen nach Asien beinhaltete. Ab Mai 1911 war er im Unternehmen seines Vaters tätig. Nachdem er 1907/08 seinen Militärdienst in einem Jäger-Regiment zu Pferde geleistet hatte, diente er von August 1914 bis November 1918 vermutlich im Großherzoglich Mecklenburgischen Jäger-Bataillon Nr. 14, zuletzt als

295 StAHH, 332-5_12028, Urkunde Nr. 60.

296 Carl Schmidt-Reitz, Harburger Oelwerke Brinckman & Mergell, Hamburg 1956, S. 22–29. Die Angaben dieser sehr tendenziösen Eigenpublikation werden nicht zuletzt aufgrund fehlender Quellenbelege nur unter Vorbehalt und aufgrund mangelnder Alternativen verwendet.

Arnold Friedrich Albrecht Mergell

Oberleutnant der Reserve. Für seine Verdienste erhielt er das Eiserne Kreuz I. und II. Klasse sowie das Hamburger Hanseatenkreuz.[297]

Im Dezember 1918 wurde Mergell gemeinsam mit seinem jüngeren Bruder Fritz und den beiden Söhnen von Max Brinckman Mitinhaber der HOBUM. Sein Aufgabenschwerpunkt innerhalb des Unternehmens lag in der Produktionsleitung.[298] Neben seiner Arbeit engagierte er sich ab 1923 u.a. in der Handelskammer Harburg-Wilhelmsburg, zu deren Präses er 1932 gewählt wurde. Laut Peter Offenborn gehörte Mergell zu den Unternehmern, die dem Nationalsozialismus sehr früh positiv gegenüberstanden. So äußerte er sich auf einer Vollversammlung der IHK Harburg-Wilhelmsburg nach der Reichstagswahl im März 1933 zufrieden über die deutliche Mehrheit für die NSDAP. Insbesondere erhoffte er sich durch die neue Regierung einen wirtschaftlichen Aufschwung und sah zugleich die Wirtschaft in der Pflicht, „an den bevorstehenden Aufgaben“ mitzuarbeiten.[299] Nachdem er zuvor DVP-Mitglied gewesen war, trat Mergell im Mai 1933 der NSDAP bei und war Mitglied in diversen NS-Organisationen. Innerhalb des NS-Regimes scheint er gute persönliche Netzwerke gehabt zu haben, wie sich etwa 1941 zeigte, als sein Gnadengesuch vonseiten der Kanzlei des Führers der NSDAP positiv beschieden wurde, sodass Mergell „trotz nicht rein arischer Abstammung seiner Ehefrau weiterhin ohne Einschränkung der Mitgliedschaftsrechte“ der Partei angehören konnte.[300]

Maßgeblich für seinen Stand dürfte sein wirtschaftliches und wirtschaftspolitisches Wirken gewesen sein. Nach Offenborn richtete Mergell umgehend nach 1933 die HOBUM „auf die Rohstoff- und Bevorratungsplanungen des nationalsozialistischen Staates“ aus, für die Fettwaren sehr bedeutsam waren.[301] Wie Bilanzaufstellungen der Jahre 1925–1936 zeigen, konnte das Unternehmen in diesem Zeitraum seinen Gewinn kontinuierlich steigern – abgesehen von krisenbedingten wirtschaftlichen Einbrüchen in den Jahren 1930 und 1933 –, 1936 auf 3,16 Millionen RM.[302] Die HOBUM galten als

297 Peter Offenborn, Interessen Hamburger Unternehmer am Nationalsozialismus. Ihre Beteiligung an der Durchsetzung des nationalsozialistischen Herrschaftssystems. Eine Annäherung, Hamburg 2020, S. 327, Anm. 763; Schmidt-Reitz, Brinckman & Mergell, S. 38.

298 Schmidt-Reitz, Brinckman & Mergell, S. 33, 42.

299 Offenborn, Hamburger Unternehmer, S. 327 f.

300 Chef der Kanzlei des Führers der NSDAP an den Reichsschatzmeister der NSDAP, München, 14. 12. 1941, BArch, R 9361-II/704991.

301 Offenborn, Hamburger Unternehmer, S. 328.

302 BArch, R 15-V/376.

kriegsrelevant und kontrollierten laut Karl Heinz Roth zusammen mit dem unter Treuhand gestellten Unilever-Konzern nach 1941 den gesamten osteuropäischen Margarine-, Speisefett- und Reinigungsmittelsektor.[303] Inwieweit die HOBUM konkreten kriegswirtschaftlichen Profit machten, ist nicht belegt. Es gibt jedoch Hinweise, dass die Firma bei Kriegsende in dubiose Diamantengeschäfte von Handelskammer-Präses Joachim de la Camp involviert war.[304]

Neben der Nahrungsmittelbranche betätigte sich Mergell ab Mitte der 1930er Jahre außerdem direkt in der Rüstungsindustrie, als er mit seinen Partnern der HOBUM die Metallwerke Niedersachsen Brinckman & Mergell (MENIBUM) gründete.[305] Vor dem Hintergrund der militärischen Aufrüstung agierte das Unternehmen ab Mitte 1936 als Zuliefererbetrieb für die Flugzeugindustrie, vorrangig für die Hamburger Flugzeugbau GmbH, einem Tochterunternehmen von Blohm & Voss. Bis Kriegsende stellten die MENIBUM Einzelteile und Baugruppen für Flugzeuge her, ab 1942/43 wurden in ihren Werken laut Eckhard Sternberg auch Zwangsarbeiter und Kriegsgefangene eingesetzt.[306] Vermutlich für seine generellen kriegswirtschaftlichen Verdienste wurde Mergell im August 1941 das Kriegsverdienstkreuz II. Klasse ohne Schwerter verliehen. Aufgrund seiner beruflichen Tätigkeit wurde er nicht zum Kriegsdienst eingezogen.

Seit 1923 engagierte sich Mergell als Mitglied in der Handelskammer Harburg-Wilhelmsburg, als deren Präses er von 1932 bis 1937 amtierte. Im Zuge der Eingliederung der Kammer wurde Mergell im April 1937 Mitglied der IHK Hamburg und zu deren Vizepräses ernannt, wie auch in der umgewandelten Gauwirtschaftskammer ab 1943. Weiterhin amtierte er ab 1938 als Beiratsmitglied in der Verwaltung für Handel, Schiffahrt und Gewerbe und als Ratsherr in der Hamburger Ratsherrenversammlung.[307] Ab Juni 1937 war er

303 Karl Heinz Roth, Ökonomie und politische Macht. Die „Firma Hamburg“ 1930–1945, in: Angelika Ebbinghaus/Karsten Linne (Hrsg.), Kein abgeschlossenes Kapitel. Hamburg im „Dritten Reich“, Hamburg 1997, S. 15–176, hier S. 81.

304 Begründung [11 Seiten, vermutlich als Eingabe beim Berufungsausschuss] der Berufung vonseiten von de la Camp, o. D., HK-Archiv, Plenarierakten, Nr. 481.

305 StAHH, 231-7_B 1988-186 Bd. 2.

306 Eckhard Sternberg, Die Metallwerke Niedersachsen Brinckman & Mergell, in: geschichtsspuren.de, o. D., https://www.geschichtsspuren.de/artikel/ruestungsproduktion-lagerung-versorgung/214-menibum.html [7. 9. 2022]; Offenborn, Hamburger Unternehmer, S. 560, Anm. 1407.

307 Hamburger Adreßbücher 1938–1943, Staats- und Universitätsbibliothek Hamburg, https://agora.sub.uni-hamburg.de/subhh-adress/digbib/start [7. 9. 2022]. Für 1944/45 sind keine Bände vorhanden. HK-Archiv, I.6.E.3.5_5.

zudem Vorstandsmitglied des Hamburg-Kontors der Nordischen Gesellschaft. Mergell setzte sich auch reichsweit für seine Branche ein, u. a. in den 1930er Jahren zeitweise als Vorsitzender des Verbands Deutscher Ölmühlen und spätestens ab 1938 Mitglied im Ehrenausschuss der Deutschen Gesellschaft für Fettforschung, gemeinsam mit Hamburgs Bürgermeister Carl Vincent Krogmann und dem Leiter der Behörde für Handel, Schiffahrt und Gewerbe, Wilhelm von Allwörden.[308] Auf Reichsebene war Mergell auch Beiratsmitglied der Fachgruppe Öle und Fette sowie der Fachuntergruppe Ölmühlen-Industrie.

Als die Wehrmacht 1938 im Zuge von Kriegsvorbereitungen mithilfe der IHK ein örtliches Netzwerk mit der Hamburger Wirtschaft aufbaute, stand Mergell auf Listen, die der Hauptgeschäftsführer Elso Klöver u. a. von Industriellen zusammenstellte. 1939 nahm Mergell mit weiteren Mitgliedern der IHK an Besprechungen mit Gauleiter Karl Kaufmann über die wirtschaftliche Lage und Zukunft Hamburgs teil, in denen u. a. die mögliche Beteiligung Hamburger Firmen an „Arisierungen“ in der Tschechoslowakei diskutiert wurde.[309] Genaueres über Mergells Rolle und Beteiligung lässt sich nicht rekonstruieren. Seit Frühjahr 1940 war er mit weiteren Mitgliedern der IHK Teil eines Ausschusses, der unter Leitung von Wilhelm von Allwörden einen „Arbeitsplan für Entwicklung und Ausbau der hamburgischen Wirtschaft“ in der Nachkriegszeit entwerfen sollte.[310] Im Rahmen seiner Handelskammer-Tätigkeit amtierte Mergell zudem mindestens 1942 als stellvertretender Vorsitzender des Industrieausschusses sowie von 1943 bis 1945 als Leiter des Industrieblocks XV und war für das Industrieblock-Sachreferat „Statistik“ zuständig. Mergell genoss jedoch nicht das Vertrauen aller Unternehmen, die er organisieren sollte, wie ein Konflikt mit der die Ölfabrik Noblée & Thörl 1943/44 zeigt. Diese warf Mergell vor, seine Position zur Selbstbereicherung zu nutzen, was in einem Ehrengerichtsverfahren der Gauwirtschaftskammer mündete. Der Ausgang dieses Vorgangs kann nicht rekonstruiert werden.[311]

308 Schmidt-Reitz, Brinckman & Mergell, S. 38; Mitteilungen der Deutschen Gesellschaft für Fettforschung, in: Fette und Seifen 45 (1938) 8, S. 436–440, hier S. 436.

309 HK-Archiv, I.6.F.3.8_7; HK-Archiv, I.6.F.4_17.

310 Andreas Meyhoff, Blohm & Voss im „Dritten Reich“. Eine Hamburger Großwerft zwischen Geschäft und Politik, Hamburg 2001, S. 291–293.

311 Es finden sich zudem Hinweise, dass Mergell in dieser Angelegenheit von Rudolf Blohm gedeckt wurde und familiäre Streitigkeiten eine Rolle spielten, da seine Ehefrau der Thörl-Familie entstammte: Faltblatt: Industrie-Ausschuss der IHK Hamburg 1942, Archiv FZH, 227-11 IHK Hamburg II, Bd. 4 (ID 997); HK-Archiv, 92.15_85; HK-Archiv, 94.A.1_104; Offenborn, Hamburger Unternehmer, S. 327 sowie S. 560, Anm. 1407.

Im Februar 1946 wurde Mergell im Zuge der Entnazifizierung mit der Begründung „not a strong Nazi" in Kategorie V eingestuft. Im Gegensatz zu seinen Mitinhabern konnte Mergell auf seinem Posten in den HOBUM verbleiben, deren Produktionsräume zu 70 Prozent zerstört worden waren. Nach seinem frühen Tod wurde seine Witwe Carmen Mergell Teilhaberin des Unternehmens.[312]

Quellen und Literatur

Archiv FZH, 227-11 IHK Hamburg II, Bd. 4 (ID 997)

BArch, R 15-V/376; R 9361-II/704991

HK-Archiv, Plenarierakten, Nr. 481, Nr. 513; 92.15_85; 94.A.1_104; I.6.E.3.5_5; I.6.F.3.8_7; I.6.F.4_17

StAHH, 221-11_Fa.(H) 502; 231-7_B 1988-186 Bd. 2; 332-5_12028, Urkunde Nr. 60

Hamburger Adreßbücher 1932–1943, Staats- und Universitätsbibliothek Hamburg, https://agora.sub.uni-hamburg.de/subhh-adress/digbib/start [7.9.2022]

Mitteilungen der Deutschen Gesellschaft für Fettforschung, in: Fette und Seifen 45 (1938), 8, S. 436–440.

Meyhoff, Andreas, Blohm & Voss im „Dritten Reich". Eine Hamburger Großwerft zwischen Geschäft und Politik, Hamburg 2001.

Offenborn, Peter, Interessen Hamburger Unternehmer am Nationalsozialismus. Ihre Beteiligung an der Durchsetzung des nationalsozialistischen Herrschaftssystems. Eine Annäherung, Hamburg 2020.

Roth, Karl Heinz, Ökonomie und politische Macht. Die „Firma Hamburg" 1930–1945, in: Angelika Ebbinghaus/Karsten Linne (Hrsg.), Kein abgeschlossenes Kapitel. Hamburg im „Dritten Reich", Hamburg 1997, S. 15–176.

Schmidt-Reitz, Carl, Harburger Oelwerke Brinckman & Mergell, Hamburg 1956.

Sternberg, Eckhard, Die Metallwerke Niedersachsen Brinckman & Mergell, in: geschichtsspuren.de, o. D., https://www.geschichtsspuren.de/artikel/ruestungsproduktion-lagerung-versorgung/214-menibum.html [7.9.2022].

312 Begründung des Entnazifizierungsausschusses, 12.2.1946, StAHH, 221-11_Fa (H) 502; Schmidt-Reitz, Brinckman & Mergell, S. 40, 71, 74.

Adolf Wilhelm Heinrich Meyer

Lebensdaten: * 15. Dezember 1889 in Fleestedt, † 15. Juni 1942 in Hamburg
Angaben zur Familie: keine genauen Angaben vorhanden, höchstwahrscheinlich verheiratet mit Kind(ern)
Funktionen/Ämter in der Handelskammer: April 1937–15. Juni 1942 Beiratsmitglied und Vizepräses; April 1937–Mai 1942 Leiter der Abteilung Einzelhandel
Firma und Branche: Adolf Meyer, Einzelhandel
Verbindungen zum NS: NSDAP-Mitglied ab 16. Februar 1928, Mitgliedsnr. 125032; 1930/31–14. Oktober 1933 Bürgerschaftsabgeordneter für die NSDAP; Mitglied der Marine-SA im Rang eines Obersturmführers

Über die familiäre Herkunft und den persönlichen Werdegang von Adolf Meyer ist kaum etwas bekannt. Dokumentiert ist hingegen seine Nähe zum NS-Regime: Im Gegensatz zu einem Großteil der Hamburger Kaufleute trat Meyer bereits 1928 in die NSDAP ein und engagierte sich zunächst in der Sektion Hamburg-Neustadt als „einer der aktivsten Kämpfer", ab Juni 1929 als Sektionsleiter. Im Oktober 1930 gründete er die Sektion „Seefahrt/Seeschiffahrt" mit, deren Leitung er übernahm und aus der schließlich die Marine-SA hervorging.[313] Zudem trat Meyer als Gauredner bei über 1000 Versammlungen auf und gehörte seit 1930/31[314] als NSDAP-Abgeordneter der Hamburgischen Bürgerschaft an. Politisch engagierte er sich darüber hinaus als Mitglied der Preisprüfungsstelle, der Finanzdeputation, der Deputation für Handel, Schiffahrt und Gewerbe, der Wohlfahrtsbehörde, der Polizeibehörde (1933) und des Ausschusses für die Aufstellung der Schöffen- und Geschworenenlisten (1932), wobei die Grenzen zu seinen unternehmerischen Interessen fließend gewesen sein dürften.[315]

Meyer war Inhaber eines gleichnamigen Einzelhandelsunternehmens im Milchhandel, das u. a. ein Geschäft in den Hohen Bleichen betrieb. Ab April 1933 amtierte er als Präses der Detaillistenkammer nach deren Gleichschal-

313 Peter Offenborn, Interessen Hamburger Unternehmer am Nationalsozialismus. Ihre Beteiligung an der Durchsetzung des nationalsozialistischen Herrschaftssystems. Eine Annäherung, Hamburg 2020, S. 720.

314 Die Angaben variieren je nach Quelle, siehe Offenborn, Hamburger Unternehmer, S. 720; Abschied von Adolf Meyer, in: Der Einzelhandel der Nordmark, Nr. 7, 1. 7. 1942, enthalten in: HK-Archiv, Plenarierakten, Nr. 510.

315 Offenborn, Hamburger Unternehmer, S. 720.

tung, die laut Presseberichten und Darstellung des Handelskammer-Chronisten Hans Bielfeldt militanter verlief als bei der Handelskammer: Anfang April 1933 besetzte der „Kampfbund des gewerblichen Mittelstandes" unter Leitung des Staatskommissars für Handel und Gewerbe, Christian Bartholatus, die Detaillistenkammer, um Meyer als Präses einzusetzen.[316] Als die Kammer 1937 aufgelöst und als Einzelhandelsabteilung in die IHK überging, wurde Meyer zu deren Leiter sowie zum Vizepräses der IHK ernannt.[317] Hinzu kamen weitere ehrenamtliche Positionen: Meyer leitete u. a. die Unterabteilung Einzelhandel der Wirtschaftskammer Nordmark und seit Mai 1933 den Fremdenverkehrsverein Hamburg e. V. (später Fremdenverkehrsverband Nordmark). Von 1933 bis vermutlich zu seinem Tod war er zudem Aufsichtsratsmitglied der Nordwestdeutschen Versicherungsanstalt AG für Handwerk, Handel und Gewerbe (Nova), stellvertretendes Vorstandsmitglied der Hamburgischen Beleihungskasse für Hypotheken und Aufsichtsratsvorsitzender der Hamburger Bank von 1926 eGmbH. Weiterhin agierte er ab 1934 als Verwaltungsratsmitglied der Hamburger Sparkasse von 1827, als Mitglied im Ehrenausschuss des Aufklärungsausschusses sowie ab 1935 als Beisitzer im Reichsehrengerichtshof.[318]

Im Rahmen seiner Handelskammertätigkeit trat Meyer vor allem im Zuge der Mobilmachung 1939 in Erscheinung. Er plädierte dafür, dem Einzelhandel zwar keine „personelle Sicherstellung" zuzusagen. Jedoch sollte auch davon abgesehen werden, Arbeitskräfte von Einzelhandelsunternehmen einzuziehen, „auf die nicht verzichtet werden" könne.[319] Im Frühling und Sommer desselben Jahres nahm Meyer mit weiteren Mitgliedern der IHK an Besprechungen mit Gauleiter Karl Kaufmann über die wirtschaftliche Lage und Zukunft Hamburgs teil, in denen auch die mögliche Beteiligung Hamburger Firmen an „Arisierungen" in der Tschechoslowakei diskutiert wurde.[320] Genaueres über Meyers Rolle und Beteiligung lässt sich nicht rekonst-

316 Offenborn, Hamburger Unternehmer, S. 720; Hans Bielfeldt, Vom Werden Groß-Hamburgs. Citykammer, Gauwirtschaftskammer, Handelskammer. Politik und Personalia im Dritten Reich, Hamburg 1980, S. 141.

317 HK-Archiv, I.6.E.3.5_1.

318 Eintrag zu Adolf Meyer, in: Wer leitet? Die Männer der Wirtschaft und der einschlägigen Verwaltung, Berlin 1941/42, S. 646.

319 Niederschrift über eine Sitzung der IHK im Wehrkreis X, 28. 11. 1939, HK-Archiv, 94.A.1_59.3.

320 Dokumente zur ersten Besprechung des Reichsstatthalters mit Vertretern der Wirtschaft, April 1939, HK-Archiv, I.6.F.4_17.

ruieren, allerdings berichtete er im Dezember, dass im Einzelhandel geprüft werde, wer „nach [sic] den besetzten Gebieten" gehen wolle.[321]

Im Mai 1942 legte Meyer sein Amt in der IHK-Einzelhandelsabteilung aus gesundheitlichen Gründen nieder und verstarb bereits einen Monat später „nach schwerem Leiden" an einem Herzinfarkt.[322] Die IHK organisierte anschließend Spenden für Meyers Familie, für die „nicht hinreichend gesorgt sei".[323] In einer gemeinsamen Pressemeldung befanden die Einzelhandelsabteilungen der IHK und Wirtschaftskammer Nordmark, dass Meyer sich „dem Nationalsozialismus aus innerster Ueberzeugung gewidmet" und sich „in den Jahren des Aufbaus ebenso überragend wie in den Kampfjahren" bewährt habe.[324]

Quellen und Literatur

HK-Archiv, Plenarierakten, Nr. 510; 94.A.1_59.3; I.6.E.3.5_1; I.6.F.4_17
StAHH, 621-1/72_1410 Bd. 1

Eintrag zu Adolf Meyer, in: Wer leitet? Die Männer der Wirtschaft und der einschlägigen Verwaltung, Berlin 1941/42, S. 646.

Bielfeldt, Hans, Vom Werden Groß-Hamburgs. Citykammer, Gauwirtschaftskammer, Handelskammer. Politik und Personalia im Dritten Reich, Hamburg 1980.

Offenborn, Peter, Interessen Hamburger Unternehmer am Nationalsozialismus. Ihre Beteiligung an der Durchsetzung des nationalsozialistischen Herrschaftssystems. Eine Annäherung, Hamburg 2020.

321 Niederschrift über die Plenarsitzung am 17.12.1939, StAHH, 621-1/72_1410 Bd. 1.
322 Abschied von Adolf Meyer.
323 Auszug aus der Niederschrift über eine Sitzung des Beirats und der [unleserlich] am Freitag, 14.8.1942, HK-Archiv, Plenarierakten, Nr. 510.
324 Abschied von Adolf Meyer.

Christoph Christian Friedrich „Fritz“ Meyer

Lebensdaten: * 20. Januar 1881 in Altona, † 12. August 1953 in Konstanz
Angaben zur Familie: (vermutlich in zweiter Ehe) verheiratet mit Maria Meyer, geb. Stürzel, drei Kinder (Charlotte, Claus C. F., Hannah)[325]
Funktionen/Ämter in der Handelskammer: ab Mai 1933 Staatskommissar im Präsidium; 16. Juni 1933–22. Februar 1935 Plenums-/Beiratsmitglied; 1933/34 Vizepräses
Firma und Branche: Fritz Meyer, (Übersee-)Agenturen, Hamburg, Kaffeehandel
Verbindungen zum NS: NSDAP-Mitglied ab 1. Oktober 1929, Mitgliedsnr. 163332, ab 1931 Bürgerschaftsabgeordneter für die NSDAP, Mai–Oktober 1933 Präsident der Hamburger Bürgerschaft, 12. November 1933–15. April 1943 NSDAP-Reichstagsabgeordneter; ab 2. November 1936 SS-Mitglied, ab 20. April 1937 SS-Obersturmbannführer, ab 12. September 1937 SS-Standartenführer, ab 30. Januar 1941 SS-Oberführer, ab 3. Dezember 1942 SS-Brigadeführer, 1. Januar 1940–1. Mai 1942 ehrenamtlicher Führer des SS-Abschnitts XV (Altona);[326] Mitglied in der NSV ab 1933 und der DAF ab 1934

Christoph Christian Friedrich, genannt Fritz, Meyer wuchs als Sohn eines Weinhändlers in Altona auf. Nach dem Besuch eines Realgymnasiums, das er mit dem Einjährigen-Examen verließ, machte er eine kaufmännische Lehre bei der Privatbank Conrad Hinrich Donner. Nach Ableistung seines Wehrdiensts als Einjährig-Freiwilliger beim 2. Großherzoglich Mecklenburgischen Dragoner-Regiment Nr. 18 in Parchim war er vier weitere Jahre für die Bank tätig. Es folgten mehrjährige Auslandsaufenthalte, u.a. in Frankreich, Großbritannien und den USA, bevor er sich 1907 mit einer Kaffeehandelsfirma selbstständig machte, die einige Jahre später liquidiert wurde. 1913 gründete Meyer eine Agenturfirma, mit der er die Hamburger Vertretung der Londoner Firmen Naumann, Gepp & Co. Ltd und Landsberg & Co. Ltd übernahm. Im Ersten Weltkrieg diente er von August 1914 bis November 1917 als Leutnant der Landwehr, bis er bei der Panzerschlacht von Cambrai für zwei Jahre in britische Kriegsgefangenschaft geriet. Für seine Verdienste wurde

325 Todesanzeige von C.C. Fritz Meyer, StAHH, 731-8_A 762 Meyer, C. Heinrich F.
326 Eintrag zu Christoph Christian Friedrich Meyer, in: Joachim Lilla, Statisten in Uniform. Die Mitglieder des Reichstags 1933–1945. Ein biographisches Handbuch, Düsseldorf 2004, Sp. 704f., hier Sp. 705.

er u.a. mit dem Eisernen Kreuz II. Klasse und dem Hanseatenkreuz ausgezeichnet. Anschließend betätigte er sich erneut als Agent und Makler im Kaffee- und Bankensektor und übernahm in den 1920er Jahren zudem die Weingroßhandlung seines Vaters. Aus dieser schied er 1927 mit Auflösung der Geschäftsform als GmbH aus, besaß aber weiterhin einen Ratsweinkeller in Altona, der zuvor seinem Vater gehört hatte.[327]

Im Gegensatz zu einem Großteil der Hamburger Kaufleute trat Meyer bereits 1929 der NSDAP bei und avancierte als Gauwirtschaftsberater und Propagandaobmann in der Gauleitung Hamburg zu einem wichtigen wirtschaftspolitischen Berater von Gauleiter Karl Kaufmann. Im Mai 1931 wurde ihm laut Peter Offenborn „im Verlauf der Neuorganisation der NSDAP im Gau Hamburg [...] die Zuständigkeit für Finanz- und Wirtschaftsfragen übertragen".[328]

Nachdem Meyer ab 1931 in Hamburg auch Bürgerschaftsabgeordneter der NSDAP gewesen war, amtierte er von Mai 1933 bis zu deren Auflösung im Oktober 1933 als Bürgerschaftspräsident. Zugleich wurde er im Juli 1933 zum Staatsrat im neu gebildeten gleichnamigen Gremium ernannt und war ab November desselben Jahres Reichstagsabgeordneter der NSDAP.[329] Auch Meyers Frau Maria engagierte sich wirtschaftspolitisch in Hamburg, insbesondere im Aufbau der Frauenwirtschaftskammer sowie als stellvertretende Leiterin und Gauschatzmeisterin der NS-Frauenschaft der NSDAP im Gau Hamburg.[330]

Im Mai 1933 wurde Fritz Meyer als weiterer Staatskommissar vom Hamburger Senat ins Präsidium der Handelskammer entsandt, um an der Gleichschaltung der Handelskammer mitzuwirken, und amtierte für ein Jahr auch als Vizepräses. Wenngleich nur wenige konkrete Handlungen von Meyer im Rahmen seiner Handelskammer-Tätigkeiten rekonstruierbar sind, scheint er vor allem berufen worden zu sein, um die Interessen der NSDAP innerhalb des Präsidiums zu vertreten und durchzusetzen. So plädierte er 1934 etwa für

327 Peter Offenborn, Interessen Hamburger Unternehmer am Nationalsozialismus. Ihre Beteiligung an der Durchsetzung des nationalsozialistischen Herrschaftssystems. Eine Annäherung, Hamburg 2020, S. 329, Anm. 766; Eintrag zu Christoph Christian Friedrich Meyer, Sp. 704f.; Eintrag zu C.C. Fritz Meyer, in: Degeners Wer ist's?, 10. Ausg., Berlin 1935, S. 1068; StAHH, 231-7_B 1985-339 Bd. 1 und 2.

328 Offenborn, Hamburger Unternehmer, S. 329f., siehe auch Eintrag zu Christoph Christian Friedrich Meyer, Sp. 705.

329 Eintrag zu Christoph Christian Friedrich Meyer, Sp. 704f.

330 Offenborn, Hamburger Unternehmer, S. 331f., Anm. 773.

eine uneingeschränkte Kontrolle des Außenhandels durch den Staat und die NSDAP, allerdings ohne Erfolg.[331]

Neben der Handelskammer überwachte Meyer 1933 auch die Gleichschaltung des Vereins der Getreidehändler der Hamburger Börse unter dessen neuem Vorsitzenden Heinrich Hartwig. Als Vorsitzender des Hamburger Landesverbandes des Reichsverbandes des Deutschen Groß- und Überseehandels war Meyer maßgeblich an dessen Gleichschaltung und Überführung in die Wirtschaftsgruppe Ein- und Ausfuhrhandel beteiligt. Gleiches gilt für den Verein der am Caffeehandel betheiligten Firmen in Hamburg, dessen Vorstand Meyer seit 1927 angehörte. Aus beiden Vereinigungen schied er kurz nach 1933 ebenso aus wie aus der Handelskammer im Februar 1935, da er „seine Aufgabe als Verbindungsmann zwischen den wirtschaftlichen Vereinen Hamburgs und der Kammer als erfüllt“ ansah.[332]

Fortan konzentrierte sich Meyer zum einen auf seine Agentur. Noch während seiner Zeit in der Handelskammer hatte er sich für die Förderung des Hamburger Kaffeehandels eingesetzt. Gemeinsam mit Handelskammer-Präses Hermann Victor Hübbe und Bürgermeister Carl Vincent Krogmann nahm er 1934 an Besprechungen im RWM über Vorschläge des Kaffee-Vereins teil, die den Hamburger im Kaffeehandel tätigen Firmen am Sandtorkai Vorteile in der Devisenzuteilung sichern sollten.[333] Laut des Vorsitzenden des Hamburger Kaffee-Vereins Bernhard Rothfos nutzte Meyer Ende der 1930er Jahre auch seine guten Kontakte zu Reichstatthalter Karl Kaufmann, um die Bedingungen für den Kaffeeeinfuhrhandel weiter zu fördern. Wenngleich er die Entwicklung später im Rahmen seines Entnazifizierungsverfahrens mit Verweis auf die generelle Konjunktur innerhalb des Kaffeehandels zu erklären versuchte, sind seine deutlichen Einkommenssteigerungen von 13315 RM (1931) auf 168697 RM (1936) sehr auffällig.[334]

331 Papier: Grundlinien zur Führung des Hamburger Groß- und Überseehandels im Sinne der Arbeitsbeschaffung, von C.C.F. Meyer, 16.4.1934, StAHH, 113-3_II 3; siehe auch HK-Archiv, I.6.C.5_2.

332 Mitteilung „Neuberufungen der Mitglieder der Industrie- und Handelskammer Hamburg“, 8.3.1935, HK-Archiv, I.6.E.3.5_1; Offenborn, Hamburger Unternehmer, S. 329, Anm. 766, sowie S. 471, 498; Schreiben von C.C. Fritz Meyer an Wilhelm Kersten, 28.8.1947, StAHH, 221-11_FA 8294.

333 Niederschrift über die erste Sitzung des Ausschusses zur Beratung von Vorschlägen zur Besserung der Lage des Hamburger Kaffeemarktes, 9.1.1934, StAHH, 612-5/8_3 Bd. 7.

334 Dorothee Wierling, Mit Rohkaffee handeln. Hamburger Kaffeeimporteure im 20. Jahrhundert, München/Hamburg 2018, S. 136f., 150, 191.

Zum anderen engagierte sich Meyer in den 1930er und 1940er Jahren in verschiedenen Gremien, Aufsichts- und Verwaltungsräten, wobei sich Hinweise finden, dass er etwa seine Position als Ratsherr und Ratsherrenältester ab 1938 durch seine engen Kontakte zu Karl Kaufmann erhielt, den er mit hohen finanziellen Zuwendungen unterstützte.[335] Unter anderem war Meyer Aufsichtsratsvorsitzender der Hamburger Feuerkasse, der Hamburger Grundstücksverwaltungsgesellschaft und der Billbrauerei AG sowie stellvertretender Aufsichtsratsvorsitzender der Hamburger Hochbahn AG und der Julius Meinl AG, Wien. Zudem amtierte er als Aufsichtsratsmitglied der New-York Hamburger Gummi-Waaren Compagnie und der Volksfürsorge AG. Weiterhin war er Verwaltungsratsmitglied und -vorsitzender der Neuen Sparcasse von 1864, der Hamburger Sparkasse von 1827 sowie der Hamburgischen Landesbank. Hinzu kamen Mitgliedschaften beim Obersten Ehren- und Disziplinarhof der DAF, im Präsidium des Deutschen Industrie- und Handelstages sowie innerhalb der Gemeindeverwaltung Hamburg als Beirat der Kämmerei ab 1939. Aufgrund seiner Aufsichtsratsmitgliedschaften legte Meyer infolge der „Anordnung des Führers über die Aufsichtsratsmitgliedschaft“ im April 1943 sein Reichstagsmandat nieder.[336]

Ab 1936 engagierte sich Meyer in der SS und stieg bis 1942 zum Brigadeführer auf. Von Januar 1940 bis Mai 1942 amtierte er als ehrenamtlicher Führer des SS-Abschnitts XV (Altona).[337] Zu seinem 60. Geburtstag 1941 wurde ihm wegen seiner Verdienste für die Partei im Beisein einiger ranghoher SS-Funktionäre und Karl Kaufmann das Goldene Parteiabzeichen der NSDAP verliehen. Das *Hamburger Tageblatt* zählte ihn zu den „leidenschaftlichsten und treuesten Gefolgsleuten des Führers und zu den engsten und vertrautesten Mitarbeitern des Gauleiters und Reichsstatthalters Karl Kaufmann“.[338] 1942/43 wurde Meyer für volkswirtschaftliche Vorträge innerhalb des Deut-

335 StAHH, 121-3 II_394.

336 Wierling, Rohkaffee, S. 191, Anm. 29; Eintrag zu Fritz C. C. Meyer, in: Wer leitet? Die Männer der Wirtschaft und der einschlägigen Verwaltung 1941/42, Berlin 1942, S. 648; Eintrag zu Christoph Christian Friedrich Meyer, Sp. 705; Eintrag zu C. C. Fritz Meyer, in: Degeners Wer ist's?, S. 1068; Begründung des Berufungsausschusses, 18. 11. 1948, StAHH, 311-3 I Abl. 1989 305-2-1-/361; Hamburger Adreßbücher 1939–1943, Staats- und Universitätsbibliothek Hamburg, https://agora.sub.uni-hamburg.de/subhh-adress/digbib/start [7.. 2022]. Für 1944/45 sind keine Bände vorhanden.

337 Eintrag zu Christoph Christian Friedrich Meyer, Sp. 705.

338 C. C. Fritz Meyer 60 Jahre, in: Hamburger Tageblatt, 19. 1. 1941; siehe auch Ehrungen für Staatsrat Meyer, in: Hamburger Fremdenblatt, 20. 1. 1941.

schen Volksbildungswerkes vorgeschlagen und in diesem Kontext vom „Beauftragten des Führers" (DBFU) als in politischer Hinsicht unbedenklich eingestuft, was erneut seine Parteinähe und -treue unterstreicht.[339]

Nach Ende des Zweiten Weltkrieges war Meyer von Juni 1945 bis Februar 1946 interniert und wurde im Rahmen der sich anschließenden Entnazifizierung zunächst in Kategorie III eingestuft. Der Fachausschuss befand, dass er insbesondere durch seine Ämter als Staatsrat, Ratsherrenältester und Reichstagsabgeordneter „mehr als [ein] nominelles Mitglied der Partei" gewesen war und er in der Befragung „durchaus den Eindruck eines heute noch überzeugten Nationalsozial[isten]" hinterlassen habe.[340] Daraufhin verlor Meyer neben seinen Ämtern auch die Verfügung über sein Vermögen sowie die Möglichkeit, als Kaffeehändler seine Firma weiter zu betreiben. Zudem musste er die Wohnräume in seiner Villa bis auf ein Dachzimmer räumen. Meyer legte Berufung ein und führte eine Reihe an Leumundszeug*innen an, darunter der vom NS-Regime als „halbjüdisch" verfolgte und seit 1946 amtierende Vizepräses der Handelskammer Erik Blumenfeld.[341] Neben den sehr positiven Leumundszeugnissen brachte Meyer zu seiner Verteidigung an, dass er sich innerhalb seiner Ämter in erster Linie als „Wirtschaftler" engagiert und etwa in der Bürgerschaft nie politisch „werbende Reden" gehalten habe. Auch der NSDAP sei er in erster Linie beigetreten, weil ihn deren Ansätze zur Lösung der wirtschaftlichen Krisen überzeugt hätten. Zudem führte er seine Beteiligung als Ratsherrenältester bei der widerstandslosen Kapitulation Hamburgs an. Um nicht „unnötig unschuldige Menschen" zu opfern, habe er Reichsstatthalter Kaufmann und Handelskammer-Präses Joachim de la Camp von der „Nichtverteidigung Hamburgs" überzeugt.[342]

339 BArch, NS 15/33; BArch, NS 15/254.

340 Fragebogen Action Sheet, 1.4.1947, StAHH, 221-11_FA 8294.

341 Helmut Stubbe-da Luz, Blumenfeld, Erik, in: Franklin Kopitzsch/Dirk Brietzke (Hrsg.), Hamburgische Biografie. Personenlexikon, Bd. 3, Göttingen 2006, S. 50–52; Wierling, Rohkaffee, S. 216 f.

342 Schreiben von C.C. Fritz Meyer an Wilhelm Kersten, 28.8.1947, StAHH, 221-11_FA 8294. Wie die Forschung vielfach zeigen konnte, waren die sozial-moralischen Argumente für die kampflose Übergabe Hamburgs, denen sich auch Karl Kaufmann bediente, ein Vorwand der (wirtschafts-)politischen Verantwortlichen, denen es in erster Linie um sich selbst und die wirtschaftliche Zukunft Hamburgs ging. Siehe etwa Detlef Garbe, Kriegsende und Befreiung vor 75 Jahren – Wegmarken der Erinnerung in Hamburgs Mitte, in: Woche des Gedenkens, 8.11.2020, https://gedenken-hamburg-mitte.de/src/files/Text_Kriegsende-vor-75-Jahren-%E2%80%93-Wegmarken-der-Erinnerung-in-Hamburgs-Mit....pdf [7.9.2022].

Wenngleich er im Berufungsverfahren deutlich seine Billigung der NS-Politik hinsichtlich der Verfolgung von Jüdinnen und Juden artikulierte – „ein kleiner Prozentsatz deutscher Staatsbürger, in diesem Fall jüdischer Rasse, [habe] Deutschland auf allen Gebieten beeinflusst und geführt", sodass „die Ausschaltung nach dieser Seite hin [...] als eine unabwendbare Notwendigkeit" erschienen sei –, wurde Meyers Berufung 1948 stattgegeben.[343] Der Berufungsausschuss befand, dass Meyer trotz einer „beachtliche[n] politische[n] Belastung" seine Stellung nie „zu seinen Gunsten ausgenutzt" oder „sich als starker politischer Aktivist hervorgetan" habe. Paradoxerweise wurden gerade seine engen Beziehungen zu Karl Kaufmann und anderen hochrangigen NS-Funktionären als Verteidigungsargument gewertet, da Meyer nur dadurch „religiös Verfemten und Verfolgten" vielfach habe helfen können. Der Ausschuss stufte ihn in Kategorie IV ein und hob seine Vermögenssperre auf, zugleich musste Meyer eine Geldstrafe zahlen und war für Tätigkeiten im öffentlichen Dienst gesperrt, nicht jedoch für die freie Wirtschaft.[344]

343 Gedächtnisprotokoll von C. C. Fritz Meyer der Berufungsverhandlung, 13. 2. 1948, StAHH, 221-11_FA 8294.

344 Beschluss im Berufungsverfahren von C. C. Fritz Meyer, 18. 11. 1948, StAHH, 221-11_FA 8294. Eine detaillierte Beschreibung von Meyers Entnazifizierungsverfahren findet sich auch bei Wierling, Rohkaffee, S. 216–218.

Quellen und Literatur

BArch, NS 15/33; NS 15/254

HK-Archiv, I.6.C.5_2; I.6.E.3.5_1; Plenarierakte Nr. 489

StAHH, 113-3_II 3; 121-3 II_394; 221-11_FA 8294; 231-7_B 1985-339 Bd. 1 und 2; 311-3 I Abl. 1989 305-2-1-/361; 612-5/8_3 Bd. 7; 731-8_A 762 Meyer, C. Heinrich F.

C. C. Fritz Meyer 60 Jahre, in: Hamburger Tageblatt, 19. 1. 1941.

Ehrungen für Staatsrat Meyer, in: Hamburger Fremdenblatt, 20. 1. 1941.

Eintrag zu C. C. Fritz Meyer, in: Degeners Wer ist's?, 10. Ausg., Berlin 1935, S. 1068.

Eintrag zu Fritz C. C. Meyer, in: Wer leitet? Die Männer der Wirtschaft und der einschlägigen Verwaltung 1941/42, Berlin 1942, S. 648.

Hamburger Adreßbücher 1932–1943, Staats- und Universitätsbibliothek Hamburg, https://agora.sub.uni-hamburg.de/subhh-adress/digbib/start [7. 9. 2022].

Eintrag zu Christoph Christian Friedrich Meyer, in: Joachim Lilla, Statisten in Uniform. Die Mitglieder des Reichstags 1933–1945. Ein biographisches Handbuch, Düsseldorf 2004, Sp. 704 f.

Garbe, Detlef, Kriegsende und Befreiung vor 75 Jahren – Wegmarken der Erinnerung in Hamburgs Mitte, in: Woche des Gedenkens, 8. 11. 2020, https://gedenken-hamburg-mitte.de/src/files/Text_Kriegsende-vor-75-Jahren-%E2%80%93-Wegmarken-der-Erinnerung-in-Hamburgs-Mit....pdf [15. 7. 2021]

Offenborn, Peter, Interessen Hamburger Unternehmer am Nationalsozialismus. Ihre Beteiligung an der Durchsetzung des nationalsozialistischen Herrschaftssystems. Eine Annäherung, Hamburg 2020.

Stubbe-da Luz, Helmut, Blumenfeld, Erik, in: Franklin Kopitzsch/Dirk Brietzke (Hrsg.), Hamburgische Biografie. Personenlexikon, Bd. 3, Göttingen 2006, S. 50–52.

Wierling, Dorothee, Mit Rohkaffee handeln. Hamburger Kaffeeimporteure im 20. Jahrhundert, München/Hamburg 2018.

Max Albert Peperkorn

Lebensdaten: * 14. November 1893 in Kiel, † 27. April 1953 in Hamburg
Angaben zur Familie: verheiratet mit Annelise Peperkorn, geb. Andresen[345] (seit 7. April 1923), keine Kinder
Funktionen/Ämter in der Handelskammer: 11. Mai 1938–16. Mai 1945 Beiratsmitglied; 18. Januar 1943–16. Mai 1945 Vizepräses; ab 1942 Leiter des Sachdezernats „Einsatz in den besetzten Gebieten“; 1943–1945 stellvertretender Vorsitzender der Abteilungen Handel und Außenwirtschaft
Firma und Branche: van Dissel, Rode & Co. Nachf. GmbH, Außenhandel
Verbindungen zum NS: NSDAP-Mitglied ab 1. Juli 1928, Mitgliedsnr. 94341; ab April 1937 SS-Mitglied im Rang eines Hauptsturmführers des SS-Abschnitts XV, ab 1940 SS-Sturmbannführer, ab 1942 SS-Obersturmbannführer

Max Peperkorn wuchs als Sohn eines Rechnungsrats in Kiel auf. Nach dem Besuch eines Gymnasiums, das er nach der Obersekunda verließ, machte er in der Stadt eine Lehre in der Eisenwaren-Großhandlung Johannsen & Schmielau. Während des Ersten Weltkrieges diente er ab 1914 als Leutnant der Reserve im Infanterie-Regiment Herzog von Holstein (Holsteinisches) Nr. 85 und im Infanterie-Regiment Nr. 18, bis er sich 1917 eine schwere Beinverletzung zuzog. Für seine Verdienste erhielt er u. a. das Eiserne Kreuz I. und II. Klasse, das Hanseatenkreuz sowie das Ehrenkreuz für Frontkämpfer. 1919 schloss sich Peperkorn dem paramilitärischen Freikorps Bahrenfeld an, das von Hamburger Kaufleuten initiiert worden war und bei den „Sülzeunruhen“ eingesetzt wurde.[346]

Nach Anstellungen in der chemischen Industrie und im Einfuhr-Großhandel in Hamburg war er ab Dezember 1922 bei der Im- und Exportfirma F. Herman Pfingsthorn angestellt. Diese war 1852 in Venezuela gegründet worden, seit 1893 hatte sie als van Dissel & Co. Niederlassungen in Hamburg und Venezuela, die als Folge des Ersten Weltkrieges 1920 in zwei eng miteinander handelnde Unternehmen aufgeteilt wurden. 1928 folgte die erneute Umbenennung in van Dissel, Rode & Co. Nachf. GmbH unter dem neuen Inhaber Oskar Sinram. Peperkorn war ab 1926 einer der Prokuristen des Unterneh-

345 Todesanzeige von Max Peperkorn, in: Hamburger Abendblatt, 29. 4. 1953, S. 4.
346 Uwe Schulte-Varendorff, Die Hungerunruhen in Hamburg im Juni 1919 – eine zweite Revolution? Hamburg 2010, S. 67–72.

mens, das mit verschiedenen Waren handelte, insbesondere mit Südamerika. Ein Schwerpunkt lag im Kaffeehandel, wobei van Dissel nach eigenen Angaben einen Anteil zwischen 12 und 20 Prozent am deutlich gestiegenen deutschen Kaffeeimport aus Venezuela von 1935 bis 1938 hatte. Außerdem betrieb die Firma ein „umfangreiches Transitgeschäft" mit Skandinavien, weshalb Peperkorn häufige Reisen nach Südamerika und Skandinavien unternahm.[347]

Im Juli 1928 trat Peperkorn der NSDAP bei und erhielt für diese frühe Mitgliedschaft später das goldene Parteiabzeichen. Nicht nur in seinem Beharren, das nach einem Bombenschaden verloren gegangene Abzeichen unbedingt ersetzen zu lassen, spiegelt sich seine deutliche Identifikation mit der Partei wider.[348] Von 1930 bis vermutlich Ende der 1930er Jahre war er als offizieller Gauredner mit einem Schwerpunkt in Wirtschaftspolitik aktiv und engagierte sich außerdem in „volkstumspolitischen" Angelegenheiten. In der Hamburger Gauleitung fungierte Peperkorn als Beauftragter der Volksdeutschen Mittelstelle Berlin und war ab 1935 stellvertretender, ab 1937 bis vermutlich März 1944 Landesleiter des Volksbunds für das Deutschtum im Ausland (VDA). Laut Peter Offenborn avancierte Peperkorn „zu einer zentralen Figur für die propagandistischen Aktivitäten" der NSDAP, da er u. a. offiziell als Verbindungsmann des VDA zum Hamburger Gauring für nationalsozialistische Propaganda und Volksaufklärung agierte.[349] Von 1942 bis 1944 war er außerdem am Aufbau des Hamburger „‚Gauamts für Volkstumsfragen', in dem die volkstumspolitischen Ämter von SS und NSDAP auf Gauebene vereinigt waren", beteiligt, wobei er nach Kriegsende bestritt, jemals Gauamtsleiter gewesen zu sein.[350] In der SS war Peperkorn ab 1937 Mitglied und stieg bis 1942 in den Rang eines Obersturmbannführers auf. 1944 trat er von seinen

347 Hildegard von Marchtaler, Chronik der Firma Van Dissel, Rode & Co. Nachf., Hamburg, Bremen 1952, S. 6, 66, 70 f., 76. Die Angaben dieser sehr tendenziösen Eigenpublikation werden nicht zuletzt aufgrund fehlender Quellenbelege nur unter Vorbehalt und aufgrund mangelnder Alternativen verwendet.

348 BArch, R 9361-II/795654.

349 Peter Offenborn, Interessen Hamburger Unternehmer am Nationalsozialismus. Ihre Beteiligung an der Durchsetzung des nationalsozialistischen Herrschaftssystems. Eine Annäherung, Hamburg 2020, S. 674–676.

350 Karl Heinz Roth, Ökonomie und politische Macht. Die „Firma Hamburg" 1930–1945, in: Angelika Ebbinghaus/Karsten Linne (Hrsg.), Kein abgeschlossenes Kapitel. Hamburg im „Dritten Reich", Hamburg 1997, S. 15–176, hier S. 79; Aussage von Max Peperkorn vor dem Spruchgericht Bergedorf, 3. 9. 1947, BArch, Z 42-III/590. Siehe auch Schreiben von Karl Kaufmann an Max Peperkorn, 31. 8. 1944, HK-Archiv, Plenarierakten, Nr. 552.

Max Albert Peperkorn

Ämtern im Bereich der „politischen Volkstumsarbeit" zurück, um sich verstärkt wirtschaftspolitischen Aufgaben in Hamburg zu widmen.[351]

1938 erfolgte seine Ernennung zum Ratsherrn in der Ratsherrenversammlung durch Reichsstatthalter Karl Kaufmann, zu dem er eine gute Verbindung hatte. Nachdem sein Haus im Juli 1942 ausgebombt worden war, beantragte Peperkorn, ein Grundstück in Lemsahl-Mellingstedt zu kaufen, das zuvor einem jüdischen Besitzer gehört hatte. Karl Kaufmann setzte sich persönlich dafür ein, dass der Antrag genehmigt wurde, woraufhin Peperkorn bis zur Kapitulation 1945 dort wohnte.[352]

Darüber hinaus übte er mehrere Ehrenämter aus, darunter im Vorstand des Vereins der am Caffeehandel betheiligten Firmen, im Verwaltungsrat der Hamburger Konsum- und Produktionsgenossenschaft „Produktion", im Beirat der Überwachungsstelle für Kaffee und ab 1938 in der Verwaltung für Handel, Schiffahrt und Gewerbe sowie als Handelsrichter am Landgericht Hamburg. Des Weiteren war er Beisitzer der Wirtschaftskammer Nordmark sowie ab Mai 1938 Beiratsmitglied der IHK.[353] Auch beruflich hatte Peperkorn weiterhin Erfolg. Ab 1936 wurde er zusammen mit Oskar Sinram Inhaber von van Dissel, nachdem das Unternehmen infolge der zunehmenden wirtschaftspolitischen Beschränkungen zu einer selbstständigen Kommanditgesellschaft umstrukturiert worden war.[354] Als die Wehrmacht 1938 im Zuge von Kriegsvorbereitungen mithilfe der IHK ein örtliches Netzwerk mit der Hamburger Wirtschaft aufbaute, gehörte Peperkorn zu den „100 führenden Hamburger Wirtschaftlern" und stand auch auf weiteren Listen, die der Hauptgeschäftsführer Elso Klöver u.a. von Kaufleuten und Exporteuren zusammenstellte.[355] Nach Kriegsbeginn und dem Abbruch des Überseehandels tätigte van Dissel zunächst noch Geschäfte mit Skandinavien, wohin Peperkorn bis 1940 mehrmals reiste. Das Unternehmen arbeitete außerdem zunehmend eng mit der Maschinenfabrik Albert Thode & Co. zusammen, deren Mitinhaber Peperkorn 1942 wurde. Von August 1942 bis Januar 1943

351 Brief von Max Peperkorn an die GWK, Geschäftsführer Asch und Marwedel, 29.9.1944, HK-Archiv, Plenarierakten, Nr. 552.

352 StAHH, 311-3 I_Abl. 1959 416-1/3.

353 Offenborn, Hamburger Unternehmer, S. 337; Hamburger Adreßbücher, 1938–1943, Staats- und Universitätsbibliothek Hamburg, https://agora.sub.uni-hamburg.de/subhh-adress/digbib/start [7.9.2022]. Für 1944/45 sind keine Bände vorhanden.

354 Marchtaler, Chronik, S. 74.

355 Brief von Klöver an das Infanterie-Regiment Nr. 76, Hamburg, Kaserne Bundesstraße, 2.3.1938, HK-Archiv, I.6.F.3.8_7.

war er kurzzeitig als Verwalter eines Unternehmens in Amsterdam eingesetzt, jedoch wegen „Arbeitsüberlastung […] nicht in der Lage, die Verwaltung […] ordnungsmäßig durchzuführen".[356] Nach dem Tode Oskar Sinrams im Mai 1943 amtierte Peperkorn schließlich als alleiniger Inhaber von van Dissel.[357]

Die Verflechtung seiner beruflichen Tätigkeit und seines Engagements in der IHK spiegelt sich besonders in seinen Aktivitäten in Osteuropa wider. Ab 1940 versuchte Peperkorn maßgeblich, dort einen Geschäftszweig aufzubauen, wofür van Dissel 1941 einen Kredit von Karl Kaufmanns „Hamburger Stiftung von 1937" bekam und als sogenannte Bezirksfirma in Saporoshje im „Reichskommissariat Ukraine" eingesetzt wurde.[358] Innerhalb der IHK übernahm er ab 1942 zugleich die Leitung des neu eingerichteten Sachdezernats „Einsatz in den besetzten Gebieten", das die Tätigkeiten von Hamburger Firmen koordinierte. Dieses wurde später weiter ausdifferenziert, u.a. in eine „Arbeitsgemeinschaft Hamburger Ukraine-Firmen und Ostlandfirmen", deren Vorsitz Peperkorn übernahm. Die AG bildete ein Netzwerk aus den „in der Ukraine eingesetzten 25 Hamburger Bezirkshandelsfirmen, Fachfirmen und Patenfirmen der Wehrmacht".[359] Ab 1943 amtierte er in der umgewandelten Gauwirtschaftskammer als Vizepräses sowie stellvertretender Vorsitzender der Abteilungen Handel und Außenwirtschaft. Im selben Jahr begleitete er in seiner Rolle als SS-Funktionär und Inhaber von van Dissel den Präses Joachim de la Camp auf eine Ukrainereise, die infolge der Krisensituation in Hamburg nach der „Operation Gomorrha" allerdings nach kurzer Zeit abgebrochen werden musste. Im Mai 1945 schied er auf eigenen Wunsch vorgeblich wegen beruflicher Belastungen aus der Kammer aus.[360]

Von Juni 1945 bis März 1948 war Peperkorn laut eigenen Angaben in Neuengamme und Neumünster interniert, bis er vom Spruchgericht Bergedorf wegen seiner SS-Zugehörigkeit zu sechs Monaten Haft verurteilt wurde. Die Haft galt wegen seiner Internierung als verbüßt, aber Peperkorn musste

356 Reichskommissar für die besetzten niederländischen Gebiete an Feindvermögensverwaltung in Den Haag, 20.1.1943, BArch, R 177/1183.

357 Marchtaler, Chronik, S.79.

358 Ebenda; StAHH, 614-2/13_20; HK-Archiv, I.6.G.5.24_2.

359 Bericht über die Tätigkeit des Sachdezernats Einsatz in den besetzten Gebieten im Jahre 1943, 10.12.1942, HK-Archiv, I.6.P.3_39; siehe auch Karsten Linne, Deutsche Afrikafirmen im „Osteinsatz", in: 1999. Zeitschrift für Sozialgeschichte des 20. und 21. Jahrhunderts 16 (2001), 1, S.49–90, hier S.72, 87; HK-Archiv, 92.15_25.

360 HK-Archiv, I.6.G.5.24_2; HK-Archiv, I.6.E.3.5_5; StAHH, 371-15_1; StAHH, 371-15_2; StAHH, 371-15_6.

die Kosten des Verfahrens tragen. Das Spruchgericht befand, dass ihm „der verbrecherische Einsatz seiner Organisation bei den Judenverfolgungen unzweifelhaft bekannt gewesen“ sein musste und es „grotesk“ und „völlig unglaubwürdig“ sei, dass er angab, von den Zuständen in den Konzentrationslagern, deren Bewachung durch SS-Formationen und der Einweisung politischer „Gegner“ nichts gewusst zu haben. Als mildernde Umstände wurden gewertet, dass keine persönliche Bereicherung festgestellt werden konnte, er keinen politischen Druck auf seine Angestellten ausgeübt und sich teils auch für Jüdinnen und Juden eingesetzt habe.[361] Peperkorn legte gegen das Urteil Revision ein, der das Spruchgericht Hamm (Westfalen) im Januar 1949 stattgab. Das Verfahren wurde zur Neuverhandlung nach Bergedorf zurückverwiesen. Ausschlaggebend war, dass Peperkorns Kenntnisse über den Einsatz der SS und die Situation in den KZs für eine Verurteilung genauer hätten nachgewiesen werden müssen. Im folgenden Verfahren verurteilte das Spruchgericht Bergedorf Peperkorn im März 1949 wegen seiner SS-Zugehörigkeit zu einer Geldstrafe von 4000 DM, die durch die Internierungshaft als verbüßt galt. Allerdings hatte Peperkorn die Kosten für das Verfahren zu tragen, mit Ausnahme der Kosten für die Revision. Dass Gericht sah es als erwiesen an, dass Peperkorn von den Deportationen der jüdischen Bevölkerung, der Bewachung von KZs durch die SS und deren Zusammenarbeit mit der Gestapo gewusst hatte, wenngleich ihm nicht nachgewiesen werden konnte, von der „Vernichtung der Juden eine hinreichende Kenntnis gehabt“ zu haben.[362] Der erneute Versuch, das Urteil anzufechten, scheiterte vor dem Spruchgericht Hamm (Westfalen) im Mai 1949, das die Entscheidung aus Bergedorf bestätigte.[363]

Im Rahmen des Entnazifizierungsverfahrens in Hamburg war Peperkorn im Februar 1949 in Kategorie IV ohne Beschränkungen eingestuft worden, verbunden mit einer Geldbuße in Höhe von 3000 DM. Für das Verfahren legte er 13 Leumundszeugnisse vor, darunter viele von Geschäftspartnern und von Otto Laeisz, der selbst im Außenhandel aktiv und von 1939 bis 1946 in der Handelskammer Mitglied gewesen war. Dieser betonte, Peperkorn habe sich in erster Linie „für die allgemeinen deutschen Wirtschaftsinteressen“ und

361 Urteil des Spruchgerichts Bergedorf gegen Max Peperkorn, 11. 3. 1948, StAHH, 221-11_Z 10763.

362 Urteil des Spruchgerichts Bergedorf gegen Max Albert Peperkorn, 1. 3. 1949, BArch, Z 42-III/590.

363 Urteil des Obersten Spruchgerichtshofs Hamm (Westf.) gegen Max Albert Peperkorn, 27. 5. 1949, BArch, Z 42-III/590.

als Vizepräses „besonders für die Förderung des kaufmännischen Nachwuchses in fachlicher Richtung" eingesetzt.[364]

Peperkorn konnte anschließend wieder uneingeschränkt bei van Dissel arbeiten, sein bis zu diesem Zeitpunkt beschlagnahmtes und von einem Treuhänder verwaltetes Vermögen wurde freigegeben. Im April 1949 wurde er aufgefordert, das Grundstück in Lemsahl-Mellingstedt an den vorherigen jüdischen Eigentümer zurückzugeben. Peperkorn versuchte, sich gegen einen Gebührenfestsetzungsbescheid in Bezug auf sein Privatvermögen in Höhe von 88 DM zu wehren, und gab als Grund dafür u. a. an, dass er damit zu rechnen habe, „bei Rückgabe des Grundstücks noch nicht einmal den seinerzeit von mir an das Oberfinanzpräsidium als Vertreter des Reiches bezahlten Kaufpreis zurückerstattet" zu erhalten.[365]

Ähnlich versuchte er, die im Entnazifizierungsverfahren auferlegte Geldbuße zu umgehen, indem er erst um Stundung und dann um Erlass eines Teilbetrags bat, da er angab, seine finanziellen Mittel ganz für den Wiederaufbau seines Unternehmens zu brauchen. Der zuständige Beamte lehnte dies ab, da Peperkorn „im Entnazifizierungsverfahren so günstig weggekommen" sei, dass er „bei der Bedeutung seiner Tätigkeit und dem Vermögen seiner Firma den in Anspruch genommenen Kredit auch für die Bussezahlung [sic] mit verwenden muss".[366]

Für den Wiederaufbau von van Dissel erhielt Peperkorn von der Deutsch-Südamerikanischen Bank unter deren Direktor, dem ehemaligen Handelskammer-Präses Hermann Victor Hübbe, einen Kredit in Höhe von 100 000 DM.[367] Das Unternehmen konzentrierte sich fortan hauptsächlich auf den Kaffee-Import. Für den Aufbau von Geschäftsbeziehungen reiste Peperkorn in der Nachkriegszeit wieder in „alte Verbindungsländer" sowie in neue, potenzielle Absatzgebiete in Argentinien, Bolivien und Chile.[368] Das *Hamburger Abendblatt* bezeichnete van Dissel zu Beginn der 1950er Jahre noch als „eines der bekanntesten Hamburger Überseehäuser".[369]

364 Leumundszeugnis von Otto Laeisz, 23. 11. 1948, StAHH, 221-11_Z 10763.

365 Schreiben von Max Peperkorn an Landesamt für Vermögenskontrolle, Finanzamt Hamburg, 1. 12. 1949, StAHH, 311-3 I_Abl. 1989 305-2-1/371.

366 Aktennotiz zum Vorgang Max Peperkorn, 5. 8. 1949, StAHH, 221-11_Z 10763.

367 Schreiben von Max Peperkorn an das Sekretariat des Staatskommissars für die Entnazifizierung Kategorisierung, 10. 6. 1949, StAHH, 311-3 I_Abl. 1989 305-2-1/371.

368 Marchtaler, Chronik, S. 94.

369 Hundertjährige Tradition. Geschichte des Übersee Hauses Van Dissel, Rode & Co./Venezuela-Hamburg, in: Hamburger Abendblatt, 30. 12. 1952, S. 7.

Quellen und Literatur

BArch, R 177/1183; R 9361-II/795654; Z 42-III/590

HK-Archiv, Plenarierakten, Nr. 552; 92.15_25; I.6.E.3.5_5; I.6.F.3.8_7; I.6.G.5.24_2; I.6.P.3_39

StAHH, 221-11_Z 10763; 311-3 I_Abl. 1959 416-1/3; 311-3 I_Abl. 1989 305-2-1/371; 371-15_1; 371-15_2; 371-15_6; 614-2/13_20

Hamburger Adreßbücher, 1938–1943, Staats- und Universitätsbibliothek Hamburg, https://agora.sub.uni-hamburg.de/subhh-adress/digbib/start [7.9.2022]

Hundertjährige Tradition. Geschichte des Übersee Hauses Van Dissel, Rode & Co./Venezuela-Hamburg, in: Hamburger Abendblatt, 30.12.1952, S. 7.

Todesanzeige von Max Peperkorn, in: Hamburger Abendblatt, 29.4.1953, S. 4.

Linne, Karsten, Deutsche Afrikafirmen im „Osteinsatz“, in: 1999. Zeitschrift für Sozialgeschichte des 20. und 21. Jahrhunderts 16 (2001), 1, S. 49–90.

Marchtaler, Hildegard von, Chronik der Firma Van Dissel, Rode & Co. Nachf., Hamburg, Bremen 1952.

Offenborn, Peter, Interessen Hamburger Unternehmer am Nationalsozialismus. Ihre Beteiligung an der Durchsetzung des nationalsozialistischen Herrschaftssystems. Eine Annäherung, Hamburg 2020.

Roth, Karl Heinz, Ökonomie und politische Macht. Die „Firma Hamburg“ 1930–1945, in: Angelika Ebbinghaus/Karsten Linne (Hrsg.), Kein abgeschlossenes Kapitel. Hamburg im „Dritten Reich“, Hamburg 1997, S. 15–176.

Schulte-Varendorff, Uwe, Die Hungerunruhen in Hamburg im Juni 1919 – eine zweite Revolution? Hamburg 2010.

Moritz Schmidt-Schröder

Lebensdaten: * 12. Mai 1879 in Heilbronn, † 17. Mai 1970 in Hamburg
Angaben zur Familie: verheiratet: 1. Ehe mit Olga Schröder (geschlossen am 22. Juni 1903), zwei Kinder (Paul Willy, Alice Monika); 2. Ehe mit Emmy Loeschigk (geschlossen am 3. Juni 1920); 3. Ehe mit Laetitia Eggers (geschlossen am 24. Januar 1929), zwei Kinder (Alice Kate Julie; Edgar Moritz Adolf)[370]
Funktionen/Ämter in der Handelskammer: ab 15. April 1933 Staatskommissar im Präsidium, 16. Juni 1933–19. September 1939 Plenums-/Beiratsmitglied; 1935–19. September 1939 Vizepräses; 1935–1937 Vorsitzender der Sektion Inneres
Firma und Branche: Chr. Heinr. Schmidt jr., Im- und Export/Kaffeehandel
Verbindungen zum NS: NSDAP-Mitglied ab 1. April 1932, Mitgliedsnr. 1056987; 1934–1940 Mitglied in der NSV; 1935–1940 Mitglied in der DAF

Moritz Schmidt-Schröder wuchs als jüngstes von fünf Kindern des Kommerzienrats Adolf Heinrich Schmidt in Heilbronn auf. Sein Urgroßvater Christoph Heinrich Schmidt hatte 1806 das Handelsunternehmen Chr. Heinr. Schmidt jr. gegründet, das sich Mitte des 19. Jahrhunderts auf Kaffee spezialisierte und stark expandierte. 1875 entstand eine Filiale in Triest und der Geschäftsbereich dehnte sich auf Österreich-Ungarn und den Balkanraum aus.[371] Moritz Schmidt-Schröder machte nach dem Besuch eines Heilbronner Gymnasiums ab 1895 eine dreijährige Ausbildung im Familienunternehmen, dessen Teilhaber sein Vater seit 1868 war. Es folgte ein sechsmonatiger beruflicher Aufenthalt in Lausanne. Ab Oktober 1898 leistete Schmidt-Schröder seinen Militärdienst als Einjährig-Freiwilliger bei dem Ulanen-Regiment „König Wilhelm I." (2. Württembergisches) Nr. 20 in Ludwigsburg, wo er 1900 zum Leutnant der Reserve befördert wurde. Anschließend arbeitete er bei zwei Kaffee- und Teeimportfirmen in Frankreich, bevor er 1903 ins Familienunternehmen als Prokurist zurückkehrte.[372]

1906 übernahm Schmidt-Schröder gemeinsam mit seinem Bruder Albert die Leitung von Chr. Heinr. Schmidt jr. Zwei Jahre später gründeten die

370 Moritz Schmidt-Schröder, Meine Vorfahren, Hamburg 1938, S. 20 f.
371 Moritz Schmidt-Schröder, Chr. Heinr. Schmidt Jr. Hamburg. 150 Jahre Kaffeeimport, 1806–1956, Hamburg 1956, S. 7, 14.
372 Schmidt-Schröder, Vorfahren, S. 21 f.

Moritz Schmidt-Schröder

Brüder mit weiteren Geschäftspartnern die Marokko Mannesmann Compagnie m.b.H in Casablanca, deren Geschäftsführer sie wurden. Das Unternehmen konzentrierte sich vor allem auf den Handel von Zucker, Tee und Paraffinkerzen und verfügte bis 1913 über 14 Niederlassungen, u.a. in allen wichtigen Hafenstädten Marokkos. Um den Im- und Export zu erleichtern, wurden die Hauptsitze beider Firmen 1911 nach Hamburg verlegt.[373]

Nachdem das Auslandsunternehmen im Frühjahr 1914 in eine AG umgewandelt worden war, brach mit Beginn des Ersten Weltkrieges der Handel mit Marokko ab und das Firmeneigentum vor Ort wurde von französischen Truppen beschlagnahmt. Die Leitung von Chr. Heinr. Schmidt jr. oblag während des Krieges zwei Prokuristen, da Schmidt-Schröders Bruder 1915 gestorben war und er selbst im Krieg diente. Als Oberleutnant der Reserve war er Teil des Württembergischen Landwehr-Infanterie-Regiments Nr. 125, wurde bis zum Rittmeister der Reserve befördert und agierte u. a. als Nachrichtenoffizier der Obersten Heeresleitung in der Türkei. Für seine Kriegsverdienste wurde er mit dem Eisernen Kreuz I. und II. Klasse ausgezeichnet.[374]

Nach Kriegsende widmete sich Schmidt-Schröder dem Wiederaufbau der Handelsbeziehungen von Chr. Heinr. Schmidt jr. Als zahlreiche Kunden während der Weltwirtschaftskrise Ende der 1920er Jahre Insolvenz anmeldeten, verzeichnete das Unternehmen deutliche Verluste. Um diese auszugleichen, verkaufte Schmidt-Schröder die Mehrheit seiner Anteile an zwei Unternehmen in Spanien, die er seit Mitte der 1920er Jahre besessen hatte.[375] Ende der 1920er Jahre stieg sein Sohn Paul Willy in das Unternehmen ein, amtierte ab 1929 als Teilhaber und trug zu einer deutlichen Umsatzsteigerung im Kaffeehandel bei. Moritz Schmidt-Schröders Einkommen als Mitinhaber stieg in den 1930er Jahren deutlich von 45 941 RM (1935) auf bis zu 184 550 RM (1937).[376] Zusätzlich agierte Schmidt-Schröder von Ende der 1920er Jahre bis Mai 1933 als Geschäftsführer der Teeimportfirma G.W.A. Westphal.[377] Als IHK-Hauptgeschäftsführer Elso Klöver Listen von Kaufleuten und Importeuren zusammenstellte, die er der Wehrmacht zur Verfügung stellte, fand

373 Schmidt-Schröder, 150 Jahre Kaffeeimport, S. 19, 25–27, 31–33.

374 Ebenda, S. 39; Schmidt-Schröder, Vorfahren, S. 22.

375 Schmidt-Schröder, 150 Jahre Kaffeeimport, S. 40–42.

376 Dorothee Wierling, Mit Rohkaffee handeln. Hamburger Kaffeeimporteure im 20. Jahrhundert, München/Hamburg 2018, S. 150; Schmidt-Schröder, 150 Jahre Kaffeeimport, S. 41 f.

377 Peter Offenborn, Interessen Hamburger Unternehmer am Nationalsozialismus. Ihre Beteiligung an der Durchsetzung des nationalsozialistischen Herrschaftssystems. Eine Annäherung, Hamburg 2020, S. 459 f.

sich auch Schmidt-Schröders Name darauf. 1938 nutzte die Wehrmacht die Listen für den Aufbau eines lokalen Netzwerkes mit der Hamburger Wirtschaft, um die Kriegsvorbereitungen voranzutreiben.[378]

Nachdem Schmidt-Schröder 1932 der NSDAP beigetreten war und freundschaftliche Kontakte zum ab März 1933 amtierenden Bürgermeister Hamburgs Carl Vincent Krogmann pflegte, wurde er im April des Jahres als einer von vier Staatskommissaren vom Hamburger Senat ins Präsidium der Handelskammer entsandt, um an deren Gleichschaltung mitzuwirken. In dieser Funktion waren ihm als Geschäftsfelder handelspolitische und koloniale Fragen, das Zoll- und Steuerwesen, der Warenhandel, Handelsgebräuche sowie das Bank- und Münzwesen zugewiesen.[379] Nicht nur im Hinblick auf die ihm zugeteilten Geschäftsfelder scheint Schmidt-Schröder unter den Staatskommissaren zu Beginn die renommierteste und einflussreichste Stellung eingenommen zu haben. Bei ihrer Vorstellung vor allen Mitarbeitenden der Handelskammer am 20. April 1933 hielt er als einziger der Staatskommissare eine kurze Ansprache. Er hob hervor, dass es in erster Linie ihre Aufgabe sei, die „Übereinstimmung zwischen Regierung und Wirtschaft herbeizuführen", und bat um Mitarbeit aller Anwesenden.[380] Im Laufe seiner Handelskammer-Tätigkeiten war Schmidt-Schröder außerdem ab 1935 Vizepräses sowie von 1935 bis 1937 Vorsitzender der „Sektion Inneres" und Vorstandsvorsitzender der Allgemeinen Börse. Als Mitglied der IHK nahm er 1935 an Sitzungen mit der Wirtschaftsbehörde und Gauwirtschaftsberatung teil, die sich u. a. mit „Arisierungen" befassten.[381] Nachdem er seit Januar 1934 außerdem Mitglied im Geschäftsführenden Ausschuss des Afrika-Vereins Hamburg-Bremen gewesen war, in dem Mitglieder der Hamburger und Bremer Kammer vertreten waren, reiste er 1937 mit Präses Joachim de la Camp zur IHK Bremen, um Differenzen zwischen den Kammern in Bezug auf wirtschaftliche Angelegenheiten zu klären.[382]

Neben der Handelskammer engagierte sich Schmidt-Schröder auch im Verein der am Caffeehandel betheiligten Firmen. Im Mai 1933 war er gemeinsam mit Heinz H. E. Justus maßgeblich an der Gleichschaltung des

378 HK-Archiv, I.6.F.3.8_7.

379 Abschrift einer Mitteilung des Senats, 19. 4. 1933, HK-Archiv, I.6.C.5_1.

380 Mitteilung der Handelskammer Hamburg, Nr. 8., 22. 4. 1933, HK-Archiv, I.6.C.5_1.

381 Niederschrift über die Aussprache der Behörde für Wirtschaft und Gauwirtschaftsberatung am Dienstag, den 19. 11. 1935, HK-Archiv, I.6.F.4_12.

382 Offenborn, Hamburger Unternehmer, S. 628; HK-Archiv, I.6.F.7.8_17.

Vereins beteiligt und wurde in den neuen Vereinsvorstand gewählt.[383] 1935 war Schmidt-Schröder hier in ein Ordnungsverfahren verwickelt. Nach Aussage des Kaffee-Vereins hatte er vertrauliche Informationen aus einer Vorstandssitzung an seinen Sohn Paul Willy weitergegeben, was die IHK zu einer Diskussion veranlasste, ob Schmidt-Schröder wegen dieses Vorgangs von seinen Ämtern zu entlassen sei. Auf Nachfrage des Präses Hermann Victor Hübbe gab der Kaffee-Verein allerdings eine Ehrenerklärung für Schmidt-Schröder ab, nicht jedoch für dessen Sohn. Hübbe betraute daraufhin das Ehrengericht der IHK mit der Angelegenheit, dem u.a. Joachim de la Camp angehörte. Am 26. Februar 1935 erklärte das Ehrengericht, Schmidt-Schröder senior habe zwar eine Unvorsichtigkeit, aber keine „ehrenrührige Handlung oder einen Vertrauensbruch" begangen.[384] Damit war die Sache für ihn erledigt; gegen seinen Sohn wurde hingegen eine Voruntersuchung durchgeführt, deren Ergebnis nicht bekannt ist.

Ehrenamtlich engagierte sich Schmidt-Schröder weiterhin seit 1933 als Schlichter im Reichsernährungsministerium für den Bereich Reis, ab 1935 als Mitglied im Reichsverkehrsrat sowie als stellvertretender Leiter der Reichsgruppe Handel und seit Februar 1937 als Leiter der Abteilung Handel in der Wirtschaftskammer Nordmark.[385]

Im September 1939 schied Schmidt-Schröder aus der Handelskammer aus. Vorausgegangen war eine Ordnungsstrafe von 200000 RM, die die Verwaltung für Handel, Schiffahrt und Gewerbe, Abteilung für Preisbildung und Überwachung, in Hamburg gegen seine Firma verhängt hatte, weil sie gegen das Verbot von Kettenhandelsgeschäften verstoßen habe: Chr. Heinr. Schmidt jr. hätte Kaffee – ähnlich wie auch andere Hamburger Firmen – von anderen Firmen aufgekauft und mit Gewinn weiterverkauft, um vorangegangene finanzielle Einbußen auszugleichen. Angesichts des Ordnungsverfahrens berief der Präses de la Camp Schmidt-Schröder, nach Absprache mit ihm selbst und Gauleiter Karl Kaufmann, von seinem Posten als Vizepräses ab.[386] Bis 1940 zogen sich die Verhandlungen mit dem Reichskommissar für Preisbildung über die Festsetzung der Ordnungsstrafe hin, da sich Schmidt-Schröder vehement dagegen wehrte, wobei er von Präses de la Camp und Senator

383 Offenborn, Hamburger Unternehmer, S. 460–463.
384 Abschrift des Beschlusses des Ehrengerichts der Hamburger Börse, 26.2.1935, HK-Archiv, Plenarierakten, Nr. 479.
385 Schmidt-Schröder, Vorfahren, S. 23.
386 Brief von Joachim de la Camp an das RWM, 8.9.1939, BArch, R 3101/9573.

Wilhelm von Allwörden ausdrücklich unterstützt wurde. Das Reichskommissariat ließ sich jedoch nicht auf ein Gnadengesuch ein.

Ab 1940 war Schmidt-Schröder als Oberstleutnant der Reserve u.a. an der Westfront eingesetzt und diente bis Herbst 1944. 1947 wurde er im Rahmen der Entnazifizierung in Kategorie V eingestuft, da er nach Ansicht der britischen Militärregierung zwar ein „Old Nazi since 1932“, aber „tragbar“ sei.[387] Schmidt-Schröder gab über seine „Einstellung zur Judenfrage“ zu Protokoll, dass seine Firma vor allem in Südosteuropa „einen Stamm alter und bewährter jüdischer Vertreter“ trotz Aufforderungen der NSDAP nicht ersetzt habe. Obgleich sich ihm viele Gelegenheiten geboten hätten, habe er eine Beteiligung seines Unternehmens an der „Arisierung jüdischer Firmen [...] ausdrücklich verboten“.[388] Als Leumundszeugen sagten für ihn neben Geschäftspartnern auch der Anwalt seiner Firma, Max Tiefenbacher, aus, der höchstwahrscheinlich mit Heinz H. E. Justus verschwägert war.[389]

1945 war Schmidt-Schröder zunächst aus Chr. Heinr. Schmidt jr. ausgeschieden und seine Ehefrau Laetitia war als Kommandistin eingesetzt worden. 1951 kam er als Teilhaber zurück und kümmerte sich um den Wiederaufbau des Unternehmens.[390]

387 Action Sheet Moritz Schmidt-Schröder, Januar/Februar 1947, StAHH, 221-11_Tn 5971.

388 Nachtrag zum Fragebogen Moritz Schmidt-Schröder, o.D., StAHH, 221-11_Tn 5971.

389 Tiefenbacher war auch Leumundszeuge von Justus und scheint dessen Schwager gewesen zu sein. Siehe die biografische Skizze zu Heinz H. E. Justus in diesem Buch.

390 Schmidt-Schröder, 150 Jahre Kaffeeimport, S.42f.

Quellen und Literatur

BArch, R 3101/9573
HK-Archiv, Plenarierakten, Nr. 479; I.6.C.5_1; I.6.F.3.8_7; I.6.F.4_12; I.6.F.7.8_17
StAHH, 221-11_Tn 5971

Schmidt-Schröder, Moritz, Chr. Heinr. Schmidt Jr. Hamburg. 150 Jahre Kaffee-import, 1806–1956, Hamburg 1956.
Schmidt-Schröder, Moritz, Meine Vorfahren, Hamburg 1938.

Offenborn, Peter, Interessen Hamburger Unternehmer am Nationalsozialismus. Ihre Beteiligung an der Durchsetzung des nationalsozialistischen Herrschaftssystems. Eine Annäherung, Hamburg 2020.
Wierling, Dorothee, Mit Rohkaffee handeln. Hamburger Kaffeeimporteure im 20. Jahrhundert, München/Hamburg 2018.

Oscar Traun

Lebensdaten: * 10. Oktober 1889 in Hamburg, † 18. Juni 1968 in Travemünde

Angaben zur Familie: verheiratet mit Anna Traun, geb. Klée Gobert, drei Kinder (Otto, Hans [gefallen 1942], Anneliese)[391]

Funktionen/Ämter in der Handelskammer: 16. Dezember 1925–20. Juni 1945 Plenums-/Beiratsmitglied; Vizepräses Juni 1933–1934, 1943–1945; spätestens ab 1929 Mitglied und zeitweise stellvertretender Vorsitzender in der Industriekommission (ab 1937 Industrieausschuss)[392]; Mitglied und zeitweise stellvertretender Vorsitzender im sozialpolitischen Ausschuss

Firma und Branche: Inhaber von Traun & Co. sowie Vorstandsmitglied der New-York Hamburger Gummi-Waaren Compagnie/angeschlossen Kautschukwerke Dr. Heinr. Traun & Söhne, Gummihandel/Industrie

Verbindungen zum NS: NSDAP-Mitglied ab 1. Mai 1933, Mitgliedsnr. 3002119; ab 1934 Mitglied in der DAF; ab 1935 Mitglied in der NSV

Oscar Traun entstammte zwei traditionsreichen Hamburger Kaufmannsfamilien. Seine Mutter war die Frauenrechtlerin der bürgerlichen Frauenbewegung Antonie Traun, geborene Westphal, deren Familie die Hamburger Teehandelsfirma G.W.A. Westphal Sohn & Co. betrieb. Trauns Vater war der Kaufmann und Fabrikant Otto Traun, Inhaber des seit 1885 bestehenden Unternehmens Traun & Co., das Sperrholzplatten, Fässer und Kisten produzierte.[393]

Oscar Traun studierte nach seiner Reifeprüfung 1908 technische Chemie in München und Dresden. Nach dem Tod seines Vaters übernahm er im Januar 1914 Traun & Co. als Alleininhaber. Während des Ersten Weltkrieges war er teilweise in Frankreich eingesetzt und erhielt für seine Verdienste u. a. das Eiserne Kreuz II. Klasse und das Hanseatenkreuz.

391 Eintrag zu Oscar Traun, in: Geneanet, o. D., https://gw.geneanet.org/ducast?n=traun&oc=&p=oscar [7. 9. 2022]. Die dortigen Angaben konnten nur teilweise durch andere Quellen bestätigt werden und sind unter Vorbehalt zu bewerten.

392 Zur Erläuterung dieser Begriffe siehe die biografische Skizze zu Rudolf Blohm.

393 Rita Bake, Antonie Wilhelmine Traun, in: Hamburger Frauenbiografien-Datenbank, o. D., https://www.hamburg.de/clp/frauenbiografien-schlagwortregister/clp1/hamburgde/onepage.php?BIOID=3155&dC=1800 [17. 2. 2021]; Peter Offenborn, Interessen Hamburger Unternehmer am Nationalsozialismus. Ihre Beteiligung an der Durchsetzung des nationalsozialistischen Herrschaftssystems. Eine Annäherung, Hamburg 2020, S. 365, Anm. 912.

Als Firmeninhaber wurde Traun im Dezember 1925 Plenumsmitglied der Handelskammer und war bis 1933 zeitweise zuständig für gewerbliche und soziale Fragen, die Börse und die Bibliothek, innere Angelegenheiten und das Ehrengericht sowie Mitglied in der Industriekommission.[394] Im Januar 1933 wurde er zum stellvertretenden Vorsitzenden der Industriekommission und des sozialpolitischen Ausschusses gewählt.

In den 1930er Jahren erweiterten sich auch Trauns berufliche Tätigkeiten durch seinen Einstieg bei der New-York Hamburger Gummi-Waaren Compagnie/angeschlossen Kautschukwerke Dr. Heinr. Traun & Söhne (NYH). Sein Onkel, der Unternehmer und Senator Heinrich Traun, hatte von 1883 bis 1901 das Familienunternehmen der Harburger Gummi-Kamm-Compagnie als alleiniger Inhaber geführt. Unter dem neuen Namen Kautschukwerke Dr. Heinr. Traun & Söhne wurde das Unternehmen, das sich auf die Herstellung von Produkten aus Hartgummi spezialisiert hatte, anschließend von Trauns Sohn Heinrich-Otto, Oscar Trauns Cousin, weitergeführt. Die New-York Hamburger Gummi-Waaren Compagnie war 1871 von ehemaligen Mitarbeitern der Harburger Gummi-Kamm-Compagnie gegründet worden und entwickelte sich mit ihrem Werk in Barmbek zu einem bedeutenden Konkurrenten in der Gummi-Branche. Neben der Weltwirtschaftskrise scheinen wirtschaftliches Ungeschick sowie der „aufwändige[…] Lebenswandel" von Heinrich-Otto Traun zur Übernahme von Traun & Söhne durch die NYH geführt zu haben. Während Heinrich-Otto bis 1936 nur im Aufsichtsrat verblieb, gewann Oscar Traun – ab 1930 selbst Aufsichtsratsmitglied – stetig an Einfluss, insbesondere als Vorstandsmitglied der NYH ab 1932.[395]

Die NYH verzeichnete in den 1930er Jahren einen deutlichen Aufschwung, wozu u. a. Trauns berufliche Kontakte ins Ausland sowie seine wirtschaftliche Vernetzung in Hamburg und innerhalb des NS-Systems beitrugen. Nachdem er zunächst Mitglied der DDP, in den 1920er Jahren der DVP gewesen war, trat er im Mai 1933 der NSDAP bei. Traun wurde zum Betriebsführer ernannt und war etwa 1935 an der Eröffnung der Reichstagung „Kraft

394 HK Hamburg, Geschäftsverteilungsplan der Handelskammer für das Jahr 1933, Archiv FZH, 227-11 IHK Hamburg II, Bd. 3 (ID 995).

395 Jürgen Ellermeyer, Von der ersten Kunststofffabrik des Kontinents zum mittelständischen Nischenbetrieb. Zur Geschichte der New-York Hamburger Gummi-Waaren Compagnie (NYH), in: Gudrun Wolfschmidt (Hrsg.), Wissen aus 400 Jahren Chemie in Hamburg. Hamburgs Geschichte einmal anders. Entwicklung der Naturwissenschaften, Medizin und Technik, Teil 4, Hamburg 2016, S. 311–369, hier S. 315–332, das Zitat S. 327 f.

Oscar Traun

durch Freude" beteiligt, die in der Fabrik der NYH stattfand. Das Unternehmen profitierte zudem von der Ausrichtung der NS-Aufrüstungspolitik und stellte in den 1930er Jahren seine Produktion um: Anstelle von Alltagsbedarf produzierte die NYH verstärkt technische Teile für den militärischen Gebrauch, etwa für U-Boote und Wehrmachtsfahrzeuge. Während des Zweiten Weltkrieges beteiligte sich die NYH auch an der Munitionsproduktion und avancierte damit zu einem Rüstungs- und Spezialbetrieb des Oberkommandos der Wehrmacht. Ab Februar 1943 trug die NYH die Bezeichnung „Spezial-Betrieb des Reichsministers für Bewaffnung und Munition" und Traun wurde im selben Jahr zum Wehrwirtschaftsführer ernannt. Für die Produktion wurden u. a. Zwangsarbeiterinnen aus der Sowjetunion eingesetzt.[396]

Innerhalb der Handelskammer war Traun 1933 – so Peter Offenborn – aktiv an deren Gleichschaltung beteiligt und wurde nicht nur erneut zum Plenumsmitglied, sondern zusätzlich zum Vizepräses ernannt.[397] 1934 war Traun im Rahmen seiner Tätigkeit in ein Strafverfahren involviert, nachdem er als Handelskammer-Mitglied ein kritisches Gutachten über die Neuansiedlung eines Betriebs erstellt hatte. Als ein Mitarbeiter des Unternehmens Traun daraufhin u. a. „Gewissenslosigkeit" vorwarf, kam es zu einem Strafverfahren wegen Beleidung Trauns, das allerdings drei Monate später eingestellt wurde.[398] Möglicherweise als Folge des Verfahrens amtierte Traun anschließend nicht mehr als Vizepräses, bis er 1943 als Beiratsmitglied und Vizepräses der Gauwirtschaftskammer Hamburg berufen wurde.

Die Verknüpfung von Trauns unternehmerischen und ehrenamtlichen Tätigkeiten zeigte sich besonders deutlich im Vorfeld des Krieges. Als die Wehrmacht 1938 im Zuge von Kriegsvorbereitungen mithilfe der IHK ein örtliches Netzwerk mit der Hamburger Wirtschaft aufbaute, stand Traun auf weiteren Listen, die der Hauptgeschäftsführer Elso Klöver u. a. von Industriellen zusammenstellte.[399] 1939 nahm er mit weiteren Mitgliedern der IHK an Besprechungen mit Gauleiter Karl Kaufmann über die wirtschaftliche Lage und Zukunft Hamburgs teil, in denen u. a. die mögliche Beteiligung Hamburger Firmen an „Arisierungen" in der Tschechoslowakei diskutiert wur-

396 Ellermeyer, Geschichte der New-York Hamburger Gummi-Waaren Compagnie, S. 333–342; Jürgen Ellermeyer, Gib Gummi! Kautschukindustrie und Hamburg, Bremen 2006, S. 27.

397 Offenborn, Hamburger Unternehmer, S. 365.

398 HK-Archiv, I.6.E.3_12.

399 HK-Archiv, I.6.F.8_7.

de.[400] Genaueres über Trauns Rolle und Beteiligung lässt sich nicht rekonstruieren. Dokumentiert ist jedoch, dass Traun sich im Dezember 1938 mit einer Bitte an den Syndikus Johannes Haage wandte. Sein Neffe beabsichtigte, aus Kapstadt zurück nach Deutschland zu ziehen, hatte jedoch bis dato keinen Käufer für sein Geschäft finden können, weshalb Traun in seinem Namen fragte, ob es möglich wäre, „einen Austausch mit einem auswandernden deutschen Juden zu bewerkstelligen".[401] Haage verwies ihn ans RWM; der Ausgang dieses Vorgangs ist nicht bekannt.

Neben seiner Handelskammertätigkeit hatte Traun weitere Ehrenämter inne. Unter anderem war er bereits ab den 1920er Jahren Kuratoriumsmitglied der Neuen Sparkasse von 1864 in Hamburg, ab den 1930er Jahren Aufsichtsratsmitglied der Hamburg-Bremer Feuerversicherungs-Gesellschaft, der Conrad Scholtz AG sowie von 1940 bis 1953 Aufsichtsratsmitglied der Vereinsbank in Hamburg. Hinzu kamen Beiratsmitgliedschaften in der Außenhandelsstelle für Hamburg und die Nordmark, in der Reichsstelle Kautschuk von 1937 bis 1943 sowie in der Fachgruppe Kautschukindustrie von 1937 bis 1945. Ende der 1930er Jahre engagierte sich Traun außerdem im Rechnungsprüfungsausschuss der RWK.[402]

Nach Ende des Zweiten Weltkrieges wurde Traun übergangsweise zum Mitglied des „board of directors" der NYH bestellt, deren Werke größtenteils zerstört worden waren.[403] Nachdem er zum Dezember 1945 von seinem Posten bei Traun & Co. entlassen worden war, folgte im April 1946 seine Entlassung aus der NYH. Im Rahmen der Entnazifizierung ein Jahr später wurde er zunächst in Kategorie IV, nach seiner Berufung in Kategorie V eingestuft. Der Betriebsrat der NYH bezeichnete Traun in seiner Stellungnahme zwar als „überzeugten Nationalsozialisten", befürwortete aber eine „mildernde Beurteilung", da Traun Angestellte der NYH vor Verhaftungen durch die Gestapo

400 Dokumente zur ersten Besprechung des Reichsstatthalters mit Vertretern der Wirtschaft, April 1939, HK-Archiv, I.6.F.4_17.

401 Brief von Oscar Traun an die IHK, Herrn Haage, 29.12.1938, HK-Archiv, 100.B.1_19.

402 Eintrag zu Oscar Traun, in: Deutscher Wirtschaftsführer. Lebensgänge Deutscher Wirtschaftspersönlichkeiten, Hamburg 1929, Sp. 2303; Eintrag zu Oscar Traun, in: Wer leitet? Die Männer der Wirtschaft und der einschlägigen Verwaltung 1941/42, Berlin 1942, S. 1018; Horst Möller, Regionalbanken im Dritten Reich. Bayerische Hypotheken- und Wechsel-Bank, Bayerische Vereinsbank, Vereinsbank in Hamburg, Bayerische Staatsbank 1933 bis 1945, Berlin/Boston 2015, S. 200 f.; Offenborn, Hamburger Unternehmer, S. 365, Anm. 912; BArch, R 11/1783.

403 Ellermeyer, Geschichte der New-York Hamburger Gummi-Waaren Compagnie, S. 343 f.

bewahrt habe.[404] Bestätigt wurde dies von seinen Leumundszeugen, unter denen sich neben einigen Angestellten auch der Aufsichtsratsvorsitzende der NYH, Heinrich Günther, befand. Traun selbst sagte aus, dass er der NSDAP vor allem deswegen beigetreten sei, da er „wie schon seine Vorfahren“ ein großes Interesse an der Förderung der „sozialen Belange der Arbeiterschaft“ gehabt habe und dies in den Zielen der Partei verwirklicht gesehen habe. Der Berufungsausschuss kam zu dem Schluss, „ihn im Interesse des Wiederaufbaus der deutschen Wirtschaft wieder an seinen alten Platz stellen zu können“.[405] Traun kehrte allerdings nicht in den Vorstand der NYH zurück, sondern verblieb bis in die 1960er Jahre im Aufsichtsrat.[406]

Ehrenamtlich tat er sich ab 1949 als Präsident des Lübeck-Travemünder Golf-Klubs hervor, an dessen Wiederaufbau er wesentlichen Anteil hatte und den er bis 1967 leitete. Seine Witwe stiftete kurz nach seinem Tod einen nach ihm benannten Preis, der bis heute bei einem jährlichen Turnier des Golfklubs ausgelobt wird.[407]

404 Schreiben vom Betriebsrat der NYH an den Berufungsausschuss, 22.7.1946, StAHH, 221-11_I (TL)347.

405 Begründung des Berufungsausschusses, 16.4.1947, StAHH, 221-11_I (TL)347.

406 Ellermeyer, Geschichte der New-York Hamburger Gummi-Waaren Compagnie, S. 344.

407 Ingo Soll, Historische Darstellung des Lübeck-Travemünder Golf-Klubs, in: Lübeck-Travemünder Golf-Klub von 1921 e. V., o. D., https://www.ltgk.de/historie.html [7.9.2022]; Oscar-Traun-Preis, in: Bi uns in' Norden, o. D., https://www.biunsinnorden.de/veranstaltungen/luebeck-oscar-traun-preis-71366 [7.9.2022].

Quellen und Literatur

Archiv FZH, 227-11 IHK Hamburg II, Bd. 3 (ID 995)
BArch, R 11/1783
HK-Archiv, Plenarierakten, Nr. 465; 100.B.1_19; I.6.E.3_12; I.6.F.4_17; I.6.F.8_7
StAHH, 221-11_I (TL)347

Eintrag zu Oscar Traun, in: Deutscher Wirtschaftsführer. Lebensgänge Deutscher Wirtschaftspersönlichkeiten, Hamburg 1929, Sp. 2303.
Eintrag zu Oscar Traun, in: Wer leitet? Die Männer der Wirtschaft und der einschlägigen Verwaltung 1941/42, Berlin 1942, S. 1018.
Eintrag zu Oscar Traun, in: Geneanet, o. D., https://gw.geneanet.org/ducast?n=traun&oc=&p=oscar [7. 9. 2022].
Soll, Ingo, Historische Darstellung des Lübeck-Travemünder Golf-Klubs, in: Lübeck-Travemünder Golf-Klub von 1921 E.V., o. D., https://www.ltgk.de/historie.html [7. 9. 2022].
Oscar-Traun-Preis, in: Bi uns in' Norden, o. D., https://www.biunsinnorden.de/veranstaltungen/luebeck-oscar-traun-preis-71366 [7. 9. 2022].

Bake, Rita, Antonie Wilhelmine Traun, in: Hamburger Frauenbiografien-Datenbank, o. D., https://www.hamburg.de/clp/frauenbiografien-schlagwortregister/clp1/hamburgde/onepage.php?BIOID=3155&dC=1800 [7. 9. 2022].
Ellermeyer, Jürgen, Von der ersten Kunststofffabrik des Kontinents zum mittelständischen Nischenbetrieb. Zur Geschichte der New-York Hamburger Gummi-Waaren Compagnie (NYH), in: Gudrun Wolfschmidt (Hrsg.), Wissen aus 400 Jahren Chemie in Hamburg. Hamburgs Geschichte einmal anders. Entwicklung der Naturwissenschaften, Medizin und Technik, Teil 4, Hamburg 2016, S. 311–369.
–, Gib Gummi! Kautschukindustrie und Hamburg, Bremen 2006.
Möller, Horst, Regionalbanken im Dritten Reich. Bayerische Hypotheken- und Wechsel-Bank, Bayerische Vereinsbank, Vereinsbank in Hamburg, Bayerische Staatsbank 1933 bis 1945, Berlin/Boston 2015.
Offenborn, Peter, Interessen Hamburger Unternehmer am Nationalsozialismus. Ihre Beteiligung an der Durchsetzung des nationalsozialistischen Herrschaftssystems. Eine Annäherung, Hamburg 2020.

Wilhelm Adolf Vogler

Lebensdaten: * 6. Juni 1890 in Lissabon, † 5. September 1963 vermutlich in Hamburg

Angaben zur Familie: verheiratet mit Margarethe Vogler, geb. Menck (seit 30. August 1930),[408] vermutlich zwei Töchter

Funktionen/Ämter in der Handelskammer: 1. April 1937–4. Juni 1945 Beiratsmitglied; ab 1937 stellvertretender Vorsitzender der Abteilung für Steuerfragen; spätestens ab 1942 Mitglied im Industrieausschuss; ab August 1943 Leiter des Industrieblocks II

Firma und Branche: Geschäftsführer der Menck & Hambrock GmbH sowie Miteigentümer der Gußstahlwerke Wolgast, Industrie

Verbindungen zum NS: NSDAP-Mitglied ab 1. April 1933, Mitgliedsnr. 2729264; ab 1934 Mitglied in der DAF und ab 1937 im NSFK; ab 1933 Fördermitglied der SS; Mitglied in der NSV, NSKOV (vermutlich ab Mitte 1933) und vermutlich im NS-Bund Deutscher Technik[409]

Über Adolf Voglers familiäre Herkunft und Ausbildung ist kaum etwas bekannt. Während des Ersten Weltkrieges diente er ab 1914 in der Luftwaffe, stieg 1915 zum Leutnant der Reserve auf und war 1917/18 bei verschiedenen Seeflugstützpunkten in Schleswig-Holstein eingesetzt.[410]

Von 1928 bis 1930 arbeitete der Diplom-Ingenieur Vogler als „kaufmännischer und technischer Sachverständiger" im Unternehmen seines Vaters, einem Bücherrevisor, das in Konkurs ging.[411] Vogler wechselte in das Unternehmen seines Schwiegervaters Carl Menck, Menck & Hambrock, zunächst als Betriebsleiter. Nach dem Tod Mencks 1935 stieg er zum Geschäftsführer auf.

408 In seiner Personalakte im Bundesarchiv, Abteilung Militärarchiv in Freiburg i. Br., wird Voglers Familienstand im Jahr 1938 mit „verheiratet, geschieden" angegeben. Da er bei seinem Tod laut Todesanzeige noch mit Margarethe Vogler verheiratet war, ist eine frühere erste Ehe, die nicht rekonstruiert werden kann, möglich.

409 Die Angaben wurden aus Voglers Plenarier-, Entnazifizierungs- sowie Personalakte zusammengestellt und sind, abgesehen von seiner NSDAP-Mitgliedschaft, nicht eindeutig, da sich in jeder Akte andere Informationen finden.

410 BArch, PERS 6/221641.

411 Gerd Krämer, Der betriebliche Entnazifizierungsausschuß der Firma Menck & Hambrock in Hamburg-Ottensen, in: Demokratische Geschichte. Jahrbuch zur Arbeiterbewegung und Demokratie in Schleswig-Holstein 6 (1991), S. 153–187, hier S. 168.

Wilhelm Adolf Vogler

Die Firma war 1868 von Carl Mencks Vater Johannes und Dieter Hambrock in Altona gegründet worden. Um die Jahrhundertwende war Menck & Hambrock mit 460 Beschäftigten und einem Jahresumsatz von über 1,5 Millionen RM „mit Abstand die größte Maschinenfabrik und Gießerei" in der Metallindustrie von Altona-Ottensen.[412]

Als Rüstungsbetrieb profitierte das Unternehmen während des Ersten Weltkrieges u. a. von Vorzugskrediten, dem Einsatz von Zwangsarbeitern und hohen Einnahmen, die nach Kriegsende bspw. in moderne Maschinen investiert wurden, sodass die Produktion von Baumaschinen wieder aufgenommen werden konnte.[413]

Nach deutlichen Umsatzeinbrüchen infolge der Weltwirtschaftskrise scheint Vogler durch seine Geschäftspolitik einen erheblichen Anteil am Wiederaufschwung des Unternehmens Anfang der 1930er Jahre gehabt zu haben.[414] Andererseits profitierte Menck & Hambrock deutlich von der NS-Wirtschaftspolitik: Durch die zahlreichen größeren Bauvorhaben stieg die Nachfrage nach Maschinen. Angesichts der zunehmend forcierten Aufrüstungspolitik stellte das Unternehmen seine Produktion um und avancierte im Verlauf des Zweiten Weltkrieges zu einem bedeutenden Rüstungsbetrieb, der ab 1939 auch Bomben und Baugeräte für militärische Zwecke produzierte. Menck & Hambrock gehörte zu den ersten Firmen im Hamburger Raum, denen Zwangsarbeiter und Kriegsgefangene als Arbeitskräfte zugewiesen wurden, ab 1942 waren ca. 400 von ihnen unter den insgesamt etwa 2000 Beschäftigten.[415] Außerdem entstand auf dem Firmengelände ein Lager für sogenannte „Zivilrussen" und Kriegsgefangene aus Frankreich mit teils katastrophalen Lebensbedingungen. Um „ihre Arbeitsleistung zu steigern", beantragte Vogler, die sowjetischen Kriegsgefangenen aus der Werksküche versorgen zu können, was bewilligt wurde.[416] Der Firmenumsatz stieg in diesem

412 Hans-Kai Möller, Schützengrabenlöffelbagger und Schrebergärten. Rüstungsproduktion und „Kriegsfürsorge" der Ottensener Maschinenfabrik Menck & Hambrock während des Ersten Weltkriegs, in: Ingwer E. Momsen (Hrsg.), Schleswig-Holsteins Weg in die Moderne. Zehn Jahre Arbeitskreis für Wirtschafts- und Sozialgeschichte Schleswig-Holsteins, Neumünster 1988, S. 195–218, hier S. 196.

413 Ebenda, S. 218.

414 Krämer, Menck & Hambrock, S. 172.

415 Ebenda, S. 164.

416 Hans-Kai Möller, Ein verdrängtes Kapitel. Rüstungsproduktion und Zwangsarbeit in der Metallindustrie, in: Stadtteilarchiv Ottensen (Hrsg.), „Ohne uns hätten sie das gar nicht machen können". Nazi-Zeit und Nachkrieg in Altona und Ottensen, Hamburg 1985, S. 74–97, hier S. 86.

Zeitraum von 3,2 Millionen RM jährlich 1932 auf 20,6 Millionen RM im Jahr 1942.[417]

Auch Vogler selbst profitierte während der NS-Zeit in mehrfacher Hinsicht. Ab 1939 war er zusätzlich Miteigentümer der Gußstahlwerke Wolgast in Pommern und verzeichnete eine Einkommenssteigerung von 13 800 RM 1933 auf 244 120 RM im Jahr 1943.[418] Nach seinem NSDAP-Eintritt 1933 wurde er zum Stadtrat von Altona berufen,[419] im Januar 1941 erfolgte die Ernennung zum Ratsherrn durch Karl Kaufmann sowie – zu einem unbekannten Zeitpunkt[420] – zum Wehrwirtschaftsführer. Das Luftwaffenkommando der Wehrmacht beförderte Vogler 1938 vom Leutnant der Reserve zum Oberleutnant, wobei ihm ein Jahr später attestiert wurde, dass er ein „anständiger und geistig sehr beweglicher Mensch", allerdings „vor der Front nicht sicher genug" sei, weshalb er sich „nur als Zugführer" eigne.[421] 1941 wurde ihm das Kriegsverdienstkreuz II. Klasse verliehen.

Als die Wehrmacht 1938 im Zuge von Kriegsvorbereitungen mithilfe der IHK ein örtliches Netzwerk mit der Hamburger Wirtschaft aufbaute, gehörte Vogler zu den „100 führenden Hamburger Wirtschaftlern"[422] und stand auch auf weiteren Listen, die der Hauptgeschäftsführer Elso Klöver u. a. von Industriellen zusammenstellte. 1939 nahm er mit weiteren Mitgliedern der IHK an Besprechungen mit Gauleiter Kaufmann über die wirtschaftliche Lage und Zukunft Hamburgs teil, in denen u. a. die mögliche Beteiligung Hamburger Firmen an „Arisierungen" in der Tschechoslowakei diskutiert wurde.[423] Genaueres über Voglers Rolle und Beteiligung lässt sich nicht rekonstruieren, jedoch verweisen auch seine bedeutsamen Ehrenämter auf die zentrale Stellung, die er innerhalb der Hamburger Wirtschaft einnahm, insbesondere während des Zweiten Weltkrieges. Im April 1937 war Vogler als

417 Krämer, Menck & Hambrock, S. 164.

418 Ebenda, S. 168, 179.

419 Ebenda, S. 168.

420 In seiner Entnazifizierungsakte wird als Datum 1938 genannt, allerdings wird der Titel in „Wer leitet?" 1941/42 noch nicht angeführt. Siehe Enclosure to Fragebogen Adolf Vogler, StAHH, 221-11_49694; Eintrag zu Adolf Vogler, in: Wer leitet? Die Männer der Wirtschaft und der einschlägigen Verwaltung 1941/42, Berlin 1942, S. 1040.

421 Abschrift der Beurteilung des Flakregiments Nr. 62, Abteilung IIa zu Adolf Vogler vom 25. 6. 1938, BArch, PERS 6/221641.

422 Brief von Klöver an das Infanterie-Regiment Nr. 76, Hamburg, Kaserne Bundesstraße, 2. 3. 1938, HK-Archiv, I.6.F.3.8_7.

423 Dokumente zur ersten Besprechung des Reichsstatthalters mit Vertretern der Wirtschaft, April 1939, HK-Archiv, I.6.F.4_17.

Beiratsmitglied in die IHK gekommen und hatte den stellvertretenden Vorsitz der Abteilung für Steuerfragen übernommen. Spätestens ab 1942 war er stellvertretender Vorsitzender des Industrieausschusses und im März 1945 wurde er von Rudolf Blohm zum Leiter der Referate Rationalisierung, Außenhandel und Auftragsverlagerung der Industrieabteilung der GWK ernannt.[424] Von 1943 bis 1945 leitete Vogler zudem den Industrieblock II, der alle Firmen aus Ottensen, Altona und den Elbgemeinden umfasste. In dieser Funktion verfasste er regelmäßig Rundschreiben, bspw. mit Informationen über Zuweisungen von Notwohnungen oder den Verkauf von Textilien. Hierbei finden sich Hinweise, dass er an der Verteilung von Waren aus KZs und besetzten Gebieten beteiligt war.[425] Zudem gehörte Vogler dem Kriegswirtschaftsstab an, den der Generalkommissar für die Wirtschaft, Otto Wolff, nach der „Operation Gomorrha" 1943 einberufen hatte, um täglich notwendige Maßnahmen für die Wirtschaft abzustimmen.[426]

Zu seinem Amt in der Handelskammer kam 1938 die Tätigkeit als Leiter der Industrieabteilung und Beiratsmitglied der Wirtschaftskammer Nordmark hinzu.[427] Auf Voglers Initiative in diesem Amt trafen sich im März 1941 die verantwortlichen Vertreter von Wehrmacht und Verwaltung im Wehrkreis X mit Vertretern der Industrie, darunter Rudolf Blohm, um über den Einsatz von Arbeitskräften im Wehrkreis zu beraten. Im Wehrkreis X agierte Vogler zudem als Wirtschaftsberater der Industrie bei der Wehrwirtschaftsinspektion sowie als Rüstungsobmann.[428] Auf Gauebene leitete er ab August 1942 den Gauarbeitsstab „Mobilisierung von Eisenreserven".[429] Zusätzlich fungierte Vogler auf Reichsebene als Beiratsmitglied der Reichsgruppe Industrie, der Wirtschaftsgruppe Maschinenbau sowie als Leiter der Fachuntergruppe Bagger der Fachgruppe Aufbereitungs- und Baumaschinen. Darüber hinaus hatte er zahlreiche weitere Ämter inne, u. a. war er stellvertretender Führer im Verein der Industrie und des Großhandels, Vorstandsmitglied der Nordwestlichen Eisen- und Stahlberufsgenossenschaft, Mitglied des Finanzgerichts in Hamburg, Beiratsmitglied der Kämmerei ab 1942 und Beisitzer beim Ober-

424 Archiv FZH, 227-11 IHK Hamburg II, Bd. 4 (ID 997); StAHH, 621-1/72_343.
425 Siehe etwa Rundschreiben des Industrieblocks II, 13. 3. 1944, HK-Archiv, 92.15_72.
426 Andreas Meyhoff, Blohm & Voss im „Dritten Reich". Eine Hamburger Großwerft zwischen Geschäft und Politik, Hamburg 2001, S. 418; HK-Archiv, 92.15_57.
427 Krämer, Menck & Hambrock, S. 168.
428 Meyhoff, Blohm & Voss, S. 310, 418.
429 StAHH, 371-15_9.

versicherungsamt Hamburg, ehemals Kiel. Im Verein Deutscher Ingenieure, dem er seit 1924 angehörte, war er zudem Vorstandsmitglied sowie Obmann der Arbeitsgemeinschaft Deutscher Betriebsingenieure.[430]

Nach Ende des Zweiten Weltkrieges wurde Vogler auf Anweisung der britischen Militärregierung im November 1945 von seiner Position als Fachuntergruppenleiter abberufen, er durfte aber zunächst bis Ende 1946 Geschäftsführer von Menck & Hambrock bleiben. An seinem Entnazifizierungsverfahren war ein betrieblicher Entnazifizierungsausschuss des Unternehmens in beratender Funktion involviert.[431] Diesem waren Voglers Belastungen während der NS-Zeit bekannt, u. a. lag ein Firmenrundschreiben vom Juli 1944 vor, in dem Vogler von einem Treffen mit Hitler auf dem Obersalzberg in deutlicher kriegspropagandistischer Rhetorik berichtete.[432] Der Ausschuss befand dennoch, dass Vogler „kein besonders aktiver Parteigenosse" gewesen sei, und führte zahlreiche Leumundszeugnisse an, darunter die Aussage eines „halbjüdischen" Auslandsmonteurs, den Vogler vor Verfolgung und Zwangsarbeit bewahrt habe. Als „wichtigstes Beweismittel" galt wohl die Aussage eines ehemaligen Häftlings, den Vogler bei Menck & Hambrock beschäftigt und so dafür gesorgt habe, dass dieser aus dem KZ entlassen worden sei.[433] Der Ausschuss befürwortete Voglers Verbleib im Betrieb. 1947 wurde Vogler schließlich in Kategorie IV eingestuft und bei Menck & Hambrock wiedereingestellt, wobei er bis 1950 nicht als Geschäfts- oder Betriebsführer tätig sein durfte. Wenngleich die Geschäftsführung ein politisch unbelasteter Enkel des Firmengründers übernahm, verblieb die eigentliche Unternehmensleitung offenbar bei Vogler. Der Historiker Gerd Krämer sieht das Votum des betrieblichen Ausschusses für Vogler vor allem von ökonomischen Gründen geprägt, da Vogler als „unentbehrliche Fachkraft für den Wiederaufbau" galt und ein starkes Loyalitätsgefühl im Unternehmen geherrscht habe. Zwar entsprach das von den Leumundszeugen geschilderte Verhalten Voglers vermutlich dem tatsächlichen Geschehen. Es verweise jedoch weniger auf Voglers politische Gesinnung als vielmehr auf seinen „Spürsinn für langfristige Rückversicherungen, um sich den Status als Unternehmer zu erhalten". Dieser Spürsinn

430 Hamburger Adreßbücher 1942/43, Staats- und Universitätsbibliothek Hamburg, https://agora.sub.uni-hamburg.de/subhh-adress/digbib/start [7. 9. 2022]. Für 1944/45 sind keine Bände vorhanden.

431 Krämer, Menck & Hambrock, S. 167 f.

432 Schreiben der Geschäftsführung, 3. 7. 1944, Stadtteilarchiv Ottensen, Menck&Hambrock.

433 Krämer, Menck & Hambrock, S. 168–171.

zeigte sich insbesondere bei den politischen Verfolgungen und Misshandlungen ausländischer Arbeiter bei Menck & Hambrock, die von einem DAF-Betriebsobmann ausgeführt und von Vogler „nur“ geduldet worden seien.[434]

Neben seiner Arbeit – seit den 1950er Jahren wieder offiziell als Geschäftsführer – engagierte sich Vogler in der Nachkriegszeit auch politisch und wurde 1953 im Bezirk II Altona als Abgeordneter des Hamburg-Blocks (CDU, FDP, DP, BHE) gewählt.[435]

434 Ebenda, S. 171–176.

435 Ebenda, S. 186 f.; Neue Bezirksausschüsse, in: Hamburger Abendblatt, 4. 11. 1953, S. 6.

Quellen und Literatur

Archiv FZH, 227-11 IHK Hamburg II, Bd. 4 (ID 997)
BArch, PERS 6/221641
HK-Archiv, Plenarierakten, Nr. 520; 92.15_57; 92.15_72; I.6.F.3.8_7; I.6.F.4_17
StAHH, 221-11_49694; 371-15_9; 621-1/72_343
Stadtteilarchiv Ottensen, Menck&Hambrock

Hamburger Adreßbücher 1942/43, Staats- und Universitätsbibliothek Hamburg, https://agora.sub.uni-hamburg.de/subhh-adress/digbib/start [7.9.2022].
Eintrag zu Adolf Vogler, in: Wer leitet? Die Männer der Wirtschaft und der einschlägigen Verwaltung 1941/42, Berlin 1942, S. 1040.
Neue Bezirksausschüsse, in: Hamburger Abendblatt, 4.11.1953, S. 6.

Krämer, Gerd, Der betriebliche Entnazifizierungsausschuß der Firma Menck & Hambrock in Hamburg-Ottensen, in: Demokratische Geschichte. Jahrbuch zur Arbeiterbewegung und Demokratie in Schleswig-Holstein 6 (1991), S. 153–187.
Meyhoff, Andreas, Blohm & Voss im „Dritten Reich“. Eine Hamburger Großwerft zwischen Geschäft und Politik, Hamburg 2001.
Möller, Hans-Kai, Schützengrabenlöffelbagger und Schrebergärten. Rüstungsproduktion und „Kriegsfürsorge“ der Ottensener Maschinenfabrik Menck & Hambrock während des Ersten Weltkriegs, in: Ingwer E. Momsen (Hrsg.), Schleswig-Holsteins Weg in die Moderne. Zehn Jahre Arbeitskreis für Wirtschafts- und Sozialgeschichte Schleswig-Holsteins, Neumünster 1988, S. 195–218.
–, Ein verdrängtes Kapitel. Rüstungsproduktion und Zwangsarbeit in der Metallindustrie, in: Stadtteilarchiv Ottensen (Hrsg.), „Ohne uns hätten sie das gar nicht machen können“. Nazi-Zeit und Nachkrieg in Altona und Ottensen, Hamburg 1985, S. 74–97.

Hans Ulrich Voswinckel

Lebensdaten: * 4. November 1902 in Jülich, † 3. Januar 1975 in Hamburg
Angaben zur Familie: verheiratet mit Ingeborg Voswinckel, geb. Cornelsen (seit 8. Juli 1933), mehrere Kinder
Funktionen/Ämter in der Handelskammer: 16. Mai 1941–30. Juli 1945, 1950–1954, 1959–1964, 1966–1969 Plenums-/Beiratsmitglied; 16. Mai 1941–30. Juli 1945 Mitglied im Industrieausschuss; ab August 1943 Leiter des Industrieblocks III; 1960–1964 Vizepräses
Firma und Branche: Geschäftsführer der Conz Elektrizitätswerke GmbH, Industrie
Verbindungen zum NS: NSDAP-Mitglied ab 1. Mai 1937, Mitgliedsnr. 956498; ab 1934 Mitglied in der DAF; ab 1935 Mitglied in der NSV und im NSKK bis zum Dienstgrad Rottenführer; ab 1940 Mitglied im RLB

Über Hans Ulrich Voswinckels familiäre Herkunft ist nur wenig bekannt. Nach der Reifeprüfung 1922 studierte er bis 1927 Rechts-, Volks- und Betriebswissenschaften in Köln, Heidelberg und Göttingen und war Mitglied der Burschenschaft Guestphalia Heidelberg. 1926 absolvierte er sein Referendariat am Oberlandesgericht Celle und promovierte ein Jahr später in Göttingen. Anschließend stieg er als Verkaufsleiter in die Conz Elektrizitätswerke ein, wo sein Vater Wilhelm seit Mitte der 1920er Jahre Geschäftsführer war. Das 1887 in Ulm gegründete Unternehmen war ab 1890 in Hamburg ansässig, kurz vor Beginn des Ersten Weltkrieges zog es infolge höheren Platzbedarfs nach Bahrenfeld um.[436] Conz stellte Elektromotoren, Generatoren und Umformer her und verzeichnete – nach einem Umsatzeinbruch in Folge der Wirtschaftskrise in den 1920er Jahren, durch den die Mitarbeiterzahl von ca. 500 (1927) auf 150 (1932) sank – in den 1930er Jahren einen deutlichen Aufschwung. Die Firma profitierte von der Aufrüstung, da ihre Motoren u. a. für Panzer und die Marine gebraucht wurden, und konnte ihre Beschäftigtenzahl bis 1938 auf circa 1500 Angestellte erhöhen.[437]

Von 1931 bis 1938 arbeitete Voswinckel als Prokurist im Unternehmen, und nachdem sein Vater altersbedingt ausgeschieden war, stieg er in die Geschäftsleitung auf. Während des Zweiten Weltkrieges wurden auf dem

436 Rede von Hans Ulrich Voswinckel auf der Betriebsversammlung am 2. 1. 1962, Stadtteilarchiv Ottensen, Bestand Firma Conz.
437 Ebenda.

Bahrenfelder Gelände ausländische Arbeiter eingesetzt – 1942/43 waren 228 unter den etwa 2000 Beschäftigten – und es gab vermutlich ein Lager für sogenannte „Ostarbeiterinnen“, die durchschnittlich 25 Prozent weniger Lohn erhielten als deutsche Frauen der gleichen Lohngruppe.[438] KZ-Häftlinge wurden anscheinend nicht eingesetzt, u.a. da Voswinckel als Geschäftsführer ihren Einsatz „wegen Schwierigkeiten“ ablehnte.[439] Bei Kriegsbeginn war Voswinckel wegen seiner beruflichen Tätigkeit unabkömmlich gestellt worden und übernahm 1942 von seinem verstorbenen Mitgeschäftsführer dessen Aufgaben als Betriebsführer und Abwehrbeauftragter von Conz. 1943 errichtete das Unternehmen eine Zweigniederlassung in Schlesien, für die 35 entsandte Mitarbeiter aus Hamburg eine ehemalige Lederfabrik in eine Maschinenfabrik umbauten. Insgesamt wurden rund 1000 Arbeiter vor Ort beschäftigt.[440] Ein direkter Beleg für eine vorangegangene „Arisierung“ findet sich nicht. Im April 1944 wurde Conz als „Kriegsmusterbetrieb“ ausgezeichnet. Zu diesem Anlass hielt Voswinckel eine Ansprache, in der er die kriegswirtschaftlichen Leistungen der Firma hervorhob und zugleich in voller NS-Rhetorik Durchhalteparolen propagierte.[441]

Neben seiner Arbeit für Conz engagierte sich Voswinckel auch in vielfältigen anderen Gremien und Institutionen. Ab den 1930er Jahren war er Mitglied im Hamburger Nationalclub von 1919,[442] ab 1940 Vorsitzender des Technischen Überwachungsvereins Hamburg und ab 1942 Mitglied in der Arbeitsgemeinschaft deutscher Betriebsingenieure. Des Weiteren gehörte er ab 1941 der Wirtschaftsgruppe „Elektroindustrie“ als Beiratsmitglied sowie dem Hauptring „Elektrotechnik“ als Bezirksbeauftragter Hamburg an und

438 Hans-Kai Möller, Ein verdrängtes Kapitel. Rüstungsproduktion und Zwangsarbeit in der Metallindustrie, in: Stadtteilarchiv Ottensen (Hrsg.), „Ohne uns hätten sie das gar nicht machen können“. Nazi-Zeit und Nachkrieg in Altona und Ottensen, Hamburg 1985, S. 74–97, hier S. 77, 89 f.; Ordner Zwangsarbeit Firmen A–Z, Stadtteilarchiv Ottensen.

439 Stabsbesprechung beim Rüstungskommando X am 10. 8. 1944, Aufzeichnung Humann 12. 8. 1944, HK-Archiv, 92.15_57.

440 Rede Voswinckel.

441 Frontgeist, in: Unser Werk. Werkzeitschrift der Betriebsgemeinschaft Conz Elektricitäts-Gesellschaft mbH Hamburg-Bahrenfeld, Nr. 1/2, Jan./Juni 1944, S. 1 f., StAHH, 221-11_I (E) 410.

442 Während in seiner Entnazifizierungsakte 1938 als Eintrittsjahr angegeben ist, verweist Peter Offenborn auf Voswinckels Eintritt in den Nationalclub vor 1937. Peter Offenborn, Interessen Hamburger Unternehmer am Nationalsozialismus. Ihre Beteiligung an der Durchsetzung des nationalsozialistischen Herrschaftssystems. Eine Annäherung, Hamburg 2020, S. 368, Anm. 927.

Hans Ulrich Voswinckel

amtierte als Direktor der Untergruppe 2 „Elektr. Maschinen". Im selben Jahr wurde Voswinckel als Plenumsmitglied in die IHK berufen und war bis zu seinem Ausscheiden im Juli 1945 auch Mitglied des Industrieausschusses, in dem er im Januar 1943 zum stellvertretenden Vorsitzenden ernannt wurde.[443] Nach der „Operation Gomorrha" im selben Jahr wurde er in den Kriegswirtschaftsstab berufen, den der Generalkommissar für die Wirtschaft, Otto Wolff, gegründet hatte, um täglich notwendige Maßnahmen für die Wirtschaft abzustimmen.[444] Von 1943 bis 1945 leitete Voswinckel zudem den Industrieblock III, der alle Firmen in Bahrenfeld umfasste. Zum Vorsitzenden des Industrieausschusses Rudolf Blohm scheint Voswinckel ein sehr gutes Verhältnis gehabt zu haben. Dieser übertrug ihm aus den Reihen der Industrieblockleiter nicht nur 1944 die Zuständigkeit für das Industrieblock-Sachreferat „Verpflegung", sondern ernannte ihn im März 1945 zum ehrenamtlichen Leiter des Referats Arbeitseinsatz und Uk-Stellungen in der Industrieabteilung der GWK, wobei er bereits seit 1943 für den „Arbeitseinsatz" insgesamt zuständig gewesen war.[445] Nachdem Voswinckel für seine kriegswirtschaftlichen Verdienste 1940 zum Wehrwirtschaftsführer ernannt und mit dem Kriegsverdienstkreuz II. Klasse ohne Schwerter ausgezeichnet worden war, erfolgte 1944 die Verleihung des Kriegsverdienstkreuzes I. Klasse ohne Schwerter.

Nach Ende des Zweiten Weltkrieges wurde Voswinckel im April 1946 auf Anordnung der britischen Militärregierung aus seiner Stellung bei Conz entlassen. Gegen die Entlassung erhob er Einspruch, der ein Jahr später verhandelt wurde. Voswinckel sagte u. a. aus, er sei der NSDAP nur beigetreten, weil er andernfalls Nachteile für seinen Betrieb befürchtete, und habe nie Parteiämter ausgeübt. Bei Conz habe er sich „aktiv für die […] beschäftigten halbjüdischen Belegschaftsmitglieder eingesetzt" und einen Angestellten auch vor der Verhaftung durch die Gestapo bewahrt.[446]

Der am Entnazifizierungsverfahren beteiligte beratende Ausschuss der Firma Conz sagte im Januar 1947 hingegen über Voswinckel aus, dass dieser sich politisch „als nationalsozialistischer, hitlerhöriger Betriebsführer" gezeigt habe. Der Ausschuss verwies u. a. auf die von Voswinckel verbreitete und in

443 Archiv FZH, 227-11 IHK Hamburg II, Bd. 4 (ID 997).

444 Andreas Meyhoff, Blohm & Voss im „Dritten Reich". Eine Hamburger Großwerft zwischen Geschäft und Politik, Hamburg 2001, S. 418.

445 HK-Archiv, 92.15_73; HK-Archiv, 94.A.1_104; HK-Archiv, I.6.G.16.3_2; StAHH, 621-1/72_343.

446 Anhang zum Fragebogen vom 14. 12. 1945, o. D., StAHH, 221-11_I (E) 410.

der Werkzeitung abgedruckte NS-Propaganda. Auch nach dem Hitler-Attentat vom 20. Juli 1944 habe er „immer wieder bis zuletzt die Belegschaft zum Durchhalten“ aufgefordert und nach Kriegsende keine „schwerbelastete[n] Nationalsozialisten“ aus dem Unternehmen entlassen.[447] Nachdem einige ehemalige Angestellten, darunter ein „halbjüdischer“ Arbeiter, Voswinckels Aussagen bestätigt und ausgesagt hatten, er habe Stellen stets nach Befähigung und nicht nach Parteizugehörigkeit vergeben, revidierte der Ausschuss seine Einschätzung teilweise. Weiterhin setzte sich Erwin Merck, der anstelle von Voswinckel von der Militärregierung als kaufmännischer Geschäftsführer bei Conz eingestellt worden war, für dessen Wiedereinstellung ein, da Voswinckels Erfahrungen und Fachkenntnisse für den Wiederaufbau des Unternehmens sehr förderlich wären. Darüber hinaus sagte der ehemalige Handelskammer-Präses Joachim de la Camp aus, dass die kampflose Kapitulation und Übergabe Hamburgs an die Briten „ohne weiteren Schaden für die Stadt und Bevölkerung“ insbesondere auch Voswinckels Verdienst gewesen sei, womit er ein Entlastungsargument aufgriff, das sowohl de la Camp selbst als auch C. C. F. Meyer in ihren Entnazifizierungsverfahren angeführt hatten.[448]

Der Berufungsausschuss stufte Voswinckel im August 1947 in Kategorie IV ein und verfügte, dass sein Vermögen freigegeben werde und er wieder für Conz arbeiten dürfe. Allerdings oblag er Gehaltsbeschränkungen und durfte bis Ende 1948 in keiner leitenden Position, von 1949 bis 1951 nur „zusammen mit einem gleichberechtigtem [sic] Geschäftsführer“ tätig sein. Seine wirtschaftspolitischen Ämter sowie seine Mitgliedschaften in der NSDAP, im NSKK etc. wurden als „starke“ formelle Belastung gewertet, hinzu kam die kriegswirtschaftliche Bedeutung von Conz und Voswinckels in der Werkszeitschrift abgedruckten NS-propagandistischen Äußerungen. Der Ausschuss folgte mit seiner Entscheidung jedoch den Leumundszeugnissen, nach denen sich Voswinckel innerhalb des Betriebs „nicht als Verfechter nationalsozialis-

447 Stellungnahme des beratenden Ausschusses der Firma Conz, 17. 1. 1947, StAHH, 221-11_I (E) 410.

448 Erklärung von Joachim de la Camp, 8. 3. 1947, StAHH, 221-11_I (E) 410. Wie die Forschung vielfach zeigen konnte, waren die sozial-moralischen Argumente für die kampflose Übergabe Hamburgs, denen sich auch Karl Kaufmann bediente, ein Vorwand der (wirtschafts-)politischen Verantwortlichen, denen es in erster Linie um sich selbst und die wirtschaftliche Zukunft Hamburgs ging. Siehe etwa Detlef Garbe, Kriegsende und Befreiung vor 75 Jahren – Wegmarken der Erinnerung in Hamburgs Mitte, in: Woche des Gedenkens, 8. 11. 2020, https://gedenken-hamburg-mitte.de/src/files/Text_Kriegsende-vor-75-Jahren-%E2%80%93-Wegmarken-der-Erinnerung-in-Hamburgs-Mit....pdf [7. 9. 2022].

tischer Theorien gezeigt“ und er „Halbjuden“ sowie ausländische Zwangsarbeiter fair behandelt habe.[449]

Nachdem sich Voswinckel in den folgenden Jahren für den Wiederaufbau von Conz engagierte, forderte er 1949 eine Neuüberprüfung seiner Einstufung, da seine Kategorisierung notwendige Auslandsreisen verhindere. Eine Einstufung in Kategorie V sei daher besonders im Interesse von Conz. Sowohl der Betriebsrat als auch die Industrie-Gewerkschaft Metall unterstützten sein Anliegen. Im Juli 1949 wurde dem Antrag stattgegeben, wobei Voswinckel bis 1951 weiterhin nur mit einem gleichberechtigten Geschäftsführer arbeiten durfte. Bei Conz verblieb er bis Mitte der 1960er Jahre, bevor er noch für drei Jahre – bis 1969 – in der Geschäftsführung der Hanseatischen Rettungsgeräte Fabrik GmbH tätig war.

Neben seiner Arbeit wurde Voswinckel in den 1950er und 1960er Jahren mehrmals erneut ins Plenum der Handelskammer berufen. Unter anderem war er von 1951 bis 1954 Mitglied des Ehrengerichts der Hamburger Börse, von 1959 bis 1964 amtierte er auch als Vizepräses sowie von 1962 bis 1964 als Vorsitzender des Industrieausschusses. Mit dem von ihm 1959 bis 1962 geleiteten „Voswinckel-Ausschuss“, der sich mit der Untersuchung der Wettbewerbslage Hamburgs befasste, brachte er sich darüber hinaus in die Industrie- und Hafenpolitik ein. 1964 verlieh ihm die Handelskammer ihre Goldene Denkmünze. Von 1958 bis mindestens 1969 war er zudem Mitglied im Landesbeirat Hamburg der Commerzbank.[450]

449 Empfehlung des Berufungsausschusses, 6. 5. 1947, StAHH, 221-11_I (E) 410.

450 Geschäftsberichte der Commerzbank AG 1958, 1969, https://www.commerzbank.de/media/konzern_1/geschichte/download_8/1958_Geschaeftsbericht.pdf, https://www.commerzbank.com/media/konzern_1/geschichte/download_8/1969_Geschaeftsbericht_-_Englisch.pdf [7. 9. 2022].

Quellen und Literatur

Archiv FZH, 227-11 IHK Hamburg II, Bd. 4 (ID 997)
HK-Archiv, Plenarierakten, Nr. 562; 92.15_57; 92.15_73; 94.A.1_104; I.6.G.16.3_2
StAHH, 221-11_I (E) 410; 621-1/72_343
Stadtteilarchiv Ottensen, Ordner Zwangsarbeit Firmen A–Z; Bestand Firma Conz

Geschäftsberichte der Commerzbank AG 1958, 1969, https://www.commerzbank.de/media/konzern_1/geschichte/download_8/1958_Geschaeftsbericht.pdf, https://www.commerzbank.com/media/konzern_1/geschichte/download_8/1969_Geschaeftsbericht_-_Englisch.pdf [7. 9. 2022].

Garbe, Detlef, Kriegsende und Befreiung vor 75 Jahren – Wegmarken der Erinnerung in Hamburgs Mitte, in: Woche des Gedenkens, 8. 11. 2020, https://gedenken-hamburg-mitte.de/src/files/Text_Kriegsende-vor-75-Jahren-%E2%80%93-Wegmarken-der-Erinnerung-in-Hamburgs-Mit....pdf [15. 7. 2021].
Meyhoff, Andreas, Blohm & Voss im „Dritten Reich". Eine Hamburger Großwerft zwischen Geschäft und Politik, Hamburg 2001.
Möller, Hans-Kai, Ein verdrängtes Kapitel. Rüstungsproduktion und Zwangsarbeit in der Metallindustrie, in: Stadtteilarchiv Ottensen (Hrsg.), „Ohne uns hätten sie das gar nicht machen können". Nazi-Zeit und Nachkrieg in Altona und Ottensen, Hamburg 1985, S. 74–97.
Offenborn, Peter, Interessen Hamburger Unternehmer am Nationalsozialismus. Ihre Beteiligung an der Durchsetzung des nationalsozialistischen Herrschaftssystems. Eine Annäherung, Hamburg 2020.

Quellen- und Literaturverzeichnis

Archiv- und Beständeübersicht

Archiv der Forschungsstelle für Zeitgeschichte in Hamburg

11/H1 E. Helfferich
12/K Personalakte Karl Kaufmann
225-2 Handel
227-11 IHK Hamburg II
453 Nationalklubs und Herrengesellschaften

Archiv der Handelskammer Hamburg

Plenarierakten
49 Ernennung von Sachverständigen und Obmänner
73 Gesamtverkehrswesen
78 Exportförderung
84 Deutsche Kolonialpolitik
92 NS-Bewegung, Gedankengut, Parteiprogramm
94 Wehrmacht, Landesverteidigung, Wehrwirtschaft, Krieg 1939–1945
100 Staats- und Wirtschaftsrecht betr. Juden
I.6 Innere Angelegenheiten

Bundesarchiv

N 1301 Schulenburg, Fritz Dietlof von der
NS 6 Parteikanzlei der NSDAP
NS 15 Der Beauftragte des Führers für die Überwachung der gesamten geistigen und weltanschaulichen Schulung und Erziehung der NSDAP
PERS 6 Personalunterlagen von Angehörigen der Reichswehr und Wehrmacht
R 3 Reichsministerium für Rüstung und Kriegsproduktion
R 11 Reichswirtschaftskammer
R 12-II Reichsgruppe Energiewirtschaft
R 13 Wirtschaftsgruppen
R 15 Reichsstellen
R 16 Reichsnährstand
R 26 Beauftragter für den Vierjahresplan
R 43-II Reichskanzlei
R 58 Reichssicherheitshauptamt

R 87 Reichskommissar für die Behandlung feindlichen Vermögens
R 121 Industriebeteiligungsgesellschaft
R 177 Feindvermögensverwaltung in den besetzten Niederlanden
R 1501 Reichsministerium des Inneren
R 3101 Reichswirtschaftsministerium
R 3601 Reichsministerium für Ernährung und Landwirtschaft
R 8136 Reichskreditgesellschaft AG
R 9361-I Sammlung Berlin Document Center: Akten des Obersten Parteigerichts
R 9361-II Sammlung Berlin Document Center: Parteikorrespondenz
R 9361-III Sammlung Berlin Document Center: Unterlagen der SS und SA
R 9361-VI Sammlung Berlin Document Center: Personenbezogene Unterlagen von Gliederungen der NSDAP und angeschlossenen Verbänden
Z 42-III Spruchgericht Hamburg-Bergedorf
Z 42-IV Spruchgericht Bielefeld

Staatsarchiv Hamburg

113-3 Verwaltung für Wirtschaft, Technik und Arbeit (1933–1937)
113-5 Staatsverwaltung – Allgemeine Abteilung (1899–1945)
113-6 Staatsverwaltung Wirtschafts-, Landwirtschafts- und Sozialabteilung
121-3 I Bürgerschaft I (1580–1948)
131-4 Senatskanzlei – Präsidialabteilung
131-6 Staatsamt (1933–1939)
131-10 Senatskanzlei – Personalabteilung
131-15 Senatskanzlei – Personalakten
132-1 Senatskommission für die Reichs- und auswärtigen Angelegenheiten (1823–1956)
135-1 Staatliche Pressestelle
213-11 Staatsanwaltschaft Landegericht – Strafsachen (1908–2008)
221-11 Staatskommissar für die Entnazifizierung und Kategorisierung (1945–1957)
231-7 Amtsgericht Hamburg – Handels-, Genossenschafts- und Musterregister (1836–1999)
241-1 Justizverwaltung
311-3 Finanzbehörde
332-5 Standesämter (1874–2009)
353-2 Wohnungsamt

361-3 Schulwesen – Personalakten (1855–2009)
362-2 Höhere Schulen
371-8 Deputation für Handel, Schifffahrt und Gewerbe (1806–1949)
371-14 Frauenwirtschaftskammer
371-15 Gauwirtschaftskammer
371-16 Behörde für Wirtschaft und Verkehr
424-4 Personalakten Altona (1669–1967)
612-5 Sonstige Berufsvereinigungen
614-2 Politische Vereinigungen
621 Wirtschaftsunternehmungen
622 Familien und Einzelpersonen
731-8 Zeitungsausschnittsammlung

Stadtteilarchiv Ottensen

Bestände der Firmen Menck & Hambrock und Conz

Stiftung Hanseatisches Wirtschaftsarchiv

N23 Nachlass Hermann Victor Hübbe

Online-Ressourcen

Bajohr, Frank, Neuere Täterforschung, Version: 1.0, in: Docupedia-Zeitgeschichte, 18.6.2013, https://docupedia.de/zg/Neuere_Taeterforschung [4.10.2022].

–, Aufklärungsausschuss der Handelskammer, in: Datenbank „Die Dabeigewesenen“. Von Hamburger NS-Täter/innen, Profiteuren, Denunziant/innen, Mitläufer/innen und Zuschauer/innen. Eine Hamburg Topografie, o.D., https://www.hamburg.de/clp/dabeigewesene-suche/clp1/ns-dabeigewesene/onepage.php?BIOID=691&qN=aufkl%C3%A4rungsausschuss [2.11.2022].

–, Handelskammer Hamburg, in: Datenbank „Die Dabeigewesenen“. Von Hamburger NS-Täter/innen, Profiteuren, Denunziant/innen, Mitläufer/innen und Zuschauer/innen. Eine Hamburg Topografie, o. D., https://www. hamburg.de/clp/dabeigewesene-dokumente/clp1/ns-dabeigewesene/onepage.php?BIOID=768 [2. 11. 2022].

Bake, Rita, Antonie Wilhelmine Traun, in: Hamburger Frauenbiografien-Datenbank, o.D., https://www.hamburg.de/clp/frauenbiografien-schlag

wortregister/clp1/hamburgde/onepage.php?BIOID=3155&dC=1800 [7. 9. 2022].

Banken, Ralf, Vom „Verschweigen“ über die „Sonderkonjunktur“ hin zur „Normalität“? Der Nationalsozialismus in der Unternehmensgeschichte der Bundesrepublik, in: Zeitgeschichte-online, 1. 12. 2012, https://zeitgeschichte-online.de/themen/vom-verschweigen-uber-die-sonderkonjunktur-hin-zur-normalitat [4. 10. 2022].

Garbe, Detlef, Kriegsende und Befreiung vor 75 Jahren – Wegmarken der Erinnerung in Hamburgs Mitte, in: Woche des Gedenkens, 8. 11. 2020, https://gedenken-hamburg-mitte.de/src/files/Text_Kriegsende-vor-75-Jahren-%E2%80%93-Wegmarken-der-Erinnerung-in-Hamburgs-Mit....pdf [7. 9. 2022].

Hitlers Ansprache vor dem „Ersten Großdeutschen Reichstag“, 30. 1. 1939 (Auszüge), http://ghdi.ghi-dc.org/sub_document.cfm?document_id=2289 [2. 11. 2022].

Kreutzmüller, Christoph, Vernichtung der jüdischen Gewerbetätigkeit im Nationalsozialismus. Abläufe, Blickwinkel und Begrifflichkeiten, Version: 2.0, in: Docupedia-Zeitgeschichte, 12. 3. 2020, https://docupedia.de/zg/Kreutzmueller_vernichtung_der_juedischen_Gewerbetaetigkeit_v2_de_2020#cite_ref-ftn13_13-0 [2. 11. 2022].

Leveknecht, Helmut, 90 Jahre HWWA. Von der Zentralstelle des Hamburgischen Kolonialinstituts bis zur Stiftung HWWA. Eine Chronik, hrsg. v. Hamburgischen Welt-Wirschafts-Archiv, Hamburg 1998, http://webopac.hwwa.de/publication/Leveknecht_Chronik_HWWA.pdf [2. 11. 2022].

Mommsen, Hans, Forschungskontroversen zum Nationalsozialismus, 23. 3. 2007, https://www.bpb.de/geschichte/nationalsozialismus/dossier-nationalsozialismus/39638/forschungskontroversen?p=all [2. 11. 2022].

Nolzen, Armin, Straßer, Gregor, in: Neue Deutsche Biographie (NDB), Bd. 25, Berlin 2013, S. 478–479, https://daten.digitale-sammlungen.de/0008/bsb00085894/images/index.html?id=00085894&groesser=&fip=eayayztswxdsydenxdsydsdaseayawen&no=&seite=506 [2. 11. 2022].

Online-Lexikon zur Geschichte und Kultur der Deutschen im östlichen Europa, Carl von Ossietzky Universität Oldenburg, https://ome-lexikon.uni-oldenburg.de/regionen/reichsgau-wartheland [2. 11. 2022].

Pfister, Ulrich, „Die Wirtschaft in der Ära des Nationalsozialismus“, Lehr-Präsentation an der WWU Münster, Folie Nr. 17, https://docplayer.org/12528169-Die-wirtschaft-in-der-aera-des-nationalsozialismus-1933-1939.html [2. 11. 2022].

Riedel, Matthias, „Keppler, Wilhelm“, in: Neue Deutsche Biographie (NDB), Bd. 11, Berlin 1977, S. 509–510, https://www.deutsche-biographie.de/sfz40570.html#ndbcontent [2. 11. 2022].

Sandkühler, Thomas, Europa und der Nationalsozialismus. Ideologie, Währungspolitik, Massengewalt, in: Zeithistorische Forschungen/Studies in Contemporary History 9 (2012), 3, S. 428–441, https://zeithistorischefor schungen.de/3-2012/4673 [16. 10. 2022].

Sternberg, Eckhard, Die Metallwerke Niedersachsen Brinckman & Mergell, in: geschichtsspuren.de, o. D., https://www.geschichtsspuren.de/artikel/rues tungsproduktion-lagerung-versorgung/214-menibum.html [2. 11. 2022].

Stätten der Erinnerung in Hamburg, https://www.gedenkstaetten-in-hamburg.de [2. 11. 2022].

Steiner, Yvonne, Die Zeit, in der das Gewissen geschwiegen hat. Der Latein-Amerikanische Verein Hamburg-Bremen E.V. und die Vereinsführung in den 30er Jahren, in: Homepage des Lateinamerika Vereins, Juli 2016, https://www.tantotiempo.de/zeitreise/1930-1939/die-zeit-in-der-das-gewis sen-geschwiegen-hat/ [2. 11. 2022].

Steuwer, Janosch, „Zweiundvierzig“. Nazis-Zählen als unsinniges Ritual, Geschichte der Gegenwart, 14. 2. 2021, https://geschichtedergegenwart.ch/zweiundvierzig-nazis-zaehlen-als-unsinniges-ritual-der-vergangenheits bewaeltigung/ [2. 11. 2022].

Stolpersteine in Hamburg, https://www.stolpersteine-hamburg.de/ [2. 11. 2022].

Tenti, Katharina, Emil Helfferich, in: Datenbank „Die Dabeigewesenen“. Von Hamburger NS-Täter/innen, Profiteuren, Denunziant/innen, Mitläufer/innen und Zuschauer/innen. Eine Hamburg Topografie, o. D., https://www.hamburg.de/clp/dabeigewesene-suche/clp1/ns-dabeigewesene/one page.php?BIOID=122&qN=Helfferich [2. 11. 2022].

–, Rudolf Blohm, in: Datenbank „Die Dabeigewesenen“. Von Hamburger NS-Täter/innen, Profiteuren, Denunziant/innen, Mitläufer/innen und Zuschauer/innen. Eine Hamburg Topografie, o. D., https://www.hamburg.de/clp/dabeigewesene-suche/clp1/ns-dabeigewesene/onepage.php?BIOID=125&qN=Blohm [7. 9. 2022].

Thorn, Claudia, Eduard Rosenbaum. Renommierter Ökonom, Vertriebener und Hamburg-Patriot, in: Wirtschaftsdienst. Zeitschrift für Wirtschaftspolitik, o. D., https://100jahre.wirtschaftsdienst.eu/eduard-rosenbaum.html [2. 11. 2022].

–, Werner Bosch. Nationalökonom im Dienst der „Kriegsverwaltung", in: Wirtschaftsdienst. Zeitschrift für Wirtschaftspolitik, o. D., https://100jahre.wirtschaftsdienst.eu/werner-bosch.html [7. 9. 2022].

Tiews, Alina Laura, Kaufleute als Medienmacher. Die Eintragung der Norag in das Hamburger Handelsregister am 19. Januar 1924, in: Die Norag und die Kultur der 1920er Jahre in Hamburg, 2014, https://leibniz-hbi.de/uploads/media/default/cms/media/i1sd002_1%20Norag%20Geschichte%20Tiews%20Kaufleute%20als%20Medienmacher%202014.pdf [7. 9. 2022].

Wildt, Michael, „Volksgemeinschaft", Version: 1.0, in: Docupedia-Zeitgeschichte, 3. 6. 2014, http://docupedia.de/zg/wildt_volksgemeinschaft_v1_de_2014 [1. 8. 2022].

–, Die Transformation des Ausnahmezustands. Ernst Fraenkels Analyse der NS-Herrschaft und ihre politische Aktualität, Version 1.0, in: Docupedia-Zeitgeschichte, 1. 6. 2011, https://doks.zeitgeschichte-digital.de/doks/frontdoor/deliver/index/docId/291/file/docupedia_wildt_fraenkel_doppelstaat_v1_de_2011.pdf [2. 11. 2022].

Literaturverzeichnis

Ahrens, Ralf, Die Dresdner Bank 1945–1957. Konsequenzen und Kontinuitäten nach dem Ende des NS-Regimes, München 2007.

Amenda, Lars, „Chinesenaktion". Zur Rassenpolitik und Verfolgung im nationalsozialistischen Hamburg, in: Zeitschrift für Hamburgische Geschichte 1 (2005), S. 103–132.

Anker, Josef, Paul Rohrbach, in: Neue Deutsche Biographie (NDB), Bd. 22, Berlin 2005, S. 5–6.

Asendorf, Manfred, Hamburger Nationalklub, Keppler-Kreis, Arbeitsstelle Schacht und der Aufstieg Hitlers, in: 1999. Zeitschrift für Sozialgeschichte des 20. und 21. Jahrhunderts 2 (1987), 3, S. 106–150.

Bahnsen, Uwe, Hanseaten unter dem Hakenkreuz. Die Handelskammer Hamburg und die Kaufmannschaft im „Dritten Reich", Hamburg 2015.

Bähr, Johannes, Zwischen zwei Kontinenten. Hundert Jahre Dresdner Bank Lateinamerika vormals Deutsch-Südamerikanische Bank, Frankfurt a. M. 2007.

–, Die Dresdner Bank in der Wirtschaft des Dritten Reichs, München 2006.

Bähr, Johannes/Kopper, Christopher, Industrie, Politik, Gesellschaft. Der BDI und seine Vorgänger 1919–1990, Göttingen 2019.

Bajohr, Frank, Hamburg im „Dritten Reich“. Rückblick und Ausblick, in: Zeitgeschichte in Hamburg 2013, hrsg. v. d. Forschungsstelle für Zeitgeschichte in Hamburg, Hamburg 2014, S. 14–33.

–, Korruption in der NS-Zeit als Spiegel des nationalsozialistischen Herrschaftssystems, in: Jens Ivo Engels/Andreas Fahrmeir/Alexander Nützenadel (Hrsg.), Geld – Geschenke – Politik. Korruption im neuzeitlichen Europa, Reprint 2019, München/Berlin 2009, S. 231–248.

–, Die Zustimmungsdiktatur. Grundzüge nationalsozialistischer Herrschaft in Hamburg, in: Hamburg im „Dritten Reich“, hrsg. v. d. Forschungsstelle für Zeitgeschichte in Hamburg, Göttingen 2005, S. 69–121.

–, „Arisierung“ in Hamburg. Die Verdrängung der jüdischen Unternehmer 1933–1945, 2. Aufl., Hamburg 1998.

–, Gauleiter in Hamburg. Zur Person und Tätigkeit Karl Kaufmanns (1900–1969), in: Vierteljahrshefte für Zeitgeschichte 43 (1995), 2, S. 267–295.

Bajohr, Frank/Pohl, Dieter, Der Holocaust als offenes Geheimnis. Die Deutschen, die NS-Führung und die Alliierten, München 2006.

Bajohr, Frank/Szodrzynski, Joachim (Hrsg.), Hamburg in der NS-Zeit. Ergebnisse neuerer Forschungen, Hamburg 1995.

Banken, Ralf, Introduction: The room for manoeuvre for firms in the Third Reich, in: Business History 62 (2020), 3, S. 375–392.

–, Die wirtschaftspolitische Achillesferse des „Dritten Reiches“: Das Reichswirtschaftsministerium und die NS-Außenwirtschaftspolitik 1933–1939, in: Albrecht Ritschl (Hrsg.), Das Reichswirtschaftsministerium in der NS-Zeit. Wirtschaftsordnung und Verbrechenskomplex, Berlin 2016, S. 111–232.

Berth, Christiane, Biografien und Netzwerke im Kaffeehandel zwischen Deutschland und Zentralamerika 1920–1959, Hamburg 2014.

Beßmann, Alyn u.a. (Hrsg.), Eine Stadt und ihr KZ. Häftlinge des KZ Neuengamme im Hamburger Kriegsalltag 1943–1945, Katalog zur Ausstellung, hrsg. v. d. KZ-Gedenkstätte Neuengamme, Hamburg 2019.

Bezirksamt Altona (Hrsg.), Das Altonaer Rathaus in der NS-Zeit, Hamburg 2011.

Biehl, Karl Heinrich, Zwangsarbeit im Hanseatischen Kettenwerk (Hak) in Langenhorn. Erinnerungsberichte, Firmengeschichte, Hamburg 2005.

Bielfeldt, Hans, Vom Werden Groß-Hamburgs. Citykammer, Gauwirtschaftskammer, Handelskammer. Politik und Personalia im Dritten Reich, Hamburg 1980.

Bracher, Karl Dietrich, Die deutsche Diktatur. Entstehung, Struktur, Folgen des Nationalsozialismus, Köln 1969.

Brahm, Felix, Franz Heinrich Witthoefft, in: Franklin Kopitzsch/Dirk Brietzke (Hrsg.), Hamburgische Biografie. Personenlexikon, Bd. 3, Göttingen 2006, S. 413–414.

Brechtken, Magnus (Hrsg.), Aufarbeitung des Nationalsozialismus. Ein Kompendium, Göttingen 2021.

Broszat, Martin, Der Staat Hitlers. Grundlegung und Entwicklung seiner inneren Verfassung, München 1969.

Brunecker, Frank/Rak, Christian, Dr. Gustav Schlotterer – Verbrecher oder Widerständler?, in: Wolfgang Proske (Hrsg.), Täter, Helfer, Trittbrettfahrer. NS-Belastete in Oberschwaben, Gerstetten 2015, S. 225–239.

Brünger, Sebastian, Geschichte und Gewinn. Der Umgang deutscher Konzerne mit ihrer NS-Vergangenheit, Göttingen 2017.

Buchheim, Christoph, Unternehmen in Deutschland und NS-Regime 1933–1945. Versuch einer Synthese, in: Historische Zeitschrift 282 (2006), 2, S. 351-390.

–, Das NS-Regime und die Überwindung der Weltwirtschaftskrise in Deutschland, in: Vierteljahrshefte für Zeitgeschichte 56 (2008), S. 381–414.

Buggeln, Marc, Arbeit & Gewalt. Das Außenlagersystem des KZ Neuengamme, Göttingen 2009.

–, Wittenberge, in: Wolfgang Benz/Barbara Distel (Hrsg.), Der Ort des Terrors. Geschichte der nationalsozialistischen Konzentrationslager, Bd. 5: Hinzert, Auschwitz, Neuengamme, München 2007, S. 539–543.

–, Währungspläne für den europäischen Großraum. Die Diskussion der nationalsozialistischen Wirtschaftsexperten über ein zukünftiges europäisches Zahlungssystem, in: Beiträge zur Geschichte des Nationalsozialismus 18 (2002), S. 41–76.

Buggeln, Marc/Wildt, Michael, Arbeit im Nationalsozialismus – Einleitung, in: dies. (Hrsg.), Arbeit im Nationalsozialismus, Berlin 2014, S. IX–XXXVIII.

– (Hrsg.), Arbeit im Nationalsozialismus, Berlin 2014.

Büttner, Ursula, Der Aufstieg der NSDAP, in: Hamburg im „Dritten Reich“, hrsg. v. d. Forschungsstelle für Zeitgeschichte in Hamburg, Göttingen 2005, S. 27–65.

–, „Gomorrha“ und die Folgen. Der Bombenkrieg, in: Hamburg im „Dritten Reich“, hrsg. v. d. Forschungsstelle für Zeitgeschichte in Hamburg, Göttingen 2005, S. 613–632.

Dieckmann, Christoph/Quinkert, Babette (Hrsg.), Kriegführung und Hunger 1939–1945. Zum Verhältnis von militärischen, wirtschaftlichen und politischen Interessen, Göttingen 2015.

Diercks, Herbert, Der Hamburger Hafen im Nationalsozialismus: Wirtschaft, Zwangsarbeit und Widerstand. Texte, Fotos und Dokumente zur Hafengeschichte, Hamburg 2008.

Ebbinghaus, Angelika/Linne, Karsten (Hrsg.), Kein abgeschlossenes Kapitel. Hamburg im „Dritten Reich“, Hamburg 1997.

Ebi, Michael, Export um jeden Preis. Die deutsche Exportförderung von 1932–1938, Stuttgart 2004.

Ellermeyer, Jürgen, Von der ersten Kunststofffabrik des Kontinents zum mittelständischen Nischenbetrieb. Zur Geschichte der New-York Hamburger Gummi-Waaren Compagnie (NYH), in: Gudrun Wolfschmidt (Hrsg.), Wissen aus 400 Jahren Chemie in Hamburg. Hamburgs Geschichte einmal anders. Entwicklung der Naturwissenschaften, Medizin und Technik, Teil 4, Hamburg 2016, S. 311–369.

–, Gib Gummi! Kautschukindustrie und Hamburg, Bremen 2006.

Ellger, Hans, Zwangsarbeit und weibliche Überlebensstrategien. Die Geschichte der Frauenaußenlager des Konzentrationslagers Neuengamme 1944/45, Berlin 2007.

Engels, Jens Ivo/Fahrmeir, Andreas/Nützenadel, Alexander (Hrsg.), Geld – Geschenke – Politik. Korruption im neuzeitlichen Europa, Reprint 2019, München/Berlin 2009.

Erdelmann, Jessica, „Persilscheine“ aus der Druckerpresse. Die Hamburger Medienberichterstattung über Entnazifizierung und Internierung in der britischen Besatzungszone, München/Hamburg 2016.

Ernst, Sigrid, Bibliographie zur Geschichte und Organisation der Industrie- und Handelskammern und des Deutschen Industrie- und Handelstages, Bonn 1986.

Falter, Jürgen W., Wer durfte NSDAP-Mitglied werden und wer musste draußen bleiben?, in: ders. (Hrsg.), Junge Kämpfer, alte Opportunisten. Die Mitglieder der NSDAP 1919–1945, Frankfurt a. M./New York 2016, S. 5–40.

Felber, Ulrike u. a. (Hrsg.), Ökonomie der Arisierung. Teil 2: Wirtschaftssektoren, Branchen, Falldarstellungen, Wien/München 2004.

– (Hrsg.), Ökonomie der Arisierung. Teil 1: Grundzüge, Akteure und Institutionen, Wien/München 2004.

Flachowsky, Sören, Von der Notgemeinschaft zum Reichsforschungsrat. Wissenschaftspolitik im Kontext von Autarkie, Aufrüstung und Krieg, Stuttgart 2008.

Flachowsky, Sören/Hachtmann, Rüdiger/Schmaltz, Florian (Hrsg.), Ressourcenmobilisierung. Wissenschaftspolitik und Forschungspraxis im NS-Herrschaftssystem, Göttingen 2017.

Fraenkel, Ernst, Der Doppelstaat, hrsg. v. Alexander v. Brünneck, Rückübersetzung aus dem Engl. v. Manuela Schöps in Zusammenarbeit mit dem Verfasser (1974), 4. Aufl., Hamburg 2019.

Frei, Norbert, Die Wirtschaft des „Dritten Reiches". Überlegungen zu einem Perspektivwechsel, in: ders./Tim Schanetzky (Hrsg.), Unternehmen im Nationalsozialismus. Zur Historisierung einer Forschungskonjunktur, Göttingen 2010, S. 9–24.

Frei, Norbert/Schanetzky, Tim (Hrsg.), Unternehmen im Nationalsozialismus. Zur Historisierung einer Forschungskonjunktur, Göttingen 2010.

Fritz, Regina (Bearb.), Ungarn 1944–1945, hrsg. v. Bundesarchiv, Institut für Zeitgeschichte und Lehrstuhl für Neuere und Neueste Geschichte der Universität Freiburg (Die Verfolgung und Ermordung der europäischen Juden durch das nationalsozialistische Deutschland, Bd. 15), Berlin/Boston 2021.

Gabrielsson, Peter, Die 750-Jahr-Feier des Hamburger Hafens 1939, in: Zeitschrift für Hamburgische Geschichte 74/75 (1989), S. 189–206.

Garbe, Detlef, Neuengamme im System der Konzentrationslager. Studien zur Ereignis- und Rezeptionsgeschichte, Berlin 2015.

Gassert, Philipp, Keine rein geschäftliche Angelegenheit. Die „Feindvermögensfrage" und die Auseinandersetzungen um die amerikanischen Investitionen im Dritten Reich, in: Manfred Berg/Philipp Gassert (Hrsg.), Deutschland und die USA in der internationalen Geschichte des 20. Jahrhunderts. Festschrift für Detlef Junker, Stuttgart 2004, S. 339–363.

Gentile, Carlo, Wehrmacht und Waffen-SS im Partisanenkrieg: Italien 1943–1945, Paderborn 2012.

Gotto, Bernhard, Nationalsozialistische Kommunalpolitik. Administrative Normalität und Systemstabilisierung durch die Augsburger Stadtverwaltung 1933–1945, München 2009.

Gröwer, Karin, Biografie von Otto Friedeberg, in: dies./Barbara Günther, Gegen das Vergessen. Opfer totalitärer Verfolgung aus dem Ehren- und Hauptamt der Handelskammer Hamburg, Kiel 2019, S. 53–62.

Gröwer, Karin/Günther, Barbara, Gegen das Vergessen. Opfer totalitärer Verfolgung aus dem Ehren- und Hauptamt der Handelskammer Hamburg, hrsg. v. d. Handelskammer Hamburg, Kiel 2019.

Guhl, Anton F., Wege aus dem „Dritten Reich“. Die Entnazifizierung der Hamburger Universität als ambivalente Nachgeschichte des Nationalsozialismus, Göttingen 2019.

Gruner, Wolf, Die Kommunen im Nationalsozialismus. Innenpolitische Akteure und ihre wirkungsmächtige Vernetzung, in: Sven Reichardt/Wolfgang Seibel (Hrsg.), Der prekäre Staat. Herrschen und Verwalten im Nationalsozialismus, Frankfurt a. M. 2011, S. 167–211.

–, Die NS-Judenverfolgung und die Kommunen. Zur wechselseitigen Dynamisierung von zentraler und lokaler Politik 1933–1941, in: Vierteljahrshefte für Zeitgeschichte 48 (2000), S. 75–126.

Günther, Barbara, Die Hamburger Feuerkasse im Nationalsozialismus, Hamburg 2001.

Hachtmann, Rüdiger, Allerorten Mobilisierung? Vorschläge, wie mit Schlagworten in der Sozial- und Gesellschaftsgeschichte der NS-Diktatur umzugehen ist, in: Oliver Werner (Hrsg.), Mobilisierung im Nationalsozialismus. Institutionen und Regionen in der Kriegswirtschaft und der Verwaltung des „Dritten Reiches“ 1936 bis 1945, Paderborn 2013, S. 69–83.

Hamburg im „Dritten Reich“, hrsg. v. d. Forschungsstelle für Zeitgeschichte in Hamburg, Göttingen 2005.

Helfferich, Emil, 1932–1946 Tatsachen. Ein Beitrag zur Wahrheitsfindung, Jever (Oldenburg) 1969.

–, Ein Leben, Bd. 1–5, Hamburg 1948.

Henke, Klaus-Dietmar (Hrsg.), Die Dresdner Bank im Dritten Reich, München 2006.

Herbert, Ulrich, Best. Biographische Studien über Radikalismus, Weltanschauung und Vernunft 1903–1989, 5., überarb. Aufl., Bonn 2011.

Hilberg, Raul, Die Vernichtung der europäischen Juden, 3 Bde., Frankfurt a. M. 1997.

Hirschfeld, Gerhard/Jersak, Tobias (Hrsg.), Karrieren im Nationalsozialismus. Funktionseliten zwischen Mitwirkung und Distanz, Frankfurt a. M. 2004.

Hoch, Gerhard, Französische Kriegsgefangene in Hamburg 1941–1945, in: Zeitschrift für Hamburgische Geschichte 78 (1992), S. 209–234.

Jasch, Hans-Christian/Lehnstaedt, Stephan (Hrsg.), Verfolgen und Aufklären. Die erste Generation der Holocaustforschung 2019.

John, Jürgen, Mobilisierung als Charakteristikum des NS-Systems? in: Oliver Werner (Hrsg.), Mobilisierung im Nationalsozialismus. Institutionen und Regionen in der Kriegswirtschaft und der Verwaltung des „Dritten Reiches" 1936 bis 1945, Paderborn 2013, S. 29–57.

Justke, Sebastian, Ein ehrbarer Kaufmann? Albert Schäfer, sein Unternehmen und die Stadt Hamburg. 1933–1956, Berlin 2023.

Kahn, Daniela, Die Steuerung der Wirtschaft durch Recht im nationalsozialistischen Deutschland. Das Beispiel der Reichsgruppe Industrie, Frankfurt a. M. 2006.

Kaienburg, Hermann, Zwangsarbeit für das „deutsche Rohstoffwunder". Das Phrix-Werk Wittenberg im zweiten Weltkrieg, in: 1999. Zeitschrift für Sozialgeschichte des 20. und 21. Jahrhunderts 3 (1994), S. 12–41.

Kiekel, Stefan, Die deutsche Handelsschifffahrt im Nationalsozialismus. Unternehmerinitiative und staatliche Regulierung im Widerstreit 1933 bis 1940/41, Bremen 2010.

Klee, Ernst, Das Personenlexikon zum Dritten Reich. Wer war was vor und nach 1945, 2., durchges. Aufl., Frankfurt a. M. 2003.

Koll, Johannes, Biographik und NS-Forschung, in: Neue Politische Literatur 57 (2012), S. 67–127.

Krämer, Gerd, Der betriebliche Entnazifizierungsausschuß der Firma Menck & Hambrock in Hamburg-Ottensen, in: Demokratische Geschichte. Jahrbuch zur Arbeiterbewegung und Demokratie in Schleswig-Holstein 6 (1991), S. 153–187.

Kristen, Claus, Ein Leben in Manneszucht. Von Kolonien und Novemberrevolution. Der „Städtebezwinger" Georg Maercker, Stuttgart 2018.

Kundrus, Birthe/Schulte-Zweckel, Astrid, Versorgungslage und Frauenarbeitseinsatz in Hamburg 1939–1943, in: 1999. Zeitschrift für Sozialgeschichte des 20. und 21. Jahrhunderts 6 (1991), S. 47–62.

Kundrus, Birthe/Steinbacher, Sybille (Hrsg.), Kontinuitäten und Diskontinuitäten. Der Nationalsozialismus in der Geschichte des 20. Jahrhunderts, Göttingen 2013.

Kunz, Andreas/Scholl, Lars U. (Hrsg.), Die deutsche Seeschifffahrt 1821–1989. Ein Datenhandbuch, Bremen 2011.

Lillteicher, Jürgen (Hrsg.), Profiteure des NS-Systems? Deutsche Unternehmen und das „Dritte Reich", Berlin 2006.

Lindner, Stephan H., Das Reichskommissariat für die Behandlung feindlichen Vermögens im Zweiten Weltkrieg. Eine Studie zur Verwaltungs-,

Rechts- und Wirtschaftsgeschichte des nationalsozialistischen Deutschlands, Stuttgart 1991.

Linne, Karsten, Wissenschaft als Standortfaktor. Mobilisierung von Ressourcen für die „Kolonialstadt" Hamburg, in: Sören Flachowsky/Rüdiger Hachtmann/Florian Schmaltz (Hrsg.), Ressourcenmobilisierung. Wissenschaftspolitik und Forschungspraxis im NS-Herrschaftssystem, Göttingen 2017, S. 121–152.

–, Deutschland jenseits des Äquators? Die NS-Kolonialplanungen für Afrika, Berlin 2008.

–, Baumwollanbau im Zweiten Weltkrieg: Eine „Einsatzfirma" in Südrussland, in: Zeitschrift für Unternehmensgeschichte 48 (2003), 2, S. 196–214.

–, Bremer Baumwollhändler in den besetzten sowjetischen Gebieten 1941–1944, in: Bremisches Jahrbuch 81 (2002), S. 126–155.

–, Deutsche Afrikafirmen im „Osteinsatz", in: 1999. Zeitschrift für Sozialgeschichte des 20. und 21. Jahrhunderts 16 (2001), 1, S. 49–90.

–, „Deutsche Kamerun-Bananen". Die Afrikanische Frucht-Compagnie Aktiengesellschaft, in: Heiko Möhle/Reimer Dohrn (Hrsg.), Branntwein, Bibeln und Bananen. Der deutsche Kolonialismus in Afrika – eine Spurensuche [in Hamburg], Hamburg 1999, S. 143–148.

–, Auf dem Weg zur ‚Kolonialstadt Hamburg' – eine spezifische Form der Standortpolitik, in: Angelika Ebbinghaus/Karsten Linne (Hrsg.), Kein abgeschlossenes Kapitel. Hamburg im „Dritten Reich", Hamburg 1997, S. 177–212.

Littmann, Friederike, Ausländische Zwangsarbeiter in der Hamburger Kriegswirtschaft 1939–1945, München/Hamburg 2006.

–, Zwangsarbeiter in der Kriegswirtschaft, in: Hamburg im „Dritten Reich", hrsg. v. d. Forschungsstelle für Zeitgeschichte in Hamburg, Göttingen 2005, S. 225–245.

–, Ausländische Zwangsarbeiter in der Hamburger Kriegswirtschaft 1940–1945, in: Frank Bajohr/Joachim Szodrzynski (Hrsg.), Hamburg in der NS-Zeit. Ergebnisse neuerer Forschungen, Hamburg 1995, S. 175–202.

Lohalm, Uwe, Völkische Wohlfahrtsdiktatur. Öffentliche Wohlfahrtspolitik im nationalsozialistischen Hamburg, München, Hamburg 2010.

–, „Modell Hamburg" Vom Stadtstaat zum Reichsgau, in: Hamburg im „Dritten Reich", hrsg. v. d. Forschungsstelle für Zeitgeschichte in Hamburg, Göttingen 2005, S. 122–153.

–, „... anständig und aufopferungsbereit“. Öffentlicher Dienst und Nationalsozialismus in Hamburg 1933 bis 1945, Hamburg 2001.

Longerich, Peter, „Davon haben wir nichts gewusst!“. Die Deutschen und die Judenverfolgung 1933–1945, 2. Aufl., München 2006.

Lüdtke, Alf, Funktionseliten: Täter, Mit-Täter, Opfer? Zu den Bedingungen des deutschen Faschismus, in: ders. (Hrsg.), Herrschaft als soziale Praxis. Historische und sozial-anthropologische Studien, Göttingen 1991, S. 559–590.

– (Hrsg.), Herrschaft als soziale Praxis. Historische und sozial-anthropologische Studien, Göttingen 1991.

Marchtaler, Hildegard von, Chronik der Firma Van Dissel, Rode & Co. Nachf., Hamburg, Bremen 1952.

Mecking, Sabine/Wirsching, Andreas, Stadtverwaltung als Systemstabilisierung? Tätigkeitsfelder und Handlungsspielräume kommunaler Herrschaft im Nationalsozialismus, in: dies. (Hrsg.), Stadtverwaltung, S. 1–19.

– (Hrsg.), Stadtverwaltung im Nationalsozialismus. Systemstabilisierende Dimensionen kommunaler Herrschaft, Paderborn 2005.

Mentel, Christian/Weise, Niels, Die zentralen deutschen Behörden und der Nationalsozialismus. Stand und Perspektiven der Forschung, hrsg. v. Frank Bösch/Martin Sabrow/Andreas Wirsching, München/Potsdam 2016.

Meyer, Beate (Hrsg.), Die Verfolgung und Ermordung der Hamburger Juden 1933–1945, Hamburg 2006.

Meyer, Gertrud, Nacht über Hamburg. Berichte und Dokumente, Frankfurt a.M. 1971.

Meyhoff, Andreas, Blohm & Voss im „Dritten Reich“. Eine Hamburger Großwerft zwischen Geschäft und Politik, Hamburg 2001.

–, Rudolf Blohm, in: Franklin Kopitzsch/Dirk Brietzke (Hrsg.), Hamburgische Biografie. Personenlexikon, Bd. 2, Göttingen 2003, S. 54–55.

Middendorf, Stefanie/Priemel, Kim Christian, Jenseits des Primats: Kontinuitäten der nationalsozialistischen Finanz- und Wirtschaftspolitik, in: Birthe Kundrus/Sybille Steinbacher (Hrsg.), Kontinuitäten und Diskontinuitäten. Der Nationalsozialismus in der Geschichte des 20. Jahrhunderts, Göttingen 2013, S. 94–123.

Möhle, Heiko/Dohrn, Reimer (Hrsg.), Branntwein, Bibeln und Bananen. Der deutsche Kolonialismus in Afrika – eine Spurensuche [in Hamburg], Hamburg 1999.

Möller, Hans-Kai, Schützengrabenlöffelbagger und Schrebergärten. Rüstungsproduktion und „Kriegsfürsorge“ der Ottensener Maschinenfabrik Menck & Hambrock während des Ersten Weltkriegs, in: Ingwer E. Momsen

(Hrsg.), Schleswig-Holsteins Weg in die Moderne. Zehn Jahre Arbeitskreis für Wirtschafts- und Sozialgeschichte Schleswig-Holsteins, Neumünster 1988, S. 195–218.

–, Ein verdrängtes Kapitel. Rüstungsproduktion und Zwangsarbeit in der Metallindustrie, in: Stadtteilarchiv Ottensen (Hrsg.), „Ohne uns hätten sie das gar nicht machen können". Nazi-Zeit und Nachkrieg in Altona und Ottensen, Hamburg 1985, S. 74–97.

Möller, Horst, Regionalbanken im Dritten Reich. Bayerische Hypotheken- und Wechsel-Bank, Bayerische Vereinsbank, Vereinsbank in Hamburg, Bayerische Staatsbank 1933 bis 1945, Berlin/Boston 2015.

Müller, Philipp, Transformation des Liberalismus. Die Internationale Handelskammer im NS-Regime während der 1930er Jahre, in: Elke Seefried u.a. (Hrsg.) Liberalismus und Nationalsozialismus. Eine Beziehungsgeschichte, Stuttgart, 2020, S. 253–278.

Nietzel, Benno, Die Vernichtung der wirtschaftlichen Existenz der deutschen Juden 1933–1945. Ein Literatur- und Forschungsbericht, in: Archiv für Sozialgeschichte 49 (2009), S. 561–613.

Offenborn, Peter, Interessen Hamburger Unternehmer am Nationalsozialismus. Ihre Beteiligung an der Durchsetzung des nationalsozialistischen Herrschaftssystems. Eine Annäherung, Hamburg 2020.

Orth, Karin, Die Konzentrationslager der SS. Sozialstrukturelle Analysen und biographische Studien, Göttingen 2000.

Osterloh, Jörg/Wixforth, Harald, Einleitung, in: dies. (Hrsg.), Unternehmer und NS-Verbrechen. Wirtschaftseliten im „Dritten Reich" und in der Bundesrepublik Deutschland, Frankfurt a.M./New York 2014, S. 9–30.

– (Hrsg.), Unternehmer und NS-Verbrechen. Wirtschaftseliten im „Dritten Reich" und in der Bundesrepublik Deutschland, Frankfurt a.M./New York 2014.

Plumpe, Werner, Unternehmensgeschichte im 19. und 20. Jahrhundert, Berlin 2018.

–, Unternehmer – Fakten und Fiktionen, in: ders. (Hrsg.), Unternehmer – Fakten und Fiktionen. Historisch-biografische Studien, München 2014, S. 1–26.

– (Hrsg.), Unternehmer – Fakten und Fiktionen. Historisch-biografische Studien, München 2014.

–, Unternehmen im Nationalsozialismus. Eine Zwischenbilanz, in: Wirtschaftsordnung, Staat und Unternehmen. Neue Forschungen zur Wirtschaftsgeschichte des Nationalsozialismus. Festschrift für Dietmar Petzina zum 65. Geburtstag, hrsg. v. Werner Abelshauser, Essen 2003, S. 243–266.

Plumpe, Werner/Scholtyseck, Joachim (Hrsg.), Der Staat und die Ordnung der Wirtschaft. Vom Kaiserreich bis zur Berliner Republik, Stuttgart 2012.

Prager, Hans Georg, F. Laeisz. Vom Frachtsegler bis zum Bulk Carrier, Herford 1974.

Rabe, Paul-Moritz, Die Stadt und das Geld. Haushalt und Herrschaft im nationalsozialistischen München, Göttingen 2017.

Reeken, Dietmar von/Thießen, Malte, „Volksgemeinschaft“ als soziale Praxis. Perspektiven und Potenziale neuerer Forschung vor Ort, in: dies. (Hrsg.), „Volksgemeinschaft“ als soziale Praxis. Neue Forschungen zur NS-Gesellschaft vor Ort, Paderborn 2013, S. 11–33.

– (Hrsg.), „Volksgemeinschaft“ als soziale Praxis. Neue Forschungen zur NS-Gesellschaft vor Ort, Paderborn 2013.

Reichardt, Sven/Seibel, Wolfgang (Hrsg.), Der prekäre Staat. Herrschen und Verwalten im Nationalsozialismus, Frankfurt a. M. 2011.

Ritschl, Albrecht (Hrsg.), Das Reichswirtschaftsministerium in der NS-Zeit. Wirtschaftsordnung und Verbrechenskomplex, Berlin 2016.

–, NS-Devisenbewirtschaftung und Bilateralismus in Zahlen: Eine Auswertung der bilateralen Devisenbilanzen Deutschlands aus den Jahren 1938–1940, in: Eckart Schremmer (Hrsg.), Geld und Währung vom 16. Jahrhundert bis zur Gegenwart, Stuttgart 1993, S. 289–314.

Romey, Stefan, Ein KZ in Wandsbek: Zwangsarbeit im Hamburger Drägerwerk, hrsg. vom Freundeskreis der KZ-Gedenkstätte Neuengamme und der AG Neuengamme, Hamburg 2016.

Roth, Karl Heinz, Ökonomie und politische Macht: Die „Firma Hamburg“ 1930–1945, in: Angelika Ebbinghaus/Karsten Linne (Hrsg.), Kein abgeschlossenes Kapitel. Hamburg im „Dritten Reich“, Hamburg 1997, S. 15–176.

Schanetzky, Tim, „Kanonen statt Butter“. Wirtschaft und Konsum im „Dritten Reich“, München 2015.

Schmidt, Sarah, Das Staatsarchiv Hamburg im Nationalsozialismus, Hamburg 2016.

Schmidt, Uwe, Nationalsozialistische Schulverwaltung in Hamburg. Vier Führungspersonen, Hamburg 2008.

–, Lehrer im Gleichschritt – der Nationalsozialistische Lehrerbund Hamburg, Hamburg 2006.

Schmidt-Reitz, Carl, Harburger Oelwerke Brinckman & Mergell, Hamburg 1956.

Schremmer, Eckart (Hrsg.), Geld und Währung vom 16. Jahrhundert bis zur Gegenwart, Stuttgart 1993.

Schulte-Varendorff, Uwe, Die Hungerunruhen in Hamburg im Juni 1919 – eine zweite Revolution? Hamburg 2010.

Seefried, Elke/Becker, Ernst Wolfgang/Bajohr, Frank/Hürter, Johannes (Hrsg.), Liberalismus und Nationalsozialismus. Eine Beziehungsgeschichte, Stuttgart 2020.

Seegers, Lu, Deutungen des Hanseatischen im 20. Jahrhundert, in: Kerstin Petermann/Anja Rasche/Gerhard Weilandt (Hrsg.), Hansische Identitäten, Petersberg 2018, S. 221–231.

–, Hanseaten und das Hanseatische in Diktatur und Demokratie: Politisch-ideologische Zuschreibungen und Praxen, in: Zeitgeschichte in Hamburg 2014, hrsg. v. d. Forschungsstelle für Zeitgeschichte in Hamburg, Hamburg 2015, S. 71–83.

Spoerer, Mark/Streb, Jochen, Neue deutsche Wirtschaftsgeschichte des 20. Jahrhunderts, München 2013.

Steuwer, Janosch, Was meint und nützt das Sprechen von ‚Volksgemeinschaft'? Neuere Literatur zur Gesellschaftsgeschichte des Nationalsozialismus, in: Archiv für Sozialgeschichte 53 (2013), S. 487–534.

Streb, Jochen, Das Reichswirtschaftsministerium im Krieg, in: Albrecht Ritschl (Hrsg.), Das Reichswirtschaftsministerium in der NS-Zeit. Wirtschaftsordnung und Verbrechenskomplex, Berlin 2016, S. 533–610.

–, Das nationalsozialistische Wirtschaftssystem: Indirekter Sozialismus, gelenkte Marktwirtschaft oder vorgezogene Kriegswirtschaft? in: Werner Plumpe/Joachim Scholtyseck (Hrsg.), Der Staat und die Ordnung der Wirtschaft. Vom Kaiserreich bis zur Berliner Republik, Stuttgart 2012, S. 61–83.

Stremmel, Ralf, Kammern der gewerblichen Wirtschaft im „Dritten Reich". Allgemeine Entwicklungen und das Fallbeispiel Westfalen-Lippe, Dortmund 2005.

Strupp, Christoph, Die mobilisierte Gesellschaft. Hamburg im Ersten Weltkrieg, in: Zeitgeschichte in Hamburg 2014, hrsg. v. d. Forschungsstelle für Zeitgeschichte in Hamburg, Hamburg 2015, S. 11–37.

–, Nahverkehr und Nationalsozialismus. Die Hamburger Hochbahn AG im „Dritten Reich", München 2010.

Stubbe-da Luz, Helmut, Krogmann, Carl Vincent, in: Franklin Kopitzsch/Dirk Brietzke (Hrsg.), Hamburgische Biografie, Bd. 7, Göttingen 2020, S. 197–199.

–, Blumenfeld, Erik, in: Franklin Kopitzsch/Dirk Brietzke (Hrsg.), Hamburgische Biografie. Personenlexikon, Bd. 3, Göttingen 2006, S. 50–52.

Süß, Dietmar/Süß, Winfried (Hrsg.), Das „Dritte Reich". Eine Einführung, 2. Aufl., München 2009.

–, „Volksgemeinschaft und Vernichtungskrieg". Gesellschaft im nationalsozialistischen Deutschland, in: dies. (Hrsg.), Das „Dritte Reich". Eine Einführung, 2. Aufl., München 2009, S. 79–100.

Süß, Winfried/Thießen, Malte (Hrsg.), Städte im Nationalsozialismus. Urbane Räume und soziale Ordnungen, Göttingen 2017.

Szodrzynski, Joachim, Die „Heimatfront" zwischen Stalingrad und Kriegsende, in: Hamburg im „Dritten Reich", hrsg. v. d. Forschungsstelle für Zeitgeschichte in Hamburg, Göttingen 2005, S. 633–685.

Templin, David, Wasser für die Volksgemeinschaft. Wasserwerke und Stadtentwässerung in Hamburg im „Dritten Reich", München/Hamburg 2016.

Tillmanns, Jenny, Was heißt historische Verantwortung. Historisches Unrecht und seine Folgen für die Gegenwart, Frankfurt a. M. 2012.

Thießen, Malte, Eingebrannt ins Gedächtnis. Hamburgs Gedenken an Luftkrieg und Kriegsende 1943 bis 2005, München/Hamburg 2007.

Tooze, Adam, Ökonomie der Zerstörung. Die Geschichte der Wirtschaft im Nationalsozialismus, aus dem Engl. übers. v. Yvonne Badal, München 2007.

Villiez, Anna von, Mit aller Kraft verdrängt. Entrechtung und Verfolgung „nicht arischer" Ärzte in Hamburg 1933 bis 1945, München/Hamburg 2009.

–, Die Kassenärztliche Vereinigung Hamburg, Bd. 1: 1919–1964: Selbstverwaltung zwischen Staat und Markt, München/Hamburg 2019.

Vogelsang, Reinhard, Der Freundeskreis Himmler, Göttingen 1972.

Volkmann, Hans-Erich, Außenhandel und Aufrüstung in Deutschland 1933–1939, in: ders., Ökonomie und Expansion. Grundzüge der NS-Wirtschaftspolitik, ausgewählte Schriften, hrsg. v. Bernhard Chiari, München 2003, S. 103–131.

–, Ökonomie und Expansion. Grundzüge der NS-Wirtschaftspolitik, ausgewählte Schriften, hrsg. v. Bernhard Chiari, München 2003.

Weber, Claudia, Der Pakt. Hitler, Stalin und die Geschichte einer mörderischen Allianz 1939–1941, München 2019.

Wehler, Hans-Ulrich, Historische Sozialwissenschaft und Geschichtsschreibung. Studien zu Aufgaben und Traditionen deutscher Geschichtswissenschaft, Göttingen 1980.

Weinhauer, Klaus, Handelskrise und Rüstungsboom. Die Wirtschaft, in: Hamburg im „Dritten Reich", hrsg. v. d. Forschungsstelle für Zeitgeschichte in Hamburg, Göttingen 2005, S. 191–224.

Werner, Michael, Stiftungsstadt und Bürgertum. Hamburgs Stiftungskultur vom Kaiserreich bis in den Nationalsozialismus, München 2011.

Werner, Oliver, Einführung, in: ders. (Hrsg.), Mobilisierung im Nationalsozialismus. Institutionen und Regionen in der Kriegswirtschaft und der Verwaltung des „Dritten Reiches" 1936 bis 1945, Paderborn 2013, S. 9–28.

– (Hrsg.), Mobilisierung im Nationalsozialismus. Institutionen und Regionen in der Kriegswirtschaft und der Verwaltung des „Dritten Reiches" 1936 bis 1945, Paderborn 2013.

Weß, Ludger, Tropenmedizin und Kolonialpolitik: das Hamburger Institut für Schiffs- und Tropenkrankheiten 1918–1945, in: 1999. Zeitschrift für Sozialgeschichte des 20. und 21. Jahrhunderts 7 (1992), 4, S. 38–61.

Wierling, Dorothee, Mit Rohkaffee handeln. Hamburger Kaffee-Importeure im 20. Jahrhundert, München/Hamburg 2018.

Wiesen, S. Jonathan, West German Industry and the Challenge of the Nazi Past, 1945–1955, Chapel Hill, NC 2001.

Wildt, Michael, Die Ambivalenz des Volkes. Der Nationalsozialismus als Gesellschaftsgeschichte, Berlin 2019.

–, Die politische Ordnung der Volksgemeinschaft. Ernst Fraenkels Doppelstaat neu betrachtet, in: ders., Die Ambivalenz des Volkes. Der Nationalsozialismus als Gesellschaftsgeschichte, Berlin 2019, S. 261–278.

–, Generation des Unbedingten. Das Führungskorps des Reichssicherheitshauptamtes, Hamburg 2002.

Winkler, Heinrich August, Der entbehrliche Stand. Zur Mittelstandspolitik im „Dritten Reich", in: Archiv für Sozialgeschichte 17 (1977), S. 1–40.

Wrochem, Oliver von (Hrsg. unter Mitarbeit von Christine Eckel), Nationalsozialistische Täterschaften. Nachwirkungen in Gesellschaft und Familie, Berlin 2016.

Ziemann, Benjamin, Generationen im 20. und 21. Jahrhundert. Zur Kritik eines problembeladenen Begriffs, in: Aus Politik und Zeitgeschichte (APuZ) 70 (2020), 52–53, S. 4–9.

Abkürzungsverzeichnis

AA	Auswärtiges Amt
AFC	Afrikanische Frucht-Compagnie
AG	Arbeitsgemeinschaft
AOM	Arnold Otto Meyer (Firma)
Archiv FZH	Archiv der Forschungsstelle für Zeitgeschichte in Hamburg
ASKI	Ausländersonderkonten für Inlandsgeschäfte
BArch	Bundesarchiv
BDC	Berlin Document Center
BHE	Bund der Heimatvertriebenen und Entrechteten
CDU	Christlich Demokratische Union Deutschlands
DAF	Deutsche Arbeitsfront
DAPG	Deutsch-Amerikanische-Petroleum-Gesellschaft
DBFU	Der Beauftragte des Führers für die Überwachung der gesamten geistigen und weltanschaulichen Schulung und Erziehung der NSDAP
DDP	Deutsche Demokratische Partei
DNVP	Deutschnationale Volkspartei
DP	Deutsche Partei
DSB	Deutsch-Südamerikanische Bank
DStP	Deutsche Staatspartei
DVP	Deutsche Volkspartei
FDP	Freie Demokratische Partei
FZH	Forschungsstelle für Zeitgeschichte in Hamburg
Gelateino	Geschäftsstelle der Deutschen Handelskammern in den lateinamerikanischen Ländern
Gestapo	Geheime Staatspolizei
GG	Generalgouvernement
GWK	Gauwirtschaftskammer
GWKAV	Gauwirtschaftskammer-Aufbauverordnung
HAPAG	Hamburg-Amerikanische Packetfahrt-Actien-Gesellschaft
HWWA	Hamburgisches Welt-Wirtschafts-Archiv
HK	Handelskammer
HK-Archiv	Archiv der Handelskammer Hamburg
HOBUM	Harburger Oelwerke Brinckman & Mergell

IHK	Industrie- und Handelskammer
IMI	Italienische Militärinternierte
Kripo	Kriminalpolizei
KVP	Konservative Volkspartei
KZ	Konzentrationslager
MENIBUM	Metallwerke Niedersachsen Brinckman & Mergell
MV	Mitgliederversammlung
NDL	Norddeutscher Lloyd
Nova	Nordwestdeutsche Versicherungsanstalt AG
NSDAP	Nationalsozialistische Deutsche Arbeiterpartei
NSFK	Nationalsozialistisches Fliegerkorps
NSKK	Nationalsozialistisches Kraftfahrerkorps
NS-HAGO	Nationalsozialistische Handwerks-, Handels- und Gewerbeorganisationen
NSKOV	Nationalsozialistische Kriegsopfervorsorge
NSRB	Nationalsozialistischer Rechtswahrerbund
NSV	Nationalsozialistische Volkswohlfahrt
OKW	Oberkommando der Wehrmacht
Pg.	Parteigenosse
RFR	Reichsforschungsrat
RLB	Reichsluftschutzbund
RWK	Reichswirtschaftskammer
RWM	Reichswirtschaftsministerium
SS	Schutzstaffel (der NSDAP)
StAHH	Staatsarchiv Hamburg
USF	Umsetzung in schwere Fertigung
VDA	Volksbund für das Deutschtum im Ausland
Vela	Vereinigte Lebensversicherungsanstalt AG
WVHA	SS-Wirtschaftsverwaltungshauptamt
ZHG	Zeitschrift für Hamburgische Geschichte
ZO	Zentralhandelsgesellschaft Ost GmbH

Abbildungsverzeichnis und -nachweis

In Einzelfällen ließ sich die Frage der Bildrechte nicht zweifelsfrei klären. Wir entschuldigen uns für ein eventuelles Versäumnis und bitten etwaige Rechteinhaber*innen, sich an die Forschungsstelle für Zeitgeschichte in Hamburg (FZH) zu wenden.

Dank

Dieses Projekt wurde vom Plenum der Handelskammer mit dem Wunsch initiiert, die eigene Geschichte während der Zeit des Nationalsozialismus weiterführend aufarbeiten zu lassen. Die Forschungen begannen im September 2019 und konnten durch vielfältige Unterstützung im Herbst 2021 erfolgreich abgeschlossen werden. Der erste Dank gilt der Handelskammer Hamburg für die Übernahme des Druckkostenzuschusses.

Die Kommission „Verantwortungsbiographien" hat dieses Projekt inhaltlich und konzeptionell durchgängig begleitet. Unser Dank gilt daher allen Mitgliedern, die während der Projektlaufzeit aktiv waren: Kathrin Enzel, Prof. Dr. Kirsten Heinsohn, Prof. Dr. Birthe Kundrus, Sabine Lurtz-Herting, Annett Nack-Warenycia, Dr. Bernd-Georg Spies, Dr. Moritz Trebeljahr und Cord Wöhlke.

Für die Studie von besonderer Bedeutung war die Unterstützung der Mitarbeiter*innen des Handelskammer-Archivs und der Stiftung Hanseatisches Wirtschaftsarchiv. Vor allem möchten wir uns bei Kathrin Enzel und Martina Nützmann für ihr weitreichendes, umsichtiges und herzliches Engagement bedanken, angefangen bei der Recherche bis hin zum Publikationsprozess. Weiterhin hilfreich war die Unterstützung durch die Genealogische Gesellschaft Hamburg, das Stadtteilarchiv Ottensen sowie das Archiv der Forschungsstelle für Zeitgeschichte in Hamburg unter der Leitung von Kirsten Schaper.

Im Sommer 2020 beschloss das Plenum der Handelskammer, das Projekt an die Forschungsstelle für Zeitgeschichte in Hamburg (FZH) zu übergeben. Der wissenschaftliche Austausch mit den FZH-Kolleg*innen hat die Weiterentwicklung der Studie ungemein befördert. Besonderer Dank gilt Kirsten Heinsohn für die umfassende und engagierte Projektberatung. Mit wichtigem inhaltlichen Feedback und im wertvollen kollegialen Austausch haben die Studie weiterhin Jessica Erdelmann, Sebastian Justke, Felix Matheis und Christoph Strupp bereichert. Dank Svea Grubers, Jana Matthies' und Hendrik Althoffs umfangreicher, akribischer Quellen- und Bildrecherchen sowie Korrektorate wurde unsere Arbeit erheblich erleichtert. Darüber hinaus bedanken wir uns sehr herzlich bei Stefan Mörchen und Jutta Mühlenberg für ihr sorgfältiges Lektorat und die umsichtige Publikationsbegleitung.

Angaben zu den Autorinnen

Claudia Kemper, PD Dr. phil., ist Historikerin und seit 2021 wissenschaftliche Referentin am LWL-Institut für westfälische Regionalgeschichte in Münster. Zuvor war sie u.a. wissenschaftliche Mitarbeiterin an der Forschungsstelle für Zeitgeschichte in Hamburg (FZH) und am Hamburger Institut für Sozialforschung. Zu ihren Arbeitsschwerpunkten zählen die Geschichte von Nachkriegs- und Umbruchszeiten, die Geschichte von Organisationen und Neuen Sozialen Bewegungen, die Wissens- und Expertengeschichte, die Geschlechter- und Mediengeschichte sowie die Cold War Studies.

Hannah Rentschler, M. A., ist Historikerin und seit 2019 wissenschaftliche Mitarbeiterin an der Forschungsstelle für Zeitgeschichte in Hamburg (FZH) sowie freiberufliche Redakteurin beim Stormarn Lexikon Online. Zu ihren Arbeitsschwerpunkten zählen die Frauen- und Geschlechtergeschichte der Bundesrepublik, die Geschichte Hamburgs und Norddeutschlands, Biografieforschung und die Geschichte Neuer Sozialer Bewegungen.

Sachregister